哈佛

给学生做的

1500 个

思维游戏

杨建峰◎主编

四川科学技术出版社

图书在版编目（CIP）数据

哈佛给学生做的1500个思维游戏 ／ 杨建峰主编． —
成都:四川科学技术出版社，2016.1
ISBN 978-7-5364-8262-3

Ⅰ.①哈… Ⅱ.①杨… Ⅲ.①智力游戏－青少年读物
Ⅳ.①G898.2

中国版本图书馆 CIP 数据核字 (2015) 第 315913 号

哈佛给学生做的1500个思维游戏

HAFO GEI XUESHENG ZUO DE 1500 GE SIWEI YOUXI

主　编　杨建峰

出 品 人　钱丹凝
总 策 划　杨建峰
责任编辑　牛小红
封面设计　松雪图文
版面设计　松雪图文
责任出版　欧晓春
出版发行　四川科学技术出版社
　　　　　成都市槐树街2号　邮政编码：610031
　　　　　官方微博：http://e.weibo.com/sckjcbs
　　　　　官方微信公众号：sckjcbs
　　　　　传真：028-87734039
成品尺寸　195mm×285mm
印　　张　26.25　　字数 650 千
印　　刷　北京新华印刷有限公司
版　　次　2016 年 1 月第 1 版
印　　次　2016 年 1 月第 1 次印刷
定　　价　59.00 元

ISBN 978-7-5364-8262-3

邮购：四川省成都市槐树街2号　邮政编码：610031
电话：028-87734035　电子信箱：sckjcbs@163.com

前 言
preface

　　通过学习,我们可以获取知识,然而,思维训练从来就不是一件容易的事情。在我们的头脑中蕴藏着非常丰富的宝藏,但是大部分都没有被我们充分利用。众所周知,思维游戏是一种可以使思维流动的活动,它是锻炼思维能力、提高智力水平的重要方法之一。思维游戏不仅可以帮助我们发掘个人的潜能,并且还能让人感受到快乐。我们甚至可以这样说,思维游戏就是一把充分发掘大脑潜能、开启智慧大门的金钥匙。

　　形象即哲学中所说的形象思维,它总是与感受、体验关联在一起。逻辑思维是与形象思维相对应而存在的另一个哲学概念。所谓形象思维,是指人们在认识世界的过程中,对事物表象进行取舍时形成的,总和感受、体验关联在一起。所谓逻辑思维,则是人们在认识过程中借助于概念、判断、推理等思维形式能动地反映客观现实的理性认识过程。形象思维和逻辑思维是两种基本的思维形态,本书前两章即从这两方面入手,帮助读者提高形象和逻辑思维能力。

　　人们习惯于沿着事物发展方向去思考问题并寻求解决办法。事实上,对于某些问题,尤其是一些特殊问题,从结论往回推,倒过来思考,从求解回到已知条件,这也许会使问题更简单化。逆向思维就是这样一种思想方式,即大家都朝着一个固定的思维方向思考问题时,而你却独自朝相反的方向思索,最终找到了突破口。本书第3章从提升逆向思维的角度出发,精选了多个逆向思维游戏,可以帮助读者出奇制胜。

　　创造性思维是指对事物间的联系进行前所未有的思考,从而创造出新观点、新方法等的思维方法。相比于常规思维,创造性思维的最大特点在于它的流畅性、变通性和独创性,而这些特征的产生在于巧妙地发挥了人脑思维的潜能。一切需要创新的活动都离不开创造性思维,可以说,创造性思维是一切创新活动的开始。本书第4章从提升创造性思维的角度出发,精选了多个创造性思维游戏,这些游戏可以帮助读者迅速提高创造力。

　　"推理是探寻新结果的方法,能够让人从未知进到已知。"这是伟大的革命导师恩格斯曾经说过的一句话。推理的过程,就是一个不断地发现信息、收集信息、整理信息、调查取证的过程,也是对众多纷繁复杂的信息中去粗取精,去伪存真,由此及彼,由表及里的分析过程。虽然不是每个人都立志做福尔摩斯,但是学会推理能让我们拥有更多的成功机会。本书第5章精选了多个推理思维游戏。通过这些游戏,你可以更好地把握事物之间的联系,从多角度思考问题,从而有助于做出正确的判断和决策。

博弈思维，就是自己做决策前要考虑自己的行为对他人的影响以及他人的行为对自己的影响，最终采取什么样的策略。博弈思维的前提之一是参与游戏的人都是绝顶聪明的人。在诸多思维方法中，博弈思维法是一种比较复杂、难以把握的方法，需要借助于一定的心理分析。在本书第7章中，通过"被劫持的飞机""精明的对策""三个人的决斗"等一次次令人兴奋、充满乐趣的思维游戏，让你发现生活的真实情形，并让你认识到生活中大量反复用到的博弈思维的重要性。

发散思维是与聚合思维相对的一个概念，是指从一个目标出发，沿着各种不同的途径去思考、探求多种答案的思维，又称求异思维。发散思维是创造性思维的最主要的特点，是测定创造力的主要标志之一。发散思维不仅需要用上我们的大脑，有时候还需要用上我们身边的资源。生活本身就为我们训练自己的发散思维提供了取之不尽、用之不竭的资源。本书第9章的发散思维游戏，可以训练你通过不同方面思考同一问题，如"一题多解""一事多写""一物多用"等方式，运用"主要逻辑视点"和"次要逻辑视点"，培养发散思维能力。

数字思维游戏是一种通过寻找与利用数字之间变化规律来获得答案的智力游戏，对逻辑思维的培养具有积极的作用，被人们誉为"数字体操"，在世界上非常普及。面对数字思维游戏，很多人常常会倍感艰难，望而生畏。事实上，只要掌握了正确的方法，这些看似纷繁复杂的数字游戏便可迎刃而解。本书第10章的数字逻辑思维游戏，可以为我们提供丰富的方法工具，让我们在解决问题时有更加深刻的认识和更多的选择。

此外，在本书其他各章中，我们还分别收集了分析、类比等众多思维游戏，可以帮助读者提高各种思维能力，让大家在游戏中轻松开发右脑，发掘大脑潜能，全面提升大脑应变能力，掌握人类思维宝库中最有用的黄金思维方法，快速提高解决问题的能力，轻松获取学习上的成功。

本书虽然是一本游戏书，但是并非一本简单的娱乐书。在进行思维游戏的时候，你必须做大胆的设想、判断和推测，需要全力地发挥出自己的想象力，将固有的思维模式打破，尽可能地使用创造性思维，并在面对问题的时候，尽量采用多角度、多层次的视角，把一切有用的线索都纳入到你的思考中。这些精彩纷呈的游戏，不仅可以让你享受到思维的乐趣，而且还能彻底带动你的大脑高速运转起来，让你越玩越聪明，越玩越成功。

编者

2015年8月

目 录
contents

第4章　创造性思维游戏

第6章 分析思维游戏

第7章　博弈思维游戏

第8章　类比思维游戏

10

第 1 章

形象思维游戏

　　形象思维是指人们在认识世界的过程中,对事物表象进行取舍时形成的,只用直观形象的表象解决问题的思维方法。形象思维是反映与认识世界的重要思维形式,是培养人、教育人的有力工具。扑朔迷离的形象思维游戏,需要你智慧的双眼去发现、去探索,那么现在就让我们加入哈佛给学生做的游戏,从细致的观察入手,将自己敏锐的观察力展示出来吧!

对词汇的想象

你是怎样记住一个词以及它的定义的呢？一般通过反复背诵的方法，我们可以记住它，但大家都清楚，这一方法不仅枯燥，而且还很耗时。其实，你可以通过想象，把词汇变成生动的影像。

在这里，我们姑且以"consternation"（大为惊骇）一词来举例说明。这一词汇的意思为非常惊讶、惊慌或令人诧异的恐慌。我们如何将它变成图像呢？它包含哪几个音节呢？你可以大声重复"con－ster－na－tion 或者 con－ster－nation"。第一音节"con"，可能会让你联想到一个罪犯（convict）；对于第二音节，你也许会产生一个船尾（stern）的图像，又或者一个汤匙在碗中搅拌（stir）的图像。"nation"这个词就有些费脑筋了，倘若把这两个音节的图像结合起来，它就能够代表一个国家了，比如联合国，又或者是一本地图集或地球仪。因此，你可以进行这样的想象，在船尾上，正坐着一个罪犯，他准备逃往某个国家。

【游戏正解】

略。

选择性记忆

两人一组，甲依次把下列每组的数字和汉字念出来，每隔一秒钟，就念一个数字或汉字。甲每念完一组，乙只可以对数字的顺序进行回忆，而不能回忆汉字。比如说，甲念"家—4—水—3—风"，乙只能念"4—3"。

A．家—4—水—3—风。

B．快—2—走—7—军。

C．开—8—雨—5—电—6。

D．表—2—多—5—饭—3。

E．好—3—坏—9—东—6—手—2。

F．嘴—2—书—1—笔—4—飞—9。

【游戏正解】

略。

减少信息

在桌面摆上手表、铅笔、水杯、糖块、火柴盒、书、剪刀、积木、钥匙、报纸等物品，让你的同学仔细地看一分钟，接着让他说出每个物品的名称来。一分钟之后，遮住同学的眼睛，将铅笔、糖块、剪刀拿走，然后让他再看一下，请他说出哪些物品少了。

【游戏正解】

略。

超级记忆

准备一支笔，认真看一遍下面的词组，尽全力记住它们。看完之后，将它们掩盖上，接着根据它们出现的次序，逐个将其写出来。写完之后，对照词汇表，进行认真的核对。

1．花	8．电脑	15．书
2．电灯开关	9．猫	16．糖果
3．大门	10．桌子	17．杂志
4．汽车	11．拖鞋	18．篮球
5．手套	12．鸡蛋	19．游泳池
6．枪	13．熊猫	20．香烟
7．手机	14．戒指	

【游戏正解】

略。

联想记忆游戏

下面有一组词，你用心看两分钟，尽量将其记住。

帽子　信封　房屋　纽扣

猫	电话机	钱币	铅笔
袜子	书	仙人掌	鳗鱼
上衣	木夹	车灯	点心
办公桌	花边	米饭	钓钩

倘若让你按照顺序将它们默写出来,那么你会发现,很多名词都记不起来了。为什么会这样?其实原因很简单,就是方法不正确。倘若运用联想记忆法,那么问题就会简单许多,你不妨试一下。

【游戏正解】

有一顶帽子,在它的底下,摆放着一部电话机;电话机的听筒是一盆仙人掌,上面全是刺;拿这个仙人掌听筒的人的确不太方便,何况在他的嘴中,还塞满了点心。点心里面藏有一封很小的信,将其拆开,里面居然还有钱。钱的上面印了一条鳗鱼,突然之间,这条鳗鱼就活蹦乱跳起来了,它往办公桌的下面钻去。事实上,这张办公桌是一所房屋,它的烟囱是一支非常大的铅笔,它像火箭一般朝上升起,落到了上衣上。上衣布满了花边,中间还钉有很多的纽扣。然而上衣的口袋是没有底的,于是铅笔掉了出来,漏到了地上的袜子中,而袜子的上面夹着一个木夹。突然之间,铅笔又飞了起来,飞到了猫吃的米饭中。猫正在一本书上蹲着,它受到惊吓,便立马逃出了门外,一盏车灯照着它。它往前一扑,不幸被车前的钓钩钩住了。

连锁记忆

如果在一天内,你必须把如下五件事做了:
1. 订购电视机;2. 打字;3. 订一套西服;4. 与交易对手杰克会晤;5. 买进邮票。

请问,你应该怎样将它们记住?

【游戏正解】

最好是按照如下思维,将这五件事记下来:

1. 电视机和打字机——想象电视机的屏幕上面出现了打字机的键;2. 打字机和一套西服——有一套用打字纸做的西服,想象自己穿着它;3. 一套西服和杰克——想象杰克穿着一套肥大的西服,正在翩翩起舞;4. 杰克与邮票——想象在一张很大的邮票上面,杰克被贴在那里,苦苦挣扎。

至于开始的那个电视机,可以想象成学校的大门成了电视机的图像。这样一来,在每次出入学校的时候,五件事就会在一瞬间记忆起来。

新式包装

有一家家具制造企业,每次将制造的玻璃运送到各个商场时,频繁出现破损的情况,客户经常向制造商索赔或要求退货。但是,制造商的包装做得十分精美,纸箱上也标示出一些提示性的醒目字体,如"易碎品""轻拿轻放"等。每个环节都力求做得尽善尽美,不知道到底是哪里出了问题。

为此,这家家具制造企业派出市场人员进行跟踪调查,他们最后得出的结论是,搬运工人在搬运过程中很不小心,以致玻璃破损。

针对存在的问题,制造商设计出了一个新的包装,如此一来,玻璃损坏的事情便越来越少了。

请问新式包装到底是如何设计的?

【游戏正解】

他们改用透明塑料袋来包装,这样搬运工人就能看到里面的玻璃,自然会加倍小心。

记住词语

请在两分钟之内,记住下列词语:

冬瓜　　钢笔　　黄牛　　电视机
棉被　　茶叶　　山峰　　脸盆
电灯　　玉米

【游戏正解】

可以这样联想,以便记忆:1.冬瓜——钢笔:把冬瓜切开,里面居然没有瓜子,而是一支一支的钢笔;2.钢笔——黄牛:将钢笔套打开,一头黄牛从里面跑出来;3.黄牛——电视机:黄牛一下子就把电视机撞碎了;4.电视机——棉被:在电视机的屏幕内,飞出了一床棉被;5.棉被——茶叶:将棉被拿出来,抖一下,居然有很多茶叶飘出来;6.茶叶——山峰:飘出来的茶叶,将一座山峰遮盖住了;7.山峰——脸盆:山峰坐落在一个脸盆里面;8.电灯——玉米:电灯中并没有钨丝,而是一个玉米在发着微光。

甲读乙听

两人一组,甲将下列物品名称读给乙听,每个名称读3秒钟,一共读30秒钟。然后乙再用30秒钟进行回忆。

桌子　　铁锨　　大门　　牙刷
月亮　　眼镜　　汽车　　苹果
邮票　　花猫

【游戏正解】

略。

奇特的联想

杰克老师有一个叫汤姆的朋友,他某天把前者的《现代法语词典》借走了,后来一直都没有还。

杰克是一位语文老师,每次备课的时候,他常常会用到《现代法语词典》,而朋友汤姆的住处又在很远的地方,想用的时候,又无法马上去要。事实上,两人也时常会碰面,可是每次见

面,杰克老师都没有想起来要书……就这样,杰克老师每次备课,都显得十分吃力。

请你想一想:倘若使用奇特联想法,如何联想,杰克老师才可以在遇见汤姆时就想起要书呢?

【游戏正解】

杰克老师可以如此联想一番:首先想一下朋友汤姆的容貌,而且在脑海里面要刻画出汤姆头上顶着那本《现代法语词典》的形象。这本《现代法语词典》,可以把它想象得非常的大,非常的重,和杰克相比,要大出三倍乃至更多。所以,头顶着这本书的杰克显得非常吃力,在书的重压下,禁不住龇牙咧嘴、汗流浃背,两条腿抖得就像一个弹三弦的……最好是想得具体、奇特和好笑,这样再次碰到汤姆的时候,就不难记起要书了。

物品记忆游戏

将瓶子、纸盒、钢笔、书等摆在桌子上。对于每件物品,都进行两分钟的追踪思考,也就是说,在两分钟之内,对每件物品的一系列有关内容认真思考一番。比如说,在思考瓶子的时候,可以联想到五花八门的瓶子,想到这些瓶子的独特用途,还要想到各种各样的制造工艺,以及制造玻璃的矿石来源等。这个时候,要对自己进行控制,切不可想那些无关紧要的物品。两分钟之后,马上将注意力转移到第二件物品上。开始的时候,很难做到两分钟后的迅速转移,然而若每天练习20分钟,持续两周,情况就会大有好转。

【游戏正解】

略。

单词记忆游戏

下面是20个在意义上各自独立的词语,请

在 40 秒钟之内将其记住,接着马上进行默写。

黄河	算术	馒头	帽子
电影	农民	剪刀	良心
山峰	磁带	柏树	太阳
扫帚	钞票	火车	战士
公园	石油	小鸡	锣鼓

默写完了之后,根据下列公式将自己的记忆效率计算出来:

记忆效率 = 默写正确的词数/20(原来记忆的词数)×100%。倘若你默写对 10 个词,那么你的单词效率就是:(10÷20)×100% =50%。

【游戏正解】

略。

视觉记忆游戏

把一张图展开,在这张图上,画有九件物品,分别为电灯、书、椅子、刷子、手表、上衣、床、鞋子、足球。请你用 30 秒钟的时间注视这张图,接着立即用 30 秒钟做出如下数学题。

$5+5-2=$	$3×5=$
$1×2+3=$	$6-1×3=$
$4-1+2=$	$6÷2-1=$
$4÷2+2=$	$18-2-1=$
$10×3-2=$	$25×3÷5=$
$2+21=$	$16-4=$
$32÷16=$	$5×9=$
$20-4=$	$8+11=$
$7×3-1=$	$12×3=$
$5+8=$	$33÷3=$

30 秒钟之后,不管已经做出了多少道算术题,都必须立即转入到回忆中,回忆 30 秒钟,然后再写下自己回忆的几项内容。

【游戏正解】

略。

听觉记忆游戏

两人一组,甲高声读出 10 件乙所熟悉的物品名称,每个物品名称读 3 秒钟,甲则在 30 秒钟之内进行回忆。10 件物品分别为:尺子、电筒、手枪、猫、花、电风扇、毛巾、夹子、眼镜、自行车。

用 30 秒钟将下面的练习题做出来:

$8×4=$	$11×4=$
$20÷4=$	$12+24=$
$5+8=$	$54÷6=$
$19+3=$	$33-12=$
$60÷12=$	$33÷11=$
$6×6=$	$29-7=$
$70-15=$	$10+3=$
$14×3=$	$15÷1=$
$3×6=$	$30-9=$

30 秒钟做完后,再用 30 秒钟进行回忆,并对自己的记忆成绩进行记录。

【游戏正解】

略。

图画记忆游戏

紧盯着一张画,接着闭上眼睛,对画面的内容进行回忆,尽可能地做到完整,对于画中的人物、衣着、桌椅以及各种摆设,都要有所领会。回忆之后,睁开眼睛,再观察一下原画,倘若不太完整,再重新来一次,进行下一遍的回忆。这个训练不仅可以使注意力变得集中,而且还能让注意更广范围的能力得到提高。此外,在地图上寻找一个比较陌生的城镇,也可以提高观察时的注意力。

【游戏正解】

略。

视听记忆游戏

两人一组，甲每3秒钟为乙提供一张图片，总共10张，并为乙高声读出图片中的物名，然后像前面的测验一样，用30秒钟的时间做数学题，接着再用30秒钟的时间进行回忆，对自己的回忆成绩进行记录。

【游戏正解】

略。

自由的想象

你能否从一个词中联想出10个事物，接着将这10个事物连贯起来。比如说，从"儿童"一词，我们可以联想到下述事物：风筝、日本电影、山口百惠、鞋、商店、集邮、小时候、老房东、核桃。连贯起来的10个事物是：儿童一般都热爱玩风筝；而由风筝，我们可以联想到日本电影《风筝》；由这部日本电影，我们可以想到日本电影演员山口百惠的演技非常好，她脚上穿的鞋总是那么漂亮；由鞋子，我们可以联想到自己的鞋子坏了，必须到商店买一双新的鞋子；由商店，我们可以想到在商店工作的阿勇喜欢集邮；由集邮，我们又可以想到阿勇现在收集了很多我们小时候集的邮票；由小时候，我们又可以想到自己小时候时的老房东来了，他带来了很多土特产，其中有核桃，这是自己最喜欢吃的食品。你也可以用物理、足球、火箭、马四个词进行自由想象。

【游戏正解】

略。

对手势进行回忆

甲与乙一组，乙做5个手势，甲认真看着。乙在做手势时，甲不能跟着做，只可以在旁边认真看着。当乙做完5个手势之后，甲才可以按照乙的方法重复做一遍。

手势1：将两只手的中指和食指分别伸出来。

手势2：将两只手的小指分别伸出来。

手势3：将两只手的5个手指全部伸出来。

手势4：将两只手的大拇指分别伸出来。

手势5：两只手分别握紧拳头。

做完第一遍之后，可以将手势的顺序倒着再做一遍，也就是说，第五个手势变成第一个，第一个手势变成第五个。看一看谁的记忆力更好，做得既快又准确。

【游戏正解】

略。

读文答题

下面请大家读一位旅美作家的一篇优秀散文，时间为三分钟，尽量把它们记在自己的脑海中。

柏克莱的校园很清雅。在风萧萧的树林子里有古朴的木桥，桥下有曲折的溪，小溪的源头有绿草如茵的山坡，起伏的山坡顶上是白色的钟楼——这里的"注册商标"。

不过，我最喜欢的是这儿的学生活动中心的广场，和广场上每天中午的热闹。

每天，中午12时整，钟楼就开始了"敲打乐"——有时候是十分流行的曲子。敲钟的是位老太太，她已经敲了一辈子。

钟声一止，好戏就上演了。

广场上来来往往的大都是出来吃午饭的学生们和教职员们。有的人坐在枇杷树下的长椅子上，有的人席地躺在青草坡上，三三两两吃着三明治，晒着太阳，天南地北地聊着。

虽然只是短短的一个钟头的休息时间，但是可看的戏却不少。在你啃着三明治的时候，随时有人来到广场的水池旁边或者校门外的树下，弹的弹，唱的唱，地上也不忘摆个小罐子收钱。这些都是"素人音乐家"，水准都是不差的，也不像是真想得到赏钱。学生们遇到动听的音乐也绝不吝惜他们的掌声。有时候学校里的乐队——也不知是请来的还是学生们自己组织的,也会鼓弦喧天地表演一番。闻乐起舞,人不以为怪。

除了放假和下雨,这里总是热热闹闹的。学生示威的、罢课的,都要来此演说。他们说宗教是古老的传说,他们说坏蛋讨厌,有钱人讨厌,有势的人也讨厌(最后只剩下自己最可爱了)。

观光客(总背着照相机)、牵狗的、蓬头垢面的也都夹在人群里面。这里是相当地自由,至少可以绝对地呼吸到那样的空气。

此外,还有顶有趣的一些狂人。

有的来演讲,只见他来回走着,念念有词,声调很有高下,手势很有可观,只可惜语无伦次不知他在说些什么。这是演讲狂。

有的来特技,穿一身古怪服饰,戴防毒面具,表演无声片时代的慢动作,有如在打西式的太极拳。这是表演狂。

昨天来了一个人,提着一只皮箱,俨然是魔术师的模样,他看见人就把身上的皮夹子掏出来往地下丢,告诉别人里边有钱。为什么不捡?为什么不捡?他追着人问。

这些狂人,大都没有害人之心,不过他们也只能吸引那些新来的学生,对于老柏克莱人来说,他们就不是什么精神上失常的人了,反而是有点儿像什么心理学大师到这儿来做什么人性的实验似的。

我极喜欢我在这校园里中午的这一小时的休息时间。我常常在那短短的热闹里,想起两句诗:

现实是人类的牢笼,
幻想是人类的两翼。

要是你想张开天真的两翼,飞出现实的牢笼,请来这儿看看,请来中午阳光下的柏克莱学生活动中心的圆水池旁边的自由天地的纯洁而不愚蠢的学生当中走走——你会明白所谓最高学府"最高"二字的乌托邦的意义。

下面的9个问题,每个问题都有4个答案,其中只有一个答案是正确的。请在你认为正确的答案上面打√。

1.上面这篇散文,主要是在讲柏克莱的( )。

A.办公情景

B.上课的情形

C.校园情景

D.参观的情形

2.柏克莱的"注册商标"是( )。

A.白色钟楼

B.学生的活动中心广场

C.起伏的山坡

D.曲折的小溪

3.午休时间,广场上来来往往的学生们和教职员们大都是出来( )的。

A.上课

B.下课

C.吃午饭

D.游行

4.中午一般休息多长时间?( )

A.半个小时

B.45分钟

C.一个小时

D.一个半小时

5.除了放假和( ),广场上通常都是热闹非凡的。

A.考试

B.罢课

C.下雨

D.节日

6.广场上最有趣的当数那些( )。

A.狂人

B.画家

C.观光客

D.素人音乐家

7.观光客夹在人群中,他们的背上总背着( )。

A.小孩

B.照相机

C.雨伞

D.背包

8.昨天来了一个人,提着一只皮箱,俨然是( )的模样。

A.演说家

B.观光客

C.魔术师

D.老柏克莱人

9.多少有点儿老僧入定那种功夫的

是（　　）。

A. 心灵

B. 智慧

C. 幻想

D. 狂人

每答对一个问题，可以得1分。满分为9分。

A. 8～9分，特别优秀。

B. 6～7分，优秀。

C. 4～5分，普通。

D. 2～3分，稍劣。

F. 0～1分，十分低劣。

【游戏正解】

1—C；2—A；3—C；4—C；5—C；6—B；7—C；8—C；9—D。

孤独的沙漏

安东尼奥是科学院的宇航员，很长一段时间，他都有一个习惯，即每天早上刷牙都会用上1分钟，具体的时间则主要靠沙漏计时器控制。然而有一天，安东尼奥有事要到外面出差，时间大约是一周，于是他便发起牢骚来了："这一次沙漏计时器可是用不上了，真是让人扫兴呵！"沙漏计时器的体积非常小，重量也很轻，携带起来应该比较方便，然而安东尼奥为何不带着它出差呢？

【游戏正解】

安东尼奥的职业是宇航员，这一次的工作地点应该是宇宙空间，万物处于失重的状态，因此沙漏计时器用不上。倘若被语言迷惑，那么事物的本质就有可能看不清。倘若可以做到不受日常生活用语，如"沙漏计时器""刷牙"等的影响，只要依靠想象力，就可以将这个题目做出来。

巧画等距离

给你一张形状不规则的纸，请你在纸的同一面上画四个点，这四个点都要保持较远的距离。在不用任何测量工具的情况下，你能使其中两点的距离与另外两点的距离完全相等吗？

【游戏正解】

当平面思维不能解决问题的时候，就要采用立体思维方式去思考，这样能够看到在平面上看不到的东西。把纸卷起来，然后在纸的边缘画两个点，使每一点都同时落在两层纸上。打开纸后，就会看到四个点，其中两个点与另外两个点之间的距离相等。

捎　钱

从前有位在外做工的海员，年前不能如期回家，托人捎100块钱和一封信带给家里。捎信者不怀好意，半路将信偷拆。见信笺上画了8只八哥和4只斑鸠，至于钱却一字未提。于是他便只拿出50元钱给船员的妻子。可这位聪慧的妻子看了信后，竟对他说："我丈夫明明说是带回100元钱的呀。"那人一怔，红了脸，又拿出50元钱。

你知道这位妻子是如何解释这幅画，知道捎来的是100元钱的吗？

【游戏正解】

海员妻子解释画说："8只八哥，八八六十四，4只斑鸠，四九三十六，合起来正好是100元。"

第 2 章

逻辑思维游戏

　　逻辑是一门研究思维、思维的特征和规律的科学。在现实生活中,逻辑无处不在。逻辑思维是思维的一种高级形式,它借助于概念、判断、推理等思维形式,能动地反映客观现实的理性认识过程,揭露事物的本质和规律性联系。只有经过逻辑思维,人们才能达到对具体对象本质的把握,进而认识客观世界。逻辑思维是人的认识的高级阶段,即理性认识阶段。

盲人买瓦罐

烈日炎炎,一个盲人想买一个瓦罐,因此来到了露天集市。盲人问一个摊主:"你这里的瓦罐都有什么颜色的?"小贩答道:"我卖的瓦罐只有两种颜色,白色的有4个,黑色的有2个。"盲人再问:"一个瓦罐要多少钱?"小贩答道:"一个白色的瓦罐要3枚钱,一个黑色的瓦罐要2枚钱。"盲人听了之后,说道:"那就给我来一个白色的瓦罐吧!"小贩把瓦罐交给盲人,收了钱。

事实上,小贩欺负盲人看不见,居然给他拿了一个黑瓦罐。盲人把瓦罐接过来,又重新摸了一遍地摊上的瓦罐,然后便愤愤地说:"我是盲人,你欺负我看不见,居然会骗我,用个黑瓦罐冒充白瓦罐,来!走!我们到官府说理去,我要你加倍赔偿我的瓦罐钱。"

请问,盲人是如何发现自己被骗的?

【游戏正解】

白瓦罐、黑瓦罐经过日晒之后,相比黑瓦罐,白瓦罐的温度要低一些。

异常行为

一辆特快列车将通过一座高架桥,列车司机发现,在高架铁路上有两个工人正在修理铁路,于是迅速打开警哨。两名工人听到列车的警告,居然向迎面而来的火车迅速跑了过去。

请问这是为什么?

【游戏正解】

当工人在高架桥上,倘若跳的话,那么一定是非死即伤,但他们离桥的一端很近,只要快速

跑到桥的一端,再往两边跑,那么就不会被火车撞到了。

哈密尔顿的游戏

威廉·哈密尔顿爵士出生在爱尔兰的首府都柏林。3岁的时候,他就能识字;儿童时代,他就已经学会了8种语言;12岁时,他就已经读通了拉丁文本的《几何原本》;16岁时,他著文将大数学家拉普拉斯证明中的某点错误订正了过来;22岁时,他便被破格升为大学教授。在世界数学史上,让哈密尔顿青史留名的成就是他发明了"四元数"。

1856年,一种非常有趣的"周游世界"的游戏又被哈密尔顿发明了出来,在当时,这一游戏曾经一度风靡过。

哈密尔顿发明的这个小玩具是一个用木材雕刻而成的正十二面体,每面都是一个正五角形,三面相交而成一个角,总共有20个角,每个角上都标有一个世界闻名的城市。

哈密尔顿爵士就此提出了一个问题:沿着正十二面体的边,找出一条可以通过这20个城市的路,要求每个城市只能通过一次,最后再抵达原地。哈密尔顿把这个问题叫做周游世界问题,并且还亲自示范给当时的人们。你可以解决这个周游世界的问题吗?

【游戏正解】

先从正十二面体的一个正五角形开始,走完5个点后,再走中间的10个点,然后再走剩下来的5个点,而这5个点刚好在同一个正五角形上。

运物过河

国王有个美丽的公主,她与城里的一个穷小子相爱了,但是国王强烈反对。公主一直坚持自己的感情,最后国王提出了一个要求,只要这个穷小子可以做到,就同意两人结婚。

国王要求穷小子乘船将一只狼、一只羊和一篮青草运到河的另一边。然而,国王给他的船只可

以容纳一个人、一只狼、一只羊,或者是一个人、一只羊,或者是一个人、一篮青草。然而,大家都十分清楚,倘若没人守护,羊很快就会被狼吃掉,而羊则会吃掉青草。

这个穷小子站在岸边,想了想,然后开始过河。没想到他来回几次,竟然真的将这三样东西都运到河的另一边了。

请问这个穷小子用的是什么办法?

【游戏正解】

先把羊运到河对岸,然后穷小子自己一个人回岸边;然后带青草过河,将青草留下,带羊回来;然后将羊留下,与狼一起过河,穷小子再回到岸边,最后带羊一起过河。

盲人分颜色

两位盲人住在一起,平时为了区分他们的衣服,两个人都会在衣服上做上标记。这天,他们一起出去,分别买了一黑一白两件衣服,但两个人忘记在衣服上做标记就放到了一起。由于衣服的款式、布料一模一样,他们根本没法分辨哪个是黑色哪个是白色。

那么,你能不能想个办法帮他们快速分辨出各自的衣服呢?

【游戏正解】

黑色的衣服相对于白色的衣服更容易吸收热量,因此可以将两件衣服挂到太阳底下,晒一会儿再去摸,更热的那个就是黑色的,稍凉一点儿的就是白色的。

熊身上的毛色

克里夫是一只熊,有一天它离家朝南走了一千米,捕捉到了一只猎物;然后它又朝正东走了一千米,又捕捉到了一只猎物;接着它又朝正北走了一千米,这次它回到了自己的家里。

请问,克里夫身上的毛究竟是什么颜色的?

【游戏正解】

克里夫身上的毛是白色的,因为它是一只北极熊。只有当它在北极的情况下,它才能回到家里。

一点也不害怕

有一次,乔治被富人的手下抓了,富人将乔治绑在水池的柱子上,接着又将很多大冰块放在水面上。这个时候,水面刚好淹到乔治的脖子。富人希望等冰块融化之后,可以将乔治淹死,然而乔治却一点也不害怕。

请问,冰块融化之后,水面会升高吗?

【游戏正解】

由于冰块融化成水的体积,刚好等于它排开水的体积,所以水面一点都不会升高。

如何落下

屋顶上用细线挂了一个铁球,当铁球荡到最高点时,用剪刀将绳子剪断,那么铁球会如何落下呢?

【游戏正解】

铁球达到了最高点,此时将绳子剪断,铁球就不会再受到绳子的牵引,自然便会垂直落下。

国王的女儿

有一位老国王,膝下生有两个女儿,分别叫做阿米丽雅和蕾拉。阿米丽雅说的话全是真话,而蕾拉说的话全是假话。在这两个女儿之中,有一个已经结婚了,而另外一个则没有结婚。然而对于这门婚事,国王却一直没有公开,即便是连哪个女儿结婚了,也仍然是一个无人知晓的秘密。为了给未出嫁的女儿找到一个最好的丈夫,国王特意举办了一场比武招亲会,最后的胜利者,需当众说出来他希望娶的公主的名字。倘若公主是单身,那么次日他们就可以结婚。除此之外,国王还出了一道非常奇怪的题目,即最终的胜利者可以向其中一位公主提一个问题,然而这个问题不可以超过五个字,并且哪个公主叫什么名字,人们也都无从知道。

请问,这个胜利者应该问什么问题?

【游戏正解】

只要问:"你结婚了吗?"不管是谁回答问

题,倘若答案为"是",那么就说明阿米丽雅结婚了,而蕾拉没有结婚;倘若答案为"没有",那么就说明蕾拉结婚了,而阿米丽雅没有结婚。

找出熟鸡蛋

这天,约翰的妈妈生病了,小约翰想要给妈妈煮几个鸡蛋吃。可是,当他把煮好的鸡蛋拿出来的时候,却不小心把生的鸡蛋和熟鸡蛋掺和到了一起。从外表来看生鸡蛋和熟鸡蛋没什么区别,如果打开看的话,生鸡蛋就会被弄坏了。

你知道怎样能帮助小约翰找到熟鸡蛋,但是又不能破坏生鸡蛋吗?

【游戏正解】

将鸡蛋放在平坦的桌面上旋转,如果是熟鸡蛋就容易在原地打转,如果是生鸡蛋就容易到处滚动。因为熟鸡蛋的内部已经凝固成一个整体,而生鸡蛋的蛋黄还在里面晃动,不稳定。

开动你的大脑

现在,让我们来测试你的快速反应能力。有一个问题:如果我们把圆形看作是1,那么八边形又是什么呢?

你知道答案是什么吗?

【游戏正解】

圆形是一条封闭的曲线,一条弯曲的封闭的曲线,因此八边形是8。

手会被烫伤吗

我们都知道,倘若将你的手放在100℃的沸水之中,即便只有一两秒钟的时间,你的手也一定会被严重烫伤。

现在你想想看,倘若你将手从正常的空气放入装有150℃的空气中,并在那里停留5秒,那么你的手会被烫伤吗?

【游戏正解】

手不会烫伤。因为当手放入沸水中的时候,手部周围的气膜会很快被沸水溶解,从而导致烫伤。而手放置在空气中,手部的空气膜不会迅速消失,因此,在很热的空气中短暂地停留,不会使皮肤受到伤害。烤箱就是这样的原理。

无色液体

实验课上,老师在一个烧瓶内放入两种透明而又互不相混的无色液体,然后对学生说:"已知其中一种液体为水,可是不知道它是处在哪一层,你们谁可以想出一个简单的办法加以分辨?"

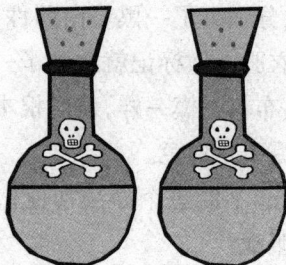

【游戏正解】

再加一点水,看水沉淀到哪一层,那么水就在哪一层。

顽童的把戏

有一个小顽童,他喜欢做一些自以为聪明的小把戏,经常将大人们逗得乐翻了天。有一次,小顽童弄出了这样一个把戏:将一根杠杆放在一只睡着的小猫的背上,将一个足球放在杠杆的左边,然后将一支正在燃烧的蜡烛放在杠杆的右边,这个时候,杠杆正好处于平衡状态,一动也不动。

请问,过一会儿,足球将滚向左边还是右边?

【游戏正解】

蜡烛燃烧完了之后,质量会大大减少,杠杆会向左边倾斜,因此足球会滚向左边。

巧妙反驳

很久以前,古罗马城陷入纷乱之中。这一时期,面对想在乱世称雄的儿子,他的母亲这样劝说道:"倘若你正直的话,就会被大众所背叛;但倘若你不正直,就会被神所遗弃。总而言之都不会有好下场,你就别强出头了。"这位坚强的儿子听了母亲的话后,不仅没有放弃自己的志向,而且还利用这番话中的盲点,最终说服了自己的母亲。

请问,他是怎样进行反驳的?

【游戏正解】

儿子说:"倘若我正直的话,就不会被神遗弃;倘若我不正直,就不会被大众所背叛。因此不管怎样,我都不会被遗弃和被背叛的。"

玻璃杯与硬币

这里有一个让你看上去"不可能完成"的思维游戏。第一步,将 1 枚 1 角的硬币放在铺好桌布的桌子上,接着在这枚硬币的两边各放 1 枚 1 元硬币,然后在这 2 枚硬币的中间,放上 1 个倒置的玻璃杯。放好玻璃杯之后,便可以做游戏了。你必须将那枚 1 角硬币从玻璃杯底下移出来,然而不可将玻璃杯和那 2 枚 1 元硬币移动。并且,你也不能通过别的东西,把 1 角硬币从玻璃杯下面推出来。

请问,你应该如何做呢?

【游戏正解】

把食指放在桌子上,其方向必须和这枚 1 角硬币相对。接着,将桌布轻轻地用手指抓动过来。如此一来,硬币就会逐渐朝相反的方向移动,不用多久,它就会从玻璃杯下面"走"出来了。

两个人过河

这天,杰克到山里面游玩,走着走着前面出现一条小河,但是却没有桥可以过河,于是四下查看,看到一只小船,正好能容一个人。这时候,又来了一个人,他也想要过河。他和杰克打了一声招呼,后来两个人都顺利地过河了。

你知道他们是怎样做的吗?

【游戏正解】

杰克和另外一个人分别在河的两岸。杰克过河之后,那个人只要划着船再过来就可以了。

贵夫人的狗

在摩洛哥城,住着一个贵夫人,她在那里有着相当高的地位。有一次,她特意从美国带回来一条小狗,名字叫做克莉。贵夫人希望将克莉培育成世界上第一流的名犬,听说德国哈根贝克有世界著名的动物园,于是她便把克莉送到那里"留学"。

训练完成之后,克莉回到了贵夫人的身边。不知道为什么,贵夫人的话,克莉居然一句也不听了,技巧动作就更不要说了。然而,在哈根贝克动物园的来信中,却是这样写着的:"只要贵夫人吩咐,那么要求克莉的动作大体上都可以做出来。"这件事真是太奇怪了,贵夫人为此陷入到无边的思考之中,究竟是为什么呢?

【游戏正解】

这条狗在哈根贝克是用德语训练的,听不懂贵夫人的话,不听指挥自然是理所当然的。

四个候选人

有一个非常著名的音乐剧团,在每一场戏剧开始排练之前,剧团负责人都会举行一场严格的演员选拔比赛。这次，剧团决定上演一场名叫《安吉拉》的戏剧，戏中需要一个扮演10岁安吉拉的小演员。导演最终确定了4个候选人，然而结果并不令人满意。从以下已知的线索，你能否推测出这些人的演出顺序、他们各自的职业，以及不适合扮演安吉拉的理由？

1. 第一个候选人的长相不够美丽，甚至可以形容为丑陋，导演认为，如果让她扮演安吉拉，那么安吉拉绝对就是一个十分错误的形象。并且，她不是过于成熟的保洁人员。

2. 第二个候选人是一个家庭主妇，但是她的名字不是贝尔蒂斯。

3. 图书管理员的身高和角色不符，因为她有1.8米左右。

4. 艾丽莎不能扮演安吉拉，原因是她怀有身孕。

5. 基辛珊娣是一家服装公司的助手。

6. 克斯洁尔是最后一个候选人。

【游戏正解】

第一个人是基辛珊娣，服装公司的助手，错误形象；第二个人是艾丽莎，家庭主妇，怀孕；第三个人是贝尔蒂斯，图书管理员，身高太高；第四个人是克斯杰尔，保洁人员，过于成熟。

乐队的人数

尼克松中学乐队正在进行排练。倘若4个人一排，就会有一个男生单独留在队尾。为此，乐队指挥决定将乐队改为3人一排行进，可是那个男生仍然孤单地走在最后一排。最后，乐队指挥又将乐队改为2个人一排行进，但情况还是如此。

这时有个人来到乐队指挥身边，说道："最好是让乐队按5人一排行进，这样你就可以避免一位乐队队员单独留在队尾了。"

乐队指挥按照这个人的方法，果然不再有队员留在队伍后面了。

请问，这个乐队到底有多少人？

【游戏正解】

将乐队总人数分别除以2、3、4之后，都会剩下余数1。符合这一条件的最小数字，一定比2、3、4的最小公倍数大1。12是2、3、4的最小公倍数，任何一个比12的整数倍大1的数，除以2、3、4，都会剩下余数1。

而一旦乐队以5人一排行进，这个时候便没有余数。由此可知，总人数一定可以刚好被5整除。下面是比12的整数倍大1的数：13、25、37、49、61、73、85、97、109、121、133、145……在这些数列中，我们便能找出可以被5整除的数。对于一个中学乐队而言，145人不免太多了，所以尼克松中学的乐队人数，最有可能的是25人或者85人。

到河边钓鱼

布朗、戴维、汤姆和杰克寄宿在一家公寓。他们一起到河边钓鱼，结果4个人总共钓了10条鱼。当他们把鱼交给房东，请她放到冰箱里的时候，房东注意到：

1. 布朗钓的鱼比杰克多。

2. 戴维和汤姆2个人钓的鱼与布朗和杰克钓的鱼一样多。

3. 布朗和戴维2个人钓的鱼比汤姆和杰克2个人钓的鱼少。

请问，他们每个人分别钓了几条鱼？

【游戏正解】

汤姆钓了4条鱼，布朗钓了3条鱼，杰克钓了2条鱼，戴维钓了1条鱼。

完美的回答

杰克是菲丽的未婚夫。杰克第一次去菲丽

家时，菲丽的母亲想考一考他的智力，便故意为难地对他说："如果有一天我和菲丽同时掉进湖里，而时间有限，你只能搭救一个人，在这个时候，你会先救谁呢，是我还是菲丽？"杰克听完，一时不知道应该如何回答，心里想道：如果说首先救菲丽，那么菲丽的母亲必定会生气，如果说先救菲丽的母亲，她也一定知道我只是在骗她。最后，杰克终于想到了完美的回答，菲丽与菲丽的母亲听后，都十分满意，大家都开怀大笑起来。

请问，杰克是怎样回答的？

【游戏正解】

杰克说道：先救未来的妈妈。这句话可以做两种解释，对菲丽母亲而言，是杰克未来的妈妈；对菲丽而言，未来结婚后有了孩子，当然现在就是未来的妈妈。

迷宫中的三岔口

有三个小孩不小心跑进了迷宫里面，走了很长一段时间，也没有找到出口。这个时候，突然前面出现了一个三岔口，每个路口都写有一句话。第一个路口写道："这里是迷宫的出口。"第二个路口上面写着："这里不是迷宫的出口。"

看完这两个路口标示后，三个小孩又看了第三个路口的标示，上面这样写道："另外两个路口的话，有一个是真的，有一个是假的，但我的话没有错。"

请问，到底选哪条路才能走出迷宫？

【游戏正解】

选择的前提为，承认第三个路口的话是真的。倘若第一个路口的话是真的，那么它就是迷宫的出口。这样一来，第二个路口也是真的，这就和第三个路口的标示相矛盾；倘若第一个路口的话是假的，那么第二个路口的话是真

的，这样便可确定第一、二路口均非通往出口的路。所以，正确的路应该是第三个路口。

河边的凶案

夏天的一个夜晚，远离村子的河堤上，甲、乙两个渔民一边乘凉一边闲聊。可能因为天气闷热，蚊子很多，咬得人心烦。没多久，两个人大吵起来。一气之下，甲拿起地上的石头就往乙的头部猛击，没想到一失手把乙打死了。

随后，渔民甲用草将乙的尸体盖住，迅速逃离了现场。当然逃走前，他将自己的脚印和指纹都抹掉了。第二天，警方发现了乙的尸体，到现场进行调查。谁都不知道甲、乙两人会吵架，根据甲的血液，警方很快就破案了。请问，警方是怎么做到的？

【游戏正解】

现场留下了被甲打死的蚊子。

兄弟分油

两个吝啬鬼兄弟分财产，就算是家里的一张饼都要从中间切开分成两半。当他们看到家中有两个一模一样的油瓶时，决定每人分一个。但是其中一只油瓶里面装着多半瓶油，两人想要平分这些油。在没有任何测量工具的情况下，他们应该怎么办呢？

【游戏正解】

他们可以将两只油瓶放到一个装满水的水箱中，让两只油瓶浮在水面上，将油瓶里面的油倒来倒去，最后两只瓶子浮出水面的高度相当时，里面的油就一样多了。

被拦阻的救护车

某一天晚上，多琳的丈夫心脏病发作了，她立即冲到公路中间拦车。没过多久，多琳就拦下了一辆从东往西行驶的救护车，可司机却说要去接一个危重病人，请她不要再拖延他的时间。于是，多琳与司机争吵了

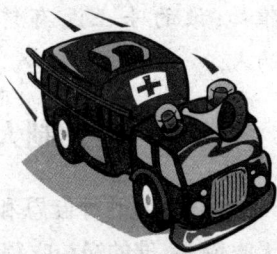

起来。

在这个时候，一辆堵截三名银行抢劫犯的警车刚好经过此地，看到这里的交通拥堵，便赶紧上前去加以疏导。救护车司机只好让车上的两名医生将昏迷的病人抬上担架。警长观察到：医生将患者抬上救护车的时候，患者的头朝外，脚向内。警长马上下令将他们逮捕，后来发现车上的急救箱里面还藏有许多的钱。他们正是警方要逮捕的三名银行抢劫犯。

请问，警长当时是怎样进行判断的？

【游戏正解】

正常情况下，医生把病人抬上救护车时，要让头部先进，然后再让身子进入，而银行抢劫犯的做法刚好相反。警长就是从这里看穿的。

生锈的水壶

一个风雪交加的夜晚，赌场老板邀请了一些朋友过来玩。每个人都把他们的钱放在面前的桌上。玩着玩着，灯突然灭了。当灯再点亮时，所有的钱都消失了。为了找回丢失的钱，赌场老板拿出了一把生锈的水壶，上面画有一条金鱼图案。

他让大家排队，关灯后依次触摸这把茶壶，并说道："当偷钱的人触摸茶壶的时候，茶壶就会发出声音。"然而大家触摸之后，并没有听到茶壶发出来的声音。于是赌场老板叫大家把自己的手摊开，看了看后，他终于发现是谁偷了钱。

请问，赌场老板根据的是什么原理？

【游戏正解】

这是一个生锈的水壶，无论谁触摸，手上都会留下锈迹。偷钱的人由于心里有鬼，当然不敢去触摸水壶，所以他的手是干净的。由此推知，谁的手上没有锈迹，那么他就是偷钱的人。

后发制人的杰夫

某日，大卫对吉恩和杰夫说："你们两个今天吃馒头，谁的馒头吃得多，谁就算赢了。"大卫

做了如下的规定：每个人一次最多只能拿两个馒头，吃完之后，才能再拿。把规则说完，吉恩就拿了两个馒头猛吃起来。

杰夫瞥了一眼，只见笼内还有三个馒头，就先拿一个吃了起来。吉恩在一边暗笑，心想：杰夫，你输定了。但没有想到的是，结果还是杰夫赢了。

请问杰夫是怎么赢的？

【游戏正解】

当吉恩开始吃第二个馒头的时候，杰夫手中的那个馒头快要吃完了，没过多久，杰夫就抓住笼内剩下的两个馒头，慢慢地吃了起来。这样一来，根据大卫的规定，杰夫赢得了这场吃馒头比赛。

收了假钞的店主

小卖部里来了一个顾客，挑了20元的东西。结账的时候，顾客拿出100元，店主看了看，说："我找不开，请稍等会儿，我去隔壁换一下。"很快，店主换成零钱回来，并找给顾客80元。顾客拿着东西就走了。

过了没多会儿，隔壁的老板过来找店主，并说："刚才的钱是假钞，你给换回来吧。"店主仔细看了看，还真是假钞。只好给隔壁老板换了张真钞。那么，请问这个店主赔了多少钱？

【游戏正解】

店主拿着顾客给的100元假钞找隔壁老板换零钱，之后隔壁老板又把100元假钞给回并拿走100元真钞。可以说，店主没有赔钱给隔壁老板。也就是说店主赔的是顾客给店主的100元假钞，加上找给顾客的80元，因此店主共赔了180元以及20元的东西（商品）。

三位爵爷的牌局

有三位爵爷，他们乘坐汽船"细菌"号到内海旅行，由于实在闲得太无聊了，因此A子爵提议大家打打牌消遣一下。第一局，A子爵败给了B男爵与C伯爵，后两人手中的钱数均翻了一倍。第二局，A子爵与B男爵赢了，他们两人的钱数也都翻了一倍。第三局，C伯爵与A子爵赢了，他们手中的钱数同样翻了一倍。每个

打牌的人都输掉了一局,赢了两局,最后,三个人手中的钱数一样了。结果,A 子爵发现自己输了 100 元。

请问,在刚开始打牌时,A 子爵手中究竟有多少钱?

【游戏正解】

使用倒推法,可以很容易解出这个问题。刚开始打牌时,A 子爵的手上一共有 260 元,B 男爵的手上一共有 80 元,C 伯爵的手上一共有 140 元。

下班后的妇女

有一位妇女,她通常都在下午 5:30 下班。下班之后,她到超市打了一个电话,然后乘坐 6:00 的火车,30 分钟后到达她居住的小镇车站。她丈夫每天都会开车过来,6:30 准时到车站接她,这时这位妇女正好从车上下来。

今天,这位妇女的下班时间竟然比平时早了 5 分钟,她没有去超市打电话,而是直接往车站走去,尽量赶上下午 5:30 出发、6:00 到达小镇车站的火车。因为她丈夫还没有赶到小镇车站,所以她决定先走一段路。她丈夫按照日常的时间从家里开车出来,没想到在半路上碰到了自己的妻子。他迅速调转车头,让妻子上车,然后就开车回家了,到家的时间比平时要足足早了 10 分钟。假设火车是准时到站的,这位妇女在丈夫接她上车之前,到底走了多长时间的路?

【游戏正解】

丈夫是根据日常的时间离家去接妻子的,那么肯定要比下午 6:30 早一段时间。由于全部的路程一共节省了 10 分钟,所以从丈夫接到妻子的地方到火车站与再回到原地所花费的时间是相同的。倘若单程花费了 5 分钟,那么与正常情况相比,他接到妻子的时间要早 5 分钟,即在下午 6:25。所以,妻子是从下午 6:00 开始,一直到 6:25,一共走了 25 分钟的路。

林肯的宿敌

林肯是共和党人,自从当上美国总统之后,他便大力启用民主党人安德鲁·约翰逊这位政治上的宿敌。对于这一现象,林肯身边的一位高级官员感到大惑不解,于是询问林肯:"为什么你不将这个人排除在外呢,这样不是就会少一个敌人吗?"林肯从容地说了一句话,这位高级官员听后,茅塞顿开,连连称是。

请问,林肯说了什么话?

【游戏正解】

林肯说的是:"安德鲁·约翰逊变成了我的朋友,那我不就少了一个敌人吗?"

爱鸟的男人

一个男人住在一座别墅里面,别墅周围是一片森林。有一天,这个男人死了,警长在现场发现了一份很潦草的笔记,看来这个男人是服毒自杀的。第一个发现男人死了的是他的前女友,他们已经有好几年没见面了。

别墅后面有很多的鸟笼子,鸟儿们不知道主人已经死了,它们依旧在快乐地歌唱。死者的前女友对警长说:"直到三年前,他都是爱鸟协会的主席。"警官听后,很快便得出了结论:"既然如此,那么这个男人的死是他杀,遗书一定是伪造的。"

请问,警长为什么会这么判断呢?

【游戏正解】

既然这个男人是爱鸟协会的主席,倘若是自杀,他必定会将鸟儿们放飞。没有人喂养的笼中鸟,只能是死路一条。爱鸟的人不会带着小鸟一起奔赴死亡。

声东击西

罗斯是一个国际走私者,每年他都从加勒比地区走私很多钻石。尽管如此,但从来没有被抓住。半年前,罗斯驾驶一辆汽车出现在海关。经过仔细的检查,海关官员发现罗斯提的三个手提箱都有伪装的夹层。

在两个夹层里面,分别藏有一个瓶子,里面装的东西均不一样:一个装着岩石标本,一个装有少量的牡蛎壳,还有一个夹层则装了玻璃屑。让海关官员大惑不解的是,罗斯是如何偷运这些东西的,并且每个月还要偷运两次。于是,海关官员叫来警长一起分析。看着这些东西,警长思索了很长一段时间,最后突然笑了笑说:"把这个老家伙拘捕了。"

请问这到底是怎么一回事?

【游戏正解】

海关官员一般都会认为走私物品都是要藏起来的,罗斯正是利用了这一点,用三个神秘的手提箱转移海关官员的视线。当他们猜不透原因时,却忽视了罗斯的车。是的,罗斯每月走私的就是用定期开过海关的车。

冰窟窿

气温接近零下 5 度,警长正在酒店附近的湖边散步。突然,一个浑身湿透的男人一边跑,一边对他喊道:"先生,我的朋友掉进冰窟窿里了,我跳下去找了好长时间,可是什么也没有发现。"听后,警长马上回到酒店去叫警员。

从酒店到事故现场大约有一千米,警员赶到时,他们发现在裂洞边只有一双溜冰鞋。那个人解释说:"我刚脱下鞋子,但他说还要玩一会儿。"只听警长严厉地说:"你杀了你的朋友,不要再装了。"

请问,警长是如何判断的?

【游戏正解】

温度如此之低,那个人的衣服早就该冻结了。因此可以推知,那个人杀死朋友后,回到酒店在身上洒了一些水,以此制造假象。

野外生存技巧

有一个老地质队员失踪了,人们一直试图寻找。初秋的一天早上,人们发现在森林中的一棵大树下,有一个帐篷。过去一看,老地质队员的尸体出现在人们眼前,似乎是被人杀死在这里的。

警察赶到现场,并进行了详细的调查。在得知死者的职业后,警察很快得出了结论,罪犯在其他地方将死者杀死后,把尸体移到了这里,并对现场进行了伪装。

请问,警察为什么会这么判断?

【游戏正解】

死者是经验丰富的老地质队员,不会在树下支帐篷。因为倘若天气有变化,有被雷击的危险。通过这一点,就可以确定为他杀。

与朋友的晚间聚会

汤姆有 9 个十分相熟的朋友,他们分别是简、西奥、玛莉、凯特、大卫、露茜、约翰、艾米莉、詹姆士。在接下去的 9 个星期六里面,汤姆想邀请他们一起吃晚饭,每次只请 3 个人,汤姆应该以哪种方法来安排邀请,才可以让这9 个朋友在自己家吃晚饭时两个人之间只碰一次面?

【游戏正解】

要想解决这个问题,你必须求出 9 个朋友的可能组合的数目。倘若非得用数学语言来表达的话,那么这个问题就包含一个"九阶的斯坦纳三倍数系统"。然而我们可以用更简单的话来表达,对于任意给定的朋友,至少要请 4 顿晚餐,这样才能见到全部 9 个人。

第 1 天——凯特、大卫、露茜

第 2 天——艾米莉、简、西奥

第 3 天——玛莉、詹姆士、约翰

第 4 天——凯特、艾米莉、玛莉

第 5 天——大卫、简、詹姆士

第 6 天——露茜、西奥、约翰

第 7 天——凯特、简、约翰

第 8 天——露茜、简、玛莉

第 9 天——大卫、西奥、玛莉

"15 点"游戏

乡村庙会已经正式开始了,为了娱乐观众,艺人卡尼事先发明了一种叫做"15 点"的游戏。

艺人卡尼先生说:"老乡们,快来玩吧! 规则非常简单,我们只要将硬币轮流放在 1~9 这些数字上,哪个先放都可以。为了区分开来,你们可以放镍币,我则放银元,谁首先将加起来为 15 的三个不同数字盖住,那么他就可以获得桌上全数的钱。"

我们首先看一下游戏的过程:有一个妇人首先将镍币放在了 7 上,由于已经把 7 盖住了,所以其他人就不可以再放在上面了。至于别的数字,一旦被盖住,也是一样。

卡尼拿起一块银元,将它放在 8 上。

前面那位妇人第二次把镍币拿起来,将它放在 2 上。之所以这样做,主要是她以为下一轮再用一枚镍币放在 6 上,就可以加成 15,这样就可以获得胜利了。然而艺人第二次却故意在 6 上面放下了银元,把妇人的路堵住了。现在,艺人卡尼只需要在下一轮中将银元放在 1 上就可以赢了。

对于这一威胁,幸亏妇人及时发现了,于是她又故意把镍币放在 1 上。

卡尼先生看到妇人的举动,笑了一下,接着镇定地将银元放在 4 上。妇人又发现,艺人下一轮只要将银元放到 5 上就可以赢了,于是她为了堵住他的路,妇人不得不把镍币放在 5 上。

之后,卡尼先生在 3 上放上了银元,由于 8 + 4 + 3 = 15,因此他获得了胜利。

对于这种游戏,该村的村长认为卡尼先生用了一种秘密的方法,从而使他在比赛的时候,怎么弄也不会输掉。只有一种情况可以输掉比赛,就是卡尼先生不想赢。

村长整个晚上都睡不着觉,为的就是把这一秘密的方法研究出来。突然之间,村长从床上跳了起来,高兴地喊道:"哦,那个人有一个秘密的方法,我猜得不错。我现在终于知道他是如何干的了。这方法太绝了,对方是根本没有办法赢得比赛的。"

请问,这位村长究竟找到了什么样的窍门呢?

【游戏正解】

这一游戏和在 3×3 幻方图上玩"井"字游戏很相似,如果两方都选择正确,就会和局。

超过两米的钓鱼竿

约翰和孙子去池塘边钓鱼,他们想坐公共汽车去郊外的池塘。然而,公共汽车禁止携带超过两米的物品,他们的鱼竿的长度却偏偏超过了两米。

然而,聪明的小孙子却想到了一个好办法,这样一来,爷孙两人便成功地登上了公共汽车,开始了他们的钓鱼征程。

请问他们到底是怎么做到的?

【游戏正解】

虽然鱼竿有两米长,可是只要将它斜着放到短于两米的长方形盒子中,就可以把它带到公共汽车上了。

破译密码

这件事情发生在 20 世纪 70 年代。"马格德堡"号是 Q 国的一艘巡洋舰,它不幸在波罗的海触礁沉入海中。G 国得知消息后,马上派出自己的潜艇到那里去搜索。在这只沉船里面,G 国的潜水员将很多死难者的尸体打捞了出来,其中有一具尸体,从身上的军装上可以知道他是一个中尉。在这具尸体的胸前，放着一只铅盒子，里面装有绝密文件。

将铅盒子打开之后，G国人员发现了三个密码本，一本是Q国的商用密码；一本是Q国海军用的战略密码；一本是Q国海军用的战术密码。这一重大发现让G国高兴不已，于是他们马上组织了一个密码分析机构，该机构直属于海军总部，直接由G国海军情报局局长雷金纳德·霍尔少将主持，代号是"04邮局"。这个密码分析机构召集了数十名语言学家、数学家和电脑技术专家，他们都可以称得上各自领域的权威。经过几个月的紧张工作，终于破译出了大部分的密码。

靠这三个密码本的帮助，从此之后G国截获了很多重大的情报，比如Q国在各大洋上舰队的战斗序列、火力分布，以及Q国派遣在世界各地的间谍的活动等。而对于这些事情，Q国还一直不知道，他们仍旧在继续使用那些密码。

有一次，G国截获如下一组密码："101 100 102 210 001 112"。这是Q国安排在E国的间谍发给祖国情报总部的一份情报。这份情报的内容有以下三个选项："盼归""寄款""买书"。值得注意的是，这组密码居然运用了汉语拼音的规律，并且这组密码还运用了三进位制。

请问，这组密码到底是什么意思？并详细说明理由。

【游戏正解】

这组密码的意思为寄款。题中已经说了，这组密码运用了汉语拼音的规律和"三进位制"。那么，汉语拼音的26个字母是不是可以用从1~6的阿拉伯数字来代替呢？我们不妨来试一下："盼归""买书""寄款"的汉语拼音分别为"pan gui""mai shu""ji kuan"。用阿拉伯数字代替这三组汉语拼音字母，分别是"16,1，14,7,21,9""13,1,9,19,8,21""10,9,11,21,1，14"。再将这三组数字换成三进位制，分别是"121,001,112,021,210,100""111,001,100，201,022,210"和"101,100,102,210,001,112"。最后一组数字和题目所组的一组密码一样，由此可知，这组密码的意思是"寄款"。

屋檐上的冰柱

入冬以来，小镇下了第一场雪，并且下得非常大，地上积了30厘米的雪。就在这个下雪的晚上，小偷盯上了一家银行，并盗窃了保险柜里面的所有现金。警方接到报案后，立即展开调查，很快就发现一个可疑的对象——他是个单身汉，两周前在银行附近的农舍租了一间房子。

第二天早上，两名警察来到他的住处。这房子看起来很简单，一些长长的冰柱挂在屋檐上。打开门，警长问这个男人："你昨晚在哪儿？"他说："前两天我出城了，早上刚回来，不到一小时。"看看房子的外面，警长严厉地说："别撒谎。"

请问，警长怎么知道单身汉是在说谎？

【游戏正解】

夜晚下雪，早上屋檐上就会有冰柱。这说明晚上在屋内使用了取暖设备。由于房子的内部和外部有很大的温差，因此屋檐上会迅速结起冰柱。

说谎的女人

星期六下午，约翰正在家里读一本书。门铃突然响了，他连忙去开门，一看原来是隔壁的玛莉。这是一个蛮不讲理的女人，只见她气势汹汹地对约翰说道："你的狗可不可以管好一点，它太可恶了！把我的膝盖都咬了！"

约翰不知道发生了什么事，于是向玛莉问道："请问你伤在哪里？"约翰这样问的时候，心里是这样想的：今天我的狗一直都守在我的身边，况且它是从来不咬人的。玛莉连忙撸起干净的裤子，将膝盖旁被咬的伤口露出来。约翰看了看伤口，然后很肯定地说："荒谬，你这怎么会是我的狗咬的伤口，你明显在撒谎。"

请问约翰为什么这么说呢？

【游戏正解】

倘若狗咬伤了玛莉，想想她的裤子还会这么干净吗？如果这是真的，那么玛莉根本不需要撸起裤子，伤口会清楚地被人看到。

黑色紧身裙

女乐手简正要开车出门时，突然被两颗子弹击中，当场死亡。第一颗子弹穿过了她的右大腿，黑色紧身裙上留下了一块很大的血迹；第二颗子弹穿过了她的胸部。这辆车内有一把大提琴。简的遇害时间为晚上 20 点左右，半个小时后理应是她出场表演。

邻居吉姆太太说："简与乐队的保罗闹掰了。她有一个星期没有练琴，琴放在车内一直没有动。这一次她不参加演奏。"乐队的保罗说："我们已经和好了，她答应演出，并同意和我一起去音乐厅。"售票员说："女乐手演出的时候，一般都要穿黑裙子和白衬衫，男乐手则要穿白色西装和黑色的裤子。因为曲目已经反复演了很多次，简完全可以在没有彩排的情况下表现得很好。"

听了一通之后，警官很快就知道谁在说谎了，他是如何知道的呢？

【游戏正解】

警长断定简不像保罗说的那样，因为大提琴手在演出的时候，是不可能穿紧身的裙子的。

船夫的谎言

从前有个商人，名叫皮特，他经常在外做生意。一天晚上，皮特雇好了船夫，准备天一亮就出行。第二天天还没亮，皮特带着很多银子，便

离家了。

太阳照在东窗上，皮特的妻子正在屋里缝衣服。忽然，听到有人急急地敲门喊道："皮特夫人，快开门！"皮特夫人开门后，只听赶来的船夫问："夫人，天不早了，皮特老板怎么还不上船啊？"顿时，皮特夫人感到五雷轰顶，镇定片刻后，她同船夫来到河边。小船在河边停着，却不见皮特的身影。随即，皮特夫人到警察局去报案。听了她的话，警官断定有人将皮特陷害了。那么，谁是凶手呢？

【游戏正解】

船夫去找皮特，敲门时喊的却是"皮特夫人"。这说明，船夫知道皮特不在家，因此凶手就是船夫。

从来没有听说过

警长与助手开车来到一家公寓门前，然后按了按门铃。十分凑巧的是，开门的正是他们要找的麦莉女士。助手说："你知道杰西吗？我们从拘留所过来，他说他认识你。"麦莉坚定地回答："我从来没有听说过这个人。"警长对她说："杰西抢了银行 20 万美元。他已被抓获，他告诉我们钱给了谁。"

麦莉回答："我对抢劫银行的事情没有兴趣，更不认识这个叫杰西的人！"助手说："那么他为什么要说把钱给你了？"麦莉突然跳了起来，厉声说道："我要起诉你！我不知道维·杰西！"警长严肃地说："你被捕了，你刚才犯了一个致命的错误。"

请问，麦莉所犯的错误是什么？

【游戏正解】

麦莉一再说自己不认识杰西，但她又说出了杰西的全名。十分明显，她认识杰西。

哪个价格记错了

一个农夫做了一个三角形的鸡圈,这个鸡圈是用铁丝网绑在插入地里的桩子上而做成的。鸡圈各边的桩子的间距都是一样的,很多等宽的铁丝网则绑在这些等高的桩子上。

这个农民在笔记本上做了如下的记录:

1. 面对仓库那一边的铁丝网的价钱:10 元。

2. 面对水池那一边的铁丝网的价钱:20 元。

3. 面对住宅那一边的铁丝网的价钱:30 元。

4. 我在买铁丝网时,用的全是 10 元面额的钞票,店家没有找零钱。

5. 我为鸡圈各边的铁丝网所支付的 10 元钞票的数目都不一样。

6. 在我所记录的三个价格中,有一个其实记错了。

请问,是哪一个价格记错了? 真实的价钱又是多少?

【游戏正解】

根据记录 1、2、3、6,三角形鸡圈三条边的长度之比为 1:2:3,但是其中有一个数是不正确的。根据记录 4,错误的数字可以代之以一个整数。根据记录 5,错误的数字必须代之以大于 3 的整数。如果以大于 3 的整数取代 2 或 3,那么就不可能构成一个三角形,因为三角形任何两边之和必定会大于第三边。

因此 1 是错误的数字,也就是说,"面对仓库的那一边铁丝网的价钱 10 元"记错了。如果用大于 4 的整数取代 1,仍旧无法构成鸡圈。但是,如果用 4 取代 1,那么就可以构成一个鸡圈了。因此,面对仓库的那一边铁丝网的价钱并非 10 元,而是 40 元。

摆出三角形

数学课上,老师拿来了三根长短不一的木棍。随后,老师测量了三根木棍的长度,分别

是:3 厘米、5 厘米和 10 厘米。

老师曾经给同学们讲过,三角形的两条边长度之和一定大于第三条边。可是现在,老师又要求同学们用这三根木棍摆出一个三角形,并且不能截断三根木棍。

那么,老师的要求可以完成吗?

【游戏正解】

老师只是要求使用木棍摆出三角形,可是没有说过三根木棍一定要全部作为三角形的边。只要将长的那根留出多余的部分,照样能摆出三角形。

酒的分配

芝加哥北部最聪明的烈酒走私者是斯威夫特·奥布莱恩,他将班尼最好的 20 箱烈酒送到他选出的 4 个客房中。他是如此分配的:

1. 与荷兰人的咖啡厅相比,汉拉迪的酒吧获得的酒要多 2 箱。

2. 和萨尔的酒吧相比,埃德娜的海德威酒吧要少 6 箱。

3. 和汉拉迪的酒吧相比,萨尔的酒吧要多 2 箱。

4. 和埃德娜的海德威酒吧相比,荷兰人的咖啡厅要多 2 箱。

请问,这几个酒吧各自得到了几箱酒?

【游戏正解】

斯威夫特是按照如下方式对酒进行分配的:萨尔的酒吧得到了 8 箱,与汉拉迪的酒吧相比,前者要多出 2 箱;汉拉迪的酒吧得到了 6 箱,与荷兰人的咖啡厅相比,前者要多出 2 箱;荷兰人的咖啡厅得到了 4 箱,与埃德娜的海德威酒吧相比,前者要多出 2 箱;埃德娜的海德威酒吧得到了 2 箱,与萨尔的酒吧相比,前者要少 6 箱。

滑落的雪块

洛克给好朋友警长打来电话,并说:"你赶紧过来帮帮我,刚才一个窃贼把我打了,快不省人事了。"踩着厚厚的积雪,警长来到洛克家。洛克躲在宽大的沙发椅中。警长开门见山地问:"发生什么事了吗?"

"我刚才听到从已经空了好些年的谷仓那边不时传来阵阵好似敲打谷仓门的声音。我过去看了看,一切都很正常。可当我正返回时,窃贼在我头上使劲敲了一下,醒来后,我就报警了。"在漫天飞雪中,警长看到谷仓门口洛克倒地后的痕迹。随后,警长说:"哪有什么窃贼,你在做什么?"这是怎么回事呢?

【游戏正解】

在雪地上,警长只看到洛克的脚印。他还看到,积雪不断地从谷仓的屋顶上滑落下来,掉在洛克所说的被袭击的地方。原来,洛克只是被屋顶上掉下的雪砸伤了,洛克以为是外人闯入的声音。

逗笑国王的笑话

曾经有一个百无聊赖的国王下了一道圣旨:"谁可以讲一个让国王哈哈大笑的故事,那么他就会获得 10 两黄金的赏赐;倘若不能逗得国王开怀大笑,那么就会挨上 100 大板。"公告一出,很多皇族大臣便跑去讲笑话,但是没有一个人成功,全都被挨了 100 板子。

有一个十分聪明的人,名叫杰西,他听到这个消息之后,便主动要求进宫给国王讲笑话。但是杰西只是一介平民,进宫面圣不是一件容易的事。有位大臣对杰西说道:"我可以帮助你进宫,但如果你赢得了赏钱,必须分给我一半。"杰西当即点头答应了。

杰西终于顺利进宫面圣,他接连说了三个笑话,但是并没有把国王逗笑,相反还使国王十分恼怒。之后,国王便命令卫士给杰西打 100 板子。打到 50 板子的时候,杰西便大声喊道:"国王,请停手! 我有话要说。"国王听后,便命令卫士停手,让杰西说话。杰西说了几句话之后,国王便开怀大笑起来。最终,杰西获得了 10 两黄金的奖励。

请问,杰西最后对国王说的是什么话?

【游戏正解】

杰西说:"大臣已经和我说定了,他要与我平分您给我的赏赐,您奖励我的 100 板子,我已经拿了 50 板子,万分感谢。剩下的 50 板子,就如数分赏给您的大臣吧! 他一定也会万分感谢

您的赏赐的。"

列车准点到达

罗宾在某火车站卖东西,每天都非常辛苦,也十分熟悉来来往往的列车状况。某日,他偶然发现有一列火车竟然准时到站了。他马上跑到列车员的面前,说道:"来,抽一根烟,我恭贺你,我在这个站台上混了 15 年,这还是第一次碰到列车准点到达。"然而列车员却说道:"烟还是你自己留着吧!"之后又说了一通话,让罗宾顿时哭笑不得。

请问,列车员究竟说了什么话?

【游戏正解】

列车员说:"准点倒是准点,但它本该是昨天这时候就到的!"

农夫喂猪

有一个农夫在家里养了一头猪。他每天都给猪喂馊水吃,结果"动物保护协会"的工作人员找上了门,罚了老农一万块钱,理由很简单,就是虐待动物。后来,农夫改变了喂食的策略,天天给猪喂天山雪莲吃,结果"动物保护协会"的工作人员又找上了门,老农又被罚了一万块钱,这次理由有所不同,主要是浪费了粮食。

某日,"动物保护协会"的工作人员又来到了农夫家里,并问农夫现在给猪喂什么吃。农夫说了一句话,让那些工作人员哭笑不得。

请问,农夫是如何回答的?

【游戏正解】

农夫回答道:"我不知道应该给猪喂什么,我只是每天给它 100 块钱,让它自己到餐馆去吃。"

圣经推销员

一个推销商雇了三个人,让他们替自己到

外推销《圣经》。在这三个人中，其中有一个是结巴。

一天的推销工作结束之后，第一个雇员跑到推销商那里，对自己的工作成绩进行了报告："我今天推销出去了8本《圣经》。"

第二个雇员也跑到推销商那里，对自己的工作成绩进行了报告："我今天推销出去了11本《圣经》。"

第三个雇员也跑到推销商那里，对自己的工作成绩进行了报告："我、我、我今、我今天、天、天推、推销了、了、了2、2、28、8本、本圣、《圣经》。"

"非常好，"推销商说，"相比于那两个懒鬼，你的成绩真是好得太多了。你一定有什么诀窍与推销技巧，不如告诉大家，让大家一起学习吧？"

请问，第三个雇员会说些什么？

推销《圣经》

【游戏正解】

第三个雇员说道："我、我、我只、只是、只是、只是走、走、走上、上前、敲、敲开、敲开别、别人、别人的家、家门、向、向、向他、他、他们读、读、读一、一段圣、《圣经》《圣经》中的故、故、故事、然、然后礼、礼貌、礼貌、礼貌地、地问、他、他们、他们是、是、是想、想买、买一本、买一本自、自、己、自己看呢？还、还是、还是想、想、想听我、我、我继、继续、续、续往、往、往下、下、往下读。"

提前到站的火车

有一天，汤姆为了给杰克送货，决定乘火车到达某一个地方去。原本两人已经说好了，杰克到火车站来接汤姆，可是火车却提前进站了，因此汤姆只能尝试一个人往杰克住的地方走。大概走了半个小时，这个时候就迎面撞上了杰

克，杰克把东西接过来，没做丝毫停留掉头就往回走了。当杰克回到家里才意识到，相比平时，这次接货回来的时间足足早了10分钟。那么，相比平时，这天的火车究竟早到了多长时间呢？

【游戏正解】

杰克回到家的时间提前了10分钟，这意味着他从遇到汤姆到火车站这段路程来回需要10分钟。因此，从两人相遇的地方到火车站，步行需要5分钟。换句话说就是，按照以前的时间，再过5分钟火车应该就到站了，然而这个时候火车已经到站15分钟了，也就是汤姆走的这段时间。因此，相比平时，这天的火车到站总共提前了20分钟。

老人的宠物

有一对老夫妇非常喜欢步行锻炼，每天都会一起在街道上走路。老头的步行速度为6千米/小时，老太太的步行速度则为3千米/小时。

有一次出外旅游，老两口把他们的宠物——一只可爱的小卷毛狗也带了出去。有一天早上，老太太一个人离开旅馆，沿着一条马路开始步行。在老太太步行了3千米之后，老头也带着狗从旅馆出来了，也沿着同一条马路开始步行，而小卷毛狗则在老俩口之间不停地跑来跑去，速度大概为10千米/小时。当老头追上老太太的时候，小卷毛狗一共跑了多少千米？

【游戏正解】

从表面上来看，这道题目好像十分复杂，然

而你只要找到了正确的思路,那么解答起来其实非常简单。老头赶上老太太所需要的时间是半个小时。换句话说就是,小卷毛狗在两个老人之间跑来跑去的时间一共是半个小时,又因为小卷毛狗的速度为 10 千米/小时,因此小卷毛狗总共跑了 5 千米。

摆摊售秘法

有个大师在大街上摆摊,现场出售三条秘法:一是持家必发;二是饮酒不醉;三是生虱断根。秘法的"秘诀",都用厚纸密封着,郑重其事地摆在摊上,每包上面的标价皆为铜钱 300。凡是买"秘诀"的人拿回家拆开一看,发现里面只写着六个大字。他们个个都哭笑不得,大喊自己上当了。

请问,这六个大字究竟是什么?

【游戏正解】

六个字是:勤俭,早散,勤捉。

环球旅行

珍妮非常喜欢旅游,每逢节假日,她就会背上行囊,拿上相机,云游四海。公司一年一度的休假日又快要到了,珍妮又计划着到什么地方去玩玩。珍妮带着向往的神情对朋友说道:"国内很多地方都已经去了,倘若可以到国外去走走,那该多好呵!"朋友听到后则说:"珍妮,我有一条妙计,一般情形下是不会告诉任何人的,但看你如此旅游,我就破例贡献给你。只要根据我的做法行事,那么你就可以没有任何困难地畅游全世界了。"珍妮说:"真的可以吗?那么快点告诉我!"

请问,珍妮的朋友说出的到底是什么样的妙计?

【游戏正解】

朋友让珍妮在地图上走走。

吃剩下的西瓜皮

安妮赶了很长的路程,口非常干渴,于是便在卖西瓜的小摊上买了一个西瓜,坐在石头上大吃了起来。这个时候,旁边还有其他一些熟人在吃西瓜。他们想戏弄安妮,于是便都偷偷把西瓜皮扔到了安妮脚下。吃完西瓜后,有一个人便说道:"大家看一看! 安妮真是一个吃货,居然吃剩下这么一大堆的西瓜皮。"周围的人听到这么一句话,不禁都捧腹大笑起来。但是在这个时候,安妮却不慌不忙地说出了一句话,众人听后,皆哑然失笑。

请问,安妮说的是什么话?

【游戏正解】

安妮说:"看来,我没有你们那么馋,要不你们怎么连西瓜皮都吃下去了呢?"

走私的老人

有一个老人,每天都会从加拿大跑到美国去,行动方式是骑着一辆摩托车。边界警察感到非常奇怪,有一天就把那个老人拦住了,严肃地问道:"你每天背上背的那个包袱里面究竟放的是什么东西?"老人说是沙子,警察不信,于是将包袱打开,一看,果然装的是沙子。此后,又相继检查了几次,结果还是沙子。终于有一天,这些边界警察再也无法忍受下去了,再次拦住那个老人,凶狠地说道:"你给我老实一点,告诉我,你是不是在进行走私活动,如果说

25

了，我们就不会抓你！"老人说："是的，我是在从事走私活动。"警察再问："那你究竟在走私什么呢？"

请问，老人的回答是什么？

【游戏正解】

老人是这样回答的："我走私的是摩托车！"

字母代表什么数

在下述数学算式中，相同的字母代表着相同的数字：

ABCDE × 4 = EDCBA

请问，几个字母分别代表什么数？

【游戏正解】

$21978 \times 4 = 87912$

一种全新的邮票

有一个邮票设计家打算设计一种全新的邮票，这种邮票有一个很大的特色，即6张都是连着的。这个邮票设计家的设计理念是这样的：希望能够从6张中的任意一张或相连的几张组合出各种金额，如1元、2元、3元……N元等。N的值越大越好，每张邮票的面额均没有上限。这位邮票设计家制作完之后，心里非常高兴，认为这组邮票可以单一的一张或相连的数张组合成1~32元的所有金额。但是认真核对之后，他发现了一个情况，其中有一种金额，这个邮票却无法组合出来，他为此感到很遗憾。6张邮票的面额依次是1、3、2、7、9、10，呈两行排列。必须清楚的是，组合的时候邮票的边缘一定要相连。

请问，在1~32元的所有组合中，到底是哪一种金额无法组合出来？

【游戏正解】

不能组合出来的金额为18元。虽然7元、2元和9元邮票能够组合成18元，然而它们并没有相连在一起，因此不符合题目的要求。

一共停车多少次

有一辆公交车，上面乘有16个人。当公交车驶进车站时，有4个人下车，同时又有4个人上车；再下一站，有4个人下车，同时又有10个人上车；在下一站，11个人下车，同时又有6个人上车；在下一站，4个人下车，同时又有4个人上车；在下一站，8个人下车，同时又有15个人上车。

请你继续计算：公交车一直向前行驶，到了下一站，有6个人下车，同时又有7个人上车；再下一站，有5个人下车，这时没有人上车；再下一站，1个人下车，同时又有8个人上车。

请问，这辆公交车总共经过了几站？

【游戏正解】

开始计算时，如果你被众多的数字缠绕住了，那么你也许极为困惑，思路也特别混乱，不知道哪些信息是有用的。事实上十分简单，这辆公交车一共经过了8个小站。

快递货物

布朗是一个快递公司的员工，他要将一批货物运送到客户家中，他骑的是一辆三轮摩托车，路程大概为5万千米。由于山路十分难走，只能行驶2万千米，车轮就不能再用了。布朗只有5个备用轮胎，并且在山路行驶过程中，根本就没有更换轮胎的商店。

然而，布朗却奇迹般地利用这8个轮胎，将货物成功地运送到了客户家中。

请问布朗是怎么做到的?

车轮不能用了,这可怎么办?

【游戏正解】

倘若每过 5 000 千米,就换一次轮胎,这样所有轮胎可以使用 4 次;而原来三轮车上的 3 个轮胎加上 5 个备用轮胎一共 8 个轮胎,把这 8 个轮胎分别编上序号。按以下顺序更换轮胎:123、124、134、234、456、567、568、578、678。这样一来,正好可以行使 5 万千米。

糊涂的审判长

一名罪犯由于犯了抢劫、杀人等罪,而被法庭判处终身监禁。然而被告人的律师拼命为其辩护,说被告人杀人之后,却在第一时间把受害人送到了医院,应该减轻他的刑罚。而原告却不同意这一主张,坚决反对从轻处罚,强力支持原判。

双方各持己见,互不相让,这下可把一直犹豫不决的审判长难住了。这个审判长有些糊涂,他最终做出了一个奇怪的判决:"既然双方一半反对,一半赞成,那么就判处他一半终身监禁。"

很多人都是第一次听到这个奇怪的刑罚,因而大惑不解,为此,审判长只能向大家做了一番解释。

请问这个糊涂的审判长是如何解释的?

【游戏正解】

审判长是这样说的:所谓一半终身监禁,就是应该让犯人坐一天牢,然后释放回家一天,接着再坐一天,再释放回家一天,这样下去,直到他死为止。

一幅名画

某天,商人阿比盖尔从当地一家画廊买下

了毕加索的名画《梦》。这幅画享誉全球,是无可置疑的经典之作,为了这幅难得的作品,阿比盖尔付出了 90% 的"账面"价值。有一个画家一生都痴迷于毕加索作品,当他看见这幅画后,想将其买下,说愿意支付高出作品"账面"价值 25% 的费用。对于这笔交易,商人阿比盖尔毫不犹豫地答应了,这样一来,他便从中赚到了 105 亿美元。请问这幅名画的账面价值到底是多少?

【游戏正解】

90% 的账面价值和 125% 的账面价值之间相差 35% ,而 35% 相当于 105 亿美元,因此 1% 就是 3 美元。所以,原来这幅作品的账面价值是 300 亿美元。

两辆大货车

有两辆大货车,分别以甲乙标示,它们要将货物从 A 地运送到 B 地,因为运送货物的特殊性,公司要求两辆车一定要同时到达货运地点。甲乙两辆大货车走的是同一条线路,乙先发车在前,甲后发车,甲车从来没有超过乙车,乙车也不曾超车,一直按照标准速度行驶,然而甲却收到了交警给出的超车罚款。请问这样让人匪夷所思的事情是如何发生的?

【游戏正解】

也许会出现如下情况:比如,甲车在途中出

现爆胎、无油等故障,在路上停了一段时间。当车修好后,为了追上乙,不得不加速行驶,最终导致超车了。虽然,甲车没有超越乙车,但是交警还是会进行适当的惩罚。

点兵的故事

汤姆有一支千人以上、万人以下的军队。有一次在点兵的时候,汤姆发现了一个问题,如果每行有 3 个人,那么就会多出 2 个人来;如果每行有 5 个人,那么就会多出 4 个人来;如果每行有 7 个人,那么就会多出 6 个人来;如果每行 9 个人,那么就会多出 8 个人来;如果每行有 11 个人,这个时候就没有余数了。

请问,汤姆一共有多少个兵?

【游戏正解】

2519 个士兵。

先求出 5、7、9 的最小公倍数,经过计算为 315,然后再取 315 的倍数。3,4……再减去 1,可以被 11 整除的就是军队人数。

$2519 \div 3 = 839$,还有 2 个人剩下来;

$2519 \div 5 = 503$,还有 4 个人剩下来;

$2519 \div 7 = 359$,还有 6 个人剩下来;

$2519 \div 9 = 279$,还有 8 个人剩下来;

$2519 \div 11 = 229$,刚好被整除。

爱吃泡泡糖

琼斯夫人有一对双胞胎儿子,都非常喜欢吃泡泡糖,因此每当她路过泡泡糖出售机时,都尽可能地不让两个儿子有所察觉,但往往事与愿违。大儿子比利看到泡泡糖出售机后,便对琼斯夫人说:"妈妈,我要吃泡泡糖。"二儿子杰克看到后,也向琼斯夫人说道:"妈妈,我也想吃泡泡糖,我要和比利一样,拿相同颜色的泡泡糖。"然而这个时候,分币泡泡糖出售基本上已经空了,里面只剩下 4 粒白色的和 6 粒红色的泡泡糖,下一粒泡泡糖究竟是什么颜色,这还真是说不准。

每粒泡泡糖需要 1 分钱,要想确保得到 2 粒相同颜色的泡泡糖,琼斯太太至少要准备花多少钱?琼斯太太花 6 分钱,是不是准可以得到 2 粒红色的糖?或者她花去 8 分钱,一定可以得到 2 粒白色的糖,因此她必须花 8 分钱?

答案到底是什么呢?

【游戏正解】

如果你这样想,那就大错特错了。这主要是因为,琼斯太太并不一定要得到 2 粒红色或者白色的糖,她只想要 2 粒同色的糖。即便先取到的是 2 粒不同颜色的糖,第 3 粒也一定会和前 2 粒中的某一粒是同一颜色。因此,琼斯太太最多只需要花费 3 分钱。

免费的鱼翅宴席

有 10 个人来到一家海鲜楼聚餐,由于不知道应该如何就座,所以发生了争论。有的人主张根据资历的长短来就座,有的人则主张按照年龄的大小来安排座位,甚至还有人主张根据个子的高矮来就座。

餐厅老板看到他们为此不停地争论,于是以和事老的身份对他们说道:"各位顾客们先别吵了,随意坐难道不更好吗?"

10 个人听后,于是随便找个座位坐了下来。老板又对他们说道:"你们可以记下现在就座的次序,明天到这里聚餐时,再按照另一种次序就座,后天再根据第三种次序就座,反正每次进餐的时候,都应该按照新的次序就座。倘若哪一天每个人都坐在现在所安排的座位上,那么本店就会免费招待你们,给你们办一桌最昂贵的鱼翅宴席。"

请问,需要多长时间,海鲜楼的老板才会给他们办一桌免费的鱼翅宴席吃?

【游戏正解】

其实是不能实现的,原因在于这排座位的数字太大了,它是 10! $10 \times 9 \times 8 \times 7 \times 6 \times 5 \times 4 \times 3 \times 2 \times 1 = 3\ 628\ 800$,这个数字的天数相当于 1 万年。

动物公交车

两人一组,甲把下面的这些题目念给乙听,然后便让乙回答问题。题目是这样的:一辆动物公交车从始发站开出时,车上一共有一头大象、两条蛇和一头河马。

第一站:下一头大象,上一只老虎。

第二站:下一头河马,上一匹马。

第三站:下两条蛇和一头老虎,上两只老鼠。

第四站:下一匹马,上一只兔子。

第五站:下一只老鼠,上一头鸡。

第六站:下一只老鼠,上一条狗。

问题:

1.开车的时候,车上总共有哪几种动物?

2.在第一站,下了哪些动物?

3.两条蛇是在哪一站下的?

4.最后一站到底上了哪种动物?

5.汽车总共经过了几个小站?

6.在这道题目中,一共出现了几种动物?

【游戏正解】

1.大象,蛇,河马;2.大象;3.第三站;4.狗;5.7 站;6.10 种。

数字之间的关系

14、39、76、59、24、62、86、92、49、34、96

请在一分钟之内,记住上面的数字。只需全部记住就行了,顺序可以不用管。

【游戏正解】

可以将上列这组数分成如下 4 类:1.个位数都是 4 的,十位数分别是 1、2、3 的——14、24、34;2.个位数都是 9 的,十位数分别是 3、4、5 的——39、49、59;3.个位数都是 6 的,十位数分别是 7、8、9 的——76、86、96;4.个位数都是 2 的,十位数分别是 3、6、9 的——32、62、92。找出数字之间的关系,这样就便于记忆了。

倒红酒的游戏

15 世纪有一道经典题目,具体是这样的:

起初,9 升罐是满的,5、4 和 2 升罐是空的。游戏的目的是将红酒平均分成 3 份(这会让最小的罐留空)。由于这些罐都没有标明计算刻度,因此只能用如下方法倒酒:让一个罐完全留空,又或者是完全注满。如果将红酒从一个罐倒入两个较小的罐中,或者从两个罐倒入第三个罐,这两种方式的每一种都算是两次倒酒。

请问,至少倒多次酒,才可以达到目的?

【游戏正解】

只需要倒 6 次,就可以解决问题。有 4 种不同的方法,其中一种解法是这样的:将 9 升罐红酒倒入 4 升罐中,倒满为止;将 9 升罐红酒倒入 5 升罐中,倒到 4 升为止;将 4 升罐红酒倒入 5 升罐中,倒满为止;将 5 升罐红酒倒入 2 升罐中,倒满为止;将 2 升罐红酒倒入 9 升罐中,倒完为止。

富裕的城市

有一次,一个世界闻名的大钢琴家到某城市进行演出,结果他发现观众席上有很多的空座位,这个时候,现场的气氛很是尴尬。钢琴家灵光一闪,便对观众说道:"我猜想你们这个城市的人,一定都非常有钱。"接着又说了一句话,话刚刚说完,大厅里面一下子就充满了笑声,大家也随之为钢琴家鼓起掌来。就在这样一种和谐的气氛中,音乐会正式开始了。

这位钢琴家通过一句话,就将尴尬的场面消除了,请问他到底是怎么说的?

【游戏正解】

这位钢琴家随后接着说:"我看到你们每个人都买了两三个座位的票。"

欠银行1美元

格林先生找到银行经理,对他说道:"刚开始的时候,我将100美元存在了银行里面,可是取完钱之后,看一下记录,发现还欠了银行1美元,你不妨看一下这些数据。"

银行经理接过小纸条,上面这样写着:

取款额	存款余额
50	50
25	25
10	15
8	7
5	2
2	0
100	99

银行经理看完后,便笑着说道:"你并没有欠银行1美元。"

请问问题到底出在哪个地方?

【游戏正解】

格林先生的最初存款,并不一定要与每次取款后余额的总和相等。右栏的总和是100美元,这事实上只是一种巧合而已。要想看清这一点,同学们可以列出具有一系列不同取款额的表格,如下:

取款额	存款余额
99	1
1	0
100	1

从上表我们可以发现,左栏的总和都是100美元,而右栏的总和有时候会很大,有时候却很小。

打铁罐比赛

集市上有一个货堆,上面摆着9个铁罐,每个铁罐上都标有一个数字。将铁罐3个3个地垒在一起,数字显示为8、10、7;10、7、9;7、9、8。

每位参赛者只可以打3枪,每枪只能将1个铁罐打落,如果一枪打落两个或两个以上铁罐,那么就算失败了。比赛者打掉第一个铁罐后,他所得的分数就是这个被打掉的铁罐上的

数字;比赛者打掉第二个铁罐后,那个被打掉的第二个铁罐上的数字的2倍就是他得到的分数;比赛者打掉第三个铁罐后,那个被打掉的第三只铁罐上的数字的3倍即是他得到的分数;三枪所得的分数之和必须为50,一分不多,一分不少,这样才能得到奖项。

请问,比赛者应该打落哪三个铁罐?又必须根据什么顺序来打呢?

【游戏正解】

想要让3枪得分的总和为50分,只有一个办法,就是首先打落右边的7号罐,然后再打落最左边的8号罐,最后再打落最右边已经露在上面的9号罐。第一枪为7分,第二枪为8×2=16分,第三枪为9×3=27分。这样加起来就是50分。

爱迪生火攻俄军

一天,俄国侵略军来攻打美国,士兵都不在,城里只有老幼妇孺,他们把救命的希望寄托在爱迪生身上,要他想办法把敌人赶跑。

爱迪生看到俄国的战船越来越近,船上的风帆不久前刚上过油,再一抬头,看到火红的太阳正强烈地刺痛自己的双眼。他灵机一动,说:"要退俄军,需用火攻。"他指挥大家一齐行动,不一会儿,俄军船上的风帆就都烧起来了,俄军原本不善水战,纷纷坠入河流淹死了。你知道爱迪生是用什么计策巧妙地打赢这场仗吗?

【游戏正解】

爱迪生让大家拿起镜子,多面镜子把阳光集中反射到一点——敌船的风帆上,使这个点的温度迅速升高,上过油的风帆就很容易燃烧

起来了。

中间的音符

钢琴课上,音乐老师为了活跃课堂气氛,出了一道十分有趣的问题。她对大家说:"我的双手分别弹向钢琴的两端时,通过什么办法,可以让一个音符突然出现在键盘中间?"同学们听完后,便讨论了起来。没过多久,艾莉卡举手回答道:"除非有第三只手,不然是根本无法办到的。"

老师摇了摇头,说道:"不,这个问题是可以解决的,你们再仔细想一想。"这个时候,安吉莉亚举手回答:"老师,我有一个办法。"

请问安吉莉亚的办法是什么?

【游戏正解】

安吉莉亚的办法是,当弹到那个音符的时候便低下头,用鼻子弹出那个音符。

不要欺骗盲人

一个盲人走进咖啡店,点了一杯咖啡,然后坐下来。不一会儿,咖啡端来了。盲人对服务员说:"这杯咖啡不够热,请给我换一杯热的。"过了一会,咖啡又端过来了。盲人生气地对服务员说:"你为什么不换,这杯还是刚才的。"

服务员的侥幸心理,并没有把盲人骗过去。然而咖啡杯并无破损,也没有明显的特征;通过杯子的温度也无法识别就是原本的那杯;盲人也未曾在原来的杯子上留下黏性的标记,也没有在咖啡杯上涂上奶油。

请问,盲人是如何进行判断的?

【游戏正解】

他在这杯咖啡中加了自己带的具有独特甜味的糖。

求婚者

英国国王查理斯经常向求婚者提出各种刁钻的问题,因此从来没有人敢随意跟国王提起公主的婚事。

邻近几个国家的国王让自己的儿子向国王求婚,请求迎娶公主。国王决定考验一下几位王子的智力,对他们说:"这是一颗曲明珠,中间有一条弯曲通道,你们谁能把丝线穿过通道,就有机会向公主求婚。"

众位王子试了之后都没能成功。轮到德国王子波利·威廉,却顺利地将丝线穿了过去,他是怎么做到的呢?

【游戏正解】

他在地上找到一只蚂蚁,把蚂蚁拿起来,用丝线系住蚂蚁的腰,把蚂蚁放在珠子的一端洞口,再找来一些蜜,抹在另一端的洞口,蚂蚁闻到蜜香,就渐渐地往洞里钻,当它到达洞的出口时,丝线也被带出了洞口。

灯泡的体积

爱迪生是一位伟大的发明家。有一天,他将一个没有灯口的灯泡递给了身边的助理,然后让助理将灯泡的体积测量一下。过了很久,也不见他助手向他汇报情况。于是他走到助手那里,看到助手正在草稿纸上认真地演算。这时,爱迪生立即拦住了助手,说自己通过一种非常简单的方法,就把灯泡的体积测出来了。

请问爱迪生用的是什么方法?

【游戏正解】

爱迪生将灯泡里面灌满水,接着再把水倒入烧杯中,如此便可以求得灯泡的体积了。

1 000 毫升的酱油

格林是一个十分聪明的商人,一天他去市场,碰到了这样一件事情:一个摊主有两桶50升的酱油,两个顾客各自带来一个瓶子,一个可以装 2 500 毫升,一个可以装 2 000 毫升。两个人都只要 1 000 毫升的酱油。摊主手上没有任何的容器,这一下不免有些为难了。

请问怎么让两个瓶子各装入 1 000 毫升的酱油?

格林灵光一闪,立即就想出了一个办法。

【游戏正解】

假设两个桶分别是 A 桶和 B 桶。从 A 桶往 2 500 毫升的瓶子倒满酱油,用 2 500 毫升瓶子倒满 2 000 毫升瓶子,2 500 毫升瓶子里剩 500 毫升酱油;将 2 000 毫升瓶子的酱油倒回 A 桶,把 2 500 毫升瓶子里的酱油倒入 2 000 毫升瓶子;从 A 桶中倒出酱油把 2 500 毫升瓶子倒满,用 2 500 毫升瓶子倒满 2 000 毫升瓶子,2 500 毫升瓶子剩 1 000 毫升;将 2 000 毫升瓶子里的酱油倒入 A 桶,用 B 桶倒满 2 000 毫升瓶子,用 2 000 毫升瓶中的酱油把 A 桶加满,这时 2 000 毫升瓶中的酱油剩 1 000 毫升。

诚实国与说谎国

从前有两个国家,一个叫"诚实国",另一个叫"说谎国"。生活在诚实国的人们永远只会说实话,而生活在说谎国的人们永远只会说谎话。

有一天,旅行者塞拉斯来到这两个国家的交界处。在塞拉斯的面前,有一条分岔口,一条路通往诚实国,另一条路通往说谎国。塞拉斯想要到诚实国去,然而对于城市国的具体方向,他并不是很清楚。为此,他陷入苦苦的思索之中。

过了很久,塞拉斯看到两个人走了过来,但是他不知道哪个人是诚实国的,哪个人是说谎国的。当两个人都来到岔路口的交叉点后,塞拉斯向他们分别问了同一个问题。

综合两个人的回答,塞拉斯终于知道了通往诚实国的方向。

请问塞拉斯具体是怎么问的?

诚实国　　　　　　　说谎国

【游戏正解】

塞拉斯问道:"你的国家在哪个方向?"在这个问题下,诚实国的人因为会说实话,因此他会指着自己国家的方向,也就是诚实国的方向;而说谎国的人会说谎话,他不会指着自己的国家说谎国,而是会撒谎指着诚实国的方向。总结起来,他们两个人都会指着诚实国。

塞拉斯就得到了自己想要的答案,顺利到达了诚实国。

双胞胎姐妹

安妮有一对双胞胎女儿,姐姐叫安吉利娜,妹妹叫安吉利亚。安吉利娜和安吉利亚都长得十分可爱,几乎是一模一样。即便是安妮自己,也经常会分不清谁是姐姐,谁是妹妹。然而,经过安妮的长期观察,最终发现一个爱说真话,另一个爱说假话。

有一天,安妮带着两个女儿去公园散步。公园的人聚拢过来,开始猜测哪个是姐姐,哪个是妹妹。

贝特太太笑着向两姐妹问道:"你们是不是

双胞胎啊？"

两姐妹看了看贝特太太，接着安吉利娜笑着答道："我们不是双胞胎啊！虽然安吉利亚是我的姐姐，可是我们的生日不一样。"

安吉利亚马上接话："不对，我比较小，我是安吉丽娜的妹妹，我们两个不是同年同月同日生的。"

大家都听糊涂了，只能向安妮求证。安妮笑着说："我的两个女儿的确是双胞胎，但是生日也的确不一样，她们刚刚一个说的是真话，一个说的是假话，姐姐说的是假话，妹妹说的是真话。"大家一听解释，反而更加糊涂了。

你可以帮忙解决大家的疑惑吗？

【游戏正解】

通常情况下，人们总是认为，双胞胎就一定是同年同月同日生的。然而安吉丽娜和安吉利亚两姐妹比较特殊，安吉利娜是姐姐，她是在一年的 12 月 31 日晚上 12 点之前出生的；安吉利亚是妹妹，她是在后一年 1 月 1 日的零点之后出生的。两人的生日恰好是不同年份、不同月份、不同的日期。这样思考就比较符合逻辑了。

分类记忆

请在两分钟之内，记住下列词语：

钢笔	衣架	洗衣机	毛巾
书包	肥皂	笔记本	刷子
电风扇	墨水	电冰箱	收录机

【游戏正解】

在记忆时，可以根据这些物品的性质，把它们分为三类。

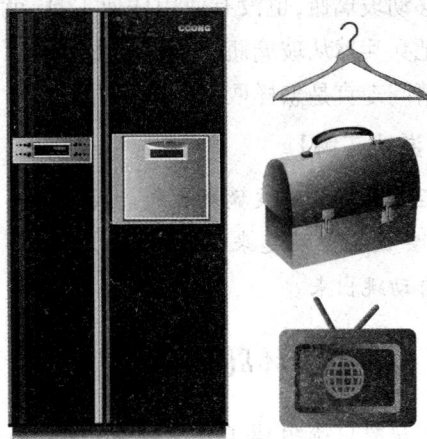

电器类：收录机、电冰箱、电风扇、洗衣机。
卫生用品：毛巾、衣架、肥皂、刷子。
文具类：钢笔、墨水、笔记本、书包。

如何归类

请在两分钟之内，记住下列词语：

夹克	军舰	山脉	机枪
皮鞋	政治	筷子	坦克
领带	火炮	钢笔	裤子

【游戏正解】

在分类记忆时，对于军事用品类、服装类，通常都容易归类，而其他的可能不是这些类别，那么我们应该怎么处理呢？其实，可以将它们归为杂类。

军事用品：机枪、坦克、火炮、军舰。
服装类：夹克、皮鞋、领带、裤子。
杂类：钢笔、筷子、政治、山脉。

如何测量水

桌上放着一个容量为 1 升的矩形容器，但上面没有标出刻度，在不使用其他工具的情况下，你可以测量出 0.5 升的水吗？

【游戏正解】

将矩形容器沿底边缓慢倾斜，当水面正好没过那条底边和底边斜对的边时，刚好就是 0.5升。

跳动的乒乓球

迈克和亨利两人一起打乒乓球，一不小心把乒乓球打进了一个空玻璃瓶中。结果，迈克未曾移动玻璃瓶，也没有使用任何工具，就很容易地把乒乓球从玻璃瓶中取了出来。

请问麦克是怎样取出乒乓球的？

【游戏正解】

迈克只需要对玻璃瓶吹气。因为乒乓球很轻，它会被吹得跳起来，这样多吹几下，乒乓球就会自动跳出来。

环岛航行

普左罗总统组建了一支舰队，这只新舰队是由两艘霍萨级炮舰组成的，火力巨大，但是美中不足的是，两艘炮舰极为消耗燃料，船上的燃料最多能支持航行 120 千米。

为了炫耀自己最好的军舰，普左罗决定进行一次盛大的环岛航行。可是该岛的周长大于 120 千米，船上的燃料明显不能完成这次航行。

然而经过本地大学的数学教授的计算，认为如果在海上用一艘舰为另一艘舰装运燃料的话，那么还是可以完成环岛航行的。虽然在港内给一艘炮舰装燃料需要花费 8 小时，但是在海上，这艘装燃料的炮舰却无须停船等它的姐妹舰赶上来。只是一艘舰在海上往另一艘舰转运燃料的时候，才会稍稍耽误一下普左罗庄严的航行。如果这个小岛再大那么一点儿，那么整个航行就会成为泡影。

请问，小岛的周长究竟是多少？

【游戏正解】

普左罗岛国的周长是 200 千米。两艘舰同时出发，航行 40 千米之后，护航舰将它余下的燃料的一半转运到旗舰上去，然后再返回港口。护航舰重新装好燃料之后，再从相反的方向往快要耗尽燃料的旗舰开去。这个时候旗舰距离港口还剩下 40 千米。护航舰把自己剩下的燃

料的一半又一次转运到旗舰上去，接着两艘舰再一起开往港口，抵达目的地的时候，两艘舰的燃料刚好用完。

丢番图的寿命

古希腊数学家丢番图生平十分神秘，我们只可以在《希腊诗文集》中找到关于他的唯一的简历。诗集中有一首关于丢番图的"墓志铭"，是用诗歌形式写成的，全文如下：

过路的人！
这儿埋葬着丢番图。
请计算下列数目，
便可知他一生经过了多少寒暑。
他一生的 1/6 是幸福的童年，
1/12 是无忧无虑的少年。
再过去 1/7 的年程，
他建立了幸福的家庭。
5 年后儿子出生，
不料儿子竟先其父 4 年而终，
只活到父亲岁数的一半。
晚年丧子老人真可怜，
悲痛之中度过了风烛残年。
请你算一算，丢番图活到多大，
才和死神见面？
请问，丢番图到底活到了多少岁？

【游戏正解】

在丢番图的墓志铭中，依次出现了 1/6、1/12、1/7、1/2，这些都是以丢番图的年龄作为单位"1"的，所以，丢番图的年龄必定是这 4 个分数分母的公倍数。6、12、7、2 的公倍数有 84、168、252……丢番图无法活到 168 岁或更大的年龄，因此可以肯定，丢番图活到了 84 岁。

扑克游戏

迈克与珍妮两个人最喜欢玩扑克牌，近段时间，他们俩又发明了一种玩扑克牌的新方法，叫做"二倍二倍快躲开"。

在一副扑克牌中，两个人分别拿出 12 张：A、2、3、4、5、6、7、8、9、10、J、Q 各一张，迈克拿的全部都是黑桃，珍妮拿的全部都是红桃。A

相当于 1 点,J 相当于 11 点,Q 相当于 12 点。这样一来,每人所拥有的那套牌,都是从 1 点到 12 点。假设拿红牌的算红方,拿黑牌的算黑方。

在玩的过程中,每个人打乱自己手中的 12 张牌的顺序,然后让牌背朝上,依次排在自己的面前。两个人一张一个地轮流翻牌,倘若在自己翻出的牌中,任意两张牌的点数都不存在二倍关系,那么就算成功了,既可以选择继续翻牌,也可以选择停止翻牌,从而做成一组成功的牌。如果在翻的牌中首先出现了二倍关系,那么这一盘他也就输掉了。

比如说,在两人都翻开 4 张后,迈克的牌为黑桃 A、黑桃 3、黑桃 4、黑桃 9;珍妮的牌为黑桃 2、红桃 3、红桃 5、红桃 10。这个时候,在珍妮的牌中,10 是 5 的二倍,那么这一盘珍妮就输了。

倘若两个人都把一组成功的牌做出来了,那么就比谁的点数大,点数大的人就是胜利的一方;倘若点数相等的话,那么就算打成平手。

又比如说,两个人在某一次都翻开 3 张牌,迈克的牌为黑桃 9、黑桃 8、黑桃 10,珍妮的牌为红桃 8、红桃 10、红桃 7。这个时候,迈克停止了翻牌,成功地做成了一组,点数为 9 + 8 + 10 = 27。珍妮也急忙算了一下自己的点数:8 + 10 + 7 = 25。

倘若珍妮也停止翻牌,那么就比迈克少了 2 点,那结果是输定了。如果再翻一张牌呢,比如说翻到 4,那么在翻出的牌中,8 是 4 的二倍,那么就意味着输了;倘若翻到 5,10 是 5 的二倍,那么也算输了。然而,如果翻到其他的牌,都可以增加分数,那么就有可能超过对手。

珍妮想:只要有成功的机会,那么就应该试一试。于是,珍妮又再翻了一张牌,结果把 3 翻了出来,居然成功了,点数增加到 25 + 3 = 28,已经超过了迈克的 27,这一盘珍妮赢了。

有一次,迈克和珍妮越翻越起劲,都翻出了 8 张牌,局面如下:迈克:2,3,5,7,8,9,11,12;珍妮:1,3,4,7,9,10,11,12。

这个时候,在两个人的牌中,都不存在二倍关系,都成功地做成了一组。把双方的点数算一下,得到迈克:2 + 3 + 5 + 7 + 8 + 9 + 11 + 12 = 57;珍妮:1 + 3 + 4 + 7 + 9 + 10 + 11 + 12 = 57。两个人的分数居然一样。迈克选择停止翻牌,珍妮也选择停止翻牌,两个人握手言和,打成平局。

两个人为什么都这样小心翼翼,不敢再往下翻牌呢?难道两个人都不想打败对方、获取胜利吗?

【游戏正解】

事实上是这样的,这种"二倍二倍快躲开"的游戏存在着一个规律:最多只可以翻出 8 张成功的牌。倘若冒险把第 9 张牌翻出来,那么就再也无法躲开二倍关系了,结果则是必输无疑。在数学里面,这是已经得到证明了的。

从上面迈克与珍妮的牌局中,我们已经看到可以选出 8 个数的两组实例。那么,选 9 个数为何就一定会出现二倍关系呢?

首先把那些一定不会存在二倍关系的数清点出来,它们分别是 7,9,11。可以把这 3 个数全部选出来;其次,有两个数组成一对二倍关系的小圈子,它们是:(5,10)。因此,在 5 和 10 这两个数中,能够选出 1 个,也只允许选出 1 个;再次,有 3 个数可以组成两对二倍关系,它们是:(3,6),(6,12)。因此,在 3 个数 3、6、12 里面,至多只能选出两个数 3 与 12。最后,余下的 4 个数字,它们可以组成二倍关系的连环套:(1,2),(2,4),(4,8)。因此,在 4 个数 1、2、4、8 里面,至多只能选出两个数字,或者是 1 与 4,或者是 2 与 8,或者是 1 与 8。

总之,倘若避免二倍关系的话,那么至多能够选出的个数是 3 + 1 + 2 + 2 = 8(个),问题所需要的答案即在于此。同时,我们还可以把所有不含二倍关系的 6 组数确定出来,它们分别是：①7，9，11，3，12，5，1，4。②7，9，11，3，12，5，2，8。③7，9，11，3，12，5，1，8。④7，9，11，3，12，10，1，4。⑤7，9，11，3，12，10，2，8。⑥7，9，11，3，12，10，1，8。

其中，各组数的和最大的当数第⑤组，和为62。由此可见，在"二倍二倍快躲开"的扑克游戏中，胜利者可以取得的最高点数为62。

衣服的颜色

玛丽买了一件漂亮的衣服，她的同学都没有见过这件衣服，于是大家就猜衣服的颜色。贝蒂说："你买的衣服一定是黑色的。"凯西说："你买的衣服不是黄色的就是黑色的。"萝丝说："你买的衣服不会是红色的。"这三个人的看法至少有一种是正确的，至少有一种是错误的。请问，玛丽的衣服到底是什么颜色的？

【游戏正解】

玛丽的衣服是黄色的。分析：假设玛丽的衣服是红色的，那么三句话都是错误的；假设是黄色的，后两种看法是正确的，第一种看法是错误的；假设玛丽的衣服是黑色的，那么三种看法都是正确的。因此，玛丽的衣服是黄色的。

斯凯巧饮美酒

斯凯是个喜欢畅饮美酒的人，满腔抱负却总也得不到重用，还经常受到其他官员的冷嘲热讽。一天，一位因嫉妒斯凯才能，平常处处与其作对的官员怀抱一大瓶美酒来到斯凯住所想刁难一下斯凯。他对斯凯说："我晓得你平日里最好饮酒，所以今日特来登门拜访。假如你能不取出酒坛上的软木塞，不打破酒坛，也不在酒坛上钻孔而能倒出美酒，那今天这一坛美酒就全都归你了；如果不能做到的

话，那么我就只好带回去了。"斯凯听了官员的"刁难"，想了一下，最后终于想出来打开酒坛的方法。那么你知道斯凯是如何倒出美酒的吗？

【游戏正解】

将软木塞压入坛内，可以轻松地倒出美酒。

硬币入瓶

把一根火柴折叠成"V"形，接着将它放在一个瓶子的瓶口上面。这个时候，将一枚比瓶口小的硬币放在火柴上面。

在不用手或工具的情况下，对火柴和硬币进行碰触，能否让硬币落到瓶子中？

【游戏正解】

在火柴的弯曲位置，用吸管不停地滴水，火柴纤维会因为不断吸水而逐渐变大，然后它又会慢慢伸直，这样硬币就会掉入瓶中。

吹倒瓶子

我们经常可以看到魔术师摩擦手掌，吹一口"仙气儿"，就将放在桌子上的所有物体全部吹倒了，看起来很神秘，但要学也并不难。现在教你一招变魔术的技法：一口气将不锈钢瓶子吹倒。

将一个结实的信封放在桌子上，使开口的那端悬在桌边。然后，把一个圆柱形的不锈钢瓶子放在信封的另一侧。往信封内吹气，需要注意的是，信封要紧贴嘴巴，保证气不漏出来。用力吹几下，瓶子就会倾斜翻倒过来。

这是为什么呢？

【游戏正解】

倘若猛吹瓶子，因为瓶体是圆的，吹进的空气都沿着瓶边流动，所以瓶子仍然会一动不动，但是从瓶底吹气，情况就不一样了，可以将气流直接从底部输到瓶子上部，从而将其根基动摇，将瓶子吹倒在地。

4－4＝8

从常识的角度来看，我们都知道，4＋4＝8，4－4＝0。现在，霍斯曼对着小镇上围坐在一起

的赌徒大言不惭地说:"我会证明给你们看,从 4 去掉 4 将得到 8,谁敢拿 1 000 元和我打赌,我会让你看到那神奇的时刻!"

话音刚落,埃利斯当场就把 1 000 元丢到了桌子上,说:"霍斯曼,我想看看你能不能把这钱拿走,我的钱会说,'你不能证明'。"

霍斯曼从容不迫地将这些钱放在了自己的口袋中,并向大家展示了 4 - 4 如何等于 8。

请问霍斯曼是怎样做到的?

【游戏正解】

霍斯曼撕掉了一张纸的 4 个角,这样一来,纸上就出现了 8 个角。霍斯曼不费吹灰之力就向人们证明了 4 - 4 = 8。

老师的测试

一天在数学课上,老师想检查同学们的创新能力和思维能力。他设计了一个心理游戏,具体规则是这样的:他把 3 张牌正面朝下并排放置,同时给出了一个线索:有一张牌为 3,它在 5 牌的右边,在一张桃牌的右边,有一张方片牌;在一张红桃牌的左边,有一张 K 牌;黑桃牌的左边,是一张红桃牌。

通过以上的线索,你能猜出每一张牌是什么吗?

【游戏正解】

准备好纸和笔,可根据给定的数字线索推出每张牌的具体位置,得出 5 牌在 3 牌的左边,K 牌在 5 牌的左侧,再根据图案信息推出每个图案对应的具体数字牌,这样就可以得出 3 张牌的具体信息,从左到右依次是:方片 K、红桃 5、黑桃 3。

超重的药丸

一家药店收到了快递公司送来的 10 瓶药品,上面标着每瓶装 1 000 粒药丸,每粒药丸重 10 毫克。这家药店的药剂师怀特先生正准备将药瓶放在货架上面,这时正好送来了一封制药厂的电报。

怀特先生在药店经理布莱克小姐的面前念出了这份电报:"特急! 所发药品只有经过检查之后,才能够出售。由于失误,有一瓶药丸每粒超过了 10 毫克。请立即将分量有误的那瓶药退回来。"

怀特先生念完电报之后,很生气,说害得他要从每瓶中取出 1 粒药丸,接着再称一下,很麻烦。当怀特先生刚要动手时,布莱克小姐却上前阻止了,她说自己只需要称一次,就可以找出那瓶药。

请问,布莱克小姐究竟是怎么称的?

【游戏正解】

在 10 瓶药品上分别编上 1 ~ 10 的号码。从第一瓶中取出 1 粒,从第二瓶中取出 2 粒,从第三瓶中取出 3 粒,依此类推,直到从第十瓶中取出 10 粒。根据规定,这 55 粒药丸的重量是 5 500 毫克,假如总重量超了 10 毫克,那么其中有一粒是超重的,这样就可以推断出到底是哪一瓶不合格。如果总重量超了 20 毫克,那么其中就有两粒是超重的,这样就可以断定第二瓶不合格。其他情况也都可以依此类推。所以,布莱克小姐只要称一次,就可以找出那瓶不合格的药品来。

哪个方案好一些

汤姆是工会干事,在员工们面前,他犹豫地说道:"厂方已经表态了,如果接受我们目前提出的要求,也就是一周工作时间少于 44

小时,那么就不能完成早定下来的生产计划了。"

员工马拉利听后,大声喊道:"那么我们就罢工!"。

汤姆接口说:"所以厂方提出了两个方案,让我们自己做选择,一个方案是,他们把每周的法定工作时间缩短为 40 小时,但是为了完成计划,我们还得再加班 4 个小时,在这 4 个小时中,厂方付给我们比原工资多一半的工资。另一个方案是,每周的法定工作时间仍然是 44 小时,无须加班,但是每小时的工资根据每镑增加 5 便士付给。我算了一下,在这两个方案中,有一个方案能够让我们的收入多一点。"

请问,哪一个方案可以让工人的收入多一点?需清楚,在英国货币中,1 英镑等于 100便士。

【游戏正解】

和拿加班工资相比,工资每镑提高 5 便士要稍微高一点。我们可以假设一个人每小时的工资是 1 镑,那么每星期也就是 44 镑。如果拿加班工资的话,那么按 1 小时 1 镑收入,40 小时每个员工的工资是 40 镑,外加 4 个小时,每小时 1.5 镑,那么就是 6 镑,总共为 46镑。若按工资每镑提高 5 便士,那么就得工作44 个小时,每小时 1.05 镑,则工资一共为 46.20 镑。

最先抵达终点

市里举行了一次越野赛跑,一共有 4 名参赛者。为了争夺到金牌,他们全都想出了各自的最佳策略。

克利斯的策略是:决定整场都用稳健的步伐前进,以 12 千米/小时的速度跑完全程。

艾伦的策略是:以 16 千米/小时的速度跑完前半段距离,以 8 千米/小时的速度跑完后半段距离。

戴弗的策略是:决定边跑边算步伐,她有一半的步伐以 16 千米/小时的速度前进,另一半步伐则以 8 千米/小时的速度前进。

布鲁斯的策略是:前半段时间的速度是 16千米/小时,后半段时间的速度则放慢一些,只

跑 8 千米/小时。

请问这 4 个人谁最先抵达终点?

【游戏正解】

布鲁斯和克利斯先到达,然后是戴弗,最后是艾伦。

体育比赛

放学之后,珍妮、安与简三个人进行了多项体育比赛。在比赛之前,他们先约定好了,每项比赛第一、二、三名的得分分别为 5、2、1 分,谁累计的分最多,那么他就是最后的胜出者。第一场比赛,安获取了铅球比赛的第一名。但是,珍妮和简也不甘示弱,在 100 米、跳高等比赛中,三个人你追我赶,气氛一直十分热烈,项目一个接着一个进行下去。最后,经过顽强的努力,简终于获得了冠军,累计得分 22 分,而珍妮和安都只得了 9 分。

根据以上情况,你能猜出铅球第二名和铅球第三名是谁吗?

【游戏正解】

根据已知的情况,三个人的累计得分各自为 22 分、9 分、9 分,这样可以算出三人的得分总共为 40 分。而由规定可以知道,每项得分总

共为 $5 + 2 + 1 = 8$ 分。于是可以猜出他们总共举行了 5 个单项的比赛。接下来，因为简累计得了 22 分，所以他必定有 4 个项目第一名，1 个项目第二名。由此可以推断出，简获得了铅球第二名，珍妮获得了铅球第三名。

房子的号码

史密斯住在第三号大街，这条大街房子的门牌号从 13 号开始，到 1300 号结束。琼斯很想知道，史密斯所住的房子的号码到底是多少。

琼斯问道："它是不是比 500 要小？"

史密斯进行了答复，但是他说的只是谎话。

琼斯再问道："它是不是一个平方数？"

史密斯依旧做了答复，但他又没有说真话。

琼斯又问道："它是不是一个立方数？"

史密斯这次又回答了，而且说了真话。

琼斯说道："如果我知道第二位数是不是 1，那么我就可以将你那所房子的号码猜出来了。"

史密斯说道："第二位数的确是 1。"琼斯听后，就把他所认为正确的号码说了出来。

但是，琼斯并没有说对。

请问，史密斯住的房子的号码是多少？

【游戏正解】

史密斯的门牌号不仅是个小于 500 的平方数，而且还是一个立方数，所以这个号码只能是 64。

爱听奉承话的胖大嫂

有一个胖大嫂十分虚荣，最喜欢听别人奉承她，倘若不这样，那么即便向她要一口水喝也很难。有一天，一个零货担商贩经过村子，因为天气很热，商贩口干舌燥，他便来到胖大嫂家门口，希望讨一碗水喝。这时他突然想起，胖大嫂是一个喜欢听奉承话的人，于是巴结地对胖大嫂说道："大嫂就像是一个十七、十八、二十五的姑娘，就好比是坛子中的水豆腐，仿佛三月的萝卜一样充满水色，又如同叶里梅花一样好看。"胖大嫂压根儿就不知道话中藏有另外的话，总以为商贩是颂赞她年轻、貌美，一听便高兴得忘

乎所以。胖大嫂又是泡茶，又是递烟的，还"兄弟兄弟"地叫个不停，之后又给商贩煎了两个荷包蛋。

请问，商贩是怎样讽刺胖大嫂的？

【游戏正解】

这是一首以谜面成诗的讽刺话。说的十七、十八、二十五，加起来变成六十岁的人，是说太老了；坛中水豆腐是霉了，哪还看得；三月的萝卜筋多，要不得了；叶里梅花，是快成梅子了，暗指一副酸相。

夸夸其谈的诗人

甲乙两个诗人已经很多年没有见面了。某日，他们偶然在路上遇上了，于是便热切地交谈起来。甲得意洋洋地说："今年我有两件大喜事，一是我结婚了，二是我的诗集出版了，并且大受读者的欢迎。就我们分离的这段时间，我的读者已经增加了两倍之多。"乙素来就知道甲是一个喜欢夸夸其谈的人，心里十分反感，这次打算奚落他一下。乙对甲说了一句话，甲听完只能哑口无言。

请问，乙究竟说了什么？

【游戏正解】

乙笑着说："原来你结婚了，那么你的读者自然是增加一倍了。"

两个人的天堂

一个好人死后，他的灵魂来到了天堂。上帝看到他，当即热情地向其祝贺，并说道："你可以随便向我要好吃的东西，然后我会给你一架望远镜，让你看一下地狱里面是什么样的

情景。"

但是,后来上帝只给了他一份三明治。他一边吃着三明治,一边通过望远镜向下观看地狱的情况。没有想到的是,他居然看到地狱里面的人正在进行一场夜宴,桌子上放的全部都是山珍海味。

于是他向上帝问道:"那些都是下了地狱的人呵,为什么还吃得那么好呢?虽然我赢得了一个天堂里面的席位,可是你却只给了我一份三明治,这到底是什么意思呢?"

请问,上帝是怎样回答好人的问题的?

【游戏正解】

上帝说:"天堂里面只有你我两人,所以不值得大摆宴席。"

最大的钻石

在一栋楼内,从第一屋到第十层都放有一颗钻石,但每颗钻石的大小并不一样。杰克每走进一个房间,门都会自动地打开,可以看到一个放在那里的钻石。

从第一个房间走到第十个房间,在这一过程中,杰克只有一次机会去捡一颗钻石,并且对于已经走过的路,不能重复再走。

请问他要如何做才能拿到最大的那颗钻石?

【游戏正解】

第一步:对前三个进行大小比较,对于最大的心里要有一个概念。第二步:将中间三个作为参考,确认最大的一个的平均水平。第三步:在最后四个中选择一个属于最大的,闭上眼睛不再看之后的,这就是最大的一颗。

智选开关

超市中的理货员要进入仓库里去取货,可是进门前却遭到仓库管理员的警示:因为仓库里有易挥发的物品,所以要尽量保持封闭的状态,仓库的门只能打开一次。在这个仓库内有3盏灯,仓库外有3个开关A、B、C,分别控制仓库内的3盏灯。

在仓库外看不见仓库内的情况下,你只能

进门一次,用什么方法来区分哪个开关控制哪盏灯呢?

【游戏正解】

第一步:打开开关A,5分钟后关闭开关A;第二步:打开开关B;第三步:进入仓库,开关B控制的是亮着的灯,用手去摸不亮的灯,发热的是开关A控制的灯,不发热的是开关C控制的灯。

巧装鸭梨

某个星期日,贝蒂在学校的篮球场打篮球,下午5点钟的时候,妈妈来到学校接他回家。在路上,他们遇到了一个卖鸭梨的老妇人,鸭梨十分便宜,妈妈决定买5个回去。于是老奶奶称了鸭梨的重量,将钱收好后,便把梨放入食品袋中递给了贝蒂的妈妈。然而没走多远,由于重量过大,袋子不小心裂开了,5个鸭梨全部都掉到了地上。

这下不知如何是好?妈妈没有带包,难道要把几个鸭梨抱着回去吗?

这时,贝蒂想出了一个好方法,无需花费任何气力就可以把鸭梨带回家了。

【游戏正解】

把篮球里的气放掉,将球的其中一面压瘪,使球成为一个碗形。然后把鸭梨放在上面就可以了。

手机和手机套

海蒂的工作是在手机店卖手机。其中有一款手机卖810元,为了方便顾客购买,经理让他把手机与手机套分开出售,他还告诉海蒂,手机比手机套贵 800 元。

经理刚离开不久,就有一个顾客进来,他只要手机套。海蒂向顾客要价 10 元,但顾客认为价钱太贵了,说前几天他来这家商店买手机套,当时要价 5 元。海蒂说:"这是不可能的,你可能是记错了。"客户看到海蒂竟是这样的态度,便转身走了。

海蒂解释这件事给经理,经理说海蒂的确是卖得太贵了。而海蒂却糊里糊涂,不知道哪里错了。

【游戏正解】

倘若海蒂把手机套按 10 元来卖,那么手机就是 800 元,800 - 10 = 790,而实际上手机要比手机套贵 800 元。正确的售卖价格应该是手机卖 805 元,手机套卖 5 元。

分甜饼

安吉娜从国外收到姑妈送给她的一盒甜饼。她认为,如果自己得到了好东西,就应与朋友们分享。所以在她生日的那天,她邀请了两个最好的朋友来家里吃饭。她把一半甜饼和一张甜饼的一半分给了爱丽莎;然后剩下的一半甜饼和一张甜饼的一半分给了爱丽丝。分完之后,她手上还有一张甜饼。

请问安吉娜原来有几张甜饼?

【游戏正解】

数量为奇数的甜饼,取其一半再加上半张甜饼,一定是个整数。可以采用逆推法,安吉娜分到最后只剩下 1 张甜饼,假设她把甜饼分给爱丽丝之前有 3 张甜饼。$3/2 + 1/2 = 2$,所以安吉拉分给爱丽丝应该是 2 张甜饼,最后自己留了 1 张。假设原来有 a 张甜饼,那么根据已知可列出方程:$1/2a + 1/2 = a - 3$,解出方程式得知原来有 7 张甜饼。

加法键和乘法键

在一节数学课上,数学老师给同学们出了一道题目:安妮到一家商店购买日常用品,她总共选择了四样东西,其中有一样是 1 元钱,总额为 6.75 元。

当安妮打算付钱的时候,她发现售货员在

计算器上按的并非加法键,而是乘法键。这样算下来的话,价格将翻一番。看到售货员这样心不在焉,安妮正要提醒售货员的时候,她很惊讶地发现计算器上显示的数字为 6.75 元。

老师说,可以确定售货员并没有将数字按错,那么这四件商品的单价各是多少?同学们的脸上不禁现出惊奇的表情,怎么会出现这么巧的事情呢?但一分钟后,有同学解答了这个问题。

【游戏正解】

四件商品单价分别是 2.25 元、2 元、1.5 元、1 元。

老师的生日

迈克和格林是珍妮老师手下的两个得意门生。迈克和格林都知道,珍妮老师的生日是下列 10 组中的一天,但是究竟是哪一天呢?两个人都不清楚。

3 月 4 日,3 月 5 日,3 月 8 日,6 月 4 日,6 月 7 日,9 月 1 日,9 月 5 日,12 月 1 日,12 月 2 日,12 月 8 日。

珍妮老师告诉了迈克自己是哪月生的,告诉了格林自己是哪日生的。随后,珍妮老师便问道:"你们知道我的生日是哪一天吗?"

迈克说:"如果我不知道,那么格林一定也不知道。"

格林说:"原本我不知道,但是现在我已经知道了。"

迈克说:"哦!那我现在也知道了。"

分析以上对话,请推断出珍妮老师的生日是哪一天?

【游戏正解】

迈克已经知道了珍妮老师是哪月生的,他

之所以敢肯定格林不知道，其原因是迈克知道月份是3或者9，而在6月或12月中都只有一个单选的日子。如果月份是6或12，那么他就能直接知道答案。格林已经知道珍妮老师是哪日生的，在剩下的3月4日、5日、8日，9月1日、5日中，格林会知道答案，说明日子不是5，剩下的就只有3月4日、8日，9月1日。既然迈克知道月份，其中单选的只有9月，所以正确的答案一定是9月1日。

葫芦归罐罐归筒

某日，温迪在大街上看到两个人正在为分油的事而发愁。在这两个人的旁边，有一只容量为5升的筒，筒里面装满了油。此外，还有一只空罐和一只空葫芦，罐的容量为3.5升油，葫芦的容量为1.5升油。两个人想将这5升油平分了，但是都忘记把秤带来，只能借用手中的三个容器，倒过来倒过去。

温迪了解了情况之后，便对两个人说道："葫芦归罐罐归筒，二人分油回家走。"说完之后，便扬长而去。两个人按照温迪所说的办法，倒过来又倒过去，最后终于把油平分成功了。两人都舒了一口气，高兴地回家去了。

请问，他们究竟是怎样倒来倒去的？

【游戏正解】

"葫芦归罐"，是指把葫芦里面的油往罐里倒；"罐归筒"，是指把罐里的油向筒里倒。

三种容器各自装油的升数的变化过程，可以从下面的数据看出：

筒	5	3.5	3.5	2	2	0.5	0.5	4	4	2.5	2.5
罐	0	0	1.5	1.5	3	3	3.5	0	1	1	2.5
葫芦	0	1.5	0	1.5	0	1.5	1	1	0	1.5	0

格列佛的小人国

《格列佛游记》虚构出了一个小人国。格列佛在谈到小人国的情况时，这样说道："为了将我送到首都去，他们给我派来了500匹健壮的马。"

再说一下小人国的牛羊。关于小人国的牛与羊，格列佛说当他离开时，只是随便地"将它们放入自己的衣袋里面。"

请问，这有没有可能？

【游戏正解】

小人国的牲畜的体重只是正常牲畜体重的1/1 758千克。我们的牛，一般都有1.5米高，体重则大约为400千克。这样可以推算出，小人国的牛，其身高只有12厘米，体重只有400/1 728千克，也就是说不够1/4千克。很明显，小人国的牛就像玩具一般，倘若愿意的话，是完全可以放进衣袋里面去的。

三个人的头发

有个村庄，从不与外界相往来。村子里面住着三个人，他们都互不说话，然而又都非常聪明。这个村子里面的人的头发，不是黑色的，就是红色的。在这个村子里面，没有镜子、湖水等任何可经由反射而看到自己的物体，因此这三个人很长一段时间都不知道自己的头发是什么颜色的。

这个村子有一个习俗：一旦猜对了自己头发的颜色后去世，那么就能够快乐地升入天堂；如果猜错了自己头发的颜色，去世时就会降到痛苦的地狱之中。这三个人都非常想升入天堂，但是又苦于不知道自己的头发是什么颜色。每天中午，这三个人都会聚集在广场上，相互望着，希望可以知道自己的头发是什么颜色的。直到有一天来了一个外地人，这种困境才最终被打破。

这个外地人进入村庄之后，无意间来到了广场上，遇到了这三个人，于是随口对他们说了一句话："在你们三个人里面，至少有一个人的

头发是红色的。"这个外地人说完之后,便马上离开了村庄。三个人听到这句话之后,都陷入了苦思冥想之中。第二天中午,三个人又聚集到了广场上,晚上回去之后,就有两个人成功猜出了自己头发的颜色。第三天中午,来到广场的只有一个人。这个人回去之后,也成功猜出了自己头发的颜色。

请问,这三个人的头发分别是什么颜色?

【游戏正解】

两个红色头发,一个黑色头发。已知条件说,头发不是黑色就是红色。那么这三个人只有四种可能性:红红红,黑黑黑,红黑黑,红红黑。而外地人的话,帮助他们排除了黑黑黑的可能性。

如果是红红红,每个人都看到两个红头发,再怎么聪明,也无法判断出自己的头发的颜色,因此红红红可以排除。

如果是红黑黑,那么红头发看到其余两个黑头发,当天就能够成功猜到,而他当天并没有猜到,这就意味着没有人看到两个黑头发,因此红黑黑可以排除。

现在只有一种可能性了,那就是红红黑。第一天回去,三个人中没有一个成功,他们心里也都清楚,不可能有两个黑头发,同时两个红头发的人可以看到有一个黑头发,那么两个红头发的人便都能够判断出应该是红红黑,这样一来,自己的头发肯定是红色的。第二天,两个人成功猜到了,第三个人发现两个红头发没来广场,知道他们成功了,那么自己就一定是黑头发,因此他也成功猜到自己的发色了。

红宝石婚纪念日

在欧洲,红宝石婚纪念日就是结婚 40 周年纪念日。此外,在英国,法定的结婚年龄最小为 16 岁。威廉、露西为了庆祝他们的红宝石婚纪念日,与全家人一起举办了一场宴会。威廉回想了这段漫长的婚姻生活,追忆起当年在学校因为与"年轻的露西"坐在同一张桌子上而坠入到情网中。威廉看了一下周围的家人,他又想到等金婚纪念日到来的时候,所有的家人是否还能再聚在一起。就在这样的思考中,威廉突然发现自己的年龄的平方与露西

的年龄的平方的差,刚好与他们子女数目的平方相等。

请问,威廉与露西结婚时,两个人各是多少岁?两夫妇到底有几个子女?

【游戏正解】

由于是红宝石婚,因此威廉和露西的年纪应该在 56 以上。既然他们曾经是同班同学,那么两人的年龄相差不会超过 1 岁。因此,综合已知的资料,可以说题目是要将两个相差 1 的数字找出来,这个数字的平方差是另一个数字的平方。

$61^2 - 60^2 = 11^2, 85^2 - 84^2 = 13^2$ 都有可能。但是,应该别除第二组答案,因为按照这组答案,威廉与露西在 40 多岁结婚之后,不可能会生 13 个小孩。因此,威廉与露西结婚时,两人应该分别为 21 岁和 20 岁,他们一起生了 11 个子女。

爱因斯坦的废纸篓

爱因斯坦被普林斯顿大学聘请为校长,上任的那一天,有人对爱因斯坦说:"先生,你的办公室里需要配备什么用具呢?"爱因斯坦回答道:"只要一张书桌或台子,一把椅子以及一些铅笔就可以了。对了,最好还给我配置一个大的废纸篓。"那人便问道:"为什么要一个大的废纸篓呢?"爱因斯坦的一番话让众人哈哈大笑,但同时又对他佩服不已。

请问,爱因斯坦为什么要一个大的废纸篓。

【游戏正解】

爱因斯坦说："好让我把所有的错误都扔进去啊。"

马克·吐温的道歉

有一次，美国著名作家马克·吐温在一个酒会上一气之下说了这样一句话:美国国会中很多议员都是狗娘子养的。议员们听说之后都大为恼怒，纷纷要求马克·吐温公开道歉。为了满足议员们的要求，于是马克·吐温决定登报道歉。道歉启示只是以新的形式表达了原来的内容，让读者不禁哈哈大笑。

请问，马克·吐温在道歉启示上究竟是怎么写的?

【游戏正解】

国会中有些议员不是狗娘子养的。

吝啬的姨夫

威廉到姨夫家做客，姨夫在厨房弄了半天，才端出一盘菜来，而且还只是一个鸡蛋。姨夫说:"威廉啊，实在是不好意思，你来得不是很巧，如果你能晚来三个月，那么这个鸡蛋就可以变成一碗鲜鸡汤了。"威廉听后，微微一笑，回道:"呵，真是难为您了。"

有一天，威廉回请姨夫，等了半天，威廉才端出一盘竹片来，他对姨夫说道:"姨夫啊，实在是很不好意思，你来得不太巧……"

请问，威廉是如何回击吝啬的姨夫的?

【游戏正解】

威廉对姨夫说道:"您要是早来三个月的话，那么这盘竹片还是一碗鲜美的竹笋哩!"

空欢喜一场

酒店里有一个人大声说道:"我喝酒的时候，每个人都可以喝酒!"并不停地招呼大家进去。这个人把杯子里面的威士忌喝干了，又大声喊道:"我还要再喝一杯，每个人也都可以再喝一杯。"大家听到之后，也都怀着感激的心情又喝了一杯。那个人在喝下第二杯酒的时候，从皮包里面将2美元钞票掏了出来，接着"啪"

地一声把钱放在柜台上。"我付账的时候……"他吼道，接着又吼了一句，众人一听，哑然失笑。

请问，他又吼了一句什么?

【游戏正解】

他吼道:"每个人也该付账了!"

五个城市女人

在一个城市，有五个女人坐出租车。根据下面的信息，请你分别说出她们的名字、她们要去哪里、去干什么，以及付了多少钱。

1. 和去世纪中心车站的女人相比，去中央公司的女人付的钱要少一些，去车站的女人并不是购物去的。

2. 在琳达和泰娜两个人中，有一个人去喝咖啡了，而且和去见朋友的那个女人相比，她付的车钱要多5元。

3. 或者是格斯去苏豪公寓，或者是菲琳去苏豪公寓，泰娜去购物。斯去苏豪公寓，菲琳去购物。

4. 和坐车去健身的女人相比，泰娜付的车钱要多一些。

【游戏正解】

泰娜去世纪中心车站观光，坐车花了50元;艾妮去阳光屋健身，坐车花了35元;格斯去苏豪公寓见朋友，坐车花了30元;琳达去中央公园喝咖啡，坐车花了45元;菲琳去自由岛购物，坐车花了40元。

港口的游艇

有一个大型港口，停靠着很多的游艇。从以下五艘游艇的相关信息中，你可以推断出这五艘游艇的长度、它们自身能容纳的人数、各个游艇的主人吗?

现在已经知道的几条信息是:

1.极光号游艇的长度达到30.5米。在5个人中,工业家的游艇是最长的,达到了42.7米。

2.杰森·米奇可的游艇长达22.9米。这艘游艇的名字不是最长的,也不是最短的。

3.游艇的名字分别是:极光号、比凯薇女士号、蔓特号、美人鱼号游艇、米拉尔斯特号。

4.拥有米拉尔斯特号游艇的人,以及雨兰奇·科特,他们两个人的职业都不是专业的车手。

5.比凯薇女士号的主人不是雅德克·布南齐尔,也不是电影明星。

6.美人鱼号游艇主人的名字叫迪克特;蔓特号游艇长38.1米,它的主人是一名歌手。

7.汉金·莱西王子的游艇,名字的字母个数,比33.5米长的那艘游艇要少一个,33.5米长的游艇,名字包括7个字母。

【游戏正解】

米拉尔斯特号长22.9米,属于杰森·米奇可;比凯薇女士号长42.7米,属于雨兰奇·科特,他是工业家;极光号长30.5米,属于汉金·莱西,他是王子;美人鱼号长33.5米,属于迪克特,他是职业车手;蔓特号38.1米,属于雅德克·布南齐尔,他是歌手。

从20数到0

从20开始,每隔两个数到0。如207、204、201、198、195……倘若中途错了的话,则必须从头来过,再数一遍。对于注意力不太集中的人,经常做这个练习,会产生非常明显的好处。

【游戏正解】

略。

迪克和莎娅

有一天,迪克和莎娅骑着自行车到离镇20千米外的村子看望朋友。当走了4千米的路程时,迪克的自行车突然出了一点问题,他不得不用链子将车锁在树上。由于怕朋友担心他们出了什么事情,所以迪克和莎娅决定继续前进。

摆在他们面前的有两个选择:要么一个人走路,一个人骑自行车;要么两个人都走路;他们都能以每小时4千米的速度步行或者以每小时8千米的速度骑车前进。他们希望只走最短的距离,用最短的时间到达朋友那里。

请问,迪克和莎娅是怎样安排的?

【游戏正解】

迪克骑1小时的自行车后,将自行车放在路边,然后再继续走两个小时的路,走8千米就可以到达朋友家里;莎娅步行两个小时后,便会到达放自行车的地方,然后花1个小时骑自行车,这样她就可以与迪克同时到朋友家了。

排　名

甲、乙、丙、丁、张、王、李、赵8个人参加了一场市区举办的800米竞赛。比赛结果是:王的名次为甲、丙名次的中间数;甲比丙跑得快;李第四名;王比张高4个名次;乙、丙、丁3个人中乙最快,丁最慢,但不是最后一名。

通过以上给出的条件,你能推断出比赛中8

个人的排名吗?

【游戏正解】

甲为第一名,乙为第二名,王为第三名,李为第四名,丙为第五名,丁为第六名,张为第七名,赵为第八名。

永不磨灭的番号

泰勒是个身体和智力都有些缺陷的孩子,他的妈妈非常疼爱他,对他一直不离不弃,每当他在学校里遭到其他小朋友嘲讽的时候,他的妈妈都会给予他不断的鼓励与支持。

一天,泰勒被学校里高年级的孩子从后面开着车追赶着跑,泰勒本来双腿安的就是假肢,根本跑不了多远,就摔倒在地,那几个孩子看到后指着他挖苦了一番。回到家里,泰勒哭着把书包扔在地上,自暴自弃起来,妈妈看到这种情况,又气又急,突然她看到桌子上摆放的一个物品,想出个好主意。这个好主意是什么呢?

【游戏正解】

妈妈用幻灯机里的强光把"勤能补拙"打到墙上,这样一来,这个词成了永不磨灭的番号,将会一直激励着泰勒不断努力。

挥发的汽油

安吉拉的母亲是一位特别优秀的数学教师,所以从儿子很小的时候开始,她就非常注重开发他的智力,经常会给安吉拉出一些数学问题,以此提高孩子的智商。她告诉安吉拉,汽油是一种极易挥发的液体。现在有一整瓶汽油,将瓶盖打开后,第二天挥发得只剩下原来的 $1/2$ 瓶;第三天挥发得只剩下第二天的 $2/3$ 瓶,第四天变为第三天的 $3/4$ 瓶,第五天变为第四天的 $4/5$ 瓶,第六天变为第五天的 $5/6$ 瓶……

请问,第几天时汽油还剩下 $1/20$ 瓶?

【游戏正解】

第三天汽油是原来的: $1/2 \times 2/3 = 1/3$;第四天汽油是原来的: $1/3 \times 3/4 = 1/4$;第五天汽油是原来的: $1/4 \times 4/5 = 1/5$……以此类推,第 n 天时汽油还剩下 $1/n$ 瓶。由此得出,第 20 天时汽油还剩下 $1/20$ 瓶。

移动巨石

珍妮和她的父母开着自家的车去探望奶奶,走在山路上的时候,突然一块巨石从山上滚了下来,刚好落在了路的中间,车辆因此而不能开过去。几分钟之后,越来越多的人被堵了下来,大家一起推动巨石,石头却纹丝不动。每个人都不知道该如何是好,这时一个聪明的拉车人想出了一个办法,从而帮助大家成功地通过了这条路。

请问他想到的是什么办法?

【游戏正解】

紧靠巨石边挖了一个足够容纳巨石的深坑,然后大家一齐使劲将巨石推入坑中,这样路就通了。

面对面站立

有一天,在海尔公司的员工训练会上,培训经理出了这样一个问题:他请两名新员工,一个朝南站立,一个朝北站立,此外,还要求他们不可以回头看,并且不能走、不能说话或做手势,也不可以照镜子。

请问到底要怎样,他们才能看到对方的脸?

【游戏正解】

两名员工可以一个朝南、一个朝北面对面站立。倘若你认为两人是背对背站着的，那自然不会看到对方的脸。但若两个面对面站立的话，也可以一个朝南，一个朝北的，这样他们就能看到对方的脸了。

美国来的玩具

玛丽的父亲刚从美国旅游回来，他带来了一个可爱的迪士尼米老鼠玩具，专门送给玛丽和她的妹妹。两个小女孩很开心，但是只有一个玩具，姐妹俩都吵着要据为己有，谁也不让谁。

看着两个女儿因为玩具争得不可开交，父亲灵机一动，想出了一个好主意，可以让姐妹俩停止争吵，而且也可以利用这个机会来测试一下女儿的思维能力。

他把玩具固定在一个 2 米长的绳子的一端，把绳子另一端系在庭院中的树枝上，接着便说道："倘若你们两个可以从中间剪断绳索，而不使玩具落在地上，谁就可以得到这个玩具。"

请问应该如何剪呢？

【游戏正解】

在剪绳子之前，先在绳子中间打一个环儿并系牢，然后拿起剪刀将绳环儿剪断。绳子剪断为两段，而玩具却安然无恙。

胖子与瘦子

有两个人，其外形长得十分特殊：两人的身高都是 1.8 米，一个很胖，体重 100 千克，另一个很瘦，体重只有 55 千克。他们坐在一起互相嘲讽，说对方的笑话。

瘦子用绳子做了一个直径 2 米的圆圈，以此嘲笑胖子的水桶腰，但是胖子却只是轻蔑地

笑了一下，很轻松地就跳出了这个圆圈。瘦子说："好，我用这根绳子再做一个圈，让你永远无法跳出来。"之后，胖子真的挣扎了很久，一直不能跳出这个圈子。

请问瘦子是如何为难胖子的？他到底做了一个什么样的圈？

【游戏正解】

瘦子把绳子直接绑在了胖子身上，胖子就算费尽九牛二虎之力，也难以跳出去。

漂浮在水面上的钢针

一天晚饭后，父亲给杰森出了这样一个问题：怎样让一根钢针漂浮在水上？杰森立刻询问父亲："这怎么可能呢？爸爸你是在异想天开吧？"父亲耐心地解释道："不要对一件你从来没有做过的事情说不可能，你都没有做怎么就知道不行呢？"

杰森沉思了一会儿，认为爸爸说得很有道理，便认真地做起了实验，果不其然，几分钟之后，杰森就想出了一个办法，可以让钢针漂浮在水面上。

请问杰森是怎么做的？

【游戏正解】

首先，剪一块比钢针稍宽的软纸，把钢针轻轻地放在纸的中央，然后把这张有针的软纸放入水中。过一会儿，软纸会因吸满水而沉入杯底，此时钢针会因为水面张力的扶持而漂浮在水面上。

梅花鹿与山羊

在远古时代，人们集体生活在一起，靠打猎为生。捕获的猎物大家共同分享，而相比其他成员，氏族部落的首领要拥有更多剩下的物资。有一天，一个部落成员带回了一只

梅花鹿和一只山羊,此外还有野兔、野鸡等小动物。

部落首领只想把梅花鹿和山羊据为己有,因此在安排笼子的时候,做了一些手脚。在集体分配的时候,部落首领装出一副大公无私的样子,对部落成员们说道:"把全部的笼子排成一排。从左向右数,每数到5的笼子,就可以将笼子拿走,让大家一起分享,数到最后那只笼子再从头开始数,等大家分完之后,最后剩下的两只牲畜就归我了。"

请问梅花鹿和山羊两个笼子被部落首领安排在什么位置?

【游戏正解】

第七和第十四只笼子。

排 序

有一个娱乐节目叫做"超级宝宝大搬家",其中节目规则是这样的:每一期节目都要挑选三个宝宝来参加,他们通过表演各自的拿手技能如唱歌、跳舞、演奏乐器、说唱等来进行大PK,表现最优秀的宝宝将会被评为超级宝宝。

获得这一荣誉后不仅可以得到节目颁发的超级宝宝大礼包,而且还可以进行一项特别的奖励活动即"超级宝宝大搬家"。"搬家规则"是这样的:宝宝可以挑选3种玩具中的1种,4种零食中的1种,以及4种生活用品中的1种。

依照以上提出的规则和要求,若不考虑奖品的挑选顺序,则宝宝可以有多少种不同的挑选方法?

【游戏正解】

72种。

河岸渡口

玛丽想让妈妈给她买一个漂亮的芭比娃娃。妈妈给玛丽出了一道智力题,并答应玛丽倘若答对了,就给她买一个。

问题是:一个年轻人带着一个心仪已久的姑娘乘船到河对面游玩,还有两个人与他们一样,也站在岸边等待船只。一个是医生,曾经在年轻人的母亲生命垂危时救过其一命,年轻人一直想寻找机会报答恩人;另一个是孕妇,快要临盆分娩了。但是船只可以容纳下两个人(除了船夫),这意味着不管怎样,都得有两个人留下来。

年轻人应该怎么办?玛丽应该怎样回答这个问题?

【游戏正解】

这个年轻人可以让医生和孕妇先乘船过河,这样一来,医生就可以暂时治疗和照顾那个怀孕的女人了,自己则和女朋友留下来等下一只船。

推迟鸡叫的时间

汤姆小时候是一个非常好学的人,学习起来十分刻苦,善于发现问题,并经常和老师讨论研究学习中碰到的问题,所以很受老师的欢迎。

当时学校里面没有闹钟,为了知道时间,老师就训练了一只大公鸡,每天让它按时啼叫。只要公鸡一啼叫,老师就会准时上下课。

对于老师讲的课,汤姆非常喜欢听,每次下课的时候,他都会感到意犹未尽。为了能有更多的时间去听老师的讲课,汤姆想出了一个办法,可以使鸡啼叫的时间延迟一会儿。

请问,汤姆是用什么办法推迟鸡叫的呢?

【游戏正解】

汤姆上学前,从家里带一些米,估计鸡快叫的时候,就偷偷把米撒给公鸡吃,公鸡只顾吃米而忘了鸣叫,等公鸡吃完米再叫时,老师已经多讲了一阵子。

窗口的人影

一天晚上,有位律师在看文件时被人用棍子从背后打死了。当时桌上放着一盏灯,窗户则是关闭着的。

当警察到达现场后,便对证人进行询问。史密斯先生住在对面的房间,他对警察说:"当我从家里窗户向对面看时,发现律师的窗口有一个人影,他的双手拿着一根棍子,我觉得不对劲,于是就马上报案了。"

警察听后,接口说道:"你撒谎,凶手就是你!"随后,警察便将史密斯逮捕了。

请问警察判断史密斯撒谎的破绽在哪里?

【游戏正解】

史密斯说:"窗口有一个人影,双手拿着一根棍子",这即是谎言。因为桌子上台灯的位置是在被害人与窗口之间,不可能把站在被害人背后的凶手的影子照在窗子上。

如何安排时间

弗里达先生上午 8 点去与客户洽谈一笔生意,原本打算办完事去机场送别前往美国留学的朋友杰克,杰克乘坐的航班起飞时间为上午 10 点。

可是没想到由于正赶上早高峰,耽误了开车时间,他开车到达与客户见面地点时,用了预期的 2 倍时间。弗里达先生按预期时间办完事,决定以原计划 3 倍的速度赶回去送别好友杰克。

那么,弗里达先生能赶到机场送别朋友吗?

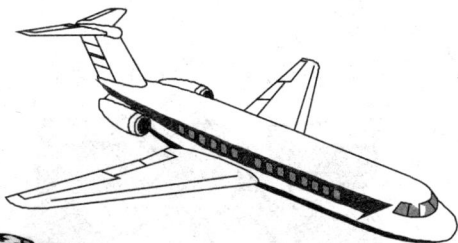

【游戏正解】

弗里达先生去时用了两倍的时间,也就是把原计划往返的时间都用上了,如此一来,他无论如何在机场也见不到自己的朋友了。

纸上即兴狂写

准备一张纸,将一个自己感兴趣、比较了解、积累了较多知识的题目写下来。例如物理、日本、纽约、华盛顿、英国等。接着,在想象的时候,尽可能地将自己知道的、有关这个题目的知识都写在纸上。比如说,写日本,那么就可以把日本的历史、现状、战争、地形、气候、经济、政治、风俗习惯等写出来。写英国,则可以将英国的兴起和灭亡的原因、文化成就、著名人物、农民起义等写下来。

【游戏正解】

略。

赫拉的染布行

赫拉开了一间染布行,生意相当红火。有一天,弗里达拿着一块布料来到染布行,看到赫拉便说道:"赫拉,请将我的这块布染上颜色。"赫拉当即问道:"你想染成什么颜色的?"弗里达刁难道:"我不要白色的,也不要红色的,不要黄色的,不要蓝色的,更不要黑色的……"将全部的颜色都说了一遍,以此来为难赫拉。聪明的赫拉想了一会儿,然后说道:"小事一桩,先放在我这里,下个星期来取吧!"弗里达当即问道:"到底取的具体时间是什么时候呢?"赫拉巧妙地回答了一句,让弗里达哭也不是,笑也不是,只能悻悻而归。

请问,赫拉是怎样回答弗里达的?

【游戏正解】

赫拉说:"不是星期一,不是星期二,不是星期三,不是星期四,不是星期五,不是星期六,也不是星期天。"弗里达只能干瞪着眼睛,就这样,赫拉白白地赚了一块布。

大树的高度

在平常的时候,吉姆和安妮的关系特别好,即便是写作业时,也会一起完成,然后去玩。一个周末,两个人把作业写完了,随后便来到了楼前的小亭子中玩。玩了一会儿,吉姆想看一看太阳,于是把头抬起,然而树太高了,把视线挡住了,最终没有看到。这个时候,吉姆心里就想:这棵树真大,它究竟有多高呢?

吉姆把安妮叫了过来,为了测量树的高度,两个人首先把厚纸板剪成了正方形,接着再将其剪成全等的等腰直角三角形。然后再用细绳

把小石头系住,在三角形的底角上,把细绳的端牢牢固定在上面,使细绳沿着三角形的一边悬挂着。之后,吉姆把等腰三角形拿在手中,慢慢地走近树木,用眼睛沿斜边对准树梢,同时对距离进行调整,从而让系有石块的细绳沿着等腰三角形的一边垂下。就是如此,等到吉姆完全对准之后,他又将自己所站立的地点和树的距离用直尺量了量,等一会儿之后,吉姆就把树的具体高度告诉给了安妮。

请问,吉姆到底是如何计算出树的高度的?

【游戏正解】

在计算时,首先可以假设树的高度为 Z,而人与树之间的垂直距离为 X。由于吉姆所用的是等腰三角形,因此大树的高度与人树之间的距离是相等的。也就是说,Z 与 X 是一样长的,接着再将眼睛离地面的高度 Y 计算出来,这样一来,X 和 Y 相加得到的和就是大树的高度了。

学习时间太少

有一个年轻人,经常说自己没有业余学习的时间。有一次,他对一个朋友说:"我的业余时间太少了,根本没有时间学习。每天我都要睡 8 个小时,这样一年的睡眠时间就是 122 天。寒假与暑假又是 60 天。每个周末都会接连休息两天,这样一年又要休息 104 天。每天的用餐为 3 个小时,这样一年就需要 46 天。每天家校往返需要 2 个小时,这样又是 30 天。你算一下,这些加起来一共有 362 天了。也就是说,我一年只有 4 天的学习时间,这样成绩又怎么可能好呢?"

请问,这个年轻人到底是在什么地方出错了?

【游戏正解】

这个年轻人在计算时间的时候重复计算了很多时间,比如说假期中的睡眠时间和吃饭时间,双休中的睡眠和吃饭时间,以及很多上学时

走路的时间。

贪婪的吸烟者

赫拉是咖啡店的保洁员,生活非常穷困潦倒,然而他却是个烟鬼。因为他没有钱去买一盒好烟,所以只有使用高速卷烟机给自己制造香烟。而烟草则主要是从那些抽过的烟头里累积下来的,他能够将 3 个烟头卷成一支香烟。

但是到目前为止,赫拉只保存了 10 个烟头,这个贪婪的吸烟者居然想卷 4 支烟。这件事情听起来好像很不容易办到,然而在赫拉手中却轻松做到了。

请问,赫拉是怎么做到的?

【游戏正解】

赫拉可以先将 9 个烟头卷成三支香烟,这时他还剩下 1 个烟头。当他把三支香烟全部抽完后,他又有了 3 个烟头。这样一来,他就能卷成第四支香烟了。

巧移五分硬币

桌子上有 2 枚五分硬币、1 枚一元硬币,一元硬币在 2 枚五分硬币的中间。需用 1 枚五分硬币取代中间那枚一元硬币的位置,但是在移动硬币时要按照以下规则进行:可以移动第 1 枚五分硬币,但是不能碰到它;可以接触那枚一元硬币,但是不能移动它;对于最后那枚五分硬币,既可以接触它,也可以移动它。

想一想能不能在满足以上条件下来解答这道难题呢?

【游戏正解】

左手按住中间的硬币(即可以接触但不能移动的硬币),右手将那枚五分硬币(即那枚可以接触又可以移动的硬币)向右边移动,使它与

一元硬币保持几厘米的距离。用这枚五分硬币迅速撞击一元硬币,使一元硬币左边的五分硬币移动两三厘米,而它们的空间足够放下右边的五分硬币,这样,问题也就迎刃而解了。

村子里的理发师

一个小村庄里有两家理发店,每个理发店里,分别有一个理发师。有一天,有两个很挑剔的女士来到了这里,她们想选择一个发型。但是,她们初来乍到,不知道哪一个理发店的技术更好一些。

于是二人到两家理发店都看了看,发现第一家理发店的理发师的头发剪得乌七八糟,没有任何造型可言,而第二家理发店的理发师的头发就整齐多了。两个人商谈了一下,相视而笑,最终选择到第一家理发店理发。

请问这是为什么?

【游戏正解】

因为村庄里面只有两个理发师,而这两个理发师自己需要理发的时候,必定会找对方帮自己理发,如此说来,那个发型剪得好的理发师,一定是另一个理发师熟练的技术造就的。

纸牌的顺序

父亲为了对杰森的想象力进行测试,给他出了这样一个智力题:假设你有一副纸牌里的 4 个 Q 和 3 个 A。排列 7 张牌,使其呈现 Q、A、Q、A、Q、A、Q 的序列。起初,7 张牌必须都是正面朝下。依次将 7 张牌移动,放在桌面上。从第二张牌开始,每隔一张把牌面向上放在桌面上,以达到想要的交替序列。

需要记住的是,将第一张牌放到正面朝下的那堆牌的最下面,将第二张牌正面朝上放在桌上,将第三张牌正面朝下放在第一张牌的下

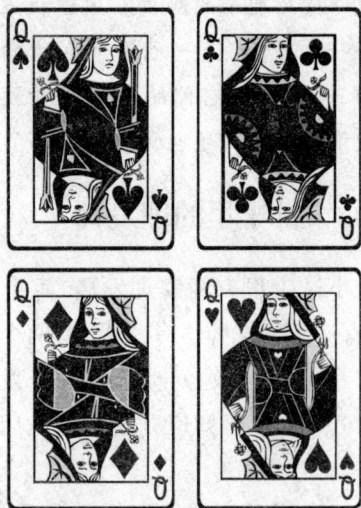

面,将第四张牌正面朝上放在第二张牌的上面,等等,直到所有的7张牌都是正面朝上放在桌上的。然后杰森的父亲问道:77张牌最初的顺序是怎样的?这一下杰森陷入到疑惑之中,他想了很久都没有想出纸牌最初的排列顺序。

你可以帮助杰森解决问题吗?

【游戏正解】

牌的顺序是A、Q、A、A、Q、Q、Q。

逃难的乒乓球

有一天,吉米和杰克正在校园体育馆练习乒乓球,他们正玩得高兴的时候,突然一个铁球飞了过来。他们吃了一惊,为了防止铁球击中自己,于是赶紧躲藏了起来。但是这样一来乒乓球就不翼而飞了。铁球疯狂地乱滚,似乎想要跟乒乓球作对一样,想将那个拼命奔跑的乒乓球压碎。

在没有离开地面的情况下,乒乓球可以逃脱吗?

【游戏正解】

倘若乒乓球逃到墙根,那么铁球就无法压碎它了。

蜗牛和水井

这是一个非常有趣的话题,当老师给同学们讲述这道题时,同学们都认真地听着。故事情节如下:有一个水井,其深度为2.3米,蜗牛每天往上爬1米,每天晚上休息的时候,都会下落0.2米。那么,倘若以这样的速度向上攀升的话,这只蜗牛需要多长时间才能爬出井口呢?

老师的话音刚落,一名学生立即举手回答了这道题。事实上,这道题根本不难计算,稍微开动一下大脑,就可以找到答案。

【游戏正解】

事实上,以蜗牛的速度,每天可以爬行0.8米。第三天,它将攀升至2.4米。到第三天白天时,蜗牛就会爬出水井。因此,答案是三天。

老板的职员

老板杰克对秘书贝蒂说:"把外面的四个职员叫进来。"杰克对四个职员及贝蒂说道:"我有一个好消息告诉你们,在克莱蒙的交易中,我们赚了一大笔钱,现在分给你们260美元的奖金。"职员们听后,都很兴奋。

但是贝蒂的职位在五个人中是最低的,她在心里想道:这次可能轮不到我了。但是没有想到的是,杰克停一会儿又说道:"我已经算出了你们跟我工作的完整年限,我会根据这个比例发放奖金,但是每年男人比女人要多得一半。"杰克一边说一边将五个信封分别递给五个职员。突然出现奖金,这既让雇员们高兴,又使他们感到有些不安。但是话说回来,这毕竟是一种好运!

五个职员工作的完整年限分别为 2 年、3 年、5 年、6 年和 7 年,每个人都获得了整数的奖金。请问,在这五位职员里面,一共有多少位女性职员?

【游戏正解】

260 被按比例分配,260 = 2 × 2 × 5 × 13,年限为 2、3、5、6、7。2 + 3 + 5 + 6 + 7 = 23,接近 26,26 − 23 = 3。男职员可以按照女职员的 1.5 倍计算。年限的一半分别为:1、1.5、2.5、3、3.5,看来只有 3 了。所以女性职员有 4 人,男职员只有 1 人,他工作了整整 6 年。

新的比赛规则

山上有一个山谷网球俱乐部,里面有两个网球场地。某个星期天的下午,有 8 个球员在这两个网球场地上轮流打着球。这 8 个球员分别为:

男生:安迪、伯纳、柯林、大卫;

女生:阿曼达、布兰达、卡罗、桃乐思。

卡罗是队长,她一直在想应该怎样制定出一种比赛顺序,从而达到最好的效果。没过多久,她就想出了一种方法——混合双打。在她制定的这种比赛规则中,每个球员可以上场打 3 回球。在这 3 回比赛中,任何一个人都不会与同一个人有两次在同一队,或与同一个人有两次成为对手的机会。这项比赛规则的确很完美,刚施行便受到每位球员的赞赏,并乐意接受。

请问,卡罗究竟是如何安排的?

【游戏正解】

这个问题其实不止一个答案。设 4 个男生分别为 A、B、C、D,倘若想从中选出两个人,一共有 6 种方法:AB、AC、AD、BC、BD、CD。同样,设 4 个女生分别为 a、b、c、d,从中选出两人也有 6 种方法,分别为 ab、ac、ad、bc、bd、cd。接下来的步骤,就是将他们互配,以符合题目的要求。如第一场:Aa 对 Bb,Cc 对 Dd;第二场:Ab 对 Cd,Dc 对 Ba;第三场:Ad 对 Aa,Bc 对 Cd。

神奇的圆板

琳达对数学很感兴趣,有一次从妈妈那里学了一招"神奇的圆板",便急忙跑到同学杰森家卖弄去了。在杰森家里,琳达拿出一个纸做的圆板,然后便随意在上面画出一条直线,圆板被分成了 2 块。接着,琳达又画了一条与第一条直线相交的直线,圆板被分成了 4 块。然后,琳达又进行第三次同样的操作,圆板最终被分成了 7 块。

琳达告诉杰森:"你看,每次切割所增加的块数,总和切割的次数相等,比如第二次切割之后,增加了 2 块,而第三次切割之后,增加了 3 块。"

杰森越看越糊涂,一时无法明白其中的道理。

请问,每次切割所增加的块数为何总是与切割的次数相等?

【游戏正解】

为了将这个问题说清楚,我们以第三次的切割为例。第三条切割线与前两条直线相交,那两条直线就将第三条线分成了 3 条线段,这个时候,3 条线段中的每一条都会将圆板上的某一块一分为二,每一条线段都会使圆板增加 1 块,3 条线段则会使圆板增加 3 块。

最佳候选人

在 100 名候选人中,安迪想选出一个最好的来担任一个重要职位。如果随机选的话,那么选到最好候选人的概率只有 1/100。因此,安迪决定还是一个个面试。每面试一个人,安迪都要判断他是不是最好的那个。另外,还有一个规定,即每筛掉一个人,就不可能再回头找他了。在这种情况下，安迪应该怎么做，才能让自己选到最佳候选人的概率最大呢？

有一个好一点的方法，就是随机抽取10个候选人，对这10个人进行面试，从中选出最好的那一个。如此一来，抽到最佳候选人的概率就上升为1/4，和前面的1/100相比，明显要好得多，但是仍然有很大的风险。

请问，在选中比前面的人都要优秀的人之前，安迪需要面试多少人。

【游戏正解】

需要面试36个人。这样一来，安迪就会将自己选到最佳候选人的概率提高到1/3，这已经是最好的结果了。如果安迪愿意妥协，认为选择这100名中的第2名也行，那么他只需要面试30个人。无论是选到第一名还是第二名，其概率就会高于50%。如果安迪认为选择这100名中的前5名就可以，那么他只需要面试20个人，这样一来，选到前5名之一的概率就会上升为70%。

五个退休老人

有五个退休老人，他们非常喜欢在自家的院子中坐着或活动。从下面所说的信息中，你可不可以分别将他们的名字、家的门牌号、家的大门的颜色、他们各自喜欢在院子里干什么说出来。

1. 有一座房子的大门，其颜色是白色的。

2. 全部的门牌号分别为2302、2303、2304、2305、2306。

3. 相比喜欢野餐的人，大卫家的门牌号要大一些。

4. 门牌号是2305的人喜欢晒太阳，这个人或者是大卫，或者是别克。

5. 迈克的房子大门是红色的，和喜欢看报纸的人（不是别克就是大卫）家相比，迈克家的门牌号要大一些。和喜欢洗车的人家相比，迈克家的门牌号也要大一些。

6. 或者是约翰的房子大门是蓝色的，沃尔特喜欢打篮球；或者是沃尔特的房子大门是蓝色的，大卫喜欢打篮球。

7. 和黄色大门房子相比，绿色大门房子的门牌号要小一些，黄色大门房子的主人对打篮球不感冒。

【游戏正解】

沃尔特住在2306，他家的大门是白色的，他喜欢在院子里打篮球；别克住在2303，他家的大门是绿色的，他喜欢在院子里看报纸；大卫住在2305，他家的大门是黄色的，他喜欢在院子里晒太阳；约翰住在2302，他家的大门是蓝色的，他喜欢在院子里洗车；迈克住在2304，他家的大门是红色的，他喜欢在院子里野餐。

扣子下面的金币

理查德侦探连续侦破了几件非常大的案件，他决定休息一阵子。在休假期间，理查德决定去拜访一下平时的老朋友，因为平时的工作太忙，不能经常见面，这次如果不去拜访一下，那么下次还不知道什么时候有空。

去老朋友卫蒙希家之前，理查德提前打了一个电话，他告诉卫蒙希自己具体的拜访时间，希望卫蒙希能够在家。卫蒙希接到电话非常高兴，他回复说自己肯定在家，然后告诉他自己最近收藏到一枚古代的金币,据说价值连城,希望他也可以过来一起研究。

下午,理查德准时到达老朋友的家中,竟然看到倒在地上的卫蒙希的尸体。他非常难过,决定必须找到凶手,将他送进监狱。在现场调查了一下,理查德发现朋友已经死了 1 个小时左右,凶器是一把刀。然后,理查德在朋友的尸体上找到了那枚金币,它正藏在衣服的扣子下面。

理查德注意到朋友的口袋翻向外面,看起来似乎被别人翻过。他思考了一下,将金币放回原来的地方,也就是扣子的下面。

这时,朋友的侄子走了进来,他一看到尸体,立刻就大叫起来:"天哪!谁杀了我的叔叔!理查德先生,你一定要找出凶手啊!"

理查德在柜子中拿出一个盒子,盒子上面的锁是一个铁制的扣子。他将这个盒子递给侄子说:"你叔叔说最近得到一枚非常值钱的金币,他本来打算让我和他一起研究的,但是竟然被人杀害了!凶手的目的一定就是那枚金币!"

侄子接过盒子,感觉有点奇怪,他问道:"您知道我叔叔将金币放在哪里了吗?"

"我当然知道,金币就在扣子的下面,你帮我拿出来吧!"

侄子一手将盒子放在桌子上,马上就蹲下去在尸体上找金币。这时,理查德非常愤怒地说:"你这个贪婪的家伙,居然为了一枚金币就杀害了自己的叔叔!"

你知道理查德为什么认为侄子就是杀人凶手么?

【游戏正解】

理查德说"金币就在扣子的下面",但是他并没有说明到底是什么扣子。理查德递给侄子一个盒子,盒子的锁是一枚铁扣。在正常的情况下,侄子的第一反应肯定会联想到理查德递

过来的盒子上的铁扣子,但是侄子直接蹲下去在尸体上找金币,这一点非常可疑。因此,侄子就是凶手。

盛开的郁金香

梅里小姐在电视台上班,因为工作的关系经常出差,家里也常常没有人。

梅里小姐坚信"最危险的地方就是最安全的地方",因此每次出差时,她都会把自己的珠宝首饰藏在窗台的花盆下面。

这一年春天,为了拍摄纪录片,她和同事们去了法国。与平时一样,她把珠宝藏在了郁金香花盆的底下。不幸的是,这一次小偷真的"光顾"了。小偷潜入梅里的房间,当手电筒的光扫过花盆时,小偷感到十分奇怪。因为在两盆花中,一盆的花瓣是合拢的,另一盆的花瓣是盛开的。

小偷认为,盛开的一定是假花,既然已经有了真花,那为什么还要放置一盆假花呢?这里面一定有问题。小偷挪开盛开的花盆,发现底下藏有珠宝首饰,高兴得忘乎所以,一手全部抓走了。

请问小偷是如何判断出郁金香有问题的?

【游戏正解】

梅里小姐的这两盆花是郁金香,天黑时,这种花会进入睡眠状态,花朵与叶子都会闭合起来。在两盆花中,有一盆郁金香居然盛开着,那么一定有问题。因为在同样的环境中,两盆郁金香的状态应该是一模一样。因此小偷判断出郁金香有问题,接着便偷走了全部的珠宝首饰。

木娃娃的包装盒

一位游客在一个景区旅游,他来到一个礼品店,打算买一些纪念品。他看见一个非常可爱的木雕小娃娃,可一看标签就吓傻了,竟然要 310 美元,折合日元大概为 4 万多。然而,对于这种娃娃,他昨天在其他商店也看到过,即便带上漂亮的包装礼盒也只要 3 万多日元。店员对他说,相比包装盒,娃娃的价格要贵 300 美元。

倘若这位游客只买一个包装盒,付给店员100美元的话,那么后者应该找给他多少零钱?

【游戏正解】

包装盒的价格是5美元,店员应该找给他95美元。娃娃的价格应该是305美元,这样加上包装的价格一共是310美元才对。

城门口的奇怪规定

古代的欧洲,存在着一个非常奇怪的小国家。这个国家规定,倘若商人想要通过一道城门,那么就一定要把身上的钱币交出一半来,接着官方会将上缴的钱币退还给过客一个。

有一个商人已经通过了10道城门,这个时候,他身上只剩下2枚金币了。

请问商人开始的时候身上究竟带了多少钱币?

【游戏正解】

商人最初只有2枚金币。你只要倒推一下就能得出结果了。

巧克力盒子

在数学课上,老师出了这样一个题目:有一个装满巧克力的食品盒。第一次吃掉其中的一半又半个,第二次又吃掉剩下的一半又半个,第三次也是吃掉剩下的一半又半个,第四次吃掉剩下的一半又半个之后,巧克力盒子内便空了。

老师说完之后,便又问道:"你们知道刚开始的时候,盒子里面有多少块巧克力吗?"有的同学回答是10个,有的同学回答是6个……但

没有一个同学的答案是正确的。

根据以上条件,你可以推断出盒子里面究竟有多少块巧克力吗?

【游戏正解】

15个。第四次吃掉一半又半个,实际上就是吃掉了1个。由此逆推可得出正确答案。

两人分9元钱

有一天,在数学课上,数学老师出了一道题目:有三个朋友出去旅游,甲带了5个面包,乙带了4个面包,丙没有带面包。最后三个人却吃了一样多的面包。

后来,丙从自己的钱包里面拿出了9元钱,让甲、乙两个人分,他们各应分到多少钱?一些学生立即举手回答:"4.5元。"老师摇了摇头,让同学们再细心思考一番。同学们有些疑惑不解了。

请问甲、乙两人应该怎样分配这9元钱?

【游戏正解】

三人一共带了9个面包,A、B、C每人吃了3个。也就是说,A给了C2个,B给了C1个,所以C拿出的9元钱应该给A6元,给B3元。

准时参加聚会

迈克邀请汤姆下午五点到他的家中参加聚会。汤姆收拾好之后准备出门。他准备骑摩托车赶到迈克家里。如果他保持15千米/秒的时速,那么就会提前1小时到达。但如果他保持10千米/秒的时速,又会迟到1小时。

那么,应该用怎样的时速才能正好5点到达迈克家中呢?

【游戏正解】

汤姆只要按照12千米的时速就能准时到场参加聚会了。

有多少苹果

杰克和乔到山上摘苹果,他们把摘到的全部苹果都放到了篮子中。杰克说:"我摘的苹果是篮子中苹果总数的一半多一个。"乔说:"在这个篮子里面,我只有 4 个苹果。"

请问篮子里面一共有几个苹果?

【游戏正解】

篮子里有 10 个苹果。因为篮子里的苹果除了杰克摘的就是乔摘的,综合这两个人的话可以得出:乔摘的 4 个苹果是篮子里苹果总数的一半少一个,或者说杰克如果给乔一个,乔的苹果就是篮子里总数的一半。因此得出总数的一半就是 4 + 1 = 5(个)。再求出苹果总数应该是 5 + 5 = 10(个)。因此,综上所述,篮子里总共有 10 个苹果。

多了几个人

9 个商人一起赶路,他们要越过一片沙漠,一般情况下只需要 3 天就足够了。为了防止万一,他们特意带了 5 天的水。第二天,他们正在赶路的时候,突然在沙漠里面遇见了几个因为迷路而口渴难耐的人,对于要不要带这几个人上路大家发生了争执。最后,大家还是同意带这几个人一起走出沙漠,但这样一来,剩下的水就只够他们一行人喝 3 天了。

那么,商人们究竟收留了几个人呢?

【游戏正解】

通过上面的描述可以得知,9 个人 4 天的水现在等于所有人 3 天的水量,经过推算得知,他们增加了 3 个人。

几个人吃饭

下班之后,几个好朋友一起到一家餐馆吃饭。本来大家一直实行 AA 制,但是今天却有两个人没有带钱包,于是剩下的几个人只好平分餐费。大家一算,正好每个人比约定好的多花了两元钱。

那么,究竟几个人吃饭呢?

【游戏正解】

一起吃饭的一共有 10 个人。

如何下毒

一天,警察局接到一个报警电话,说是有人死在了游泳中心。查理探长带领警员来到了游泳中心,他们看到地上躺着一个人,嘴里吐出来很多泡沫。经过检查,确认死者是中毒而死的,死亡的时间约在 1 小时之前。

查理探长询问了周围的人员。第一个询问对象就是死者德森赖斯的女朋友杰西,杰西是一个很漂亮的金发女人。杰西伤心地说道:"上个星期,德森赖斯的手臂不小心受了伤。一个星期过后,他手臂上伤口好得差不多了,于是我们便到游泳中心来游泳。没有想到的是,今天有很多游泳的人,大家相互推挤,我扶住德森赖斯的手臂,才不至于让他摔到。之后,我们来到了游泳大厅,大厅的服务员为我们送上了果汁饮料。德森赖斯喝了那杯饮料之后,就倒在地上了……我认为那个服务员就是凶手!"

查理探长对剩下的果汁进行了检测,发现里面并没有毒素成分。经过认真的检查,结果证明死者生前食用的食物也不含有毒素。

探长想了一会儿,便对杰西小姐说道:"凶手就是你吧,你应该和我们说实话。"

请问杰西是怎样对德森赖斯下毒的？

【游戏正解】

与德森赖斯接触过的就只有他的女朋友杰西，而德森赖斯的手臂受过伤，伤口并没有完全愈合。那么杰西下毒就十分方便了。首先，杰西将毒涂抹在手掌心，扶住德森赖斯的时候，毒素就会进入他手臂的伤口中，最后毒素就会流遍全身。

旅馆的12个房间

山中有一家旅馆，一共有12个房间，依次为1号、2号、3号……12号。有一天，这家旅馆来了13位客人，每个人都想单独要一间房间。

旅馆老板想了一下，终于想出了一个办法，可以同时满足13个客人的要求：他首先让两个客人暂时住在1号房间里面；然后便根据顺序依次分配房间给其余的客人。如此一来，1、13号的客人在1号房间住下了；3号客人在2号房间住下了；4号客人在3号房间住下了；5号客人在4号房间住下了……2号客人则住在了11号房间。最后，空着的还有12号房间，再让住在1号房间里面的13号客人转到里面去住。这样一来，便皆大欢喜了，13位客人都得到了满足，住进了独立的房间中。

非常明显，这样的安排有一个错误，但是问题到底出在什么地方呢？

【游戏正解】

这个问题的关键在于，将2号客人和13号客人搞混了。其实，这是一种"无中生有"的认识模糊。当我们的思路跟着旅店老板的方式走的时候，我们已经认可了他的安排，从而在逻辑上出现了错误。

通门铃的按钮

有一个非常出名的人，他家的门铃声可以说是整天不断，这让他非常苦恼。无可奈何之际，他只有请一位朋友帮忙想一下办法。那位朋友在名人的大门前设计了一排六个按钮，其中只有一个是可以真正按响门铃的。来访者如果摁错了一个按钮，即便是与正确的一起

按，整个电铃系统也会马上停止工作。那位朋友还设计了一张告示，贴在大门的按钮的旁边，上面写着：A在B的左边；B是C右边的第三个；C在D的右边；D紧靠着E；B和A中间隔一个按钮。请摁上面没有提到的那个按钮。在这六个按钮中，通门铃的按钮究竟是在什么位置呢？

【游戏正解】

从左边数第五个即是通门铃的按钮。在这六个按钮中，从左至右的位置依次是DECAFB。

蛀虫咬书

布朗是一个非常喜欢看书的孩子，在他的小书架上，摆着很多书籍，每门学科都有。在其中的一个方格里面，主要摆着历史类的书籍。在这个方格中，布朗根据历史的先后顺序，把它们从左到右整齐地摆放着。由于摆放的时间太长了，书慢慢地生了蛀虫。其中有一本《欧洲历史》，总共有四册，每本的总厚度为5厘米，封面和封底的厚度均为0.5厘米。

倘若蛀虫从第一本的第一页开始咬，一直咬到第四本的最后一页，你可以计算出这只蛀虫咬的距离是多长吗？

【游戏正解】

13厘米。一般人也许都以为是23厘米，事实上这个答案是错误的。因为布朗是从左往右摆放的，而书又是从左往右翻的，因此只能是13厘米。

一个有趣的舞会

有一个十分有趣的舞会，只要是参加舞会的人，都必须在自己的头上戴一顶帽子。帽子的颜色只有红、白两种，某些人戴着红色的帽

子,某些人戴白色的帽子。对别人头上帽子的颜色,其他人都可以看到,然而自己头上帽子的颜色,每个人却无法看到。舞会规定,当每个人

认清楚别人头上戴的帽子的颜色后,才可以把灯关上。将灯关上之后,如果有人认为自己戴的是红帽子,就可以打自己一个耳光。第一次关灯之后,没有人打自己的耳光;第二次关灯的时候,还是没有听到声音;直到第三次关灯之后,才听到一阵劈劈啪啪的声音。

请问,到底有几个人戴着红帽子?

【游戏正解】

3 个人戴着红帽子。当只有 3 个人参与这个游戏时,第三个人才可以猜出自己头上戴的是什么颜色的帽子。如果多于 3 个人的话,那么就比较困难了。

乔治的抽烟时间

乔治每隔 10 分钟就会拿出一根香烟来抽,而以这种速度,他一天至少可以抽 96 根烟。对于这一点,乔治的女友玛丽实在看不过去,于是对他说道:"乔治,你抽烟实在是太厉害了,这样会使身体大大受到伤害的,我认为你的烟量至少要减少一半,要么是在上午,要么是在下午,一定要坚决禁烟。"乔治听后,便这样答道:"玛丽,我可以把一天分成两个部分,只在其中的一半时间之内用同样的速度抽烟,你认为这样可不可以?"玛丽感到有一些进步,于是就答应了。之后,对于这个要求,乔治确实严格遵守了,但是乔治的烟量还是与以前一样,一根都没有少下来。

请问,这到底是为什么呢?

【游戏正解】

他把一天分成两个部分,一是白天,一是黑

夜,晚上是睡觉的时间,本来就无须抽烟的。

珍贵的沙漠之水

水源在沙漠中是一种十分珍贵的东西,即便是为了很少的水,有时候也会引发相互残杀的事件。有一位水商用一个大皮囊装了 25 升水,在行经沙漠的路途中,他遇到了两个客人。在这两个客人中,一个想买 19 升水,另一个则想买 12 升水。商人所带的水量只有 25 升,倘若卖给两位客人的话,明显不够,只能卖给其中的某一位。由于在沙漠中真的是太酷热了,所以他希望在短时间内能够将这笔交易完成。假设从水商的皮囊中把 1 升水倒出来需要 10 秒钟,那么他会卖给哪位客人呢?

【游戏正解】

卖给要买 12 升水的客人。从表面上来看,可能会让人觉得,只要从装有 25 升水的皮囊中倒出 6 升水,再将剩下的卖给第一位客人就可以了。然而由于皮囊装有 25 升水一事,客人并不知道,只有水商清楚。任何事都可看成是大前提,在交易方面,让客人了解情况就是大前提。这个问题也许会以各种形式出现,但首先可以满足大前提的,才是正确的解答。

密封的可可豆盒

有一个密封的可可豆盒,里面有很多可可豆。此外,还有一把长约 15 厘米的尺子。在不打开盒子的情况下,你能否测量出盒子内部的尺寸,并计算出盒子主要对角线的长度?

比如一条从底部右侧前角(B)到顶部左侧后角(A)的直线,盒子中这样的直线总共有 4

条。而盒子侧面、底顶部和底部的厚度，暂时可以忽略不计。进行数字计算，不难得出结果，但是还有一个更加简单的方法，即通过尺子直接测量，我们应该找出这个方法来。

因为体积因素并非找出这个方法的关键，所以我们可以先将这个因素排除在外。

请问，你能否解答这道题？

【游戏正解】

将盒子的一边沿着桌边放置，并在桌子上留出与盒子一样宽的长度，换句话说就是，让 A 的长度与 B 的长度一样。现在，把尺子拿起来，并将其放在桌子角的末端，然后测出桌子角和盒子后面左侧顶角的长度，而这个长度与盒子主对角线的长度是相等的。

家庭生日派对

以前，家庭生日派对非常流行。当然，参加派对的人会做很多游戏。将 12 个盘子放在桌子上，接着在每个盘子里放 1 枚硬币。然后，将一个盘子里面的硬币拿走，按逆时针方向移动，并跳过 2 枚硬币，接着放入下一个只装了 1 枚硬币的盘子里。对这个动作进行重复，再按逆时针方向从任何一个只放 1 枚硬币的盘子开始游戏。被你跳过的 2 枚硬币，无论是在 1 个盘子里还是在 2 个盘子里，都无所谓。将硬币移动 6 次之后，必须保证桌子上有 6 个空盘子和 6 个各有 2 枚硬币的盘子。同时，在移动 6 次之后，你必须回到刚开始的盘子里。事实上，找出绕行桌子的最小圈数，即是这个游戏的目的。

请问，你如何可以办到？

【游戏正解】

从 1 号盘子开始，把 1 号盘子里的硬币移

动到 4 号盘子，把 5 号盘子里面的硬币移动到 8 号盘子，把 9 号盘子里面的硬币移动到 8 号盘子，把 3 号盘子里的硬币移动到 6 号盘子，把 7 号盘子里面的硬币移动到 10 号盘子，把 11 号盘子里面的硬币移动到 2 号盘子。再次绕桌子一圈，就可以回到 1 号盘子了。这个时候，你总共绕桌子 3 圈。倘若绕桌子 4 圈，那么这个题目就更容易解决了。

敏锐的读心术

有一个敏锐的读心术，在这里介绍给大家。把围棋子摆放成可以看透人心的放大镜形状。请你的同学从最下面的棋子开始按顺时针方向数数，一直数到圆圈中适当的地方。只是在心里数，切不可发出声音，数到任何一个自己愿意的地方，接着再从数到最后的那个棋子开始，往刚才相反的方向再数回来。沿着圆圈数，数到与刚才相同的数字时停下来，接着记住那个最后数到的棋子，千万不要返回到黑色棋子的地方。不管你的同学数了多少棋子，你都能够猜到最后数到的那个棋子。

请问，你是凭什么知道的？

【游戏正解】

无论你朋友数了多少个棋子，最后所能记住的棋子都只可能是其中的一部分。也就是说，在这种情况下，这个棋子是从放大镜手柄的最上面一个棋子往左边数第 7 个棋子。大概到这里你就清楚了。无论你数到圆的哪个位置，只要你按同样的数字返回，结果都是从手柄部分的顶端以及圆圈向两边分开之外向左走和手柄部分相等的数字。相反算的话，就是不返回到手柄部分而返回到了和手柄数字相同处的圆圈中的棋子。

赌城拉斯维加斯

拉斯维加斯是当今世界上最大的赌城。狄阿伯、斯卡菲斯和路奇来到了这里，打算大赌一场，发一笔横财再回去。这三人赌的是有六个面的骰子赌博游戏，然而在规则上，和以往有所不同：

每个玩家能够任意选择自己想要的数字；数

字只能在 1~9 之间进行选择，必须注意的是，不可以选择两个连续的数字；每个骰子上都必须有 3 对不同的数字，并且全部数字之和各为 30。

另外，还有其他规定，如两个玩家不可以在同一时间选择相同的一组数字。然而总的来说，路奇的数字会输给斯卡菲斯的数字，斯卡菲斯的数字会输给狄阿伯的数字，狄阿伯的数字则会输给路奇，这到底是为什么呢？

【游戏正解】

狄阿伯的骰子为：6－1－8－6－1－8；斯卡菲斯的骰子为：7－5－3－7－5－3；路奇的骰子为：2－9－4－2－9－4。总的来说，在 18 次之内，狄阿伯可以赢斯卡菲斯 10 次，斯卡菲斯会赢路奇 10 次，路奇会赢狄阿伯 10 次。

苏格拉底的自救

苏格拉底是古希腊伟大的哲学家，他认为有知识的人，才具有美德，才可以治理国家。苏格拉底公开反对智者流派，而智者流派和奴隶主民主派有着非常密切的关系，所以他被指控传播异说，毒害青年，最后被法庭判以死刑。法官佩服苏格拉底的思想和才华，想拖延他的刑期。他为苏格拉底准备了两瓶酒，一瓶是美酒，另一瓶却是毒酒，两瓶酒在外观上毫无差别。随后便叫两个狱吏分别拿着，他们也清楚自己手中拿的到底是什么酒。

法官对苏格拉底说："人们都把你叫做智圣，我想试探一下你是不是真的很有本事。现在你可以向面前的两个狱吏提问，其中一个狱吏说的是真话，另一个狱吏说的是假话，你应该如何问才可以喝到美酒？"

请问，苏格拉底应该怎么问呢？

【游戏正解】

苏格拉底问甲狱吏："请问乙狱吏将怎样回答他手中拿的是美酒还是毒酒？"甲说乙拿毒酒，则一定为美酒。因为如果说真话，那么乙说的就是假话；乙说自己拿毒酒，则一定为毒酒，甲如实转述。如果甲说假话，那么乙说的就是真话；乙说自己拿美酒，那么他一定拿毒酒。同样一个道理，甲说乙拿美酒，则一定拿毒酒。就是依靠逻辑思维的力量，苏格拉底才得以救了自己。

戴帽子的小孩

有 A、B、C 三个小朋友，老师在与他们一起做一个游戏。老师对小朋友们说："这里一共有 5 顶帽子，2 顶黑色的，3 顶白色的。每个小朋友的头上都戴一顶。每个人都无法看到自己头上的帽子。A 坐在 B 的背后，B 坐在 C 的背后。A 可以看到 B 和 C 头上的帽子，B 可以看到 C 头上的帽子，而 C 任何人头上的帽子都看不到。"

老师问道："谁可以猜出自己头上帽子是什么颜色的？" A 回答："我猜不出来。" B 接着回答："我也猜不出来。" C 稍微思考了一番，继而说道："我知道自己头上帽子是什么颜色的。"

请问，C 是如何推测自己头上帽子的颜色的？

【游戏正解】

倘若 B 与 C 的帽子都是黑色的，那么 A 马上就能猜出自己的帽子是白色的。而事实上，A无法确定自己帽子的颜色，这就提示B和C，他们两人的帽子一定是一黑一白，又或者两顶都是白色的。倘若C的帽子是黑色，B马上就能确定自己的帽子是白色的，而事实上，B无法确实自己帽子的颜色，这就提示C，他头上的帽子不是黑色的，而是白色的。

红手套与黑手套

衣柜里放着一些红手套与黑手套，两种颜色手套的数目一样多。为了保证取出一双不同颜色的手套，你闭着眼睛至少要从衣柜里摸出多少只手套？让人感到惊奇的是，这两个数目是一样的。假设这个计算是完全正确的，想想看，衣柜里有多少只手套？

【游戏正解】

4只手套。为了保证取出一双同样颜色的手套，至少要从衣柜中摸出3只手套；为了保证取出两只不同颜色的手套，从衣柜中摸出的手套的数量，至少要比衣柜里某种颜色的手套的数量多1只。根据条件，这样取出的手套的数量是3只，所以衣柜中某种颜色的手套的数量是2只。因此，衣柜里手套的总数是4只。

为什么停下来

今天是乔治第一天上班，眼看时间来不及了，就要迟到了，于是他从地铁站开始奔跑，一口气跑到了公司的办公大楼下，然而就在即将

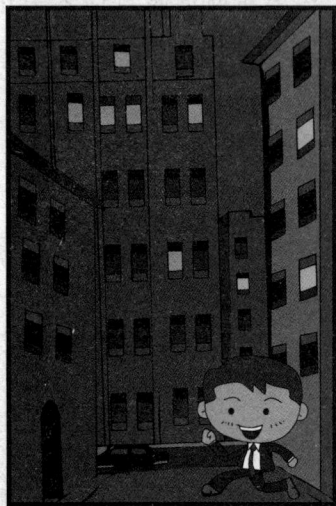

到达的时候，乔治却突然站在那里停顿了下来。当时并没有人通知乔治今天不用上班了，他仍旧急着去上班。

请问，这到底是怎么一回事？

【游戏正解】

乔治的公司在办公楼的高层，他需要乘坐电梯上去，因此会在电梯间停顿下来。

广场上的情景

今天下午，市中心的广场上发生了这样一幕情景：一个漂亮的女人在地上躺着，旁边有众多的围观者，然后一个男人从人群中冲了出来，往这个女人的胸口猛击了几下，接着便把女人带走了。然而当时，并没有什么人对他进行阻拦。

请问到底发生了什么事情？

【游戏正解】

当时，那位女士突发心脏病晕死了过去，男人是一位医生，他对女士进行抢救，接着便将其送到了医院。

铁环转几周

有两个铁环，它们的大小一样，把其中一个铁环在地面上固定起来，接着用另一个铁环绕着前面那个铁环开始旋转。在这一过程中，移动的那个铁环可以一直与固定在地上的铁环密切接触。那么，当移动的铁环自传几周，可以回到它的起始位置？

【游戏正解】

切不可被表象迷惑。仔细阅读题目，便不

难发现,两个铁环的大小一样,因此它们的周长相等,这样的话,那个移动的铁环走过的长度其实就等于它自己的周长,因此,它自传了一周就可以回到起始位置。

公司信箱的钥匙

杰克是公司的业务经理,他经常出差,每次都去很远的地方,而且一去至少就是一两周。这天,秘书给他打来了一个电话,问他是不是带走了公司信箱的钥匙,公司的领导正等着用这把钥匙哩! 杰克在身上检查了一遍,发现钥匙的确是自己带走的,于是把钥匙邮寄回了公司。然而,第二天,秘书的电话又打来了,说没有办法将保险柜打开,但是杰克明明已经将钥匙邮寄回公司了,请问,这到底是怎么一回事?

【游戏正解】

杰克把钥匙装到信封内邮寄回公司,这样信被投入到公司的信箱中,钥匙自然还是无法拿出来。

出神入化的笔法

有这样一个故事,有一位书画家琼斯由于笔法如神,因此获得了巨大的名气,无论是文人学者还是达官显贵,都喜欢收藏她的画作,甚至还有人为了得到她的一幅画作而与别人打起架来。

琼斯有一个远房表弟,也擅长于画画,然而在名气上,就与前者相差太远了。这位表弟认为自己的画功与琼斯相差无几,因此总想找个机会和琼斯比试比试。

这一天,远房表弟来到琼斯的家里,琼斯的佣人正在门口扫地,于是佣人带着表弟进到内堂。表弟看到琼斯书房的门是敞开着的,门上

面挂着一个门帘,于是加快脚步走了过去,将门帘掀了一下,没有想到的是,随之他便转身走了,也没有留下一句话。

请问这是怎么一回事?

【游戏正解】

书房门口挂着的门帘其实是琼斯画的一幅画,然而这位表弟却没有认出来,还伸出手去掀,这说明琼斯的画作已经达到了出神入化的水平。表弟自愧不如,便识趣地离开了。

不合格的小球

某体育制品厂新生产了一批乒乓球,每100个装在一个盒子里,6个盒子为一箱。在推向市场之前,制品厂必须把这些乒乓球送到质检局检验。一天,制品厂收到紧急通知:这一箱乒乓球里,有几个盒子中的每一个都超重1毫克。

如果每一盒都取出一个乒乓球来称量,那么需要称600次才能查出不合格的乒乓球。你能不能想出一个好办法,称一次就把问题解决了呢?

【游戏正解】

从6个盒子里分别取出11、17、20、22、23和24个乒乓球来,然后放在一起称一次就可以知道问题出在哪几盒里。比如:称量之后超重53毫克,而这6个数字能构成53的组合只有一种,即:11 + 20 + 22。因此,问题就出在第1盒、第3盒和第4盒。

暗中取球

在一个纸箱里有红色和绿色两种小球,每种颜色的小球各9个,倘若你在黑暗中取球,为了保证取到2个颜色一样的小球,那么你至少要拿出几个小球?

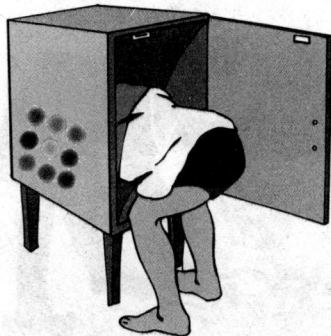

【游戏正解】

将2个颜色一样的小球取出来,至少要拿出3个小球。

转硬币

在一节数学课上,老师手中拿着一枚一角钱的硬币,然后面向同学们给大家做了一个演示。他拿着这枚硬币任意转了5次,停下来后看桌面上的硬币都是正面朝上。

然后他停了一下,指着手中的硬币对大家说:"同学们,如果我再将硬币转一次,假设不受任何外力的影响,那么反面朝上的概率是多少呢?"

【游戏正解】

1/2。这道题本来很简单,硬币只有两面,不要说任意转5次,就是任意转100次、1 000次,反面朝上的可能性也始终是1/2。

两车相撞

有两辆汽车,它们之间的距离为1 500米。前面的汽车以每小时65千米的速度前进,后面的汽车以每小时80千米的速度追赶。后来,两车相撞了。请问在相撞之前的1分钟,两辆汽车相距多少米?

【游戏正解】

前后两辆汽车的相对时速为80 - 65 = 15(千米),也就是250米/分钟,所以相撞之前的1分钟,两辆汽车相距250米。

分离碎屑

伊莎贝拉是一个贵族的仆人,贵族嫉妒伊莎贝拉的美貌,一直想为难她。有一天,贵族让

伊莎贝拉在短时间内将一大包豆子、沙子、木屑、铁屑和细盐的混合物一样一样地分出来。伊莎贝拉想了很久,终于想出了一个主意。最后,伊莎贝拉成功地分出了那些东西,顺利打败了贵族的刁难。

请问伊莎贝拉到底用的是什么办法?

【游戏正解】

用筛子把豆子筛出来;用磁铁把铁屑吸出来;将剩下的混合物倒进水里,这样木屑就会浮在水面上,将木屑弄出来晾干;将水倒入容器,留下的就是沙子;将容器里面的水分晾干,融化在水里面的盐就会慢慢被晒出来了。

物理老师的魔术

在学校的实验室,物理老师让每个同学在实验桌上面都摆放同样的东西:一个装满水的盘子、一个烧杯、一个软木塞、一盒大头针和一盒火柴。过了一会儿,物理老师演示了一个实验:他既没有让盘子倾斜或将盘子端起来,也没有借助除了桌子上摆放的物品之外的工具,最后居然成功地让水进入到了烧杯里面。

请问物理老师是如何做到的?

【游戏正解】

用大头针把火柴固定在软木塞的最上端,让木塞浮在水上,保证火柴不会被浸湿。点燃火柴,接着将烧杯倒扣住软木塞,等烧杯中的氧气被消耗光时,水就会进入烧杯中。

沾泥巴的孩子

有10个孩子待在一个教室里面,其中,有7个孩子的额头上沾满了泥巴。每个孩子都可以看见其他孩子的额头上是不是有泥巴,然

而却不能看到自己的额头上是否有泥巴。这时,老师走进教室,他说道:"在你们 10 个人之中,至少有一个人的额头上沾上了泥巴。"接着,他便问道:"谁知道自己的额头上沾有泥巴?知道的请把手举起来。"老师连续问了六遍,可是却没有人举手。当问到第七遍的时候,凡是额头上有泥巴的孩子,全部都把手举了起来。

假设这 10 个孩子都有非常优秀的逻辑分析能力,那么,他们应该怎么进行思考,从而得出正确的结论?

需要注意的是,事实上,在老师走进教室之前,每个孩子就已经知道,在他们 10 个人之中,至少有一个人的额头上沾有泥巴,因此,老师所说的第一句话为孩子们提供的信息量基本上等于零,然而没有老师的这句话,那么就没有一个孩子可以得出正确的结论。请问这是为什么?

【游戏正解】

倘若只有一个孩子的额头上沾有泥巴,那么在老师第一次提问的时候,他马上就会举手回答问题,因为他没有看到其他孩子的额头上沾有泥巴,同时他也知道至少有一个孩子的额头上沾有泥巴,所以他可以马上断定自己的额头上沾有泥巴。倘若有两个孩子的额头上沾有泥巴,那么他们都只能发现一个孩子额头上沾有泥巴。当老师第一次提问的时候,他们都不能确定自己的额头上是否沾有泥巴,然而当第一次提问结束,而没有人举手的时候,他们马上就会知道自己的额头上沾有泥巴。因为,倘若自己的额头上没有泥巴的话,那么在第一次提问的时候,他们所看到的那个额头上沾有泥巴的孩子就会把手举起来,理由如上所述。所以,当老师第二次提问的时候,这两个额头上沾有泥巴的孩子会同时把手举起来。倘若有 3 个孩

子的额头上沾有泥巴,那么他们就只能发现两个孩子的额头上沾有泥巴。当老师第一次和第二次提问的时候,他们都不能确定自己的额头上是否沾有泥巴。但是当第二次提问结束,而没有人举手的时候,他们马上就可以知道自己的额头上沾有泥巴。因为倘若自己的额头上没有泥巴的话,那么在第二次提问的时候,他们所看到的那两个额头上沾有泥巴的孩子就会把手举起来,理由如上所述。所以,当老师第三次提问的时候,这 3 个额头上沾有泥巴的孩子会在同一时间把手举起来。由此,我们能够得出一般性的结论:倘若有 n 个孩子的额头上沾有泥巴,那么当老师 n 次提问之后,所有额头上沾有泥巴的孩子会在同一时间把手举起来。老师所说的那句话——至少有一个孩子的额头上沾有泥巴,这实在是一个不可缺少的条件。当有两个孩子的额头上沾有泥巴的时候,的确全部的孩子都已经清楚,至少有一个孩子的额头上沾有泥巴。然而,倘若对于那两个额头上沾有泥巴的孩子,他们仅知道至少有一个孩子的额头上沾有泥巴,而不知道对方也知道至少有一个孩子额头上沾有泥巴,那么在两遍提问之后,他们是不可能把手举起来的。老师所说的话,让全部孩子都知道至少有一个孩子的额头上沾有泥巴。对于本题来说,这是一个关键性的条件。

做到准确无误

你与三个朋友一起玩扑克,现在轮到你发

牌。按照惯例,应该以逆时针的顺序发牌,第一张发给你的右手邻座,最后一张则发给你自己。当你在发牌的时候,手机铃声响了起来,你停下来接了一个电话。打完电话后,你忘记了牌究竟发到谁了。现在,你不能数任何一堆已发的或未发的牌,你可以准确无误地把每个人应该发到的牌准确地发到对方手中吗?

【游戏正解】

把未发的牌从最后一张开始由下往上发,第一张先发给你自己,然后按照顺时针的顺序把牌发完。

两把宝剑

古时候,有两个挨着的铁匠铺,他们之间的竞争很激烈。胖铁匠在自己的店门口挂了一把花纹剑,上面的雕刻非常精美,但是它很重,并且遍体雕花纹,剑身也很厚重;瘦铁匠在自己的家门口挂了一把造型普通的剑,上面没有雕刻任何花纹,并且剑身十分薄。

胖铁匠在心里想道:人们在买东西的时候,通常都喜欢挑漂亮的、分量足的,我这把剑又漂亮又有分量,一定可以卖一个好价钱。然而瘦铁匠的剑很快就被人买走了,而胖铁匠的剑却还挂在那里。

请问这是为什么?

【游戏正解】

剑的用途主要是防身,因此更注重实用性,所以轻薄锋利的宝剑才会受到人们的欢迎。

贴纸条猜数

有一个教授专门教逻辑学,他门下有三个得意学生,这三个学生都十分聪明。某日,这位教授给他们出了一个题目,在三个学生的脑门上,教授分别贴了一张纸条,同时对他们说:"在每个人的纸条上,都写有一个正整数,并且其中两个数的和等于第三个!"需要注意的是,每个学生都可以看见另外两个学生脑门上的数字,唯独看不见自己脑门上的数字。

教授对第一个学生提问:"你可以猜出自己脑门上的数是多少吗?"第一个学生回答:"不能。"教授问第二个学生,他也回答"不能"。教授又问第三个学生,第三个学生还是回答"不能"。教授又再问第一个,他回答"不能"。教授又问第二个,他仍旧回答"不能"。教授又问第三个,他说道:"我猜出来了,是144!"教授十分满意地笑了。

请问,你可以猜出另外两个人脑门上的数吗?

【游戏正解】

36和108。思路是这样的:首先说出这个数的人多半是二数之和的人,因为另外两个加数的人所获得的信息必然是相同的,在同等的条件下,如果一个无法推断出来,那么另一个也不会推断出来(当然,在这里,只是说这种可能性很大罢了,因为毕竟在回答上还有个先后次序,所以在一定程度上,仍旧存在着信息不平衡的现象)。另外,只有在第三个学生看到另外两个学生的数是一样的时候,他才能够马上说出自己的数。事实上,以上两点基本上属于已知条件,根据题意便能够推断出来。倘若教授只问了一轮,第三个学生就说出了144,那么依据推理,可以非常容易地得出另外两个数分别为48与96。那么,如何才能让老师问了两轮就得出答案呢?这有必要做进一步的思考:A:36(36/152)B:108(108/180)C:144(144/72)。括弧里面是这个同学看到另外两个数后,猜测自己头上可能出现的数。现推理如下：

A、B 先说不知道，十分明显，C 在说不知道的情况下，可以假设倘若自己是 72 的话，B 在已知 36 和 72 条件下，会这样推理：我脑门上的数应该是 36 或 108，然而若是 36 的话，C 应该可以马上说出自己的数，而 C 并没有说，因此我脑门上的数应该是 108。但是，在下一轮中，B 仍旧不知道，因此，C 能够判断出自己的假设是错误的，自己脑门上的数只能是 144。

牛奶和咖啡

一杯牛奶和一杯咖啡摆在桌子上。先用一把勺子从牛奶杯中舀出一勺牛奶，然后倒进咖啡中，将其搅拌均匀；之后再舀出一勺混合的咖啡牛奶，倒进牛奶中，随后再将其搅拌均匀。

请问，是牛奶杯中的咖啡多，还是咖啡杯中的牛奶多？

【游戏正解】

这样搅和一番，其实各杯的总容积并没有发生变化，加进的咖啡必然会排出去同样容积的牛奶，因此，牛奶杯中的咖啡容量恰好与咖啡杯中的牛奶容量相等。

往前或往后

在自行车下面位置的脚踏上系一根绳子，倘若将绳子往自行车后方一拉，那么自行车是往前移动还是往后移动呢？

【游戏正解】

往后移动。当物体受到外力时，倘若没有碰到阻碍，那么一定会沿着外力作用的方向运动。把处在下面位置的踏板往后拉，那么就能让后轮转动，从而产生向前的摩擦力。但是在后轮与地面的接触点上，产生的前移力往往比踏板处向后拉的力要小得多，因此整个自行车仍旧会往后移动。

向伊索问路

一位行人走到寓言家伊索的跟前，向其问路："请问先生，还需要走多长时间才可以到最近的村子？"

伊索说："你就一直走下去吧！"

行人说："我知道我必须走下去，但是请你告诉我，究竟还需要多长时间？"

伊索说："你就一直走下去吧！"

行人心里猜想，这个人大概是一个疯子，于是继续朝前走。

没过多长时间，伊索便对着这个行人大声说道："再走一个小时，你就可以到最近的村子了！"

行人回过头来，大声问道："你刚才怎么不对我说呢？"

是呀，伊索刚才为什么不对他说，而要等一会儿才告诉他呢？

请问，这到底是为什么？

【游戏正解】

其实伊索是要等行人走一段路，借此观察行人走路的快慢，这样才能告诉他需要多长时间。

松浮的挂钩

当机车在前面牵引列车时，各车厢的挂钩一般都处于拉紧状态。当机车在后面推列车前进时，各车厢的挂钩则处于顶紧状态。倘若一列火车前面有一个机车在拉，后面有一个机车在推,那么在这个时候,在车厢的挂钩处,因为拉和推的力量已经相互抵消了,因此挂钩都会松浮起来。既然车厢前进时的动力是由挂钩传递的,那么松浮的挂钩又如何会让车厢前进呢?

【游戏正解】

当机车在前面牵引列车时,其实并不是每节车厢的挂钩都拉得一样紧,而是第一节车厢拉得最紧,向后依次拉紧的程度慢慢减小。反之,当机车在后面推时,倒数第一节车厢的挂钩顶得最紧,第二节次之……而第一节车厢的顶紧程度最小。

倘若前后各有一辆机车,那么在这个时候,从理论上来说,只有最中间的一个挂钩是松弛的,而事实上,因为前后机车拉和推的力并不一定正好一样,并且在行进的过程中,每一时每一刻都在发生着变化,所以松弛的挂钩会在中间几个挂钩里面不停地转换。这样一来,前面的机车拉一半车厢,后面的机车推一半车厢,列车自然会走得更快。

下降的电梯

在正在下降的电梯中,分别用弹簧秤和天平称出物体的重量,与电梯静止时相比,最后的结果会有什么变化呢?

【游戏正解】

要想解决这个问题,首先应该弄清楚重量和质量这两个不同的物理量。重量是指地球上对它上面物体吸引力的大小;质量是指物体所含物质的多少。弹簧秤和天平是两种完全不一样的测量仪器。弹簧秤是用来测物体重量的,天平是用来测物体质量的。

在下降的电梯中,使用弹簧秤称重物,由于失重,物体的重量会减轻不少。天平测出的是物体的质量,在任何情况下物体的质量都不会发生改变。

杂技演员过桥

一个杂技演员将两只大铁球拿在手中,走到一座将要崩塌的旧桥前面。从理论上说,这座桥只能承受杂技演员和一只铁球的重量,如果再稍微多一点,那么就会马上崩塌。这个杂技演员用出神入化的杂技技巧,把两个铁球轮流地向上空抛去,这样一来,在同一时间,他的手中就只拿着一个铁球了。

请问,这位杂技演员能否安全地过桥呢?

【游戏正解】

要想将铁球抛起来,那么就需要对铁球加一个作用力,而铁球对抛球的人,又会产生一个反作用力,这时,桥所受到的力,就会比一个人再加一只铁球的重量大。此外,下落的铁球在落到手上的那一瞬间,还会产生一个下落的加速度,这样也会超过原来的重量。所以,这个杂技演员绝对无法安全过桥。

两个爱喝酒的人

有两个小气且爱喝酒的人。现在有形状不同的两个杯子摆在桌子上,其中一杯装着酒。倘若让两个人分酒,并且不能让两个人有什么怨言,应该怎样做才好?

【游戏正解】

让一个人先把酒分成两杯,之后叫另一个人选一杯,剩下的一杯就是分酒人的。这样两个人都不会有怨言。

翻开一个空碗

瑞德在街上闲逛,看到旁边开了一个小赌局,在摆赌局的人前面,放着三个小茶碗。他对瑞德说道:“我在其中一个茶碗中放入一个球,你猜一下它会在哪个里面。倘若你猜对了的话,我就给你10美分;倘若你猜错了的话,你就得给我10美分。”

瑞德玩了几局,但是几次都输了,并且他终于发现,猜对的可能性只有1/3,因此他决定不玩了。这个时候,摆赌局的人又对他说道:"不如这样,在你选了一个茶碗之后,我将另外一个空碗翻开,这样你猜对的可能性就大很多了,这样可以么?"瑞德听了那人的话,性子一来又玩了几局,没过多久,他的钱全部输光了。

这是怎么回事呢?

【游戏正解】

事实上,瑞德仍旧是在三个茶碗中选择,他选择正确的可能性仍然是1/3。在瑞德选择之后,摆赌局的人再将另一个空碗翻开,对瑞德的选择来说,这其实并没有什么影响。

排名次

A、B、C、D 在一场比赛中得了前4名。已知 A 的名次不是最高,但他比 B 和 D 都高,而 D 的名次也不比 B 高。请问他们各是第几名?

【游戏正解】

一二三四名分别是 C、A、B、D。

谁会去洗脸

在一辆蒸汽车里面,有两名乘客靠窗坐着,

这时有一阵风吹来,刮过来一些煤灰,弄脏了一个人的脸,而另一个人的脸是干净的,那么他们两个人应该谁去洗脸?

【游戏正解】

脸上干净的人,因为他看到对方的脸上脏了,以为自己的脸上也是如此,所以就去洗脸了,而脸上有煤灰的人则无感觉。

大小逻辑推理

当 B 大于 C 时,X 小于 C;但是 C 绝不会大于 B,所以可得出(　　)。

A. X 绝不会大于 B

B. X 绝不会小于 B

C. X 绝不会小于 C

【游戏正解】

A。

高速行驶

根据统计,绝大多数汽车发生事故都是在中速行驶的时候,很少有事故发生在高速行驶的时候。那么,这是否可以说明高速行驶比中速行驶更安全呢?

【游戏正解】

不能说明。因为大多数汽车都是中速行驶的,高速行驶的汽车很少,所以事故相对来说也少一些。

有把握及格吗

乔治参加一次考试,考题是30道选择题,每道选择题都有3个选项。只要答对18道题就算及格。就概率来说,随便答也可以答对1/3,也就是10道题,而且乔治还有9道题是有把握的。乔治能及格吗?

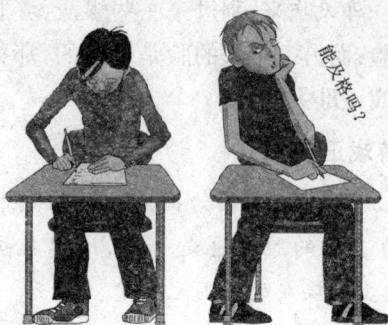

【游戏正解】

随便答答对的概率只能从没有把握的21道题中算,也就是那21道题中,按概率可以答对21/3 = 7道,再加上有把握的9道,只能答对16道,所以还是不能及格。

免费的午餐

傻熊开了一家餐馆,这个餐馆有一个特点,所有的菜价格都是相同的。一天中午,猴子来吃饭。

猴子先要了一份麻婆豆腐,可菜一端上来,猴子一看就斯哈着气说:"太辣了,怎么吃呀,给我换一个吧。"换了一份热气腾腾的蘑菇炖面,猴子又说,太烫了,再换一份。换上了第三盘松仁玉米,猴子一尝,真甜,于是眉开眼笑,很快吃完了。

猴子吃完,拍拍屁股想走,傻熊追过来说:"您还没付钱呢!"

猴子说:"我付什么钱呀?"

傻熊说:"您吃饭需要付钱呀!"

"可我吃的松仁玉米是用蘑菇炖面换的呀。"

"您吃蘑菇炖面也要付钱呀。"

"可我的蘑菇炖面是用麻婆豆腐换的呀。"

"那麻婆豆腐也要付钱呀。"

"麻婆豆腐我没吃,给退了,付什么钱呢?"

傻熊挠挠头,好像是这么回事。于是,让猴子走了。

请问这到底是怎么回事,吃了东西不用付钱吗?

【游戏正解】

"麻婆豆腐我没吃,给退了,付什么钱呢?"这句话错了。因为猴子用麻婆豆腐换了蘑菇炖面,而不是退了。

巧取三升水

假设有一个池塘,里面很多水。现有2个空水壶,容积分别为5升和6升。如何用这2个水壶从池塘里取得3升水呢?

【游戏正解】

先用6升的水壶取6升水,然后从6升壶往5升壶倒满水,那么6升壶还剩下1升水。把5升壶的水倒光,再把6升壶里的1升水倒入5升壶里。再把6升壶取满水,往5升壶里倒水,倒满时,6升壶里还剩下2升水。把5升壶的水倒光,再把6升壶里的2升水倒入5升壶里。用6升壶取满水,往5升壶里倒水,倒满时,共往5升壶里倒了3升水,6升壶里还剩下3升水,就得到了3升的水。

老板娘分酒

一个人去酒店买酒,他明明知道店里只有两个舀酒的勺子,分别能舀350毫升和550毫升酒,却硬要老板娘卖给他100毫升酒。老板娘很聪明,用这两个勺子在酒缸里舀酒,并倒来倒去,居然量出了100毫升酒,你能做到吗?

【游戏正解】

550 倒 350 剩 200，350 倒空，200 倒 350，550 倒满，550 倒 350 满剩 400，350 倒空，400 倒 350 剩 50，350 倒空，50 倒 350，550 倒满，550 倒 350 满剩 250，350 倒空，250 倒 350，550 倒满，550 倒 350 剩 450，350 倒空，450 倒 350 剩 100。

特别的称重

乔治在实验室做实验，他要用 3 克碳酸钠作为溶质，但是他手边只有一袋标着 56 克，没有拆封的碳酸钠，还有一架只有一个 10 克砝码的天平。这时，实验室只有他一个人，也找不到其他的称量工具。在现有的条件下，他该怎样称出 3 克碳酸钠来呢？

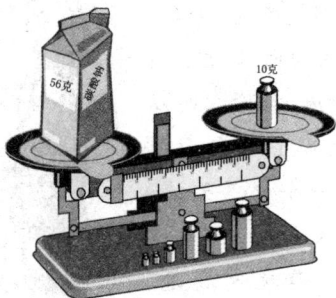

【游戏正解】

第一步，先把 10 克的砝码放在天平的一端，然后把这袋碳酸钠分开放在天平的两端使天平平衡。这时，天平两端的碳酸钠分别是 33 克和 23 克；

第二步，把 33 克碳酸钠取下，然后仍然把 10 克的砝码放在天平的一端，然后从 23 克碳酸钠中取出一些放在天平的另一端，并使天平平衡，这时 23 克中剩下的就是 13 克；

第三步，重复第二步的动作，剩下的就是 3 克。

动物过河

大老虎、小老虎、大狮子、小狮子、大狗熊、小狗熊要过一条河，其中任何一种小动物少了自己同类大动物的保护，都会被别的大动物吃掉。6 个动物之中，只有大老虎、小老虎、大狮子、大狗熊会划船，可现在只有一条船，一次准坐 2 个，怎么样才能保证 6 个动物顺利到达彼岸而不被吃掉？

【游戏正解】

动物都用字母表示，分别为 A、a、B、b、C、c。其中 A、a、B、C 会划船。

$ab\rightarrow$，$a\leftarrow$，$=b$；$ac\rightarrow$，$a\leftarrow$，$=bc$；

$BC\rightarrow$，$Bb\leftarrow$，$=Cc$；

$Aa\rightarrow$，$Cc\leftarrow$，$=Aa$；

$BC\rightarrow$，$a\leftarrow$，$=ABC$；

$ab\rightarrow$，$a\leftarrow$，$=ABbC$；

$ac\rightarrow$，$=AaBbCc$。

通往出口的路

一位探险家去寻宝，在一大片原始森林里迷了路。他在里面走了很久，一直没有找到出口，这可把他吓坏了。这时，他来到一个三岔路口，发现每个路口都写了一句话，第一个路口上写着："这条路通向出口。"第二个路口写着："这条路不通向出口。"第三个路口上写着："另外两个路口上写的话，一句是真的，一句是假的。"如果第三个路口上的话是正确的，那么，探险家要选择哪一条路才能走出去？

【游戏正解】

走第三条路。如果第一个路口写的是真话，那么，它就是出口，那么第二个路口上的话也是正确的，这和只有一句话是真话相矛盾。如果第一个路口写的是假话，第二个路口上的话是真的，那么它们都不是通往出口的路，所以真正能走出原始森林的路是第三条。

猜一猜贝蒂的生日

1993 年的某一天，贝蒂过完了她的生日，并且她此时的年龄正好是她出生年份的 4 个数之和。你能推算出贝蒂是哪一年出生的吗？

【游戏正解】

贝蒂是 1973 年出生的。注意：先估计大约年份为 1970 年左右，再根据数字和年份差相等的特征推算出结果。

猜明星的年龄

甲、乙、丙、丁四个人在议论一位明星的年龄。

甲说：她不会超过 25 岁。

乙说:她不超过30岁。

丙说:她绝对在35岁以上。

丁说:她的岁数在40岁以下。

实际上只有一个人说对了。

那么,下列正确的是(　　)?

A. 甲说得对。

B. 她的年龄在40岁以上。

C. 她的岁数在35～40岁之间。

D. 丁说得对。

【游戏正解】

选B。此题可用排除法。四人中只有一个人说对,若甲对,则乙、丙、丁都应不对,推知丁的说法也对,与假设矛盾,故A项排除;同理,乙也不可能对;若丁对,则不能排除甲、乙,因此D项可排除;若丙对,则丁有可能不对,如果B项成立,则丙的说法一定成立,符合题意。因此,可判断B为正确答案。

猜年份

17世纪中有这样一个年份:如果把这个年份倒过来看,仍然是一个年份,但是却比原来的年份多了330年。你能猜出这个年份是哪一年吗?

【游戏正解】

1661年。倒过来是1991年。

有几个天使

一个旅行者遇到三个美女甲、乙、丙,他不知道哪个是天使,哪个是魔鬼。天使只说真话,魔鬼只说假话。

甲说:在乙和丙之间,至少有一个是天使。

乙说:在丙和甲之间,至少有一个是魔鬼。

丙说:我只说真话。

你能判断出有几个天使吗?

【游戏正解】

有两个天使。假设甲是魔鬼的话,由此可推断她们几个都是魔鬼,那么,乙是魔鬼的同时又说了实话,存在矛盾,排除。所以甲是天使,而且乙和丙之间至少有一个也是天使。假设乙是天使的话,从她的话来看,丙就是魔鬼。假设乙是魔鬼的话,从她的话来看,丙就是天使了。所以,无论怎样,都会有两个天使。

第 3 章

逆向思维游戏

逆向思维是对司空见惯的似乎已成定论的事物或观点反过来思考的一种思维方式,也叫求异思维。一个善于逆向思维的人,敢于"反其道而思之",让思维朝对立面的方向发展,从问题的相反面探索,树立新思想,创立新形象。有人落水,"救人离水"的常规思维模式往往行不通,而"让水离人"的逆向思维则会令人大吃一惊,喜出望外,别有所得。

大坑里的土

乔治是一个农民,为了将白菜存储好,他决定在家里挖一个地窖。他花了几天时间,在地上挖了一个长5米、宽4米、深5米的大坑。

请问大坑里面有多少土?

【游戏正解】

大坑都是从土地上挖出来的,因此大坑里面当然已经没有土了。

过 河

在尼罗河的某个流域内,有一个人想通过这条河流。他来到码头上,对着渡船上的船夫大声地问道:"在你们之中,到底哪一位会游泳?"话还没有说完,许多船夫便应声围了上来,只剩下一个人没有围上来。想要过河的人对这个人说道:"喂,你的水性好不好?"这个人答道:"对不起,我不会游泳。"于是想要过河的人说道:"好,我就坐你的船过河!"

请问,过河人为何要坐这条船过河呢?

【游戏正解】

因为人通常都有这样一个惯性,也就是在自己不擅长做的事情方面,往往会更加小心谨慎。

环球航行

问你一个很简单的问题:哥伦布冒险环游世界的时候,最先到达的是哪个地方?

A:不知道;B:美国东部;C:中美洲群岛;D:巴西;E:好望角。

【游戏正解】

环游世界的人不是哥伦布,而是麦哲伦,因此这里没有正确答案。

出国旅行

汤姆离开了他的国家,到国外旅行,但他的身边却都是美国人。

你知道这是为什么吗?

【游戏正解】

汤姆是一个中国人,他从中国到美国旅行,当然身边全都是美国人了。

跳楼未受伤

亨利先生住在一座33层的大楼中。有一天,有人看见亨利从他的阳台上跳下来,当时楼下没有安装气垫或其他保护措施,但是他落地后并没有一点摔伤的痕迹。

请问这是为什么?

【游戏正解】

因为亨利先生住在大楼的一楼,他从阳台跳下去根本不会受到伤害。

追公共汽车的人

一辆载满乘客的公共汽车,正沿着下坡路快速前进。这个时候,车上的乘客看到一个男人在紧紧地追赶公共汽车,眼看越拉越远,但那个男人似乎没有要放弃的意思。一个乘客把头探了出来,对着那个男人说道:"你还是不要追了,下一辆公共汽车马上就要过来了。"没想到那人却大声说道:"我必须追上这辆车!"

请问这个男人这样做的原因是什么?

【游戏正解】

因为这个男人就是这辆公共汽车的司机,当他下车"方便"的时候,公共汽车自己从坡上滑了下去,他自然要去追车了。

山脉测量

在同伴面前,玛丽说了一件让人感到不可思议的事情。有一个人为了做测量,在一座高山攀爬。当她距离山顶还有100米时,突然绳子断了,她也随之滑倒了,等她抓住某个东西爬起来的时候,却发现自己已经安全地抵达山顶了。需要注意的是,这个时候,她并没有得到别人的帮助,也未爬完那100米。

请问,她是怎么到达山顶的呢?

【游戏正解】

事实上,她当时是在为海底山脉做测量,是掉到海底山脉的山顶上了。

一句话的回答

布朗先生是一个知识渊博的大学教授,是一个才华横溢的人,被称为校园里最有知识的人。然而,一个新学生却不相信,于是想要刁难一下布朗教授。

有一次,他走到布朗教授的跟前,接着拿出一张纸,然后说道:"很多人都说你是一个博学多才的人。现在我这张纸上有 100 个不同领域的问题,不知道你能否只用一句话就将上面全部的问题都回答了?"

布朗教授接过那张纸,仔细看了看,然后用一句话回答了所有的问题。那位学生听完后,不得不佩服布朗教授的智慧。

请问布朗教授到底是如何回答的?

【游戏正解】

布朗教授说:"不知道。"这样就巧妙地回答了所有的问题。

反插口袋

课间休息时,学生们正在玩游戏。这时,杰克对汤姆说:"你知道如何把你的左手完全插入右手边的裤子口袋,右手完全插入左手边的裤

子口袋,但是同时双手又不能交叉吗?"学生们听到后都开始比划起来,汤姆试了很长一段时间,最后还是没有做到。

请问你知道怎么做吗?

【游戏正解】

在穿裤子的时候,故意将裤子穿反,这样你就能很容易地做到以上的要求了。

哪架飞机投影大

首都机场每天都有许多飞机起飞和着陆。某天日落时分,地面的飞机正准备起飞,而天上有一架从韩国首尔飞来的飞机,在距地面 100 米的上空平行飞行,正要降落到地面。现在,你知道哪架飞机在地面的投影更大一些吗?

【游戏正解】

地面上根本就不会出现飞机的投影,因为当时太阳已经落山了。

赛　马

有两位绅士,他们非常喜爱运动。有一次,这两个人决定进行一场赛马比赛,双方定下了一个反常的规矩,即谁的马先到终点,那么他就输掉了这场比赛,而第二个到达终点的人,才是最终的获胜者。两个人奋力抽打自己的马往前跑,当跑了 1 000 米的路程时,他们的马已经浑身是汗了。在离终点不远的地方,他们两个人都开始把速度减下来,接着在距离终点 100 米处,两个人干脆停了下来。想起之前定下的那个规矩,两个人都从马背上跳了下来,去和一个在地里观看比赛的农民探讨应该怎么办。当这个农民听说他们定下的比赛规则之后,给他们想了一个办法。而两个人听完之后,便快速跳上马背,加速前进,似乎两人都想争着第一个到达终点。需要注意的是,那个农民给他们想的办法没有改变他们之前定下的规矩。那么,你可以猜出这个办法是什么吗?

【游戏正解】

两个人换了一匹马,谁的马先到,那么另一个人便输了这场比赛。

漂浮的木块

物理课上，老师正在给同学们讲授浮力的原理。试验台上面，一块小方木头正浮在装满水的烧杯里面。这时候，物理老师给大家出了一个题目。

他说："现在要求大家既不能用手或者其他东西往下压木块，也不能改变木块的重量，更不能破坏烧杯，那么怎样才能让木块沉到烧杯底部呢？"

你知道应该怎样做吗？

【游戏正解】

用导管将烧杯里面的水全部排出来，木块自然就沉到底部了。

一分为二的蚯蚓

杰克是一名初中生。在生物课上，老师对同学们说，蚯蚓是一种奇怪的生物，倘若你将它从中间切成两半，它不仅不会死，相反还会变成两条蚯蚓。

回到家里，杰克从土里挖出了一条蚯蚓，然后把它切成两半。但没有想到的是，蚯蚓没过多久就死了。难道老师的说法有错？

你知道是为什么吗？

【游戏正解】

杰克是竖着劈开蚯蚓的，并非横着切开蚯蚓，这样一来，蚯蚓自然无法活下去了。

暴君和小贩

有一位国王十分残暴。他探查子民对他的看法，于是便把自己乔装成外国人来到民间。他向街上的一个小贩问道："你认为你们的国王怎么样？"小贩看到周围没有人，便小声地说道："实话跟你说吧，我们国家的国王实在是太残暴了，简直就是一个胡乱杀人的狂魔！"

听完小贩的话，国王十分生气，当即表明了自己的身份，想要就地处死小贩。这个时候，机智的小贩马上跪到地上，一边求饶，一边不停地说话，国王听后，居然转怒为喜，当场赦免了他。

请问小贩对国王说了什么？

【游戏正解】

小贩对国王说："事实上，我是一个巫师，因为泄漏了太多的天机，所以每个月必须有一天说假话才能抵罪。今天正好赶上我要说假话。"

歌德散步时

有一天，德国大诗人歌德在公园里面散步，当他经过一条只能让一人通过的小路时，对面迎着走来了一个人。那个人对歌德说道："我从来就不会给蠢货让路。"歌德当即回了一句，便笑着退到了路边。那个人听后，发觉自己受到了侮辱，但又感到无地自容。

请问，歌德对那个人说了什么话？

【游戏正解】

歌德对那个人说的是："我正好相反！我从来就喜欢给蠢货让路。"

编辑的反攻

奥多尔·冯达诺是19世纪德国著名作家。当年她在柏林当编辑的时候，有一次收到一个青年习作者寄来的投稿信，上面是几首没有标点的诗，附信中这样写道："对于标点，我素来是不在乎的，如果需要用的话，你可以自己填上。"冯达诺很快就把稿子退回去了，并随稿写了一句附言，巧妙地将"标点"和"诗"的位置互换了一下，以回敬对方，令对方见了哭笑不得。

请问，附言中究竟写了什么？

【游戏正解】

附言中写道："对于诗歌，我素来是不怎么

在乎的,下次若再想寄的话,你可以只寄标点来,诗由我填就行了。"

两个赌徒

有两个赌徒在庭院中打赌。在院子中有一个重 5 吨的巨石和两个仅重 20 千克的小岩石。由于巨石太重,无法挪动,其中一个赌徒对另外一个赌徒说:"在不挪动 5 吨巨石的情况下,我打赌我能成功地将巨石放到两个小岩石的上边。"另外一个赌徒不相信他能做到,将 100 元钱拍在桌子上,说:"如果你能做到,这 100 元钱就是你的了。"

结果,那个赌徒果真做到了,当然顺利地拿走了 100 元钱。

【游戏正解】

赌徒用铲子挖掘巨石下面的土壤,把两个 20 千克重的岩石放进去即可。

一张合影

学校组织春游,学生们玩得非常高兴。老师建议:"我们站在一起,来照一张合影。"前面站的是女同学,后面站的是男同学,前一排坐在地上,中间一排坐在长椅上,最后一排站在土坡上。

这个时候,老师请随行的医生给大家拍照。平时在拍集体照的时候,为了防止有人不注意眼睛闭上了,摄影师总是会数"1,2,3",然后才会按快门。虽然这样,但还是有些人无法坚持下去,数到"3"的时候就闭眼了。让人未曾想到的是,校医在拍照的时候,说了一句话,大家就这样做了,结果拍出来的照片没有一个人闭上眼睛。

请问,校医到底说了什么?

【游戏正解】

校医说:"这次我们来换一种方法,请大家先闭上眼睛。等我从'3'数到'1'时,再一起睁开眼睛……"

两人的不同之处

女佣人犯了一点小错误,主妇将其大骂了一顿。男主人看到这个情景,心里十分过意不去,于是低声安慰女佣人道:"请你不必难过,我妻子的为人就是这样,总是喜欢无理取闹,我与你一样,根本就受不了。""先生,你的话就错了,我与你不一样。"女佣人说。"都是挨这个女人的骂,又有什么不一样呢?"男主人不解地问。女佣人的一番话让男主人哭笑不得。

请问,他们两个人究竟有什么不同呢?

【游戏正解】

女佣人说:"我只要说一声不干了,就可以永远不再受她的气,可是先生,你能吗?"

留学生眼里的中国人

有一个名叫约翰的美国人在中国留学,他对方块字有着很浓厚的兴趣。有一次,约翰来到他的中文教授的办公室,一开口便说道:"老师,我觉得你们中国人一点都不谦虚,甚至可以说是太张狂了。"

中文教授听后,感到十分惊讶,于是问道:"为什么这么说呢?"约翰继续说道:"我今天在大街上走了一圈,认真地观察了很多大招牌,大部分都是在无底限地自我炫耀,比如说中国很行,中国人民很行,中国交通很行,中国工商很行,中国建设很行,中国农业很行……"中文教授想了一会儿,不禁哈哈大笑起来。

请问,大学教授为什么要发笑?

【游戏正解】

因为约翰将"银"看成"很"了。

强有力的反驳

苏联科学院召开了一场科学大会,生物学家李森科在大会上站了起来,说了一大通,主要是为了宣扬自己的获得性遗传理论。这时,朗道站起来问了一个问题:"您的意思是说,如果我们割掉一头牛的耳朵,并且也割掉它后代的耳朵,这样一代一代地遗传下去,一种不长耳朵的牛就可以被我们培养出来?"李森科听完朗道的问话后,想了一想,便斩钉截铁地答道:"说得非常正确,实际上的情况就是如此。"接着,对于李森科的观点,朗道进行了强有力地反驳。

请问朗道是怎样反驳的?

【游戏正解】

朗道问道:"很好,那么女人为什么在出生的时候都是处女,请你做一番解释?"

假如我是一位经理

语文老师给学生们布置了一道名为《假如我是一位经理》的作文题。绝大多数学生一听到题目,马上就埋下头写了起来,只有一位学生抄着双手,在椅子上闲靠着,好像没听到语文老师的话一样。老师问这位学生:"你为什么不写?"学生说了一句话,让老师哭笑不得。

请问这位学生究竟是怎样回答老师的问题的?

【游戏正解】

学生回答说:"我在等秘书。"

罗斯福婉拒相问

罗斯福被选为美国总统之前,在海军军部任职,职位为海军助理部长。有一天,罗斯福的一位好友前来拜访。谈话期间,朋友问了一件重要的事情,即关于美国海军在加勒比海某岛建立基地的情况。

朋友继续说道:"我只想让你告诉我,我所听到的关于基地的情况是不是靠谱?"

事实上,朋友要打听的这个事情在当时属于政府的机密,倘若公开的话,后果会很严重,但是既然是好朋友相问,那么应该如何加以拒绝呢?

罗斯福看了看四周,然后便压低声音说道:"对于不便外传的事情,你可以保守秘密吗?"

好友急切地说道:"当然可以。"

"那么……"罗斯福微笑地说了一句话,让朋友尴尬不已。

请问,罗斯福说了什么话?

【游戏正解】

罗斯福说:"我也能。"

治国与结婚

有一次,法国著名剧作家莫里哀被一位朋友问道:"某个国家有一位皇帝,为什么他在14岁的时候就已经开始治理国家,而在18岁的时候,还不能结婚呢?"莫里哀针对这个问题,做出了一番幽默的回答。

请问,莫里哀是怎样回答的?

【游戏正解】

莫里哀说:"因为照应妻子比治理国家还难。"

机智的酒吧老板

三个小偷合伙偷取了一颗非常值钱的钻石,三个人决定,在找到好的买家之前,他们必须时时刻刻在一起,这样才可以将钻石拿出来。

某一天,他们到一个酒吧喝酒。经过商谈,

他们决定让酒吧的老板暂时保管钻石,等把酒喝完之后,再把钻石要回来。将钻石交给老板时,他们反复地说道:"只有当我们三个人同时在场的时候,你才可以将这个盒子拿出来!"

三个小偷喝得正开心,这时其中一个小偷说自己想喝红酒,同伴们也表示赞成。他来到老板那里,向老板索要盒子。老板看见只有他一个人过来,就没有答应。小偷解释说:"是那两个人叫我过来拿的,如果你不信,我可以现在就问问他们。"于是他转过身来,对着房间大声喊道:"是你们让我过来拿的吧?"

房间内的小偷以为是说拿酒,便大声答道:"是!"小偷把盒子拿到后,就一个人悄悄地逃走了。另外两个人很快就发现事情不对劲,他们也跑到老板那里索要盒子,老板这一下才知道刚刚那个人欺骗了他。面对两个人的威逼,老板突然灵机一动,说了一句话,那两个小偷听后,只得乖乖地去找那个逃跑的小偷。

请问老板说了什么?

【游戏正解】

老板说:"盒子当然还在我这里。但是你们刚刚说,一定要你们三个人同时在场,我才能将它拿出来。现在你们只有两个人,我不能将它交给你,你们赶紧找到你们的同伴吧。你们找回了他,我就将盒子交给你。"正是这种逆向思维,使老板摆脱了两个无赖小偷的纠缠。等到他们抓到逃走的那个人,自然就会知道盒子在那人手中。

朝哪边的多

这天,克里斯和汤姆正在一起玩游戏,这时候他们的朋友乔治来了,手里拿着一幅画。画上面画着很多可爱的小狗,它们有的朝左边走,有的朝右边走。这时候乔治问另外两人:"你们

有没有什么办法,能够不数数就知道,画上面朝左走还是朝右走的小狗更多一点?"

两个人对视了一会,然后开始想办法。

你能帮助克里斯和汤姆找到办法吗?

【游戏正解】

将画上面的小狗按照从左向右为一对圈起来,这样最后剩下的一只如果朝左边,就是朝左边的小狗多,如果朝右说明朝右走的小狗多。

无法通行的桥洞

船长驾驶的一艘小型货船马上就要驶入港口了,前面一路上都比较平安顺利。然而没有想到的是,在即将抵达目的地的时候,船员却对船长说,前面有一座无法通过的高架桥,因为和桥洞相比,船上装的货物要高出 3 厘米,由于货物是整箱装的,所以临时进行搬动是不现实的一件事情。为此,船长陷入愁闷之中。

这个时候,一位船员想出了一个好主意,并告诉了船长。船长听后,夸他非常聪明,接着便命令大家根据这个船员的方法去做,很快货船就成功地通过了桥洞,顺利抵达了目的地。

请问那位船员想出的是什么主意?

【游戏正解】

既然不可能卸掉货物,那么只要增加船的重量,让他下沉 3 厘米之后再开船就可以了。他们只需要让岸上的人运来一些大石块加到船上就可以了。

逃出大火

一个星期天,布朗与哥哥一起到野外打猎。他们看到一只跑得非常快的野兔子,兄弟俩追了上去,来到了一片荒地上,最后终于打死了那只兔子。正当兄弟俩高兴地返回时,发现熊熊的大火已经在荒地的四周燃起来了,看来是乡下的村民正在开荒,一定是不知道里面有人,所

以才放火。眼看着大火就要围住他们了,这时布朗的哥哥情急智生,两个人并未朝外面跑,就顺利地脱离了险境。

请问两兄弟是如何逃离大火的?

【游戏正解】

想要躲开火焰,往外面跑是不可能了。那么就只能让火往外面烧,所以只要他们在所占的地方划出一个大圆,再放一把火让火向着四周烧去,那么火焰就会离他们越来越远了。

妻子的浪漫要求

约翰与玛丽已经结婚七年了,前不久,一对新婚夫妇搬到了他们家的隔壁。几天过后,玛丽对约翰说道:"你注意到没有,隔壁的男主人好疼爱自己的太太呵!我看见,那个男人每天早上出门时,都会拉住太太的手,然后来一个长吻,接着才会走,真是好浪漫呵,实在是太有情调了,为什么你就不能做到这样呢?"约翰说了一句话,玛丽听后,不禁哑然失笑。

请问,约翰是怎样回答玛丽的?

【游戏正解】

约翰回答:"我和她还没有那么熟呵!"

絮絮不休的女人

妻子终于停止了自己絮絮不休的唠叨,她用手把电灯的开关按住,然后问丈夫:"亲爱的,家里的门窗全部都关了吧?"丈夫耐心地答道:"亲爱的,应该关的都已经关好了,除了……"

请问,丈夫后面想说什么?

【游戏正解】

丈夫说:"该关的都已经关好了,除了你的话匣子外。"

受邀避暑别墅

有一位富人在群山之中修了一座享有盛名的避暑别墅,他每年都会给一些有好感的人寄送邀请函。

今年,有6个人收到了邀请函,他们十分兴奋地来到了这座别墅。然而不幸的是,山中有一群强盗对这座别墅打起了主意,他们潜入别

墅里面,把6个人关押了起来,并且将所有的通讯电线都剪断了,将所有人的手机都没收了,防止他们与外界联系,防止他们偷偷报警。

别墅和外界的唯一通道是一座小桥。然而强盗已经将这里封锁了,根本就不可能出去。

这一天,6个人商量出了一个办法。玛苏化装成一个男人,趁着天黑,通过窗户逃出了别墅,然后来到小桥附近的树丛中,暗中观察守桥人员,发现他正在打瞌睡,于是她迅速上了小桥。她的脚步声很大,不幸将守桥人员惊醒了,然而她还是成功地通过了小桥,把别墅的情况报告给了警方,拯救了其余的5个人。

请问这到底是怎么一回事?

【游戏正解】

玛苏在桥上走到一半的时候,又转身往回走,同时故意用脚步声将守桥人员吵醒。守桥人员刚醒过来,一看有人进入别墅,于是便马上阻止。玛苏利用逆向的思维方式,光明正大地离开了那里,并在之后又救了其他几个人,把强盗送进了监狱。

1 元钱去了哪里

三位农民工初次来到城里打工,刚开始几天没找到工作,因此只能先到一家旅馆住宿。服务员对他们说,三人间的价格为30元,刚好每个人付10元钱。三个人付了房钱之后,就进房休息去了。

后来,旅馆老板在查账的时候,知道有三位客人是农民工,打算给他们一点优惠,于是便让服务员将5元钱退还给他们。可是服务员在送钱去的时候,偷偷把2元钱藏了起来,然后才把3元钱给了这三个人。

这样算来,三个农民工各自都交了9元钱,总共是27元钱,加上服务员拿走的2元,总共是29元,那么还有1元钱到哪里去了呢?

【游戏正解】

事实上,之所以差了1元钱,只是因为计算的方法出了问题。推敲一下就会发现,农民工一共花了27元钱,而服务员拿走的2元正是27元里面的,因此旅馆入账的金额仍然是25元,并没有什么差错。

资本家和工人

西方资本家喜欢横征暴敛，总是采取一切可能的手段，即使是员工的休息时间，他们也不放过。他们让员工每天加班，并且加班时间不能少于两小时。面对这样的资本家，一个聪明的员工想出了一个绝妙的主意，这样不仅可以满足资本家的要求，而且又不会让自己太累。

请问这个主意是什么？在一周时间内，他最少要加多长时间的班？

【游戏正解】

一共加了8个小时的班。他选择在星期一、星期三、星期五的午夜来加班，每次加班两个小时，然后周日再加班两个小时，前三次每次加班都跨过了两天时间，所以满足了资本家叫他每天都要加班的要求。

不受影响

晚上，吃完饭后，安妮的爸爸在一边读报纸，妈妈坐在沙发上看电视，安妮回房间做作业去了。过了一会儿，突然停电了，屋里黑得伸手不见五指，妈妈和安妮全都开始抱怨起来。可是，安妮的爸爸还是在继续读着报纸，没受一点影响。你知道这是怎么回事吗？

【游戏正解】

安妮的父亲双目失明了，所以他读的报纸是专门给盲人读的，他使用双手在"读"报纸，所以停电对他来说没有任何影响。

飞机没有爆炸

一架飞机从A城飞往B城。在天空中，飞机十分平稳地飞行着，乘客们正悠闲地看着窗外的景色。突然，一个黑衣男子站起来大声说道："我在飞机的尾翼处安装了一枚气压炸弹！倘若飞机的高度低于1 000米，那么炸弹就会爆炸。"

飞机上的乘客听了这些话，顿时陷入了恐惧和慌乱之中。为了安抚乘客，乘务人员互相配合，在极短的时间内便将这个恐怖分子制服了。

虽然如此，可是仍旧没有解除掉气压炸弹的危机，乘客们还是照样恐慌不已。倘若恐怖分子说的是真话，那么这架飞机迟早都会爆炸。倘若飞机尝试降落在机场，那么就会因为高度低于1 000米而爆炸；倘若一直在高空中飞行不降落，那么飞机的燃油必定会尽，那时飞机还是会降落和爆炸。

镇静的机长一边联系地面的警察，一边与所有的机组人员商量，希望可以尽快找到解决的办法。

地面的警察闻讯后，马上就找到了有效的办法，警察告诉机长让飞机直接降落。机长接受了这个建议，飞机降落到机场上，但是飞机并没有爆炸。

请问警察的建议是什么？飞机为什么没有爆炸？

【游戏正解】

其实，飞机不爆炸的原因非常简单，警察告诉机长说："飞机不能低于1 000米，那么让飞机降落在海拔1 000米以上的机场就可以了。"因为炸弹在1 000米的高空中不会爆炸，那么在1 000米以上的机场上降落也不会爆炸。这就是利用了逆向思维进行推理，也拯救了飞机上所有乘客的生命。

一个撒谎的青年

杰尔侦探来到一家饭店，看到一个皮肤黝黑的青年正在与另一个人谈生意。青年开口说道："我刚刚从沙漠回来，那里热得要死，我的白皮肤都被晒成黑色了。"

商人回答:"那真是太遗憾了,回家之后,你没有好生休养吗?"

青年说:"当然!回到家里之后,我把身上沾染的尘泥全都洗得干干净净,接着又刮掉了长了几个月的胡子,顺便把我那乱糟糟的头发也修剪了一下。之后,我又睡了很长一段时间的觉,真的是一种享受呵!"

商人很奇怪地问道:"既然在沙漠这种荒无人烟的地方这么辛苦,那你为什么还要跑去呢?这不是自找苦吃么?"

青年神秘兮兮地答道:"你先别急着否定,我在沙漠中发现了一个大金矿,你要不要参与投资,我们一起平分?"

杰尔发现青年的下巴是古铜色的,于是插嘴说道:"嘿!你这个年轻人的撒谎技巧弱爆了!先把自己的故事编造得更加完美一些,再去骗人吧!还有商人你啊,千万不要傻傻地被他骗了!"

请问杰尔为什么说这个青年撒谎?

【游戏正解】

青年说自己在沙漠中生活好几个月。所以,他白皙的皮肤才被晒得如此黝黑。回家之后,他便洗澡整理头发和胡子,刮掉了脸上的长胡子。倘若他真的在沙漠中生活了很长时间,刮掉胡子以后,下巴的部分应该比古铜色要浅很多,不会和脸部的肤色一样。所以,他明显是在说谎,而金矿也可能是一个骗局。

密封的药瓶

约翰淋了一场大雨,不幸着凉得了重感冒。

医生为他诊治之后,给其开了一些药片。约翰回到家后,才发现药瓶是用木塞密封着的,瓶塞怎么拔也无法拔出来,倘若将药瓶摔碎,或在木塞上面钻孔,这也不太可能。约翰正无可奈何的时候,妻子走了过来,一下就将瓶子打开了。约翰的妻子并没有用任何工具,只是用手就打开了瓶子。

请问她是怎么做的?

【游戏正解】

既然瓶塞拔不出来,那么将它按下去就可以了啊。

苏珊的两个儿子

苏珊生下两个儿子之后,丈夫就因为意外去世了。苏珊并没有从此一蹶不振,而是更加努力地劳动,希望自己可以将所有的困难克服掉,让两个儿子健康快乐地长大。

随着时间的流逝,两个儿子慢慢长大成人了,而且跟着熟人学了一些本领。大儿子向镇上的染布师学习怎样染布,小儿子向旁边的邻居学习怎样制作雨靴。两个儿子都很听话,都酷爱学习,从来不会到处捣乱。

后来,在县城里面大儿子开了一家染布厂,小儿子开了一家雨靴商店。之后,两个儿子又都结婚成家了。他们都很有孝心,对于母亲的养育之恩,心中十分感激。所以,即便在家的时间不长,他们也总会将自己的健康情况和生意情况及时报告给母亲。

然而,苏珊现在变得特别喜欢操心。每当天气晴朗时,苏珊就会担心小儿子雨靴能不能卖出去,担心他的生活会陷入困境;每当天气接连下雨时,她又会担心大儿子的染布厂不能照常开业,染好的布匹不能及时晒干。因为天天操心,不久苏珊就病倒在床。

邻居看到苏珊总是操一些没必要的心,于是对她说了一些话。苏珊听后,病情大为好转,心里也舒畅多了。

请问邻居对苏珊说了什么?

【游戏正解】

邻居说:"苏珊啊,你现在担心的都是多余的。你应该这样想,每当天气晴朗的时候,你的大儿子的染布厂就能顺利开工,让染的布匹能够很快地晒干;每当天气不好,一直下雨的时候,你的小儿子就能卖出很多雨靴,可以让生活过得更加优越。这不是很好吗?"

女人比男人老态

有一位女记者对著名画家毕加索这样问道:"和成年女子相比,为什么成年男子看起来都要年轻一些呢?"毕加索想了一会儿,接着便说了一句话,女记者听后,顿时恍然大悟。

请问,对于这一问题,毕加索是怎样做出解释的?

【游戏正解】

毕加索说:"因为自称 30 岁的女人,一般都已经 40 岁了。"

对傲慢的回击

法国著名小说家莫泊桑喜欢蓄一把大胡子。有一次,一位贵妇见到莫泊桑,便傲慢地对他说道:"你写的小说根本就不算什么,然而你的胡子倒是挺有风格的。你为什么总是要在自己的脸上留这么多的胡子呢?"莫泊桑回答了一句话,对这位女士进行了深刻、幽默的嘲讽。

请问莫泊桑是如何回答的?

【游戏正解】

莫泊桑回答道:"至少可以给那些对文学一无所知的人一样赞美我的东西。"

着火时的选择

设想这样一种情况:一间房子里面装满了名贵的画作和文物,全部都是价值连城的稀世珍宝。突然,房子失火了,大火烧得非常快,你正好在房间里面靠近门的位置。如果要你抢救一件宝物,你觉得应该抢救哪一件呢?

【游戏正解】

很多人会说应该抢救最为贵重的那件,但是正确的答案是离门口最近的那件。因为当时你正身处门口,拿走门口的那件成功的概率最大。如果去拿别的,很可能不但救不出一件,连自己也葬身火海。

奇怪的偷车贼

泰德是一个小混混,平时靠在街上偷盗为生。这天,他在一处空旷无人的地方看到一辆敞篷跑车,车上还插着车钥匙。可是这次他却没有偷车。你知道这是为什么吗?

【游戏正解】

惯偷都在有利可图的时候才下手,说明那辆跑车根本就是他自己的。

比赛猜问题

某一天放学之后,迈克与约翰两个人一同回家,他们一边走,一边相互比赛猜问题。

迈克向约翰问道:"现在让一个身体 20 厘米长的红色螃蟹与一个身体 25 厘米长的黑色螃蟹比赛,到底是谁可以最先爬完 1 米,从而赢得比赛。"约翰思索了一会儿,然后就说出了答案。

请问到底谁会赢得这场比赛?

【游戏正解】

黑螃蟹会赢得比赛。因为红色的螃蟹已经被煮熟了,无法再动弹了。

站在原地的人

炎热的夏天,农民们都辛勤地在田里劳动,有的施肥,有的除草。突然,天上黑云滚滚,没一会儿就下起了倾盆大雨。大家纷纷往家里跑。这时候,有一个人却仍然站在原地,一动不动。这究竟是怎么回事呢?

【游戏正解】

很明显,只要是正常的人在这个时候都会很自然地跑回家避雨。那个人却一反人们的习惯,这说明它很可能不是一个人,那么它就只能是一个稻草人。

迈克的魔法

迈克是一位普通的小学生,一天体育课上,迈克把手中的排球用力扔了出去,排球在天上飞了一会儿,然后在没有碰到任何障碍物的情况下竟然又自己飞回了迈克的手中。难道迈克有超能力吗?

你知道这究竟是怎么一回事吗?

【游戏正解】

把排球扔出去并不一定是向着前边或者后边,迈克其实只是垂直向上边扔了一下排球。这样,排球在天上飞一会儿之后,受到重力的影响很自然就会掉回他的手中。

胆小如鼠的人

什么人胆小如鼠?

【游戏正解】

见到猫就怕的人。

假装的聋哑人

在一辆正在快速行驶的火车上,一位乘客突然大声叫道:"我的钱包不见了!"旁边的乘客都十分惊讶,赶紧看自己的财物丢了没有。

丢失钱包的乘客说道:"我的钱包里面装有十分重要的证件!没有这些东西,我就变得寸步难行了!"他显得很伤心,脸因为着急而变得通红。

热心的人们听到后,便努力回忆,最终确定了两个嫌疑人。一个是一位黑衣男子,另一个是一位聋哑人。

黑衣男子说:"从洗手间出来,看到地上掉了一个旅行包,一问是他的,就帮他捡起来还给他了。不是我偷的,这一定是一场误会!"

而对于聋哑人,人们只能通过在纸上写字的方法进行询问。问了很多问题之后,人们仍然不能判断出谁才是真正的小偷。

这个时候,邻座的人站了起来,用一种很随意的语气对聋哑人说了一句话,那个聋哑人听后,当场就露馅了,他为了逃避众人的检查,而假装成一个聋哑人。

请问邻座的那个人对聋哑人说了一句什么话?

【游戏正解】

邻座的人对聋哑人说道:"你不是犯人,你可以走了,回到你的座位吧!"于是,聋哑人就站起身准备回到自己的座位。这样就明显露馅了,他假装聋哑人,然而却能够听到别人对他说话,所以证明他说的都是谎话,他就是偷窃乘客钱包的小偷。

有漏洞的借条

夜晚,大卫侦探开车回到自己的家门口,他用钥匙打开家门,还没来得及进门,突然冲过来两个人,其中一个拉住大卫说:"名侦探先生,你现在有空吗?一定要帮帮我啊!我被冤枉了!"

另一个则说:"找名侦探也没有用,你明明就是欠我10万美元,趁着还没有到期限,你还是赶紧还给我吧!"

大卫是一个热心的人,面对这样的情况,他就让两个人进入自己的家中,让他们好好陈述事情的原委。

这两个人中一个叫作法纳斯,另一个叫作贝尔。法纳斯一直指控贝尔向自己借过钱,而且是10万美元;贝尔辩解道,自己从来没有向他借过钱,而且法纳斯是一个名声不太好的人,即使自己借钱,也不会向他借。于是两个人就这样不停地争吵着。

附近的人看见有人吵架,便建议他们过来向名侦探大卫求助。他们就在夜晚的时候过来,一直等到他回家。

大卫听完他们的话,对法纳斯说:"你口口声声说贝尔曾经向你借钱,但是你有没有更加实际的证据呢?"

仿佛早已料到名侦探会这么问他,法纳斯得意地拿出一张纸:"这就是当时开的借条!上面还有贝尔清晰的手指印呢!贝尔你如何狡辩都没有用!"

大卫接过纸条认真地看起来,他看到上面的确有一个手指印,然后落款日期是1993年2月29日。大卫想了一下,说:"你确定贝尔真的向你借钱了么?"

法纳斯还没有说话,贝尔就大叫起来:"那个手指印是之前打赌,我输了就在白纸上面按的,结果他这样来害我!"

大卫安慰地拍拍贝尔的肩膀说:"我知道你是冤枉的,如果他继续纠缠你,你就将这张借条拿到法院去控告他诽谤。"

你知道大卫为什么要这样建议贝尔么?

【游戏正解】

如果贝尔真的向法纳斯借了钱,日期也的确是真的,那么就不会有什么问题。但是,大卫在脑海中回忆了一下具体的日期,得到的结果就是1993年的2月,根本就没有29日。这很明显地说明法纳斯在说谎,他只不过是想要通过这种方式,来获得大额的钱财。

勤劳与懒惰

从1到9,哪个数字最勤劳,哪个数字最懒惰?

【游戏正解】

俗话说,一不做,二不休,因此最勤劳的数字是2,最懒惰的数字是1。

桌上的蜡烛

玛丽与约翰的结婚纪念日就在今天,为此,玛丽特意给约翰办了一桌丰盛的晚餐,接着将电灯关上,把蜡烛点上,打算与丈夫吃一顿无比浪漫的烛光晚餐。

桌上总共燃有8根蜡烛,以此象征他们8年的幸福婚姻。玛丽一边等待着丈夫及早回家,一边想象着即将到来的美好场景。这个时候,外面突然刮起了大风,吹进屋内,1根蜡烛被熄灭了,然后又是一阵大风,2根蜡烛又熄灭了,玛丽赶紧将窗户关上。这个时候,丈夫打来了电话,说自己已经在酒店订了晚宴,让玛丽赶快过去。玛丽听后,高兴地立刻出门了。

请问他们吃完饭回家之后,桌上还有几根蜡烛?

【游戏正解】

当时,桌子上有3根蜡烛熄灭了,所以,等他们回来时,桌子上只留下没有燃烧的那3根蜡烛。其他5根蜡烛已经燃烧完了。

从书房到外面

古时候，有两个人想要学习画艺，于是来到一位名画师的家里。画师说："我就在自己的书房中坐着，你们两个人可以说话骗我唬我，谁要是能把我从书房骗到外面，那么他就能做我的徒弟。"

一个人先开口说："先生，您有一位老朋友拜访您来了，快点出来迎接吧！"见没有效果，又说道："先生，有一群要把式的在外面表演着呢，非常的精彩，你不想观赏一下吗？"无论这个人怎么说，画家仍旧一动不动。

这个时候，另一个人说道："先生，外面这么冷，我们实在没有理由让你出来。不如……"

听完这话，画家便从书房走了出来，当他迈出门口的时候，才意识到自己被骗了。

请问第二个人跟画师说了什么？

【游戏正解】

第二个人说："不如您站到门外来，我们俩坐在暖和的房间里，用话语引诱您，您一定会受不了寒冷进屋的。"这样，画家还在想着从屋外进屋里和从书房到外面是一样的，却在不知不觉间上当了。

金碧辉煌的酒柜

有一家五星级酒店，其大堂中有一座金碧辉煌的酒柜，里面专门盛放客人们喝剩下来的酒，既有大瓶的，也有小瓶的，全是世界各地的名酒，真是琳琅满目呵！酒瓶的旁边还有一张卡片，上面写有剩酒主人的一些信息。

许多人无法理解，认为那些只是普通的剩酒，摆在大堂中央不免有些不太雅观，甚至还显得对客人不尊重。然而酒店经理对这种做法却十分坚持，最后出来的效果也确实很好，酒店的生意好了很多，可谓是名声大噪。

请问这里面究竟是什么原因？

【游戏正解】

虽然酒柜里面陈列的是剩酒，可是全部都是各国的名酒，这无疑显示了这家酒店的客人的档次，无形中也就将酒店的身份与地位体现

了出来。

书商的智慧

某国的一位书商由于经营策略的问题，导致一批图书滞销，眼看积存卖不出去，他很是着急。这时候，他想起本市市长十分喜欢读书，于是寄了一本书给市长，并且每天打电话给市长，询问他对这本书的看法。市长自然没有时间，于是随意回复他说："还不错。"于是，书商利用市长的这句话大做文章，成功地将滞销的书卖了出去。

又过了不到半年，书商又有一批书滞销。他再次使用了上次的办法，不过这次市长说什么也不肯给他做出评价了。可是，他还是想出了办法利用市长给他做了宣传。

你知道他是怎么做的宣传吗？

【游戏正解】

书商这次没得到市长的评价，但是他在宣传的时候说："这是一本连市长都无法做出评价的好书。"这样就扭转了市长原本的意思，变不利为有利了。

密室中的门

一个人被关在一个密室里面，四周没有窗户，只有四面空空的墙壁，其中的一面墙上似乎有一扇门。那人赶紧跑到门边想要拉开门出去。可是他用尽力气，那扇门却没有一点反应。那么究竟怎样才能出去呢？

【游戏正解】

既然门拉不开，那么向外推就能推开了。

从一面爬到另一面

布朗是一只青色的毛毛虫。这天从昆虫学校回到家中之后，布朗开始忙碌起来。妈妈看到布朗不停地在摆弄一张纸，一会儿爬到这边

一会儿又爬到那面,于是妈妈问布朗在做什么。布朗这才告诉妈妈,老师给他们留了一份家庭作业,让他们想到一个办法,从一张放在地面上的纸的一面爬到另外一面,同时要求中间不能停下来给纸翻面。

妈妈给布朗做了一个动作,布朗立刻就知道应该怎么做了。

你想到怎样才能让布朗从一张纸的一面爬到另外一面了吗?

【游戏正解】

妈妈做了一个弯曲的动作,这就是在提示布朗,只要将纸折叠一下,就能非常轻松地从一面爬到另外一面了。

头发没被淋湿

杰克是一个非常独立的孩子,每天放学之后他都是和几个同学一起走路回家,从来不用父母特意去接。

这天,天下起了倾盆大雨,妈妈下班后赶忙准备雨伞和雨衣,正想去接杰克的时候,杰克却开门进来了。他身上的衣服和脚上的鞋子全部都湿透了,但是头发却一根都没有湿,这究竟是怎么回事呢?

【游戏正解】

杰克昨天刚刚去剃了光头,他没有头发。

富翁藏起来的钱

有一个富翁,他的子女非常不孝顺,因此他很早就与子女们断绝了来往。富翁老了以后,

全靠隔壁的邻居希珊照顾,为他打扫院子,陪他聊天。

富翁去世之后,把自己大部分的财产都捐赠给了慈善机构。剩下的 20 万美元,则全部遗赠给了希珊。临死之前,他把希珊叫到了自己的床边,低缓地说道:"希珊,我去世之后,你就住到这间大房子来吧。我给你留下了 20 万美元,藏在了郊区的一间小房子里面,只要过去就能找到。"

希珊并不是一个贪图钱财的人,随后一直在料理富翁的后事。很长一段时间之后,希珊才想起这件事来。

某一天,希珊来到了那间小房子里面。小房子一点也不豪华,从表面看起来甚至还有一点破旧。进入房子之后,发现房子里面只有一张木板床,一把木头椅子,而墙上则贴满了旧报纸,此外并无任何其他的东西。

希珊有些纳闷,20 万美元到底藏在哪里呢,不可能凭空消失了吧?希珊抬起头来,脑中突然灵光一闪,接着便快速找到了富翁藏钱的地方。

请问富翁把钱藏在了哪里?

【游戏正解】

房间中没有复杂的装饰品,也没有隐藏的机关,所以钱并不特别难找。实际上,正是因为钱并不难找,却常常会被固有的思维束缚住。换一个想法,换一种思维,其实满房子都是钱。那些钱正是藏在了墙上,富翁将钱贴在墙上,然后又糊上了几层报纸,这样看上去,很难注意到。

凶手的杀人方法

珊莎住在一座 17 层高的公寓里面,她的房子在 15 楼。

有一天，人们发现珊莎死在了家中，死亡原因为头部中枪，在死者身旁，有一把黑色的手枪。

经过调查和询问，证明昨天晚上并没有人找过珊莎。另外，珊莎的家门从里面锁上，外面不可能将其打开。虽然珊莎家里的窗户是打开着的，然而窗户外面安装有防盗栏杆，间隔比较小，即便是一个小孩也不可能钻进来或钻出去，更不用说一个成年人了。

为此，警察们十分头疼，不知道应该怎样定案。从现场来看，死者好像是自杀的，但是以她的情况来说，并不存在自杀的理由。

警察找来了名侦探泰伦。泰伦来到现场之后，对具体的情况进行了询问，接着便对警察说道："你们真是太粗心了，如果用逆向思维思考一下，那么马上就可迎刃而解。"接着，他便把凶手的杀人方法说了出来。

请问，凶手的杀人方法到底是怎么样的？

【游戏正解】

死者是头部中枪，那么一定有人向她开枪，但是开枪的时候，凶手并不一定要进入这间房屋。在17层公寓的楼顶，凶手系上一根牢固的绳子，接着把自己系在绳子的另一头，这样便能顺着绳子从顶楼往下滑，当到达15楼珊莎的房间的时候，他就可以通过打开的窗户开枪射击，接着把手枪丢进房间，然后再爬到楼顶上，成功逃遁。

不打瞌睡的绝招

怎样才能保证不打瞌睡？

【游戏正解】

上床睡觉。

怪异的马

黑、白相间的马是斑马，那黑、白、红相间的是什么马？

【游戏正解】

害羞的斑马。

商店门口的牌子

一位犹太商人决定在美国纽约市开一家牛仔裤服装店。为了让自己的第一批商品可以在市场中获得一定的成果，他花重金请到了世界著名的设计师为他设计牛仔裤，并且还选用世界上最高级的布料制作牛仔裤。

他花了6万美元，第一批就生产了1000条牛仔裤，每一件的成本为56美元。为了能够早一点获得市场的认可，他故意把牛仔裤的销售价定得低一些，每件80美元。

但没有想到的是，市场的反应并不是很大。他不知道怎么会这样，几个月之后，他把牛仔裤的价钱降到了每件70美元，希望可以多卖出一点。然而购买者还是寥寥可数，商人为此非常头疼。他开始怀疑自己的成本是不是还能够收回，但是倘若裤子卖不出去的话，他就不能继续维持下去了。于是，他又把牛仔裤的价钱下降到每件60美元。

半个月过去了，生意还是没有好转。无可奈何之际，他又将价钱下降到每件50美元。而这样一来，他就不能收回自己的投资了。但即便他把价钱降到了这份儿，生意还是很惨淡，还是没有几个购买者。

最后，商人经过反复思考，抛弃了降价策略，取而代之的是在商店的门口挂上一个牌子，上面写着几句话。在广告牌挂出之后，商店的生意奇迹般地火爆起来，顾客一个接一个的。

一个月之后，商店库存的牛仔裤销售一空。不光这样，他还将全部的成本收了回来。

请问商人在广告牌上写了什么？

【游戏正解】

广告牌上面写着："本店销售世界著名设计师最新设计的牛仔裤,这款牛仔裤限定了数量,每件 400 美元。"商人运用逆向思维,既然低价牛仔裤不能得到市场的认可,那么他就干脆把价钱提到一个非常高的高度。这样一来,人们受到好奇心的驱使,加之限量的诱惑,就吸引了很多顾客。而牛仔裤的质量本来就很好,购买的人自然就增加了许多。因为高价卖出,所以在短时间内,商人就收回了自己的成本。

与魔鬼做亲戚

丈夫在外面喝了很多酒后回到家里。妻子发现丈夫已经到了门口,心里想吓他一下,于是在头上蒙了一块白被单,故意躲藏在黑暗的房间中,用伪装的声音低沉地喊道:"我是魔鬼!"丈夫应道:"呵!那真是太好了,我和你原来是亲戚呵!……"妻子听了丈夫的一番话,不禁哑然失笑。请问丈夫后面的话是什么?

【游戏正解】

丈夫后面接着说:"因为我娶了你妹妹。"

数钱的速度

妈妈给亨利买了一个储蓄罐,小亨利每天都会将存下来的零花钱放到储蓄罐里面。很快储蓄罐就装满了,按照计算,里面应该有 100 美元。

再过几天就是妈妈的生日了,小亨利想要给妈妈买一件生日礼物。他在商店里面看到一条丝巾,标价是 75 美元,于是回到家里将储蓄罐里面的钱全部倒出来开始数钱。

他数钱的速度是 30 秒钟数 5 美元,但是聪明的小亨利最后只用了不到 3 分钟的时间就数出了 75 美元,你知道他是怎么做到的吗?

【游戏正解】

从 100 美元中数出 75 美元,那么应该还剩下 25 美元,同样的如果数出 25 美元,剩下的部分就是 75 美元,但是速度却要快很多。

两只狗赛跑

约翰与乔治住在同一个小区,他们每天早上都会出去遛狗。约翰养的是一只长毛狮子狗,乔治养的是一只沙皮狗。

某天,约翰和乔治刚好一起出门,于是决定让两只狗进行一场比赛,看一看谁家的狗跑得快一些。没有想到的是,约翰家的长毛狮子狗居然率先到达终点。

请问,哪只狗流的汗多一些?

【游戏正解】

两只狗都不会流汗。因为狗的身上汗腺非常不发达,倘若你仔细观察就会发现,狗在炎热的夏天会伸出舌头,那是他们散热的方式。

一批假山石

最近一段时间,公园里陆续运来了一批假山石,其中有一个重达15吨的"大块头",其他都是一些小块石头,总共加起来将近100吨。根据设计师的想法,工人们必须将重达15吨的"大块头"置于其他小块假山石的上面。这样做,无疑加大了工作的难度。负责的工头告诉园长:"必须使用起重机和吊车,不然难以完成任务。"园长听后说道:"我有一个办法,不用使用那些机械,你们也可以办成。"

果然,按照园长的话做,工人们十分轻松地就将任务完成了。

请问园长的办法究竟是什么?

【游戏正解】

在大块假山石下面挖一个小洞,然后将一些小块的假山石放到里面,这样以此类推,所有的小假山石就全部都放到"大块头"下面了。

棕熊饲养员

汤姆在一家动物园工作,专门喂养棕熊,他已经在这里工作一年了,所以对于棕熊的饲喂非常有经验。每次进餐,一头公熊要吃15千克肉,一头母熊要吃10千克肉,一只熊仔则要吃5千克肉。

然而,最近新来了一位饲养员助手杰森,他每天都会提着10千克肉去喂两头棕熊,这样岂不是有熊会挨饿?

【游戏正解】

不会有熊挨饿,因为动物园里本来就只有两只小熊仔,他们吃10千克肉已经足够了。

一个欠账的顾客

一个商人被一位顾客欠了很多账,前者多次想讨回来,但是一直都没有成功。最后,他只

有想方设法地使用计策了。商人给那位顾客寄出了一张小女儿的照片,并在随寄的信中这样写道:"我为什么急着要钱?原因就在这里!"没过多长时间,商人就收到了一封回信,信中附有一张照片,照片上面是一个身穿比基尼装的妖艳的金发女郎,此外还有一行字写在照片的下方。

请问,照片下方究竟写了什么?

【游戏正解】

照片下方这样写着:你应该明白我没钱的原因了吧?

怪异的选择

查理是一位国会议员,其他人全都鼓励他去参加竞选,但是他自己却一直犹豫不定。这天,他下班回家的路上,正好经过一条小巷子,里面有很多摆摊算命的巫师。查理决定去试试"运气"。

他分别向甲和乙两位巫师请教了应不应该参加选举的问题。

甲巫师告诉他:"刚才我所说那些话有60%是正确的。"

乙巫师告诉他:"刚才我所说的那些话有30%是正确的。"

奇怪的是,最后查理竟然采纳了乙巫师的意见。你知道这是为什么吗?

【游戏正解】

乙巫师的意见虽然正确率不高,但是错误率更高,那么只要按照他所提供的意见的相反意见去做,就会有70%的正确率,反而高出了甲巫师的正确率。

金球与铁球

桌上摆着两个大小和质量完全相同的空心小球,小球表面涂着相同的颜色,但是两个小球

的材质不同,一个小球是金的,一个小球是铁的。现在要求你分辨出哪个是小金球,那个是小铁球。要求不能破坏小球表面的油漆,你知道应该怎样做才能分辨出来吗?

【游戏正解】

虽然两个小球的质量相同,但是由于它们的材质不同,所以比热容也一定不同,所以将它们加热到同样温度后,它们所吸收的热量也不同。只要将它们加热到相同温度,然后再将它们同时放进一杯清水,水温上升快、温度高的那个就是小铁球。

老夫妇进餐馆

在爱丁堡住着一对老夫妇,某日他们来到一家餐馆,两个人各自点了一道羊排。菜做好送上来之后,服务员发现了一件奇怪的事,就是那位老太太一直都没有开动刀叉。

于是服务员走上前去,礼貌地问道:"老太太,菜肴难道有什么地方不好的吗?"

老太太笑了笑,温和地答道:"不,不,菜做得非常好,我在等我的丈夫吃完……"

服务员听了老太太的一番话,有些哭笑不得。

请问,老太太接着说了什么话?

【游戏正解】

老太太接着说:"我在等他的一副假牙。"

一对老夫妇

有一对老夫妇,他们在公园里面聊天,说着说着就说到了青年时代。对遥远的过去的回忆,不禁让他们的心情泛起一丝激动,于是他们模仿年轻时的片断,约定一个日子在河边相会。

到了那一天,老头儿提前来到河边,手中还捧着一束鲜花。但是等了很长一段时间,也不见老太太来。最后,老头儿白等了一场,只好黯然回家了。回到家后,老头儿看到老太太正躺在沙发上,便大声说道:"你为什么不去呢?"

老太太把脸埋在枕头上,羞怯地说了一句话,老头儿听后,哭笑不得。

请问,老太太说了什么话?

【游戏正解】

老太太说:"妈妈不让我去。"

结婚时的礼物

玛丽与丈夫杰姆一起去看望婆婆。在闲谈时,婆婆不禁回忆起 50 年前结婚的场景,反复地说当年的婚礼举办得十分盛大,之后又给玛丽和杰姆看了一样多年来一直珍藏着的结婚礼物。

玛丽说:"真是太厉害了,真是太棒了,我结婚的时候,也收到过非常多的礼物,然而现在所剩下的……"

杰姆和婆婆听到玛丽的一席话,不禁有些难堪起来。

请问,玛丽后面说了什么?

【游戏正解】

玛丽说:"可是现在所剩下的就只有杰姆了。"

游泳比赛

动物王国正在举行盛大的运动会,一只狗和一只青蛙正准备进行游泳比赛。平时,大家都知道是青蛙游得快,可是这一次青蛙却倒霉了。犀牛裁判念完比赛规则之后，比赛开始，青蛙却站在原地一动不动，结果狗赢得了比赛。

这究竟是怎么回事呢？

【游戏正解】

因为比赛规定，只允许"狗刨"，不允许"蛙泳"。

聪明的老农

地主在城外圈占了一大片土地，并且派人看守。他交代看守，不准任何人靠近他的土地。如果有人靠近就上前盘问："你来这里做什么？"如果那人说的是假话，就将他绞死；如果说的是真话，也不能幸免于难，把他推到河里淹死。所以没有人敢闯入地主的土地。但是这天偏偏有一位老农闯进了地主的土地。

看守按照地主的吩咐盘问老农："你来这里做什么？"老农不慌不忙地回答，看守正准备将他绞死，但仔细一想却犯起难来。你知道老农对看守说了什么吗？

【游戏正解】

老农对看守说："我来这里准备被绞刑架绞死。"看守本来是要绞死老农的，可是那样老农说的就是真话，按照地主的吩咐就应该将老农推进河里淹死；但是如果推进河里淹死，老农说的又变成了假话，那么应该把老农绞死。这样看守就不知所措了。

冬日屋顶的烟囱

某个冬天的晚上，天空下起了无数的小雪花，一直到晚上10点钟，雪花才慢慢停下来，这时地上已经积起了15厘米厚的雪。

第二天，人们在郊区的田野中发现了一名女子的尸体。警方接到报警，立刻赶到现场，并对附近的居民进行调查，最后终于找到嫌疑人伍迪。

警察想要询问相关的事项，于是来到伍迪家中。到达伍迪门口的时候，警察发现伍迪家的房顶上积着一层厚厚的雪，几乎已将整个房顶掩盖了，房屋的烟囱也不例外。

进屋之后，警察向伍迪问道："昨天晚上，你在哪里？"

"昨天晚上，我一个人待在家里，但是我没有证人。"

警察又问："昨晚在家里你都干了些什么？"

伍迪思索片刻，继而说道："我昨天晚上烧了很多水，为的是洗一个星期的衣服。一直到9点30分左右，我才把衣服全部洗完，后来就直接上床睡觉了。"

警察用怀疑的眼光看了看伍迪，继而说道："不要说谎了，杀人凶手就是你！"

请问警察是如何识破伍迪的谎言的？

【游戏正解】

如果伍迪说的那句"在家不停地烧水"是真的，那么烟囱就会冒出很多热气，接着便会融化掉房顶的积雪。昨晚的雪一直下到10点钟，他9点30分才睡觉，那剩下的30分钟，雪绝对不可能厚到覆盖住整个房顶。所以可以推知伍迪在说谎，凶手一定是他。

踢垃圾桶的表演

弗兰斯是一位老人，他的子女如今已长大成人，并且有了自己的家庭，他的妻子很早就去世了，他一个人一直坚持活到如今。退休以后，他在一个公园附近买了一套房子，希望之后能够过上安静舒适的生活。

老人确实选择了一个好地方，公园附近的环境十分优美，只要天气好，弗兰斯可以选择去公园散步，坐在长椅上晒晒太阳，他感到生活异常的舒适。

正当弗兰斯为自己的判断感到高兴时，房子附近出现了几个小孩。他们每天都会准时在这里踢垃圾桶，由于垃圾桶是铁制的，踢的时候会发出"砰砰"的刺耳声音。弗兰斯感到非常恼火，但是对方又是小孩子，讲道理根本行不通。

思考了几天，弗兰斯想到了一个好办法。

第一天在孩子们过来踢垃圾桶的时候，他告诉他们说："孩子们，看见你们玩耍得这么开心，我也觉得年轻了很多，我非常喜欢你们，你们能够天天过来玩么？"并且承诺每天付给小孩们6美元。

小孩子们听了非常高兴，觉得自己赚到了，便答应每天过来表演踢垃圾桶，并且表演得非常卖力，而弗兰斯老人也会每天过来和他们说话,并且给他们钱。

但是过了一段时间,小孩子们不再来了,弗兰斯重新过上了安静舒适的生活。他每天依旧在公园散步、晒太阳,再也没有小孩子过来踢垃圾桶玩了。

你知道为什么小孩子不来踢垃圾桶了吗?

【游戏正解】

弗兰斯老人承诺每天会付钱给他们,要他们卖力地表演踢垃圾桶。实际上,经过了几天,老人便告诉孩子们说:"由于最近的经济危机,我的收入不断减少了,现在我每天只能付给你们3美元。"

孩子们还是坚持着过来,进行卖力的"表演"。过来几天以后,弗兰斯又告诉孩子们说:"由于最近的开销比较大,他现在只能付给孩子们1美元了。"

孩子们一听,觉得1美元太少,他们表演得那么卖力不值得,就再也不来"表演"了。于是弗兰斯重新得到了清静。

母鸡下的蛋

母鸡不停地叫着:"个个大! 个个大!"为什么要这样叫呢? 因为它下蛋了。公鸡听到后,便对母鸡说道:"你的广告做得很到位!"它一边

夸奖母鸡,一边去参观自己的胜利成果。没有想到的是,公鸡看了之后,气势汹汹地追向母鸡,大声喊着要修理它。

请问,公鸡为何会追母鸡呢?

【游戏正解】

原来在母鸡窝里,有一个比鸡蛋大得多的鸭蛋。

从地面到天上

有个人曾经对天地之间的距离做过这样一番描述:"我十分清楚这个事情,天地之间的距离只有一二百千米。慢走的话,花四天时间就可以从地面走到天上;快走的话,花三天时间就可以从地面走到天上;一个来回,也只需要用上六七天的时间,就绰绰有余了!"

请问,他这笑话的依据到底是什么?

【游戏正解】

这个人说:"我们在腊月二十三送灶王爷走,大年三十晚回来,七天一个来回。一天按50千米左右计,天地之间不是一二百千米吗?"

孔雀蛋是谁的

布朗先生是一位大富翁,他从国外买了一只美丽的孔雀养在家中,但是那只孔雀总是偷偷跑到隔壁邻居家里,这令他很烦恼。因为隔壁邻居是一位女士,她不喜欢动物,尤其是长羽毛的动物。

这天,邻居发现孔雀又来了,正想赶它出去,却发现孔雀在她的院子里面下了一枚蛋。她觉得应该能卖个好价钱,于是想要据为己有。这时候,正好布朗先生来找他的孔雀,于是也伸手想捡蛋,两人为此争执起来。

那么,你认为这枚蛋应该属于谁呢?

【游戏正解】

很简单，这枚蛋应该属于那只孔雀。

煮饭和出嫁

有一天，张太太对自己的女儿小华说道："你经常将饭煮得半生半熟的，我看你以后怎么嫁得出去？"对于母亲的担忧，小华给了一个幽默的回答。

请问，小华是怎样回答的？

【游戏正解】

小华说："那只能等生米煮成熟饭的时候了。"

头上的证据

炎炎夏日，很多游客到海边消夏，在这期间，一些游客的贵重物品接二连三地丢失。经过侦查后，队长老张找到了一些蛛丝马迹，并在酒店负责人的帮助下敲开了一位客人的房门，这位客人和嫌疑人长得比较像。嫌疑人和这位客人有一个很大区别，那就是嫌疑人梳着三七分头，而客人则留着大背头。当老张说出自己的目的时，客人马上说自己在这里住了半个多月，并拿出照片来证明自己一直都梳着大背头。其他探员都有些疑惑，这时老张微微一笑，建议客人到美容师那里进行一个实验，你能猜出老张要让客人进行什么实验吗？

【游戏正解】

客人说自己在这里居住了半个多月，头发的分界处和面部都会受到日光的照射，那么当剃光头发后，光头上就会出现一道深色的分界线，这样就能确定这位客人就是窃贼了。

高贵的血统

客轮的一个船舱里面住着一个美国人和一个英国人，对于英国人的生活方式，美国人总是颇有微词，于是他便对英国人说道："相比于美国人，你们英国人实在是太保守了，看一下我，血液中有很多高贵民族的血统，如俄国、西班牙、希腊和意大利等。"英国人望了望美国人，之后便进行了幽默而有力的回击。

请问，英国人是如何回击的？

【游戏正解】

英国人说："你父亲真是伟大极了！"

袖口上的血迹

一家商店发生了谋杀案，死者为商店的营业员。警方接到报案之后，立即赶到了凶杀现场。死者躺在地上，其腰部插着一根尖锐的冰锥，衣服的后背沾染了一大片血迹。

经过鉴定，确认死亡时间为8个小时之前，也就是说，死者是在昨天晚上死的。这时，警长看到现场站着两个人，于是过去问他们的具体身份。

一个人说道："我叫皮恩，是死者的好朋友，第一个发现她死亡的就是我。这么可爱的姑娘居然被杀了，凶手太可恶了！"

另一个人接口说道："我是这家商店的老板，今天早上来到店里，死者和皮恩就已经在这里了。"

警察发现皮恩的袖口上留有血迹，皮恩意识到警察看到了自己袖口上的血迹，便连忙解释说："我早上过来开店门，一下看到她躺倒在地上，当时心里十分惊慌，蹲下的时候也许不小心触到了血，血迹可能就是在那个时候粘上去的。"

警察沉思片刻，便对皮恩说道："你在撒谎，还是跟我们一起回警察局吧！"

请问警察为什么会这么判断？

【游戏正解】

皮恩说自己是不小心沾染上血迹的。然而，通过鉴定，死者的死亡时间是在8小时之前，这么长时间过去了，死者的血迹早就干了，怎么还会沾染血迹呢？根据这种逆向思维，警察便推测出皮恩在说谎，目的就是为了掩饰自己是凶手的事实。

特殊的音符

莫扎特是一个伟大的音乐天才,在很小的时候,他就可以弹琴和谱曲了。然而,为了让他发展得更好,他的父母还是花重金给他请了一位音乐老师。

某天,莫扎特灵感突至,又谱写出了一首曲子。他将写出的谱子拿给音乐老师看。音乐老师看完之后,指着一处地方对他说:"这个音符是根本无法弹奏出来的,因为在弹这个音符的时候,双手正好在钢琴键盘的两边,因此,对于这个地方,你最好还是改写一下。"没有想到的是,莫扎特笑了起来,继而说道:"至于这个音符,我有办法弹出来!"

说完,莫扎特走到钢琴前面,把那首曲子从头到尾弹了出来。

请问莫扎特是如何弹出那个特殊的音符的?

【游戏正解】

莫扎特弹奏那个音符的时候,用鼻子按下了那个对应的钢琴键。

爱让座的文明城市

有一个城市的市民都很懂礼貌,他们甚至把文明礼貌看成是这个城市的标志。很多去过那个城市的游客,总是夸奖市民们很讲礼节。倘若一个残疾人上了公共汽车,就会有很多人争着抢着给他让座位,对于不给老幼病残让座的行为,市民们都非常反感。

有一天,一位孕妇上了公共汽车,她的手中

还提着一个菜篮子,然而车上却没有一个人站起来为孕妇让座,即便是售票员看见了,也没有说什么。

请问这到底是怎么一回事?

【游戏正解】

非常简单,之所以没有人给孕妇让座,不是因为市民们不再讲礼貌,而是因为车上还有很多空座位。

偷萝卜的野兔

布朗先生是一位地道的农民,他主要靠经营农场而过活。最近一段时间,他开辟了一块荒地,种了很多胡萝卜,希望萝卜收获后,可以拿到集市上去卖,以此补贴家用。

这天,布郎先生又来到萝卜地,对萝卜的长势进行仔细观查,结果却发现萝卜地已经被人毁得一片狼藉了,于是他决定晚上守在地里,以期将偷萝卜的贼抓住。

黑夜来临,偷萝卜的贼便再次出现了,它们一来到地里,就疯狂地吃了起来。布朗先生一看,发现居然是 10 只野兔,于是拿起手中的枪,开枪打死了其中的两只。

请问这时萝卜田里还有多少只野兔?

【游戏正解】

不要着急回答野兔全部被枪声吓跑了,上面清楚地说打死了两只野兔,所以田里还有两只野兔。

年年有余

年年有余,为什么钱还是存不起来?

【游戏正解】

因为年年都被炒鱿鱼。

单数还是复数

老师:"尼克,你知道什么是单数,什么是复数吗?"

尼克:"我知道。"

老师:"那我现在就考考你,你认为'裤子'是单数还是复数?"

最后,尼克的回答让老师哭笑不得。

请问,尼克究竟是如何回答的?

【游戏正解】

尼克回答说:"上面是单数,下面是复数。"

活学活用

在美国,有一所法律学校,某日考刑法。教授给学生们提出了一个问题:"诈骗罪是什么意思?"一个学生回答说:"倘若你不让我的考试成绩及格,那么你就犯了诈骗罪。"教授听后十分诧异:"对于这个问题,你是如何解释的呢?"最后,这个学生的回答让教授哭笑不得。

诈骗罪是什么意思?

【游戏正解】

这个学生说:"根据刑法,凡利用他人的无知而使其蒙受损失的人则犯诈骗罪。"

弗兰斯智答国王

有一天,国王招来弗兰斯,当着众大臣的面给他出了一道难题。国王向弗兰斯问道:"你知道大海里面有几斗水吗?"在场的大臣听到这个问题,真心感到不好回答,全都暗暗地为弗兰斯担心。但是弗兰斯神情自若,只见他眨了眨眼睛,很快就把一个精彩的答案说了出来,国王听后,不禁哈哈大笑起来。

请问,弗兰斯是怎样回答的?

【游戏正解】

弗兰斯说:"要想知道海里有几斗水,那还得看斗的大小。如果斗里能够装下和大海一样多的水,那么就只有1斗水;如果斗里能够装下大海一半的水,那么海中就有2斗水。如果斗里能够装下大海1/3的水,那么海里面就有3斗水……"

水与毒液

一位大臣不小心把国王得罪了,国王十分气愤,想要将他处死,然而朝廷里的大臣都与其交好,都为他求情。国王想要杀死那位大臣,但是又不想拂了众位朝臣的意,于是想出了一个办法。

他把罪臣叫到大殿之上,在众位大臣面前,让侍卫端来两个酒杯,一杯盛着水,一杯盛着毒液。杯中的毒液是无色无味的,除了密度不一样之外,从外表根本无法看出有何不同。国王让犯罪的大臣选一杯喝下去,倘若他能喝到水,说明上帝不想让他死,国王就会当场放了他。

喝之前,大臣对国王说道:"我想在临死之前喝一口自己家的井水。"国王觉得并无大碍,便一口答应了,然后派人迅速给他打来家中的井水。大臣将井水喝完,很快就分辨出了哪一杯里装的是水,于是端着将其喝了下去。国王看到大臣喝了水,只好将他当场放了。

请问大臣是如何分辨出酒与毒液的?

【游戏正解】

大臣将自家的井水分别滴在两个杯子里,能够相互溶开的杯里装的是水。

妙计修轮胎

某个周末,格林一家开车去城外郊游,一天下来玩得十分尽兴。可是在回来的路上,有一个轮胎爆了。格林先生拆下轮胎上的四个螺丝,正当他打算将备胎换上的时候,双脚不小心一动,把几个螺丝踢到下水道里面去了。这下无法装轮胎了。然而,格林先生天生聪明,不久他就想到了一个办法,顺利将轮胎装上了,并且成功地把车开到了最近的一家修理店。

请问,在缺少螺丝的情况下,格林先生是如何将小轿车开到修理店的?

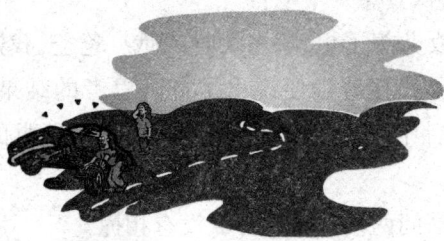

【游戏正解】

格林先生从其他三个车胎上分别拆下来一个螺丝，接着把爆胎的车轮换好备胎，这样就可以缓慢行驶到附近的修理店了。

爱吹嘘的地主

一个地主在格林面前说自己的地盘怎样怎样大，他继续说道："从我的土地这头到那头，即便是乘汽车，也要花上整整一个小时！"对于地主的吹嘘，格林非常反感。你知道格林是如何幽默地嘲讽地主的吗？

……即便是乘汽车，也要花上整整一个小时！

【游戏正解】

格林假装同情地对地主说："是吗？倘若我有部这样慢的老爷车就好了，我就敢开车了。"

重组铁链

杰克是一个学徒工，在铁匠铺工作。这天师傅丢给他5截铁链，每截铁链都是由3个铁环连在一起组成的。师傅让他尽快将铁链连在一起，重新做成一条长铁链。杰克想一定要以最快的速度完成师傅交给的任务。于是，他想了一个好办法，最后只截断了3个铁环就将铁链重新组合成一个长铁链。

你知道杰克是怎样做到的吗？

【游戏正解】

杰克并没有将每个铁链都凿开一个铁环，

而是将一条铁链的3个铁环全部砸开，然后用3个铁环将剩下的4个铁链连在一起就可以了。

路上碰到的司机

吉米是镇上的公交车司机。他所在的车队一共有20辆公交车，负责往返从镇上到市中心的一段路，每天早上从小镇出发到市中心，然后再原路返回，回到小镇之后，司机可以休息10分钟。

这天，吉米开完第一圈回到小镇，他发现休息室没有一个司机。看来大家都还在赶路。吉米一边休息一边回想着刚才从他身边超过他的，或者迎面驶来的同车队的司机。

你知道这一路吉米一共遇到了多少司机吗？

【游戏正解】

车队一共有20辆车，现在只有吉米在休息，说明其他车都在路上，那么吉米一路上应该遇到19位司机。

悬赏启事

丹尼尔有一块祖传的怀表，他原本一直戴在身上，可是有几天忘戴，放在家里了。一天当他想起来时，才发现怀表不见了。他马上在报纸上登了一条寻物启事：祖传遗物怀表丢失，如有消息告知，有2 000元重谢，邮政编码为××××××。但是因为着急，他忘记写地址了。原本想着明天去补写地址，这时门铃响了，一名中年男士站在门外，说："我叫维特，我捡到了您的怀表，是来送表的。"说着，便掏出一块怀表，丹尼尔有些无法相信，他一看正是自己的手表，非常高兴，他把维特请到家中，然后找借口到另外一个房间报案，丹尼尔为什么要报案呢？

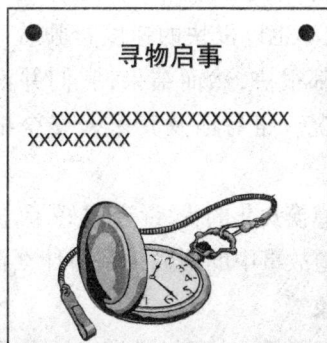

寻物启事

××××××××××××××××××××
××××××××

【游戏正解】

因为丹尼尔在寻物启事上忘记写地址,而维特却拿着怀表直接找到家里,这说明他就是盗贼,所以,丹尼尔要报警。

空着的手提包

玛丽是公司的出纳员,一天她手里拎着空手提包向警察报案。警察赶到现场后,向她了解具体情况,她告诉警察:"今天早上8点钟,我到工商银行取了15万元,然后放在手提包里,当我拎着手提包走到这里的十字路口时,一个摩托车冲过来突然停在我身边,朝我狠狠打了一拳,然后趁我晕倒在地时,把包里面的15万元全部都拿走了。"听完玛丽的叙述,一名老干警冷笑着对她说:"小姐,不要编造谎言了,你涉嫌自盗,请跟我们走一趟吧。"老干警发现了什么?

【游戏正解】

通常歹徒抢钱都比较仓促,所以会直接抢走装钱的手提包,不可能有时间把钱一捆捆从包里拿出来,所以玛丽在说谎。

火车为什么不相撞

"在内华达州和加州之间,美国政府修建了一条铁路。这条铁路采用的是复线远行,也就是所谓的双轨道。这一带山脉绵延,因此在修建的过程中,人们还开凿了很多隧道。"

"山中的隧道很多,某些隧道非常窄,很难铺设双轨道。所以,人们在隧道的外面进行平行铺设,而隧道里面则铺设成单轨道。"

"某一天,路易斯和家人乘火车到内华达州度假。火车行驶得非常快。当火车快速驶向隧道时,在隧道的另一头,也出现了一辆火车,这辆火车也以极快的速度行驶着。两辆火车的速度都很快,然而结果,它们并没有发生相撞的情况。路易斯及其家人安全抵达了内华达州。"

摩尔摸摸女儿的头,说道:"好了,故事说完了。你知道故事中的两辆火车为什么没有出现相撞的现象?"

女儿摇了摇头,摩尔说道:"听故事不仔细哟,再认真想一下吧!"

女儿想了想,随之大叫:"哦!爸爸,我知道答案了!"接着她便说出了自己思考的结果,摩尔听后十分高兴,直夸奖她是一个聪明的小女孩。

请问两辆火车为什么没有相撞?

【游戏正解】

故事中,摩尔首先说到路易斯及家人是在某一天乘坐的火车,将这辆火车描述完之后,又描述另一辆火车,然而对于另一辆火车穿越隧道的具体时间,却没有提及。事实上,这两辆火车并不是同一时间通过隧道的,既然时间不一样,那么它们肯定就不会相撞了。

你有几个爹呢

有一个账房先生,他想戏弄一个正在地里劳动的农夫,于是走上前说道:"喂,农民兄弟,你有几个爹呀?"农夫回说:"我有三个爹爹,一个是亲爹,一个是丈人爹,还有一个是干爹。我已经回答了你的问题,现在轮到我问你了,你又有几个爹呢?"账房先生非但没有讨到便宜,相反还被农夫将了一军,无奈之下,只好装模作样地拨动起算盘珠来。没有想到的是,这时农夫说出了一句话,让账房先生无地自容。

请问,农夫说了什么?

【游戏正解】

农夫说:"哦,我知道了,原来你的爹多得数不过来,必须用算盘来算!"

丈夫在嘟囔什么

两个女人从田地里一起回家。其中一个女人说道:"我真的好羡慕你呵! 你和你丈夫两个人结婚都已经 10 多年了,你丈夫对你仍旧那么体贴备至,每次停车的时候,我都看到他会先下车,然后走到车的另一边为你开门。"另一位女人则回道:"唉,你是不知真实情况呵! 他每次这样做的时候,嘴里都在不停地嘟囔着……"那个女人听了之后,不禁大笑起来。

请问,这位丈夫在嘟囔什么呢?

【游戏正解】

这位丈夫嘟囔说:"即便明天再忙,也一定要将车门修好。"

米家一族

米的妈妈是谁? 米的外婆是谁? 米的爸爸是谁? 米的外公又是谁呢?

【游戏正解】

花生米,因此米的妈妈是花;有个成语叫做妙笔生花,因此米的外婆是"妙笔"。爸爸当然是妈妈的恋人了,蝶恋花,所以蝴蝶就是米的爸爸。外公就是那个抱过米、也抱过花的爆米花。

天堂里面的游戏

几个著名的科学家在天堂生活着,由于上帝不准他们再研究科学,因此这些科学家为了驱走无聊,只好玩玩捉迷藏的游戏。

第一个抓人的是伽利略。当他数到 100 之后,便把眼睛睁开了,只见伏特趴在一个地方动也不动。

伽利略走过去,对伏特说道:"我抓到你了。"

没想到伏特却反驳道:"错了,你没有抓到我。"

伽利略问道:"莫非你不是伏特?"

伏特说:"我是伏特,这没错,然而你应该看一下我的身下是谁?"

伽利略把头略低了一下,看到在伏特的下面,居然躲着安培!

伏特:"我的下面是安培,因此我们两个合起来就是伏特/安培,因此你抓住的不是我,你抓住的是……"

"欧姆!"

伽利略反应灵敏,马上改口道:"欧姆,我已经抓到你了!"

说时迟,那时快,伏特与安培两个人立即站了起来,然而仍旧紧紧抱在一起。

伽利略大惑不解。

伏特与安培两个人不紧不慢地说道:"现在,我们已经不是欧姆了,而是伏特×安培,也就是瓦特了。"

看到此情此景,伽利略感到的确有几分道理,于是改口道:"我终于把你们抓到了,瓦特!"

这个时候,安培优哉游哉地说道:"你看我们两个人这样抱着已经有好几秒钟了,因此,我们现在也不是瓦特了,而是瓦特×秒,也就是说,我们现在已经是焦耳啦! 你抓到的是焦耳!"

伽利略被他们两个人说得哑口无言,默默地转过身。这时,伽利略发现牛顿在不远处站着,于是他跑了过去,说道:"牛顿,我抓到你了。"

牛顿道:"错了,你没有把我抓到。"

伽利略问:"莫非你不是牛顿?"

牛顿道:"我是牛顿,这没有错,然而你应该看一下我的脚下是什么?"

伽利略把头低了下来,看到牛顿的脚下是一块长宽皆为 1 米的正方形地板砖,他挠了挠后脑勺,有些不解。

牛顿道:"我站在 1 平方米的方块上,这样一来就是牛顿/平方米了,因此你抓到的并非牛顿,而是帕斯卡。"

伽利略接连受挫折,最后终于忍不住愤怒,

把心中的一股郁闷爆发了出来，他提起一脚，朝牛顿的身上踹去，牛顿顿时腾到半空中，飞出了那块1平方米的地板砖，接着伽利略便吼道："现在你还能说你是帕斯卡吗？"

牛顿慢慢地从地上站起来，不紧不慢地说道："事实上，你现在抓住的是……"伽利略听后，彻底崩溃。

请问，牛顿究竟说了什么？

【游戏正解】

牛顿说："又错了，我现在已经不是帕斯卡了，你刚才让我移动了1米的距离，因此，我现在已经变成焦耳了，你手上抓住的只是焦耳！"

四个中国人在瑞士

瑞士这一个国度，居住着说各种各样语言的人民，如罗马尼亚语、法语、意大利语、德语等。有一次，四个中国人来到瑞士旅游。在这四个人中，A会说罗马尼亚语和德语，B会说德语和法语，C会说法语和意大利语，D会说西班牙语和英语。这四个中国人来到瑞士的某个地方，那里挂着一块广告牌，上面有一行用罗马尼亚文写的文字。A看完之后，用德语转告给B。

请问，B能够把广告牌上的意思转告给C和D吗？

【游戏正解】

可以，用中国话就行了。

格林和他的父亲

格林的父亲的一只脚有毛病。每天放学之后，格林都会到医院接爸爸，接着两个人便一起回家。某一年春天，刚开学没有多久，格林又来到医院。护士小姐走到格林的身旁，对他这样

说道："你爸爸现在正在做手术。"格林听后，像没事人一样，只是淡淡地回了一句："那可以，等他做完了手术，我再找他来。"

请问，格林为什么对父亲这么不关心呢？

【游戏正解】

如果格林的父亲是一个医生，他正在为患者做手术，那么格林自然会毫不关心了。上文只是说格林父亲的一只脚有毛病，格林每天都会跑到医院，与父亲一起回家，但并没有说格林的父亲每天都到医院治疗脚病。

不是好妈妈

珍妮今年26岁，她有一个3岁的儿子。为了培养孩子对自己的感情，她每天晚上下班之后都会和儿子玩一些游戏。今天，她给儿子出了一道谜语，她对儿子说道："有一位山羊妈妈坐在屋子里，正在给它的宝宝缝衣服，这个时候，山羊宝宝从湖边回来了。山羊宝宝刚跨进门，就听见有人说道：'我的乖儿子！现在你先出去一下。'山羊宝宝听后，一边退出门口，一边说道：'我是你的乖儿子，可是你并非我的好妈妈！'你说一下，这到底是怎么一回事呢？"

请问，珍妮的儿子应该怎样回答这个问题？

【游戏正解】

其实房间里面不只有山羊妈妈，还有山羊爸爸。说话的是山羊爸爸，它自然不是好妈妈。

迷失在大雾中

英国伦敦曾经受到过极为严重的工业污染，以至于人们每天出门，连对面的人是谁都几乎看不清。为此，政府下决心，将大力整治工业污染。

史密斯先生是一位公司高管，他今天要去参加一个投标会议，但是外面笼罩着一大片浓雾，不利于行车，所以他选择步行出门。

史密斯先生走出家门不远，就不知不觉迷了路，眼看会议马上就要开始了，倘若继续胡乱这样走下去，一定会迟到，到时候公司就会出现上千万的损失！正当史密斯急得团团转的时候，他不小心撞到了一个男士。史密斯先生连忙道歉，男子听说他迷路了，于是说自己有办法帮助他快速到达会议地点。果不其然，这位男士只用了不到一刻钟的时间，就带着史密斯先

生来到了办公楼下。

请问,这位男士为什么可以完全不受大雾的影响?

【游戏正解】

这位男士是一个盲人,他平时根本就不用眼睛看路。

警察与抢劫犯

乔治是一个警察,他正在街上与一个抢劫犯相互厮打着,旁边有很多人在围观,他想要得到围观市民的帮助,然而他又不敢开口。结果,围观的人居然倒向了抢劫犯一边,把乔治制服了,最后抢劫犯顺利逃脱了。对此,乔治并没有产生什么怨言。

请问,这到底是怎么一回事?

【游戏正解】

乔治是一位便衣警察,当时正在街上暗中侦查,正好遇上了抢劫嫌疑人,而当时这个嫌疑人正穿着偷来的警服。

上班的决心

汤姆是一个美国留学生,毕业回国之后,一直没有找到让自己满意的工作,就这样在家待了两年时间今年,他下了决心,只要有公司

请他,他就一。定会去那家公司上班,不会再高不成、低不就了。但是今年已经有人很多次请他去上班了,可是他仍旧没有去工作。汤姆是真的想去工作的,这一点是可以肯定的。

请问这到底是怎么一回事?

【游戏正解】

汤姆的父母无数次地请汤姆去上班,然而汤姆一直没有找到工作,而且他总是在家里等待着。

考试作弊

有一个学生,他经常在考试的时候作弊,为此,老师感到很头疼。最后,学校颁布了这样的规定:每个考场有 20 名学生,3 位监考老师,之后还会有 1 对巡场的监考随时进行巡查。在这种情况下,再没有人可以作弊了。然而,老师最终还是发现两张考卷一模一样。

请问,这到底是为什么?

【游戏正解】

两张考卷都是空白的,当然一模一样。

选择谁牺牲

某日,科学技术大会举办了一场盛大的室外聚会,参加者均为国内知名的科学家,大家讨论了各领域的研究成果。最后,大会组织者宣布,到场的科学家们可以获得一次免费的热气球游览著名景点的机会。

当时,有三位科学家上了同一个热气球。在游览当地的美景途中,不幸的事情发生了,三个人所乘坐的热气球受到风暴的袭击,热气球的承受能力由此严重下降。此时,一定要牺牲一个人,才可以使其他两个人的安全得到保证。热气球上面的三位科学家,其研究领域分别是化学、核物理学和医学。对于人类的进步和发展,三个人都曾做出了重大的贡献,因此很难选

101

择要牺牲的人。

请问应该如何选择？

【游戏正解】

热气球只是支撑能力下降了，因此只需要抛下最重的人，热气球就可以支撑下去。三个人相互比较一下，看谁的体重最重，这样就可以解决问题了。

走出车厢

迈克是一家公司的经理，他被派去上海与一家有贸易往来的公司进行业务商谈。由于航班暂停，他只好在火车站买了一张开往上海的动车车票。

一路上，动车的速度都比较快，迈克看了看时间，觉得应该足够了。然而在这个时候，他却突然将列车的车门打开，接着便走了出去。

请问，这到底是怎么一回事？

【游戏正解】

当时迈克坐在商务舱，他将车厢门打开，走进了另外一个车厢内。

交通处罚

司机马克思经常超速、闯红灯、逆行，警察们都认识他了，知道他是一个非常麻烦的家伙，并且还给他取了一个绰号——"马路杀手"。然而将近20年了，马克思却从来没有遭遇到车祸，也从来没有被警察上过罚单，驾照上也未出现不良的记录。

请问，这到底是怎么一回事？

逆行！！！

【游戏正解】

20多年前，马克思驾车发生了车祸，后来就再也没有开过车，因此不会再发生车祸，也不会有任何对他的交通处罚了。

第4章

创造性思维游戏

创造性思维是人类特有的一种综合性本领，是知识、智力、能力及优良的个性品质等因素综合优化构成的。创造性思维是成功地完成某种创造性活动所必需的心理品质。著名物理学家霍金曾经说过："人必须拥有创造力，否则永远也发现不了新东西。"思维游戏是提高创造力的一种极好的训练方式，可以在潜移默化中帮助游戏者提升创造性思维能力。

毛衫巧换面

妈妈给杰西卡买了一件漂亮的衣服,那是一件套头毛衫,在胸前绣有一朵美丽的玫瑰。杰西卡很喜欢穿它出门。

有一天,杰西卡出门的时候十分匆忙,等到了学校才发现,毛衫竟然穿反了。当时她正在和同学们玩游戏,两只手被一根细绳绑住了。

那么,在不解开绳子的情况下,杰西卡可不可以将毛衫换一个面呢?

【游戏正解】

可以换面。首先,把毛衫从下开始拉过头脱下来,这件毛衫就反着面挂在绳子上面了。然后将毛衣从一个袖子里面塞过去,整理好之后,毛衣就已经翻了一个面。这时再将毛衫穿好,就正确了。

巧剪绳子

凯莉是一个非常聪明的女孩,经常得到老师和同学的好评。

有一天,爷爷给凯利和她的兄弟姐妹们买了几架玩具飞机,几个小家伙趋之若鹜,全都希望要最大的那架。这时,爷爷说:"嗯,我有一根绳子,倘若你们能把绳子从中间剪开,但还让绳子是一条,我就给他最大的飞机。这样做公平吧?"这一来,小家伙们都不闹了,全都拼命去想办法。但最终,只有凯莉找到了正确的方法。

请问凯莉想的是什么办法?

【游戏正解】

只需要将绳子的两端系起来,使其成为一个圈,然后随便从一个地方剪开,绳子仍旧是一条。

巧抽纸带

在水平的桌子上放一个空瓶子,接着把一个20厘米长、2厘米宽的纸带放在瓶口,然后用两个一元的硬币压住。现在开动大脑想象,我们怎么在不碰到硬币和瓶子的情况下,将纸带从中间抽出去,同时保持硬币留在瓶口?

【游戏正解】

不要想很快地将纸带抽出,因为纸带太长了,很难做到硬币不动。我们可以用手拉直纸带的两端,直到与瓶身垂直,接着让一个朋友用力将纸带和硬币的中部部分弹一下,这样硬币就会从纸带上反弹起来。在这个瞬间,迅速抽出纸带,一切就搞定了。

快速切豆腐

约翰是一家餐馆的配菜师。这天,厨师乔治让约翰帮他准备8块豆腐,要求形状、大小都一样。

约翰从冰箱里拿出方方正正的豆腐,只用了3刀就将一整块豆腐切成了8块。

你知道他是怎么做的吗?

【游戏正解】

约翰先将豆腐横着从中间切开一刀,然后从上面切一刀,豆腐就变成四块了。这时候将四块豆腐摞在一起,再从中间切一刀,这样就完成了。

奇妙的站法

布朗先生和他的两个女儿在家玩游戏。

布朗拿出一张报纸,接着对他的两个女儿,7岁和8岁的贝蒂、凯蒂说:"现在分别给你们一半报纸,你们两个要想办法同时站在这个报纸上面,可是你们不能相互接触,当然,也不可以将纸张撕开。倘若你们做到了,爸爸会给你们两个人一份奖励!"

两个小姐妹拿起报纸,研究了一段时间,布朗先生听到两姐妹正在叫他,于是从工作室走了出来,见两人真的按照他的要求站在了报纸上。于是,给了她们一份奖励。

请问,这两姐妹是怎么办到的?

【游戏正解】

这两姐妹把报纸放进房间的门下面,一边露出一部分,接着两人分别站在门的两侧,这样一来,两人就可以同时站在报纸上,又不靠在一起了。

女盗梅姑

阿拉伯国王举办一场招待会,女盗梅姑应邀出席。在 15 米见方的豪华地毯正中,阿拉伯国王放上了一顶金光闪闪的王冠。

国王说道:"女士们,先生们,谁可以不上地毯,就将这顶王冠拿到手? 规定只可以用手,其他任何一种工具都不可以用。谁可以把王冠拿到,那么我就把它作为礼物送给那个人。"

话还没有说完,人们便迫不及待地聚在地毯周围,争先恐后地把手伸出去,然而谁也没有拿到。

这个时候,梅姑微笑着说:"看到这么多人试,那我也试一试吧!"说着,便将王冠轻而易举地拿到了手。

请问,梅姑用的是什么办法?

【游戏正解】

将地毯从一端卷起来,接近王冠的时候,一伸手就可以拿到了。

黄金绳索

古德温爵士是一个十分好奇的人,在一次十字军东征时,他发现了预言中的苏莱曼黄金绳索。这两根绳子之间的距离为 0.5 米,并且有一端已经固定在他所占领的城堡大厅的拱顶上了,它们与地面之间的距离为 0.8 米。因为时间过于紧迫,况且没有梯子,因此古德温爵士

无法利用梯子将它们剪下来,于是他只能利用绳子壮起胆子向上爬,接着用匕首尽量把两根绳子多切掉一些。然而天花板离地面实在太高了,任何一个人摔下来都会致命。

请问,古德温爵士是怎样带走城堡中的那两根黄金绳子的呢?

【游戏正解】

首先将两根绳子的底端紧紧地系在一起,接着爬到左边那根绳子的顶端,并把这两根绳子缠在自己的两条腿上,在紧紧抓住绳子的同时,用匕首把右边的绳子割断。然后,把绳子从刚才系绳子的环上穿过去,并将绳子往下拽,直到绳结到这个环为止。接着将右边的两根绳子抓住,换到右边,并且将左边的绳子从环上切开,顺着双绳子落在地上。最后,将两根绳子从环上拉下来。

喇 叭

有一次弟弟哈波过生日,玛丽在商店里买了一个喇叭送给他。将喇叭包装好之后,玛丽到邮局准备邮寄给弟弟。但是邮局的职员却这样说道:"真不好意思,这个包装实在是太长了,我们邮局有一条规定,任何包装不可以超过 1.2 米,而你这个包裹,却已经长至 1.5 米了。"没有办法,玛丽只能将喇叭带回商店。店员拆掉了喇叭上的橡胶球,然而即使这样,这个喇叭依旧有 1.35 米长。这个时候,玛丽灵机一动,想出了一个解决问题的办法。她请店员用另一种方法将喇叭重新进行包装。当她第二次到邮局时,由于喇叭的包装符合要求,因此终于通过了。需要注意的是,这个喇叭既没有被弯曲,也没有被截断。

请问,玛丽是如何做的?

【游戏正解】

玛丽灵机一动,想出了一个非常巧妙的方法。她请商店的店员做了一个0.9米宽、1.2米长的大盒子。玛丽将喇叭的橡胶球拆掉,接着在盒子的对角线位置放上喇叭(这个对角线的长度为1.5米),如此一来,就符合邮局的标准了。

国王的奖赏

在古代印度,有一个十分爱玩的国王,然而他什么都玩腻了,于是命令手下的人在全国范围内发布一道公告:倘若有谁能够发明一种变幻无穷的游戏,那么他将会给发明者提出来的任何一种奖赏。有个老人刚好发明了国际象棋,于是便来到朝中,向国王进献。国王玩了一回国际象棋,觉得十分有趣,心里非常高兴,于是便问老人,希望得到什么样的奖赏。这个老人回答道:"请按这副棋盘的方格(国际象棋的棋盘格子共有64个方格),在第一个方格中,你奖给我一粒麦子,在第二个方格中,则增加一倍,这样依此类推,直到所有的64个方格全部按要求奖给麦子。"国王认为这是一桩小事,于是命令属下根据老人的要求奖给他麦子。没有想到的是,下面的人一计算,大吃一惊。他们最终发现,这个奖赏是永远也不能得到满足的。因为根据老人的要求,有如下算式:$1+2+2\times2+2\times2\times2+2\times2\times2\times2+2\times2\times2\times2\times2+\cdots+2\times2\times\cdots\times2$(最后一项要乘63个2)$=18446744073709551615$(粒麦子)。

倘若把这些麦粒换算成体积,那么则会高达1.2万亿立方米。这无疑是一个天文数字。

国王听完属下的话后,一下子也惊呆了。

请问,倘若你是这位国王,你会怎么处理?

【游戏正解】

将粮仓打开,让老人自己一粒一粒地去数。

变小的字母

这个游戏,你可以亲自尝试一番。

用五根火柴棒,就可以将一个英文字母"E"摆出来,那么,倘若再给你一根火柴棒,你可以将"E"变小吗?

【游戏正解】

将火柴棒放置在"E"右上边的间隙处,这样"E"就变成了"e",大写变成了小写,这也可以说是变小了。

巧射仙人掌

史密斯去南非沙漠探险后,对他的朋友炫耀说:"在沙漠中有许多高大的仙人掌,一次,我一枪打断了三棵仙人掌的根和四棵仙人掌的头。总共七个仙人掌,每一棵都中弹了。"朋友们听后,全都对他连连称赞。

请问史密斯是怎么做到的?

【游戏正解】

只要找到七棵垂直排列高低不同的仙人掌就可以做到。子弹可以穿过低处仙人掌的头,然后再将高处仙人掌的根射穿。

让鸡蛋立正

每天早上,妈妈都会给杰克和爸爸准备早餐,吃完饭后爸爸顺路送杰克上学,然后去上班。

这天吃早餐的时候,爸爸拿着一个煮熟的鸡蛋对杰克说:"小杰克,你能想办法让鸡蛋为我表演立正吗?"杰克高兴地拿着鸡蛋开始尝试起来,但是鸡蛋似乎很不听话,杰克怎么小心翼翼它也不肯站起来。一边的爸爸妈妈被逗得哈哈直笑。

这时候,爸爸拿过鸡蛋,一下就让它立起来了,你知道这是为什么吗?

【游戏正解】

爸爸拿着鸡蛋在桌子上面磕了一下,鸡蛋的一头碎了,于是很容易就站立起来。

货车过桥

几辆运输砂石料的大货车排着队行驶在路上,这时候,其中的一辆车突然爆胎了,前面的货车只好用钢索拖着坏掉的车前进。

行进了大约半个小时,前面遇到了一座桥梁,上面写着最大载重量是 30 吨。但是,每辆车装上货物之后足有 20 多吨重,如果两辆车同时过桥,一定不行。可是坏掉的车必须靠前面的车拖行。

正当大家犯愁的时候,车胎爆掉的货车司机有了主意。于是大家顺利地过了河。

你知道他们是怎么做的吗?

【游戏正解】

将拴住货车的钢索放长一些,这样两辆货车就能够一前一后通过桥梁了,而且也不会超重。

智过界桥

两个邻国 A、B,中间以河为界。在这条河上,架有一座石桥,在桥的中间,建有一个瞭望哨,里面一般都有一个哨兵驻守。哨兵的主要任务,即是阻止行人过桥。倘若有人从南向北走,哨兵就会将他送回南岸;倘若有人从北向南

第 4 章　创造性思维游戏

走,哨兵就会将他送回北岸。哨兵每次离开岗位的时间,至多不能超过 8 分钟。然而,要想通过这座桥,用最快的速度,至少也需 10 分钟。可是,现在却有一个人顺利通过了桥。

请问,这个人是通过什么方式从桥上走过去的?

【游戏正解】

发现哨兵离开了哨所,这个人马上从北岸上桥向南走,走到 7 分钟的时候,已经走过了哨兵的哨所。这个时候,他又马上转身向北走,走了不到一分钟,哨兵又回来了,他当即叫其回到南岸去,就这样,这个人十分顺利地通过了这座桥。

花　圃

在城中的某个庭院里面,有开着红花的花圃和开着蓝花的花圃。公主看到之后,不满意地说道:"真的很无趣! 在这么大的一个国家里,居然只有红、蓝两种颜色的花圃。除此之外,莫非就没有其他颜色的花圃了吗?"公主身边的一位大臣听后,立即回答道:"这件事情包给老臣好了,明天我就想办法将其改善过来,到时请公主从城堡上的窗口眺望就是。"这位大臣自然不会往花朵上施加颜料,那么他到底会怎么做呢?

【游戏正解】

这位大臣把红、蓝两种颜色的花圃混杂在同一种花圃中,如果从远处的窗口眺望,那么就会看成是紫色的花朵。

过河的军队

两个国家正在战争中,一支军队奉命到前线支援,但道路却被一条河挡住了。当时正是冬天,河上有一层薄薄的冰,倘若一个人过河还可以,但如果是一支军队的话,那么一定会把冰层踩裂,那后果就危险了。

正在指挥人员异常焦急的时候,一个士兵突然想到了一个好主意。于是,在很短的时间内,冰层就已经增加了 10 厘米,军队终于能够顺利渡河了。

请问,那个士兵想到的是什么方法?

【游戏正解】

只要不断地在冰面上泼水,冰面很快就会形成一层厚厚的冰。到那个时候,军队就可以放心过河了。

奇怪的比赛

奥比星球的外星人到地球来参观人类的奥运会比赛项目,作为侦查人员的奥拉要将他观察到的事物向上级报告。

这天,正在进行跳远比赛,他向上级报告说:"人类先是跳起来,之后脚跟着地,最远可前进8米左右。"后来他又看到三级跳比赛,于是汇报说:"人类先是跑几步,然后用脚踏到一个标记好的位置后弹跳起来,中途可以落地两次,最远可以前进到大约18米左右的位置。"接着,他向上级报告了一种"跳起一次就可以前进百米左右"的竞赛。你知道他报告的是什么竞赛吗?

【游戏正解】

他报告的是百米游泳比赛。运动员从台上跳下水里后,需要一直前进到终点。

如何扩建

迈克家有一个正方形的游泳池,四角的上方分别种了一棵树。现在,他想把游泳池的面积扩大一倍,然而又不想把四棵树砍了。

请问迈克有可能扩建家里的游泳池吗?

【游戏正解】

当然可以继续扩建游泳池。将四棵树分别假设为A、B、C、D四个点,将原来的游泳池看作正方形ABCD,连接AC、BD,过A、C两点分别作BD的平行线,过B、D两点分别作AC的平行线,则这四条线围成的四边形就可看成是扩建后的游泳池。

巧过冰河

一个探险家独自来到北极探险,在中途被一条河挡住了前进的路。想游过这条河是不可能的,因为水的温度太低,如果跳到河里的话,那就必死无疑。但要绕过去似乎也很难,他找了半天也没有发现过去的路。这个时候,探险家心想:"如果北极有树木就好了,我身上带有

铁棍、斧头等工具,我可以做一条小船,这样就能过河了。然而,这里是一个冰雪的世界,根本就没有其他的东西。

但是,他最后还是成功地过了河,既没有淋湿身体,也没有走很长的路。

请问他到底是怎么过河的?

【游戏正解】

探险家用身上带的工具将冰面砸开,得到一块冰体,然后让冰体漂浮在水面上,他踩着冰就可以顺利过河了。

不能入睡

这天,加州的约翰出差到德州办事情。为了节省,他住在了一家较为简陋的旅馆。

晚上睡觉的时候,他怎么都无法入睡,于是起身给隔壁房间的客人打了一通电话。他什么话都没说就挂断了电话,接着重新回到床上,很快就睡着了。

你能想到这是为什么吗?

【游戏正解】

由于旅馆的隔音效果不好,导致约翰能够清楚地听到隔壁客人的鼾声,这样他根本无法入睡。于是,他给隔壁打了一通电话,吵醒了那位客人,这样他就能安然入睡了。

谷底脱险

约翰和汤姆通过软梯来到一个深谷下面,打算对谷底的洞穴进行探寻。可是刚到谷底只走了几米,突然之间,谷底的泉水大量涌了出来,没过多久,水位就到了腰部,并且仍在不断地上涨。约翰和汤姆没想到谷底会发大水,他们既不会游泳,也没有预先带救生用具,只能马上攀软梯出谷。然而,他们所用软梯的负重只

有 250 千克,攀下来的时候,由于他们的体重都为 140 千克左右,所以是一个一个依次下来的。倘若两个人同时攀梯的话,那么一定会把软梯踩断;如果依次先后攀梯而上,因为水势很急,所以在时间上又来不及。你可以帮助约翰和汤姆想一个办法安全脱险吗?

【游戏正解】

一个人先攀上软梯,另一个人待水齐到颈部时开始攀升。攀升速度与水涨的速度相等,使水的高度始终在人的颈部。借助水的浮力,软梯就可以负担两个人的重量了。

永不消失的字

格林家的隔壁正在建房子,在建筑地以外的地方,隔壁的人将一块很厚的木板竖了起来。事实上,这已经属于违法建筑。格林看到这种情况之后,心中气愤异常,于是便用墨汁在纸上写了几个大大的字——违法建筑,并将其贴在木板上。然而第二天早上,这几个字却不翼而飞了。于是,格林又思考一番,想出了另外一个方法,无论隔壁的人再怎么擦,或是用别的办法覆盖,或者挖掉,都无法让字从木板上消失。

请问,格林究竟用的是什么办法?

【游戏正解】

格林从自己家中,用幻灯机的强光把"违法建筑"几个单词打到隔壁家的木板上,这么一来,只要这个木板不拿走,无论是擦,还是覆盖,或是挖掉,都不能让这几个词消失。

番茄酱到哪里去了

布朗先生住在澳大利亚的一个农场里面,妻子死了,只有两个小儿子。两个儿子都很淘气,布朗为此非常头痛。

有一天,布朗自制了很多番茄酱,并将它们放在二楼的窗台上。大儿子有意将二儿子骗到窗台下面去找东西,接着将番茄酱倒在了弟弟的头上。干活回来的布朗刚好看到这一幕,于是飞速地跑到二楼。但他发现,窗台上以及二儿子的身上、头上都没有番茄酱。

请问番茄酱到哪里去了?

【游戏正解】

当大儿子往下倒番茄酱的时候,二儿子张开了他的嘴巴,把番茄酱全部都吃到肚子里面去了,因此外面自然找不到番茄酱了。

警示标语

动物园里经常有人随便乱丢食物给动物,导致大量垃圾在园内堆积。虽然工作人员在边上竖立了"请不要喂食,否则罚款 10 元"的警示牌,但还是有很多游人给动物喂食物,并且宁愿交 10 元罚款。

后来聪明的饲养员在警示牌上面加了一句话,就再也没有人给动物喂食了。

你能想到是加了哪一句话吗?

【游戏正解】

饲养员在上面写道:"喂食动物者,罚款 10 元,并要求自己将垃圾捡回。"

迈克的魔术

台上的魔术师在表演一个节目,他将一个空玻璃杯里面装满普通的纯净水,之后不盖盖子就用手将杯子倒过来,里面的水竟然不会洒下来。

坐在台下的高中生迈克看了表演后对身边的妈妈说:"这样我也能做到。"

那么,你知道他是怎么做到的吗?

【游戏正解】

迈克将一个装满水的大桶放在那里,然后将一个空杯子放在里面装满水。这样不管他怎样倒立或者移动杯子,里面的水都不会出来了。

画师和财主

有个财主的60大寿快到了,为了在寿宴上炫耀一番,他请了一位画师为自己画一幅肖像,肖像画好之后,财主想占一点便宜,于是借口说画师画得不像,从而将价钱压得很低。画师与财主争辩了半天,财主仍旧没加一文钱。画师想了一想,随即拿着财主的肖像画走了。然而次日,财主却主动来到画师的家里,为了把画买下来,最终出了很高的价钱。

请问,画师是用什么办法迫使财主出高价买下了他的画的?

【游戏正解】

画师用笔在财主画像的脖子上添了一个枷锁,同时在上面大书一个"贼"字,接着拿到大街上去卖。街上的人看到这幅画后,都认出是财主。于是一传十,十传百,大家纷纷围着画看。财主知道后很生气,然而又没有办法,只好出很高的价钱把画买回家。

怎样署名

有三个著名的作家合作完成了一部著作,他们向出版商提出一个要求:在新书签售会的那天一定要将自己的名字排在海报前面;否则,他们将拒绝出席。三位作家合著一部著作的消息早已散播到出版界,可是一个人的名字放在前面,另外两个就要搁置其后,得罪哪个作家都不太合适。不过,出版商经过一番思考之后还是答应了他们的要求。

你能猜到出版商究竟采用什么办法解决了这个问题吗?

【游戏正解】

出版商一改海报的纸面形式,而是改装成一个灯笼。三个作家的名字都写在上面,三个

名字转圈出现,这样谁都可以说自己的名字在前面。

猎人的三个儿子

猎人的三个儿子刚从外面学射箭回来。猎人想要考一下他们,于是便让他们来到跟前,问道:"你们看那个桌子,桌上有一个盘子,盘内放了三个苹果,现在你们可以用弓箭把它们射下来,想一下,究竟要用几支箭,才可以把它们射下来?"老大说:"我认为最少也要用三支箭。"老二说:"只要两支箭,我就可以把三个苹果射下来。"老三说:"只需要一支箭,就能将它们射下来。"三个儿子说完之后,父亲便做出了相应的评价。猎人说:"老大是一个诚实的人;老二是一个狡猾的人;老三是一个聪明的人。"

请问,猎人为什么要这样评价三个儿子?

【游戏正解】

老大想用三支箭一个一个地把盘子里面的三个苹果射下来,这明显是一种诚实的性格;老二想用两支箭把三个苹果射下来,这个计划不是那么容易实现,他有一定程度的侥幸心理,所以说是狡猾的;老三想用一支箭将盘子射中,从而让三个苹果掉到地上,他的想法真的很聪明。

一种马上长大的药

在很久很久以前,有一位印度国王,他非常宠爱自己的小女儿。但是,小公主成长得很慢,国王希望她能够长快一点,于是派人找来了一位名医。国王对医生说道:"请你给公主喂一种可以让她马上长大的药。倘若办到了,我会重重有赏;倘若没有办到的话,那么我就会取你的项上人头。"医生想了一会儿,接着说道:"我老

家的确有这样一种药,我现在就可以回去取,可是在我取药的这段时间,皇上一定要与公主分开,不可以见面。不然的话,即使公主吃了这种药,也不会见效。"虽然不能每天见面,但国王为了让公主快点长大,最后还是答应了。

医生回来之后,给公主服下了取来的药,然后就领着她到国王那里。国王一看,公主真的长大了,已经变成了一个既高挑又美丽的姑娘。国王拉住公主的手,从头看到脚,又从脚看到头,心里十分高兴,不停地夸奖医生的本事很大,最后把很多金银珠宝送给了他。

其实这个世界上并没有一吃就能长大的药,那么,请问医生是怎样办到国王的要求的?

【游戏正解】

医生回老家取药,这一去就是 12 年,而国王 12 年未与公主见面,一见公主,自然是觉得长大了不少。之前,国王经常与小公主待在一起,对公主的形象十分熟悉。而与公主分离 12 年,国王心中的小公主还是那个矮小的形象。医生之所以要父女俩分离 12 年,就是为了给国王制造一个视觉冲击的场面,医生改变了刺激国王视觉的时间和空间模式。

英国纯种马

杰克的家中养了 24 匹英国纯种马,他将正方形的马圈横竖分成了 3 等分,每栏放 3 匹马。为了避免这些英国纯种马被人盗走,杰克每天晚上睡觉之前,都会看一下横竖是不是都有 9 匹马。

有一天晚上,某个盗贼来到马圈企图偷马。在此之前,这个盗贼已经听说杰克每天晚上有确认马数的习惯。所以,盗贼想出了一个偷窃方法,可以让杰克察觉不了。最后,这个盗贼成功地盗出了 4 匹马,而杰克居然很多天都没有

发现已经没有 24 匹英国纯种马了。

那么,这个盗贼是怎样把 4 匹英国纯种马盗走的呢?

【游戏正解】

把横列与竖列中央栏中的纯种马各减少 2 匹,在 4 个角上的栏中各增加一匹就可以蒙混过关,从而顺利盗出 4 匹英国纯种马。并且,横列与竖列栏中的纯种马的数量没变,因此即便杰克每天晚上都检查马的数量,也是无法发现少了马的。这个方法,主要是改变东西的排列顺序,而在数量的增减上做文章。在欧洲和日本,这种方法早就已经流行了。

军营中的鼓声

法国和英国发生了一场战争。乔治是法国的主将,因为寡不敌众,他最后只能宣布撤军。

在平时作战时,乔治喜欢让士兵在军营中敲鼓,之所以这样做,一是为了用鼓声威吓敌人,二是为自己的部队壮胆。但是,倘若现在撤退而不敲鼓的话,那么敌军就不能听到鼓声了,这样一来,就很容易被他们发觉,从而阻挠法军的撤退计划,倘若敌军乘胜追击,那么就有可能全军覆没。究竟应该怎么办呢?怎样才能保证在撤退时及撤退之后,鼓声仍然可以继续响着呢?为了解决这个问题,乔治苦思冥想了很久。突然之间,乔治听到外面响起了几声羊叫,脑中顿时灵光一闪,终于想出了一个巧妙的方法,不但可以达到安全撤军的目的,同时还能确保鼓声继续响着。

请问,乔治是如何利用羊的?

【游戏正解】

乔治命令士兵捉来附近全部的羊,然后把

羊倒悬起来,让羊的前蹄抵在鼓面上,羊因为吊得非常难受,便会拼命挣扎,这样就可以"敲"响战鼓了。

隔开杯子

汤姆的妈妈是一位化学老师。有一天,汤姆放学后来到妈妈的实验室,他把作业做完,刚想出去玩的时候,妈妈叫住了他,并给他出了这样一道题目:"你看一下那边的桌子,上面放着6只做实验用的玻璃杯,前面的3只盛满了水,而后面的3只则是空的。你可以只将其中的一只玻璃杯移动,就间隔开盛满水的杯子和空杯子吗?"在班级里面,汤姆是出了名的"小机灵鬼",他只思考了几秒钟,就把这个题目做出来了。请大家想一下,汤姆究竟是如何做出这道题目的?

【游戏正解】

3只杯子盛满了水,另外3只杯子则是空着的。事实上,只要将中间盛水杯子里面的水倒入中间的空杯子里面就可以了。

国王招女婿

很久很久以前,有位国王贴出了一条招女婿的告示,目的是给自己的宝贝女儿挑选一个聪明机智的丈夫。在这条告示中,国王出了一道很怪异的题目:

"凡是前来参加应聘的英俊青年,不要给我送礼物,但是来的时候,也不能空着手不带东西。"

结果,很多英俊的青年都想不到怎么办,只能知难而退了,但是有一位才貌双全的小伙子却做到了这一点,并最终当上了国王的女婿。

请问,这个小伙子是如何做到的?

【游戏正解】

那个小伙子将一只白鸽抓在手里,走到国王的面前之后,再将手松开,那只鸽子便飞走了。

斯巴达克斯

年轻的时候,斯巴达克斯是一个十分出色的角斗士。有一次,斯巴达克斯参加了一场团体角斗。他的很多朋友在团体角斗的过程中,一个二个地倒下了,最后只剩下他一个人。这个时候,对方还剩下三个人。从个人的斗技来说,斯巴达克斯技胜一筹,但是对方毕竟有三个人,而且皆为强中之手。一个人面对三个强手的攻击,通常是很难招架住的。现场的观众大多都认为斯巴达克斯会失败,然而在这个时候,斯巴达克斯突然情急智生,想出了一个很好的办法,最后终于在这场角斗中获得了胜利。

请问,斯巴达克斯究竟是怎么做的?

【游戏正解】

首先,斯巴达克斯将对方三个人摆脱掉,拔腿便往前面跑去,三个对手紧紧地跟在后面。由于三个人的速度并不一样,没过多久,四个人之间就拉开了一段距离。斯巴达克斯忽然返身迎战,将三个对手各个击破了。

立方体木块

有一罐蓝漆,一罐红漆,以及很多同样大小的立方体木块。要求将这些立方体的每一面漆成单一的红色或单一的蓝色。比如说,你先将第一块立方体漆成红色。对于第二块立方体,你则将其漆成3面红色,3面蓝色。至于第三块立方体,不妨也是3面红色,3面蓝色,然而各面的颜色和第二块相应各面的颜色不完全相同。

根据这种做法,你可以将多少个互不相同的立方体漆出来?倘若把一块立方体翻过来,它各面的颜色和另一块立方体的相应各面颜色一样,那么这两块立方体就是一样的,原则上只能归为一种。

【游戏正解】

1块全红,1块全蓝,1块5面红1面蓝,1块5面蓝1面红,2块4面红2面蓝,2块4面蓝2面红,2块3面红3面蓝。一共可以漆成10块不一样的立方体。

逃出森林的方向

某天下午,A和B走进了一片森林的深处,结果一不小心迷路了,虽然他们两个喊了好一阵子的"救命",但还是没有听到任何的回响。他们身上不仅没有可以指明方向的工具,而且也没有任何一种通讯工具。就在绝望无奈的时候,A在林子中发现了几个树桩,于是他断定曾经有人来过这里。A把自己的发现告诉了B,并且说自己可以找到出去的方向。对于A的话,B不太相信,认为这里即便有人曾经来过,也不会对他们有什么帮助,因为看一下那个树桩就知道,这棵树已经砍了很久了。

请问,A可以找到逃出森林的方向吗?

【游戏正解】

可以。树桩上面存在着年轮,年轮不光可以把树的年龄记录下来,而且还能够指示方向。年轮密集的一方通常指向北方,稀疏的一方则

指向南方。为什么年轮密集的一方代表北方呢?答案很简单,因为北方无法得到阳光的直接照射,因此生长缓慢,在年轮表现上也相对密集一些。

篮球上的黑点

将一些黑点漆在一个篮球上,要求各个黑点之间的距离是一样的,最多可以能够漆上几个这样的黑点?应该注意的是,这里所说的"距离",主要是指球表面上量度的距离。在做这道趣题的时候,可以采取一个非常好的办法,就是在一只球上标上黑点,接着便可以用一条细绳子将它们之间的距离量度出来,接着再用一条细绳子将它们之间的距离量度出来。

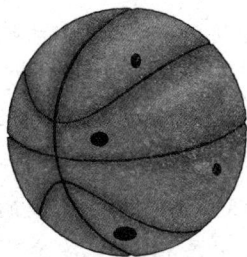

【游戏正解】

要想让每个黑点与其他黑点的距离一样,那么在一个球上最多只能漆上4个黑点。非常有趣的是,倘若我们在球的内部用直线将这4个黑点的中心连接起来,那么这些直线将标出一个四面体的棱。

三个兄弟的选择

三个兄弟一起等车回家,等了很久,还是没有看到车子过来。

这时,老大依旧想继续等下去。老二的主张则有所不同,他决定往前走,等车赶上他们的时候,三个人再一起上车,这样一来,在等的时候,大家也可以走一段路程,这样就能早点回家了。

和老大、老二的意见相比,老三的意见又与众不同。他主张三个人都朝相反方向走,这样就能够更快地看到迎面开来的车子了,然后大家一起跳上车。

三兄弟为此不停地争论,谁也不能说服谁,最后只好各自按照自己的想法去做。老大依然

留在原地等车,老二朝回家的方向走,老三则朝相反的方向走。

请问,在这三个兄弟中,究竟是谁先回到家中? 谁的行为最聪明?

【游戏正解】

老三往相反的方向走了一段时间,终于与迎面而来的公交车相遇了,于是跳了上去。这辆车开到老大等车的车站,老大也上了公交车。没过多长时间,这辆车又来到了老二的身旁,老二也坐上了车。三兄弟都上了同一辆车,自然是同一时间回到家中。其中老大的行为是最聪明的,和老二、老三相比,他安逸地留在车站等车,要轻松很多。

塑料管中的滚珠

在科技课上,老师给同学们布置了一个非常有趣的任务:在一段两端开口的透明软塑料管中,装入11颗大小相同的滚珠,其中有5颗深颜色的,有6颗浅颜色的。整段塑料管的内径都是均匀的,只能让一个滚珠勉强通过。要求是先取出深颜色的滚珠,而且不能切断塑料管,你怎样从塑料管中将深颜色的的滚珠取出来?

【游戏正解】

由于塑料管是软的,因此可以把塑料管弯过来,从而让两端的管口相互对接上,使两颗浅颜色滚珠滚过对接处,滚进另一端的管口,然后让塑料管两头分离,恢复原形,这样就可以将深颜色的滚珠取出来了。

保险箱密码

第一次世界大战的时候,德国杰出的女间谍玛丽奉命搜集法国的机密情报。她借着一些

公开的场合,终于和法国的重要人物摩尔将军认识了,并且还成为了他的好朋友。

玛丽心里清楚,摩尔将军常常喜欢把政府的重要文件带到家里去,锁在一个严密的保险箱中。有一天,玛丽以好友的身份来到摩尔将军的家里做客,并偷偷将安眠药放在了摩尔将军的酒里,摩尔将军喝酒之后,很快就睡着了。

玛丽认为机不可失,于是以最快的速度来到将军书房中。那个时候,已经快要接近深夜两点钟了,在一座古老大钟的旁边,安置着一个保险箱。但是,玛丽并不知道保险箱的密码,试了很多次都没有打开。这个密码由六个数字组成,如果根据排列组合方式开启,则需耗费很长的时间。

突然之间,玛丽想到摩尔将军平时是一位十分健忘的人,所以,保险箱密码应该是记在他的手册或者备忘录上面的。然而玛丽把整个书房都找遍了,最终还是没有找到密码的踪迹。之后,玛丽又观察了保险箱周围的情况,看到那座古老的大钟,发现它已经停摆了,指示时间刚好为9点35分15秒。表面上似乎没有找出密码的可能,然而思考片刻之后,玛丽还是找到了密码,成功地偷取了法国的机密情报。

请问,玛丽到底是根据什么找到密码的?

【游戏正解】

在钟面上,因为这只停摆的钟一直指着9时35分15秒,所以密码应是93515。

怎样消除不公平

某国对最高法院审判员的国民投票审查是这样的:在一张投票纸上,印有一大排人名,在自己认为不合适的人选上打上×。然而,通过对过去投票结果的统计表进行观察,人们总结出了一个现象:名字越排到前面,那么被画×的

几率就会越高,之所以会造成这种不公平,主要是排名顺序的原因。

请问,怎样才能将这种不公平消除呢?

【游戏正解】

将选票用纸改成圆形,或者现行的四边形不变,将原先直线排列的姓名改成圆形排列。

马应该不吃肉吧

一个冬天,一个青年正在骑马赶路,不料途中下起了倾盆大雨。他找了很久,终于找到一家能够避雨的小客店,然而在这个时候,他的全身早已经淋湿了,身上感到越来越冷,几乎要发抖了。但是客店里面有很多人,他根本无法靠近火炉。无奈之际,他的脑中灵光一闪,突然走到店主面前,大声说道:"老板,我外面的马饿了,能不能拿一点肉去喂它?"店主一听,心里觉得十分奇怪,便反问道:"马应该不吃肉吧?"这个青年笑了一笑,平淡地回答道:"你去喂就可以了,其他的事不用想。"店主只好叫小二拿着肉到外面去喂马。

请问,这个青年为何要这样做?

【游戏正解】

店小二去喂马,在客店中躲雨的客人也都会跟着去看是什么情况,青年就可以坐到火炉边烤火了。

移动硬币

有8枚硬币,正面以 H 表示,反面以 T 表示,两面交错,一个接着一个地排成一条直线。每次移动的时候,必须同时将两枚相邻的硬币移动,然而两者的次序却不可以改变,只能将其移到两端或者适当的空位。请问,怎样通过4次移动,就可以将硬币排成 TTTTHHHH,每枚硬币都相互挨在一起,排成一个直线。

【游戏正解】

开始的时候,硬币的排列顺序为:HTHTH-THT,第一次可以移动成:THHTHTHT;第二次可以移动成:THHTHHTT;第三次可以移动成:TTHHHHTT;第四次可以移动成:TTTTHHHH。

传递信息的方式

甲国的间谍 X 奉命到乙国窃取机密文件,刚刚将资料看了一遍,不料行迹就败露了,结果被关进了监狱。幸好他的记忆力非常好,看了一遍机密文件,就全都记在脑海中了。

在监狱里的 X,时时刻刻都在想着如何把自己看到并且记下的机密文件传到自己的国家。有一天,他看到铁栅栏外的一名看守向他发出了信号,才发现那名看守是他的同伙假扮的。然而,他们之间的距离有二三十米之远,既不可以大声喊叫,也不可能传递纸条。最后,聪明的 X 想出了一个办法,终于和自己的同伙联系上了。他把自己入狱的消息和自己看到的机密文件全都让那个同伙带到了自己的国家。

请问,X 到底是通过什么方式传递信息的?

【游戏正解】

通过手语传递的。

婆婆考儿媳妇

古时候,有一户人家为儿子娶了一个漂亮的老婆,儿子见到之后,心里十分高兴。

公公婆婆说:"虽然媳妇的模样长得很好看,但并不一定脑瓜子就聪明呀!倘若聪明伶俐,那才叫内外兼修哩!"

为了弄清媳妇到底是聪明还是不聪明,公公婆婆决定考一下她。某日,在做早饭的时候,婆婆突然对儿媳妇说:"你帮我拿四样东西过来吧!"

儿媳妇听后,问道:"是哪四样东西呢?"

婆婆想了想,答道:"四两'沉',四两'漂',四两'张着嘴',四两'弯着腰'。"

儿媳妇听后,思考了一会儿,便转身到橱柜

拿去了。婆婆看了看儿媳妇拿来的东西，顿时眉开眼笑。公公在一边也瞧见了，心里连连感叹，儿媳妇真的是很聪明呵！

请问，婆婆叫儿媳妇拿的是哪四样东西？

【游戏正解】

四两盐，四两油，四两花椒，四两虾米。

亚历山大解结

在古希腊的某一个冬天，亚历山大当时还是马其顿的一个将军，他带领军队来到亚洲，进入了一座城市。从当地人们的口中，亚历山大听说城里有一个复杂的结，谁可以打开它，谁就可以成为亚细亚之王。

对于这个传言，亚历山大非常感兴趣，于是让部下带他到难解的结那里去，希望自己能够把它解开。那个结里里外外杂乱地交错着，就像很多条蛇缠绕在一起一般，越解越乱。亚历山大尝试了很久，最后还是没有将结的两头找出来。

正在无可奈何之际，亚历山大想到了一个好办法，终于将这个结解开了。

请问，亚历山大用的到底是什么办法？

【游戏正解】

"快刀斩乱麻"。亚历山大将宝剑拔出来，一剑就把那个结砍成了两半。

酒吧盗窃案

一个酒吧的服务员早上来到公司，突然听见从顶楼传来一阵呼救声。这个服务员立即赶到顶楼，结果看见一位领班腰部束了一根绳子，被吊在顶梁上。领班对服务员说道："快点把我放下来，酒吧被抢劫了，我要立即通知警察。"

警察接到报案后，迅速来到现场。领班对警察说道："昨天晚上酒吧停止营业后，我刚打算关门时，突然两个强盗冲了进来，把全部的钱都抢走了。然后又把我带到顶楼的房间，用绳子绑住我，将我吊在了顶梁上。"

对于领班说的话，警察并没有产生怀疑。因为一个人是不可能把自己吊到那么高的梁上的，地上也没有可以垫脚的东西。但是警察在现场发现，在门外放有一架梯子，它曾经被盗贼

盗用过。此外，警察还发现一个现象，在这个领班被吊位置的地面上有一摊水。没过多长时间，警察就查出了这个领班即是真正的偷盗犯。

请问，这个领班在没有任何人的帮助下，是如何把自己吊在顶梁上的？

【游戏正解】

这个领班利用梯子，把绳子的一头系在顶梁上，然后将梯子移到门外。接着，他又将一块巨大的冰块从冷藏库运到顶楼上。他站在冰块上面，用绳子绑好自己，然后就耗时间，等冰块渐渐融化。次日，当服务员发现他的时候，冰块早就已经融化了，而从表面看去，这个领班已经被吊在了半空中。

用篮球盛鸡蛋

汤姆穿着背心和短裤，打完篮球后捧着篮球回家。他看到一个老大妈正在卖鸡蛋，价格挺合算的，于是汤姆买了15个鸡蛋。但是，这15个鸡蛋怎样才可以拿回家呢？汤姆想了一会，终于灵光一闪，想出了一个可靠的方法。原来汤姆把15个鸡蛋放在了篮球上，然后轻轻松松就拿回家了。

请问，这有可能吗？

【游戏正解】

有可能。将篮球里面的气放掉，把球的一面压瘪进去，使球变成一个碗形，这样就可以把鸡蛋放在球内拿回家去了。

棘手的图案

据说，瑞典有一位非常出名的刺绣专家，他经常会接待一些顾客，而这些顾客往往会提出各种各样的奇怪要求。这位刺绣专家说："近日来最让我头疼的是，有一位顾客提出了一个奇

怪的要求,让我帮他绣出一条直线和五边形的4条边相交的图案。"经过不断地思考和尝试,这位刺绣专家终于满足了那位顾客的要求,并将刺绣样本展示给顾客看。

请问,面对这样一个棘手的难题,刺绣专家究竟是如何解决的呢?

【游戏正解】

四边形以上的多边形,只要一个角凹进去,那么一条直线就可以和多边形的四条边相交了。

三角形题目

在电视机还没有问世的时候,人们晚上通常都会闲坐在餐桌边聊天,而在这个时候,思维游戏就变成了甜点之后最主要的一种娱乐方式。其中,"剪刀手"赛明顿发明了一种三角形题目,游戏是这样的。首先将一张等边三角形的纸拿在手中,然后将它剪成5块;接着再把这些小块组成4个小的等边三角形(在组成三角形的时候,并不是全部的纸块儿都会用上)。5个纸块儿全部都为三角形。

请问,这究竟要怎样剪?

【游戏正解】

这需要进行巧妙的对折,才能达到目的。

欢度愚人节

格林非常喜欢捉弄别人,看着别人听信了自己的谎言,被耍得团团转的样子,格林就会觉得非常高兴。可是,总是捉弄别人会让周围的人都不再相信自己,而且很多人都开始讨厌格林了,于是格林只好向周围的同学和邻居一一道歉,并且表示以后不会总是捉弄别人了。

眼看就要到愚人节了,格林终于有机会捉弄别人了。他想用一个十分巧妙的办法去骗一下别人,您能帮助格林想出一个办法,让他的话无论怎样都能骗到别人吗?

【游戏正解】

格林可以对他想要愚弄的人说:"我今天一定能骗到你!"如果格林真的能骗到对方,那么他自然就成功了,如果格林之后没能骗到对方,

那么格林之前说过这样一句话,那么这句话就是假的,所以格林还是骗到了对方。

透明的玻璃瓶

同学们正在实验室里面做实验。这个时候,化学老师来到了实验室,他的手中拿着两个透明的玻璃瓶子,一个又矮又粗,另外一个又细又高,瓶子上面和别的烧杯有所不同,没有标示刻度。同学们觉得很奇怪,互相看了看。随后,化学老师开口说道:"你们有哪个可以不使用尺子、烧杯等工具,能将两个瓶子的容积测量出来,看谁的容积大一点,谁的容积小一点?有办法的同学可以得到一份特殊奖励!"

请问应该用什么办法测出两个瓶子的容积?

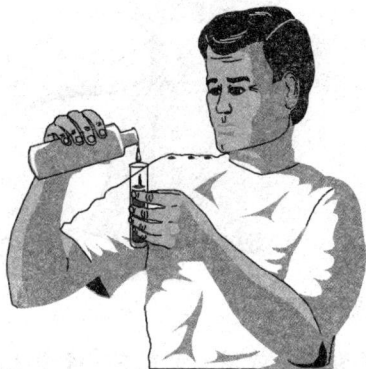

【游戏正解】

将其中的一个瓶子装满水,接着倒入另一个瓶子内。倘若无法装满另一个瓶子,那么就说明第一个瓶子容积大一些;倘若可以装满并且溢出,那就说明第二个瓶子的容积更大一些;倘若正好装满,则说明两个瓶子的容积一样大。

国王的画像

在连年的征战中,国王被敌人射瞎了一只眼睛,被砍瘸了一条腿。不过,最终他换来了战争的胜利,保卫了自己的国家和人民。

终于能够享受和平的生活了,国王想到要为自己画一幅画像。于是,他将国内最负盛名的三位画师接到皇宫里面,让三位画师分别给自己画一幅画像。

第一位画师为人十分憨厚正直,所以他给

国王画像的时候，都是按着实际画的，最后他画出来的国王瞎着一只眼睛，瘸着一条腿，和过往的一模一样，国王看了之后非常生气，因为没有人希望看到自己丑陋、脆弱的样子。

第二位画师为人圆滑，非常懂得曲意逢迎，所以他将国王画得双眼炯炯有神，双腿健壮有力，一副英俊帅气的样子。但是，国王还是非常的生气，他知道这个画师只是故意在拍自己的马屁。第三位画师倒是也画出了国王的缺陷，但是国王看完他画的画像却十分的满意。

你能想出画师是怎样画的那幅画吗？

【游戏正解】

画师为了掩盖国王的缺陷，将国王画成正在开枪狩猎的模样，画上的国王，瞎眼睛闭着瞄准，瘸腿倚靠在大石头上面，虽然画上的国王仍然存在缺陷，但仍旧是一幅自强不息、英明神武的模样，国王自然非常满意。

迈克要硬币

有人将一枚1元硬币、一枚5角硬币和一

枚1角硬币拿出来，同时对迈克说，只有讲一句真话，就给他一枚硬币，但是没说是哪一枚。倘若迈克说的是假话，那么就不给硬币。请问要想让那个人给硬币，迈克应该怎么说？

【游戏正解】

迈克说："你不会给我5角硬币和1角硬币。"

正确的按钮

警局技术科考试开始了。考官在一个炸弹引爆器上设置了四个按钮，每个按钮边上分别放着小刀、橡皮、小圆镜子和梳子。考官要求考生们根据四件物品的含义，将正确的按钮选出来，一次成功引爆炸弹。

请问正确的按钮是哪个？

【游戏正解】

正确的按钮是边上放梳子的那个按钮，因为梳子预示着"一触即发"。

喜欢吹牛的人

曾经有一个人，他有一个非常显著的毛病，就是喜欢吹牛，并且还能做到随机应变。本来，在他的家里面只有三只茶杯，但是当着外人的面，他却说家里的茶杯有一打，即便是一桌人斟茶，还会多出四只。

对于他的底细，有一个朋友很清楚。有一天，这个吹牛哥约四个人到他家里去。主人很热情地让朋友们坐到座位上，并大声对着屋里叫了一声："来客啦，快点泡茶，一共四位。"

话刚刚说完，其中一个朋友就客气地说道："不用泡了，不用泡了，我不喜欢喝茶。"主人立即向屋里说了一声："有一个人不喝，泡三杯就可以了。"三人告辞回去，在路上，三个人埋怨那个讲客气的人："他家就只有三只茶杯，我们之所以去四个人，就是为了和他开开玩笑嘛！"那个人只能连连道歉，后悔不已。

第二天，四个朋友又相约到吹牛哥家里去了。主人又热情地让他们入座，继而向屋内大喊："来客啦！快点泡茶，四位。"昨天没有喝茶的那个人，担心主人今天又不给他泡茶，于是说道："今天我真的口干。"

那么,在这个时候,主人应该怎样应酬呢?

【游戏正解】

只听主人又朝屋里一喊:"一个口干,泡一大壶!"端出来的当然还是三只茶缸,外加一个茶壶而已。

河马与金币

很久很久以前,有一个部落,人们生活十分富裕。部落里面有一头神河马,部落首领对它照料得非常周到。

每逢部落首领生日的时候,他就会与收税官带着这头神河马一起搭上华丽的彩船,沿河观光游览,一直到收税营房。

当地有一个古老的习惯,上交给部落首领的金币的重量必须与这头神河马的体重一样重。有一台大天平就在收税营房的旁边,大天平的一边可以载上河马,而另一边则可以放上金币。

部落首领平时对神河马照顾有加,喂养得非常好,河马的体重也随之越来越重,以至到了某一年,大天平的杠杆居然被压断了,需要经过很多天的修理才能修好,而时间上已经来不及了。

部落首领的脸色一时间就变了,他严厉地告诉收税官:"我今天就要将金币全部收上来,必须如数收齐。倘若在太阳落山之前,你还没有把办法想出来,那么你的脑袋就会搬家。"

可怜的收税官吓得魂不附体,思维也愈发糊涂。之后,他慢慢地把精力集中在了一起,经过几个小时的苦苦思索,他终于想出了一个好主意。

请问,收税官想到的究竟是什么主意?

【游戏正解】

事实上办法非常简单。收税官首先单独将神河马放在华丽的彩船上,在船的外侧标上水位记号。然后他又把河马从彩船上赶下来,再把金币装到彩船上,直至金币装到水位达到做标记的地方。这样一来,船上装的金币重量就等于神河马的体重了。

渡 河

泰勒斯是古希腊哲学家,据说,他曾是吕底亚王克劳苏部下的一名士兵。吕底亚王有一次率部出征,来到一条河边。这条河的水很深,并且十分湍急,在附近也没有发现桥梁和渡船,面对此情此景,吕底亚王只能无可奈何地望着河兴叹。就在这个当儿,泰勒斯灵机一动,为吕底亚王献出了一条计策,从而让大部队在既没有桥梁也没有渡船的情况下,顺利地渡过了这条河流。

请问,泰勒斯到底献出了一条什么样的计策?

【游戏正解】

泰勒斯指挥部队在营寨后面挖了一条很深的弧形沟渠,使其两端与河水相通。这样一来,湍急的河水便可分成两股水流,原来河道的河水就变得浅而缓,大部队足可以涉水过河了。

倒霉的保镖

有一个保镖,专门负责巡夜看守。有一天晚上,他做了一个奇怪的梦,在梦中,出现了一个刺客,打算行刺他的主人。梦醒之后,保镖立即将这个不祥的预兆对自己的主人说了,主人

马上就躲到暗室里面去了。当天晚上，真的来了一个刺客，他试图爬墙入屋，结果却被早就准备好的保镖打跑了。第二天早上，主人为了答谢保镖，给了他一笔数额巨大的赏钱，接着就将他解雇了。

请问，主人被保镖救了性命，为什么还要解雇他？

【游戏正解】

保镖既然负责巡夜看守，但是居然睡觉做梦，这充分说明他对工作很不负责任，因此主人才解雇他。

郁金香

阿尔芒是一个卖唱的美少年，生活在英国的诺丁汉郡。有一天，他偶然碰到了当地有名的美人玛格丽特。阿尔芒被玛格丽特的美貌深深地迷住了。从此之后，在玛格丽特的窗下，经常会出现阿尔芒的身影，为其倾情弹唱，把自己对玛格丽特的爱慕之情全部倾诉出来，最后终于将姑娘纯真的爱情赢到手。

然而，对于这门亲事，玛格丽特的父亲却持反对态度，可是玛格丽特非阿尔芒不嫁，于是他只好给阿尔芒出一道难题，让他知难而退。玛格丽特的父亲找来两个相貌与玛格丽特十分相似的邻家少女，她们两人与马格丽特一起，全身用纱巾蒙着。三位少女站在沙帘的后面，每个人都将自己的一只纤纤玉手伸出来，手上还拿着一朵鲜花。

这时，真正的玛格丽特不能向阿尔芒打招呼，她看到两位少女选择了月季与玫瑰花，于是便灵机一动，用右手拿了一朵郁金香。接着，玛格丽特的父亲便问阿尔芒：拿什么花的少女才是玛格丽特，倘若猜对了，那么我就将女儿嫁给你做妻子。阿尔芒沉思了一番，便对玛格丽特的父亲说道："我已经知道了，玛格丽特的手上拿着一支郁金香。"随后，阿尔芒拉着玛格丽特的手来到了她的父亲面前，老人难不倒阿尔芒，无话可说。

请问，阿尔芒是如何断定拿郁金香的少女就是玛格丽特的？

【游戏正解】

因为月季花与玫瑰花都是带刺的，而郁金香却没有刺。这正是玛格丽特对阿尔芒的暗

示：选择这朵郁金香吧，它不会扎到你的手。

贪财的地主

很久以前，在山脚下住着一对勤劳的夫妻，为了种点小麦，他们在山坡上开垦了几块田地。然而贪财的地主无意间看见了被开垦的山坡，于是想将其占为己有，因此策划出了一条诡计，每天都将家里的鸡赶到农夫的地里去。农夫发现自己的庄稼全都被财主家的鸡糟蹋了，十分心痛。但财主又不好惹，所以只能把气忍下去，只单纯地赶一下鸡，然而这边刚赶跑，那边又来了一大群鸡，弄得他精疲力竭，无计可施。他愁眉不展地回到家里，妻子看到他垂头丧气的样子，于是问明缘由。妻子听完农夫的讲述之后，便说："明天，你可以到地里去做一个动作，要让财主看见，但是又不能让他看得太清，这样一来，他就不会再把鸡赶到地里去了。"第二天，农夫用妻子的方法，试了之后，真的十分有效。

请问，农夫究竟做的是什么动作？

【游戏正解】

农夫的妻子针对地主贪财的心理想了个办法：农夫把一篮鸡蛋悄悄放在地里，当地主放了鸡过来时，他提起篮子，做了个拣起最后一个蛋的动作，接着匆匆地往家走去，地主虽未看清，但估计是自己的鸡在那里下了蛋，十分后悔，因此再也不把鸡赶到农夫的地里去了。

训练斗鸡

乌贾因是印度的国王，他想找一个人来当宰相，而这个人必须非常聪明。这个时候，他听说某个村子里面有一个年轻人十分聪明，名字叫作罗哈克。乌贾因国王便想让这个年轻人做他的宰相。为了对年轻人的智慧进行测验，他让手下的人为年轻人送去一只公鸡，要求罗哈

克在短时间内将公鸡训练成一只威力无比的斗鸡,但是不可以使用其他的公鸡。

请问,罗哈克怎样才能达到国王的要求?

【游戏正解】

罗哈克将公鸡放在一面大镜子前面,公鸡在镜子里看到自己的影子,以为是别的公鸡,就经常腾跳起来啄镜子,试图和镜子里面的公鸡搏斗。这样训练了一段时间之后,公鸡就变得勇猛好斗了。

乔治画鱼

为了让乔治画一条鱼,一个富商出了500元的重金。面对这种架势,乔治不好意思推辞,只能把单接下来。画好之后,富商的心中却生起了一股贪念,于是叫手下找到了一只猫,接着不客气地对乔治说:"你看一下,对于这条鱼,我的猫可是一点也不感兴趣呵!这意味着你画的鱼一点也不好,看来你这幅画,我是不能用500元买了。但是,为了给你一个面子,我可以出50元买这幅画。"富商说完,就准备扬长而去。这个时候,乔治看到桌子上面摆着一盘已经煮好了的鱼,顿时心生一条妙计,最后终于让贪官按照事前议定的500元拿走了画。

请问,乔治究竟想的是什么妙计?

【游戏正解】

乔治拿起画笔蘸了蘸盘里的鱼汁,然后用笔对着画上面的鱼涂了几笔,之后赶紧追出大门请回富商,对他说道:"你的猫的视力可能差一些,让它靠近画仔细看一看吧,它如果对我画的鱼有兴趣,你就遵守诺言付给我议定的500元吧!"富商于是把猫赶向画前,猫因为闻到了画上面的鱼腥味,就上前不停地舔画面的鱼。富商被逗得开心,加上有诺言在先,便付了500元买了这幅画。

南瓜进瓮

有一个智者来到一个国家,该国家的国王想要难为他,于是给他出了一个难题:如何将一个南瓜放入一个瓷瓮中,并保持两者都完好无缺。很明显,瓷瓮口小肚大,又怎么可能将大南瓜放进去呢?然而让人没有想到的是,几个星期之后,智者就将放着大南瓜的瓷瓮拿到宫廷给国王看了。国王十分无奈,觉得丢了面子,于是下令把智者驱逐,不想自己再看到智者,智者也永不能再站在国王的土地上。然而,智者还是机智地想出了一个办法,他依旧在这个国家跑来跑去。

请问,面对国王的挑衅,智者是如何对付的?

【游戏正解】

智者找了一个刚从瓜藤上长出来的小南瓜,将它放入瓷瓮中,让它在里面慢慢生长,几个星期之后,就把国王出的难题解决了。至于第二个难题,智者准备了一架牛车,牛车上的泥土是从智者自己的耕地上挖来的,那么,他就可以说:"不是站在国王的土地上。"国王哑口无言,对于智者的聪明和机智,佩服得五体投地。

聪明的牧人

很久很久以前,亚洲中部有一个游牧王国。这个王国有一个非常贪婪的国王,他四处设立关卡,当牧人赶着牛、羊、马经过的时候,就得有一半的牛、羊、马被没收,作为税收,接着再从没收的牛、羊、马中抽一头出来,还给牧人,以彰显国王的慷慨大方。

有一个牧人非常聪明,他赶牲畜的那条道路,必须经过 99 道关卡,然而他的牲畜却一头也没有少。

请问,这到底是什么原因?

【游戏正解】

那个聪明的牧人每次只赶两头牲畜,过一道关卡,一头牲畜被没收作为征税,接着关卡看守又得还给他一头,这样一来,最后依旧是两头牲畜。

葡萄酒

某餐厅的经理买了一批葡萄酒,货来自于附近的一家商店。这批葡萄酒总共有两种规格:一种葡萄酒的瓶装容量为 5 升,而另一种葡萄酒的瓶装容量则为 3 升。事实上,葡萄酒的价格已经包含在餐费中了,经理也准许每位客人可以喝下 1/4 升的葡萄酒。一般来说,这些葡萄酒都会被倒入一个玻璃瓶中,置于桌上,让客人们在需要的时候自己倒。

在一个比较特殊的晚上,这家餐厅举办了一场晚会。在 10 分钟之内,一共有 16 位客人来到晚会现场。然而就在这个时候,经理却发现,只有两种规格的葡萄酒各一瓶在储藏室里面。幸好对于 16 个坐在一块的客人而言,有两玻璃杯的葡萄酒(每杯装 2 升)就足够了。主要的问题在于,他手上现在就只有这两个一模一样的玻璃杯,而其他的所有容器都正在使用中,因此没有办法倒出 2 升的酒。

经理虽然是一位商人,但是非常讲究公平交易,他不想在服务上短斤缺两,但也不愿意让客人多喝葡萄酒。经过仔细思考一番之后,他终于想到了一个办法,只要使用玻璃杯与酒瓶,就可以将 2 升的葡萄酒装满每一个玻璃杯。

请问,经理是如何做到这一点的?

【游戏正解】

经理有两个相同的玻璃杯和两个不同容量的酒瓶,一个是 3 个容积单位的酒瓶,另一个是 5 个容积单位的酒瓶。首先把 3 升容量酒瓶的酒倒进玻璃杯;接着把 5 升容量的酒倒进 3 升容量的空酒瓶;把剩下的 2 升酒倒入空的玻璃杯;之后把 3 升容量的酒瓶里的酒倒进 5 升容量的酒瓶;再把第一个玻璃杯里面的其中 2 升酒倒进 5 升容量的酒瓶;现在把 5 升容量酒瓶的酒倒进 3 升容量的酒瓶;把两个玻璃杯放在一起,将 3 升酒瓶的酒倒进有 1 升酒的玻璃杯,直到两个玻璃杯装的酒一样多为止。这样一来,每个玻璃杯就都盛有 2 升酒了。

篮球比赛

A 组的甲队和乙队正在进行一次关键性的篮球比赛。对于甲队而言,必须赢乙队 6 分,这样才可以在小组出线。现在还有 6 秒钟就到终场了,然而甲队只赢了 2 分。要想在 6 秒之内再赢乙队 4 分,明显是不可能的。

这个时候,倘若你是教练,你绝对不会甘心认输。假如允许你有一次叫停的机会,为了赢乙队 6 分,你会给场上的队员出什么主意呢?

【游戏正解】

叫本队的队员向自己的篮筐投一个 2 分球,结果打成平局。根据篮球比赛规则,在规定的比赛时间内,倘若双方打成平局,那么便可以加赛 5 分钟。这样一来,甲队就可以利用这珍贵的 5 分钟,争取赢乙队 6 分。

汽车过桥

有一辆货车,其车身与货物加起来共重 5 吨。货车出发 1 小时后,开到一座大桥前,桥头竖着一张牌子,上面写着:"禁止5吨或5吨以上的汽车通过!"

看到这张牌子,司机只能将车停下来,然后故意问他带的一个徒弟:"你说可以过去吗?"徒弟回答:"当然不可以!"司机却说:"事实上是可以的,我现在就开给你看。"说完,就将汽车开到桥上去了。

请问,汽车能不能开过桥呢?为什么?

【游戏正解】

这辆汽车可以开过桥去。这辆汽车虽然车身与货物共重5吨,根据规定是不可以过桥的,然而它已经行驶了一个小时,汽油也消耗了一些,这样一来,总重量就不足5吨了。

智送文件

安娜·查普曼是一位美女间谍,她接到一项命令,需要在两小时之内,把一份非常重要的文件送到另外一名谍报员手中。现在安娜·查普曼在B镇,而另外那名谍报员则在F镇。从B镇到F镇,如果步行的话,抵达目的地需要3小时;如果开车的话,只需要30分钟就可以到达。安娜·查普曼的家中有3部车,但是都存在故障:第一部车子的刹车失灵了;第二部车子的方向盘既无法向右也不能往左;第三部车子则根本发动不了。每部车子里面都有汽油,刚好仅够来回。

请问,安娜·查普曼可不可以将这份重要的秘密文件准时送到呢?

【游戏正解】

安娜·查普曼先把刹车不灵的车子里的汽油抽出一半,接着驾驶该车向F镇开去,等汽油耗尽、车子停下来的时候,她便马上下车,向F镇走去,这样就可以按时完成任务了。

平分一杯酒

格林和史密斯都是斤斤计较的人,即便是一杯酒,他们也要平分。到底应该怎样分才可以让他们两个人都没有意见呢?最简单的方法是,由格林倒酒,由史密斯挑选,也就是说,由格林慢慢倒酒,直到认为自己不管分到哪一杯都不吃亏为止;接着,便让史密斯在这两杯酒之中任意选一杯酒。现在,又多出了两个人,总共有格林、史密斯、乔治、汤姆四个人平分一杯酒。那么,如何分才可以让大家都感到公平呢?

【游戏正解】

先让格林分出他认为是1/4的一份酒,倘若将这一份分给他,他就可以满意了。倘若史密斯、乔治中有人认为格林的这一份酒多于1/4,那么就尽量将其减掉一点。减少之后,倘若格林没有意见,那么仍旧可以拿这一份。于是问题就变成三个人分酒了。重复上述过程,让某人拿走一份。再下去就只剩下两个人分酒了。在题目中,已经告诉我们两个人的分法了,因此就不在这里重复了。这样一来,酒就分完了,四个人都满意。

卡车过桥

有一艘船装着很多的货物,它顺水而下,不断前行,当通过一座小桥的时候,居然发现货物装得太多了,和桥洞相比,竟然高出了2厘米。船员准备把一些货物卸下来,后来才意识到货物是整装的,一时间不可能卸下来。有什么办法可以不卸货就让船顺利通过呢?

有一辆卡车,上面装着很多的货物。当通过一处铁路桥的时候,他们发现车上的货物高出了桥洞1厘米,卡车不能通过。如果把车上的货物卸下来,又极为费力费时。你能不能想一个办法,让他们轻松顺利地通过铁路桥?

【游戏正解】

对于第一个问题，只要在船上加上一些石块，让船下沉几厘米，这样就能够从桥下通过了。从习惯上来说，人们不喜欢将没有用的石块往船上装，所以往往想不出一个有效的办法来。至于第二个问题，只要把汽车轮胎放掉一点儿气就可以了。

国王的难题

聪明绝顶的乔治，最喜欢帮助百姓排忧解难，打抱不平。国王听说之后，认为乔治抢了自己的风头，心里很不高兴，于是命令下人将他找来，想当面刁难一下他。乔治来到宫中，国王便笑脸相迎地走过去，亲热地对他说："乔治，人们都说你聪明绝顶，因此本王今天专门请你来为我办两件事情：第一件事情就是请你为我盖一间大房子，这间房子必须像天一样大，然后再为我收集一大堆粮食回来，这堆粮食的重量要和大地相等。"

请问，乔治是如何巧妙地应付国王的？

【游戏正解】

乔治不慌不忙地说："可以，但是你得给我一把能够量天的长尺，我才好给你量一量天到底有多大，然后我就可以根据这个尺寸为你盖房子了；接着你再给我找一杆比地还要大的秤，这样我才能称一称地的重量，然后便可以根据这个重量为你收集粮食。"国王听到乔治的回答之后，顿时变得目瞪口呆，无话可说，只好放乔治走了。

吹牛比赛

酒鬼约翰邀请几个朋友举办了一场吹牛比赛，比谁吃的东西最大。前来参加比赛的人被轮番叫到约翰的房间中，每个人都胡吹瞎编，说

自己吃过什么庞大之物，如："对我来说，地球就是一个糯米丸子，我只要裹上豆沙就可以把它吃掉。""天上的星星被我扒拢在一起，然后再用锅炒，味道真的很美。"等等，然而没有一个人能够说得过约翰的。其中，有一个人不肯服输，为了打败约翰，他冥思苦想，费尽心机，终于说出了一句"我吃了没有比这再大的世界第一大的东西。"心里想着，如此一说保证可以赢。但是这个上阵时满怀信心的男子，最后仍旧是灰溜溜地退了下来。事实上，约翰对任何一个挑战者，都只是淡淡地重复着一句话。

请问，这句话究竟是什么？

【游戏正解】

约翰对每一位挑战者都只说一句话："我把你吃掉了。"与约翰对阵的人所说的话里都存在着一个共同的盲点，虽然想到了自己尽可能想到的最大的东西，但是吃了这个东西的自身的存在却忽略了，这个自身当然比吃掉的东西更大。从这种思维来看，纵然是约翰也没有从实质上脱离这个盲点，然而只要就这个话题来比试的话，可以预先意识到对方话里矛盾的约翰已经占优势了。

依旧活着的鹅

妈妈将一只鸡和一只鹅一起放到冰箱里，第二天，鸡冻死了可鹅却依旧活着，这是为什么呢？

【游戏正解】

鹅是企鹅，当然冻不死。

聪明的登山者

一名登山者独自去登山，在山下，他穿上新买的昂贵的登山鞋，发现鞋有些紧，不利于登山。于是，他换上带来的另一双旧登山鞋。但是，他不想带着新登山鞋上下山，但他又担心，如果不带着新的登山鞋，鞋子可能会被其他登

山者拿走,你知道他怎么做才能保住他的新鞋呢?

【游戏正解】

他将一只登山鞋藏
在一个地方,另一只藏在另外一个很远的地方。他的想法是,一只鞋子很可能被人发现,但不太可能同一双鞋子都被一个人找到,既然一只鞋子没有什么用途,被拿走的可能性就比较小。

公平分蛋糕

如果有一个圆形的蛋糕,让两个人分,为了公平起见,让一个人切成两份,然后另外一个人在两分钟内选择自己需要的那份。但是,如何让三个人分一块蛋糕并保持公平呢?

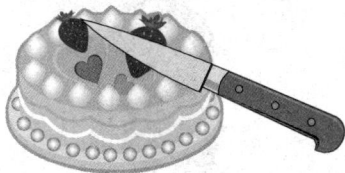

【游戏正解】

三个人公平分蛋糕的方法是这样的:让一个人持刀在蛋糕上缓缓地移动,刀移动过的部分是从零到最大量的,如果有一个人认为现在刀的位置切下的蛋糕已经有1/3了,那么他喊"切",这时就切下这一块给他,剩下的两个人依然用这个方法分下面的2/3的蛋糕。

敲门声

一个人独自待在一个小屋子里,突然,外边传来急促的敲门声。照常理来说,此时最正常最有礼貌的做法就是请外边人进来,可这个

人却不做应答,一声不吭。你知道这是为什么吗?

【游戏正解】

答案是这个人其实是在厕所里。

说 笑

不会说外语的比格和一个黑皮肤的外国人有说有笑,你知道他们是如何交流的吗?

【游戏正解】

答案是他们是聋哑人,是通过手语交谈的。

被拴住的老虎

一只老虎被人用10米长的绳子拴在树上,请问它要如何才能吃到放在20米以外的草?

我能吃草吗?

【游戏正解】

无论如何都吃不到,因为老虎不吃草。

良 策

史密斯有3个儿子。一天,他买了2个小西瓜,一路在想怎样平均分西瓜,总也想不出好办法来。在门口,邻居玛丽只说了3个字,史密斯就愁眉舒展了。玛丽告诉他的是什么办法?

【游戏正解】

将西瓜榨成汁。

可不可以喝酒

有两个男孩为学习时可不可以喝酒争论了起来,两人各说各有理,谁也不让步。最后他们找到了一个老师。一个男孩问:"老师,我们在学习的时候喝酒可以吗?"老师很郑重地说:"不行。"这个男孩的观点得到了否认。但另一个男

孩也对老师说了一句话,老师想了想说:"可以。"他的观点得到了肯定。你知道另一个男孩是怎么问的吗?

【游戏正解】

另一个男孩是这样问的:"老师,可以在喝酒的时候学习吗?"

先乘后爬

有一个职员住在公司宿舍大楼的 15 层。每天早上,他必定搭电梯下楼,但回来的时候,他每天只搭电梯到 12 楼,然后再爬楼梯上去,你知道这是为什么吗?

【游戏正解】

他个子太矮了,在电梯中,最多只能按到去 12 楼的那个按钮,所以后面的楼层他只能爬上去。

芭蕾舞演员

乔四岁开始学习芭蕾,现在已经是非常著名的芭蕾舞演员了。她的基本功非常扎实,能金鸡独立地站 3 小时以上,但她却很难在一张报纸上双脚站稳,你知道是为什么吗?

【游戏正解】

报纸并没有平铺在地上,而是被挂在墙上的。

险恶的财主

从前有个聪明的小孩,他在一个特别坏的财主家放羊。有一天,财主对他说:"今天,你赶 200 只羊到市场去卖,到晚上,把卖的钱和 200 只羊全部赶回来,否则,小心我揍你。"小孩赶着羊群上路了,边走边想,最后他终于想出了办法。你知道他想到了什么好办法吗?

【游戏正解】

小孩将羊群赶到市场,把羊身上的羊毛剪下来卖掉,再把羊一只不少地赶回来。

无法跨过去的书

迈克小时候聪颖过人。有一天,他对一个目空一切、头脑简单的莽汉说:"你虽然厉害,但我将一本书放在地上,你未必能跨得过去。"莽汉听了大怒,一定要试试看。迈克取出书放好后,那莽汉果然没有跨过去。请问这是怎么回事呢?

【游戏正解】

迈克将书放到墙角处。

巧分粮食

在一个口袋里先装红豆,用绳子扎紧布袋后再装进米。在没有任何容器,也不能将粮食倒在桌上或地上的情况下,你能把红豆倒入另一个口袋吗?

【游戏正解】

先把口袋上半部分的米倒入空口袋,解开原先口袋的绳子,并将它扎在已倒入米的口袋上,然后把这个口袋的里面翻到外面。再把红豆倒入口袋。这时候,把已倒空的口袋接在装有米和红豆的口袋下面,把手伸入红豆里解开绳子,米就会倒入这只空口袋,另一只口袋里就是红豆。

口渴的人

一个人的肚子已经撑得受不了了,可他还是一个劲儿地往肚里喝水,这是为什么?

【游戏正解】

因为他掉到河里了,不得不喝水。

入睡与醒来之间

入睡与醒来仿佛是一对形影不离的概念,那么,从我们出生时算起,入睡和醒来之间的次数哪个多? 多多少次?

【游戏正解】

每一次入睡后都会有醒来的时候,如果把去世算作是入睡的话,那么睡着的次数就比醒来的次数多一次。

相安无事

在海拔 1 500 米的高度,从一架盘旋的直升机中跳下一个人,他没有带降落伞,但是这个人落地后,表现得若无其事,你知道这是怎么回事吗?

【游戏正解】

这里的高度是海拔 1 500 米,但直升机离地面很近,所以那个人什么事情都没有。

最多能吃多少个包子

一个人空着肚子最多能吃多少个包子?

【游戏正解】

答案是 1 个。因为吃掉 1 个包子之后,肚子就不是空的了。

灯泡被偷事件

有个城市的地铁里,灯泡时常被偷,那些灯的底座都设在伸手可及的地方,而且无法移动。如果你是管理者,该如何解决这个问题呢?

【游戏正解】

改造灯座,让灯泡必须向左旋入,不像其他大部分灯泡是以顺时针方向旋入的。当小偷想偷灯泡时,不知不觉中就将灯泡拧得更紧了。

分蛋糕

约翰过生日,妈妈给他准备了一块大蛋糕。

妈妈对约翰说:"你把这块蛋糕切成5块,分给5个小朋友,每人1块。并且使盒子里还剩下1块,你能做到吗?"

【游戏正解】

把最后一块蛋糕连同盒子一起分给第五个小朋友。

九变六

在罗马数字"9"(Ⅸ)上,加一条线以使其成为"6"但不能折叠纸。

【游戏正解】

加一条曲线,变成SIX。

第 5 章

推理思维游戏

　　逻辑推理是在把握事物与事物之间内在的必然联系的基础上展开的，由一个或几个已知的判断，推导出一个未知的结论的思维过程。其作用是从已知的知识得到未知的知识，特别是可以得到不可能通过感觉经验掌握的未知知识。在信息社会中，如果我们能像侦探那样总揽全局，捕捉蛛丝马迹，善于眼观六路、耳听八方，那么一定可以获得比别人更多的有效信息，拥有更多的成功机会。

死者的遗书

一位客人在旧金山的一家旅馆内服毒自杀,名探劳伦斯接到报案之后,立即赶往现场进行调查。死者是一个英国人,从表面上诸多迹象来看,他是由于中毒而死的。劳伦斯询问旅馆负责人,他指着桌上的一封信说道:"三天之前,这个英国人就已经住在这里了,你看,桌上还留有遗书。"劳伦斯将遗书小心翼翼地拿起来细看,上面是这样写的:母亲,姐姐,我对不起你们。日期为3.15。之后,劳伦斯便像得到答案一样地说道:"这人绝对不是自杀的。"

请问,劳伦斯凭什么这么说呢?

【游戏正解】

劳伦斯是看了信上的日期后,才推断凶手可能是美国人。因为英国人写时间是先写日期,再写月份。然而美式写法则刚好相反,是先写月份,再写日期。

点燃打火机之后

宇航员在太空进行科学探索。这一天,飞船降落到一个星球上,在测试之后,宇航员发现这个星球上似乎只有氢气。宇航员们穿好航天服走出飞船,想要收集一些这个星球上的样品。

一名宇航员发现这里很黑,于是掏出打火机,想要点火照明。另一个宇航员立即拦住了他,告诉他这将点燃氢气爆炸。

请问,点燃打火机之后可能会发生什么?

【游戏正解】

打火机根本无法点燃,什么事情都不会发生,因为这个星球上只有氢气,没有氧气,根本就不会着火。

巨款藏在哪里

杰克是一个犯罪集团的首领,他把犯罪所得到的金钱全都存在瑞士的一个银行里面,而每一年的春天,他就会飞抵瑞士,取出黑钱,然后带回香港。香港警方已经注意杰克很长一段时间了,所以在他每次过海关的时候,都会非常仔细地搜查他的行李。在杰克的行李里面,海关人员往往只能看到一些衣裤,并未发现什么特别的东西。而检查杰克的身体,也只有名牌

皮带、皮鞋、名贵的太阳眼镜和名牌钱包,在钱包里面,也只有信用卡、数张现钞和一些陈旧的硬币等。事实上,杰克已经成功地将瑞士银行的巨款携带入境了。

请问,杰克所带的巨款究竟藏在什么地方?

【游戏正解】

杰克把需要带回的黑钱用来买了数枚珍贵的古董钱币,借此逃过警方的侦查。

死于雷击

放学后,汤姆把风筝拿出去玩,很快风筝就飞得很高。在汤姆玩得正爽的时候,忽然天空大发起脾气来,电闪雷鸣的,没过两分钟,大雨就倾盆而下。汤姆拖着风筝线跑到大棚子里面避雨。大棚子的上面安有避雷针,可是汤姆最终还是不幸死于雷击。

请问这究竟是怎么一回事?

【游戏正解】

风筝线一直在汤姆的手上,而当时风筝并未收回来,于是被淋湿的风筝线成了导线,汤姆就是这样不幸被雷电击死的。

没融化的方糖

每天早晨,查利到公司后都必须先喝一杯浓咖啡。

这天早上,查利正准备喝咖啡,他刚刚将一块方糖放在咖啡杯里面,这时经理打电话过来,说要问一些事情,叫他马上过去。10分钟后,查利从经理的办公室出来,但是咖啡杯里面的糖还好好的,居然没有被融化掉。

请问,这到底是怎么一回事?

查利喝的是速溶咖啡,他还没有冲开咖啡,因此里面的方糖自然不会融化。

岔路口

麦德·哈特举办一个茶会,爱丽丝也在邀请之列。在去往麦德·哈特家的路上,爱丽斯遇到一个岔口,她不清楚自己应该走哪条路。所幸的是,半斤与八两哥正在岔路口做事。

爱丽丝说道:"瓦勒斯曾经对我说,一条路通往麦德·哈特的家,而另一条路则通往魔兽的洞穴,我可不想往那里走。他说你们俩知道正确的那条路应该如何走,然而他也提醒了我一点,就是你们之中的某一个总喜欢说真话,而另一个总喜欢说假话。瓦勒斯还说,我只可以问你们一个问题。"接着,爱丽丝便提出了自己的问题,而不管问他们当中的哪一个,她都可以得到正确的答案。

请问,爱丽斯究竟问了他们什么问题,从而让自己找到了正确的路?

【游戏正解】

爱丽斯问:"倘若我要是昨天问你们'哪条路通往麦德·哈特的家?'的话,那么你们的答案是什么呢?"

对于这个问题,说实话的那个人仍会说出正确的答案。然而,那个说谎话的人会再次撒谎,但是那天他也在撒谎,因此,他的谎话在抵消后也是正确的道路了。

谁是凶手

这天,放学回家的玛丽刚一进门,就发现莉莉和杰西没穿衣服死在了地板上,边上还有一些玻璃碎屑和一摊水,边上蹲着一只小白猫。玛丽看到后,伤心地哭了起来。

那么你知道谁是凶手吗?

【游戏正解】

很明显,凶手就是边上的小白猫。仔细看题目你就会发现,题目中没有说死的是人,所以他们也很有可能只是一种动物,例如水里面养的金鱼。

杰西一家

杰西是一位汽车司机,某天公司让她放假休息,于是杰西早上便到公园去和别人下棋。

正下着棋,一个小孩跑到杰西身边说道:"你快点回去吧,你父亲和我父亲吵起来了。"这个时候,旁边的人奇怪地问道:"这小孩是你什么人?"杰西说:"这是我的儿子。"

请问,吵架的两个人和杰西是什么关系?

【游戏正解】

事实上,杰西是一个女人,吵架的是她的丈夫和父亲。

雪中脚印

在惊涛骇浪的海岸边,屹立着一块悬崖峭壁。大雪狂乱地飞舞,没过多久,山顶上就积满了一层白茫茫的雪。大雪停下来之后,在地面的积雪中,可以清清楚楚地看到上面有一串男人的脚印,从远处的村庄一直往绝壁走去……没过多久,这串脚印就把警察们惊动了。然而经过认真的调查研究,警察们终于揭穿了这一伪造的自杀假象。

请问,这究竟是怎么一回事情?

【游戏正解】

这其实是一个恶作剧,是有人由于某种原因而伪造的一个自杀现场。那么,他是如何伪造的呢?他预先制作了一副高跷,可是这副高跷是脚尖朝后的。在即将下雪的时候,他拿着这副高跷走到峭壁旁边。当雪快要停下来的时候,他就踩着这种自制的高跷,一步一步小心翼翼地走回村子。每个人都清楚,我们的脚通常都是用来移动身体使之前进的,这是一种最普通的常识。也就是说,脚印之中的脚趾总是和人的前进方向相同,可以指出那个时候人是往哪个方向走的,是人行进方向的证据。做这个恶作剧的人,就是对这一点进行了利用,做成了一个反常的自杀现场。而想将这个问题解决掉,其关键也在于识破这一点。

树下的尸体

有一天早上,在一堵围墙外的大树底下,人们发现了一具尸体。死者的双脚是光着的,脚底有几条纵向伤痕,从脚趾一直划到脚跟,并且上面还留有血迹。在死者的旁边,摆着一双拖鞋。看到此情此景,有人不免这样推断道:"死者可能是个盗贼,他想爬上树进入围墙,可是一不小心,竟然把自己摔死了。"老练的警长听到这句话后,立即反驳道:"不,这个人是被人谋杀后再放到这里的,并非是从树上摔下来的。凶手之所以这样做,就是想制造一个假象,让人以为死者是不慎摔死的。"

请问,这位警长为什么这么说?

【游戏正解】

死者脚底板的伤痕是从脚趾到脚跟,是纵向的,如果他是从树上摔下来的,那么脚底是不会产生纵向伤痕的。因为人在爬树的时候,必须用双脚夹住树干,倘若脚底被擦伤的话,伤痕也只能是横向的。

格林的凶兆

格林正在赶路,经过一个算命先生的摊子。那个算命先生突然叫住格林,格林回头说道:"我不算命。"说着便想走。这时,算命先生一把将格林抓住,说道:"我今天免费给你算一卦,如何?"格林想了想,就坐了下来。

算命先生看了看格林的脸,又看了看手,突然脸色大变,低声对格林说:"看来今天你有大不祥的事情发生,一个独眼强盗会抢了你的钱,并杀了你。还是快点回家吧,不要在街上乱晃了。"格林听了,笑着说:"你这个老头,就知道欺骗那些无知的人,可别想把我也骗了。"然后继续上路。

次日,格林的尸体被官府的人发现了。有人回忆说,看到一个独眼的男子从胡同出来。

请问,算命先生真的有这样神吗?

【游戏正解】

算命先生看到格林身后有一个独眼的男子偷偷地跟着,手上还拿着一把刀,于是推断格林会遭遇不幸,没想到对于算命先生的提醒,格林居然没有听进去。

五年前的箱子

玛丽一家要从现在的家搬到另外一个地方去住一段时间。临走之前,妈妈将一些东西装到一个大木箱子里面,然后从家门口开始走了30步,将箱子埋在了那里。玛丽也学着妈妈的样子,将自己的玩具之类的东西装在箱子里,从门口走了10步,将箱子埋在那里。

五年之后,玛丽一家人从外面搬回来。妈妈从门口走了30步,挖出了自己当年埋的箱子,玛丽也学着去找箱子,但是怎么也找不到了。

你知道这是为什么吗?

【游戏正解】

时间已经过去五年,玛丽已经长大了很多,步子也比以前大了,所以找不到箱子。但是妈妈已经是成年人,不会再继续长高,步子大小也不会变,所以能顺利地找到箱子。

不合理的地方

外面飘着鹅毛一样的大雪,有个人深夜回家,冷得身上直打颤。他急忙关紧门窗,在屋子里面生起了煤炉。把煤加足之后,他就钻到被窝里去了,没过多久便睡着了。他陷入梦境中,他梦到自己浏览了很多的名胜古迹,品尝了数不清的美味佳肴;他看到一个花园,里面百花盛开;他看到一座庙宇,气势如此雄伟;他看到一座宝塔,高耸入云;他看到一汪湖水,那样晶莹清澈……这一切都令他兴奋异常。后来他看见了一座终年积雪的高山,他兴致勃勃地攀登上去,越爬越高,也越爬越累,忽然之间,他觉得有些胸闷气急,呼吸越来越困难。"快要闷死我了,真的很难受……"没有等他说完,死神便骑在了他的头上。次日,人们发现他因为煤气中毒暴毙身亡。

请问,这个故事有哪些不合理的地方?

【游戏正解】

没人知道死人想的是什么。

信封中的钱

有一个人下午必须出差,于是他连忙给儿子打电话,叫儿子为他买一些出差所需的东西。他在电话中对儿子说,在桌子上有一个信封,里面有一些钱。儿子来到桌子边,找到了那个装钱的信封,上面写着一个数字——98。之

后,儿子便拿着这些钱来到了超市,最终买了90元钱的东西。在他准备付钱的时候,居然发现信封里面只有86元钱,根本不够90元。这究竟是怎么一回事呢? 钱怎么会少了呢?

【游戏正解】

儿子看反了信封上的数字,事实上信封上写的是86元。

说谎的妇女

大街上,有一位妇女正在大吵大闹,这时,刚好有一位警察从这里经过,警察便走过去问道:"你为什么大吵大闹呢,到底发生了什么事情?"

妇女哭哭啼啼地告诉警察:"刚才我的钱包被人家抢走了。当时我正在路上走,突然从我的身后跑过来一个男的,将我狠狠地撞了一下,接着就走了。没过多长时间,我就发现自己身上的钱包没有了。"

"你还记得那个男人的长相和穿戴吗?"

"我当时看到了他的背影,并没看到他的长相。应该是一个年轻人,他的颈上好像戴着一条黑色的领结。"

警察想了一会儿之后,便严厉地对妇人说道:"你明显是在撒谎!"

请问,警察是怎样判断妇女是在撒谎的?

【游戏正解】

既然妇女只看到男人的背影,又怎么可能看到他的领结呢?

五个钓鱼的男孩

下面是一个小小的钓鱼趣题:有五个男孩A、B、C、D、E。有一天,他们一起到湖边钓鱼,A

与B一共钓了14条鱼,B与C一共钓了20条鱼,C与D一共钓了18条,D与E一共钓了12条,而A与E两人都钓到了一样数目的鱼。

五个孩子采取了下面的办法,来对他们的战利品进行合理分配:C把他钓到的鱼和B、D两人钓到的鱼混在一起,之后三个人各自从中拿了1/3。其余的孩子也做了同样的事,具体说就是:每个孩子都与他的左、右两位伙伴把他们钓到的鱼混在了一起,然后分成数目一样的3份,接着三个人再各取1份。D与C、E联合,E与D、A联合,A与E、B联合,B与A、C联合。让人不解的是,这5次的联合后再分配,每次都能够分成数目一样的3等份,从没出现把一条鱼分成两份的情况。整个分配进程结束之后,五个孩子都分到了数目相同的鱼。

请问,在分配鱼之前,每个孩子各自钓到多少条鱼?

【游戏正解】

从表面上来看,因为A可能钓到0~11条鱼,而其他人钓到的鱼可以以此推算出来,所以每个人钓到的鱼好像可以是33~43之间的任一数。但是,由于最后每个男孩的手上分到的鱼数目相同,所以总数一定是35或40。如果试一下后者,我们就会发现,它可以满足全部的条件。这样一来,就能够求得A钓到了8条鱼,B钓到了6条,C钓到了14条,D钓到了4条,E钓到了8条。在B、C、D三人将他们各自钓到的鱼混在一起之后,再分成数目相同的3等份,每个人可以分到8条鱼。之后,不管他们如何混在一起分鱼,每个人分到的总是8条鱼。

旅店里的陌生人

有一天深夜,汤姆住在一家旅店中,突然听到有人敲门,他打开门一看,是一个陌生人。陌生人将汤姆的房间扫视了一下,接着便说道:"不好意思,我弄糊涂了,我以为这是我的房间,实在对不起!"说完之后,陌生人便急着走了。这个人没有走多久,汤姆就推断出这个人并非是好人,于是立即给楼下的保安打了电话。保安人员接到电话,迅速做出了反应,一下子就在门口把陌生人抓住了,经过搜查,发现他身上果然有一些凶器,如盗窃工具和匕首等。

请问,汤姆是怎么知道陌生人不是好人的?

【游戏正解】

既然陌生人要进入"自己的房间",那么为什么又要敲门呢?

消失的凶器

克劳斯吃完午饭独自一个人回到办公室准备午睡。突然间,办公室闯进来一个西装笔挺的人,不由分说,用器件猛敲向克劳斯的头部,克劳斯当场就断气了。凶器是一根木棍,大约长30厘米。

凶手逃走的时候,却在办公室门口碰到了公司的保安员。原来克劳斯的惨叫声传出来之后,保安员马上跑出来察看,并敏捷地将凶手擒住了。

没过多久,警方接到报案来到现场,把疑凶扣押了起来,可是当搜查凶器的时候,把房间、疑凶的全身,甚至死者的身体找遍了,也没有搜出凶器来。警方发现,疑凶身上的那条领带有很多的褶皱。

实在是让人费解,在这间宽大的办公室里面,疑凶从来就没有离开过现场,办公室里面又只有一个鱼缸,疑凶到底是用什么东西把克劳斯谋杀的呢?

【游戏正解】

凶器是金鱼缸内的小石子。凶犯首先把小石子装在领带里面,头尾打结,成一长条棍状,藏在西装暗袋中。凶手把克劳斯打死后,马上将小石子倒进了金鱼缸中,接着系好领带,准备偷偷地离去。

离奇的指纹

一个夏天,天气十分闷热,格林探长出外散步,无意间来到好友约翰教授的门前。格林探长按了半天门铃,结果却没有人开门。他发现约翰教授家的窗户大开着,猜想可能发生了什么事情,于是便用身体把大门撞开了。格林探长进到客厅,看到卧室的门紧闭着,并且似乎被从里面锁死。于是格林探长从窗户爬进了卧室,结果发现床上躺着一具死尸,正是约翰教授。房间里面的所有现象,都证明他似乎是自杀而死的。格林探长发现在锁孔里面还插有一把钥匙，取出来一看，发现上面留有两个指纹，经检测，上面的两个指纹和约翰教授的右手拇指及食指指纹一模一样，这更证明了约翰教授是将门反锁后自杀的。然而，认真的格林探长通过反复的推敲，还是看出了这场自杀现象是伪造的。

请问，格林探长是从哪里看出破绽的？

【游戏正解】

事实上，我们都有这样的生活常识。当我们插入钥匙，转动钥匙开锁的时候，我们用的确实是大拇指和食指，然而我们用的不是食指指尖，而是食指关节的部位夹住钥匙动的。所以，钥匙上即便留下了大拇指的指纹，但是绝对不会留下食指的指纹。既然钥匙上留有约翰教授的食指指纹，那只能说明有人故意将被害人的拇指和食指指纹按在钥匙上，造成自杀的假象。

撒谎的艾丽

冬季的一天早晨，马西洁来到餐厅中吃早餐。妈妈问道："你们今天是不是有什么好玩的活动？"马西洁说："是的，有活动！最近老是下雪，雪不断堆积，把附近的电线杆都压断了。因此我和邻居女孩子们约好了，早上一起去铲雪！"接着妈妈说道："小区在几分钟之前已经下了通知，说输电线路已经修好了。铲雪的时候，你们一定要注意安全啊。"

马西洁吃完早餐就出门了。她到达约定的地方，看到了很多附近住的女孩子。马西洁认真看了看，然后奇怪地问："怎么艾丽没来呢？她不是答应了吗？"其他女孩子都说不知道。大家没有等艾丽，便动手铲起雪来。

铲完雪后，大家聚集在一家商店门前，喝着新鲜的水果汁，吃着香香的苹果派。这个时候，艾丽走了过来。

马西洁问道："早上你为什么不来呢？"

艾丽答道："早上你们没有给我打电话呀？"

凯特站起来说："我给你打了电话，但你没有接呀。"

"噢，是这样的！那时我在用吹风机吹头发呢！也许是声音太大，没有听到电话的铃声吧！"

马西洁露出讽刺的笑容，厉声地说道："你不说出实情就算了，还对我们撒谎！"

请问马西洁为什么说艾丽在撒谎？

【游戏正解】

在马西洁起床以后，她说附近的电线杆由于积雪被压断了。她的母亲回答说几分钟之前修好了。但是，凯特是在一个小时之前拨打的电话，那个时候，输电线路并没有修好，艾丽家中不可能有电，因此也不可能使用吹风机吹头发，因此，马西洁认为艾丽在撒谎。

一场野炊

一个夏天，一家大型的玩具公司举办了一场野炊，为的是缓解一下职员的工作压力，以及促进职员之间的相互关系。

公司有一个叫班迪斯的职员，他十分勤快，帮着烧烤所有人的食物。班迪斯忙前忙后的，直到大家都吃饱了，他才停歇下来。刚休息一会儿，他感到肚子有点饿。可惜的是这个时候已经没剩下多少食物了。这时，一个叫乌菲尔的同事拎着一只兔子走过来，说是自己在野外捉到的，请班迪斯将兔子烤了好好享受一番。班迪斯接手烤起来，美美地吃了一顿。

次日早上，班迪斯在旅游的汽车上突然晕倒了，紧接着便停止了呼吸。大家都感觉奇怪，于是立即报了警。警方检查之后，确定班迪斯是中毒而死的。

请问班迪斯是怎样中毒的？

【游戏正解】

班迪斯在公司有好人缘，乌菲尔为此嫉妒异常，因此暗地里制定了这个杀人计划。乌菲尔在市场上买了一只白兔，每天给他吃有毒的蔬菜和果实。白兔的免疫力比较强，每天只食用一点有毒的食物，身体不会出现中毒现象。在公司野炊烧烤时，乌菲尔把这只兔子带去了，并送给了班迪斯烤来吃。班迪斯吃下兔子肉后，毒素渗入了他的身体中，接着便中毒死亡了。

与侦探看望朋友

某天下午，侦探金维斯家的门铃响了，前来拜访的是一个叫古希维尔的人。古希维尔对金维斯说道："我有一个叫安塔丝的朋友。最近一段时间，安塔丝的妻子要求离婚，为此安塔丝的心情非常郁闷。很早我就想去看望这位朋友，可是他经常搬家，对于他现在的具体住址，我一直不知道。今天，他突然给我打了一个电话，告诉了我具体的地址。但是，他说话的语气很颓丧，似乎已经产生了轻生的想法。所以，我希望您和我一起去，顺便劝导他一下。"

金维斯认为这是一件有关人性命的事情，因此愿意前往观察一下。来到安塔丝的家后，他们一眼就看到倒在地上的安塔丝。金维斯立即上前检查，结果发现安塔丝早已经死了。

这个时候，楼下的门铃突然响了，金维斯还没有做出反应，古希维尔就立刻抽身下楼走向了后门。原来是一个小女孩，说是给安塔丝送酱油的。

金维斯走到古希维尔身旁，厉声说道："别再演戏了！你就是杀人犯！"

请问金维斯侦探是怎样发现古希维尔是凶手的？

【游戏正解】

古希维尔介绍时说过，他自己并不知道安塔丝的家，这是第一次过来。但是在楼下传来门铃声以后，他毫不犹豫，甚至没有一点思索就过去开门，这表明他十分熟悉这个家的布局，否则就不符合逻辑。因此，他一直都在撒谎。

雪堆中的死者

一个寒冷的冬季，侦探杜贝西接到一个命案报警。杜贝西马上开车来到了现场。命案发生在一条公路上，杜贝西发现那里停着一辆车，车子的旁边还站着一个人。这个人走到杜贝西跟前，说自己就是报案的人。

杜贝西开始认真地对案发现场进行观察，发现死者的身体上背着一个药箱。杜贝西检查了药箱里面的东西，感觉似乎少了什么东西。于是杜贝西翻动死者的身体，在他贴身的口袋中，找到了一支笔试温度计，温度计的红针到达了顶端。

杜贝西奇怪地自言自语道："什么时候才会出现42℃的高温呢？"

"或许是因为刚刚替高烧的病人测量过？"

"不可能！"杜贝西说，"这位死者是被杀害以后埋到雪堆中的，他不是冻死的。至少他的身体被42℃以上的温度处理过，比如说是汽车排气后座之类的地方。"

【游戏正解】

温度计使用后，倘若不使劲甩几下，它的指数很难降低。如果是一个高烧病人，当他的体温达到 42℃时,他是不可能存活的,因为这不符合逻辑。在冰天雪地中,能够达到这么高的温度,只有汽车排气箱后座之类的地方。

婚礼的日期

史莱恩特警长是一个十分严肃的人。一天,史莱恩特警长接到一条信息。信息的发送人是他的好朋友杰克逊。信息的内容是:"亲爱的史莱恩特,我是杰克逊。告诉你一个好消息,我就要结婚了! 现在,家中的房子正在装修。"

看完信息之后,史莱恩特非常高兴。因为杰克逊是他大学时的好朋友,一直没有结婚。一想到好朋友终于有了归宿,他心里的确非常高兴。

于是他回复了一条信息,问什么时候结婚。杰克逊回复道:"敬爱的警长大人,我结婚的时间是 6 月 31 日,那一天,无论你有多么的忙,希望你都能够给我一个面子,来参加我的婚礼,毕竟对于我来说,一生中只有一次婚礼。"

晚上回家后,史莱恩特警长来到日历前,准备用记号笔标注那一天的行程,但是他找了很久,都没有发现朋友结婚的那一天。

这时,史莱恩特才发觉,这只是杰克逊的一个恶作剧。他立刻给杰克逊发送了一条信息,内容是:"你这个家伙,让我白白为你高兴了一场! 我真的以为你要结婚了,还准备为你的婚礼送上一份礼物,可是你居然又是闹着玩! 真是和当年读书的时候一模一样。"

请问警长是怎么发现朋友在跟他开玩笑的?

【游戏正解】

杰克逊结婚的时间是 6 月 31 日。但是我

们都知道,在 6 月份的时间里面根本就没有 31日这一天,那么他说要在那一天结婚,一定也就是开玩笑的,这则信息只是和朋友的一个玩笑,同时也是另类的关心。

酒店的谋杀案

有一天,在一家非常豪华的酒店,发生了一场谋杀案。死者为酒店的老板娘,她被凶手杀死在酒店的房间中。警方接到报案后,马上赶到现场。经过鉴定,死者死亡的时间为昨晚的 7点钟左右,凶手可能使用了细绳之类的东西,从后面将老板娘勒死了。然而警察们在现场找了很久,也没有发现相应的凶器。

酒店的服务员贝基雅思是第一个发现老板娘死了的人,警方对他进行了相关的问话。贝基雅思回答说:"今早 8 点的时候,我去楼上找老板娘,发现老板娘靠在沙发上面。我以为老板娘睡着了,摇动她时,发现她没有任何反应,所以我就把她的头抬了起来,结果发现她已经死了,于是我就马上报了警。"

说完之后,贝基雅思又对警察说,老板娘有一个叫真拉尔的男朋友,他也是酒店的服务员。于是,警察又找到真拉尔问话,后者回答说:"昨天晚上 9 点多钟的时候,我去找老板娘,看到她靠在沙发上,我想要跟她开一个玩笑,于是上前捂住她的眼睛,可是她没有任何反应,结果发现她已经停止了呼吸。我害怕极了,最后就偷偷地溜走了。她还有一个男朋友,叫尼尔德。"

于是,警察又找到尼尔德问话。尼尔德解释说:"昨天晚上 10 点钟之前,我都呆在附近的咖啡厅里面,11 点之后,我就开车回家睡觉了。"

根据这三个人的证词,警长厉声地说道:"在你们三个人中,一定有一个人在说谎!"

请问说谎的人到底是谁?

【游戏正解】

说谎的人是贝基雅思。因为根据逻辑推理,老板娘死亡的时间已经超过了 24 个小时,此时她的身体已经变得僵硬了,他不可能将她的头抬起来,这不符合逻辑。因此,撒谎的人就是他。

走私的女人

某国为了避免金价波动,政府实行了严格的措施,大力加强了海关缉私力量,杜绝外国人偷运黄金入境。

有一天,海关缉私队收到线报,知道一个走私集团打算走私一批黄金,并且知道是一名女子带着黄金入关,她将乘坐"510"次班机抵达。为了将这个走私贩搜查出来,在机场旅客出口检查处,有大批的警察和缉私队员驻守着。"510"次班机准时抵达了目的地,机上的乘客一个一个依次出关。这次班机上的女乘客非常多,其中有一个金发女郎十分漂亮。

旅客们轮流接受了检查,然而什么问题都没有发现。应该怎么办呢?窃取的情报难道有误?当搜查快要结束的时候,在那个金发女郎身上,一个聪明的缉私队员终于发现了要找的东西。

请问,这名队员是如何找到的?

【游戏正解】

该女人不是真正的金发女郎,而是戴上了由黄金丝编成的假发。

失踪了的名画

大侦探伊凡收到一封匿名电报,电报上面写着:"在蒙利特博物馆中有一副名画被偷窃了,请马上来破案。"伊凡看了看时间,刚好是晚上11点整,他决定驱车前往。

当伊凡赶到博物馆时,有两个管理员正站在那里。伊凡对他们说:"我是侦探伊凡,我接到通知,称博物馆中的一幅珍贵名画失窃了,请带我去看一下。"当伊凡检查了现场之后,认为并不是外人所为,应该是内部人员盗窃的,因此便让两个管理员讲一下具体的情况。

女管理员说:"7点钟我就下班回家了,可几十分钟之后,他给我打电话说有一幅名画失踪了,我就马上赶了过来。"男管理员则说:"回家之后,我才记起有一本书留在了展厅里,于是又回来取书,这时发现展厅中有一幅名画失踪了,于是立即打电话给她。"伊凡又问:"在7点钟关门时,那幅名画还在吗?"男管理员答道:

"还在。"伊凡又问女管理员是怎么看的,她说:"我觉得给你拍匿名电报的肯定就是作案的人。"伊凡突然微微一笑,接着便指出女管理员就是那个偷名画的贼。

请问伊凡探长是如何判断的?

【游戏正解】

伊凡探长在到达博物馆之后并没有提起匿名电报的事情,但是女管理员却自己说了出来,这很明显就是她自己偷了名画,然后自己匿名给探长拍了电报,因此除了探长之外,就只有她自己知道匿名电报的事情。

两个人的总成绩

德克学院是一所著名的综合学校。在这里读书的每一个学生,都非常聪明。他们毕业以后,会分布在各个领域中工作,他们也是那些行业中的佼佼者,每个人取得的成就都非常令人羡慕。

每年,德克学院都会举办一场大型的考试,想要进入这所著名学校读书的人,必须通过这项考试。

今年,纳西和菲尔布这两个好朋友,一起参加了德克学院的考试。考试结束以后,过了几天,纳西来到学院,想要询问自己的考试成绩。被询问的老师十分喜欢主动的学生,因此,他十分高兴,决定告诉纳西他的成绩结果。

老师摸摸自己的胡须说:"我可以告诉你你的考试成绩,但是我不会直接告诉,也就是不会直接告诉你结果,你应该通过自己的思考得到结果。我们这场考试中,一共检测了5门学科。在这5门学科中,你和菲尔布两个人,只有逻辑学的成绩一样。在另外学科的考试成绩中,有的分数是你的高,有的分数是他的高。但是,所有课程的分数都在60分以下,因此,录取的时候,只能比较你们的总成绩了。我给你5个线索,看看你是否能够判断出自己的成绩。"

"(1)在你的成绩中,分数最低的是算数;在菲尔布的成绩中,分数最低的是语言。

(2)在你所有的成绩中,最高的分数高于菲尔布的最高分数。

(3)在你所有的成绩中,最低的分数仍然高于菲尔布的最低分数。

(4)在所有的成绩中,你的最低分数比菲尔布2门学科的平均分数高。

(5)你的最低分数比菲尔布的平均分数高。"

你能够判断出,在纳西和菲尔布的考试结果中,谁的分数比较高吗?

【游戏正解】

根据(5)可以推理出,纳西的总成绩比菲尔布的总成绩要高。

因为纳西的总成绩不会低于最低分的5倍,而菲尔布的总成绩刚好就是平均成绩的5倍,因此,"你的最低分数比菲尔布的平均分数高",这句话就意味着,纳西的总成绩比菲尔布的总成绩要好,分数比菲尔布高。

凶手的手表

近日,贝吉塔赚了很多钱,开始大手大脚地花钱。没过多久,贝吉塔的挥霍行为引起了当地流氓团伙的注意。有一天,贝吉塔正在一个豪华的酒店吃饭,突然冲进来两个人。所谓来者不善,贝吉塔露出笑容说:"两位先生有什么事吗?"两个人笑了,其中一个人问道:"听说你最近赚了不少钱呀?"另一个人接着说道:"我们兄弟最近缺钱,你能不能救助一下我们?"

贝吉塔不想被他们敲诈勒索,找准机会便冲向门口。两个人顿时慌张了,对贝吉塔进行射击,之后便纷纷逃走了。服务员赶到后,只听贝吉塔说道:"凶手是20点47分!"说完,他就死了。

服务员不知道这是什么意思,只能找警察解决。将两个嫌疑人抓到之后,他们都不承认是自己开的枪。警察检查了两个嫌疑人的手表,一个是数字式手表,一个是表盘式手表。之后,警察终于判断出了谁是凶手。

请问警察是怎么判断出来的?

【游戏正解】

贝吉塔停止呼吸之前,说的时间是"20点47分",他应该是指带着数字式手表的人。因为,按照逻辑来说,如果凶手是戴着表盘式手表的人,那么贝吉塔应该会说"8点47分"。

阳台上的树叶

一个前台接待员在一家办公楼下摔死了。警长带着助手来到现场,进行了仔细的调查。死者是从二楼办公室的窗户摔下来的,手中还抓着一块湿润的抹布。警察发现,二楼办公室的锁和插销并没有被破坏,都完好如初。

人们纷纷议论,大多认为死者是在打扫卫生的时候,不小心从窗户上摔了下来。警长认为事情没这么简单,对全楼进行了检查,结果发现一楼的阳台有一片树叶,上面沾有一个红色的点,经检验是死者的血迹。

原来,死者生前家庭不和睦。她和她的丈夫经常吵架,丈夫要求离婚,死者一直都没有答应。因此，警长认为死者丈夫的嫌疑最大，并迅速对他进行了审问。在审问中，丈夫承认了自己的罪行，但是他不清楚自己为什么会被警方发现。

请问警长是怎么判断出来的？

【游戏正解】

在一楼的阳台上，警长发现了沾有血迹的树叶，这就说明，在死者掉下来之前，就已经受伤流血了，倘若是不小心从窗户掉下来，那么血迹就不会落在阳台上。

楼梯上的凶案

近段时间，由于供电局需要更换照明电缆，每天晚上8~11点，好几幢公寓都会停电。

某天晚上，盲人中心的经理萧妮9点多钟才回到自己的公寓，由于没有电，所以她只好走楼梯上楼。次日，在楼梯道上，有人发现了萧妮的尸体，在她的手中，还拽着一个皮包的袋子，可是皮包已经不见了。十分明显，这是一宗杀人抢劫案。

柯兰柯南赶到现场进行调查。他询问了公寓的管理员，后者说道：当时还有同楼的一个男人与萧妮差不多同一时间上楼。柯兰柯南马上找到那个男人的住处进行询问。那个男人说："当然，我的确是与萧妮同一时间上的楼梯，我发现她是一个盲人，行动不怎么方便，因此还一路扶着她，帮她上楼梯，直到她住的那层，我才离去。"管理员听到那个男人说的话后，大声说道："这个人是在说谎，萧妮小姐应该就是他杀死的。"

请问，管理员的依据究竟是什么？

【游戏正解】

管理员知道萧妮是一个盲人，她从不乘电梯，每天都是走楼梯的，突然停电对她没有丝毫影响。倒是那男子整日乘电梯，突然停电，对他才会有影响。

蜡烛提供的证据

一位男士死在卧室里，经过法医鉴定，认定是他杀，已经死亡24个小时了。"奇怪，至现在为止，没有发现任何作案的痕迹。"法医说道。

警长忽然注意到桌子上还燃烧着蜡烛。他马上按了一下电灯开关，发现已经停电了，突然警长脑中灵光一闪："我知道了，这里并不是案发的第一现场，尸体是从别的地方搬过来的。"警长为什么会这么说呢？

【游戏正解】

屋子已经停电，蜡烛一直在燃烧，如果死者是死于自己的卧室里，那么已经过了24小时，蜡烛早燃烧尽了。所以，死者死于别处，被凶手移到卧室里，走时忘记吹蜡烛。

纸包牛奶

一个黑帮老大给一家超级市场的老板打电话，说已经在一箱荷花牌纸包牛奶中下了毒，借此进行勒索，倘若老板肯付钱的话，那么就会告诉他是哪一箱。

警方接报后展开调查，他们想把商店内的库存以及货架上摆放的荷花牌牛奶全部都拿到局里检查。杰克是一位非常有经验的老探员，他细心地看了又看，突然叫同事暂停搬奶。原来杰克认为荷花牌牛奶并没有什么问题，之后又叫人把其余的纸包牛奶带走化验。

结果，果真从另一个牌子的纸包牛奶里面发现了有毒物质。

请问，杰克为何如此断定，他究竟有什么妙法？需要清楚的是，杰克当时并没有将纸包牛奶打开。

【游戏正解】

黑帮分子是用针筒把有毒物质注射进纸包牛奶盒的，抽出针筒后，再用蜡封上纸盒上的针孔。经验老到的杰克用手指轻轻一刮，去除蜡结，用力轻挤纸盒，发现从一个小孔可以挤出一些牛奶。他用这一方法对荷花牌进行测试，却没有收到效果，所以怀疑黑帮是在声东击西。

伪造的死亡时间

戈恩斯是一个名声很大的医生，他的生意非常好，这遭到隔壁小镇上一家私人诊所拥有者坦斯齐亚的嫉妒。虽然他的医术也不错，可是他非常黑心，唯利是图，只给有钱人看病，倘若没有钱，就会拒病人于千里之外。因为这种恶劣的态度，他的生意变得越来越糟。

冬天的一个晚上，戈恩斯接到一个急救电话，说自家的小孩发高烧，希望他出诊。戈恩斯出诊完毕回家时已经是深夜了。他回到家门口时，突然脑袋被人击打，当场死亡了。袭击的人就是坦斯齐亚。

坦斯齐亚知道倘若警察检查尸体，就可以根据尸体的状态，推测出死者的死亡时间。所以，坦斯齐亚想出了一个办法，他把尸体放到浴缸中，用热水浸泡两个小时，这样就能把死亡的时间向前推 10 个小时了。那个时候，坦斯齐亚正在上班会诊，因此作案时间上就没有嫌疑了。

坦斯齐亚在黑夜中又把尸体放在了马路上，以制造被汽车撞倒的假象。

警方很快就找到了戈恩斯的尸体。经过认真检查，发现死者的口袋中的温度计显示为40℃，这说明死者的死亡时间是伪造的。

请问这是为什么？

【游戏正解】

在戈恩斯出诊时，口袋中一定会带着温度计。在尸体经过 2 个小时的浸泡后，温度计的温度就上升到了 40℃。但是如果不将温度计使劲甩几下，温度计的指示液体是不会自然降下来的。而冬天马路上的温度很低，这就和温度计的数据矛盾，因此，说明死者的死亡时间是伪造的。

真正的凶手

迈克晚上下班回家，看到邻居老翁的屋子外面围着很多警察。在好奇心的驱使下，迈克

把头探了一下，看到老翁的尸体躺在客厅里面，似乎是被人用绳子扼死的。

在老翁的屋子里面，负责调查的探员正在向佣人丽斯询问老翁的情况，丽斯说，她早上的时候还和老翁说过话。在案发前约一小时，她无意间从窗前看到老翁的家里面有人在徐徐喷烟。

丽斯觉得十分奇怪，因为老翁是不吸烟的，而且也不喜欢别人在他房子里面吸烟。丽斯之前为老翁收拾房间的时候，看到有两个人先后拜访过老翁，一个是身材高大的男子，另一个则是肥矮的秃头男人。按照警方的判断，两人中有一个极有可能就是凶手。

请问，你知道凶手是谁吗？

【游戏正解】

凶手应该是秃头的肥矮男人，因为他的身体比较矮小，坐在沙发上会被窗遮盖住，所以看不到他的相貌；如果是那位身材高大的男子所干，他坐下后，佣人会在窗外看到他的相貌。

被冤枉的非洲狮子

布伦达和斯坎迪都是摄影师。有一天，他们到非洲去摄影，不幸的是，布伦达在大草原上遇难了。接到报警电话之后，夫斯克探长马上来到现场。通过一番仔细的调查，夫斯克探长了解了一些细节。布伦达的尸体仰面朝天躺在地上，两只手臂在身体的两侧，相机就在他的旁边不远处，他的头旁边有一个很大的石头，深深地陷在土壤中，上面染有血迹。由此看来，布伦达正是摔死在这块石头上的。

夫斯克将这块石头挖了出来，发现石头与土壤接触的那一面也沾有一些血迹，不禁心生疑惑。

斯坎迪说："当时布伦达正在拍摄狮子捕猎的镜头，可是不幸一头雄狮发现了他，接着便跑过来追赶布伦达。布伦达拔腿就跑，却不小心被绊倒了，头部刚好磕到石头上。我开了一枪，狮子吓走之后，我过来看布伦达，发现他已经死了。"

夫斯克想了想，便对斯坎迪说："希望你能跟我们回去协助调查，我并不认为这是一场意外。"

请问夫斯克为什么要这样说?

【游戏正解】

有几个疑点并不符合逻辑:第一点是连接相机的三脚架非常重,没有人在逃跑的时候还有心思管这些东西;第二点是石头接触土壤的一面也沾染有血迹;第三点是雄狮一般不会参加捕猎;第四点是人摔倒以后,手不会自然地放在身体两侧。

森奈辛夫人的死亡

唐德斯和杰纳奥两个人一起去看望森奈辛夫人。森奈辛夫人是一个十分善良的女人,她捐助过很多孩子上学,而唐德斯和杰纳奥就是这些孩子中的两个。他们到达森奈辛夫人的家门口,居然发现别墅的大门是虚掩着的。唐德斯推开大门,发现森奈辛夫人的尸体躺在一楼的餐厅中,从表面看来已经遇害很多天了。

根据现场的环境,唐德斯判断,森奈辛夫人是在用餐时被凶手刺伤心脏而死的。唐德斯和杰纳奥十分伤心,他们走出大门,发现台阶上面堆满了森奈辛夫人订阅的报纸,每天报纸的数量都会增加。在别墅台阶的旁边,还放着两瓶牛奶,牛奶早就过期了,颜色已经泛黄。森奈辛夫人很爱喝牛奶,所以向附近的奶站定了鲜牛奶。

看到这些东西,杰纳奥突然大叫一声:"我知道杀害森奈辛夫人的凶手了!"

请问杀害森奈辛夫人的人到底是谁?

【游戏正解】

凶手就是送牛奶的人。因为报纸每天依旧都会按时送达,但是牛奶只送了两瓶就没有送了,这就说明送牛奶的人知道森奈辛夫人已经遇害,没有必要送了。但是他并没有想到尸体

十多天之后才被发现,他少送的牛奶恰好暴露了他自己。

惊魂狗吠

A市著名企业家德雷克,其产业遍布整个A城。德雷克在郊外有一幢豪华别墅,雇了一批保安人员。他长年独居于此,养了一只宠物狗作为陪伴。德雷克十分喜欢这只宠物狗,所以雇请了一个佣人专门负责照顾狗的起居生活。

4月的某一天傍晚,有一个小偷进入了德雷克的寝室,将有关公司发展的重要文件全部盗走了。德雷克发现这件事后,非常愤怒,马上把保安人员叫到面前,严加责问。

其中有一个保安人员这样说道:"那天晚上我们一直都守在岗位上,压根儿就未察觉到有任何情况。我们只是听到老板的那只宠物狗在不停地叫唤,我们以为这条狗是肚子饿了,因此也没有在意。非常对不起,这次的疏忽全怪我们。"

德雷克听了之后,寻思片刻,便立即叫保安人员抓捕了照顾宠物狗的佣人,一搜他的房间,居然找到了那些有关公司发展的重要文件。

德雷克如此迅速地猜出小偷是谁,所有的保安人员都佩服得五体投地。

请问,德雷克凭的是什么蛛丝马迹,认定小偷即是那个照顾宠物狗的佣人的?

【游戏正解】

因为宠物狗对陌生人一般都是不会吠叫的,而当宠物狗吠叫的时候,则是由于见到了熟

人的缘故。所以当照顾狗的佣人潜入寝室时，狗才叫唤不已。

轿车哪里去了

雷蒙嗜车如命。有一年夏天，在一个闲适的周末，雷蒙驾驶着他那辆名贵的轿车，来到一间高级咖啡屋，准备见一个合作伙伴。

雷蒙将轿车停在附近的一个车位处，车位旁边有一个老虎机。之后，雷蒙便走进咖啡屋。

在咖啡屋里面，雷蒙与朋友商谈起了生意，正谈得兴高采烈的时候，突然想起自己忘记了向老虎机投币，担心收到罚款单，于是马上走到门外去了。当雷蒙走到车位处的时候，一下子呆住了，原来他那辆名贵的轿车已经不见踪影，被人偷走了。

雷蒙马上报了警，没过多久，警方来到现场进行调查，结果发觉，轿车被偷的情况非常怪异，毕竟附近有很多行人来来往往，窃贼根本无法明目张胆地把车门撬开；而且这种车门非常牢固，对于一般的普通人来说，是很难撬开的；更何况钥匙也没有，根本不可能把引擎发动起来，从而开动汽车。

请问，窃贼究竟是用什么方法将轿车偷走而居然没有引起他人注意的？

【游戏正解】

在轿车的玻璃上放上"违章泊车"的牌子，接着再用拖车将轿车拉走。

聪明的公寓管理员

一名单身女性在一家豪华的公寓被杀，凶手使用锋利的刀，插入她的后背。公寓的管理员迅速报案。警察经过仔细的调查，最终发现在卧室雪白的墙壁上面，有一个非常明显的红色血手印。这个血手印的 5 个手指，指纹都十分清晰。

警察认为这是十分重要的证据，而站在一旁的公寓管理员却不认同。公寓管理员笑着对警察说："这个血手印是假的，你们还比不上我这个老头吗？"

警察疑惑地问道："凭什么说这个血手印是假的？"

公寓管理员说："一看这个血手印，就知道是凶手故意按上去的。虽然他用的是被害人的血，但你们还是被骗了。"

警察们还是不明白。管理员接着说："倘若你们不相信我的话，那么你们可以把颜料涂到自己的右手掌上，然后按一个手印试试。"

警察试了之后，发现管理员说得很有道理，这个手印的确是凶手故意留下来的。

请问公寓管理员是如何进行判断的？

【游戏正解】

墙壁上留着的血手印，5 个手指的指纹都十分清晰。然而在逻辑上来说，当人的手掌紧紧贴在墙壁上的时候，只可能留下 4 个手指的指纹，大拇指的指纹不可能那么清晰可见。正是这一点引起了公寓管理员的怀疑。当然，这个判断要想得到警察的认同，必须经过实际的操作。

熟悉的声音

8 月的一天，一个陌生人来到卡尔侦探社。这个陌生人是一位年约 50 岁的中年绅士，戴着黑边眼镜，蓄着一撇小胡子。他说有人要暗杀他，因此想请人保护自己。

他已经结婚 20 年了，夫妻之间感情很好，然而他有一个鲜为人知的秘密，即在外面有一个刚 20 出头的年轻情人，彼此交往十分密切，而该女子本来就有一个法国男友。最近一段时间，她的男友无意中得知自己的女友和一个中年人有着不可告人的关系，心里十分妒忌，几乎丧心病狂，除了请人专门跟踪他们之外，更说要置那个中年人于死地而后快。

近日，绅士的太太正在海外旅游。中年绅士昨天晚上加班回家，当打开家门的时候，发现屋内凌乱一片，心想不好，因此专门请求卡尔帮忙。卡尔盛情难却，只能答应，并叫他明天早上再来一次，相互之间研究一下对策。

第二天早上，卡尔一到办公室，桌上报纸的

头条新闻就将他吸引住了。昨天有一个中年绅士被人暗杀，卡尔仔细看了一下照片，发现是昨天见到的那个男子。于是他赶紧和助手斯达奔赴现场。中年绅士的尸体在床上安放着，脸部已被毁容，无法辨认出来。警方根据死者的指纹，与现场环境相结合，推测出疑凶应该是撬开窗户，潜进屋内，杀害了熟睡中的户主。在书桌上面，摆放着一张法文报纸。

之后，卡尔便向警方陈述了昨天陌生人拜访他的事。警方马上登报，明言通缉情妇女人的法国男友。

没过多久，被害人的妻子从外地旅游回来，她听到自己的丈夫已经遇害了，十分伤心。对于丈夫有外遇一事，更觉得奇怪，不明就里。因为20年以来，丈夫都是一个好好先生，不仅非常顾家，而且还特别爱护妻儿。

关于这宗奇案，一直没有找到破案的头绪。有一日，卡尔与斯达一起到一家餐厅吃饭，正在交谈破案资料的时候，突然听到邻桌那边传来一个十分熟悉的声音，跟着声音看去，发现中年绅士的妻子正在和一个陌生人说话。这个时候，卡尔恍然大悟，终于清楚是怎么一回事了。

请问，你知道是怎么一回事吗？

【游戏正解】

事实上，那个陌生人即是在侦探社出现的中年绅士。他和绅士的妻子有着见不得光的关系，担心被绅士知道，于是特意假扮成绅士，到卡尔侦探社求助，并凭空捏造了年轻小姐和法国男友两人的奸情。绅士的妻子外出旅游制造不在场的证据。当天晚上，中年人潜入室内，将绅士杀死。如果被害者的脸保存完整的话，那么他的完美计划就会露出破绽，于是便将被害者毁容。为了扰乱警方的侦查视线，还放下了一份法文报纸，从而把自己伪装成一个法国人。两人正打算开始以后的"幸福"生活，没有想到

的是，因为他的声音，最后还是被卡尔识破了。

自杀与他杀

联邦密探对莫森有无充当间谍的行为进行了调查。在调查的过程中，警方发现莫森自杀身亡了。在莫森死前的审讯中，他坚称自己并不是间谍，所以至今这件案子还没有定罪。

莫森死在自己的寓所中。由于他爱好整齐，有严重的洁癖，因此家中总是清理得井井有条、一尘不染的。莫森是在自己的床上死的，在他的尸体上，盖着一张整洁的床单，在床头柜上，则摆着半杯牛奶和一个80粒装的空安眠药瓶。联邦密探也曾检查过现场，并没有发现什么可疑之处，只是觉得他没有理由在定罪之前自杀，这样不就等于自认罪过了嘛！

后来，联邦密探们发现了一个微小的破绽，方才恍然大悟。他们认为，莫森极有可能是被人杀害的。

你可以找到其中的破绽吗？

【游戏正解】

莫森爱好整洁，有洁癖，但并不是说在痛苦死亡时他不会挣扎。通常而言，倘若一口气吃下80粒安眠药，在药性发作时往往是极为痛苦的。除非他慢慢地吃，但是在入睡之后，他又如何将药丸如数吃下呢？只有被人注射过量的安眠剂，才会在不知不觉中死去。莫森的确吞了几粒安眠药，但是之后在熟睡中又被人注射了药剂而被灭口。死者没有半点挣扎痕迹，这就是最明显的破绽。

古董盗贼

布莱斯是一名业余的古董收藏家，在他的家中，收藏有很多稀奇古怪的古董玩物，当然，他自己也十分喜欢这些东西。一天布莱斯邀请安里康夫妇、费德里夫妇、霍约斯夫妇六个人来家中做客，并且几个人也打了打扑克牌，促进一

下邻里的感情。

大家玩得十分开心,聚会到很晚才结束。第二天,布莱斯发现家中一件非常珍贵的古董不见了。布莱斯迅速报了警,并且很明显的,偷窃古董的人就在这六个人之中。

警察赶到以后,经过仔细的调查,发现了六个线索和这个案件相关。

(1)当天晚上,盗贼的配偶打扑克时输了钱。

(2)安里康一条腿是瘫痪的,因此他不能独自开车。

(3)费德里太太和另一位女客人一直在玩拼图游戏,整个晚上并没有玩其他的。

(4)当天晚上,费德里第一次和霍约斯太太见面,之前他们并不认识。在介绍的时候,费德里不小心将饮料泼到了霍约斯太太的裙子上。

(5)安里康赢了钱,他将一半的钱给了他的太太,从而补偿她在打扑克中输掉的钱。

(6)在丢失古董的当天,费德里和盗贼打球,他打败了盗贼。

根据上面的这些线索,你能够运用逻辑思维,推理出谁是盗贼吗?

【游戏正解】

根据(1)和(5)可以推理出,因为安里康赢了钱,给了他太太一半,因此,安里康太太不是盗贼。既然安里康太太在玩扑克,那么在(3)中,另一位女客人就是另一个人,也就是霍约斯太太。

根据(3),费德里太太和霍约斯太太一直在玩拼图游戏,那么她们就没有玩过扑克,因此,她们的丈夫就不是盗贼。

根据(2)和(6)可以推理出,古董丢失的当天,安里康不可能和费德里打球,因此,安里康不会是盗贼。这样,剩下来的盗贼只可能是费德里太太和霍约斯太太。

根据(4),费德里之前没有见过霍约斯太太,因此在白天,霍约斯太太和费德里之间肯定没有打球。因此,霍约斯太太不会是盗贼。

总结起来,盗贼就是费德里太太。

敌国的间谍

布凯奇是一名间谍,在别国工作了半年。回到家后,他就直奔地下室,因为那里有一个秘密的保险柜,里面放置着密码本和间谍活动资金。布凯奇走进地下室,看到地板和桌上全是灰尘。另外,和半年以前一样,破旧的电炉仍然摆放在桌子的旁边。

布凯奇对保险柜进行了一番检查,发现其中的密码本和活动资金并无异常情况,没有被人动过,所以,他将桌上的灰尘拂去,接着便专心破译起在别国得到的资料。

这间地下室的建造材料是水泥,因此坐了一会儿之后,布凯奇觉得温度越来越低,他感到寒冷异常。于是,他顺手打开旁边电炉的开关。电炉和电流一接通,裸露在外面的镍铬丝立刻就变成了红色。

布凯奇立即察觉到有不对劲的地方,他自言自语道:"最近一定是有人进来过这间地下室,这个人十分敏锐,应该是敌国的间谍。当时他也感到了冷,因此也打开了电炉。他偷了资料之后,做好掩盖措施,便马上离开了。然而,他疏忽了一点,这就是他的失败之处。"

请问敌国的间谍疏忽了哪一点?

【游戏正解】

布凯奇打开电炉的时候,立刻发觉有人进来过。因为地下室中已经有半年没有人活动了,因此到处充满着灰尘,裸露的镍铬丝上面应该也覆盖着灰尘,连通电流以后,镍铬丝变红时,应该会产生灰尘烤焦的味道。否则就不符合逻辑,因此,布凯奇推测有人进来过。

数字代表的含义

梅丽兰是一名当红的女影星,获奖无数,引来了很多人的羡慕与嫉妒,而她的对手们也总是想方设法给她难堪。

某日,梅丽兰参加一个慈善演唱会。然而在轮到她表演时,她却迟迟没有出现。没过多久,有人便在化妆间发现了她的尸体,从现场来看,是有人潜入化妆室将她杀害了!

警方接到报案,迅速赶到了现场。杰克警长是案件的主要负责人,他在调查的时候,发现有四个数字写在化妆室的衣柜内侧——"0821",是用口红写的。警长立即感觉到,这几个数字一定与杀人凶手有关系。

于是,杰克警长叫来所有的警员对这几个数字进行研究。但是,经过长时间的研究,并没有发现有价值的线索与信息。案件陷入僵局之中,没有人知道这几个数字的意思是什么,所以对于它的相关意义和暗示,就更加难以确认了。所有警员为此而感到头疼与恼火。

这个时候,警长突然大声说道:"我已经知道这几个数字代表什么了!"

在警长的指挥下,警员火速出动,将梅丽兰的前男友抓捕起来了。

请问警长是怎样找到答案的?

【游戏正解】

警长猜想这四个数字可能代表某个日期。所以,他派人调查了梅丽兰周围的人,最终发现,梅丽兰前男友的生日正好就是8月21日。因此,警方立刻找到他,在严厉的审问下,前男友不得不承认自己的罪行。

照片上面的时间

一个富有的老妇人在一座豪华的公寓中被残忍地杀害了,她的丈夫是一个富翁,在几年前已经去世了,而且他们也没有子女,只有一个外甥经常来家里照顾她,所以她的外甥也就成为他们财产唯一的合法继承人。这个老妇人的身体比较硬朗,所以并没有请人来照顾她的起居

生活。但是非常不幸的事情发生了,她在自己的公寓中被杀害了。

艾尔探长负责调查这件案子,在各项调查的结果中,他发现嫌疑最大的就是老妇人的外甥摄影记者皮特。因为从现场来看,很有可能是老人的熟人作案,凶手对老人所在公寓里面的布局非常清楚,艾尔探长想:这是不是又是一件为了得到遗产而害命的案件呢?

探长立即询问了皮特,这位看上去非常斯文的人,穿着灰色的西装,并且手里拿着名牌公文包,探长对他说:"在这个案件当中,你的嫌疑是最大的,因为你有作案的动机,当你的姨妈死了之后,你就可以得到所有的遗产,而且你也有犯罪的时间。"皮特马上回答说:"尊敬的探长先生,冒昧打断一下您的话,我并没有你所说的犯罪时间。"说着拿出一张相片来,递给了探长艾尔,并继续说道:"在我姨妈被害的时间当中,也就是在昨天上午的9点钟的时候,我正好是在威尔公园中摄影,非常凑巧的是,当时我正在公园钟楼前面进行拍照,您可以看一下这张照片,钟楼上面的时间显示的正好是9点钟。"

艾尔探长看了一下照片,上面钟楼钟表的时间确实是在9点钟,探长再次细细观察了一番,突然对皮特微微一笑,说:"你提供的这张照片正好能够说明你就是谋害你姨妈的凶手。"

照片上面的钟表明明显示的时间是在9点钟,为什么艾尔探长还说皮特是凶手呢?

【游戏正解】

这是因为在照片上面,皮特所穿西装的纽扣都是在右边的位置,通常情况下,男西装的纽扣都是在左边的位置,这就说明一个问题,那就是皮特故意把照片给洗印反了,而且时钟上面的时间根本不是9点钟,而且下午的3点钟,因为照片洗反的缘故,所以3点钟也就变成了9点钟,这也就能够说明皮特有作案的时间,即便不是他自己干的,他用照片来遮掩真相,那么他的嫌疑也是最大,其中肯定有不为人知的秘密,所以艾尔侦探一下子看出了破绽。

西面的彩虹

夏季的一天,日本东京新宿区的一幢公寓内发生了一宗凶杀案,时间大约是下午4点钟。

经过几天的调查,警方终于拘捕了一个嫌疑人。但是,他有不在场的证据。这个人十分嚣张地对警察说:"案发当天,我一个人正在箱根游玩。下午 4 点钟左右,我在芦湖上划了一会儿船。那时正值雨后天晴,在富士山旁西面的天空上,我看到了一条美丽的彩虹,所以我不可能是凶手,应该另有其人。"

请问,嫌疑人的话在哪个地方露出了破绽?

【游戏正解】

嫌疑人说话的破绽,主要在于他说自己看到了彩虹的方向。如果他真的看到了彩虹,太阳应该是在彩虹的对面。既然案发时间是下午 4 点,彩虹应该在东面的天空出现,而不是西面。

丢失的舍利子

一位收藏家对一颗舍利子垂涎已久,他用高价请来了闻名业界的格雷雌雄大盗,请他们把这颗舍利子偷到手。

法会上,有 20 个僧侣坐在舍利子的周围供奉或诵经,旁边则有很多的围观者。之后,舍利子在众多僧侣的护驾下被送到保险箱中。那时,只有银行行长、秘书、佛学会会长、大会监督等寥寥几个人能够接近舍利子。

当晚,在保安措施极端严密的情况下,格雷夫妇还是把舍利子偷走了。据说,格雷预先绑架了佛学会会长,接着再易容假扮成佛学会会长,而他的太太朱氏擅长开锁,所以也必然少不了她的帮助。但是,调查当局早就知道,格雷太太已经怀孕了,应该不大容易藏身,而在有机会下手的人中,只有那个银行行长挺着大肚腩,然而他的身材非常高大,不是格雷太太所能假扮的。

请问,格雷太太究竟藏身在哪里呢?

【游戏正解】

格雷太太混进了多名护驾舍利子的僧侣之中,因为宽大的长袍遮掩着,只要把头剃光了,一般很难分辨出来。但是事后警方才搞清楚,格雷夫妇早已得手逃之夭夭了。

污点证人

一大型贩毒集团的成员阿姆斯现在是一名污点证人,受到警方严密的保护。3 月 10 日,他将出现在法庭上,当场指证贩毒集团的首脑。

阿姆斯被关在警察总部的密室中,密室里面没有窗户和地道,也没有配备空调装置。除了铁门之外,没有第二个出口。铁门是室内空气唯一的流通口。

让警方气愤的是,阿姆斯在某一天晚上死在了密室中,死因是吸入了过多的毒气。观看闭路电视的录影带,可以证明事发时,并没有人到过阿姆斯的密室门口。

请问,毒气是怎样进入密室的?

【游戏正解】

毒气是通过洗手盆的排水口喷出的。

车子的引擎

某一天晚上,一个司机驾车不小心将一个老婆婆撞倒了。当时司机害怕极了,因此不顾老婆婆的生死,急忙开车逃跑了。

回到家里,他检查了车身,发现完好无缺,并无脱落油漆等现象,于是马上把车开进车房内,然后用钉刺破轮胎,再收拾好地上的工具,之后便回到客厅看起了电视。

没过多久,门铃声响了。一位交警走进来,对这个肇事司机说道:"先生,刚才有人看到你开车撞倒了一个老婆婆,有这回事吗?"

司机一脸惊愕,马上辩解道:"没有的事,我今天晚上根本就没有开车出去过,我一直在看电视。我的车昨天就爆胎了,倘若你不信的话,可以到车房检查一下呀!"

交警来到地库车房中,发现车子真的爆胎了。交警疑惑地上前观察,摸了摸车子的引擎,然后笑着说道:"年轻人,别说谎了,还是老老实实跟我们合作,把具体情形说出来吧!"

请问,交警是如何揭穿司机的谎言的?

【游戏正解】

当交警用手摸汽车的引擎时,发现引擎仍然是温热的,这说明汽车在此不久曾开动过,所以知道司机在说谎。

赃物在哪里

警方根据线报一举破获了一起贩毒活动,抓捕了参与贩毒的犯罪分子,并在犯罪分子的口袋中找到一张纸条,上面如此写到:×日下午3点,货在×区云杉树顶。警方根据纸条提供的信息,马上找到这一地点,虽然发现了上面提到的树,但是树木并不高,货物根本无法放在树顶。张警司以自己多年的经验判断,纸条上的话大有深意,他仔细推敲了那句话,并仔细查看了现场,最终发现货物的正确位置。请问他是如何发现的?

【游戏正解】

纸条上提供的正确信息是:货物藏在下午3点云杉树顶在地面的投影处。

音乐谋杀

H 和 K 是非常要好的大学同学,住在同一栋宿舍同一房间。然而自从 H 开始练习小提琴以来,两人便逐渐不和起来,原因主要在于 K 无法忍受 H 的小提琴干扰。有一天晚上,有人发现 K 躺在宿舍前的空地上面,初步推断是从宿舍上摔下来的,可能是跳楼轻生。事后不久,有人发现在 K 的身上有一封遗书,信上明显是他的亲笔,并且还说到了失恋和厌世一类的事。在保健室,人们找到了一份关于 K 的身体检验报告,说 K 最近几天有"躁狂症"的倾向,而 K 的学业成绩一直以来都非常优异。事发的那个晚上,有人看到 H 的手中拿着小提琴,神色慌张地从宿舍楼跑下来,脸上面无血色,时间和 K 坠楼的时候大致吻合。警方立即意识到,K 并非

单纯的自杀,H 可能有谋杀嫌疑。然而,当时有人分明看到 K "一个人"从宿舍 10 层高的顶楼跳下来,这难道不是自杀吗?

【游戏正解】

这并非自杀,而是 H 有预谋的"谋杀"。K 忍受不了 H 的小提琴,应该是太难听的原因。然而,H 的行为从不收敛,一步一步地烦扰着 K,从而令他得了钟点躁狂症。K 失恋之后,伤心至极,便在宿舍的天台上徘徊,看是不是要果断进行自杀行动。就是这个时候,H 和他的小提琴出现了,大概是奏了一曲难听的"命运交响曲",结果促使 K 立即跳楼了断了。据说,H 非常嫉妒 K 的学习成绩优异。

海滩弃尸案

天慢慢暗了下来,在海滩边捡了一个下午的垃圾,环保人员贾斯汀和劳尔正准备回家休息。这个时候,贾斯汀却发现了异常情况:有两个硕大异常的物体在不远的海面上漂浮着。

劳尔看到后,随即说道:"一定又是哪个不懂环保的人弄的,这些人真是没有一点环保意识!"

"等一会儿,我看那两个不像是装垃圾的袋子,也许是别的东西。"贾斯汀一边说,一边往那边跑去,劳尔只好跟在他的后面。

相距不到 20 米时,贾斯汀和劳尔发现不明物体为两个黑色的编织袋,里面好像装着人的尸体。两个人顿时有了一种不祥的预感,走上前去一看,发明编织袋里面已经露出了一只脚。贾斯汀和劳尔看到此情此景,惊出了一身冷汗,

慌慌张张报了警。

警方接到报案之后，马上赶到了现场。由于海滩上基本没有人来，因此现场保护得非常好。柯南探长也跟着警方一同赶到，他发现现场有明显的轮胎痕迹，这说明海水还没有涨潮，不然轮胎印早就被冲没了。这几天也没有吹过海风，由此可推知尸体并非从其他地方漂来的。然而，接下来的发现让大家大吃一惊，现场除了贾斯汀和劳尔的脚印，就是警察们自己的脚印，根本就没有发现其他人的脚印。

根据常识，倘若嫌疑人用车辆装运尸体前来弃尸，在他下车搬运尸体的时候，海滩上一定会留下他的脚印。然而对现场进行搜查，却发现一个脚印也没有。

有人说道："莫非嫌疑人会飞不成？不用落地也可以把尸体抛下来？""倘若是这样，那就太可怕了！"劳尔也叹息道。"不可能！"柯南探长有着数十年的破案经验，是这方面的专家，他自然不会相信。

然而究竟是怎么一回事呢？柯南探长一时之间也无从找出头绪。这个时候，他看到一辆厢式汽车停在远处的公路上。柯南探长思索了一会儿，便语气坚定地对大家说："尸体是用厢式汽车运到海滩的，现在我们的破案重点，就是搜查那辆厢式汽车。"

那么，柯南探长是怎样知道的呢？

【游戏正解】

原来柯南探长看到远处的厢式汽车，联想到案件本身。倘若嫌疑人是用小汽车或者载货卡车运载尸体，那么在他下车时，一定会留下脚

印。可是假如换成厢式汽车，嫌疑人把车开到海边，就可以在车上直接把尸体扔到海里，现场也就不会留下脚印了。

警官和逃犯

一天下午，春光明媚，有一个警官正在街上追捕一名逃犯，结果追到了一座大厦的建筑工地内。没过多久，一个路人听到工地内传来6声枪响。

赶到现场调查的警察，发现那位警官就是死亡者，他扑在地上，手上拿着手枪，地上有5颗空弹壳，胸口则有枪伤痕迹，十分明显，这位警官在追逃犯的时候必定开过枪。

这个时候，另一队警察追到了那个逃犯，逃犯说警官是自杀的，不是他杀的。警方搜索了逃犯的身上及其周围，果真没有发现有手枪或刀。然而那名警官为何要自杀呢？更何况枪声为6响，而弹壳却只剩下了5颗。正在束手无策的时候，其中一个警察看到一件装修用的工具，从而顺利将警官的死亡之谜揭破了，最后证明杀人凶手正是逃犯。

请问，那个警察究竟发现了什么东西？

【游戏正解】

装修枪，凶手是用装修枪杀死警官的。

自投罗网

有一天，大卫来到一家客栈住宿。深夜，有人把他的佩刀偷走了，并借此杀了店主，作案之后，凶手又将刀送回到原处。大卫并没有察觉出来，第二天早上就离开了客栈。天亮之后，店里的工作人员发现店主被害了，于是急忙把大卫追了回来，搜出佩刀一看，只见上面鲜血淋漓。当时，大卫也瞠目结舌，辩白不清，最后被送到了官府。主审官员施以重刑，大卫最后只好招认店主是自己杀的。

之后，主审官员又感到有些可疑，于是下令将当夜在店中的15岁以上的人都集中在一起，接着又将他们全部放了，只把一个老妇人留了下来。连续几天如此，没过多久，罪犯便自投罗网了。

请问，这究竟是什么道理呢？

【游戏正解】

到了天黑，主审官员便放走老妇人，接着叫手下人秘密跟踪，看谁和这个老妇人说话。如此反复三天，发现有同一个人找老妇人。于是，官员又把有关的人都召集在一起，从中找出和老妇人说话的那个人，并对其进行严加审讯，那人最后供认是自己用大卫的刀杀死了店主。因为他作案心虚，看到每天都留下老妇一人，于是迫不及待打听虚实，正好中了主审官员的下怀。

伯爵夫人之死

由于车祸，贝尔伯爵夫人的右手骨折了，之后便在村里的别墅静养。可是在星期五那一天，贝尔伯爵夫人却被人谋杀了。据说那个时候她正坐在院子里面读书，有人蹿到了她的身后，用一条细长的绳子把她的脖子缠住，将其勒死了，周围并没有发现凶器，想必是被凶手一并带走了。

案发现场的地上，泥泞且湿滑。伯爵夫人所坐的那张椅子和平台之间的距离大概有近2米长。凶手在杀人的时候，按理说应该从伯爵夫人身后下手，这样才可以勒住她的脖子，这样一来，则会留下凶手的足印，然而在案发现场，却只有伯爵夫人从平台走到椅子的足迹，而凶手的足印却怎么也找不到，这真让人费解。

请问，凶手是通过什么方法，无须接近伯爵夫人就可以用绳子一类的东西将其勒死的？

【游戏正解】

只要凶手是一位使用长鞭的好手，就可以距离平台近2米之遥，利用长鞭把人勒毙。

自杀疑云

有一个商人做生意失败了，五月的一天，有人发现他死在了自己的家中。头部太阳穴中弹，即他的致死原因。

警方接到报案后，马上赶到了现场进行调查。死者躺在床上，被单盖住了他的身体和双手。在离床不远的地上，摆放着一支经过发射的手枪，经过警方详细的检验之后，证实和死者中弹的弹头是一样的。

如此，警方只能判定死者是由于生意失败，被迫走上自杀之路。第二天，这条新闻在报纸上刊登出来，私家侦探李察看到这起案件之后，马上对助手说："哼！这分明就是一宗谋杀案嘛，那些警察真的不是一般的糊涂。"助手听完，疑惑与不信的神色遍布脸上。李察看到助手这副模样，笑着说出了判定该宗案件并非自杀案的具体原因。

请问，李察到底是凭什么做出这样的判断的？

【游戏正解】

因为死者双手放在被单下面，倘若是自杀的话，那么头部中枪后，不可能还有时间把双手放回被单下面。

狡猾的窃匪

某天晚上8点钟左右，一间精品店正准备关门，突然被一名打扮斯文的男子打劫，失掉了3 000多元的现钞和一批精品。男子得手后，马上逃之夭夭。机智的收银员尾随而出，看见该男子骑上一辆摩托车，往市区方向驶去。

随后，收银员大声喊道："打劫了！打劫了！"这时，旁边刚好有一辆巡逻警车经过，警察了解情况后，便马上去追那辆摩托车。经过一番追逐，最后终于将那辆摩托车拦截了下来。警察发现，摩托车的驾驶者竟然是某区警督的儿子。警察搜遍了他的全身，没有找到任何精品和大钞票，只有一些散钞。之后经过收银员的认证，发现窃匪不是这个人。

请问，窃匪究竟往哪里去了？

【游戏正解】

窃匪确实是骑着摩托车逃走的，但是在途中，被同党开着轿车接应，驶回郊区。为了掩人耳目,于是将摩托车交给了同党警督的儿子驾驶。

数字和杀人凶手

警察局的电话铃声突然响了起来。接通以后,对方焦急的声音就立刻传进了警察的耳朵:"您好! 是警察局吗? 我要报案! 发生大事了!"

"您有什么需要帮助的吗? 不要着急,慢慢说。"接电话的警察安慰着对方。

"我们公寓中居住着很多单身的女性……但是其中一个,在今天早上,发现她死在了家中! 你们赶快派人过来啊!"

听到这里,警方迅速出动,赶往案发地点。经过现场认真调查,发现死者是一名女性,她浑身赤裸地倒在地上,衣服都不在附近。她的脖子上面有淤青的痕迹,应该是杀人凶手将她勒死的。

在她附近的一面墙上,警察发现死者用手指甲,刻上去了三个数字,它们分别是6、7、8。

根据现场的调查结果,警方判定死者是窒息死亡,而且情杀的可能性非常大。因此,警方对死者生前的朋友关系展开了调查,最终将嫌疑人的目标确定到了三个人。死者在生前,一共有三个前男友,他们分别是汤克莱、拉希德、爱尼森。

警方决定对这三个人逐一进行审问。

首先是汤克莱,他坐在审讯室中,脸上的表情显得十分伤心。他说:"我和她交往了3个月,我很喜欢她,但是她之后又爱上了另外一个人,因此我选择了退出……虽然我恨过她,但是我发誓,我从来没有想过杀害她……我可以对着我的信仰发誓!"

然后是拉希德。他的表情很淡然,仿佛并不是特别在意。他说:"我就知道会发生这种事情……我早就给她说过了,不要总是三心二意,否则迟早有一天会触怒别人的……果然发生了这样的事情,可以说,她是自找的……"

最后是爱尼森,他的情绪有点激动,说话的语气也特别高:"我深爱着她,怎么会杀害她呢? 你们赶快找出真凶,不要做这种没有意义的审问了,我没有杀害她,我不是凶手!"

警方听了这三个人的证词,陷入了僵局。这时,在外地办案的警长回来了。得知案件的来龙去脉以后,警长严厉地说道:"你们真是愚蠢,赶紧释放汤克莱和爱尼森,凶手是拉希德!"

你知道警长怎么判断出拉希德就是杀人凶手的吗?

【游戏正解】

警长的根据就是死者留在墙上的信息:"6、7、8"。在音乐中,它们的读法是"拉""西""多",连起来的读音和拉希德的名字发音非常相似。因此,杀人凶手就是拉希德。

提示绑匪姓名的数字

比曼斯被派往外地出差,原本计划的出差日期是3天,但是3天之后,他并没有回到家中。比曼斯的妻子正思考着是否报警的时候,突然电话铃声响了起来。

电话那边一个凶狠的声音说道:"比曼斯在我的手上,倘若不想他死,立刻准备50万美元的赎金! 如果报警的话,我立刻杀了他!"

比曼斯的妻子非常担心,但是她现在拿不出那么多钱来,无可奈何之下,她只好选择了报警。

柏克亚警官负责这个案件,他向比曼斯的妻子询问了事情的来龙去脉。妻子声音颤抖地说道:"警官先生,您一定要帮忙救出我的丈夫啊……"

柏克亚警官在比曼斯的家中转悠了几圈,希望能够从日常的生活细节中发现一些线索。当他移动脚步的时候,眼神突然落在了书桌台历上。台历上写着一串数字:7891011。

看着这串数字,柏克亚的脑袋迅速开始思考。过了一会儿,她问比曼斯的妻子说:"在比曼斯的朋友中,有没有一个叫作森特(Sente)的?"

妻子想了想,点了点头回答说:"我记得有

一个叫这个名字的朋友,因为丈夫提过很多次。"

于是,柏克亚警官立即带着警察找到了森特的家,并且在森特的家中找到了比曼斯。

请问柏克亚为什么根据那串数字,就可以断定森特是绑匪?

7891011

【游戏正解】

7 的英文单词是 seven,8 的英文单词是 eight,9 的英文单词是 nine,10 的英文单词是 ten,11 的英文单词是 eleven,取每个英文单词的首字母,也就可以得到 s、e、n、t、e,连起来读就是森特。所以,柏克亚就询问是否有这个名字的朋友,最终解决了绑架案。

巨轮失窃案

查理斯拥有一艘巨轮——"魔鬼"号。某日,他把业界的一位好友邀请过来,一起聚集在"魔鬼"号巨轮上,打算到日本游访一番。正当他们玩得起兴的时候,查理斯的好朋友却大声叫嚷着跑了过来,他说那个装有机密文件的公文包不见了。船上除了他与这个好友,还有 5 名船员。查理斯马上将船上的 5 名船员召集过来,一一进行询问。船长说,刚才他一直待在驾驶舱中,从来没有离开过,有录像带可以证明他的话;技师说他为了保养发动机,一直待在机械仓中,这样发动机才能一直保持恒定的速度,但是没有人能够为他作证;电力工程师告诉查理斯,他刚才为了更换日本国旗,一直待在顶层甲板上,将日本国旗挂上去之后,发现自己居然挂倒了,于是又重新挂了一次,有国旗可作证;还有两名船员说他们一直待在休息舱中打牌消遣,互相可以作证。查理斯听后,马上指出其中的某个人在说谎,而后便要求他把公文包交出来。

请问,到底是谁在说谎?

魔鬼号

【游戏正解】

电力工程师在说谎。日本国旗的图案是白底加太阳,根本就没有正反的区别,出现挂倒这种事情就更不用说了。因此,电力工程师当时并没有重新挂国旗,他有足够的时间作案。

沙滩上的尸体

炎热的夏天,水清沙细的海边,挤满了弄潮儿。突然,在平坦且广阔的沙滩上,一具浮尸被巨浪冲了上来,一把水果刀正插在尸身上。

救生员发现了尸体,便急忙报警,警方抵达现场,经过调查得知,凶手显然在行凶之后,游水逃跑了,然而案发的时候,为何会没有人注意到呢?根据验尸官的报告,死者的死亡时间大约是在当天下午 4 点左右,而在那一段时间,沙滩上必然挤满了很多人,到底疑凶是通过什么方法,逃避了其他人的注意的呢?

【游戏正解】

凶案发生之前,凶手一直在附近监视着死者。适值涨潮时间,当死者游近岸边的时候,凶手就借助涨潮这个机会,将他暗杀了,随即丢下武器,往海里游去。当潮水退下来之后,尸体被波浪冲到了岸边,凶案到这个时候才被发现,而凶手早已远遁而去。

真正的凶手

在一个小镇上,住着一个叫苏泰兰的女人。某天,人们在教堂的停车场发现了她的尸体。警方在苏泰兰的额头上发现了一个非常明显的弹孔,似乎是凶手从旁边那座 25 米高的钟楼顶上射过来的。经过一系列调查,警察最终确定了三个嫌疑人。

第一个嫌疑人是尼恩神父。他经常在教堂里举办演讲,而苏泰兰非常喜欢来这座教堂,炫耀自己的知识,并不断地嘲笑来教堂参加活动的人。人们不想看到苏泰兰,所以都不来教堂听尼恩的演讲了,尼恩神父为此感到十分恼火。

第二个嫌疑人是苏泰兰的表妹——卡希瑟芬。苏泰兰的母亲在去世时,给了苏泰兰一笔丰富的遗产。在卡希瑟芬的面前,苏泰兰经常炫耀自己的富有,对她的贫穷和落魄报以嘲笑。卡希瑟芬为此没少窝心。

第三个嫌疑人是一名退伍的士兵——维多。他的眼睛在战争中受过伤,所以视力不是很好。苏泰兰经常嘲笑他是一个瞎子。因为这件事,维多心中也有一定程度的怀恨。

将这三个人的身份分析完,警长说:"我已经知道杀人凶手是谁了。"

请问凶手到底是谁?

【游戏正解】

老兵维多在战争中,眼睛受到了伤害,视力并不好,因此他不可能在 25 米远的钟楼上开枪杀死苏泰兰。尼恩神父在案发的时候,正在教堂主持星期天的礼拜活动,他也不可能杀害苏泰兰。因此,杀害苏泰兰的凶手就是卡希瑟芬。

小偷爱敲门

为了缓解自己最近的工作压力,多恩斯警长选择在海边附近的一家酒店度假。这家酒店有 10 层,下面的 5 层都是双人间,上面的 5 层都是单人间。多恩斯住在酒店的 7 楼,房间号码为 704。

这一天,多恩斯刚走进房间的浴室,就听到有人敲门。多恩斯想大概是推销人员吧,因此也没怎么理会。当多恩斯走出浴室,来到客厅时,居然发现房间中站着一个人。那个人看到多恩斯,脸上露出了吃惊的表情,但立即又掩饰住自己的情绪,问道:"不好意思,您这里不是604 房间吧?看样子,我是走错房间了!"

那个人走出房间后,多恩斯马上拨通了酒店的保安部电话,说有人正在 7 楼行窃。保安部的人员赶到以后,立刻抓获了正在作案的小偷。

保安人员十分疑惑,不明白多恩斯怎么知道那人是小偷的。

请问多恩斯是怎样判断的?

【游戏正解】

在发现这个人之前,多恩斯首先听到了敲门的声音。由于 5 楼以上都是单人间,要想走进自己的房间,没有必要首先敲门,这不符合正常的思维逻辑。因此,多恩斯警长根据这一点,立刻发现他是小偷。

失踪的四名探员

在新界的某个偏僻村落,藏匿了一大批通缉犯和黑社会头目。警方已经接到线报,为了避免打草惊蛇,高级督察查理做了周详而严谨的部署。警方为便于观察现场环境,特地乔装成村民。他们发现通缉犯们藏匿的屋子的位置在隐蔽的丛林中,四面有窗和门,十分方便逃走。为了防止这次行动失败,查理专门派了 8 个干练警探埋伏在丛林中,每个出口把守两人,待天色暗下来之后,便伺机行动。

深夜时分,通缉犯们都已经蒙头大睡了。查理知道机不可失,于是把数十人调动过来,打算发起突袭行动,然而却发现,在 8 名警探中,竟然不见了 4 个人。因为害怕这次行动遭到阻击,因此只好急召警察救援。最后,终于拘捕了通缉犯,将他们押上了法庭。

事后,查理质询 4 名失踪的探员。没有想到的是,这 4 个人竟然如此说道:"我们觉得现场只需要 4 个人就可以把整间屋子包围了,因此我们没有遵守你的意见,希望你见谅!"

查理听了之后,觉得很有道理,所以也没有追究此事。

请问,4名干探是如何监视那批罪犯的?

【游戏正解】

原来那4人站在4个屋角,一人便可监视两个门口,到疲倦的时候,由另外4个人顶替。因此当查理进行突袭行动的时候,4名干探正躲在暗地里休息哩!

伪造的现场

博尔特非常喜欢到一家小饭馆吃饭。有一天,博尔特和平常一样,准备去那家小饭馆吃饭。可是还没有走到门口,博尔特就听见一声枪响。博尔特感觉发生了什么事情,于是,立马向饭馆跑去。

进去一看,发现饭馆的老板倒在地上,满脸鲜血,额头上面还有一个弹孔。博尔特往桌子那边一看,发现上面放着一把手枪,手枪上则有一张细长的便条。便条上写着:"小店已经经营不下去了,所以只能选择自杀的方法,结束自己的生命。"经过核对,便条上面的字迹的确是老板的。

博尔特认为,一定是有人杀害了饭馆老板,并且伪造了这个自杀的现场。

请问博尔特为什么这样怀疑?

【游戏正解】

倘若饭店的老板真的是自杀,那么在自己开枪以后,他不可能还有多余的时间把手枪以及写有遗言的便条放在桌子上面。另外,即使这张写有遗言的便条是提前写好的,那么这张便条应该放在手枪的下面压着,而不是放在手枪的上面。根据以上两个疑点,便能判断现场是伪造的。

凶手是教授

格莱斯警长接到报警电话:"警长先生!我的学生亚娜西贝特被人杀害了!我刚刚到达学生的宿舍,就看到她死了。"

格莱斯问清楚地址以后,马上开车前往。20多分钟之后,格莱斯警长到达了目的地。他敲了敲门,伊惠恩教授立刻打开门,似乎一直等在门口。

格莱斯警长对现场进行了仔细的检查,发现这个学生已经死亡了1个小时,脖子上有掐过的痕迹,因此认为凶手应该是用手掐死了她的。

伊惠恩教授非常瘦小,他对格莱斯警长说:"死者是我的一名学生。她希望我能为她的一篇论文做一下指导,顺便帮忙修改一下。于是,我就和她约好晚上7点钟在我家见面。但是她说宿舍的同学都回家了,自己一个人有点害怕,希望我可以过来陪她。吃过晚饭之后,我来到她的宿舍,发现门是虚掩着的,推门进去,发现她已经躺在地上了,并且没有了呼吸,于是我就报警了……"

格莱斯警长走到门外观察,发现除了自己的一串脚印之外,还有两串脚印,一串是浅浅的女鞋脚印,还有一串是很深很深的脚印。格莱斯警长看了看瘦小的教授,一下子就明白了。

请问到底谁是杀害学生的凶手?

【游戏正解】

杀人凶手就是伊惠恩教授。因为教授非常瘦小,但是在雪地上留下的脚印却非常深,这一点让格莱斯警长起了疑心。事实上,教授将学生叫到自己的家中,将她杀害以后,然后将学生背回了学生公寓,最后才打电话报警。

冰块中的钻石

女盗贼菲娜斯在一场珠宝展览会上偷到了两颗钻石。回家之后,她将两颗钻石冷冻在冰块中。因为钻石是透明的,不会被警察找到。

次日,吉尔特莱警长来到菲娜斯的家里,说

她昨晚去珠宝展览会场偷取了钻石,并让她赶快交出。

菲娜斯说自己没有偷钻石,并请吉尔特莱警长在家搜一通,以证明自己的清白。随后,菲娜斯转身打开冰箱,问警长想不想喝一杯加冰块的可乐。菲娜斯拿出两个杯子,在每个杯子中放进了4个冰块,接着倒上可乐,将其中的一杯给了吉尔特莱警长,自己则拿着放着钻石的可乐杯子。

吉尔特莱警长接过可乐杯子,喝了一口,然后又看了一眼菲娜斯的可乐杯子。说了一会儿话,吉尔特莱警长提出了一个请求,希望将两个人的可乐杯子交换一下。吉尔特莱警长继续说:"我想尝一尝,放着钻石的可乐和普通的可乐,味道到底有什么不一样。"

请问吉尔特莱警长是怎样发现可乐杯子的破绽的?

【游戏正解】

在水或者饮料之中,添加上冰块之后,这些冰块会轻盈地浮在液体上面,可以看到冰块的身影。但是在菲娜斯的可乐中,由于放置的是钻石,钻石本身的密度大于水,因此它们会沉到液体的底部,因此就看不到了。吉尔特莱警长看到菲娜斯的可乐杯子中,上面只漂浮着两块冰块,而另外两块冰块则是沉到了可乐的下面,因此推测出,在可乐的底部,藏着的就是钻石。

谁捆绑了她

在一个寒冷的冬夜,兰克回到家中,一进屋,他大吃一惊,因为他发现妻子被捆绑在床上。他急忙解开妻子身上的绳索,妻子一边哭一边说:"今天早上7点左右,一个蒙面歹徒闯进了房间,把我捆绑在这里,然后把家里的所有值钱东西都抢走了。"他看着妻子满脸惊惧之色,不住地安慰,同时咒骂道:"这个该死的强盗。"兰克赶紧报警,几分钟后警长赶到,他问兰克:"房里的东西,你都没有动过吧?"兰克说:"当然,保护现场,我还是知道的。"警长环顾四周,看见取暖炉上的水壶仍在冒着蒸汽。警长看了眼还在伤心的妻子,然后对兰克说:"您妻子对您撒谎了,是她自己捆绑上手脚谎称歹徒

作案。"警长发现了什么?他为什么这么说?

【游戏正解】

警长看到取暖炉上的水壶一直烧着水,从早上一直烧到晚上,应该早就烧干了才对,所以,妻子在说谎。

黑心女人

埃迪斯分警探来到火车站,打算去看望佛罗里达州的表妹。这个时候,埃迪斯分警探看见一位身穿黑色裙子的女士,她推着一个轮椅,轮椅上坐着一个老人。老人的表情十分呆滞,眼睛浑浊,看不清是什么表情。

埃迪斯分警探想要帮助这位女士,于是走过去表达了自己的想法。女士看了看他,接着便婉言谢绝了。女士叹息着说道:"这是我的父亲,几年前就瘫痪了。我现在打算带他到佛罗里达州看病去。"

埃迪斯分警探一听是同路,建议结伴而行,但还是遭到了女士的拒绝。埃迪斯分警探看着女子远去的背影,觉得有什么不对的地方,但是一时之间又想不出来。

转眼之间,火车呼啸着开进站台。突然,一声刺耳的声音响起,刚刚那辆轮椅冲向火车,老人当场死亡。

埃迪斯分警探走到那位女士旁边,女士马上哭着说道:"火车进站时,卷起来的气流把我吹到了外边,我没有握紧轮椅,接着父亲就冲向了火车!"

埃迪斯分警探冷冷地说:"女士,不要撒谎了,我将控告你犯了恶意杀人罪。"

请问埃迪斯分警探为什么要这么说?

【游戏正解】

火车进站的时候,车速非常快,它的确会形成气流,但这种气流只会将人吸过去,而不是将人向后吹倒。因此,女士的话明显不符合逻辑。另外,带着父亲出远门去看病,但是她什么行李也没有携带,显得更加可疑。

移形换影

盗牛贼在某一天晚上现身,然而不巧的是,他的行踪被牧场主人发现了。盗牛贼意识到形迹已经败露,因此落荒而逃。牧场主随即骑上快马追赶盗牛贼,没有料到的是,盗牛贼居然跑得比马还快,没过多久就在茫茫麦田中消失了。牧场主从马上下来,一看田埂,上面全都是牛蹄印。

"真是岂有此理,这个盗牛贼原来是骑牛来的,怪不得无法找到人的脚印。啊!有问题啊,如果他真是骑牛来的,那么我怎么可能追不上呢?"

牧场主百思不得其解,次日便请私家侦探克莱前来调查。克莱跟着牛蹄印一直往前走,没过多久便折了回来,肯定地说道:"盗牛贼是骑马逃走的。"克莱看到牧场主欲言又止,知道他心里面的疑惑,于是继续说道:"地面之所以全是牛蹄印,只是因为盗牛贼在马脚上装上了牛蹄形的铁套。你没有将盗牛贼逮住,又怎么知道不是马呢?"

之后,克莱又从口袋内拿出一包东西,接着将其打开让牧场主看。牧场主看后,不禁捧腹大笑起来,之后又不住地点了点头,意思是说克莱的判断非常正确。

请问在这个纸包内到底藏着什么东西?

【游戏正解】

侦探克莱拿出的纸包里装的其实是马粪。由于马粪便和牛粪便一眼就可以分辨出来,因此盗牛贼可以在马蹄上装上牛蹄形铁套,然而却无法让马拉出牛粪来。

不在场的证据

一位名人被人残忍地杀死了,警方怀疑杀人犯就是A,但是,A却有不在场的证据。A说,在凶案发生期间,他正好在家中和朋友B一起吃宵夜和看电视,电视上的节目都是现场直播的,他甚至可以说出具体的内容。警方查问B,

发现他是一个酒徒。B告诉警方,当天晚上,他正在A的家中,与A一起吃饭喝酒,同时还在看一个电视节目。警方询问了多次,发现B的确没有说谎。但是,没过多久,警方就把其中的破绽找出来了。

请问,A是用什么方法,利用B当他的不在场证人的?

【游戏正解】

A用录像机预先录下节目,杀人后再请B饮酒,然后又重播该节目。B是一个酒徒,醉醺醺地根本就不知道时间,因此无意中做了A的证人。

失踪的赎金

一伙歹徒绑架了一个富翁的儿子。根据富翁的司机的说法,他在开车送富翁儿子回家的时候,被人拦截了下来,富翁的儿子也随之被歹徒掳走了。没过多久,有人给富翁打电话,让他吩咐司机,晚上在旅行袋内装入1000万元,埋在公园的大草丛中。司机按照吩咐把赎金埋在了已经枯黄的草丛中,而警方则在附近监视着,可是一直没有看到有人过来将赎款拿走。次日,警方掘开埋款的地方,然而只看到了旅行袋,而袋子里面的1000万元则消失了。没过多久,富翁的儿子就被释放了。

请问,这1000万元赎金到底去哪里了?

【游戏正解】

司机是绑匪之一,他先掘了一个大洞,把1 000万元放进去,接着倒入泥沙压平后,再放上旅行袋,然后把洞填平。所以警方见到空旅行袋,而司机则可以事后再把赎金取走。

保险箱的密码锁

有一个小偷,他想去偷窃一位富翁的钱财。但是他并不了解打开保险箱的办法,于是便来到自己以前的师傅家。师傅摸了摸自己的胡须说:"在打开保险箱之前,首先要旋转密码锁里圈的数字盘,只有当里圈的数字和外圈的数字相加,每组数字相加的和都相同的时候,保险箱的门才能够打开。"

听完了这个讲解,小偷十分高兴,感觉自己一定能够成功得手。

在一个伸手不见五指的漆黑夜晚,小偷终于成功溜进了富翁的家中。小偷进入地下室,看到了那只保险箱。但是小偷并不聪明,也不擅长在心中计算数字,因此在转动保险箱密码锁里圈的数字时,他越算越混乱,感觉脑袋也越来越空白。计算了很久,他都没有成功打开这只保险箱。

保险箱密码锁的里圈数字盘刻下的数字顺序依次是:3、7、12、8、10、9、6、5,外圈数字盘刻下的数字顺序依次是:5、3、4、7、8、10、6、1。

看着这个数字盘,小偷陷入了焦急的状态,他实在是无法解出正确的结果。

请问,当外圈的 5 和内圈的哪一个数字对在一起时,里外的每组数字相加,得到的和才能够都一样?

【游戏正解】

当内圈的数字是 8 的时候,里外的每组数

字相加,得到的和都一样。如果想要打开这只保险箱,并不需要将里圈和外圈的数字全部都对上,只需要找到外圈最小的数字,以及内圈最大的数字,然后将这两个数字对上就可以了。在这只保险箱的密码锁中,外圈最小的数字是3,里圈最大的数字是10,那么它们相加就是13。因此,根据这一点,和5对应的数字就是13减去5,结果就是8。

隐藏着的密码

一位情报机关的高级情报员死了。他在自己居住的房子中,被人开枪打中了头部,当场死亡。警方得知消息后,迅速组成了一支调查小组,小组的负责人名叫兰尼。

兰尼带着下属来到现场。经过调查,警方没有发现任何有价值的线索。只能推断出,这个高级情报员在临死之前,将重要的情报锁在了一个保险柜中。警方找来解锁专家,但是最终还是没有打开保险柜。

兰尼警官认为,死者是一个情报局的高级情报员,根据职业习惯,他应该会将密码记录在另外一个重要的地方。

记录会在哪里呢? 兰尼感到有些头疼。他走进死者的卧室,打算在床上躺一会儿。刚刚躺下的时候,他立刻感觉到枕头中放置着什么东西。他迅速起身,将枕头的枕套打开,原来在枕套中放着一个笔记本。

兰尼警官打开这个笔记本,发现里面只有一篇日记,日记的时间是2006 年5 月18 日。兰尼警官立刻阅读起这篇日记,但是令他失望的是,日记上只是一些地理知识,并没有记载什么重要的内容。

他失望地躺回床上,闭上眼睛希望可以休息一下。这个时候,兰尼突然想到了什么,接着便笑着说道:"事情原来是这个样子的!"

通过兰尼的提示,警方迅速打开了保险柜,获得了非常重要的文件。这个案件也快速得到了侦破。

请问保险柜的密码是什么?

【游戏正解】

兰尼警官看到日记本上的时间是 2006 年 5

月18日。一般来说，倘若是一份普通日记的话，根本不会刻意藏起来；倘若非要藏起来，那就说明这篇日记一定有秘密，因此可以推知上面的日期就是密码，所以那篇日记上的日期"2006年5月18日"就是保险柜的密码。密码通常都为六位数，所以保险柜的密码为"060518"。

手机手枪的子弹数

一天晚上，一家珠宝店被人抢劫了。警方得知后，第一时间赶到了这家珠宝店。

警察对值班人员说道："把你知道的具体情况告诉我吧！"

值班人员颤抖地说道："昨天晚上是我值班。我对珠宝店的每一个角落都进行了认真的检查。检查完之后，我便回到值班室准备睡觉。这个时候，突然有一个男子闯进了珠宝店中。他拿着一部手机对准我，当我仔细看那只普通手机时，才发现那竟然是一把枪！"

值班人员抖了几下，似乎心里很害怕。警察安慰了他几句："不用害怕，事情都已经过去了，我们会保护你的！你慢慢说。"

值班人员听后舒心了许多，继而又说道："那个男子往地上开了三枪，威胁我不要动……听到枪声之后，在另外一个地方值班的同事赶了过来，那个抢劫犯接连开了两枪，将我的同事打死了！那个抢劫犯迅速抢完东西，接着就跑出了珠宝店。我当时吓得腿都软了，根本无力去追赶……"

警察听到这里，便厉声说道："你明显是在撒谎！珠宝是你抢的！马上把东西交出来！"

请问警察是怎样识破值班人员的谎言的？

【游戏正解】

"手机手枪"的外形十分像一部手机，但是推开这部手机的滑盖部分，就可以将4发子弹分别装入4个独立的隐藏式弹膛。假如抢劫犯手中拿着的真的是"手机手枪"，那么这个手枪中就只能装4发子弹。但是值班人员说，抢劫犯一共开了5枪。所以证明他在撒谎。

当天是星期几

柏拉图是一位著名的学者，在传统的逻辑学中，他曾经提出过一个十分经典的案例，叫作"健忘森林"。现在，让我们一起来看看"健忘森林"的故事吧。

在很久很久以前，大地上生长着一片森林，这片森林叫作"健忘森林"。人们一旦踏入这片森林，很快就会忘记日期。

有一个十分聪明的小女孩，她的名字叫爱丽丝。一次无意中，爱丽丝闯入了这片森林中。没过几分钟，爱丽丝就忘记了当天的日期。爱丽丝感到十分着急，但是她用尽全力思考，脑袋里面仍像是一团糨糊一样，根本思考不了。

在这种情况下，爱丽丝感到十分绝望，她的鼻子一酸，眼泪一颗一颗地掉落下来。她不再到处乱走，而是蹲在一棵老树底下，咬住嘴唇轻轻地哭泣。眼泪落到地上，然后渗进了土壤中。

这时，头顶上的老树突然开始摆动树枝，因为爱丽丝哭得太伤心了，似乎感染了老树一样。他开口对爱丽丝说："亲爱的小女孩，不要哭泣了。"

爱丽丝眨着泪汪汪的大眼睛，看着老树，她轻声地问道："老树爷爷，你能够告诉我今天的具体日期吗？我忘记了，怎么也想不起来……呜呜……"说着说着，爱丽丝的眼泪又掉了下来。

"不要哭不要哭！"老树伸下树枝，摸了摸爱丽丝的头，然后继续说，"可惜的是，我也忘记了日期啊……不过，你可以去问问居住在森林中的狮子和独角兽。星期一、星期二、星期三，狮子只会说假话，星期四、星期五、星期六，独角兽也只会说假话。星期日，其余时间，它们两个都是说真话。"

听了老树爷爷的建议,爱丽丝便去询问狮子和独角兽。

狮子回答说:"昨天是我说假话的日子。"

独角兽回答说:"昨天是我说假话的日子。"

你能够告诉爱丽丝,当天是星期几吗?

【游戏正解】

让我们用逻辑思维思考。狮子说假话的日子是星期一、二、三,独角兽说假话的日子是星期四、五、六。如果狮子说的是真话,那么今天有可能就是星期四、五、六、日。假设今天是星期四,那么独角兽就是在说谎,那么这个正好成立。因此,当天是星期四。

公交车的发车时间

有一座城市分为两个区域,一个是东城,一个是西城。从东城开往西城的早班车车号为325,早上 8 点钟开始发车,然后每间隔 10 分钟,就会发一次车;从西城开往东城的早班车车号为623,也是早上 8 点钟开始发车,然后每间隔 7 分钟,就会发一次车。

一天早上,一位英勇的市民在跑步时发现一个小偷正在偷窃。他马上冲上前与小偷搏斗,并且轻易地制服了小偷,将其押送到附近的警察局。

在警察的询问下,小偷死活不承认自己偷钱。警察又问有没有证据,小偷便这样说道:"早上 9 点 30 分,我乘坐的车号为 325 的车与车号为 623 的车同时从不同的始发地出发。因为我必须在早上 10 点 30 分赶到东城参加一个会议,那时心里很急,不小心骂了一句脏话,结果那个人误会我是在骂他,于是便和我打起架来……"

桌子上面有一个计算器,警察拿了过来,接着便算了起来,1 分钟没到,警察就得到了一个答案。他对小偷说道:"你说的是谎话,还是配合我们的工作吧!"说完,警察就让人把他带走了。

请问警察是怎么知道小偷在说谎的?

【游戏正解】

在早班车中,一路车每间隔 10 分钟发一次车,另外一路车每间隔 7 分钟发一次车。10 与 7 的最小倍数是 70,这两路车在早上的 8 点同时发车,下一个同时发车则是在 9 点 10 分。然而小偷口中说的是 9 点 30 分,这根本就不可能,所以他在撒谎。

杀害珠宝店老板的凶手

一位珠宝店老板被人开枪杀死了。警方接到报案,迅速赶到现场。在现场,警方发现了一串数字——"550971051"。经过调查,警方推测这串数字是死者临死前写下的。

通过几天的调查,警察最终确认了三个嫌疑犯——珠宝店的老板娘、邻居油店老板、死者的弟弟。

首先,警察对珠宝店的老板娘进行了询问。老板娘回答说:"我是他的妻子,你们却怀疑我是嫌疑犯?我怎么可能杀害他呢?我也是受害者呀……"

接着,警察又询问了油店老板。油店老板得知珠宝店老板死了时,显得很吃惊。无论警察如何问话,他都表现得很镇定。他说:"我是他唯一的好朋友,你们怀疑我也有一定的道理。我们之间虽然有争吵,但我从来没有想过要杀死他,因为这不是合法的。我认为怀疑的范围还可以扩大一些。"

最后,警察又对死者的弟弟进行了询问。

死者的弟弟脸上没有丝毫血色,表现得很痛苦。他对警察说:"虽然我哥哥不是一个很善良的人,但也并非一个坏蛋。所以,我想不出还有谁会杀害他,而且,你们也没有任何证据说明是我干的,我没有杀害他的理由!"

警方认真分析这几个人的证词,最后还是不能判断谁是真凶。

根据上面的描述,你能推断出谁是凶手吗?

【游戏正解】

凶手是油店老板。珠宝店老板在临死前将一个重要的数字信息留了下来。如果将这串数字倒过来看,那么我们就会发现其中隐藏的信息。数字倒过来后为"Isoilboss"。在英文中,这个单词就是"油店老板"。所以,珠宝店老板临死之前写下的这条信息,就是暗示杀害他的凶手是谁。

杀手琼斯

一位空中小姐在巡视机舱时,发现一个中年男子暴毙在舱内。机长知道后,准备在最近的机场着陆,并马上通知了警方。警方以最快的速度赶到了现场,随即展开了调查,发现死者中了一种剧毒。但是毒是从哪里来的呢?警方发现坐在死者后面的一个叫琼斯的女子,她真实的身份是一名职业杀手。但是,她旁边的乘客都说,死者在死亡之前,琼斯一直都坐在自己的位置上,在用吸管不停地吸汽水,并没有接近死者。

警方检查了琼斯的行李和衣服,没有发现武器一类的东西,只在手袋中找到一枚注射器。

请问,琼斯是杀人凶手吗?如果是,她的作案过程又是怎样的?

【游戏正解】

凶手就是琼斯。她在那个注射器针头上涂了毒药,在用吸管喝汽水的时候,偷偷将注射器针头射向死者的头发处,刺中他的表皮,令死者中毒,之后又乘机将注射器针头拔回。

凶器在哪里

一天,凶手用尖锐的利器将正在熟睡的伯爵夫人的咽喉刺穿了。当时墙上的大钟刚好指到3点整,而凶手逃走时,不巧遇见了管家,最终束手被擒。

警方闻讯赶到现场进行调查,搜遍了凶手的全身,可是就是没有找到凶器,而命案现场也无所发现。案发时,有一个园丁正在院子里修剪花草。警方询问园丁,园丁说案发时,窗子都是关闭着的,由此可知,凶器并没有被丢到窗外去。

既然如此,那么凶手是使用哪一种凶器谋杀伯爵夫人的呢?凶手杀人之后,又把凶器藏在什么地方了呢?

次日,一家报纸报道了这宗悬疑的凶杀案。名侦探杜班看到后,禁不住感叹道:"我看警方都是一些瞎子,凶器不是就远在天边,近在眼前吗?"

请问,名侦探杜班是如何推断出来的?

【游戏正解】

凶器就是挂在墙上大钟内的长针。因为长针是用铜片制造的,由于前端锋锐,可以刺穿喉咙。只要凶手杀人后,拭去针上的血迹,再把它放回原处就行了。

参加宴会的人数

为了庆祝搬新家,莫克纳举办了一个小型聚会,邀请了一些好朋友和亲戚。但是,在宴会开始没多久,人们却发现莫克纳在房间中被人用匕首刺入心脏,死在了沙发上。菲克警探接到报案后,立刻赶到了现场。

菲克警探询问宴会的具体情况,有人粗略地回答了一下。菲克警探又问道:"宴会邀请了多少人? 实际上又有多少人参加?"周围的人都摇了摇头,表示不知道。

菲克警探有些头疼,不知案件应该怎样继续调查下去。就在这个时候,有一个人突然说道:"对了,我想到了一件事,因为莫克纳邀请的都是自己的好朋友和亲戚,而这些人彼此都不是很熟悉,所以莫克纳建议我们每个人相互拥抱一次。当时我数了一下拥抱的次数,一共是190次。"

菲克警探一听,脸上马上露出了高兴的神色,他问道:"你可以确认自己没有数错吗? 你能肯定是这个数字?"

这个人毫不犹豫地回答说:"绝对错不了,就是190次,我对数字的记忆力还是可以的。"

根据宴会在场人数的拥抱次数,菲克警探将参加聚会的人数计算了出来。

从上面的线索,你可以推出参加宴会的人数吗?

【游戏正解】

先设总人数为 x;除了莫纳克以外,那些人要与在场的每一个人拥抱,这个数字就是 x-1;又因为每一次的拥抱都是两个人,所以需要除以2。这样一来,每个人拥抱的次数就是 $[x(x-1)]/2=190$。解出这个式子,可得 x=20。所以,参加宴会的总人数为20人。

插着书签的《圣经》

朗斯贝是某个犯罪集团的成员。最近,他们盯上了一个亿万富翁的钱财。经过仔细的调查,犯罪集团决定安排朗斯贝潜入亿万富翁的家中,将地下室里的金柜中的钱财偷取到手。

朗斯贝的偷窃术十分高超,已经有无数名家的珠宝、画作、瓷器等沦陷在他的手中,所以犯罪集团的头目很赏识他。

朗斯贝潜入亿万富翁的家中,过程特别顺利。之后,在很短的时间内,他便找到了放在地下室里的金柜。

在行动之前,朗斯贝就知道一些关于金柜的情况。那个亿万富翁是一个很狡猾的人,他为金柜设置了密码,但是他害怕自己忘记,所以在金柜上放了一本《圣经》,在《圣经》中夹入了一张书签,书签放置的页码数字,就是金柜的秘密数字。只要把数字输入金柜的密码盘上,就可以把金柜打开了。

从下面三组数字中,你可以推理出书签夹在哪一页中吗?

A. 57～58 页之间;B. 316～317 页之间;C. 419～420 页之间。

【游戏正解】

答案是 316～317 页之间。因为奇数页的背面就是偶数页,同一张纸是不能夹入书签的,所以在 316～317 页之间,密码是 316、317 共 6 位数字。

旷工的老板

纳尔亚是一家公司的老板。某天,纳尔亚没有按时来公司上班。他的秘书亚希非常奇怪,因为纳尔亚是绝对不会无故不到的,以前从来没有出现过这种事情。亚希决定到纳尔亚家里看看情况。到达纳尔亚家后,发现老板倒在别墅的车库中。亚希赶紧跑过去,发现老板纳尔亚早已经死了。

亚希立即报了警。警察赶到现场之后,展开了仔细的调查。调查结果显示,纳尔亚是因为氰酸钾中毒致死的。警察推测,纳尔亚是早上走出车库时,不幸吸入了剧毒气体,接着便中毒身亡了。但是问了周围的人,得知在案发的当天早上,并没有什么人进入纳尔亚家中的车库。

哈雷·韦尔奇警长是这个案件的主要负责

人,他认真检查了现场的一切。结果发现,纳尔亚私家车的一个轮胎被压得扁扁的。韦尔奇警长灵光一闪,终于知道凶手的作案手法了。

请问凶手是怎样杀害纳尔希的?

【游戏正解】

在前一天晚上,凶手悄悄溜进纳尔希家中的车库,然后在汽车的轮胎中加入了大量氰酸钾气体。在第二天早上,纳尔希发现一只轮胎的气过于充足,存在一定的危险,所以下车给轮胎放气。但是在放气的那一瞬间,纳尔希吸入了剧毒的氰酸钾气体,结果中毒身亡了。

完美的不在场证明

城市郊区某地,有一个荒废的池塘。由于没有人管理,池塘中的水成了死水,并且长满了各种各样的水藻以及很多浮游生物。

一天早上,城区中的一个人出差经过这个池塘,发现了一具男性尸体。于是,他立报了警。

警察赶到现场,进行了仔细的调查。法医对尸体进行了解剖,结果发现,在死者的肺部和胃部中,含有很多池塘中的水藻和浮游生物。因此,警方判断,这个男人也许是不小心跌入池塘中溺水身亡的。

经过法医的证明,死者死亡的时间大约是昨晚9点钟左右。

死者的家属赶来后,他们十分伤心,并且告诉警察说:"他是一个非常自信的人,而且没有任何自杀的倾向。不知道为什么会死在这个荒废的池塘中……"

根据一些人的举报,城市中一个叫做弗里斯的人有很大的杀人嫌疑。因此,警方很快就对弗里斯做了相关的调查。

但是,在询问附近邻居的时候,却得到了弗里斯完美的不在场证明。一位女邻居告诉警察说:"昨晚8点到11点的时候,弗里斯一直在我

家和我的丈夫下棋。期间,只是在9点钟左右的时候,他回了一趟自己的家中看看自己的孩子。10分钟后,他就回来了。"

警察们陷入了僵局之中,不知道如何断案。因为在短短的10分钟之内,弗里斯不可能驾车将死者扔到郊区的池塘中,但是死者的确是由于池塘中的水溺死的。

警长独自思考起来,并且最终找到了弗里斯杀人的证据。

你知道弗里斯是如何制造不在场的证明的吗?

【游戏正解】

被害人在不知情的情况下,弗里斯给他喂了安眠药。这样,被害人就不知不觉地陷入了沉睡之中。

然后,弗里斯故意来到邻居的家中,和男主人下棋,从而制造自己的不在场证明。9点钟左右的时候,他借口回家看看孩子,将熟睡的被害人放在水缸中淹死了。这个水缸是事先准备好的,里面盛装的是池塘中的水。接着,他回到邻居家中继续下棋。11点回家以后,他连夜开车,将尸体丢进了池塘中。

防弹劫匪

10月的一个晚上,一阵秋风吹过,巡警乔治刚好在曼哈顿城区巡逻,突然发现一个黑影在一条漆黑的窄巷内闪过。乔治看到他行动怪异,于是上前喝令该男子停住脚步,打算索取身份证调查。该男子突然反转身体,从怀中取出一把水果刀,不由分说就刺向乔治的腹部。乔治来不及提防,腹部已然中刀,疑犯马上拔足狂奔。

乔治受伤之后,一边电告上司请求支援,一边负伤紧追疑犯,并义正词严呵斥道:"喂!前面的可疑男子听好了,马上把武器放下,束手就擒,不然的话,我就开枪了!"

该男子沿着横巷狂奔,乔治无奈之际,被迫向该男子开了一枪,将他的右脚射中。乔治忍着疼痛追上前去,没想到该男子屈膝摸了摸右脚,之后又飞快地逃跑了。乔治见此情景,被吓得目瞪口呆,再向该男子补了一枪,又将他的右脚射中了,男子的膝盖弯了弯,马上又站了起

来,随之便消失在黑暗中。

几分钟之后,大队警员赶来了,他们将受了重伤的乔治抬了起来,送往医院进行急救。一小队警员留在横巷中搜寻弹壳,其余警员则全力缉拿该男子归案。

然而奇怪的是,他们在横巷内很仔细地搜寻,居然没有找到一粒弹壳,甚至一滴血也没有留在地上,警员们只得收队回局。

没过多久,在一个码头上,警察终于拘捕了该男子,同时将他虽然右脚受伤却没有流血的谜案揭破了。你知道答案是什么吗?

【游戏正解】

倘若是一个正常人,脚中两枪,必然会倒下,束手就擒,纵然有车接应,地上也会有一些血迹留下。怎么会连一滴血迹也没有呢?然而只要细心思考,答案不难找到——倘若他被枪打伤的是假肢,那么不管中多少枪,他的脚都是不会流血的,并且逃走也不会有太大的问题。

弃置婴尸

某警察局接到一个陌生人的报案,告知在一条山涧小溪边,发现了一具男婴尸体。警长听完电话,马上和助手赶抵现场。在一条水流湍急的溪涧旁,杂花盛开,警长及其助手果真发现了一具满身伤痕的男婴尸,估计只有四个月大。

警长的助手肯定地说:"从尸体的伤势来看,我猜想男婴应该已经死了两天,非常明显,他是被人虐待至死的,接着才抛到这个地方。"

警长听后,立即反驳道:"不!只有一半被你猜中了。从案发现场的迹象来看,男婴的确是被虐待至死的,这是非常明显的;但通过细心观察婴尸满身鲜血的情况,我敢肯定,婴儿刚被

人谋杀之后,就被搬到了这个地方。凶手想通过水流湍急的溪水,达到毁尸灭迹的目的。"

请问,到底谁说得有道理?

【游戏正解】

倘若如助手所说,是两天前被杀后抛到这里的,那么该男婴身上的血迹,肯定会被水冲洗干净;而现在他们见到的尸体有着明显的鲜血,即可证明他是刚被谋杀抛到这里的。

死者的死亡时间

秋季的一天,酒店的一位服务员在客房中发现了一具尸体,他立马报了警。警方迅速赶到现场,展开了仔细的调查。死者是一名女性,她是在 204 号房间被人杀害的。

警察找到了报案的服务员,希望他可以提供一些有用的线索。

警察问他:"这位死去的女性是 204 号房间的客人吗?"

服务员立刻回答说:"不,她不是 204 号房间的客人。这两天,204 号房间一直没有客人入住。"

警察又问:"倘若平时没有什么事情,你也会来这个房间吗?"

服务员回答:"早上,我进屋打扫卫生,突然发现死者倒在沙发上,鲜血流了一地。我摸了摸她的身体,发现她已经停止了呼吸,但是还有一些余温。"

警察皱了一下眉头,随后又开口问道:"既然 204 号房间没有客人,为什么你还来打扫卫生呢?"

服务员答道:"因为我们酒店有相关的规定,无论有没有客人入住,我们每天都必须将房间打扫一遍。"

警察想了一会儿，然后又问道："你大概是什么时候发现死者的？"

服务员犹豫地答道："应该是早上6点钟左右吧。"

通过检查，警方确认死者死亡的时间为昨天晚上10点钟左右。警察得知这个信息后，便立马抓捕了这个服务人员。

请问警察逮捕服务员的依据是什么？

【游戏正解】

服务员向警察说明情况的时候，他告诉警察说，早上他过去触摸过死者，死者的身体还有余温。但是根据法医的鉴定，证明死者死亡的时间是昨天晚上10点钟，这个和报案人员发现尸体的时间相差8个小时，季节又是秋季，所以尸体不可能还有温度，因此他在说谎。

军需官分配子弹

两个国家正处在战争之中。在停战间隙，其中一个国家的将军得知他手下的一个军官收了敌国的金钱，然后给自己一方几个重要据点分配的军需数量都对不上号。

将军知道后很愤怒，他立即命令下属将这名军官带来，亲自进行审问。

将军吼道："你居然是这种人！你可是我一手提拔起来的呀！居然做出这种事情！"

军官露出被污陷的表情说："将军大人，我是被冤枉的！我都跟了您5年多了，怎么会做出这种叛国的事情呢？"

将军要军官给出一个合理的解释，军官语气可怜地说："我负责分发步枪手和散弹手的子弹。步枪手使用的子弹，包装分别是1发和10发两种；散弹手使用的子弹，包装分别是100发和1 000发两种。我们主要有200个火力点，每个火力点都需要配发整整1万发子弹。我给每

个火力点都配备了60袋不同包装的子弹，这些子弹的数量刚好是1万发！一定是有人恶意陷害我！您一定要调查清楚，还我一个清白啊！"

将军听后，低头想了一会儿，接着便说道："倘若你真的给每个火力点分配了60袋不同包装的子弹，那么即使没有徇私舞弊，你也不是一个合格的军需官！"

请问将军为什么这么说？

【游戏正解】

1、10、100、10 000这四个数字，不管哪一个都是9的倍数加1，所以，它们除以9以后，都会有一个余数1。因此，不管这60袋子弹如何进行组合，合计的数量一定是这样计算出来的：（9的倍数+1）+（9的倍数+1）+（9的倍数+1）……=9的倍数+60。而10000－60＝9940，940除以9余4，除不尽，所以子弹不可能正好是1万发。因此这个军需官不是徇私舞弊，就是一个糊涂虫。

扇子店老板之死

罗比玫是一条旅游商业街扇子店的老板。附近来了一个旅游团，团里全是金发碧眼的外国人，对自己造型各异的扇子很感兴趣，纷纷掏钱购买。没过多久，店里存放的扇子就一销而空了。倘若不马上进货，那么明天就没得卖了，于是罗比玫决定连夜去进货。

在罗比玫收拾行李准备出发时，有一个熟人突然拜访，他和罗比玫寒暄了几句话，接着便迅速把一团白白的东西捂在了罗比玫的嘴巴上。

次日早上，人们发现了罗比玫的尸体。在罗比玫的嘴巴中，塞了一大团棉花。人们立刻报了警，希望警察可以帮忙找到凶手。警察对现场进行了仔细的调查，推测出凶手应该是罗比玫的熟人。凶手来到罗比玫的家里，接着使用蘸染过麻醉药的棉花，将罗比玫的嘴巴捂住，最终使罗比玫昏迷，并窒息而死。

对周围的店家进行了一番调查，警察发现附近有两家店铺有棉花。一家是专门销售制作棉衣的棉花店，另一家是药店，里面有药水棉花。这两家店铺的老板与罗比玫都很熟，也都有作案时间。

警察做了一个十分简单的测试,结果马上推测出了谁是杀人凶手。

请问警察使用的测试方法是什么?

【游戏正解】

通常使用的棉花都有一层油脂,所以它们会漂浮在水的上面;而医药中使用的棉花却经过脱脂加工,它们可以吸收大量的水而沉入水底。所以,警察把一团棉花放进水中,结果发现棉花沉到了水中。因此,警察判断出,药店的老板就是杀害罗比玫的凶手。

自杀或他杀

一天早上,哈里斯接到了一个报警电话,说在废弃楼房前靠近墙根大约 20 厘米左右的地方,有一具死尸。这座废弃小楼的高度大约为 5 米,在 3 米处有一个开着的窗户。经过鉴定,确认死者是由高处坠下而致死的。死者是一位贫穷的老人,身上的衣服十分破烂。

一旁的新探员说:"这应该是一件普通的自杀案件,由于死者不能忍受贫穷的生活,所以最终选择了从楼上跳下来。"哈里斯对周围的环境进行了仔细的查看,看了看死者,便坚定地说道:"不,不是自杀,应该是他杀,死者是死后被人搬到这里来的。"

经过仔细调查,终于侦破了这件案子,的确是他杀。

请问哈里斯认为他杀的依据是什么?

【游戏正解】

尸体距离墙根 20 厘米,倘若从 3 米的高空落下,尸体绝对不可能这样靠近墙壁位置,因此应该是被杀后移到这里的,这就是哈里斯认定他杀的依据。

项链的暗示

一个寡妇的头部被硬物击破,在梳妆台前死去了。警察甲、乙接手了这起谋杀案。

甲说:"看到了吗?有一串珍珠项链在死者的手中。"

乙说:"她那时正在梳妆打扮,手上抓着项链也不奇怪。"

甲说:"可是死者的脖子上不是已经戴了项链吗?"

乙说:"观察得很仔细,这串珍珠项链可能是从凶手脖子上抓下来的。"

甲说:"不对,项链完整无缺,我觉得这是死者在暗示什么,这串项链应该与凶手有关。"

乙说:"哦!刚才邻居说过,这个女人喜欢信佛讲道,平时接触的不是和尚,就是算命的,他们谁会戴项链呢?"

甲说:"谁戴……我已经知道了。"

请问,凶手究竟是什么人?

【游戏正解】

死者手中抓着珍珠项链,暗示是和尚杀了她。因为和尚总是戴着珠串的,而算命的不会戴这些东西。

"熊猫"不见了

一个星期五的早上,警方接到一个电话,说博物馆有一幅名画《熊猫》被人偷走了。

罗烈警官询问了展览总管查理,后者回答道:"我们总共有三个人轮流负责看管,昨天下班时,我和副总管安奇是最后离开的,之后,我

165

们三个人一起到酒吧喝酒,然后就各自回家了。今天早上回博物馆,就发现《熊猫》消失了!"

副总管安奇接着说:"昨天喝完酒正要返家时,管理员艾克说有一些很重要的东西留在了博物馆,然后就向我借了钥匙,马上回博物馆取去了。"

艾克接口说道:"是的,我把太太今天早上送给我的手帕忘在了博物馆。"说完,艾克便拿出了那条手帕给警官看。

罗烈沉默片刻便说道:"我现在终于知道小偷是谁了!"

请问,小偷究竟是查理、安奇还是艾克?

【游戏正解】

小偷是艾克。理由很简单,艾克的话中出现了明显的矛盾。因为他说案发当晚遗留了太太送给他的手帕,而手帕是星期二早上太太才送给他的生日礼物,又怎么可能在星期一晚上遗留在博物馆呢?由此可见,艾克就是偷画贼。

宝石店失窃案

布莱克是一家宝石店的售货员。某一天,布莱克第一个来到公司,发现公司橱窗被人划穿了一个大洞,里面的一颗大钻石戒指不见了。布莱克马上向警局报了案。警方对现场进行了仔细的检查,没有发现任何指纹,唯一的线索就是橱窗的破口十分整齐,显然是被玻璃一类东西划开的。

经过多次盘问与侦查,警方查出有一个玻璃厂的职员嫌疑最大,因为案发当晚有人看见他经过这家宝石店。但是深入调查之后,又证明他与此事毫无关系。

后来才调查出,售货员布莱克才是那颗钻石的偷窃者。

请问,布莱克是用什么东西划开玻璃橱窗的?他为什么要这样做?

失窃的大钻石戒指

【游戏正解】

布莱克将橱窗中的钻石戒指拿走后,为了欺骗警方,于是又用那钻石戒去划破橱窗玻璃,以此制造一种假象。

教授的外甥

半夜,熟睡中的阿纳斯侦探被一阵急促的敲门声惊醒,航门的是住在附近的一位教授的外甥,名叫约夫纳。阿纳斯问有什么事情,约夫纳不安地说:"昨天晚上,我的舅舅叫我去他家吃饭。可是因为工作上的事情,耽搁了很长时间,当来到舅舅家时,怎么敲门也没有人应,不知道发生什么事了,因此请您帮忙看看发生了什么情况。"

阿纳斯听完,只好陪着约夫纳前往教授的家中。到达教授家门口后,两人合力撞开了门,接着阿纳斯去开房间的灯,结果发现灯没有亮起来。约夫纳说:"里面还有一个开关,我进去把灯打开吧!"说完,就进入漆黑的房间中。

灯亮之后,他们发现教授倒在门口 1 米左右的地方。阿纳斯马上上前检查,结果发现教授已经死了。约夫纳惊恐地说:"谁这么残忍地杀害了我的舅舅。阿纳斯侦探,请您一定帮我抓住凶手。"

阿纳斯冷笑了一声,接着说道:"不用演戏了,凶手就是你!"

请问阿纳斯是怎样判断出来的?

【游戏正解】

约夫纳自告奋勇地进屋去开灯,按照逻辑推理来说,他应该会被地上教授的尸体给绊倒,但是他很安全地就过去了,还打开了灯,这说明他知道地上有教授的尸体,并且绕过了尸体。

对话中的漏洞

米森住在一栋居民楼中,楼上楼下的人们相互之间经常串门,因此都比较熟悉。某日,对面的邻居做好一份美味的小吃,他希望能与米森分享,于是端着盘子去敲米森的家门。可是敲了很久都没有反应。邻居没有放在心上,端着盘子回去了。第二天、第三天,米森家中依然了无人迹,这个时候,邻居感到有些奇怪,于是叫人将米森的家门撞开了,结果发现米森已经死在沙发上。

警察来到现场,判断这是一起谋杀案。他们打通了米森妻子的电话,由于她正好在国外,一时无法赶回,所以将自己哥哥约格布的电话告诉了警察,希望哥哥可以帮忙料理一下具体事项。

警察拨通了她哥哥的电话,警长说道:"是约格布吗?我们是警察,你的妹夫被人杀害了,希望你协助我们进行调查。"

约格布立刻答道:"米森死了吗?我就知道会有这么一天。在两个月之前,他和我的大妹夫打扑克牌时就发生过争吵。上个月又因为金钱问题,和我的二妹夫差点打起来……"

警长听到这里,问明约格布的地址,然后立即下达命令:"我们出发去逮捕约格布!他就是凶手!"

请问警长根据什么判断出约格布是凶手?

【游戏正解】

在约格布的话语中,他透露出自己有三个妹夫,大妹夫、二妹夫以及米森,但是警察在打电话过去的时候,只是说"你的妹夫在前几天被人杀害了",并没有提到是哪一个妹夫,但是约格布一下子就指出了哪一个妹夫死了,因此他一定是凶手。

毒药渗入伤口

有人发现怀特在家中暴毙了,警方人员闻讯立即赶到了现场。经过调查,警方发现怀特的额头被撞肿了,此外身上并无任何伤口。同时,在案发现场也未找到任何凶器。但是,在怀特的身旁,掉有一个吃剩的汉堡。警方推测,怀特是在吃这块汉堡时被人杀死的。

为了查清楚怀特的死因,警方要求解剖尸体。解剖结果显示,怀特是中毒而死的。因为法医只在怀特的血液中发现了毒药,而胃液中却没有毒药,因此断定毒药是从伤口渗入进去的。如此一来,就更加让警方感到疑惑了:既然怀特的身上没有任何伤口,那么毒药到底是从什么地方渗入体内的呢?

【游戏正解】

事实上,毒药藏在面包中,凶手是利用某些物质(如糯米糊)使汉堡变硬。怀特不知就里,在吃汉堡时用力过猛,口腔被面包割伤,毒药便由此渗入到血液中。

病房里的线人

约翰是警方的重要线人。有一年的春天,他被人追杀受伤,住进了一家医院。为了防止约翰再被人袭击,警方便派警务人员24小时守在他的病房外面。然而约翰最后还是被人用无声手枪杀死在病房中,没有成功逃离死神的魔爪。

没过多久,探长便来到了现场进行调查,当时守卫门口的警员说道:"只有一个护士在两小时前因为例行巡房进去过一次,之后再没有人进过房间。"探长在房内进行了第二次搜查,发现垃圾筒内有很多垃圾,如纸巾、针筒的包装纸和吃剩的苹果、香烟头等。探长对这些垃圾进行了一番仔细的观察,之后便断定警务人员曾经擅自离开过工作岗位,而在过去的半小时之内,有人曾进入过病房。

请问,探长究竟看到了什么才这样说的?

【游戏正解】

探长看到吃剩的苹果的颜色仍然没有变色,于是肯定它是在半小时内被丢弃的,因此知

道曾有人进入过病房内。因为苹果长时间暴露在空气中,一定会氧化变成深咖啡色。

富翁怀特之死

10月的一天,女佣发现自己的富翁主人怀特在睡房中暴毙身亡。探长闻讯后,第一时间赶到了现场,并对女佣进行询问。

女佣说:"大概在两小时前,怀特先生叫我给他做一杯威士忌加冰,之后他又让我先准备好热水,说自己要洗澡。他还说洗完澡后要小睡片刻,吩咐我在两小时后将他叫醒。然而,两小时过去了,我敲了多次门,都没有回应,所以我擅自打开了他的睡房门,进去才发现他已经口吐白沫倒毙在地上了。"

之后,警方对富翁怀特所用的酒杯进行了化验,发现里面含有大量的安眠药成分,当时酒杯里还有冰块。从表面来说,富翁真的很像自杀,但是探长却认定他杀,并且凶手就是女佣。

请问,探长为何会这样认为?

【游戏正解】

酒杯里面的冰块,在两个多小时之后仍然没有溶化掉,由此可见,那杯酒是后来才放在书房里的,所以探长认为女佣在说谎。

谁是抢劫犯

一个女士背着背包在冬天早上的街道行走,突然一个人影飞快地冲出人群,瞬间就将她肩上的背包抢走了。女士大声喊道:"抓小偷!"几个值勤的警察听到叫喊声后,立马追了上去。抢劫犯在一个转弯的地方一闪身,就溜到了火

车站的站台上面。警察们进到站台后,发现站台上面只站着6个人。由于警察们没有看过抢劫犯的正面脸部相貌,所以只能认真地观察站台上的这6个人。

第一个人正在与车站的管理人员吵架。他不停地指责管理人员的错误,声音很大。因为情绪太激动,脸部通红。

第二个人站在旁边,他的表情非常淡定,好像在看一场好戏一般,并且还看得津津有味。

第三个人正在看报纸,报纸是竖着的,脸部完全被遮挡住了,警察们看不到他的正面。

第四个人正在原地跑步,也许是因为天气太寒冷,他正在通过这种方法让自己的身体暖和一点。

第五个人在不停地看手表,似乎十分着急,可能有急事要处理,然而火车仍旧没有到达。他的表情特别急躁,眉头皱得颇深。

这个时候,其中的一个警察说道:"抢劫犯就是那个人!"

请问警察说的是哪一个人?

【游戏正解】

抢劫犯是第四个人。因为警察一直在追捕抢劫犯,那么抢劫犯一定是跑了很长时间,按照逻辑推理来看,他停下来以后一定会气喘吁吁。因此,为了掩盖自己是抢劫犯的事实,他只能用原地跑步的方法,减轻警察对自己的怀疑。

被移动的尸体

6月3日,有一个人在某家酒店中,喝下剧烈毒药。次日,酒店的服务人员整理房间时,发现了他的尸体。服务员马上报告了酒店经理。服务员提议报警,酒店经理怕影响生意,抹黑酒

店的名声,因此强烈拒绝报警。

服务员有些害怕,问应该怎么办。酒店经理说道:"后面有一个有名的自杀公园,我们把这具尸体丢到公园里面去,这样警察就会认为这是一件自杀案件了。"

当日凌晨时分,等全部客人休息之后,酒店经理和服务员悄悄地把这个人的尸体抬到了后面的公园。他们在公园的草地上看到一份被人丢弃的报纸,立刻决定将尸体放在这份报纸的上面,然后将遗书塞到死者的上衣口袋中。同时,还把有毒的杯子放在了尸体的旁边,以此制造自杀的假象。

6 月 5 日,人们在公园发现了尸体。经过验尸后,确认死者死亡的时间是前一天晚上 9 点左右。经验丰富的警长看了看,说道:"虽然死者确系自杀,可是自杀的地点并非这里。应该是有人担心惹上麻烦,才把尸体移到了这里。"

请问警长是怎样进行判断的?

【游戏正解】

由于服务员和酒店经理的马虎,对于草地上报纸的日期并没有注意到。报纸的日期是 6 月 4 日,然而经过验尸后警察发现,死者自杀的时间是 6 月 3 日的 9 点左右。这样,倘若自杀的死者是在公园里自杀的,那么怎么么会有第二天 6 月 4 日的报纸。所以,肯定是有人将尸体移动了位置,不然就不符合逻辑了。

嫌疑犯

某个周末的早上,有人在铁路急转弯处的路基下面发现了一具年轻女子的尸体。专家经过验尸,推定死亡时间在前一天晚上 10 点左右。从尸体印痕上可知,这名年轻女子是被人用领带勒死的。没过多久,嫌疑人就被警察们发现了。这个人住在 K 市,距离抛尸现场大

约 50 千米远。警方迅速逮捕了这名嫌疑犯,并进行了严厉的审讯,然而这个人却说,从星期六晚上 8 点到次日白天,他一直都待在 K 市,与作案时间不符,有不在场的证据,而且也没有搬运尸体的同案犯,因此警方最后只能把他释放了。于是,案件的侦查陷入到了困境之中。

然而,为了寻找线索,柯兰柯南探长徒步去了 K 市,在此期间,他无意中发现了一样东西,当场便把嫌疑犯的诡计识破了,随即又把那名嫌疑犯逮捕了。嫌疑犯眼看抵赖不了,只好把自己的罪行全部交代了出来。

请问,这到底是怎么一回事?

【游戏正解】

柯兰柯南探长在 K 市看到了钢铁厂,铁路线上有一座跨铁路的天桥,便由此断定,凶手是在夜深时,把尸体从桥上扔到正从桥下通过的货车车厢顶上的。后来,列车通过那段急转弯处时,由于列车倾斜,尸体便从车厢上甩下来落在路基下。

手中的扑克牌

最近,著名数学家齐西克受到邻省一所大学的邀请,专门为那所大学的学生开几场讲座。他来到这座城市,学校安排他住在一家五星级酒店里。

这一天,他连着进行了两场讲座,回到酒店的时候感觉十分疲惫。他给服务员打电话,要求在 8 点钟将饭菜送到自己的房间。打完电话,他就躺在床上休息了。

8 点钟的时候,服务员按时送来了饭菜,但是敲了很多次门都没有任何反应。服务员觉得

很奇怪，于是找到值班人员，让他用备用钥匙打开了房门。

进入房间之后，他们看到齐西克倒在地上，身上沾满了血迹。在慌乱中，服务员选择了报警。

警察赶到现场，进行了仔细的调查，没有发现任何痕迹或者是指纹，但是齐西克身边所有值钱的东西都被偷走了。

没有线索，警方感到很为难。这个时候，警长发现齐西克的手中握着一张扑克牌"K"。警察们思考了一番，还是想不出这张扑克牌代表的是什么含义。

这家酒店的房门号码都是三位数，倘若扑克牌的"K"代表的是"013"，但是这家酒店刚好又没有这个房间号码；倘若扑克牌的"K"代表的是"king"，意味着凶手是个男人，然而犯人没有留下一点线索，根本就不能确认谁是罪犯。

警长摸了摸自己的下巴，思考了一段时间，他很快就猜出了"K"代表的含义，并且在最短的时间内抓住了罪犯。

请问扑克牌代表的含义是什么？

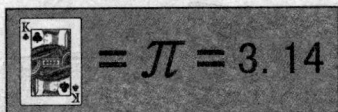

$$= \pi = 3.14$$

【游戏正解】

解决这个问题的时候，我们切不可被扑克牌的内容迷惑了思维，也就是说，不要把思维固定在思考"K"的含义。被害人是一名数学家，他的暗示应该与数学知识相关。实际上，扑克牌的"牌"字，和数学中的圆周率符号"π"谐音，而π约等于3.14，所以根据这条信息，立刻就可以明白，数学家暗示的意义就是314房间的人是罪犯。

报纸上的奇怪数字

早晨，邦麦德警官刚刚到警察局，就接到了一个报警电话。打电话的人是一位太太，她在电话中说："警官先生，我的丈夫被一个陌生人抓走了！陌生人说，让我准备好100万美元，否则就等着为我的丈夫收尸！"

邦麦德警官放下电话迅速赶到了那位报警的太太的家中。

邦麦德警官开始对她进行问话："太太，你有没有看清楚那个陌生人的长相？"

太太站在客厅中，表情显得十分憔悴和焦急，她的声音很无力，但是她依旧回答说："没有……我看见他戴着白色的口罩，刚刚想问他是谁的时候，他就将我打晕了。等我醒过来的时候，发现我的丈夫不在家中，桌子上面放着一张纸条，内容就是我告诉你的，他要我准备好100万美元。"

邦麦德警官用戴着手套的手拿起了纸条，看了一下然后说："犯人非常聪明，这张纸条上面，没有任何字迹，他将需要用的字剪下来然后贴在一起，这些字就说明了收钱的地点和时间。"

正说着的时候，邦麦德警官注意到，在客厅的茶几上面，摆放着一份报纸和一支笔。报纸上面，有一些使用笔作出的标记。邦麦德警官问道："你的丈夫平时看报纸时，是不是喜欢做标记？"

太太回答说："是的，他经常会将有用的内容抄写下来，希望能够抓住一些政治要闻和当今的经济局势，然后为公司寻找更好的发展方向。"

邦麦德警官仔细翻看着报纸，突然发现，在报纸上面写着"5283"四个数字。于是向太太询问："你的丈夫做标记的时候，还喜欢在上面写数字吗？"

太太有些犹豫，她回答："在我的印象中，他没有这个习惯，也没有这个做法……"

邦麦德警官想了想，将自己的手机拿出来，对着键盘数字打出了两个字，最后，他正是通过这两个字成功地抓到了罪犯，将太太的丈夫解救出来。

你知道破案的关键是哪个环节吗？

【游戏正解】

邦麦德警官在手机上输入了"5""2""8"

"3"这几个数字，因为手机的键盘上面还有字母，连起来的话会出现一些字，交给太太观察，或者是通过调查这个字是否是一个人的名字，就可以找到线索。根据调查，手机显示出来的的确是一个人的名字，警方迅速找到了这串数字显示的人，最终侦破了这个案件。

鞋子的秘密

占美、汤逊和李察三个人在同一家公司上班。有一天，占美买的彩票中了10万美元，他兴高采烈地告诉了汤逊和李察。

这事一下子点燃了李察心中的贪念。第二天晚上，趁汤逊值班，李察偷偷来到占美的家中，把占美杀死了，并拿走了10万美元现钞。

第二天早上，占美的尸体被人们发现了，死亡现场留下了很多鞋印。根据这些鞋印，警方将值夜班的汤逊逮捕了。原来汤逊有点脚跛，所以鞋底磨损的情形和常人不同，留下的鞋印也异于一般人；而这些特征与凶案现场留下的鞋印基本上吻合，加之汤逊的鞋底确实沾有现场的泥土。

汤逊无奈地解释道："三个月前，我和李察每人买了一双这种鞋子。案发当天，我独自一个人在公司值班，所以找不到其他证人。"

警方询问道："你这双鞋也放在值班室里面吗？"

"是的。所以不可能被人偷走。"

那么，李察究竟用了什么样的诡计，在现场留下了与汤逊一样的鞋印？

【游戏正解】

李察将自己的那双鞋子换给汤逊，两双鞋子轮流穿着，因此磨损情况完全一样。案发那天，李察穿着其中一双鞋子来到占美家，把他杀死了，又故意在后院留下鞋印痕迹。第二天，他再和汤逊的鞋子对换，然后将换出的鞋子丢弃了，所以现场的鞋印与汤逊的鞋印完全一样。

案发的真正时间

某一天的深夜，城市中的某一个小区中发生了一起枪击案。死者是一位公司的老板，他在家中被人用枪射杀了。

当晚，有很多人都听见了枪声，但都没有将这个声音放在心上，只有几个人第一反应看了看自己的手表或者是手机显示的时间。

第二天早上，人们发现了死者。迅速报案以后，警方赶到了现场。经过现场的调查以后，他们并没有办法确认凶手开枪射击的时间，他们四处走访，终于找到了四个当时看过时间的人。

警察询问第一个人的时候，他非常肯定地说："那个时候我刚刚准备睡觉，我看自己的手表显示的时间是12点8分，我可以肯定这一点。"

第二个人听完警察的询问以后，他思考了一下说："我当时被枪声吵醒了，还记得自己吓得在床上抖了一下，然后迅速看了一眼闹钟，上面显示的时间是11点40分。"

第三个人也接受了警察的问话，他回答说："我睡得并不深，醒来得也非常迅速，我记得是12点15分，手机上这样显示的。"

第四个人在警察的问话下，也说出了自己当时的情况。他说："我不知道其他人的时间是什么时候，但是我的手表显示的时间是11点53分。"

作案的时间难道真的如此不一样吗？事实上，这是因为他们四个人的时间都不准确。根据上面的信息，你可以推理出案发的真正时间吗？

【游戏正解】

第三个人的手机显示的时间是最快的，将他得到的12点15分这个时间，减去最快的时间，也就是10分钟，就可以得到真正的案发时间，也就是12点5分。第二个人的闹钟的时间是最慢的，将他得到的11点40分这个时间，加上最慢的时间，也就是25分钟，也可以得到真正的案发时间，也就是12点5分。

珍贵的手稿

阿米达是一位收藏家，住在一家单身公寓中。有一天，阿米达向警方报案，说是在公寓中发生了一件盗窃案。警察局局长立刻带领下属来到了现场。局长到达单身公寓后，阿米达马上迎了上来，请求他抓住那个可恶的盗窃者。

局长来到了二楼房间，看见两扇高大透明的落地窗敞开着，桌子上面还摆放着两只蜡烛，都点燃着。蜡烛的烛液流下来，形成了一个小堆。桌子下面，散落着许多的文件，这些痕迹说明现场曾经发生过打斗。此外，局长还在地上发现了一截绳子。

阿米达对局长说："昨晚突然停电了，所以为了工作，我只好点上蜡烛，希望可以查看一下我所得到的珍贵手稿。然而蜡烛刚点燃时，窗户就被狂风吹开了，我只好放下手稿，走过去关窗户。可是没有想到的是，一个非常强壮的蒙面人居然从窗户外面爬了进来，一把将我按在地上，接着用绳子绑缚了我的手脚，将我的嘴巴堵住。然而，他就抢走了手稿，从窗户逃走了。我挣扎了大半夜才挣脱，接着就马上报警了。"

局长听完之后，笑着说道："阿米达先生，手稿还在你的手上吧？"

请问局长是怎样发现阿米达的破绽的？

【游戏正解】

阿米达说自己没有动过现场，那么狂风将窗户吹开以后，桌子上燃烧着的蜡烛应该会被迅速吹灭。但是桌子上面还留着一大堆燃烧后留下来的烛液，这就说明有问题，因为这不符合逻辑。

狡猾的神父

一艘中型轮船在海上遭遇一股强大的暴风雨。人们纷纷将不太必要的行李物品扔到了黑色的海水中，可是危险仍然存在着。这时，一位神父站了出来，大声说道："尊敬的各位，在现在这种危急的情况下，我们只有两个选择，一个就是所有的人员和轮船同归于尽，另一个办法就是牺牲一部分的人，保存剩下人的生命。"

船上的乘客听完之后，都默不作声，因为大家都不想死，更不愿主动跳入大海。看见这种情景，神父又开口说道："那么，我们就只能凭各自的运气了。"

神父让所有的乘客站成一个圆圈，并且从他开始依次报数："1、2、3、1、2、3、1、2、3……"轮到报数是3的人，他就跳下大海。循环一圈以后，继续从"1"开始报数。

最后，船上只剩下了10个人。风浪也慢慢平息下来，不需要再减轻船身的重量了。然而让人不解的是，剩下的人全部都是神父的信徒。信徒们思索了一番，突然看出了神父的狡猾。

请问神父把这些信徒安排在什么位置，才能避免跳进海水中？

【游戏正解】

使用逻辑思维思考一下，只需要将这10个人安排在1、4、5、8、10、13、14、17、19、22、23这11个位置，那么就可以避免跳进海水中。

谁打碎了玻璃

阿普力克是一名中学的老师，有一天下班时，他经过自己班级的教室，突然发现班级窗户上的一块玻璃被打碎了。第二天来到办公室后，阿普力克与同事说起了这件事情，同事说："昨天我路过你班上时，看到三个学生在窗户旁做操，应该是他们其中一个打碎的。"

这三个学生分别是马利克、萨沙、贝卡思。阿普力克首先问了马利克："教室中那扇窗户玻璃是谁打破的？"马利克迅速回答说："是萨沙打破的。"

阿普力克又问了萨沙："教室的玻璃是不是你打破的？"萨沙答道："是马利克打破的！不

是我。"

最后，阿普力克又问了贝卡思，后者答道："是马利克打破的！"

这个时候，旁边有同事提醒说："这三个学生中，有一个说的是真话，另外两个说的是假话。"

在脑海中思考了一段时间，阿普力克便指着萨沙说："是你打碎玻璃的！"

请问阿普力克是怎么判断出来的？

【游戏正解】

马利克的话和萨沙的话，两者之间相互矛盾，因此在两个人之中，肯定有一个人说的是真话，另一个人说的是假话。再根据同事的提醒，进行逻辑推理，倘若马利克说的是真话，那么萨沙就是假话，同时，贝卡思说的也是假话，那么就与事实相符合了。所以，打破玻璃的人是萨沙。

敲门的中年人

杰希思是一名医生，正在休假，住在一家环境很好的酒店中。次日早上醒来之后，杰希思便打电话给前台的服务员，说想要一份杂志和一杯咖啡。

电话挂断没几分钟，杰希思就听到了敲门声，纳闷这里的服务速度怎么这么快！杰希思立即穿好衣服，起身去开门。打开门时，杰希思道歉地说道："不好意思，我开门晚了。"

门口的服务员说："早上好！先生！这是您点的食物！"杰希思觉得很奇怪，自己明明没有点早餐，只要了一杯咖啡而已，怎么会这样呢？服务员意识到自己弄错了，于是转身带上门

走了。

杰希思有些好笑，然后打开电视开始看早间新闻。可是没看几分钟，他又听到了敲门声。

杰希思走过去打开了门，只见一个中年人走进来，生气地说："你怎么会在我的房间里？你一定是小偷！我要报警！"

杰希思觉得很奇怪，他说这是自己的房间，并请他看门牌号码。中年男人看了门牌号码，便停止了吵闹，接着便开始道歉："不好意思，是我搞错了！打扰您了！"

中年男人刚走一会儿，又传来敲门声，这次他的杂志和咖啡终于来了。他刚接过送来的东西，就听见隔壁有人大声喊道："我的钻石戒指被人偷了！"

杰希思马上冲出房间，大声喊道："那个人是小偷，快抓住他！"

请问杰希思说的是谁？

【游戏正解】

杰希思说的人是那个中年男人。因为这个男人进自己的房间时，事先敲了门。但是按照逻辑来说，没有人进自己的房间需要敲门的，他应该会有自己的钥匙。这说明他的行为充满了疑点。

海边的女尸

秋天，有人在大海边发现了一位身高六英尺的外籍女郎的尸体。被发现的时候，她的尸体被绑着装在一个布袋里面，布袋外面系有 32 个铁饼，十分笨重。然而，沉重的布袋仍旧被冲到了沙滩上，尸体就这样被人发现了。根据现场推断，女死者可能先是被人劫杀了，然后凶手才将其沉尸大海之中的。

经过一番调查，警方找到了几个当事人：一个是的士司机，身材矮小而瘦削；一个是流氓，身材异常高大；另一个是壮汉，非常肥胖，看起来威武有力。

但是，认真调查之后，发现那个女郎曾将一个记事簿留在了的士里面，因此嫌疑最大的当数的士司机。然而，这样推理问题又出来了，一个瘦小的凶徒，怎么可能把一个六英尺高的外籍女尸拉过沙滩，抛入大海，何况还绑着这么多沉重的铁饼？

请问,这个身材矮小且瘦削的的士司机有没有可能做到?

【游戏正解】

身材矮小且瘦削的的士司机可以先用车把死者载到沙滩,接着拖入水深处。至于铁饼,他是一次次潜入水里,分别、逐个绑在布袋上的。

杀害医生的人

医院中有一个医生被杀害了。根据线索,警方确定了4个嫌疑人,于是传唤了他们。在去警察局的路上,这4个人彼此约定,每个人提供的证词中,必须有2条谎言,这样就能够麻痹警方,摆脱麻烦。

他们到达警察局后,警长亲自审问。

第一个嫌疑人说:"警长先生,在4个人中,谁也没有杀害医生。另外,我离开医院的时候,医生还活着啊。"

第二个嫌疑人说:"我是第二个到达医院的。但是我到达医院的时候,医生已经死了。"

第三个嫌疑人说:"我是第三个到达医院的。但是我认为第二个人说的是假话,因为我离开医院的时候,医生明明还活着。"

第四个嫌疑人说:"我认为,杀害医生的凶手是在我去医院之前去的,因为我到达医院的时候,医生已经死了。"

警长听了这些证词以后,认真地思考了一下,立刻就知道谁是凶手了。

你知道凶手是哪个嫌疑人吗?

【游戏正解】

根据上面的情况,我们可以总结出几条事实:①可以肯定的是,在这四个嫌疑犯中,有一个人杀害了医生。因此,第一个嫌疑人的后一句话就是撒谎,他离开医院的时候,医生已经死了。②第二个嫌疑人并不是第二个到达医院的人。他到达医院的时候,医生还活着。③第三个嫌疑人并不是第三个到达医院的人。他到达医院的时候,医生已经死了。④凶手是在第四个嫌疑人之后去的医院,第四个嫌疑人去医院的时候,医生还活着。

根据这些真实的情况,我们可以推理出第二个嫌疑人和第四个嫌疑人去医院的时间,比第一个嫌疑人和第三个嫌疑人去医院的时间早。

根据②,可以推理出第四个嫌疑人是第一个去医院的人,而第二个嫌疑人是第二个去医院的人。

根据上面的③,可以推理出,第一个嫌疑人是第三个去医院的人,而第三个嫌疑人是第四个去医院的人。

因此,在第二个嫌疑人到达医院的时候,医生还活着。但是第三个嫌疑人离开以后,医生就已经死了。

根据①中的"在这四个嫌疑犯中,有一个人杀害了医生",可以推理出,杀害医生的人是第一个嫌疑人或者是第四个嫌疑人。

根据真实的情况④,可以推理出,杀害医生的人就是第一个嫌疑人。

失火还是纵火

某居民住宅发生了火灾,三个人在这次火灾中死去了。因为该民宅为老式木结构房屋,所以烧得很快很彻底,火灾现场皆化成了灰烬。

干探克拉克受警方指示协助勘查火因,他看过火灾现场之后,也非常的失望。在这场火灾中,只有一个逃生者,即该户人家的儿媳。克拉克对她进行了查问,后者这样说道:"当天早上,公婆和丈夫都还在熟睡中,我起来做早饭。由于在我做油炸饼时,到卫生间去了一段时间,因此炸油过热,以致厨房燃烧了起来。我发现起火后,立即采取了灭火,及时关掉了煤气灶的开关。但是很不幸,我在慌乱中犯了一个致命的错误,居然将灶台上的一桶油当成水浇在了起火的铁锅中,如此一来,火势立刻更旺了。我太害怕了,慌慌张张地逃出现场,而当公婆与丈夫发现起火时,已经没有时间逃跑了,我家的窗户上安有铁栅栏,无法及时逃生,最后以致被烧死了,这全都是我的错!"

克拉克认真思考了一番,认为少妇是故意纵火的。

请问,你可以分析出这是失火还是纵火吗?

【游戏正解】

A. 少妇是撒谎的纵火犯,因为铁锅里的油着火后,浇一桶水或浇一桶油情况刚好相反。油比水轻,倘若浇水的话,反而会让火势更大,而浇一桶油,火反而会因为缺氧而熄灭。绝不会让火势变大。因此,少妇所说的与实际情况不符。

B. 少妇是纵火犯。虽然窗户上安铁栅栏,但门外绝对没有铁栅栏,她的公公婆婆和丈夫完全可以从门口逃生,由此可知门被人预先锁住了。火灾后,门被烧毁,证据也被烧毁了。少妇所说的隐瞒了一部分真情。

珠宝抢劫事件

大艾尔和小乔刚刚抢劫了一家珠宝店,随后便受到了警察的追捕。他们逃跑到一片废弃的砾石场,把装有珠宝的袋子扔到了砾石场上,并记住了袋子落下的具体地点。他们还在袋子落下的地方撒了一层干沙,这样可以让袋子藏得更加安全。20 秒钟之后,他们又回到了原地,却发现袋子不见了,干沙已经和下面的湿沙混在了一起。眼看警察快追上来了,两人又继续往前跑,但最终还是被警察逮住了。但是没过多久,因为证据不足,两个人被放了出来。次日,人们在砾石厂发现了小乔的尸体,而大艾尔则踪影全无。

请问,当时的具体情况是怎样的?

【游戏正解】

珠宝被扔在了流沙上,大艾尔费了好大劲才找到了珠宝,然后逃遁了。小乔也去找过,结果陷进流沙中死了,没有留下任何痕迹。

公园中的谋杀案

某一天,市中心公园发生了一起谋杀案。人们在公园广场上的长椅上面,发现了一个被人谋杀的死者。于是,人们迅速拨通了警察局的电话号码,向警方报告了这件事情。

警察赶到以后,对现场进行了严密的调查。死者原来是附近一家珠宝店的老板。死者身上值钱的东西都被拿走了,包括手机、钱包、金手表、戒指等等。

经过详细的调查,以及周围人的采访供词,警方最终确定了三个嫌疑犯。

第一个嫌疑犯是公园中的修理工,他为自己辩解说:"那个时候我正在修理远处的长椅呢!没有时间过去抢劫这位老板!我是冤枉的!"

第二个嫌疑犯是正在公园跑步的修斯,他回答说:"我会协助警方的调查,找出真正的凶手,然后证明自己的确是清白的。"

第三个嫌疑犯是一位夫人,她正牵着小狗在公园中散步。她保持着十分优雅的气质说:"我才不会为了那么些钱就去犯罪,你们赶快调查,证明我不是杀人犯吧!"

死者是被钝器所杀的。警长认为,凶手一定是使用自己随身携带的物品作案的,行凶之后,携带着凶器迅速逃离了现场。

从这些线索中,你能推断谁是真正的凶手吗?

【游戏正解】

这是一场简单的推理。因为我们可以轻易地发现,在这三个嫌疑犯中,携带钝器的人只有公园的修理工。修理工无意中发现珠宝店老板身上携带着值钱的物品,因此起了歹心,利用自己携带的修理工具,将珠宝店老板打死,并且搜走了他身上所有值钱的东西。

两卷胶卷

总统选举正在进行。一家报社的摄影师带着一卷彩色胶卷和一卷黑白胶卷来到了报社，他把两卷胶卷交给了部门主管。在这两卷胶卷上，摄录了某一个候选人的生活细节。

1. 如果这个候选人在这次选举中获胜了，那么这家报社就会采用 X 卷。

2. 如果在这次选举中，这个候选人最终失败了，那么这家报社就会采用 Y 卷。

3. Y 卷中的底片只有 X 卷的一半。

4. X 卷是彩色片。

5. X 卷中绝大多数的底片都已经报废了。

问题：

1. 如果这个候选人在此次选举中获胜，那么下面哪一个说法是正确的？

a. 彩色胶卷将被采用；b. 倘若这个候选人落选，那么这家报社所用的彩色照片和黑白照片，在数目上会一样多；c. 不采用黑白照片。

A. 只有 a 是对的。

B. 只有 c 是对的。

C. 只有 a 与 b 是对的。

D. 只有 a 与 c 是对的。

E. 只有 b 与 c 是对的。

2. 如果 Y 卷中全部的底片都有用，那么下列哪一说法是正确的？

A. 和 X 卷相比，Y 卷中有用的底片要多一些。

B. 和 X 卷相比，Y 卷中有用的底片只是前者的一半。

C. 和 X 卷相比，Y 卷中有用的底片要少一些。

D. Y 卷和 X 卷中的底片数目是一样的。

E. 和 X 卷相比，Y 卷中有用的底片是前者的两倍。

3. 如果这家报社没有把候选人的彩色照片刊登出来，那么下面哪个判断是正确的？

A. 编辑们用了 X 胶卷。

B. 在这次选举中，这个候选人没有获胜。

C. Y 卷中的底片没有一张是有用的。

D. 在这次选举中，这个候选人最终获胜了。

E. Y 卷中大部分底片都已经报废没用了。

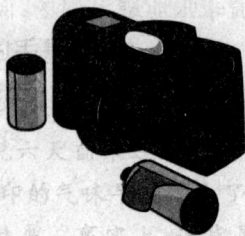

【游戏正解】

根据条件 4 可知，X 卷是彩色照片，供这个候选人获胜时使用；Y 卷是黑白照片，供这个候选人落选时使用。

问题 1，应选 D。

问题 2，应选 A。

问题 3，应选 B。

商人与帽子

为了考一考人们的机敏与逻辑推理能力，很多著名的科学家都经常喜欢出一些有趣的题目。伟大的物理学家爱因斯坦就曾经出过下述这道题：

有一个土耳其商人，他想找一个助手协助自己经商。然而，他的要求是，这个助手必须非常聪明。自从消息传出之后，不久便有 A、B 两个人联系了他。

为了测试 A 和 B 两个人中，哪一个更聪明一些，这个商人将他们带进一间漆黑的房子中，里面可以说是伸手不见五指。商人把电灯打开，对他们说道："在这张桌子上里，一共有五顶帽子，其中两顶是红色的，另外三顶是黑色的。现在，我将关掉灯，并搞乱帽子摆的位置，接着，我们三个人每人都摸一顶帽子，戴到自己的头上。然后我会把灯打开，这个时候，请你们尽快将自己头上戴的帽子的颜色说出来。"话音刚落，商人就关掉了灯，接着，三个人都在桌上摸了一顶帽子，轻轻地戴在自己的头上。这个时候，商人又将其余的两顶帽子藏到了隐蔽处。

等做完这一切之后，商人又重新打开了电灯。这个时候，那两个人睁开眼睛一看，发现商人的头上戴的是一顶红色的帽子。

没过多久，A 便大声喊道："我戴的是黑帽子。"

请问，A 是怎样进行推理的？

我戴的是黑帽子

【游戏正解】

A 是这样推理的：倘若我戴的也是红帽子，那么，B 就立即会猜到自己戴的是黑帽子（因为红帽子只有两顶）；而现在 B 并没有马上猜到，由此可见，我头上戴的一定不是红帽子。所以，B 的反应太慢了。最终，土耳其商人雇佣了 A。

10 个人的纵队

10 个人排成一列纵队，从 10 顶黄帽子与 9 顶蓝帽子中，取出 10 顶帽子，分别戴在每个人的头上。

戴好之后，站在最后的第十个人说道："虽然我可以看到你们每个人的头上都戴着帽子，但是我仍旧不知道自己头上戴的帽子是什么颜色的。你们知道吗？"话音刚落，第九个人便答道："对于自己头上的帽子是什么颜色的，我也不太清楚。"第八个人说："我也不知道。"第七个、第六个……直到第二个人，全都说不知道自己头上戴的帽子是什么颜色的。然而出乎意料的是，第一个人却说："我知道自己头上戴的帽子是什么颜色的了。"

请问，他是怎么知道的呢？

【游戏正解】

第十个人开始说："不知道自己头上戴的帽子是什么颜色的。"这意味着在前面的 9 个人中，某些人头上戴的帽子是黄色的，不然的话，他可以立即知道自己头上戴的帽子是黄色的。

第九个人虽然知道了在其他 9 个人中有人戴黄帽子，可是无法断定自己的帽子是什么颜色的，这意味着他看到前面的 8 个人中，有人戴的帽子是黄色的。

依此类推，每个人对自己头上帽子的颜色都不清楚，这意味着每个人前面都有人戴黄帽

子。因此，第一个人可以推断出自己的头上戴的是黄帽子。

演奏练习

很多高水平的音乐家，都比较擅长演奏古典音乐，要想让自己成为一个高水平的音乐家，那么就一定要学会练习演奏。因此，和演奏现代爵士乐相比，演奏古典音乐往往要花费更多的练习时间。

请问上面这段推理正确吗？

【游戏正解】

上面的推理是一种没有任何根据的推论，完全不正确。古典音乐与现代爵士乐属于不同的范畴，切不可一概而论。

兄弟姐妹

春节的时候，艾伦家里来了很多兄弟姐妹，其中有兄妹两人正在互相开着玩笑。哥哥说道："和所拥有的兄弟的人数相比，我所拥有的姐妹的人数要多一个。"妹妹也学着相同的语气说道："和所拥有的姐妹的人数相比，我所拥有的兄弟的人数要少一个，对吗，哥哥？"

从表面上看去，这两句话意思好像一样，然而你可以再思考一下，妹妹说的话到底有没有道理？和所拥有的兄弟相比，她所拥有的姐妹是多还是少呢？

【游戏正解】

妹妹说的话没有道理。哥哥说自己所拥有的姐妹的人数比兄弟的人数多一个，最简单的情况：假设哥哥只有 1 个弟弟，那么他应当还有 2 个姐妹，即他们所拥有的兄弟姐妹一共 2 男 2 女。那么，妹妹有 2 个兄弟，1 个姐妹。她所拥有的姐妹比兄弟少 1 个才对。

被弄混的鞋

鞋店里刚运进了一批运动鞋,一共48双,可是送货员当时因为匆忙,没有来得及将每双鞋装箱,而是全都给弄混了,两个不同方向的鞋全都混在一起,左脚上的鞋被装进了红箱子,右脚上的鞋被装进了白箱子,那么你知道红箱鞋子的数量与白箱鞋子的数量刚好相同的这种情况,100次里能有几次吗?

【游戏正解】

100次中能有100次,也就是说,始终是相同的。因为红白箱子里各有24双鞋,红箱子里左鞋不够24双所差的数正是混在红箱子里右鞋的数量。这不够的数自然是到另一个白箱子里去了。因此,红箱鞋子的数量当然就跟白箱鞋子的数量相等了。

巨款藏在哪里

伦敦警局里,大家正在探讨一件令人头疼的案子。

昨天,警方得知一位来自东方的男人来到英国,他身上携带了巨款,为的是支持国内的恐怖活动。警方用计偷偷检查了他的行李,发现皮箱里只有几件普通的衣物,身上也只有一只普通的钢笔、银行卡和一些零钱。唯一不同的是,他身上的手机款式是最新的,似乎还没有上市。但是,丝毫没有发现巨款的踪迹。警方后来得知,男人已经顺利将巨款带入境,并交给了犯罪分子。

那么你知道巨款被藏在哪里吗?

【游戏正解】

男子携带的手机里面携带了贵重的芯片,男人用它可以卖很多钱。

不信服的地方

某日,吉姆先生正躺在家中休息,突然接到一个陌生人打来的预约电话。这个陌生人很想亲自到吉姆先生家里拜访,时间就定在下下个星期五。但是,吉姆先生并不想见这个陌生人,于是敷衍道:"呵?非常对不起,下下个星期五我没有时间,还有很多工作要忙。那天上午,我必须参加一个例行的会议,下午1点钟的时候,我还要参加一个亲戚的葬礼,之后,我又要参加伯父的70寿辰宴会。所以,实在对不起,那天我真的没有时间和你见面。"

其实,在吉姆先生的话中,有一个地方让人很不信服,请问是什么地方?

……我还要参加一个亲戚的葬礼……

【游戏正解】

亲戚的葬礼是最不能让人信服的地方。通常而言,一个葬礼要在14天之后才举行,这种情况真的很少。

细心的售票员

汤姆和他的妻子一起去滑雪场游玩,结果一向擅长滑雪的妻子竟然在滑雪的时候摔死了。滑雪场的售票员表示,自己并不记得见过汤姆的妻子。后来,售票员给警方提供了一个线索,据此,警方确定了汤姆的谋杀罪行。

你知道售票员提供了什么线索吗?

单程票?

【游戏正解】

售票员记得,当时汤姆买票的时候,给自己买了往返的车票,但是只给妻子买了单程的车票,可见汤姆早就预谋要杀死妻子。

装错的水果

马丁在埃文斯那里买了三箱密封的水果，一箱是龙眼，一箱是荔枝，一箱是两者混装。包装外面都贴有标签，以便区分。可是埃文斯的助手在贴标签时，不小心将标签全部贴错了。等到发货的时候，埃文斯的助手才告诉埃文斯。

请问，在只打开一个箱子的情况下，要如何做才能成功地分辨出三个箱子里面装的是什么？

【游戏正解】

只要将贴着"混合"标签的那个箱子打开，看里面是什么水果，这样就可以分辨出其他两筐是什么了。

铁塔的奥秘

埃菲尔铁塔是法国首都巴黎的代表性建筑之一。埃菲尔铁塔高达 300 米，总重量为 7 000 多吨。但是在埃菲尔铁塔刚建成时，人们一直被三个谜团所困扰：

1. 只有在夜晚，埃菲尔铁塔才与地面保持垂直状态。

2. 上午的时候，埃菲尔铁塔会往西偏斜 100 毫米，而中午的时候，埃菲尔铁塔则会往北偏斜 70 毫米。

3. 冬天，倘若气温降到零下 10℃，那么相比于炎热的季节，埃菲尔铁塔的塔身会缩短 17 厘米。

埃菲尔是铁塔的设计者，有人问他这三个问题时，他科学合理地进行了解释。

你知道其中的奥秘吗？

【游戏正解】

埃菲尔铁塔全是由钢铁构造而成的，由于热胀冷缩，它会随着温度的冷暖而变化。白天的时候，由于光照的角度和强度在不断发生变化，所以塔身各处的温度也是不同的，并且热胀冷缩的程度也不一样，因此上午与下午不仅会出现倾斜现象，倾斜的角度也会不一样。傍晚的时候，塔上各处的温度则都相同，所以会恢复垂直状态。冬天气温下降，塔身收缩，所以就变矮了。

楼顶的死者

一家旅馆的老板在楼顶发现了一位女顾客的尸体，于是马上报了案。警方迅速来到了案发现场，看到女子穿着睡衣，其他没有发现什么线索。

警察对死者的房间进行了认真的检查，发现房门是紧锁着的，没有被撬开的痕迹，然而房间的窗户却是打开着的。房间里面没有找到其他人的指纹。死者的房门正对着摄像头，录像显示死者当天晚上并没有离开房间。

请问凶手是怎样杀死死者，并把她弄到楼顶的？

【游戏正解】

凶手站在楼顶，把绳子沿楼顶放到死者的窗户附近，接着打电话让死者从窗口向外面探头，然后收紧绳圈勒死死者，再把她拖上楼顶。

滑雪场凶杀案

一位滑雪爱好者从缆车上掉了下来，保安人员前去查看，发现死者的胸部被人用利器刺伤了，但是在现场没有找到凶器。

据调查，缆车座位之间的间隔为 4 米左右，所以，不可能有人在缆车上刺杀死者。当天滑雪的人不少，但没人看到事情的经过。

请问凶手是如何杀害死者的？

【游戏正解】

凶手坐在死者前面的缆车座位上,接着用手中的滑雪杆用力向死者刺去。死者受伤之后,从缆车上摔了下来,当场死亡。

偷盗者是谁

在玉器店,一位打扮时髦的女子偷盗了一条玉链,接着便夺门而逃。店员发现被盗后,立刻向外追赶。最终在一名巡警的协助下,成功地将该女子抓获,但是搜遍了她的全身,也没有找到那条玉链。这个时候,另一位巡警带来了另外两名疑犯,他们的身上各有一条玉链。一个是盲人女子,她怀里抱着的孩子正拿着玉链玩耍;一个是似乎精神有些问题的女人,穿得破破烂烂的,脖子上挂着玉链。

请问赃物在谁的手中?

【游戏正解】

被盗的玉链在孩子的手中。女贼把项链给了女人,然而女人发现女贼被捕,于是将项链给孩子玩耍,并扮成盲人,以便掩饰罪行。

时钟的指针

汤姆爱好摄影。某天下午,他正在郊外取景,突然,看见一栋别墅燃起了大火,于是飞奔过去,奋不顾身地闯进了火海。他看到地上躺着一个头部受伤的女人,一根高尔夫球杆摆在地上,边上还有一座吊钟歪倒着,似乎由于遭到震荡,吊钟的指针已经停了。

由于火势过猛,他匆匆地将火场的照片拍下来,随后便迅速逃离了。

事后,他带着自己在现场拍的照片来到了警局,交给了警察。照片上只照到了吊钟指针的一部分,长针和短针相差了两刻度。倘若案

发时间就是吊钟所指的时间,你可以推断出当时是几点几分吗?

【游戏正解】

只有4点24分和7点36分这两个时候,吊钟两个指针才会相差两刻度。然而当时是下午,因此正确时间应为4点24分。

两个元旦节

有两个好朋友远航归来,约好在老地方见一面。

见面后,其中一个人说道:"我年前从上海离开,往东航行。当我到达美国旧金山的时候,已经是年后几天了。新年我是在海上度过的,有一件事很有趣,就是我居然连续过了两个元旦。"

另一个人则说:"我和你的航线是一样的,只不过方向相反,当我抵达上海时,也是年后数天了,我居然没有赶上过元旦节,这的确是一件让人遗憾的事!"

请问,这两个人说得对吗?为什么?

【游戏正解】

两个人说得都对。地球是一个圆球,为了区分开"今天"和"明天",人们经过长期的协商,终于在180度经线的附近划定出了一条国际日期变更线,只要是通过这条线的船只,都必须变更日期。从上海开往美国的船只,一旦经过这条线,那么就得少算一天,倘若原来已经过了元旦,那么还得再过一次元旦。而从美国开到上海的船只,一旦经过这条线,那么就得多算一天,因此元旦就过不了了。

鳝鱼命案

很久以前,有一个农民吃了一条鳝鱼之后,

便痛苦地说自己的肚子疼,没过多长时间,他就倒地暴毙了。

很多邻居认为农民是被他的妻子毒死的,于是他们到官府报了案。对于邻居们的说法,县官认真地听取了,之后便开始认真地审阅这个案子。几天之后,县官仍旧没有定农妇的罪,反而召来了几个渔民,出人意料地叫他们去捉几条鳝鱼回来。

渔民们把看家本领使了出来,捕了几十千克鳝鱼。县官命令手下把所有的鳝鱼放进水瓮中。在这些鳝鱼里面,有几条总是昂着头,大概伸出水面6～10厘米。县官认真地数了一下,发现这个样子的鳝鱼一共有7条。县官觉得十分奇怪,于是恭敬地请教渔民们,最后终于茅塞顿开,洗清了妇人蒙受的不白之冤。审判的那天,县官当庭宣布:妇人无罪,当庭释放。

请问,鳝鱼到底有什么秘密?县官又是凭什么判断妇人无罪的?

【游戏正解】

鳝鱼有两种,一种是鳝,一种是蛇鳝,蛇鳝身体内含有剧毒。辨别鳝与蛇鳝的方法是:将捕到的鳝全部放入水瓮中,晚上用灯照它,脖子下有白点的、浮在水上的,就是蛇鳝。那个农民是误吃了蛇鳝而中毒身亡的,所以与妇人没有关系。

温热的尸体

博士给卡尔侦探打了一个电话,请他帮忙调查一宗盗窃案,随后便派秘书开车去接他。

卡尔与秘书一起来到了博士家,秘书上楼去叫博士。秘书上楼之后,随之便尖叫起来。卡尔立即上去查看。

卡尔上楼看到,博士已经倒在地上没有呼吸了,并且他的身体与衣服都还是热的,应该是刚刚被人杀死的。卡尔对房间进行了仔细的观察,发现窗户打开着,床上放着一张电热毯,很烫手,而且没有叠好。桌子上放着一张发言稿,是博士为出席学术会议准备的。

看到这里,卡尔一把将秘书抓住,继而说道:"是你把收藏品偷走了,接着杀害了博士吧!"

请问卡尔的证据是什么?

【游戏正解】

博士的衣服、身体和电热毯都是热的,说明凶手为了掩饰博士真正的死亡时间,故此用电热毯包裹博士的尸体,从而为自己制造不在场的证据。这样一来,最有可能的凶手就只有秘书了。

自导自演

查理在皮特那里借了一大笔钱。约定的还钱时间已经过了,查理还是没有把钱还给皮特。皮特有些不耐烦了,于是打电话给查理,对他说明天会过去拿回自己的钱。

次日,皮特来到查理家,发现查理被人绑住了。他立即上前解开查理身上的绳子,没想到轻轻一拽,绳子就散开了。查理长长地舒了一口气,接着便对皮特说昨天晚上有劫匪到他家里,将他的财物全部抢走了。

查理说完之后,皮特仍要求查理马上还钱,请问这是为什么?

【游戏正解】

皮特帮查理松绑的时候,轻轻一拽,绳子就自动散开了,这说明绳子压根儿不是劫匪绑的。

181

保卫叙拉古

阿基米德是古希腊伟大的数学家,他富有想象力地在很多的创造发明中运用了镜子。根据古代著作上的记载,阿基米德最杰出的功绩是在公元前214年罗马船队围攻西西里岛城市叙拉古的时候,他通过镜子的功能,把太阳光集中反射到罗马船只上,从而令其着火。

对于阿基米德是不是真的成功地用镜子保卫了叙拉古免受侵略,我们可能永远都无法得知。然而,阿基米德真有可能办成这件事吗?

【游戏正解】

对于这个故事,虽然很多科学家和历史学家都曾着迷过,然而他们仍然判定这是一个不可能实现的功绩。曾经有几个科学家试图证明阿基米德的确可以让罗马船只突然冒出火苗。这些科学家的假设是这样的:阿基米德用的绝对不是巨型镜子,而是用非常多的小反射物,从而制造出一面大镜子的效果,这些小反射物应该是磨得十分光亮的金属片,甚至可能是叙拉古战士的盾牌。那么,阿基米德所做的,是否只是命令他的士兵们排成一行,让他们把太阳光往罗马船只上聚集呢?

1747年,法国物理学家布丰进行了一项实验。他通过168面普通的长方形平面镜,成功地点燃了100米以外的木头。由此可见,阿基米德似乎也可以做到这一点,毕竟罗马船队距离叙拉古港湾的岸边肯定不会超过20米。

1973年,一位希腊工程师也做了一个与之类似的实验。他通过70面镜子,把太阳光向离岸80米的一艘划艇上聚集。当镜子准确将目标瞄准之后,只是几秒钟的时间,这艘划艇就开始燃烧起来。为了让这个实验获得成功,必须让这些镜子的镜面有些凹,而阿基米德多半用的就是这种镜子。

鞋子的主人

舞会上,王子见到了一个令他心动的女孩。次日,王子便命令士兵四处寻找她,士兵根据王子所说的特征找到三个女孩。

王子把女孩们请进了城堡,接着对她们说:"请你们将脚伸出来,让我看看你们可不可以把女孩留下的鞋子穿上。"三个女孩都将一只脚伸出来了,等着试穿玻璃鞋。然而,王子只是看了一眼她们伸出的脚,就知道让他心动的女孩是谁了。

请问这是为什么?

到底是谁的鞋?

【游戏正解】

只有一个女孩将与丢下的鞋子同边的脚伸出来。她一定是因为丢了鞋,才会知道要试穿的鞋子在哪一边。

厨师的手段

查理伯爵想将同父异母的弟弟克鲁斯除掉,于是办了一场宴会,期间让厨师将毒药下在弟弟的菜里面。

眼看夏天就要到了,厨师精心准备了一份菜单:牛舌丸子、冷冻饼干、香菇饼、无花果、葡萄和海螺浸橄榄油。

由于天气颇热,克鲁斯接连将两份冷冻饼干吃下了肚,当他把最后一道甜品吃完后,随之便口吐白沫倒在地上暴毙了。

后来厨师对查理伯爵说,他用的是一种很苦的毒药——番木鳖碱。但是克鲁斯为什么没有发现异常呢?你知道厨师是如何下毒的吗?

【游戏正解】

厨师把毒药放在最后一道菜中。因为在此之前,克鲁斯吃了两份冰冻饼干,他的嘴巴已经麻木了,所以很难品尝到甜品里面的苦味。

蜜蜂也杀人

占美和罗宾正在通电话。占美说："喂！我有很要紧的事跟你说，但我现在在公用电话亭，因此无法说太长时间……呀！""呀"一声之后，罗宾听到电话那边传来电话筒掉落在地下的声音，他猜想有情况发生，于是马上打电话报了案。

通过仔细的查寻，警察很快就知道了占美当时打电话的地方是郊外一个公用电话亭，于是火速赶到了现场。这个时候，警察发现占美已经倒在地上，停止了呼吸。认真检查了一番，并没有发现什么线索，在电话亭中，只找到了一只已死亡的蜜蜂。在电话亭的附近，有很多家养蜂场，所以发现蜜蜂的尸体并不奇怪。但是，占美到底是怎么死的呢？

随后，法医也赶到了现场，经过进一步的检查，发现占美死亡的原因是这只死了的蜜蜂。

请问，蜜蜂究竟刺中了占美什么部位，才会使其暴毙的？

【游戏正解】

蜜蜂将占美颈部的神经中枢刺中了。

确切的死亡时间

人们在运动场发现一具男尸，立即报了案。警方赶到现场展开调查，从死者的穿着打扮来看，他应该是一位长跑教练。尸体还余有体温，也许是刚刚死去没多久。

警长对死者身上的遗物进行了仔细的查看，然后说道："死者大概是在 20 分 05 秒之前死的。"助手与围观的群众都很奇怪，警长是如何推出死者确切的死亡时间的呢？

你知道这是为什么吗？

【游戏正解】

教练身上一定会带着秒表，警长正是检查了秒表才得出结论的。

天使、恶魔与人类

有三个女孩，天使安琪儿、恶魔露娜和人类露西，她们经常在一起玩耍。由于这三个女孩来自不同的种族，因此她们有着不同的习俗。天使安琪儿只说真话，恶魔露娜只说假话，人类露西则有时说真话，有时说假话。

这一天，有个人来到了村子里面，其中一个女孩对陌生人说道："我是恶魔"。

请问这句话是三个人中谁说的？

【游戏正解】

露西说的。倘若这句话是天使说的，那么就与安琪儿只说真话相矛盾了，因此一定不是安琪儿说的。倘若这句话是露娜说的，那么露娜就说了真话，这与露娜只说假话相矛盾，因此，这句话绝对不是露娜说的。可以对陌生人说这句话的，只能是既说真话又说假话的露西。

天使绑匪

在 6 月的一个晚上，5 岁的玛丽从家中莫名其妙地不见了。那是一栋 25 层高的大楼，玛丽家住在 23 层，大门与防盗门都没有问题，只是忘记关客厅的窗户了。

之后，在一栋废弃的楼房中，警方找到了玛丽，将其安全地送回家中。玛丽对大家说，当天晚上，自己被一个天使带走了，这个天使会飞，并且穿着长袍。至于其他的，她就说不出来了。

两天之后，玛丽的父母收到了一封勒索信，明显这封信滞后了。然而，绑匪到底是如何"飞出"房间的呢？

【游戏正解】

绑匪把绳子固定在楼顶上,然后垂到下面,沿着绳子潜入到玛丽的家中,把她抱走,接着沿绳子爬回楼顶,因此玛丽当时会觉得像是在飞。

劫机事件

事件发生在一架飞往纽约的飞机上,一名乘客从洗手间出来后大叫道:"不好了,镜子上贴着一张纸,上面写着飞机上安放了炸弹!"机上的乘客瞬间炸开了锅。

空姐连忙进入洗手间查看,镜子上果然贴着一张纸条,上面写着:"我已经在飞机上安放了炸弹,你们立刻将飞机飞往迈阿密降落,否则飞机将会在10分钟后被引爆。"

为了乘客的安全,机组人员与机场人员取得了联系,将飞机飞往了迈阿密。飞机到达机场后,特警们仔细检查了飞机,没有发现炸弹或者任何引爆装置,同时带走了一名大喊大叫的乘客。

那么,"劫机"的人究竟是什么动机呢?

飞机将会在10分钟后被引爆

【游戏正解】

那个发现纸条的乘客就是劫机者,他没能买到飞往迈阿密的机票,于是导演了这样一出"劫机"事件,然后成功到达迈阿密,但等待他的却是警车。

雪碧杀人案

教授的实验室里传出一声巨响,然而门是反锁的,大家只好先给警方打电话。

警察来到现场,强力将房门打开,发现教授躺在地板上,身上扎满了小玻璃片,实验室里面到处都是散落的玻璃碎片。在现场,警察只找到了一个装雪碧的塑料瓶,除此之外,没有发现任何可疑的物品。

同事们说:"教授为了不让别人打扰他,每次一进实验室都会反锁大门。他又非常喜欢喝雪碧,经常带一瓶雪碧到实验室慢慢喝。看来,这一次是出现意外了。"

警长却坚持认为,这是一起事先预谋的谋杀。

请问警长的根据是什么?

【游戏正解】

凶手对教授的习惯有所了解之后,于是把干冰放在雪碧瓶中,拧紧瓶盖后,放到大号的烧杯里面,并且在烧杯中放入玻璃片。等教授进入实验室,干冰升华膨胀,导致雪碧瓶子爆炸,教授也因此受伤。

谁是凶手

有一个富商在家里过生日,全家都聚在一起用餐,没有想到的是,富商喝完一口酒后,便倒地身亡了。

和富商同桌用餐的人有他的女儿、儿子和女仆。按照大家的讲述,当晚的酒杯是女佣擦洗摆放的,酒是女儿拿出来给大家倒上的,后来她还不小心将酒弄洒了,于是女佣赶忙将地上的酒收拾好,儿子又给富翁添满了酒杯。

请问凶手到底是谁?

祝
生日快乐

【游戏正解】

倘若女佣想谋财害命，那么不会只将富翁一人毒死，女儿虽然倒了酒，然而当时富翁并没有出现中毒现象，正是喝了儿子倒的酒之后，富翁才倒地而死的，这说明儿子就是凶手。

凶手是谁

乔治是一家公司的经理，昨天晚上，他不幸被人谋杀了，他的身体趴在办公桌上，头部有中弹痕迹。虽然现场没有挣扎的迹象，但是办公室的门有撞击的痕迹。检查发现，凶手只将一个文件夹拿走了。最后，警察确定下了三个嫌疑犯。

乔治的妻子琳达，一直吵着要与乔治离婚，还曾说要把他杀了；乔治的弟弟，乔治一直欠他很多钱，现在有能力了，但是还不肯偿还；乔治的竞争对手劳伦斯，双方正在为一个项目而竞争，两人前不久还发生过争吵。

请问真凶到底是谁？

【游戏正解】

劳伦斯是凶手，因为只有他无法直接进入乔治的办公室，必须撞门进入。

暗中投毒

有四个人，皮特、布莱恩、吉米和布朗，他们一起在包厢喝酒，这时突然停电了。没过多久，灯又重新亮了起来，他们又继续喝酒。没有想到的是，正当大家高兴的时候，吉米突然口吐鲜血，几分钟内就断气了。

警察来到现场展开调查，在吉米的酒杯中发现了剧毒，然而大家都说没有其他人进来过，停电的时候也是如此。于是警方断定，在这三个人中，一定有一个人是凶手，于是便对三人随身的物品进行了检查。

布朗带着一支钢笔、手表、手帕、零钱和一个小记事本；布莱恩带了钱包，里面有些现金和信用卡；皮特带了香烟、火柴和一些钱。

请问投毒者是谁？

【游戏正解】

投毒者是布朗，他把毒药藏在钢笔的储水囊里面。

绿色基地命案

蔬菜种植基地发生了一起杀人案，凶手用刀将死者砍死了。据说，死者和很多人有性关系。

经过调查，警方得知基地里的人都是素食主义者，从来不吃肉类，并且，全部的生活用品均是统一发放的，大家使用的工具都贴有标签，在某个特定时间统一消毒。

于是，警长让所有人拿出自家的菜刀来，全部放在一处垃圾堆附近。这个时候，大家发现，其中一把菜刀上有很多只苍蝇。最后警察将菜刀的主人逮捕了。请问这是为什么？

【游戏正解】

基地里的人都吃素食，那么杀过人的刀上一定会留下血腥味，这样就会把苍蝇招来。

自杀还是他杀

汤姆到朋友彼得家找他，结果透过房间的窗户看到彼得的妻子被人杀死，胸口还在往外流着血。他赶忙报了警，警察在门口发现了彼得的尸体，他的脖子被划开了一个口子。现场没有任何搏斗的迹象，两个人也都没有服用安眠药或者喝酒。

你知道究竟发生了什么事情吗？

【游戏正解】

彼得趁妻子熟睡时杀死了妻子，然后自杀，但是他又感到害怕，想要跑到外面求救，结果死在了门口。

原来是你

画家被人杀死在自己的公寓中，尸体已经严重腐烂，看样子已经死了很久了。警长在现场搜集证据，不知不觉到了晚上。这时候警长对死者的女朋友说道："这里有什么可以吃的东西吗？"

她回答说："我也是刚才接到你们的通知才

赶过来的,已经很久没联系他了。要不看看冰箱里有没有吃的。"他们打开冰箱,发现里面虽然有很多食物,但全都是生的,警长正在犹豫应该吃什么的时候,女朋友开口说道:"我去给你们煎几个鸡蛋吧。"说着就拿出几个鸡蛋去厨房了。

警长这时候突然开口说道:"原来是你啊!"

警长是什么意思呢?

【游戏正解】

死者死去多时,就算鸡蛋放在冰箱里也可能会变质。女友却毫不犹豫地说去煎鸡蛋,可见她知道鸡蛋是没有问题的。所以,她就是凶手。

窗口的命案

深夜,少女凯琳在家里被人杀死了,在靠近窗户的地板上,警方看到了她的尸体,同时还在地上找到一块有折痕的白布。从现场情况来看,她是被人从上至下拍打后脑致死的。随后,警方又在窗外找到了两个人的脚印和一块砖头,警方根据脚印,锁定了嫌疑犯。

迈克是一位身材高大的篮球运动员,每天晚上都会来找凯琳。凯琳听到暗号后,就会将窗户打开,迈克就会把凯琳抱出去。

汤姆又矮又胖,他说自己昨天晚上叫了凯琳好一阵子,结果也没有任何动静,于是他便走开了。

请问凶手到底是谁?

【游戏正解】

迈克是凶手。因为只有身材高大的他,才能在抱凯琳出去的时候,从上方用砖头拍到凯琳的后脑。

戴眼镜的贼

马特侦探家里有一座金质的奖杯被人盗了。奖杯就摆在桌子上,奇怪的是,书橱玻璃竟然被打碎了,满地都是散落的碎玻璃。

根据邻居的描述,小偷应该戴了一副眼镜。警方很快抓到两名嫌疑人。其中一个是惯犯,他戴着一副墨镜。另一个没戴眼镜,但是鼻梁上有两个小窝。

马特一眼就看出谁是小偷。

你知道是为什么吗?

【游戏正解】

没戴眼镜的人鼻梁上却有戴眼镜留下的印痕,说明他偷偷摘掉了眼镜。一定是他偷东西的时候不小心打碎了眼镜,为了伪造现场,故意打碎了书橱的玻璃。

不在现场的凶手

警方接到报案,有人跳楼身亡。

警方在楼顶找到了一块木板,木板一边搁在铁块上,另一边则向楼体边缘倾斜,楼顶的排水管里面还有没流完的积水。尸检结果表明,死者是五个小时之前死亡的,头部曾经受到重击,也就是说,他在掉下楼之前就已经死了。

后来,警方根据种种线索逮捕了凶手,但是他在死者掉下楼的时候并不在现场,他也没有帮凶。

凶手是怎样做到不在现场的?

【游戏正解】

凶手用铁块和冰块分别垫在木板下面,冰块放在楼顶的边缘。等冰块融化以后,木板就会倾斜,死者就会自动滚下楼。

小和尚化缘

有一个老和尚和一个小和尚住在山上的庙里,山上的庙通往山脚只有一条路。每个星期一早上8点,小和尚都要到山下去化缘,第二天早上8点,再从山脚返回山上的庙里。小和尚上山与下山的速度是随意的,然而在每次往返中,他总是会在星期一和星期二的同一时间到达山路上的同一地点。比如说,有一次他发现周一的8点30分和周二的8点30分他都在山路靠山脚的3/4的地方。

请问,这到底是什么原因造成的?

【游戏正解】

假设在星期一早上 8 点，即小和尚下山的时候，有另一个小和尚同时从山脚下开始往山上走，这样，不管两个人速度如何，总会相遇在山脚到山顶中间的某个位置。当他们相遇时，他们的时间、地点必然是相同的。也就是说，在同一时间，他们走到了山路上的同一点。我们可以把第二个小和尚想成星期二上山的那个小和尚，这样便能将问题解答了。

伪造的照片

一张用闪光灯拍摄的照片有些令人惊心动魄：照图片中的片上有一个小姑娘，她正在划火柴，在蜡烛的旁边，摆放着很多漂亮的圣诞礼物，在小姑娘的身后，一个美丽的少妇面对着照相机，正从窗外掉下去。

有一句说明附在照片的下方：这张照片由巴特·肯尼在布鲁克林摄影室偶然捕得，拍摄于 8 月 24 日晚 9 时 30 分。当肯尼先生将快门按下的时候，克莱亚·格林太太正好从 6 楼的平台上往下掉，这幅惊人之作因为以格林太太在空中坠落做背景，所以立即被《奇迹》杂志登在了圣诞期刊的封面上。据说，格林太太的体重只有几十磅，那天晚上因为风暴的袭击，所以不小心掉到楼下去，摔死在人行道上。

后来，这张照片被命名为《投入死亡》，并在摄影佳作巡回展上展出。业余摄影家兼大侦探哈莱金在参观摄影展的时候，一下子被这幅画吸引住了。就在这个时候，几位官员走到哈莱金的身边，其中一个人的手中拿着一条蓝绶带。这条蓝绶带是此次展出的最高奖项，当他们准备把这条蓝绶带钉在《投入死亡》这张照片颁发上的时候，哈莱金哈哈大笑起来，继而对他们说道："你们为什么要给这张照片颁发最高奖项

呢？这只是一幅伪造的作品！"

官员们听后，惊讶地问道："不可能吧？怎么会是伪造的照片呢？"

请问哈莱金为何说这张惊人魂魄的照片是伪造的呢？

【游戏正解】

小姑娘在大风中是不可能把火柴划亮的，这便说明照片中的窗户是关着的。照片是在晚上拍摄的，并有闪光灯辅助，和窗外相比，室内要亮很多，这个时候，窗户只能反映出室内的景物，因此说这是一张伪造的照片。

牛圈的脚印

养牛人报案说自己的一头牛被偷了，于是警长前去查看。警长在牧场查看了牛圈，发现有两头牛走出去的蹄印。正在这时，警长又接到一个报案电话，报案人也说自己的一头牛被人偷了。于是，警长又赶到第二个报案人的牧场，他发现只有一头牛走出牛圈的蹄印。他思索一会儿，说道："盗贼就是他们中的一人。"

那么盗贼是谁呢？

【游戏正解】

第一个报案人说自己丢了一头牛，但是他家牛圈外却有两头牛走出去的蹄印，说明他在说谎。应该是他偷了第二个报案人的牛，然后连同自己的牛卖给了别人，为了掩饰罪行就报案说自己的牛被偷了。

词典上的线索

萨沙是一位独居的英语教师，她被人刺死在自家书房，但现场没留下与凶手相关的物品痕迹，唯一的线索就是萨沙的手指指着一本字典的一页，上面是从 chaos ~ cheer 顺序排列的单词。

警方推断凶案是熟人所为,从萨沙的交往名单中找到两个嫌疑犯。

迈克——本来和萨沙已经订婚了,但是萨沙竟然跟别的男人十分暧昧,这让他怒火中烧,两个人关系恶化。

查理——和萨沙是同事,两个人关系十分暧昧,得知萨沙已经订婚后仍然和她纠缠不清。

那么究竟谁是真凶呢?

【游戏正解】

查理是真凶,因为 chary 这个单词在萨沙所指的书页上面。

凋谢的百合

花店老板发现麦迪先生死在自己的公寓里,于是马上向警方报了案。警方在现场调查,发现麦迪先生家的门窗都是反锁着的,麦迪躺在床上,枪掉在地上。房间十分整洁,从表面上看,似乎是自杀。

花店老板说,每个周末,麦迪都会到他的店里买几只百合,多年以来,一直都没有间断过,然而最近两周,麦迪没有来了,于是他想探望一下,便亲自来到了麦迪的家里,结果发现麦迪先生死在自己公寓里,于是报了警。

警长看了看窗台上的花瓶,瓶内插着几支枯枝,花朵早已经凋谢了。他望着收拾得干干净净的房间说:"我认为是被人谋杀的!"

请问警长为什么会这样说呢?

【游戏正解】

花瓶中的花凋谢之后,阳台附近应该会有凋谢的花瓣留下,然而房间里面干干净净,说明曾经有人认真打扫过。

卖药的小贩

某日,路上很多人围住一个卖药的摊子。卖药人的头上戴着一顶草帽,一个药箱放在他

的面前,几粒药丸放在箱盖上,专门做广告用的。这时候,为了兜售自己的药物,卖药人正在口若悬河地说:"这种药是按照家传秘方精心制作而成的,专门治疗脱发、秃顶,医治一个好一个,你们可以买回去试一下,包您满意!"

卖药人说的时候,不仅摇头晃脑,而且还满口唾沫乱喷,头上的草帽也随之颠动起来。围观者变得越来越多,有的问这问那,有的将钱包掏了出来。卖药人看到生意立即就要红火起来了,心里非常开心,于是便弯下腰打开箱子。没有想到的是,一不小心居然把箱盖上的药掀落在地上了,这时刚好一阵风刮来,刮飞了卖药人的草帽。卖药人心里急了,慌里慌张地捡药,六神无主地捡帽子,等他戴好自己的帽子,回头一看,围观群众早已散开了。

请问,这到底是怎么回事?

【游戏正解】

原来,卖药人的草帽吹落下来,露出了光头。围观群众看到他连自己的光头都没有治好,卖的一定是假药,所以全部散开了。

河畔的枪声

警察科恩在一条小河边上巡逻,突然,从远处传来一声枪响,他立即跑过去查看。

快到现场的时候,他听到"扑通"一声闷响。然后便看到一名女子躺在地上,胸口中枪,已经停止了呼吸。他在现场找到了一只男人穿的木拖鞋。

他四处张望,看到一个男人正在向远处跑去,于是奋力追了上去,终于把男人抓住了。这个男人光着两只脚,带到警局检查,发现他的手上有火药的残留物,基本可以肯定凶手就是他。然而,警察搜遍了现场,也没有找到凶器,经过好几天的打捞,仍旧没有在河底发现凶器。

请问男人把凶器藏在什么地方了?

【游戏正解】

男人把手枪绑在拖鞋上,这样手枪就顺着小河飘到下游去了,现场当然找不到手枪。

谁是凶手

这天,玛丽戴着一条钻石项链,参加一个晚宴,她不停地炫耀自己的项链,引得很多人都对

她十分反感。后来,在一处偏僻的角落中,有人发现了玛丽的尸体,她是被人割断喉咙而死的,身上满是鲜血,礼服也弄得皱皱巴巴的,应该是挣扎的时候造成的,在她的长裙上,警方发现了只有主办者才有的徽章。然而,在现场并没有找到凶器。

根据各种线索,警方终于找到了四个嫌疑人。

一个是主办人的儿子马克,他是一个残疾人,一条腿是假肢;一个是会场的保安,他对会场很熟悉;一个是杰克,他是一个体格健壮的运动员,曾经与玛丽大吵过一架;一个是玛丽的好朋友安娜,在她的身上,警方找到了那条不见了的钻石项链。

请问凶手究竟是谁,凶器被藏在什么地方了?

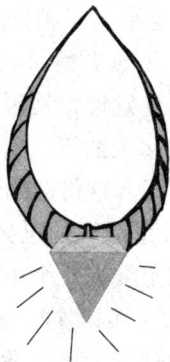

【游戏正解】

凶手是马克,因为只有他可以拿到特有的徽章,在他的假肢里面可以藏凶器。

奇怪的脚印

雨后的一天,有人在郊外的小树林里发现了一具女尸,然后立即报了警。警方来到现场,发现那里清晰地留下了一双高跟鞋脚印,和死者脚的大小相符。还有一个脚印是男人的,警察推断这个男人应该就是凶手。然而令人奇怪的是,在现场没有找到凶手离开的脚印,而死者的高跟鞋脚印却清晰地留下了。和死者相比,凶手的脚要大很多,绝对不可能穿着死者的鞋子离开现场。

请问这到底是怎么回事?

【游戏正解】

凶手是一个体操运动员。他将死者杀死之后,用手"穿着"死者的鞋子,倒立着离开了现场。

戒指不见了

一个收藏爱好家在拍卖会上,将一枚价值连城的戒指拍了下来,接着将它放入一个很大的窄口瓶中。这个玻璃瓶的重量为70千克,一般的人很难搬动它。在存放戒指的房间周边,收藏家布置了一套全新的防盗装置,以防万一,倘若有人将玻璃瓶移动,这些装置就会立即发出警报声。某日,收藏家发现玻璃瓶中的戒指不见了,可是玻璃瓶却好端端地放在那里。他立刻报了警。警察经过调查得知,从最后看到戒指到发现戒指不见报案,在这段时间内,一共有管家、保安、清洁工三个人进入房间。

请问是谁偷了戒指?

【游戏正解】

嫌疑最大的是清洁工,因为他可以利用吸尘器将戒指吸出来。

小小牵牛花

在天朗气清的一天,艾米一个人来到野外写生。没有想到的是,艾米竟然遭到了匪徒的抢劫。但因为是在野外,行人很少,警局并没有及时接到报案,从而使此案产生了很多迷雾。警官在溪边的事发现场看到艾米的画板、画笔等物品散落在地上,并发现艾米在画板上画了几朵盛开的牵牛花。

看到这里,警官很快就将事发的时间推断出来了。后来抓到劫匪,从他口所得到的案发时间,和警官的判断并没有什么差异。

请问警官是怎样判断劫匪作案的时间的?

【游戏正解】

艾米外出写生,在画板上画下牵牛花,这应该就是当时所见。只要根据牵牛花的开放时间,就可以推断出劫匪的作案时间。根据常识,牵牛花只在早上盛开,过了上午9点就会慢慢凋谢。所以,案发时间应在上午9点之前。

银行抢劫案

两名歹徒在一家银行抢了很多钱,然后便坐一辆吉普车逃跑了。根据知情人员的举报,没花多长时间,警察就找到了那辆吉普车。把车拦下之后,警长当即对车中的男子马尔进行审讯,结果发现他竟然有不在场的证据,无奈之下,只好把他放了。

根据银行人员的说法,歹徒一共抢走了五万美元新钞票。几天之后,另外一家银行也发生了抢劫案。案发不久,警察抓到马尔超速行驶,便对其进行了罚款。一天后,警方逮捕了马尔,指控他抢劫了银行。马尔辩护道:"我那时候不在现场呵!"警长厉声训斥道:"给我闭嘴!那两个人是你的同伙,你们找了完全相同的一辆车。每次作案,为了方便他们逃跑,你都把警方的注意力转到了你的身上,可是这次你却露出了马脚。"请问警长是如何识破的?

【游戏正解】

马尔交罚款所用的钞票上的号码,是之前抢劫的五万美元中的一张。警方根据这一点,最终将其逮捕了。

数字的应用

某县第五粮仓丢失了一批大米。县公安局的工作人员得到报案后,立即展开了调查。在调查过程中,发现有人在邮局里发了一份电报,电文的内容只有四个数字,依次为:1,2,6,3。

一位经验丰富的老警察专门负责此案。老警察对电文内容进行了仔细的分析,随之布下了天罗地网,最后终于抓捕了偷盗大米的罪犯。

请问老警察发现了什么线索,是如何发现的?

【游戏正解】

根据惯常思维,"1,2,6,3"仅仅只是数字。事实上,它们的应用领域并不局限在这里。想想在音乐中,这四个数字怎样发音的?根据这一点,找出它们的谐音字,很容易就知道这四个数字的意思是"都来拉米。"

莫名的遗嘱

欧贝急匆匆地跑到律师的工作室,说自己碰到了一件很难办的事情,请律师帮忙解决。律师请欧贝坐下,让她慢慢地说。"早上我家花匠对我说,他有我父亲的第二份遗嘱,并威胁我必须给他10万美元。这份遗嘱是11月31日夜里1点签署的,和我持有的已经发生法律效力的遗嘱相比,时间上要迟几个小时。"

欧贝继续说道:"因此这份遗嘱可以受到法律的保护。对于花匠的勒索,我还是拒绝了,但是他总是缠着我,不断地讨价还价。开始要10万美元,后来又降到了2万美元。我应该怎么处理呢?"

律师听完欧贝的话,站了起来,在屋子里面来回踱着步。没过多久,律师便对欧贝说道:"你不用理睬那个花匠。"

请问律师为什么要这样说?

【游戏正解】

遗嘱不可能在11月31日夜1点签署,11月只有30天。这是花匠伪造的一份遗嘱,目的就是为了讹诈。

判断 Y 的底细

从下面的算式中,你可以判断 Y 是什么数字吗?

$Y \times Y \div Y = Y$

$Y \times Y + Y = Y \times 7$

$(Y + Y) \times Y = Y \times 12$

【游戏正解】

Y 是数字 6。

子弹壳的位置

一家高级酒店的二楼发生了命案,侦探员霍姆奉命调查。在到达案发房间后,他看到一个年轻的妇女在哭泣,从开着的门能看到房间里一个男人倒在椅子上。霍姆首先对尸体进行检查,确认死者死亡时间不长,子弹穿透心脏。随后,霍姆询问了这个女人,女人哭着说:"几分钟前,我听到有人敲门,打开门时,看到一个人戴着面具,手里拿着枪朝我丈夫开枪,开了几枪后把枪扔在地上就逃跑了。"在地毯上能看到手枪,地毯左侧位置,两个弹壳相距不远,死者身后有一个弹洞。霍姆对身后的警员说,带这位太太回去调查,他为什么对这位夫人产生了怀疑呢?

【游戏正解】

霍姆想到,如果真像这个女人所言那样,歹徒在门外朝她丈夫开枪,弹壳就不会落在房间里,也不会落在地毯左侧。因为手枪里的弹壳应该落在歹徒的右后方位置才对。

电脑插销

因为工作压力过大,S 公司的软件专家贝基请假回家了。公司老板想找他,却发现无论如何都联系不上,手机不通,座机也不通。老板担心贝基出问题,赶紧派人到贝基家里去看看。结果发现,贝基死在了电脑旁。

接到报警,警方来到贝基家。只见贝基的电脑开着,屏幕上显示着一份遗书,桌上还有一个打倒了的咖啡杯子。经检验认定,咖啡中掺了毒。另外,发现电脑插销没有插,死者大概在两天前死亡。警长由此断定,死者不是自杀,而

是一起凶杀案件。

【游戏正解】

电脑插销没有插,说明电脑用的是内存电池,一般这种电池最长工作时间为 10 小时。贝基在两天前死亡,那么电脑早就该关机了,屏幕上不可能显示出遗书。

消失的交响乐卡带

五名登山队员在一次攀登山峰的过程中,遭到了雪崩,造成其中一人遇难。警长在调查过程中,发现事发时四名队员都有不在现场的证明。因为死者过于胆怯,一直在半山腰处停留。

警长发现雪崩是在上游的某个地方发生的,死者处在下游。另外,四名队员都说没有听到雪崩引起的剧烈声音,只是在事发后,放有交响乐卡带的录音机找不见了。警长发现,这不是意外事故,而是一起精心策划的谋杀。

请问凶手是如何杀人的呢?

【游戏正解】

凶手利用录音机作为杀人凶器,将其放在上游某个积雪处。将音量开大,从而引发了雪崩。死者没有丝毫准备,直接就被雪吞没了。事发之后,凶手只要将录音机扔掉就可以了。

事先预谋的杀人

汤普森先生经常与四岁的小儿子玩"打手枪"的游戏,他每次下班回家的时候,小儿子就会在花园等着他。汤普森先生就模仿各种小动物的叫声,小儿子就拿着玩具枪向他发射,接着,他就假装中枪倒在了地上,逗得小儿子哈哈大笑。汤普森先生每天晚上都会与小儿子这样玩,真是风雨无阻。

某天,汤普森先生把一个客人带回家里吃饭,这个客人和汤普森先生一样,经营的都是同一类型的生意,两人之间虽然存在着竞争,但大家并没有什么敌意。汤普森先生与客人快到家门口的时候,特地提醒了一下客人,说一旦看到他的小儿子,最好是学一下小狗小猫叫,这样一来,他的儿子就可以经历一天中最开心的时刻了,客人立即会意了,表示配合。当汤普森先生和客人踏入五颜六色的花园的时候,小儿子真

的"持枪"等待着他们。客人学着小狗小猫叫着，小儿子扣动了手中的枪。

只听"砰"的一声，这次居然射出了真子弹，客人中枪之后，当场毙命，小儿子以为这只是一场游戏，高兴地跳了起来。

结果法庭认为小儿年少无知，误取父亲用以自卫的手枪玩耍，错伤人命，不予治罪。

请问，有什么疑点证明汤普森是在刻意杀人？

【游戏正解】

首先汤普森将打手枪的游戏不断排练，从而使小儿子有了惯性。第二，非常明显，自卫手枪事先放在了儿子的玩具中。再者，最可疑的是小儿子根本不知道开枪前必须先拨"保险钮"，除非事先有人安排好。种种疑点都可以证明，汤普森有杀害生意竞争者的嫌疑。可惜的是，法庭居然没有觉察到。

日式的房子

在巴黎郊外，有一幢日式别墅，里面住着一个单身富翁。有一天，单身富翁被人杀害了。警方接到报案后，迅速赶到了现场，进行了仔细的调查，他们发现别墅内房子的门窗都是紧闭的，十分严实，外面窗台上则落有一层土。很明显，门窗没有被人打开过。

为了将凶手的进出通道查出来，办案警官仔细查看了整幢别墅的内外。终于，办案警官

恍然大悟，对其他警员说道："我知道了，这是日式的房子。"

请问，这里面究竟有什么玄机？

【游戏正解】

凶手利用日式房子的建筑特点，从榻榻米下面的通道逃走了。

富婆自杀案

某个富婆自杀了，目击者马上给警局报了案。警长得到消息后，便与几名办案人员迅速赶到了案发现场。从现场来看，富婆是通过一根带子和一个凳子，在自家的阁楼上自己吊死的。管家是此次案件的唯一目击者。

警方对管家进行了询问，管家说："当时我正在院子里面收拾东西，无意间看见夫人在踢凳子。跑过去一看，发现夫人已经死了。于是我就马上给警局打电话。"警长看了一眼管家，沉思片刻，便厉声说道："凶手就是你。"

请问警长是怎样判断的？

【游戏正解】

通常来说，在家里还有其他人的情况下，上吊的人一般都不会自杀的，并且，当事人上吊之后，是无法踢到凳子的。十分明显，管家是在撒谎。至于管家的动机，一定和金钱有关。

白纸与缝衣针

人们在郊外一幢别墅里的沙发上，发现了一个孤身盲眼的老太太的尸体。有几张白纸放在茶几上，老太太的手中拿着一根缝衣针。经过法医鉴定，最后断定老太太是服毒而死的。警长对所有的房间进行了调查，确认这是一起谋杀案，而并非一起自杀案件，但是在室内，警方并没有找到任何的线索。

警长看着沙发上老太太的尸体，接着便肯定地说道："当时她正在和一个人说话，凶手极有可能是一个与老太太十分熟悉的人。"警长看了看茶几，突然想起了一件事，将白纸拿起来，又摸了摸……最后，在这几张白纸的帮助下，警方终于抓到了凶手，他就是老太太的侄儿。因为想快一点继承遗产，他狠心地毒死了老太太。

【游戏正解】

在生命垂危之际，老太太在白纸上用盲文将凶手的名字和原因，用缝衣针一一写了出来。

盗窃银器的案犯

街角的一家银店被盗了，银店的营业员对警长说道："刚开门的时候，有个人就闯了进来。我当时正背对着门，这个案犯对我说道：'不想死的话，不要转身。'随后他用枪顶住我的后背，并叫我拿出陈列的银器，全部都交给他。"

营业员停了一会儿，接着又说道："他将所有的银器装进手提包之后，便匆匆忙忙地逃走了。"警长问："如此说来，你一直背对着案犯，他逃走的时候，也背对着你，那么你是如何看到他的呢？"警长这么一问，营业员顿了一下，接着又回答道："我们的银器擦得很亮，在我递给他一个大碗的时候，看到了他在碗中的样子。"警长听后，便严肃地说道："盗窃银器的案犯就是你。"

请问警长是如何断定的？

【游戏正解】

根据凹透镜的成像原理，营业员透过大碗银器所看到他人的样子，事实上是非常模糊的，而且还是倒影。

花之语

一天清晨，一个住在别墅内的男子被人枪杀了。警官接到报案后，立马赶到了现场，经过调查，发现除了死者手中紧握的一朵大丽花外，再也找不到其他的线索了。警方经过分析，最终理出了三条头绪——死者与同父异母的姐姐为争遗产而产生了矛盾；与某位朋友发生了争

执，因为死者告发而引起了命案；和邻居产生了不愉快的冲突。

警方在次日的报纸上登出了这三个推断。没过多久，警方就接到一名陌生女士打来的电话，她说应该从大丽花本身来对案件进行调查。

请问这道难题你能破解吗？

【游戏正解】

大丽花有背叛的意思。从这点出发，警官很快就判断出，死者出卖朋友的行为，致使朋友采取了报复手段，从而导致凶案的发生。

离奇的死亡

在英国保龄球夏季职业大赛中，两个著名选手莲娜与海蒂之间的冠军争夺战已经开始。但是，比赛进入中段的时候，莲娜突然倒地身亡。

现场马上赶来了大批警察，对于裁判费尔的讲述，探长留心地听着。费尔说："当时，莲娜刚好在打第五球，可是球居然失准了，结果滚到了球道侧，掉入了坑中。之后，球又被运输带运回来了，莲娜打了一个补中，然而在这个时候，球又失去了控制，再次滚入坑中。莲娜看了看自己的中指尖，上面出现了一个小孔。"

探长问道："莲娜所用的是不是私家球？"

费尔回答："当然，这是职业大赛，当然用的是私家球，球摆在这里。"裁判将球递给了探长，后者仔细查看，发现这只是一个再普通不过的保龄球，手指插入的孔中，也未发现针一类的东西。

经过进一步的调查，警方终于找到了一点线索，原来莲娜的对手海蒂的弟弟尊尼，是这个球场的自动机管理员。警方怀疑，尊尼为了姐姐可以争得名誉，于是狠下毒手。

请问，尊尼是如何下毒手的呢？

【游戏正解】

尊尼在莲娜发第五球失准后，将毒针插在球的指孔中，运回球轨，等莲娜再打补中后，又偷偷把针拔掉，将球运回球轨，因此警探没有在球中发现任何针状物体。

跳下飞机的人

有个人乘坐朋友的直升机到海岛旅游。可是直升机刚出发10分钟，就又返回了机场。驾驶员对赶来的警长说："飞行途中，有一个人居然直接打开舱门跳了出去，并且有一封遗书留在他的座椅上。上面说他罹患重病，因此只能提前了结自己的一生。"

警长看完遗书，沉思了一会儿，又仔细看了看直升机的座舱。之后，警长便下令逮捕驾驶员。

请问警长看出了什么问题？

【游戏正解】

在直升机飞行的时候，倘若打开舱门，必然会引起一阵急风。这主要是因为舱内外气压不一样，所以遗书不可能仍旧在椅子上。很明显，是驾驶员将这个人抛出了直升机，将舱门关上后，再在椅子上放置了遗书。

"嘀嗒嘀嗒"的钟声

有一个音乐家，经常到他的盲人朋友家里去弹琴。某一天晚上，两人一个弹，一个欣赏。突然，有响声从二楼传来。盲人大声说道："情况不妙，楼上有小偷！"盲人立即将防身手枪取出来，直接上了二楼。二楼没有开灯，但这对盲人而言不是问题。

音乐家紧跟在盲人身后。音乐家把房门推开，发现房间里面安静得出奇。只听见"乒"的一声枪响，有个人倒在了地上。音乐家打开灯一看，发现有一个人躺在挂钟前，口中发着微弱的呻吟，旁边装钞票的保险箱敞开着……报案之后，警局派来了人，将小偷的尸体抬走了。

让音乐家疑惑不解的是，盲人是如何击中小偷的？

【游戏正解】

在平时的生活中，盲人已经习惯了听挂钟的"嘀嗒"声，但这时突然听不到了，这便意味着小偷故意挡住了挂钟。所以，盲人直接朝挂钟方向开了枪。

惨遭杀戮的鸵鸟

动物园中的一只鸵鸟不仅被人杀死了，而且尸体还遭到了解剖。这只鸵鸟是该动物园最受欢迎的一种动物，刚刚从非洲进口回来。某日深夜，凶手小心地潜入鸵鸟的小屋，最终将其残忍地杀害了。

请问，凶手对待一只已经死去的鸟为什么会那么残忍？

【游戏正解】

鸵鸟属于杂食性动物，没有牙齿。它的胃可以吞小砾石或小石子，用沙囊弄碎食物，从而将其消化掉。这些小石子无法排泄出去，永远都会留在胃中。进口鸵鸟的时候，犯罪分子让它吞服了大量贵重的钻石。成功入境之后，他便残忍地杀死了鸵鸟，并将钻石从它的胃中取了出来。

莎莉与安娜

气温高达35℃，天气实在是太热了。莎莉警官正在火车站接人，这个时候，有人从后面对她说道："莎莉，你这是要去度假吗？"莎莉回过头来,发现说话的原来是安娜,她正与莎莉侦查同一个案件。莎莉回答道:"不,我在接人。"

"真是很巧,我也是来接人的。"她从包里拿出一块巧克力,掰下一半递给莎莉,说道,"你还没有吃饭吧,不如先吃一块巧克力吧!"莎莉警官接过巧克力放在嘴中一咬,发现硬邦邦的。莎莉似乎明白了什么,于是突然对安娜说道:"你刚从火车上下来,骗我是为什么?"安娜被这么一问,于是执拗地反问道:"你看到我下火车了吗?"莎莉答道:"虽然我没有看到你下火车,但我知道你是在撒谎。"

请问莎莉为何会这样确定?

【游戏正解】

巧克力在 28℃ 以上就会变软。当时气温那么高,火车站并没有空调房间,只有刚到的火车里有空调。

无形的目击者

富翁杀死妻子之后,把尸体藏在一个铝合金箱子里。为了将罪行销毁掉,他驾着飞机来到附近的海域,在空中盘旋了一会儿后,富翁把箱子推入了海中,之后便给警局打了一个电话,说自己的妻子无故失踪了。

几天之后,警长以谋杀罪逮捕了富翁。富翁当场说道:"你们凭什么抓我,一定是弄错了。"警长对他说:"无形的目击者已经告诉我们,你驾驶私人飞机到海上,将一个金属物体推进了海中。"听到这么一说,富翁只能服法认罪了。

请问警长所说的无形目击者到底是什么?

【游戏正解】

警长所说的无形目击者是雷达探测。

破解密函

萨克警官逮捕了一名间谍,并从他的身上搜出了一份密函。密函的内容是这样的:"亚校长,援贵校球队去比赛一事,后天 10 点带队到我处详谈。"萨克警官看了这份密函,没用多长时间,就将其破解出来了。因为萨克早年受过特工训练,所以会这么快。

请问密函的真正内容是什么?

【游戏正解】

"援队 1 时到。"破解的办法就是隔三个字提一个字,不算标点。

火　车

有一列从 C 站正点发出的夜行火车,晚点几分才到达 D 站。机车副驾驶从车上下来向站长报告:"站长,在机车运行的过程中,司机直接从车上跳下逃跑了,是不是他疯了啊!"

听到这一消息,脸色煞白的站长马上打电话给 C 站,两方派护线员沿路寻找,但仍没找到司机的下落。沿线皑皑白雪,如果司机跳车逃走的话,按理说会在雪地上留有痕迹,但是没有。这列车也找了,没有一点司机的行迹。让人不解的是,从 C 站发车时,司机确实在机车上。司机去哪儿了呢?

【游戏正解】

在行驶中,副驾驶将列车司机杀死,又将其尸体投入机车的锅炉中,所产生的气味,随着呼啸而过的风,很快被吹得一干二净。

被抓捕的绑匪

加西亚老板接到了绑匪的恐吓电话,得知

自己的女儿被绑架了。绑匪要100万，要求明天14点把钱送到指定地点，倘若报警的话，那么就会撕票。加西亚老板思来想去，最终还是报了警。次日，加西亚老板接到绑匪的电话之后，警长让他按照要求把钱送到指定地点。

绑匪到达指定地点后，将钱箱拿过去，紧接着便迅速上了一辆轿车飞驰而去。加西亚老板没有看到警方有任何的行动，心里很是着急。两小时之后，警方将三名绑匪抓捕回来，并将女儿与一分未少的钱箱交还给了加西亚老板。

请问警长是怎样抓捕绑匪的？

【游戏正解】

警方在加西亚老板的钱箱内安放了一个电子跟踪器。所以，警员迅速找到了绑匪藏身的地方，并成功解救了人质。

送货员的脚印

有一个独居的老人在去年不小心摔断了腿。因此近一年来，老人从来没有出过门，超市送货员每周都会将他所需要的日常用品送过来。然而，老人在大雪后的一天无故地死了，尸体半裸着，颈部有被咬的伤痕。警方经过调查，最终断定老人是在换衣服的时候，不小心被一条扑上来的狼狗咬住了咽喉而致命的。

警方询问了送货员，后者说道："六天前，我最后一次到这里。那天刚下过雪，我一进屋，老人的狼狗就向我扑了过来。"警长在屋外找到了送货员的脚印，从北直到老人的小屋，并从小屋又返回。这个时候，只见狼狗嗅着这串脚印走了过来。警长很快就判断出了凶手

是谁。

你知道凶手是谁吗？

【游戏正解】

送货员说六天前来过老人的小屋，倘若真是这样，他脚印的气味早就消失了，狼狗也不会嗅着脚印走过来。事实上，送货员伪造了狼狗咬死老人的现场，他才是真正的凶手。

线锯是哪里来的

某日深夜，被关在单人牢房里的贝姆成功越狱了。他用线锯做了一把细锉刀，锉断了窗户的铁栏杆，接着就越狱逃跑了。贝姆被关进单人牢房之前，曾接受了非常严格的搜身检查；并且他从来就没有接受过任何东西。

贝姆的妻子经常来探监，然而在交谈的时候，都是用互通电话隔着玻璃进行的，肯定不可能将线锯传递给贝姆。监狱长经过检查，发现有鸟粪在被锉断窗栏杆的窗台上。可是这与线锯又有什么关系呢？

请问这是怎么一回事？

【游戏正解】

贝姆每天将一些面包渣儿放在铁窗外。他妻子在监狱外放出了信鸽，信鸽看见面包渣儿，于是便飞向了贝姆的牢房。几次之后，贝姆的妻子就知道了单人牢房的位置。紧接着，她便将线锯的锉刀绑在信鸽的腿上，贝姆就是这样得到锉刀的。

芭蕾舞演员

迪斯是一位芭蕾舞演员。一天上午，她在报纸上看到一则新闻："在K公园内，发现年轻的银行家查理大人的尸体，距离网球场大概有一米左右。查理大人应该是被利刃杀死的，死亡时间大概是星期六晚上七八点左右。"

由于清晨下过雨，所以凶案现场的地面非常潮湿，死者与凶手的高跟鞋足迹都十分明显。然而奇怪的是，两个人的足迹不是并行的，一个是走进现场的足迹，估计是被害者的，另一个则是离开现场的足迹。

警方逮捕了所有的嫌疑人，其中有一个是前芭蕾舞团的舞蹈教师，名字叫做杜芙。在死者的卧房中，警方发现了一本备忘录，上面清楚

地记着:上午 8 点在网球场与杜芙小姐见面。那么,杜芙究竟用的是什么方法,从而让凶案现场的足迹消失的呢?

之后,对于这起杀人事件,迪斯似乎已不太感兴趣,于是又开始练习自己钟爱的芭蕾舞。突然,迪斯仰天大笑起来,紧接着说道:"哈哈!我知道了,这果真是一条瞒天过海的杀人诡计呵!"

请问,迪斯的推理究竟是什么呢?

【游戏正解】

因为杜芙是芭蕾舞教师,所以案发当日,她是穿着芭蕾舞鞋,利用脚尖走路的方法来到网球场的,接着将死者杀害,再坐在尸体上换回高跟鞋,顺着现场遗留下的芭蕾舞鞋的印迹走回去。

一个演奏名额

演奏大厅装修得金碧辉煌,观众席上坐着很多观众,因为今天将举办一场演奏会,吸引了很多音乐爱好者前来观看。

为了保证音乐演出不会出现意外,乐团的负责人确认了两名小提琴演奏员,他们分别是葛吉思和玛丽。在演出前半个小时,负责人会过来告诉他们,最终决定究竟让谁上台演奏。

葛吉思和玛丽是同一个老师带出来的学生,他们的琴技水平相差不远,但是由于葛吉思的人缘比较好,因此更加得到乐团负责人的喜爱,因此,乐团的其他人都猜测,葛吉思上台表演的机会比较大。

另外,听说世界著名的小提琴家会过来观看演出,如果得到他的赏识,那么以后的演奏之路就会更加顺利。因此两个人都希望自己能够得到上台表演的机会。

演出前的半个小时,负责人决定让葛吉思上台。葛吉思听到之后,非常高兴,立刻就去化妆间化妆。化妆后,他还必须调试 3 分钟的琴弦,最后才能上台表演。

在演出前的 10 分钟时,乐团的负责人却没有在准备室找到葛吉思。人们慌忙四处寻找,却发现葛吉思被人勒死在存放道具的房间中。负责人的朋友莱恩亚希是一名侦探,因为受到邀请,他也在演出现场,接到负责人的电话后,他迅速赶到了后台。

这时,距离音乐会开始的时间只剩下 3 分钟了,为了不影响整场音乐会,负责人临时决定,让玛丽准备上场。玛丽来到化妆间,迅速化好妆,然后从琴盒中拿出小提琴,走上台开始表演。莱恩亚希在侧面的幕布旁边,一边听着演奏,一边听着负责人向他介绍刚刚发生的一切。

玛丽的演奏十分到位,发挥得特别好,她还看到小提琴家向她点头微笑表示欣赏,她内心感到非常高兴。演出结束回到后台,很多人聚集上来纷纷向玛丽表示祝贺。

莱恩亚希拍拍玛丽的肩膀说:"玛丽,你表演得非常好!不过,我觉得你应该去一趟警察局,向警方介绍一下你到底做过什么事情。"

你知道莱恩亚希从什么地方发觉玛丽有犯罪嫌疑吗?

【游戏正解】

在故事中,介绍说小提琴手必须在演出前的几分钟,对小提琴进行调试,这样才能够演奏出完美的音乐。但是接到上台的通知时,玛丽并没有调试小提琴,她拿着自己的小提琴直接就上台表演了,这就说明她知道自己今天一定会上台演奏,已经调试好了乐器,这一点说明她有犯罪嫌疑。

消失的放大镜

吉恩斯是一位邮票收集爱好者,在他的家中,收藏着很多值钱的邮票。今天是他84岁的生日,因此朋友们为他举办了一个隆重的宴会,希望他能度过一个快乐的生日。

他的一个朋友带来一张邮票,希望吉恩斯能够帮忙估价。在卧室中,吉恩斯查看了这张邮票,并且告诉朋友大概的价钱。接着,朋友就去了宴会大厅参加舞会,吉恩斯则留在房间中休息。

过了一会儿,仆人看见主人房间还有灯光,便想着提醒他休息一下。进门以后,却发现吉恩斯倒在桌子上面,颅骨受到了致命的打击,已经停止了呼吸。他立刻拨打了报警电话。

法医对吉恩斯的尸体进行了检查,最终确认他的死亡时间大概是20分钟之前。

仆人一边回忆,一边告诉做笔录的警员:"我刚刚走进门的时候,好像听见非常轻的关门声音,似乎是从后面的楼梯口传过来的。由于当时并没有特别在意,因此也没有过去看看……"

警长在房间中认真地观察起来。在吉恩斯的桌子上面,摆放着几件物品,它们分别是:一把镊子、一本邮集、一瓶挥发油、一册集邮编目和一支用来检查邮票水印的滴管。

警长思考了一下,然后从卧室中走到楼梯旁边。他站在二楼,望着下面的大客厅,客厅中很多人,都是过来为吉恩斯庆祝生日的人。似乎是为了增添乐趣,大家都化妆成各种各样的角色。

警长问吉恩斯的仆人:"如果吉恩斯先生去世了,那么在他的遗嘱中,谁是最终受益人呢?"

仆人抿了抿嘴唇说:"吉恩斯先生十分善良,总是为大家考虑……因此,在他的遗嘱中……包括所有的人……其中也有我……当然,这个宴会上来的人,大家都能够受益……"

警长站在二楼的高处,继续观察起来。最后,目光落在一个扮演侦探的人身上,这个人戴着一顶旧式猎帽,嘴中叼着一个大型烟斗,手里还举着一个非常大的放大镜,正在观察旁边一个化妆成公主的女孩。

警长立刻对下属说:"你们下去,迅速逮捕那个扮演侦探的人!他就是凶手!"

你知道警长是根据什么,从而判断出扮演侦探的人就是凶手的吗?

【游戏正解】

吉恩斯死亡的原因来自于敲击,而在吉恩斯桌子上消失了一个放大镜。对于集邮家来说,放大镜是检视集邮品必不可少的工具之一。因此,警长立刻就发现了谁是凶手。

单身汉谋杀案

汤森是一个单身汉,非常喜欢饮酒,每次喝酒的时候,都会醉得一塌糊涂,乱发酒疯,大吵大闹,周围很多住户都对其深有不满。

有一个晚上,汤森又喝得酩酊大醉,在楼道里面吵嚷片刻之后,便回到房间休息去了。第二天中午,清洁工人在打扫房间的时候,拍了很久汤森的房门,可是一直没有反应。清洁工人把门推开一看,当即吓得大声叫喊起来。原来清洁工人看到汤森躺在地上,头部被利器劈破了,满地都是鲜血,在他的身旁,还放着一把斧头。

清洁工人吓坏了,夺门而出,大声喊叫起来。邻居吉姆先生和管理员听到声音后,立即意识到有命案发生,赶紧报警。当警方迅速来到现场时,尸体却消失了。根据房内环境,警方推测凶手和汤森曾经发生过一场激烈的打斗,在案发现场的地上,只找到了一张纸,上面这样写着:我要为长靴复仇,对你进行严厉的处罚。

太奇怪了,在这么短的时间之内,"尸体"居然不见了,到底去哪里了呢?屋子里面又没有发现血迹,把全屋搜查遍了也没有找到"尸体"。纸上写的"长靴"究竟是什么意思?办案的探员被这一连串问题困扰着,你可以帮助他们解开疑团吗?

【游戏正解】

汤森是个被通缉的毒贩子,被仇家追杀。当他知道行踪被人发现后,倍加小心,准备移往别处居住,但这个计划被仇家知道了,于是他们预先派人潜入到汤森的房间里面。那天晚上,汤森饮得酩酊大醉,回房间休息的时候,杀手趁机用斧头砍死了他。然而事实上,汤森并没有死去,只是受了一点皮外伤而已。到第二天醒来的时候,看到满地鲜血,心想不能在此久留,由于害怕暗杀者折回,他便等清洁工人跑出去后,自己急忙把伤口包扎好,经过一番化装后离去。

浴室惊魂

一直以来,露西都有睡前吃安眠药的习惯,这样可以让她轻松入睡。

有一天晚上,天气十分潮热,露西在床上辗转反侧,不能入睡。苏丝住在楼上,她刚好在浴室里面洗澡,流水声"滴答滴答"地响个不停,吵得露西快要精神崩溃了。

后来,露西实在是忍受不了了,于是给管理员打了一个电话,请他去说一下。没过多久,管理员走到露西的门口,说道:"我刚才给苏丝打电话了,不过她家里面没有人接听电话;敲她家的门,她似乎还在洗澡,只听到浴室里面有水声作响,但是又没有任何反应,门被反锁了,我觉得她可能……"

露西意识到事态可能非常严重,于是就赶紧报了警。警方来到现场之后,将大门用力撞开,冲进浴室,只见苏丝的尸体浸在浴缸里面,水龙头依旧开着,十分明显,苏丝是被谋杀的。

"这太奇怪了,门被反锁了,气窗也是紧闭着的,凶手是如何逃走的呢?"露西和管理员都自言自语地说。

经过深入调查,警方终于发现一条断了的门闩藏在浴室的门后,门闩上面有几根金发,经检验是死者的。另外,警方在浴室里面还发现了两颗钉子,分别钉在门的上下两端,钉子上也缠着几根金发。

最后,根据掌握的线索,警方终于破解了凶手逃走的方法,你知道究竟是什么方法吗?

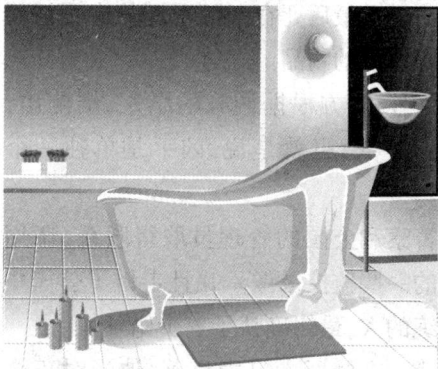

【游戏正解】

凶手将死者杀死之后,便将她的几根头发拔了下来,结成一条长线,绑在门闩前面,将其斜斜吊起,再调整长发的长度,挂在门上那颗钉子上,然后连接门下的钉子。所有的工作完成之后,再把水龙头打开,将门轻轻关上,借以掩盖他逃离现场的证据。不久,当水蒸气慢慢上升,头发遇热伸长,最后门闩慢慢缠紧承轴,门便自己反锁了。

公园中的谋杀案

汤姆森是一家大公司的老板,在带领公司走向辉煌以后,他便卸下了职位,安心地享受自己漫长的假期。每天,他早上起床之后,就会去公寓附近的公园晨练。晨练完毕以后,就会回家吃仆人准备好的早餐,然后看报纸,研究最新的经济走向。

这样的生活让汤姆森感到十分惬意和舒适,在工作中患上的职业病也渐渐好转起来。

这天,他和平时一样,早上很早就出门去公园锻炼了。仆人则在家中认真准备着早餐。汤姆森的胃口并不大,因此,每天仆人只需要热好一杯牛奶，做好一些烤面包，做好一个煎蛋，然后将面包果酱摆放在旁边基本就可以了。

本以为汤姆森会和平时一样，在固定的时间回家，结果过了很久，依旧没有他的身影。仆人意识到可能发生了什么事情，立刻赶到公园中，结果发现汤姆森先生被人袭击毙命了。他赶紧报了警。

警方迅速赶到了公园，并且进行了十分详细的调查。最终的结果确认，这是一宗谋杀案，凶手使用坚硬的物品袭击汤姆森的后脑勺，由于受伤过重最后死亡。凶手还抢走了汤姆森身上所有值钱的物品。

另外，警方根据调查的结果，推测出，凶手只有一个人，也就是说，凶手是单独一个人作案的。

警察和公园的管理员取得联系，调用了公园中的一些监控录像。并且走访了公园中的一些晨练的人，最终确认了三个嫌疑人。

第一个嫌疑人是麦克莱，他当时正牵着自己家养的狗，在公园中散步。

第二个嫌疑人是卡麦恩夫人，她当时正坐在公园的长椅上织毛衣。

第三个嫌疑人是查理斯，他当时坐在公园的一个长椅上写生。

警方根据所有的线索认为，凶手一定使用他随身的物品袭击了汤姆森先生。经过认真的思考，警方将所有的细节总结起来，最终确认了谁是杀害汤姆森的凶手，并且迅速将他逮捕归案，而凶手也在审问中承认了自己的罪行。

根据上面的细节，你能够推理出谁是杀人凶手吗？

【游戏正解】

凶手就是第一个嫌疑人，也就是麦克莱。

他当时在遛狗，而致命的杀人武器就是牵着狗的铁链。他只需要将狗链拆下来，然后一圈一圈缠绕在手上，那么就可以形成一件杀人凶器了。

聪明的女盗贼

在一列快速行驶的列车上，乘坐着衣着华丽的钻石大亨欧恩莱的夫人。在晚餐时间，欧恩莱夫人来到了餐厅吃饭。

这时走过来一个年轻的女孩，她长相十分漂亮，看上去聪明智慧。她对着欧恩莱夫人说："小姐，您的皮肤真好啊！请问您是使用什么牌子的化妆品？"

一个简单的话题，两个人就十分开心地交谈起来。其实，这个女孩叫詹妮佛森，是一个著名的女盗贼。今天，她的目标就是欧恩莱夫人身上携带着的一枚钻石，价值大概100多万美元。

凌晨3点30分的时候，列车上的乘客都进入了睡梦中，而詹妮佛森则提着一只塑料包，悄悄到达了欧恩莱夫人所在的包厢门口。詹妮佛森从包中取出一件金属工具，以及一个带着吸管的小玻璃瓶。

准备就绪以后，詹妮佛森在门上的锁眼中吹进了迷烟。欧恩莱夫人本来就在房间中睡觉，吸入迷烟之后睡得更深沉了。十几分钟之后，偷盗成功的詹妮佛森回到了自己的包厢，安然进入了梦乡。

天亮后，欧恩莱夫人发现自己的钻石不见了，想着一定是有小偷，于是她立刻通知了列车司机，并且要求在下一站停下来，让警察上来搜查。因为在夜间行驶的时候，列车并没有在中途任何一个车站停靠，因此，钻石一定还在列车上。

警察和欧恩莱夫人一起，一节车厢一节车厢地进行了严密的搜查，车上的每一个乘客都没有放过。查到詹妮佛森包厢的时候，欧恩莱夫人突然看到了一只衣箱，居然和自己的一模一样。她赶紧上前去打开，结果里面只有一些随身的衣物而已。

这场搜查进行了将近四个小时，乘客们开始抱怨行车的时间，警察们没有办法，只好带着所有人离开了列车,让列车能够尽快到站。他们不知道究竟是怎么回事,根本就没有发现钻石的影子。

列车到站之后,詹妮佛森带着她得到的美丽钻石,高兴地回到了家中。

你知道詹妮佛森使用什么方法骗过了警察的搜查吗?

【游戏正解】

詹妮佛森非常聪明,她将偷到的钻石装进了欧恩莱夫人的衣箱中,因为按照常识来说,任何人搜查的时候,都不会去搜查被害者自己的衣箱,她正是想到了这一点。

当列车到站之后,全部的行李都会放在月台上面,詹妮佛森就用她准备好的那个一模一样的衣箱,调换了欧恩莱夫人的衣箱,这样,詹妮佛森就得到了这颗钻石。

野外死去的朋友

马里恩莱、威尔斯特、汤克迅、约瑟布达四个人是好朋友。他们在同一所中学上学,关系非常好,因此经常一起活动,包括一起打篮球、一起吃饭等等。一天,他们约好一起去野外郊游,并且自己带上食物一起野餐。

在约定日期的前一天下了一场大雨,天气十分阴沉。第二天早上,他们依旧决定去野外郊游,因为雨后的郊游野炊更加有趣。由于昨天下了雨,他们想要到达野外的草地森林,就不能骑自行车。

他们四个人就步行到达了目的地。时间很快,马上就是吃饭时间了。这时,他们却发现,装着四人食物的野餐篮子不见了。

没有办法,他们四个人商量了一下,决定让约瑟布达留在原地,其他的人分头行动,去找寻吃的东西。

15 分钟后,三个人回到了原地,却发现留下来的约瑟布达居然被人杀死了!一场十分开心的野餐之旅,没想到居然会闹出人命,他们立即报警求助,希望能够找到杀害好朋友的凶手。

警方快速赶到了现场,分别询问了剩下的三个高中生,并且做了相关的笔录。

马里恩莱的表情十分难过,眼圈有些发红:"我带着渔具,本来想去河边钓鱼,然后中午就可以当成午饭了……可是……河水不干净,可以说是非常浑浊,我钓了好久,一条也没有钓到……因此,只好回到了原地……没想到,他已经死了……早知道,我就早点回来,也许我还可以救他!"

威尔斯特咬住嘴唇,露出十分伤心的表情。他看着警察说:"我在来之前,上网查到附近有一家便利店……因此在得知食物丢失以后,就想着去便利店买一些食物……于是我就去找那家便利店了,但是那家店今天居然关门了,我就回来了……"

汤克迅低着头,警员没有看到他的表情,他慢慢地说:"我们商量的是马里恩莱去钓鱼,威尔斯特去便利店买东西,我则是去捡木柴,因为野炊肯定是需要木柴生火的……我捡完木柴往回走的时候,却被一棵树的根部绊倒了,手里的木柴都掉在了地上,我起来一看,木柴都湿了……我担心大家都回来了,因此就直接赶回去了……"

警方想了想,回答说:"你们之中有一个人是凶手!"

你知道凶手是谁吗?

【游戏正解】

凶手就是汤克迅。因为昨天下了一整天的

雨，即使他没有摔倒，木柴也都是湿的，不会因为掉在地上而变湿，因此他在撒谎。

致命的错误

阿尔夫·勃兰特稽查长和米夏埃尔·克吕格尔副警官，为了找一个名叫安格莉卡·迈希特的人，他们开车来到一座公寓前。安格莉卡出来开门，她把两个人领进屋内说道："两位先生有什么贵干呢？"

"太太，你知道一个叫哈里希的人吗？"

"哈里希？我从来没有听说过这个人。"

"我们刚刚在拘留所询问了他，他说他和你很熟。"

安格莉卡仍旧十分镇定，她抽了一口烟，说道："我真想把你们扔到窗子外面去！"

阿尔夫用手指着她说："哈里希在银行将19万马克抢走了。警察的工作效率很高，24小时之内，就把他抓住了。经过我们和他的一番长谈，他已经说出把钱交给谁了。"

"我根本就不认识哈里希，对于银行抢劫案，我也丝毫不感兴趣！"

"荒唐！那为何哈里希要说，他把钱全部都给你了？"米夏埃尔插嘴说。

安格莉卡跳了起来："实在不能忍受了，我要马上控告你们！……"

"完全相反，是我们要马上控告你。哈里希到底是什么时候将钱交给了你，你又把钱藏到什么地方去了？"

安格莉卡恼羞成怒，大叫道："你想我说多少遍，路德维希·哈里希我压根儿就不认识！"

"你真的不认识他？"

"非常对，我根本就不认识他！"

阿尔夫生气地从口袋里抽出一张纸，说道：

公寓

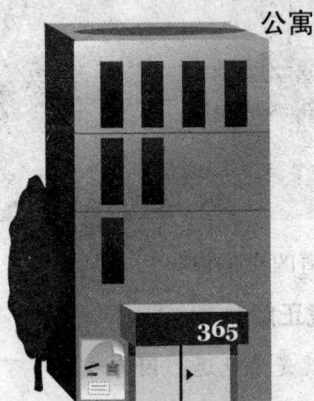

"就这样吧！安格莉卡小姐，你已经被捕了。非常遗憾，你刚刚疏忽，犯了一个致命的错误。"

请问，安格莉卡究竟犯了什么致命的错误？

【游戏正解】

安格莉卡小姐一再声称自己不认识哈里希，然而她却说出了哈里希的全名"路德维希·哈里希"。非常明显，安格莉卡是认识这个人的。

话中有话

维特将电视机打开，看到播音员正在播报一条消息："今天晚上7点左右，一个79岁的老人在贝姆霍德花园街遭到歹徒抢劫，后被枪杀而死。根据目击者的说法，凶手穿着一套绿色西装。若有知情的人，请快速和警察局联系。"

维特住的这条街刚好就是贝姆霍德花园街，她感到有点心慌。就在这个时候，一个35岁左右的男子突然在阳台上的门口出现，身上穿着一套绿色西装，并且衣服上还有血迹。维特吓得脸都变白了。

那人持刀威胁维特，让她将手表与金戒指交给他。这个时候，忽然响起了敲门声，歹徒用枪将维特的背顶住，胁迫道："快走到门口去，就说你已经睡觉了，如果让他进来，你小命不保。"

"是谁呀？"维特问道。

"我是韦尔曼警官。维特小姐，你这里没有发生什么事吧？"听到韦尔曼警官的声音，维特的内心平静了很多。

"是的。"维特答道。暂停一段时间，维特又用稍大的声音说："韦尔曼警官，我哥也向你问好！"

"谢谢，我告辞了，晚安。"

没过多久，巡逻车就开走了。

"干得还行，你的小命保住了。"

随后，歹徒便高兴地大口喝起酒来。忽然，很多警察一下子从阳台上的门冲了进来，还没等歹徒反应过来，手铐就戴到了他的手上。

韦尔曼警官关切地问道："维特小姐，你没有事吧？刚才你真是太机敏了。"

请问，维特的机敏究竟是在什么地方？

【游戏正解】

韦尔曼警官是维特小姐的朋友,所以他很清楚,维特根本就没有哥哥。当维特知道门外是韦尔曼警官时,他便故意说她哥哥也向他问好,韦尔曼警官便知道是怎么一回事了。

说谎的医生

沃克医生与一名富商被杀的案件有所牵连,所以正在警局录口供。

探员问:"你是在案发前到死者家里看病的吗?"

沃克医生回答:"是的。"

"他为什么会在浴室中暴毙呢?整个浴室里面,连天花板也都湿透了。"

"是……他在浴室里面淋浴的时候,可能因为突发中风,所以才暴毙的。"

"嗯……浴室里面的针药都是你的吗?"

"是,这是我从手提包中拿出来的针药,正打算为他医治的!"

"咦?温度计怎么粉碎了?"

"是我不小心摔碎了。"

"沃克医生,到底是因为什么病,病人才让你来的呢?"

"心脏病!"

"但是,你刚才不是说他是中风而死的吗?"

"呃……是中风……中风导致心脏病发作!"

"沃克医生,我们警方认为你有杀人的嫌疑,怀疑你用热水炉行凶!"

探员为什么这么肯定呢,他到底有什么根据?

【游戏正解】

事实上,沃克医生的回答破绽百出。他

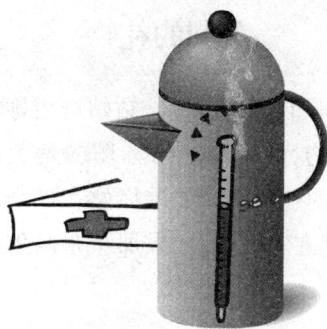

先说病人是因为中风而暴毙的,可是后来又说病人有心脏病。然而,这还无法让探员肯定他有行凶的想法。浴室里面居然连天花板都湿透了,这是最为重要的一点。因为沃克医生趁死者心脏病发作晕倒在地时,刻意开着热水炉,从而使室内温度升高,接着便把门关紧。这样,浴室里面就变成了蒸汽浴室一般,因为温度过于超常,所以连温度计也无法承受而自行破裂了。别说是心脏病人,即便是正常人也会送命,沃克医生这招杀人方式无疑非常险恶。

找 人

一天中午,一个警察看见一位妇女在一家超市门口徘徊了很久。

警察心生好奇,便上去询问:"您在干吗?请问我可以帮助您吗?"

妇女着急地回答:"我在找人!"

警察又好心问道:"哦,那你找的是谁呢?"

妇人回答道:"他的父亲是我父亲的女婿,而我父亲又是他父亲的丈人!"

你知道妇女找的是谁吗?

【游戏正解】

妇女找的是她儿子。

苏珊的礼物

在苏珊18岁的时候，姑姑送给她一个大大的生日礼物，姑姑说送给苏珊的是美丽。这是个什么样的礼物呢？如果你站在那个东西前面的话，你就在它里面；如果那个东西里面有你的话，你又是在那个东西的前面。你能猜出姑姑送给苏珊的生日礼物是什么吗？

【游戏正解】

姑姑送给苏珊的，其实是一面大镜子。

第 6 章

分析思维游戏

分析能力是对事物进行剖析、分辨、单独进行观察和研究的能力。分析能力的高低是一个人智力水平的体现。爱迪生曾经说过："学会解决问题的前提是学会分析问题。"分析能力较强的人，往往学有专攻，技有专长，在自己擅长的领域内有着不俗的成就。分析逻辑思维游戏是提高分析能力的有效途径，可以在寓教于乐的过程中帮助游戏者掌握各种分析方法。

象棋比赛

甲、乙、丙、丁和强尼五位同学一起比赛国际象棋,每两人都要比赛一盘。到目前为止,甲已经赛了4盘,乙已经赛了3盘,丙已经赛了2盘,丁已经赛了1盘。

请问,强尼已经赛了几盘?分别是和谁赛的?

【游戏正解】

按照常规思路,这道题似乎不太好解决。我们不妨画一个图来试试,用5个点分别表示参加比赛的5个人,倘若某两个人已经赛过,那么就用线段将代表这两个人的点连接起来。

由于甲已经赛了4盘,除了甲以外,还有4个点,因此甲和其他4个点都有线段相连。由于丁只赛了1盘,因此丁只和甲有线段相连。由于乙赛了3盘,除了丁之外,乙和其他3个点都有线相连。由于乙赛了2盘,丙已有2条线段相连,因此丙只和甲、乙赛过。

由此可见,强尼赛过2盘,分别和甲、乙比赛。

牛奶还有多少

布朗和妻子经营着一个庄园,他们养了一头奶牛,每天自己挤牛奶,然后拿出去卖。

有一天,布朗太太让两个儿子迈克和亨利看一看桶里面还剩下多少牛奶。两个小家伙很快就回来了,迈克说,还有不到半桶的牛奶,亨利说,还有半桶多牛奶。妈妈让他们安静下来,然后亲自看了一回。那是一个圆柱形的桶,她发现桶内的牛奶的确很难测定是多少。

请问,在不用任何工具的情况下,怎样判断谁说的对呢?

【游戏正解】

把牛奶桶半倾斜,倘若牛奶能将桶底盖住又不会洒出来,那么就意味着还有多半桶牛奶。倘若牛奶不能将桶底盖住,那则意味着还有不到半桶的牛奶。

敲房门

有一天,一家旅馆来了3对客人:两个男子,两个女子,还有一对夫妇。他们开了3个房间,门口挂上了带有标记的牌子,标记分别是00、++、0+,这样就可以避免互相进错房间了。然而旅馆的服务员却非常喜欢开玩笑,他把牌子的位置巧妙地调换了一下,结果弄得房间里面的人与牌子全都对不上号了。在这种情况下,据说只要将一个房间的门敲响,听到里面的一声回答,那么就可以将其他两间房间里的人全部弄清楚了。

请问,到底应该怎样区分房间里的人?

【游戏正解】

由于人和牌子都对不上,因此挂0+的房间就不是那对夫妇,至于是两男还是两女,一听到回答就可以分辨出来。如果是女子,那么该房间就是两个女子,00房间是一男一女,而++房间则是两个男子;倘若回答是男子,那么该房间是两个男子,++房间是一男一女,而00房间则是两个女子。

糖和茶杯

将6块糖和3个茶杯放在桌子上,你必须按照下面的方式,将这6块糖放入茶杯中:要求每个茶杯内的糖块是奇数,并且这6块糖必须全部都用上,同时还不能有任何的损坏。

请问,你应该怎样放?

【游戏正解】

将1个糖块放入第1个杯子中,将2个糖块放入第2个杯子中,将3个糖块放入第3个杯子中,接着将第1个杯子或第3个杯子放入第2个杯子中,使之重叠起来。

X星球上的粮食

X星球上的粮食和其他星球上的粮食有所

不同。帕拉和麦巴是生活在水中的物体。两个帕拉或麦巴就可以让一个人吃饱。然而,如果将一个帕拉和一个麦巴组合在一起,则无法成为粮食。水十分混浊,倘若只从水面看去,很难分清哪个是帕拉,哪个是麦巴,即便是将手伸进去摸,在大小和手感上也没有什么差别。如果想一次性弄到 3 个人的粮食,那么最少应该抓到几个物体?

【游戏正解】

帕拉用 P 表示,麦巴用 M 表示。当取一个人的粮食时,如果只抓 2 个物体,那么很有可能会出现 PM 的组合,因此最少要抓 3 个物体。这个时候,它们的组合共有 4 种,即 PPP、PPM、PMM、MMM。但是,在取第二个人的粮食时,因为前面可以剩下 1 个 P 或 M,所以只需要抓 2 个就可以了。同样道理,在取第三个人的粮食时,也只需要抓 2 个就行了。这样一来,至少得抓 7 个。

如何分配仓库的钥匙

有一个军火库,由 3 个互不相通的仓库组成。每个仓库都配置有 2 把钥匙。将军安排了 3 个士兵,分别看管这 3 个仓库。如何分配仓库的钥匙,才可以保证 3 个士兵中的任何一个随时都可以进入每个仓库呢?

【游戏正解】

设 3 个仓库分别是甲、乙、丙,3 个士兵各自拿一个仓库的钥匙,剩下的钥匙则可以这样安排:甲仓库内挂一把乙仓库的钥匙,乙仓库内挂一把丙仓库的钥匙,丙仓库内挂一把甲仓库的钥匙。这样一来,无论谁先进入仓库,都能够凭

着自己掌握的一把钥匙进入其他 2 个仓库。

印度尼西亚划拳游戏

大家都知道,中国有划拳游戏,事实上,除中国之外,印度尼西亚也有划拳游戏。在印度尼西亚的划拳游戏中,"人""蚁""象"就和中国划拳游戏中的"石头""剪刀"和"布"相当。印度尼西亚划拳游戏中的"人""蚁""象"通常都是以食指、小指与拇指来表示的。倘若双方出一样的指头,那么他们就打成平手了,不分谁输谁赢。

某次,有一个男子告诉对手:"现在我们只划一次决胜负,只出'人''蚁'两种手势。倘若打成平手,如果双方都是'人',那么就算我胜;如果双方都是'蚁',那么就算你胜。这种规定不但很公平,而且只要划一次拳就能决出胜负了。"倘若让你来玩这种划拳游戏,在 5 次机会中,你能够胜过那位男子几次呢?

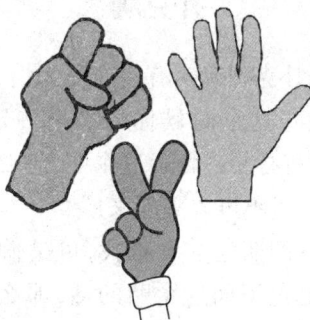

【游戏正解】

在 5 次划拳比赛中,你也许会全盘皆输。从表面看起来,男子的提议确实让人感到很公平,但事实上好处全往他那边偏了。我们可以看一下平手时的规定,这个男子的对手倘若不出"蚁"的话,那么就会让自己处在很不利的地位;但是同样一个道理,这个男子倘若不出"人"的话,也会让自己处在很不利的地位。所以仅仅是"人"对"蚁"的时候,出"人"的那一方,也就是那位男子一方,必然会获胜。无论怎么出,这个男子都处于有利的地位。

办公大楼的电梯

有一幢办公大楼建在市中心,一共有 8 层,虽然不算太高,但是每层楼都有很大的面积。

换班时，人员上下十分频繁，即便已经安装了多部电梯，依旧不能满足。为了让电梯的运转速度更快一点，电梯管理员找来了所有的电梯小姐，要求每部电梯除了底层和顶层每次都停之外，中间只在某3层停留一段时间（向下与向上都停）。而且一旦将在哪3层停留定下来，那么就必须在电梯门前张贴告示，不能随便变动。

开完会之后，电梯小姐按照指示落实下去。但是试行一天之后，楼里的工作人员都反映存在的一些问题，比如说，有的人从某层到另一层不能找到可以直达的电梯。电梯管理员想了一个晚上，终于想出了一种解决问题的方案，让无论哪层的人，不管是向上的还是向下的，想要到哪层，都能够找到直达电梯。

请问为了符合上面的要求，至少要有几种停法？

【游戏正解】

一共有6种不同的停法。

扑克牌

"这副扑克牌确实有些冷酷无情，而你又没有胜算，我想这个时候你的心情一定很不好。然而，你没有必要去怀疑这个赌，主要还是看你手头上的钱可不可以多起来！"

一个好的赌注非常难找，可是倘若对方从来就没有见过下面这个赌的话，那么它就是必打的赌。将一副扑克牌分成两堆，保证其中一堆扑克牌全都是红色，另一堆扑克牌全都是黑色。接着，将这两堆扑克牌放在一起，进行彻底的洗牌，最后放好整副扑克牌。然后，你就宣布说你可以一次从顶部把2张牌拿走，并打赌：倘若这2张牌的颜色相同，那么你就输2元。倘若这2张牌的颜色不相同，那么你就赢1元钱。

倘若真打这个赌，那么这副扑克牌在每次玩完之后，你最少可以赚多少钱？

【游戏正解】

打这个赌，每副牌你都会赚26元。每对扑克牌的确是一张红、一张黑。由于每堆扑克底部的扑克牌颜色不同，因此当你洗牌的时候，扑克牌都是交互排列的。你不妨试试看。然而，你只可以洗一次牌。

最后的晚餐

在欧美国家，"最后的晚餐"可以说是一个家喻户晓的题材。无论是绘画、音乐，还是诗歌、小说等，都不断地在描写它，甚至连智力玩具，也已经与它攀上了一点关系。

在英国与美国，有一种叫做"最后的晚餐"的"独粒钻石"棋十分流行。在这种棋的棋盘上，一共有37个交点。开始的时候，每个交点上都放有棋子，只留下正中间的那个交点没放。倘若找不到现在的棋子也无所谓，可以用小石子、花生米或纽扣代替。

棋子的走法是这样的：每次走棋的时候，只可以移动一个棋子，这个棋子必须跳过另一个棋子，跳到空位上；而被它跳过的另一个棋子则意味着被吃掉了，必须马上从棋盘中移出。只要是可以连跳的，都只当成一步。在连跳的时候，棋子可以转变，但是不可以斜跳。比如说，1不可以越过6到13。这副棋为什么叫做"最后的晚餐"呢？主要是因为，它要求最后棋盘上只剩下13个棋子，并且其中有一个棋子刚好落在棋盘的正中心，代表着基督耶稣，其他12个棋子则分别位于四个角上。请问，到底应该再跳几步，才可以从初始状态演变为"最后的晚餐"所要求的阵势？

【游戏正解】

关键是两个D子是"活子"，能够互换，不然的话，你就麻烦了。假设中右的D为D1，左下的D为D2，那么可以按如下顺序走棋：D1、G、F、D2、B、E、C、D1、D2、F、G、D2、D1、A、D2、G、F、D1，只要走18步就可以完成了。

纸条上的名字

老师在一张纸条上写下一个人的名字，这个人就在甲、乙、丙、丁四人之中。然后，他将这张纸条握在手中，让这四个人猜一猜纸条上究竟写的是谁的名字。甲说："是丙的名字。"乙说："不是我的名字。"丙说："不是我的名字。"丁说："是甲的名字。"老师听完之后说道："在你们四个人之中，只有一个人的说法是正确的，其余的人都说得不对。请再猜一遍。"这一次，四个人很快就同时将这张纸条上写的名字猜出来了。

请问，这张纸条上究竟写的是谁的名字？

【游戏正解】

对第一次猜的结果进行一番比较，我们很容易发现甲的判断和丙的判断是相互矛盾的，那么其中一定有一个是真的，有一个是假的。如果甲的判断是真的，那么乙的判断也是真的，这样便与老师说的"只有一个人说对了"相矛盾了。所以甲的判断一定是假的。如此一来，就能够断定丙的判断是真的。于是，其他三个人的判断就都是假的了。这样，乙的判断就与事实相反，所以纸条上一定写的是乙的名字。

渡　河

有三个喜欢吃醋的丈夫。某日他们带着自己的妻子结伴旅游，途中发现渡河的船只能容纳两个人。由于每个丈夫都极力反对自己的妻子与其他两个男性成员中的任何一个人一起乘船渡河，除非自己也在场。同时，他们也不同意自己的妻子单独与别的男人站在河对岸。

那么，应该怎样安排呢？需要注意的是，虽然船只可以搭乘两个人，可是其中的一个人必须把船划回来供其他人使用。

【游戏正解】

三个丈夫分别用 A、B、C 来表示，他们的妻子则分别用 a、b、c 表示。他们可以根据下面的方法进行渡河：

1. a 和 b 先渡河，接着 b 把船划回来。

2. b 和 c 渡河，接着 c 把船划过来。

3. c 下船，与她的丈夫留在出发点，接着 A 和 B 渡河；A 下船，B 与 b 一起把船划回来。

4. B 和 C 渡河，将 b 和 c 留在出发点。

5. a 把船划回来，接着 b 与 a 一起渡河。

6. a 下船，接着 b 将船划回来。

7. 然后，b 与 c 渡河。

这样，所有的人都可以成功抵达对岸了！

漂亮的小盒子

加里有一个叫罗卡的妹妹。罗卡年纪很小，还没有上学，但是她已经能够从 1 数到 10 了。有一次，加里买了一个漂亮的小盒子，特意送给罗卡。罗卡十分喜欢这个盒子，因为盒子的每条边上都粘有 10 枚贝壳。

某日，妈妈在擦拭盒子的时候，不小心打碎了 4 枚贝壳。加里重新排列了一下剩余的 32 枚贝壳的摆放位置，然后粘好贝壳，盒子中每条边上仍然有 10 枚贝壳。几天之后，盒子掉到了地板上，又将 6 枚贝壳摔碎了。加里又重新排列了剩余贝壳的摆放位置，从而让罗卡数贝壳的时候仍然在每条边上都能够数到 10。

请问，加里两次分别是怎样排列贝壳的？

【游戏正解】

第一次排列，4 个角各 2 个，4 边各 6 个；第二次排列，两对角各 4 个，另两对角各 3 个，4 边各 3 个。

几位模特

玛丽是一个美丽的女人，正在做业余时装

模特。有一天,她的妈妈来到时装周,专门来看她的表演。表演正式开始了,她妈妈看到台上有4个漂亮的模特轮流走了出来,但都不是她的女儿,轮到第五个,玛丽才粉墨登台。她妈妈还没有看清楚,玛丽就走到后台去了。之后,又轮流出来4个模特,穿着和前面的完全不同,接着又轮到玛丽出场。这时,她妈妈不免在心里这样想道:这个时装表演队的模特人数太少了,前面4个,后面4个,再加上我的女儿玛丽,一共只有9个人。但是听她女儿说,时装模特表演队其实只有5个人。

请问,玛丽妈妈的计算是不是有什么问题?

【游戏正解】

玛丽妈妈的计算确实存在问题,因为时装模特表演队是循环出场的,玛丽每次都排在最后一位,所以,事实上只有5位模特。

护国军成员

1644年,克伦威尔·奥利弗组建了一支"护国军"。根据下述线索,你可以将每名成员的姓名、兵种以及各自所穿制服的颜色说出来吗?

已知线索为:

1.兵种:步兵,炮手,鼓手,配枪士兵。

2.制服颜色:红色,蓝色,灰色,棕色。

3.名字:所罗门·特普林,末底改·诺森,吉迪安·海力克,伊齐基尔·费希尔。

4.所罗门·特普林是4号士兵。

5.吉迪安·海力克所穿的上衣不是蓝色的。

6.1号士兵是一个步兵,他是一个英国人,而非法国人。

7.伊齐基尔·费希尔紧挨在鼓手的右边,他的身上穿着一件布满灰尘和泥浆的灰色制服。

8.有一个身上穿着又破又脏的棕色制服的配枪士兵,在他与末底改·诺森之间,站着一个士兵。

【游戏正解】

1号,吉迪安·海力克,步兵,红色。

2号,末底改·诺森,鼓手,蓝色。

3号,伊齐基尔·费希尔,炮手,灰色。

4号,所罗门·特普林,配枪士兵,棕色。

皮划艇比赛

澳大利亚举行了一场"单人皮划艇环游海岛比赛",最后获胜者为埃尔金队。"单人皮划艇环游海岛比赛"是接力赛,也就是说,由不同的选手在比赛的各个路段领航。从所给的线索中,你可以将各个地理站点的名称、各划艇选手的名字,以及比赛中第一个经过此处的皮划艇名称说出来吗?

已知线索为:

1.站点:孔丘站点,青鱼站点,绿山站点,城堡站点,扶桑站点,首领站点。

2.选手:库克,阿瑟,维克托,马丁,约翰,贝克。

3.皮划艇:海猪号,利通号,刺猬号,强力号,五月天号,改革者号。

4.在首领站点领航的是五月天号皮划艇。

5.改革者号是在2号站点处领航的皮划艇。

6.在5号站点领航的是马丁驾驶的皮划艇。

7.由贝克驾驶的刺猬号皮划艇率先经过的站点离孔丘站点还有3个站点的距离。

8.在绿山站点领航的是约翰的皮划艇,它的后一个站点是城堡站点。

9.利通号率先经过的那个站点,沿着顺时针方向往下的一个站点,是维克托率先经过的那个站点。

10.库克率先经过的站点的编号是强力号率先经过的站点的编号的一倍,它并不是扶桑站点。

11.6号站点叫青鱼站点,海猪号皮划艇的领航处并不是在这里;阿瑟率先经过的站点,和此处相差并非 2 个站点。

【游戏正解】

1 号,孔丘站点,维克托,海猪号。

2 号,扶桑站点,阿瑟,改革者号。

3 号,绿山站点,约翰,强力号。

4 号,城堡站点,贝克,刺猬号。

5 号,首领站点,马丁,五月天号。

6 号,青鱼站点,库克,利通号。

业余赛马骑师

有四位业余赛马骑师,他们正在进行一场点对点的比赛。根据以下所给出的线索,你能说出每匹马的名字以及各骑师的姓名吗?

已知线索是:

1.四匹马的名字分别为:萨利,埃玛,麦克,约翰。

2.四位骑师的姓分别为:阿彻,理查德,匹高特,克里福特。

3.艾塞克斯女孩是第二名的马名。

4.第四名的马名不是海员赛姆,它的骑师姓克里福特,但不叫约翰。

5.和萨利的姓相比,蓝色白兰地的骑师的姓要少一个字母。

6.麦克·阿彻骑的马紧跟在西帕龙的后面,西帕龙不是理查德的马。

【游戏正解】

第一名,海员赛姆,埃玛·克里福特。

第二名,艾塞克斯女孩,约翰·理查德。

第三名,西帕龙,萨利·匹高特。

第四名,蓝色白兰地,麦克·阿彻。

四个古卷轴

最近,四个古卷轴在伦敦大都会博物馆开办了展览会,姑且用 A、B、C、D 表示它们。从下述线索,你能写出这四个古卷轴中的语言类别分别属于哪种形式,以及发现它们的考古学家的名字吗?

1.语言:埃及语,拉丁文,亚述语,古巴比伦文。

2.形式:日记,情书,账本,衣物清单。

3.发现者:雀瓦教授,迪格博士,夏瓦博士,布卢斯教授。

4.用最早的拉丁文字撰写的是卷轴 D。

5.卷轴 B 是迪格博士发现的,它并不起源于亚述。

6.用古巴比伦文撰写的卷轴的发现者是雀瓦教授。

7.卷轴 A 为一衣物清单,它的发现者不是布斯教授。

8.用象形文字撰写的是古埃及卷轴,它不是那封带有色情色彩的情书。

9.那本小寺庙官员的日记是由夏瓦博士发现的,它被展出在一个类似于账本的卷轴旁。

【游戏正解】

卷轴 A,古巴比伦文,衣物清单,雀瓦教授。

卷轴 B,埃及语,账本,迪格博士。

卷轴 C,亚述语,日记,夏瓦博士。

卷轴 D,拉丁文,情书,布卢斯教授。

减肥计划

有五个人,由于不同的原因,他们开始减

肥。根据下面的信息,请你分别将这五个人的名字,减肥的原因,减肥所选择的食疗方案或运动方式说出来。

1. 有一个人选了壁球。

2. 斯坦尼斯勒没有选游泳。

3. 波瑞斯不久之后就要结婚了。

4. 有人选了低 GI 值疗法。

5. 若斯蒂米尔选择了减食疗法,但是她并不是为了度假。

6. 乐达卡没有选择游泳,她也不是为了作报告而减肥。

7. 选择了低碳疗法的人同时也选择了跑步,但是她并不是为了参加同学聚会或者度假。

8. 有一个人是听了医生的话才决定减肥的,她没有选择低脂肪疗法,而是选择了骑自行车。

9. 路德米拉选择了网球,但是并非为了作报告,选择了低卡路里疗法的那个人才是为了作报告而减肥的。

【游戏正解】

由于斯坦尼斯勒要作一个报告,所以他选择了壁球和低卡路里疗法;因为若斯蒂米尔要去参加同学的聚会,所以她选择了游泳和减食疗法;由于路德米拉要去度假,所以她选择了打网球和低脂肪疗法;因为医生建议乐达卡减肥,所以她选择了骑自行车和低 GI 值疗法;因为波瑞斯马上就要举行婚礼了,所以他选择了跑步和低碳疗法。

吸血鬼

传说在很久以前,罗马尼亚国有五个非常凶狠的吸血鬼,他们各自都有不同的嗜好。根据以下信息,你可以写出这五个吸血鬼的姓名、头衔、所在城市以及最喜欢的食物吗?

1. 有一个吸血鬼是纳波卡的男爵。

2. 杰诺斯喜欢吃老年人,他不是王子。

3. 米哈斯从来不吃有钱人,他是一个侯爵。

4. 有一个吸血鬼是阿尼纳的公爵,但他并非男爵。

5. 有一个吸血鬼喜欢吃外国人,他住在扎勒乌。

6. 在这五个吸血鬼中,有一个吸血鬼的爱好是喝女人的血。

7. 有一个吸血鬼是苏恰瓦的统治者,他不是叫乔治的公爵,他的爱好是吃那些有钱人。

8. 图尔达的伯爵既不是弗拉德,也不是杰诺斯。有一个吸血鬼最大的爱好是吃罪犯,但他既不是米哈斯,也不是兰克。

【游戏正解】

弗拉德,苏恰瓦的王子,喜欢吃有钱人;乔治,阿尼纳的公爵,喜欢吃罪犯;米哈斯,扎勒乌的侯爵,喜欢吃外国人;杰诺斯,纳波卡的男爵,喜欢吃老年人;兰克,图尔达的伯爵,喜欢吃女人。

生日礼物

几个男人各自为老婆买了生日礼物。从下面的信息中,请你说出这几个男人的名字,他们的老婆分别是谁,他送给老婆的生日礼物是什么,他们结婚多长时间了。

1. 和买项链的那个男人相比,蒂瑞斯与贝格特结婚要早一些。

2. 恩格瑞德将会收到一枚戒指。

3. 买耳环的男人已经结婚 16 年了,这个人并非沃尔克。

4. 米切尔买的不是摄像机。

5. 罗兰德已经结婚 14 年了,然而他的老婆不是安妮特。

6. 卡罗蒂已经结婚 5 年了。

7. 贝特不会收到项链,也不会收到内衣,她的丈夫不是米切尔。

8. 其中有一对夫妻已经结婚 7 年了,有一对夫妻已经结婚 3 年了。

9. 有一个男人的名字叫库特。

【游戏正解】

罗兰德与恩格瑞已经结婚 14 年了,他给她买了戒指;蒂瑞斯与贝格特已经结婚 7 年了,他给她买了内衣;米切尔与安妮特已经结婚 3 年了,他给她买了摄像机;库特与贝特已经结婚 16 年了,他给她买了耳环;沃尔克与卡罗蒂已经结婚 5 年了,他给她买了项链。

重返地球

"大不列颠"号航天飞船完成了火星之旅,打算返回地球,飞船上总共有 5 个成员,其中 4 个是负责不同实验程序的科学家,还有 1 个则是飞行员,他们躺在变速躺椅上,已经充分做好了返回地球的准备。根据以下所给的线索,你可以将各个躺椅上成员的全名以及他们的身份推断出来吗?

已知线索为:

1. 姓:克可,戴尔,索乐,多明克,克尼森。

2. 名:尼克,巴石,多克,姜根,萨姆。

3. 身份:化学家,飞行员,宇航员,物理学家,生物学家。

4. 宇航员巴石在 E 躺椅上,躺椅 B 上不是戴尔上校。

5. "大不列颠"号上年纪最大的成员是尼克·索乐。

6. 躺椅 D 上是一个研究火星引力实验的物理学家。

7. 克可机长在 A 躺椅上,他的名字不是萨姆,他不与其中一位宇航员相邻,这位宇航员并非官员姜根。

8. 多明克教授是一位化学家,船员中的两位女性之一,但是根据她与别人说话的方式,你无法看出她是一位女性。

9. 多克是一位生物学家,然而若飞机上有需要的时候,她就会变成医疗官,她不在 A 躺椅上,也不是机长克尼森。

【游戏正解】

躺椅 A,姜根·克可,飞行员。

躺椅 B,萨姆·多明克,化学家。

躺椅 C,多克·戴尔,生物学家。

躺椅 D,尼克·索尔,物理学家。

躺椅 E,巴石·克尼森,宇航员。

马德里的旅馆

在第二次世界大战中,西班牙是一个中立国。在马德里的一个旅馆,经常有战争双方的间谍居住。西班牙官方为了监视他们,于是派便衣警察居住在那个旅馆。以下是 1942 年的某天晚上旅馆第一层的房间房客的分布情况,根据这些情况,你可以说出各个房间被间谍占用的情况以及他们分别为谁工作吗?

已知线索是:

1. 加西亚先生的房间号比罗布斯先生的房间号小 2,在加西亚先生的正对面,是英国 M16 特务的房间。

2. 德国 SD 间谍住在 6 号房间,他不叫罗佩兹。

3. 阿布威是德国另一家间谍机构,由于房间 2、3、6 号的人都认识他,所以他的间谍行动格外小心。

4. 相比苏联 GPU 间谍的房间号,毛罗斯先生的房间号要大 2。

5. 在鲁宾和美国 OSS 间谍之间,是法国 SDECD 间谍的房间。在这三者之中,美国 OSS 间谍的房间是最大的。

6. 姓名:戴兹,加西亚,罗佩兹,毛罗斯,罗布斯,鲁宾。

7. 间谍机构:阿布威,GRU,M16,OSS,SD,SDECE。

【游戏正解】

1 号房间,鲁宾,阿布威。

2 号房间,罗佩兹,GRU。

3 号房间,加西亚,SDECE。

4 号房间,毛罗斯,M16。

5号房间,罗布斯,OSS。

6号房间,戴兹,SD。

剧院的观众

某剧院在一次演出中,前3排中间的4个座位都有人坐了。从下述线索,你可以将座位与座位上的人对上号吗?

1.姓名:查尔斯(男),亨利(男),彼特(男),罗伯特(男),托尼(男),罗伯特(男),文森特(男),珍妮特(女),安吉拉(女),朱蒂(女),莉迪亚(女),玛克辛(女),尼娜(女)。

2.B排12号座位坐的是尼娜。

3.四个座位一排,每排都是两男两女。

4.彼特坐在安吉拉的正后面,他同时也坐在亨利的左前方。

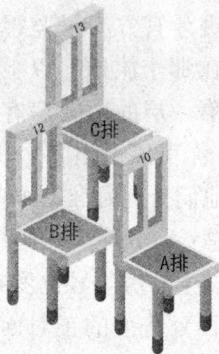

5.玛克辛和罗伯特在同一排座位上,但是玛克辛比罗伯特靠右边两个位置。

6.查尔斯的后面坐着朱蒂,朱蒂的丈夫文森特则坐在她的右边第一个位置。

7.托尼、珍妮特、莉迪亚三个人都不同排,在莉迪亚的左边,紧挨着一个男性。

【游戏正解】

A排:10,罗伯特;11,安吉拉;12,玛克辛;13,托尼;B排:10,查尔斯;11,彼特;12,尼娜;13,珍妮特;C排:10,朱蒂;11,文森特;12,亨利;13,莉迪亚。

受伤的警察

有四个警察,他们正在执行一项任务——制止骚乱与暴行。他们试图用警戒线将人群隔离开来。在行动的后期,四个警察的身体都受到了一定程度的伤害与折磨,他们感到十分难受。根据以下信息,你能否分辨出1~4号警官的名字,并将他们受到的伤害说出来吗?

1.有一个人处在有鸡眼的警官与斯图尔特·杜琼之间。

2.2号警官长久地紧绷着神经,因为肩膀麻木,他感到很不舒服。

3.内卫尔的鼻子非常痒,简直难以忍受,但是他的右手被卡弗的左手紧紧抓着,所以他不能去挠。

4.在这四个警察里面,艾尔莫特站在格瑞的右面,两者之间则站了一个人,布特比亚瑟偏左边一点。

【游戏正解】

1号,斯图尔特·杜琼,肿胀的脚;

2号,格瑞·布特,肩膀麻木;

3号,亚瑟·卡弗,鸡眼;

4号,内卫尔·艾尔莫特,发痒的鼻子。

到国外度假

五位女士一起到国外度假,从下面所给的信息中,请你分别说出她们的名字、去哪个国家、住在哪里,以及去那里是因为那里的什么。

1.泰莎去毛里求斯或者印度尼西亚,主要是因为那里的商店或者沙滩。

2.莫娜之所以度假,主要是为了当地的森林或者寺庙。

3.有一位女士在柬埔寨度假,但她住的既不是酒店,也不是度假村。

4.在印度尼西亚或柬埔寨选择住别墅的或者是艾德瑞,或者是罗梅。

5.牧人小屋不是在寺庙附近就是在商店附近。

6.或者是酒店,或者是旅馆有一个游泳池。

7.杰娜或者是去了印度尼西亚,或者是去了泰国,她也许是为了那里的森林,也许是到那里的商店购物;杰娜或者是待在牧人小屋,或者是待在度假村。

8.罗梅也许是住在牧人小屋,也许是住在别墅里,她之所以去度假,也许是为了那里的游泳池,也许是为了那里的商店。

9. 在这五位女士中,有一位去了马来西亚。

【游戏正解】

泰莎去了毛里求斯,住在酒店,为的是那里的沙滩;罗梅去了印度尼西亚,住在别墅,为的是那里的商店;艾德瑞去了柬埔寨,住在旅馆,为的是那里的游泳池;莫娜去了马来西亚,住在牧人小屋,为的是那里的寺庙;杰娜去了泰国,住在度假村,为的是那里的森林。

古罗马遗迹

在博物馆的展品中,有四个古罗马墓碑,它们是在 20 世纪 60 年代被发现的。从下述线索中,你能将 A、B、C、D 四块墓碑的细节,包括墓碑主人的名字、职业以及去世的时间找出来吗?

已知线索为:

1. 名字:马库斯·费迪尔斯,朱尼厄斯·瓦瑞斯,卢修斯·厄巴纳斯,泰特斯·乔缪尔斯。

2. 职业:酒商,百夫长,物理学家,职业拳击手。

3. 去世时间:公元 60 年,公元 72 年,公元 84 年,公元 96 年。

4. 朱尼厄斯·瓦瑞斯是墓碑 D 的主人。

5. 公元 84 年,马库斯·费迪尔斯去世。

6. 古罗马 13 军团的百夫长并不是在公元 60 年去世的。

7. 酒商泰特斯·乔缪尔斯不是墓碑 A 的墓主人。

8. 公元 96 年,那名职业拳击手在他的最后一场拳击赛中被杀。

9. 物理学家是墓碑 C 的主人,在他去世之后的 12 年,卢修斯·厄巴纳斯也去世了。

【游戏正解】

墓碑 A,卢修斯·厄巴纳斯,职业拳击手,于公元 96 年去世。

墓碑 B,泰特斯·乔缪尔斯,酒商,于公元 60 年去世。

墓碑 C,马库斯·费迪尔斯,物理学家,于公元 84 年去世。

墓碑 D,朱尼厄斯·瓦瑞斯,百夫长,于公元 72 年去世。

新款豪华轿车

威尔弗雷德·约翰是一个有名的果酱大亨,他膝下有五个儿子,每个儿子都有一辆新款的豪华轿车,但是他们的车牌却都是老式的。他们家族之姓,都印在各自的车牌上,比如说威尔弗雷德的劳斯莱斯车牌是 A1JAR。从下述线索中,你可以将他们各自的车牌号、制造商和车的颜色推断出来吗?

已知线索为:

1. 名:埃弗拉德,安东尼,伯纳黛特,迪尼斯,克利福德。

2. 那辆黑色车的车牌号是 R342JAR。

3. 安东尼·约翰小轿车的牌子为兰吉·罗拉。

4. 默西迪丝车牌号不是 W786JAR,它的颜色也不是蓝色的。

5. 克利福德·约翰是一辆白色的小轿车,但不是那辆车牌号为 W675JAR 的卡迪拉克。

6. 埃弗拉德·约翰的车牌和那辆江格车的车牌有相同的首字母,两辆车的车牌号分别为 T453JAR、T564JAR。

7. 法拉利的主人的名字要比他最小的兄弟的名字长。与那辆红色的法拉利车牌号相比,伯纳黛特·约翰的车牌号的每个数字都要大 1。

【游戏正解】

安东尼,W786JAR,兰吉·罗拉,绿色。

伯纳黛特,W675JAR,卡迪拉克,蓝色。

克利福德,T453JAR,江格,白色。

迪尼斯,R342JAR,默西迪丝,黑色。

埃弗拉德,T564JAR,法拉利,红色。

车上的游客

暴雨骤至,在路口前,有6辆车已经被堵了40分钟。从下述线索中,你可以说出每辆车的司机名字、车的颜色、游客的国籍以及每辆车所载的游客人数吗?

1. 汽车司机:肖,贝尔,RVT,克鲁斯,墨丘利,阿帕克斯。

2. 汽车颜色:绿色,蓝色,红色,黄色,乳白色,橘黄色。

3. 游客国籍:芬兰,日本,美国,俄罗斯,意大利,澳大利亚。

4. 游客人数:44,45,46,47,49,52。

5. 在贝尔的车前面,紧靠着一辆蓝色车,它上面载的不是俄罗斯游客,和前者相比,后者至少要多2人。

6. F车要比A车多载1人,比E车少载3人,绿色的汽车要比D车多不止1人,比B车少不止3人。

7. 一辆红色汽车紧跟在载有47名游客的汽车后面,在这辆红色汽车的后面,紧靠着载有澳大利亚游客的汽车。

8. 在俄罗斯游客乘坐的车前面,紧靠着肖的车,后者比前者多载了3个人,但游客人数最多的车并不是它。

9. 阿帕克斯的汽车紧跟在载芬兰游客的车后面。载芬兰游客的车比那辆黄色车要少载2人。那辆黄色车的前面是阿帕克斯汽车,后者所载的人数少于52人。

10. 载有日本游客的车后面有1辆车,之后便是墨丘利的汽车。载有日本游客的车与橘黄色的车并不相邻,但是前者在后者的后面。墨丘利的车载的游客比载有日本游客的车和橘黄色的车要多一些,但是若比之于美国游客乘坐的那辆车,则要少很多。

11. 乳白色的车紧跟在RVT的车后面。RVT的车紧跟在意大利游客乘坐的车后面。乳

白色的车载的游客比意大利游客乘坐的车多一些,但若比之于RVT的车,则至少要少2人。

【游戏正解】

A车,克鲁斯,橘黄色,意大利,45人。

B车,RVT,蓝色,美国,52人。

C车,贝尔,乳白色,芬兰,47人。

D车,阿帕克斯,红色,日本,44人。

E车,肖,黄色,澳大利亚,49人。

F车,墨丘利,绿色,俄罗斯,46人。

板球比赛

乡村板球队正在举行一场比赛,在替补席上,有4位选手正坐在那里整装待发(分别以A、B、C、D表示)。根据下面给出的6点线索,你可以将这4位选手的名字、赛号以及每个人在球队中的位置说出来吗?需要注意的是,选手是按照6→7→8→9的顺序出场的。

1. 6号选手是一个万能选手,他坐在帕迪的右边,下一个就是他出场。

2. 尼克是一个守门员,属于乡村队。

3. 7号不是旋转投手的位置。

4. 座位C上面坐着乔希。

5. 在艾伦之后,选手A也要出场了。

6. 9号选手坐在长凳B的位置上。

【游戏正解】

选手A,尼克,8号,守门员。

选手B,帕迪,9号,旋转投手。

选手C,乔希,6号,万能。

选手D,艾伦,7号,快投。

囚室和囚徒

有四个囚室A、B、C、D,从下述线索中,你可以说出被囚禁者以及他或她父亲的名字吗?

1. 王国:欧高连,尤里夫,卡里得罗,马兰格丽亚。

2. 国王:恩巴,尤里,阿弗兰,西福利亚。

3.被囚禁者:沃而夫王子,阿姆雷特王子,卡萨得公主,吉尼斯公主。

4.被囚禁在房间 A 中的人,均为国王尤里的子女。

5.国王西福利亚的孩子所在房间逆时针方向上的第一间,是禁闭欧高连统治者孩子的房间。

6.卡萨得公主被囚禁在一位优秀王子的对面,她的父亲并不是卡里得罗的统治者。国王恩巴也不是卡里得罗的统治者。

7.美丽的吉尼斯公主所在房间是顺时针方向的第一个房间,也就是马兰格丽亚国王的孩子的房间逆时针方向的下一间,囚禁的是勇敢的阿姆雷特王子。

8.阿弗兰国王只有一个孩子,他被囚禁在尤里夫的郡主所在房子的逆时针方向的第一间,尤里夫的郡主的房间对面是沃而夫王子的房间。

【游戏正解】

A,阿姆雷特王子,国王尤里,卡里得罗;

B,沃而夫王子,国王恩巴,马兰格丽亚;

C,卡萨得公主,国王阿弗兰,欧高连;

D,吉尼斯公主,国王西福利亚,尤里夫。

邮递员的失误

克拉伦斯是一家邮递公司的邮递员,主要的工作是负责派送邮件。有一天,他将订单的顺序给搞混了,结果订单被送到了错误的城市。从下述线索,你可以推断出他到底将订单送到了哪个错误的城市吗?并且说出下述所列书目的作家,以及订单原本要送往的城市与克拉伦斯派送的错误地址。

1.作者:艾伦·比格汉姆,伊利斯特·克罗瞿,格兰特·道森,马丁·格雷尼。

2.正确的城市:布莱顿,卡莱尔,马特洛克,索尔娜伯里。

3.错误的城市:切姆斯弗德,格拉斯哥,斯旺西,威根。

4.每本书的名字、作者以及相关的两个城市名字的首字母都不相同。

5.《斯多葛学派》这本书既没有被送到格拉斯哥,也非克罗瞿的著作。

6.在字母表上,《伊特鲁亚人》的作者名字的首字母接在最后被送到威根的那本书作者名字首字母的后面。

7.《布达佩斯的秋天》是道森的著作,它的目的地不是卡莱尔。那本被送到切姆斯弗德的书,其作者并非格雷尼,布莱顿也不是它原来的目的地。

【游戏正解】

《布达佩斯的秋天》,克罗瞿,索尔兹伯里,威根;

《迈阿密上空的月亮》,格雷尼,卡莱尔,斯旺西;

《伊特鲁亚人》,道森,布莱顿,格拉斯哥;

《斯多葛学派》,比格汉姆,马特洛克,切姆斯弗德。

糖果店

因为下雨,一群小孩躲进了糖果店。从以下所给的信息中,请你说出她们的名字,她们分别买了什么糖,买了多少个,以及她们穿的是什么颜色的雨衣。

1.沃里穿着一件黑色的雨衣。

2.穿蓝色雨衣的小孩不是古恩娜,她买了12 颗糖。

3.和穿黄色雨衣的小孩相比,何瑞莎多买了 2 颗糖。

4.有一个小孩买了 6 个棒棒糖。

5.买甘草的不是穿黄色或者白色雨衣的小孩,也不是沃里。

6.买巧克力的是穿紫色雨衣的小孩。

7. 比亚妮买了 10 颗糖，但并非太妃糖。

8. 有一个小孩买了 4 颗糖，另一个小孩买了 8 颗糖。

9. 有一个小孩叫若哥娜。

【游戏正解】

何瑞莎买了 8 颗奶糖，她穿着白色的雨衣；比亚妮买了 10 块巧克力，她穿着紫色的雨衣；若哥娜买了 12 颗甘草糖，她穿着蓝色的雨衣；古恩娜买了 6 个棒棒糖，她穿着黄色的雨衣；沃里买了 4 颗太妃糖，她穿着黑色的雨衣。

四位世袭贵族

有四位世袭贵族，他们的祖上都传下了一个盾形徽章。根据下述线索，你能不能将字母编号为 A、B、C、D 的盾形徽章的所有者以及每个徽章上的图案与颜色说出来？

1. 图案：鹰，狮子，牡鹿，火鸡。

2. 颜色：蓝，绿，红，黄。

3. 领主：伯特伦，莱弗赛奇，曼伦德，莱可汉姆。

4. 盾形徽章 C 的背景颜色为绿色。

5. 曼伦德领主徽章上的图案并非狮子。

6. 莱弗赛奇领主的外衣徽章是盾形徽章 A。

7. 描刻有鹰的徽章的右边是黄色的盾形徽章，在代表伯特伦领主徽章的邻旁是鹰徽章。

8. 为了见证某位祖先在对抗异教徒的宗教战争中的英勇行为，因此莱可汉姆领主的盾形徽章以火鸡图案为特征。这个火鸡图案的徽章在蓝色徽章的左边。

【游戏正解】

徽章 A，莱弗赛奇领主，鹰，红色；
徽章 B，伯特伦领主，狮子，黄色；
徽章 C，莱可汉姆领主，火鸡，绿色；
徽章 D，曼伦德领主，牡鹿，蓝色。

三个人的身份

有三个人，哈里斯、米切尔和艾伦，他们住在同一所公寓。三个人的身份分别是面包师、出租车司机、司炉工。根据以下线索，你能不能将他们一一对应起来？

1. 每天晚上，哈里斯与米切尔都会下一盘棋。

2. 米切尔和艾伦经常一起结伴去打棒球。

3. 出租车司机喜欢收集硬币，司炉工曾经带过兵，面包师则喜欢集邮。

4. 出租车司机从来没有看过棒球比赛。

5. 对于集邮这回事，艾伦从来就没有听说过。

【游戏正解】

因为出租车司机从来没有看过棒球比赛，所以可以断定他是哈里斯。因为艾伦从来没有听说过集邮这回事，所以他绝对不会是集邮爱好者。这样一来，我们便可以轻而易举地猜出这三个人的职业来：哈里斯是出租车司机，米切尔是面包师，艾伦是司炉工。

巴士停靠站

1～7 号双层巴士把停靠站占满了，其中 1 号巴士靠近入口处。根据以下线索，你能否将每个司机的名字和这些巴士的车牌号码说出来呢？

1. 和司机雷停靠的巴士相比，车牌号为 324 的巴士远离入口处，并且其车牌号比雷开的巴士小一些。

2. 2 号与 7 号位置的巴士的车牌号，其首尾数字均不一样,但是两个车牌号的末尾都是奇数。

3. 特里所开的巴士,其车牌号为 361。

4. 戴夫驾驶的不是 3 号巴士,与相邻的两辆巴士相比,他的车牌号要小一些。

5. 5 号位置的巴士,其车牌号为 340,6 号巴士的车牌号不是 286。

6. 肯开的巴士刚好紧靠在车牌号为 253 的巴士左边。

7. 赖斯把巴士停在 4 号位置上。

8. 埃迪把巴士停在罗宾开的巴士左边某个位置,但不在它的旁边。

9. 司机:戴夫,埃迪,肯,赖斯,雷,罗宾,特里。

10. 巴士车牌:253,279,286,324,340,361,397。

【游戏正解】

1 号,雷,397;

2 号,戴夫,279;

3 号,埃迪,324;

4 号,赖斯,286;

5 号,肯,340;

6 号,罗宾,253;

7 号,特里,361。

隐藏的陷阱

1. 1 磅的 10 美元的金币和半磅的 20 美元的金币,哪一个更值钱?

2. 6 点钟到了,时钟敲了 6 次。我当时正看着自己的手表,发现钟从敲响的第一下到最后一下,一共用了 30 秒,请问第一次钟响到最后一次钟响的间隔时间共多少?

3. 中午时分,一辆公共汽车从莫斯科出发,径直开往图拉。1 个小时之后,一个人从图拉骑自行车出发,向莫斯科行进。不言而喻,和公共汽车的速度相比,自行车的速度要慢很多。当公共汽车和自行车相遇时,两者究竟是谁离莫斯科的距离更远一些?

这些题中都有隐藏的陷阱,看你会不会掉

下去。

【游戏正解】

1. 半磅的 20 美元的金币更值钱。

2. 通常人们会这样想:6 次敲钟一共用了 30 秒钟,因此 12 次敲钟需要 60 秒钟。但是当钟敲到第六下的时候,每两次敲钟之间的停顿共 5 次,每次停顿是 30÷5＝6 秒。第一次与第十二次敲钟之间共有 11 次停顿,那么,12 次敲钟总共需要 66 秒。

3. 一样远。

运输公司的司机

一家运输公司的停车场通向一条环形马路,该环形马路又发出四条直行马路。该公司现有四位司机。根据以下线索,你可以将四位司机与停车场中标号 1～4 的运货车逐一匹配出来吗?同时指出早上出发时,他们是根据什么顺序离开停车场的,此外还要推断出每位司机行驶的是哪条马路?

1. 汤姆在 1 号运货司机启程之后便开始出发,并在 2 号运货司机亚瑟之前驶离出口。

2. 第三个离开停车场的运货车通过环形马路,朝着马路 C 的方向行驶。

3. 当天早上,第三个离开停车场的司机是罗斯。

4. 4 号货车在马路 D 行驶。

5. 司机:亚瑟,盖瑞,罗斯,汤米。

【游戏正解】

1 号运货车,盖瑞,马路 C,第三;

2 号运货车,亚瑟,马路 B,第一;

3 号运货车,汤米,马路 A,第四;

4 号运货车,罗斯,马路 D,第二。

航空公司

五家航空公司的业务范围都是欧洲的大城

市,然而不同的价格所包含的服务有很大差距。从下面的信息,你能说出这些航空公司的名称、总部、飞往的城市,以及服务的主要问题吗?

1. Simplejet 航空公司的总部或者是在荷兰,或者是在葡萄牙;或者是飞往法兰克福,或者是飞往巴黎。

2. Herta 航空公司或者是飞往巴塞罗那,或者是飞往布拉格。

3. 比利时航空公司或者是食物很贵,或者是不允许儿童乘坐。

4. 不是 BabyAir 航空公司的座位很狭窄,就是 EFD 公司的座位很狭窄,或者是葡萄牙航空公司的座位很狭窄,或者是比利时航空公司的座位很狭窄。

5. 总是晚点的航空公司或者飞往布拉格,或者飞往法兰克福。

6. 飞往伦敦的航空公司不是儿童不能乘坐,就是每两天才飞一次。

7. Connor 航空公司不是飞往巴塞罗那,就是飞往法兰克福,它的总部或者是在葡萄牙,或者是在意大利,不是食物很贵,就是飞机晚点。

8. EFD 航空公司不是飞往伦敦,就是飞往法兰克福,或者座位很狭窄,或者飞机晚点。

9. 有一家航空公司的总部在丹麦。

【游戏正解】

BabyAir 是比利时的一家航空公司,飞往伦敦,不允许儿童乘坐;Connor 是意大利的一家航空公司,飞往巴塞罗那,飞机上的食物很贵;EFD 是葡萄牙的一家航空公司,飞往法兰克福,飞机上的座位狭窄;Herta 是丹麦的一家航空公司,飞往布拉格,总是晚点;Simplejet 是荷兰的一家航空公司,飞往巴黎,两天才飞一次。

宗教家和哲学家

有五个特立独行的人,分别是 A、B、C、D、E。其中,有三个是哲学家,他们有时会说真话,有时会说谎话;有两个是宗教家,他们绝对不说谎话。有一天,他们分别说出了如下几句话:

A:B 绝对没有说谎话。

B:C 说谎。

C:D 说谎。

D:E 说谎。

E:B 说谎。

A:E 一直以来都没有说过谎话。

E:C 说谎。

请问,在这五个人之中,究竟谁是哲学家?谁是宗教家?

【游戏正解】

假设 A 是宗教家,那么他所说的话都是真的。这样便可以推知,B 与 E 也都是宗教家。但是如此的话,便有三个宗教家了,与题目不符。所以,A 绝对不是宗教家。

假设 E 是宗教家,那么他所说的都是真话。这样便可以推知,B 与 C 都不是宗教家。如此一来,再加上已经推知的 A 一定不是宗教家,由于已知三位不是宗教家,因此剩下的 D 便绝对是不说谎话的宗教家。然而,D 说"E 说谎",和本假设自相矛盾。所以,E 绝对不是宗教家。

假设 C 是宗教家,那么可以推知 D 不是宗教家。如此一来,再加上已推知出的 A、E 都不是宗教家。因为已知三位不是宗教家,所以剩下的 B 一定是宗教家。但是 B 所说的"C 说谎",却和假设的自相矛盾了。所以,C 绝对不是宗教家。

综合上述,可知 A、C、E 是有时说真话、有时说假话的哲学家,而 B、D 两位则是绝对不说谎话的宗教家。

谁在磨牙

有四个平时玩得很好的女孩,她们分别叫爱丽丝、安娜、爱玛、芭芭拉。有一次,她们共同参加了"美西七日游"。第一天晚上,四个人在同一个房间中睡觉。半夜的时候,芭芭拉突然被某种声音惊醒了,原来有人在睡梦中磨牙。实在太吵了,芭芭拉再也没有睡着,就这样,一整夜她都失眠了。

第二天，经过明察暗访，芭芭拉发现：

1.爱丽丝和爱玛或者都磨牙，或者都不磨牙。

2.爱丽丝和安娜不可能都磨牙。

3.如果爱玛磨牙的话，那么爱丽丝就不会磨牙。

请问，晚上到底是哪个女孩子在磨牙？

【游戏正解】

根据提示1和3可知，爱玛磨牙。因为如果爱玛不磨牙，那么爱丽丝就会磨牙。这样一来，就与提示1的条件相违背了。既然爱玛磨牙，那么根据提示1，可推知爱丽丝磨牙。再根据提示2，可推知安娜不磨牙。所以答案是，磨牙的是爱丽丝和爱玛。

鹿死谁手

古代有一个皇帝，他手下有 A、B、C、D、E、F、G、H 八位将军。某次外出打猎，他要求八位将军一同前去。经过激烈的追逐，某位将军射中了一只鹿。但是，究竟是哪位将军射中的，在场的人都没有看清楚。这时，皇帝发话了，他叫大家先不要去看箭上刻写的是什么姓氏，先猜猜这头鹿是谁射中的。于是，八位将军依次道出了自己的见解。

A 说："不是 H 将军射中的，就是 F 将军射中的。"

B 说："如果这支箭在鹿的头部，那么应该是我射中的。"

C 说："我可以打包票肯定，这只鹿一定是 G 将军射中的。"

D 说："即便这支箭射中了鹿的头部，也不一定就是 B 将军射中的。"

E 说："A 将军的话明显是错误的。"

F 说："不可能是 H 将军射中的，也不可能是我射中的。"

G 说："我可以肯定这只鹿不是 C 将军射中的。"

H 说："A 将军说的话是不错的。"

八位将军说完之后，皇帝命人将鹿身上的箭拔出来查看，结果有三位将军说的话是正确的。

请问，那只鹿究竟是谁射死的？

【游戏正解】

八位将军所说的话，有六位将军是相互矛盾的。很明显，E 将军和 H 将军是相互矛盾的，F 将军和 H 将军也是相互矛盾的，此外，B 将军和 D 将军的话也是相互矛盾的。相互矛盾的判断，既不会都是真的，也不会都是假的，而是必有一真，必有一假。因此，在以上六位将军中，有三个人说的是真话，有三个人说的是假话。如果在八位将军中，有三位将军猜对，那么可以推知鹿是 C 将军射中的。如果八位将军有五位将军猜对了，那么可以推知鹿是 G 将军射中的。

身份对号入座

史密斯夫妇有 A、B、C 三个孩子，非常不幸的是，这三个孩子都患有不同的疾病，分别是色盲、小儿麻痹症与口吃。然而，史密斯夫妇还是竭尽心力培养他们，三个孩子最终长大成才。在三个人之中，一个做了翻译，一个做了画家，一个当了篮球队员。每次画家出外写生的时候，就会把自己的孩子送到孩子的姑妈家里，让他和姑妈的孩子一起玩。每当两个孩子看到电视上播出篮球比赛的时候，两个孩子一个会指着屏幕大叫："那是伯伯！"另一个则会指着屏幕大叫："那是舅舅！"

请问，A、B、C 三个人分别是什么职业？

【游戏正解】

1.A 是一位男性运动员，B 是一位女性翻译，C 是一位男性画家。

2.A 是色盲，因此他不可能成为画家，B 得过小儿麻痹症，因此他不可能是篮球运动员，C 有口吃的毛病，因此他不可能当翻译。

3.从小孩观看篮球比赛时说的话可以判断出，A 是一个篮球运动员，并且还是一位男性，剩下的 B 与 C，则分别是一个男人和一个女人。

4.画家把孩子留在了姑妈家中，因此画家一定是一位男性，而翻译则是一位女性。

5.C 患有口吃，因此只可能成为画家。

在哪里任职

在大学毕业 10 年后的同学聚会上，亚当斯告诉他的好朋友马丁代尔："以前我们隔壁班的班长现在可是 A 公司（一家国外著名服装公司）的高级职员。"马丁代尔则说道："你说得好像不对，前不久，我还在网上看见过他的照片，他从来只穿 B 公司的那个牌子的衣服，因此我可以肯定他不是 A 公司的高级职员。"

请问，马丁代尔所说的话到底隐含着什么内容？

A.那位班长同时在 A、B 两个公司做事。

B.A 与 B 两家公司其实是同一个母公司的分公司。

C.那位班长在 A 公司工作得不太顺利，一直都未受到领导的重用。

D.通常来说，为了自己公司的发展，所有国际公司的高级员工都会使用自己所属公司的产品。

【游戏正解】

D 项是正确答案。在对话中，马丁代尔对亚当斯的说法做出了否定，他认为隔壁班的班长应该在 B 公司工作，是 B 公司的高级职员，原因很简单，就是他从来只穿 B 公司生产的服装。在他的推断中，有一个大前提缺失了，那就是选项 D 所说的内容。

案件线索

有一件非常棘手的案子，警察们正在进行调查，目前找到的线索只有下面几条：

A.一切证据都证明 A、B、C 是罪案的嫌疑人。

B.嫌疑犯 A 提供自己并没有作案的证据。

C.也有证据证明嫌疑犯 B 并没有作案。

D.根据电视画面的显示，当案件发生时，嫌疑人 C 正在一个足球比赛的观众席上，此地与案发现场相距较远。

对于这个案件，警员们讨论出了下列诸多结果，请问哪一项的推断是正确的？

A.根据上述线索，我们可以看出，嫌疑人 B 没有作案的证据是不正确的。

B.从所有的线索可以推知，整个案件应该是一个人做的。

C.在案发当时，犯罪嫌疑人 C 一定不在足球比赛的观众席上。

D.在上述几条线索中，有一条一定是假的。

【游戏正解】

D 项是正确答案。根据所给出的线索，根本不可能看出 A、B、C 三个结果。而且对已知的线索进行分析，可以看出有很多不可能发生或相互矛盾的情况。因此，一定是警员们收集的线索有问题，换句话说，一定有人给警方提供了假线索。

女明星的年龄

甲、乙、丙、丁四个人来到某图书馆大厦参加一个女明星的签名售书活动。在现场，他们看到了自己心目中的偶像,心情十分激动。活动结束后在回去的路上,四个人谈论起了女明星的真实年龄。

甲首先说道:"我觉得她的年龄应该不会大于 25 岁。"乙则认为这个女明星的年龄不会超过 30 岁。丙说:"从表面上看起来,她的确非常年轻,然而我敢打赌,她一定在 35 岁以上。"丁说:"她的年龄应该介于 30～35 之间。"

其实,在这四个人中,只有一个人说对了。请问,女明星的年龄究竟有多大呢?

【游戏正解】

丁说得对,女明星的年龄在 30～35 岁之间。如果甲说的是对的,那么乙、丁两人说的也对,这便和"四人之中只有一个人说对了"相矛盾,因此甲说的不对;如果乙说的是对的,那么丁说的也对,也和前提相矛盾,因此乙说的也不对;如果丙说的是对的,那么丁说的也可能是对的,也和前提相矛盾,因此丙说的也不对。最后,只有丁是对的了,女明星的年龄在 30～35 岁之间,其他三个人说的都不对。

三姐妹的衣柜

有三姐妹,她们拥有三个并排而不相通的衣柜,在每个衣柜上,都放有两把钥匙。在日常生活中,三姐妹都喜欢穿彼此的衣服,那么请问:怎样对衣柜的钥匙进行安排,才能保证三姐妹随时都可以将每个衣柜打开?

【游戏正解】

可以将数字 1、2、3 分别标在三个衣柜上,三姐妹各拿一个衣柜的钥匙,再这样安排剩下的钥匙:衣柜 1 里面挂衣柜 2 的钥匙,衣柜 2 里面挂衣柜 3 的钥匙,衣柜 3 里面挂衣柜 1 的钥匙。这样一来,不管谁什么时候想穿对方的衣服,就可以凭着自己手中掌握的一把钥匙将三

个衣柜打开。

家庭成员

在汤森的生日宴会上,一共有 10 位家庭成员,另外还有很多客人。其中,有 1 个祖父与 1 个外祖父,1 个祖母与 1 个外祖母,3 个父亲与 3 个母亲,3 个儿子与 3 个女儿,1 个婆婆与 1 个岳母,1 个公公与 1 个岳父,1 个女婿,1 个儿媳,2 个弟兄,2 个姐妹。

你可以就此判断出参加汤森生日宴会的家庭成员的关系吗?

【游戏正解】

下面列出的是在场的家庭成员,其中也包括汤森:2 个兄弟、2 个姐妹,他们的父母,以及父母各自的父母。这样,对孩子来说,就有 1 个祖父和 1 个外祖父,1 个祖母和 1 个外祖母。所以,总共有 10 位家庭成员。

调换硬币位置

将六枚硬币放在一个正方形的格子中,下面一行的硬币则都是背面(T)朝上的,而上面一行的硬币都是正面(H)朝上的。怎样用最少的移动次数,将两行硬币的位置对调过来。

把正面朝上或背面朝上的硬币依次移动到相邻的空位。移动方向可以很随意,既能往上或往下,也能往横向或对角线方向。

最少需要移动七次,就可以让这些硬币完成位置对调。

找到答案之后,试着分析一下上下各有四枚硬币的问题。然后再想出一个策略,可以用来解答任何数目硬币的类似问题。

假设有 n 个硬币的正面朝上,n 个硬币的背

面朝上,调换硬币位置所需要的最少移动次数为 N,那么 N 和 n 之间存在着什么关系?

【游戏正解】

分析空格位置的移动途径,我们就很容易找到答案了。从编号可知,这六枚硬币的交换次序为:3b1a2cd。而八枚硬币调换位置的解答则是:4c2a1b3de。它们都沿着两排方格作锯齿状移动。

从这两个移动方法,我们可以将答案一般化,也就是说,完成位置交换的移动次数要比硬币数多 1。而倘若比这个数目更少,则完全是不可能的。因为在进行第一次移动时,必然会用到最右上方的空格,但是这只是多出的方格,而其他的移动都能够让硬币定位。即: $N = 2n + 1$。

射击分数

有三个军人,分别是法尔将军、普里森上校和艾姆少校,他们正在进行射击训练。训练结束之后,他们各自宣布了自己的成绩。

法尔将军说:"我比上校的得分要少一些,上校最终得了 200 分,而少校则比我多得了 60 分。"

普里森上校说:"我最终得了 180 分,比少校少了 40 分,但比将军多了 20 分。"

艾姆少校说:"在三个人中,我的得分不是最低的。我的得分与将军的得分相差 60 分;将军最后的得分是 240 分。"

其实,这三个军人在宣布自己的成绩时,都犯了一个错误。

请问,这三个军人的分数各是多少?

【游戏正解】

法尔将军的分数是 180 分,普里森上校的分数是 200 分,艾姆少校的分数是 240 分。

还清彼此的欠款

四个农民工来到城里打工,由于工资不稳定,他们经常相互借钱,每个月月底再把账还清。

这一个月,他们相互借钱的情况如下:甲在乙那里借了 10 元钱,乙在丙那里借了 20 元,丙在丁那里借了 30 元,丁在甲那里借了 40 元。

请问,他们还清彼此的欠款,最少需要动用多少钱?

【游戏正解】

只要乙、丙、丁每人给甲 10 元钱,就可以相互还清欠款了。

图钉游戏

有一块 3×3(厘米)的钉板,在钉板的任意一个角落插上一枚红图钉,然后把蓝图钉插在除了对角之外的其余洞中。图钉可以往相邻的空位移动,不管是向上、向下还是横向都可以,但是在移动的时候,千万不要走对角线方向,也不能跳过其他图钉。

请问,至少需要进行多少次移动,才可以让红图钉到达对角的位置?

倘若你找到了 3×3(厘米)钉板的最好解答,你也可以试着在 4×4(厘米)或 5×5(厘米)的钉板上解决同样的问题。

到那时,你便能总结出一套基本策略,可以将红图钉移动在钉板上的任何一个位置。因此,可以用公式说明在 $n \times n$ 的钉板上,移动红图钉到对角所需最少次数 N,以及 n 和 N 之间的关系。

【游戏正解】

在 3×3（厘米）的钉板上，红图钉需要走 13 步；在 4×4（厘米）的钉板上，红图钉需要走 21 步；在 5×5（厘米）的钉板上，红图钉需要走 29 步。

$N = 8n - 11$。

其实，只要经过多次尝试，也许就可以得到这些数字和公式，但是在这里，我们还是做一下更加深入的探讨。

首先对 3×3（厘米）钉板上的各个位置进行编号，从 1 到 9。在红图钉还没有移动时，旁边务必要有空位。最简单的做法就是，移动最靠边的 3 枚图钉，从而让空位根据 $1 \to 2 \to 3 \to 4$ 的次序进行移动，这样一来，处在 9 位置上的红图钉就可以在第四次移动的时候到达 4 的位置。现在，红图钉可以根据一种非常系统的方式，按部就班地移动，路线是先向右，接着向上，然后再向右，最后便能抵达对角；每一步都可以参照 3 枚图钉的移动方式。

因为在 3×3（厘米）、4×4（厘米）、5×5（厘米）的钉板上，红图钉的移动路线与每一步所需要的移动次数都是固定的。所以在 $n \times n$ 的钉板上，总共需要的移动次数为：$N = (2n - 2) + (2n - 3) \times 3 = 8n - 11$。大家可以尝试在长方形的钉板上对这一类问题进行探讨。

猜一个数字

阿纳斯塔西娅正在想着一个介于 99 和 999 之间的数字。这时，她的朋友贝琳达说道："这个数字是不是小于 500？"阿纳斯塔西娅回答道："是！"于是贝琳达又问道："这个数字是不是一个平方数？"阿纳斯塔西娅又答道："是！"于是贝琳达又问道："这个数字是不是一个立方数？"阿纳斯塔西娅仍旧答道："是！"然而，阿纳斯塔西娅的三个回答，其中只有两个是正确的，另一个是错误的。后来，阿纳斯塔西娅又真诚地告诉贝琳达："这个数字的首位数和末位数分别是 5、7 或 9。"

请问，这个数字到底是多少？

【游戏正解】

阿纳斯塔西娅承认数字小于 500，这显然是谎言，因为首位数不论是 5、7 或 9，都要大于 500。在 99 与 999 之间，唯一一个平方数和立方数的末位数为 5、7 或 9 的数字是 729。

晚 会

某天晚上，四位女士一起参加了一个晚会，她们分别是莉莉、阿伦、伦克和路易斯。

晚上 8 点钟，莉莉和丈夫来到会场，发现到会的人还没有 100 人，刚好可以分成 5 人一组相互进行交谈。

晚上 9 点钟，由于 8 点之后只来了阿伦和她的丈夫，因此人们又改成 4 人一组相互进行交谈。

晚上 10 点钟，由于 9 点之后只来了伦克和她的丈夫，因此人们又改成 3 人一组相互进行交谈。

晚上 11 点钟，由于 10 点之后只来了路易斯和她的丈夫，因此人们又改成两人一组相互进行交谈。

在莉莉、阿伦、伦克和路易斯这四位女士中，有一位怀疑自己丈夫的忠诚，原本的计划是让她丈夫一个人先去，而她自己则在一个小时之后过去。但是稍后，她又放弃了这个计划。

如果那位对自己丈夫忠诚度有所怀疑的女士根据原来的计划行事，那么在她丈夫到场而自己还没有到场的时候，参加聚会的就无法分成人数相等的小组进行交谈了。

请问，在莉莉、阿伦、伦克和路易斯这四位女士中，怀疑自己丈夫忠诚度的到底是哪一位？

【游戏正解】

设 X 为 8 点时的组数，那么就有 $5X$ 个人参加聚会。设 Y 为 9 点时的组数，那么就有 $4Y$ 个人参加聚会，并且 $5X + 2 = 4Y$。设 Z 为 10 点时的组数，那么就有 $3Z$ 个人参加聚会，且 $4Y + 2 = 3Z$。设 W 为 11 点时的组数，那么就有 $2W$ 个人参加聚会，且 $3Z + 2 = 2W$。依次推算，可得出 8 点时为 50 人，9 点时为 52 人，10 点时为 54 人，11 点时为 56 人。再根据能否分成人数相等的若干个小组，最终可得出对自己丈夫的忠诚度有所怀疑的是伦克。

被指认的凶手

四个嫌疑犯在警局里面,警察让他们排成一排,并请一位目击者从这四个嫌疑犯中辨认出凶手来。目击者眼中的凶手,是一个皮肤不白,不是很瘦,身材不高,而且也不英俊的人。

在这四个嫌疑犯中,有一个嫌疑犯的旁边,站着至少一个长相俊美的人;其中有两个嫌疑犯,每个人的身旁都站着一个骨瘦如柴的人;其中有三个嫌疑犯,每人的旁边都站着至少一个肤色白的人;每个嫌疑犯的旁边至少都站着一个高个子。

在这四个嫌疑犯中,第一个嫌疑犯的皮肤非常白,第二个嫌疑犯的身材很瘦,第三个嫌疑犯的个子特别高,第四个嫌疑犯的长相十分英俊;在高个儿、白皙、消瘦与漂亮这四种特征中,没有两个嫌疑犯具有一个以上共同的特征;在不高、不白、不瘦、不漂亮这四个特征中,只有一个嫌疑犯具有两个以上的寻找特征,而这个人就是目击者眼中的凶手。

请问,在这四个嫌疑犯里面,究竟哪一个人是目击者眼中的凶手?

【游戏正解】

第一个嫌疑犯就是目击者眼中的凶手。根据已知条件,我们可以分析出完整的特征分布。其中,第一个嫌疑犯除了皮肤较白之外,其他方面都与凶手的特征相符合。多种取其轻,因此,犯罪嫌疑最大就是站在第一个位置的嫌疑犯。

猜数字

有 A、B、C 三个人,每个人头上都戴有一顶帽子,在每个帽子上,都写有一个大于零的整数,每个人都不能看到自己帽子上的数字,只能看见其他两位帽子上的数字。但是有一点却是三个人都具备的,即 A、B、C 的逻辑思维都很强,总是可以做出正确的判断,并且三个人说的话都是真的。

现在,三个人都知道一件事:其中有一个数字是其他两个数字的和。然后,我们就可以向三个人提问题了。

首先向 A 提问:你知道自己头上是什么数字吗?

A 回答说:"不知道。"

然后向 B 提问:你知道自己头上是什么数字吗?

B 回答道:"不知道。"

接着再向 C 提问:你知道自己头上是什么数字吗?

B 回答说:"不知道。"

又向 A 进行第二次提问:你知道自己头上是什么数字吗?

A 回答说:"我头上的数字是20。"

请问,B、C 头上的数字分别是多少?

【游戏正解】

有 3 个答案,B = 8、C = 12;B = 5、C = 15;B = 15、C = 5。

两难的选择

杰克是一个单身小伙子,他一直暗恋着女同事丽萨,但是,他一直都找不到合适的机会向丽萨表示自己的爱意。

这天下班之后,外面下起了倾盆大雨。杰克将自己的车开出停车场,正准备回家的时候,看到丽萨正在公交站一边等车一边躲雨。杰克赶忙开车过去,想要借此机会和丽萨来个近距离接触。他把车停在车站附近,这才发现,史密斯医生正扶着一位等待急救的病人,大暴雨的晚上打不到车,他们只能坐公交车了。

这样的场面一下子就让杰克为难了。如果不去送病人,他的良心会不安;如果送了病人,就会错过和丽萨近距离接触的机会。

你能不能帮帮杰克,想一个两全其美的方法呢?

【游戏正解】

很明显,杰克的目的是能和丽萨单独相处,而医生和病人的目的是赶到医院。那么,杰克只需要将车交给史密斯医生,让他开车送病人去医院,自己留下来陪丽萨小姐,两个人就能独处了。

高中同学的聚会

有三个人甲、乙、丙,他们在高中是同班同学。大学毕业后,三个人走上了不同的道路,一个人成了作家,一个人成了大学校长,还有一个人当了当地的市长。

三个人再次聚会时,说了很多这些年的事情。下面是他们聊天的一些细节:

1.作家一直在称赞中文专业毕业的人身体很棒;

2.高中毕业之后,机械专业的乙与丙失去了联系;

3.机械专业毕业的人其实一直都与作家住在同一个城市;

4.他们大学时候分别读了化学专业、机械专业和中文专业;

5.乙在聚会时向化学专业毕业的人请教了PC材料的问题;

6.机械专业毕业的人后来请当上大学校长的人写了一个横幅作纪念。

从上述这些谈话的细节,你能判断下面哪一项说的是真的?

A.甲毕业于化学专业。

B.乙毕业于化学专业。

C.中文专业毕业者是一位作家。

D.甲毕业于机械专业,丙是一位作家。

【游戏正解】

选项D是正确答案。根据细节1、3、6,可推知作家并非机械专业和中文专业毕业的,因此他在大学一定读的是化学系;根据细节4、5,可推知乙不是机械专业或者化学专业的,因此乙在大学一定是读的中文专业;再根据细节4,可推知丙是化学专业毕业的,因此丙一定是作家。根据细节2可推知,机械专业毕业的人不是后来的大学校长,因此乙一定是大学校长;最后,甲在大学一定读的是机械专业,后来当了市长。

狙击手的绰号

有五名狙击手,他们的情况如下:

1.狙击手老鹰和黑马是代号A狙击手的徒弟。

2.狙击手毛猴经常和代号为B的狙击手一起行动。

3.狙击手老虎和黑马都没接触过代号E的女人。

4.狙击手毛猴和黑狗称呼代号为D的狙击手为前辈。

5.狙击手老鹰要比代号E的狙击手身体健康。

6.狙击手毛猴枪法要比代号A和E的狙击手准确。

从上面的线索中,你能猜出各个狙击手的绰号是什么吗?

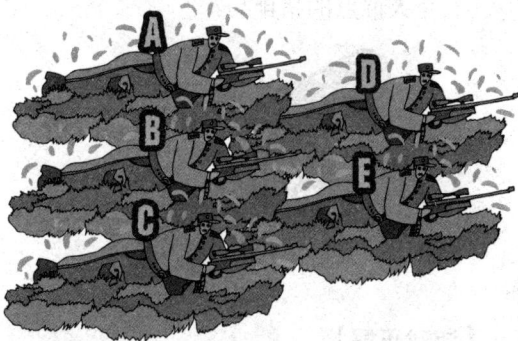

【游戏正解】

狙击手A的绰号是老虎,狙击手B的绰号是老鹰,狙击手C的绰号是毛猴,狙击手D的绰号是黑马,狙击手E的绰号是黑狗。

到达的先后顺序

有五个好朋友相约到迪士尼乐园游玩,但因为大家住的地方与迪士尼乐园的距离不等,所以五个人到达的时间完全不一样。

1.虽然A的家离迪士尼乐园比较近,但并非最早到的;

2.B的家与A的家到迪士尼乐园的距离差不多,他紧随着A到达;

3.C慢悠悠地骑着自行车去迪士尼乐园,既不是最早到的,也不是最晚到的;

4.在几个朋友中,D排行老二,然而这次却不是第二个到达迪士尼乐园的。

5.在D之后,排行最小的E第二个到达迪士尼乐园。

请问这几个好朋友到达的先后顺序?

【游戏正解】

他们到达的先后顺序是D、E、C、A、B。

奇怪的习惯

唐娜、辛西亚与芭芭拉经常一起去西餐厅吃饭。三个人不是要火腿,就是要猪排。然而,她们有几个十分奇怪的习惯。

1.倘若唐娜点火腿,那么辛西亚就会点猪排;

2.唐娜与芭芭拉两个人有人点火腿,但不会两个人同时都点火腿;

3.辛西亚与芭芭拉两个人不会同时都点猪排。

根据她们的习惯,你能猜出她们昨天谁点的火腿,今天谁点的猪排吗?

【游戏正解】

根据1与2可推知,倘若唐娜点火腿,那么辛西亚与芭芭拉必定都会点猪排。然而这样就与3矛盾了,因此,唐娜只会点猪排。再根据2可知,芭芭拉一定会点火腿。所以只有辛西亚可以自由选择,她也许昨天点火腿,今天点猪排。

O型血

O型血与其他血型都相合,不管是哪一种血型的人,都可以接受O型血。然而正因为这种特性,O型血在医院的库存中长期短缺。

通过上述论说,我们可以得出下面的哪一项结论?

A.血型为O型的献血者越来越受到欢迎。

B.现在,O型血是大多数人共同的血型。

C.O型血的特殊用途在于它和大多数人的血型是一样的。

D.在救治病患的时候,倘若需要给病人输入O型血,一定要先查出患者的血型。

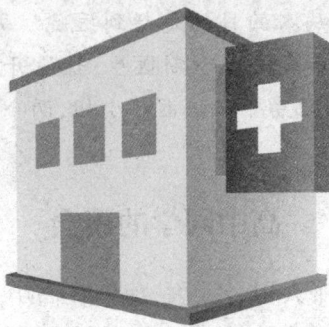

【游戏正解】

选项A是正确答案。

难得相聚

有三个人A、B、C,A一般雨天不出门,阴天或者晴天才会考虑出门;B则喜欢在阴天或者雨天出门,晴朗天气则会窝在家里;C讨厌阴天,喜欢在晴天和下雨天出门。

三个人同住在一个城市,但是相互并不认识,直到有一天,三个人在社交网站相识,于是决定在一起聚一下。

请问他们可以聚在一起吗?

【游戏正解】

倘若是晴天的话,就让A、C去B家;倘若是阴天的话,就让A、B去C家;倘若是雨天的话,就让B、C到A家。

如何站队

为了采购春游需要用到的物品,班长带领六个同学去城里最大的超市。进入超市必须乘坐电梯,几个人在电梯上面是这样排列的:

班长后面紧跟着团支书,卫生委员在宣传委员后面,组织委员后面紧跟着学习委员,学习委员后面紧跟着体育委员。有两个人在班长与体育委员之间,有两个人在组织委员和宣传委员之间,团支书排在最后。

根据上面的信息,你可以判断出几个人是如何站在电梯上的吗?

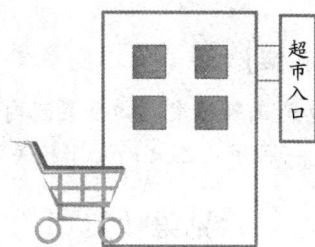

【游戏正解】

根据上述说法,几个人只可能这样站在电梯上:组织委员、学习委员、体育委员、宣传委员、卫生委员、班长、团支书。

派遣方案

两军正在激烈地交战,眼看战斗就要陷入僵局。倘若无法尽快将敌人的防线突破,那么就会给后面的作战造成极大的困扰。

为了完成作战任务,指导员准备组织一个冲锋队,将敌人的堡垒炸掉。于是,让士兵们自愿请命。由于这项任务极其艰巨,因此只有 A、B、C、D、E、F 六个人站了出来,并且他们每个人都提出了要求:

1. A 与 B 两个人至少要有一个人去;

2. A 与 D 不可以都去;

3. D、E、F 三个人,必须有两个人去;

4. B 与 C 两个人必须在一起,或者都去,或者都不去;

5. C 与 D 两个人,只能有一个人去;

6. 倘若 D 不去,那么 E 也不可以去。

你可以帮助指挥员选出一个合理的派遣方案吗?

【游戏正解】

派遣 A、B、C、F 四个人去。

好学的帕特里克

在某个月的前半个月,也就是从 1～15 号,帕特里克总共学了五种运动。每学一种运动,所用的天数并不一样,并且在同一天中,从未学过两种运动。那么,帕特里克到底每天都在学什么运动呢?

1. 4 号那天,帕特里克学了打网球,8 号那天,帕特里克则在学滑雪,12 号那天,帕特里克学了射箭。

2. 第三项运动射箭只学了 1 天的时间。

3. 踢足球是帕特里克学的第四项运动。

4. 帕特里克花费了 3 天时间,学会了一种运动项目,不过这一运动项目既不是踢足球,也并非打保龄球。

5. 运动项目:网球、滑雪、射箭、踢足球、打保龄球。

6. 天数:只有 1 天、连续 2 天、连续 3 天、连续 4 天、连续 5 天。

你可以将每项运动的开始日期与结束日期列出来吗?需要注意的是,存在着只需学 1 天的运动项目。

【游戏正解】

倘若第四项运动踢足球在射箭的后面,那么踢足球与第五项一共花费了 3 天以内的时间,这和第二个条件相互矛盾。因此,第四项是踢足球,第五项是射箭。

根据第一个条件,可以推算出,踢足球最长就是 9、10、11 日的 3 天时间,根据第二和第四个条件,既不是 1 天也不是 3 天,因此只能是两天。

根据第一个条件,只需 1 天时间学习的不是滑雪就是打保龄球。如果是滑雪的话,那么它只能在 8 号进行,第四项的足球用了 2 天,因此第五项的射箭用了 5 天。那么根据第四个条件,剩下的网球和打保龄球就是 3 天或 4 天了,在 1～7 号之间进行,由于 4 号那天没有打网球,因此这个假设是无法成立的。

所以,第三项运动一定是打保龄球,第一项运动一定是网球,第二项运动一定是滑雪。打保龄球只用了 9 号一天,踢足球在 10 号和 11 号两天学。因此,射箭是从 12 号开始学的,一共用了 4 天,学网球则花费了 5 天,剩下的滑雪项目则用了 3 天。

谁是受伤者

卡姆、格尔、安迪、马克和莱西是同一家马术俱乐部的成员。几个人因为长时间相处,是十分要好的朋友。一天,大伙约好一起到野外的一片空地上骑马,不幸的是,有一个人的马因为受惊吓而狂奔起来,最后他从马上摔了下来,腿骨折了。你能根据下面的线索找到是谁受伤了吗?

A. 卡姆还是单身。

B.格尔亲眼看见受伤的人从马上摔下来，心理受到惊吓，再也不愿意骑马了。

C.马克的妻子没有外甥女，也没有侄女。

D.莱西的女儿前几天也因为脚部扭伤住院了，他总是一边照看女儿一边看望伤者。

E.受伤者的妻子是马克夫人的妹妹。

【游戏正解】

受伤的人是安迪。根据A、E的描述，受伤者是有妻子的，而卡姆是单身，所以伤者一定不是卡姆；根据B可知格尔平安无恙；根据E，伤者不是马克；根据E，马克的妻子是受伤者的妻子的姐姐，再加上C的线索，得知受伤者没有女儿。而根据D可知，莱西是有女儿的，所以，受伤者也不是莱西。这样说来，不幸的受伤者只能是安迪了。

四个大菜园

约翰在乡下经营着四个大菜园。为了方便管理，约翰分别以甲、乙、丙、丁标示这四个菜园。其中甲菜园内的各种菜在乙菜园内都有种植；乙菜园内的全部菜在丙菜园内也都有种植；丙菜园内的全部菜在丁菜园内也都有种植。

因此，我们可以得出下面哪一个结论：

A.丁菜园内的全部菜都可以在乙菜园内找到；

B.甲菜园内的一些菜在丁菜园内有种植；

C.乙菜园内的一些菜能在丁菜园内找到；

D.甲菜园内的全部菜在丁菜园内都有

种植。

【游戏正解】

选项D是正确答案。四个菜园内种植的蔬菜实际上是一种甲＜乙＜丙＜丁的关系。

六兄弟吵架

有个财主，他有六个儿子，一郎、二郎、三郎、四郎、五郎、六郎。每次吃饭时，六个儿子都按长幼坐在一个圆桌上。某日，几个兄弟之间产生了矛盾。六个人都喊着不想与自己的上一个及下一个兄弟坐在一起。三郎还说不想与五郎坐在一起。这个时候，财主想了一个办法，终于让几个小家伙安静了下来。

请问，调整后与二郎相邻的两个兄弟是谁？

【游戏正解】

根据题中，三郎不想与五郎坐一起，因此他的邻座只能是一郎和六郎了；前面三个人定下来之后，二郎就只能坐在三郎的对面，旁边是四郎与五郎。几兄弟在圆桌上的顺序为一郎、三郎、六郎、四郎、二郎、五郎。

比力气

课间，梅西、克里、卡特和贾巴尔四个小伙伴经常在一起做游戏。一天，卡特提议大家来一场拔河比赛。几个人一商量，觉得很不错，于是他们向老师借来一条粗绳子开始比赛。

第一轮，梅西和克里两个人一组，卡特和贾巴尔两个人一组，结果双方僵持了很久也没什么结果。

第二轮，梅西和贾巴尔一组，卡特和克里一组，这次比赛的结果是：梅西和贾巴尔两个人轻易战胜了卡特和克里。

克里对比赛结果不服气，于是他分别与梅

西、卡特来了一场拔河比赛,结果大获全胜。

那么,究竟四个人中谁力气最大,其他人的排名又是怎样呢?

【游戏正解】

根据题目中的陈述,我们可以列出下面这些式子来:梅西+克里=卡特+贾巴尔;克里+贾巴尔<梅西+卡特;梅西<克里;贾巴尔<克里,因此,梅西+克里-贾巴尔=卡特,贾巴尔>克里+卡特-梅西。因此,梅西>卡特,克里<贾巴尔。最后得出,贾巴尔力气最大,克里第二,梅西第三,卡特第四。

各自的职业

科尔、米勒、史蒂夫和卡尔同住在一个小镇上。他们做着不同的工作,一个是医生,一个是警察,一个是木匠,一个是种地的农民。

有一天,科尔的女儿高烧不退,心急的科尔连夜送女儿到医生家里看病;

史蒂夫正好是医生的妹夫,并且他正好和警察是邻居;

那位农夫还没有结婚,经营了一个小农场,还养了很多家禽;

米勒经常去农夫的农场买新鲜鸡蛋和鸭蛋;

现在,你知道他们四个人的职业分别是什么了吗?

【游戏正解】

科尔是警察,史蒂夫是木匠,卡尔是农夫,米勒是医生。根据上述线索可推知,科尔与史蒂夫既不是医生,也不是农民;米勒经常去农夫那里买鸡蛋与鸭蛋,因此他也不是农民,所以农夫只能是卡尔;"史蒂夫和警察是邻居",而史蒂夫既不是农夫也不是医生,因此,史蒂夫只能是木匠。科尔、史蒂夫、卡尔都不是医生,因此米勒是医生,最后科尔就只能是一位警察了。

选标结果

某地即将进行危房改造,当地政府针对承建工程的公司进行了公开招标,其中A、B、C、D四家公司最有可能中标。在选标结果公布之前,四家公司的员工都暗自对于投标结果做出了预测。其中A公司的员工在聚会的时候说:"在四家公司中,只有咱们公司规模最大,实力也最雄厚,看来这次招标咱们是稳操胜券啊!"B公司的员工私底下也都说:"这回咱们公司和C公司最有可能中标,再怎么说咱们老总也是市长的亲戚,多少会给点面子吧。至于C公司,听说老总也是一个厉害人物呢!"C公司的老总开会的时候对员工们说:"中标的不是A公司就是咱们公司,其他公司想都别想。"D公司的员工们说:"这次投标,四家公司实力都不弱,不过咱们的方案更胜一筹,这次啊,真是非咱们公司莫属了!"

几周之后,选标结果出来了,四家公司人员的预测只有一家说准了,你觉得下面哪一项会是真的呢?

A. A公司员工猜对了,A公司中标。

B. B公司员工猜对了,C公司中标。

C. C公司的老总和D公司的员工都说错了。

D. A、B公司的员工都说错了。

【游戏正解】

选项D是正确答案。如果A公司人员是对的,那么C公司人员猜测的也是对的。但是题目最后说只有一家公司的人员猜对了。所以A、C公司人员猜得不对。如果B公司人员猜对了,那么不是B就是C公司中标,假设C公司中标,那么B和C公司人员都猜对了,也不可能,所以B公司人员说的是不对的。如果D公司人员猜对了,那么不和任何人说的话相矛盾。所以D公司人员预测正确,他们中标了。

箱子里的宝石

杰瑞先生的母亲得了重病,久治不愈。听说深山里面有一位老神医,医道高明,于是杰瑞先生决定上山找老神医。来到老神医的住所时,看门的三个小药童拦住了他,说老神医救命是需要经过考验的。杰瑞先生听后,连忙请药

231

童出题。

三个小药童拿出一个木箱子,箱子里面装的是红、蓝、白三种颜色的宝石。药童告诉杰瑞先生,箱子里面一共装着99颗宝石,三种颜色的宝石数量相差最多不超过4个。

第一个药童说:"箱子里至少有两种颜色的宝石少于33颗。"

第二个药童说:"箱子里至少有一种颜色的宝石不少于34颗。"

第三个药童说:"箱子里任意两种颜色的宝石数量总数少于或等于99颗。"

药童请杰瑞先生猜猜,谁的说法是对的。

你可以帮助杰瑞先生分析出谁说的是对的吗?

【游戏正解】

第二个与第三个药童的说法是对的。由于箱子里总共有99颗宝石,因此第三个药童说的话一定是正确的。倘若第一个药童说的是正确的,那么可以假设红色的宝石只有32个,白色的宝石有32个,那么蓝色的宝石就一定是36个,三种颜色宝石的最大相差数为4个,因此,他的说法是错误的。第二个药童的说法是正确的。

快速牵牛

一天,财主吩咐下人怀特把两大袋米和四头牛送到城里去。四头牛从财主家走到城里的时间分别为:甲1小时,乙2小时,丙4小时,丁5小时。倘若怀特步行的话,那么需要的时间会更久,于是他决定骑着牛,再牵着一头牛,让牛再驮一袋大米。由于怀特是初次骑牛,因此他只能骑一头牵一头,然后这样依次将牛带到城里。

在最短的时间内,要把这些大米和牛运到城里,最佳顺序是什么?

【游戏正解】

最好的顺序是这样的:把甲与乙牵到城里;

骑着甲回到财主家;将丙与丁牵到城里;骑着乙回到财主家;最后把甲与乙牵回城里。

谁说得对

在电路上接了一根铁丝,它已经发热了。这时候,一滴冷水从铁丝的左端滴了下来,请问和刚才相比,铁丝右端的温度会有什么变化?

甲说:"和刚才相比,右端的温度要冷一些!"

乙说:"说错了,和刚才相比,右端的温度要热一些!"

丙说:"你们都说错了,右端的温度没有发生变化。"

请问,三个人究竟谁的说法对呢?

【游戏正解】

乙的说法是对的。因为铁丝左端遇冷以后,这根铁丝的电阻会变小,电流则会增大,所以右端会变得更热。

买纪念品

简森和同学们一起来到草原上,参加那达慕大会。草原上的老乡们热情地接待了他们。他们围着篝火跳舞,渴了就喝一口草原人酿的纯正的奶茶,饿了就吃一口草原上真正的烤肉。

在老乡的带领下,简森和他的同学们来到当地最为著名的工艺品集散地,他们在那里买了自己喜爱的纪念品。

现在已知情况如下:

1.简森的某些同学买了当地的纪念品;

2.简森的某些同学没有买纪念品;

3.简森的同学霍克尔、赫尔都买了纪念品。

倘若上述三种情况只有一种是真的,那么下面哪一种情况也必定是真的?

A.简森的同学霍克尔与赫尔都买了纪念品。

B.简森的同学贝琳达买了纪念品。

C.霍克尔买了纪念品,然而赫尔并没有买

232

纪念品。

D. 霍克尔与赫尔都没有买纪念品。

【游戏正解】

选项 D 是正确答案。由题意可知，情况 1、2 互相矛盾，因此两者之中有一个一定是假的。题目中说只有一种情况是真的，因此我们假设情况 3 是假的，那么情况 1 就是假的，情况 2 就是真的，这样正好与三种情况只有一种是真的这个条件相符合。因此，与情况 3 相反的 D 是真的。

作息规则

因为人事关系非常复杂，所以在不同的时期和情况下，某一个工厂都会制定出一个适合特定情况的特定规则。有一个时期，该厂的规则是这样的：倘若 A 来上班，那么 B 就一定得休息，除非 E 没有上班。如果 E 没有上班的话，那么 B 就一定得上班，而 C 则可以休息；A 与 C 不可以同一天出工或休息；倘若 E 上班了，那么 D 就一定得休息；倘若 B 休息的话，那么 E 就一定得下班，除非 C 上班了。如果 C 真上班了，那么 E 就一定得休息，而 D 则一定要去上班。

为了群众的需要，该厂意识到自己的生产必须打破常规，一周七天都要工作。所以，一定要做出一个合理的安排，从而保证七天之中每天都有一批工人能够上班。

根据以上的规则，七天之中，到底谁什么时候应该上班，谁什么时候应该休息呢？

【游戏正解】

每个人上班的天数不一定一样多，每天上班的人数也不一定相同。根据题目的规则，对各种出工的可能情况进行分析，我们可以得出一个每天不同的出工安排。七天上班的安排应该是这样的：AE、ABD、AB、CD、BCE、BCD、BC。

遗产风波

父亲去世了，让一对兄妹分他留下来了的六件财物。这六件财物分别是金项链、玉碗、银耳环、玉观音、名画与宝剑。两兄妹经过商量，决定先让年纪大的挑选，但是只能选一样，然后则轮到年纪小的挑选，也只能选一样，以此类推，这样循环下去，直到将六件财物拿完。

兄妹俩都有自己的对象，而且都想将分来的钱物送给自己的心上人，因此，两个人对这六样东西的偏好程度并不一样。下面是兄妹俩对六件财物的偏好程度：

哥哥：1. 金项链；2. 银耳环；3. 名画；4. 宝剑；5. 玉碗；6. 玉观音。

妹妹：1. 玉碗；2. 玉观音；3. 宝剑；4. 名画；5. 金项链；6. 银耳环。

这样一来，最佳的分配结果当是如此：

哥哥：1. 金项链；2. 银耳环；3. 名画。

妹妹：1. 玉碗；2. 玉观音；3. 宝剑。

倘若能够这样分配的话，相信兄妹俩都会很满意。

然而若兄妹俩的偏好顺序是这样的：

哥哥：1. 金项链；2. 玉碗；3. 名画；4. 宝剑；5. 银耳环；6. 玉观音。

妹妹：1. 玉碗；2. 玉观音；3. 宝剑；4. 名画；5. 金项链；6. 银耳环。

倘若兄妹俩都依从自己的心意进行选择，那么又当怎样分配呢？

这里所说的依从自己的心意进行选择，意思是指每个人在选择的时候，都从剩下的物品中选出自己认为价值最高的物品。

倘若兄妹俩在选择的时候不依从自己的心意，比如说哥哥先选出了"玉碗"，那么结果又会怎样呢？

【游戏正解】

如果兄妹俩在选择的时候，可以做到依从自己的心意，那么最佳的分配是这样的：哥哥得到金项链、名画和宝剑，妹妹得到玉碗、玉观音和银耳环。如果选择的时候，兄妹俩并不依从自己的心意，那么每个人都会选出自己期望值较高、而在对方期望值更高的物品，所以又会有这样一种情况出现，即哥哥得到玉碗、宝剑和银耳环，妹妹得到名画、金项链和玉观音。

持灯过桥

晚上，黑格一家必须过一座桥，桥上一次最多可以过两个人。黑格一家有五个人：黑格、爸爸、妈妈、弟弟、爷爷，但是全家人只有一盏灯。也就是说，在每次过桥时都要有人将灯送回，以供过桥的人使用。这盏灯只可以燃30分钟，因此黑格一家必须抓紧时间过桥。已知黑格过桥需要1分钟，爸爸过桥需要6分钟，妈妈过桥需要8分钟，弟弟过桥需要3分钟，爷爷过桥需要12分钟，为了确保人在过桥时灯不会熄灭，你认为他们一家应该如何过桥呢？必须清楚的是，如果两人一起过桥，那么就以过桥速度最慢的人计时。

【游戏正解】

第一步，黑格与弟弟一起过桥，接着黑格再将灯送回去，总共花4分钟；然后，黑格与爸爸一起过桥，弟弟将灯送回去，总共花9分钟；接着妈妈与爷爷一起过桥，黑格将灯送回去，总共花13分钟；最后，黑格与弟弟一起过桥，总共花3分钟，4次一共用了29分钟。

在餐厅

6个人一起到餐厅吃饭。他们在一张大桌子的两边坐了下来，每边各坐3个人。服务员过来了，手上拿着菜单，在6种不同的食物中，6个人各自点了几样自己喜欢吃的菜。请问，根据这6个人的座位和点餐情况，你能推断出究竟是谁点了果汁、三明治和土豆片吗？

具体的座位以及点餐情况如下：简和安娜面对着面；莫菲则与露西相邻的男孩面对着面；杰克在莫菲的旁边坐着。在哈瑞点的几样菜中，没有沙拉、炸鸡和炸鱼；坐在露西对面的男孩，则点了牛奶和热狗等；在简单的几样菜中，有果汁、汉堡和炸鱼等；杰克旁边坐着一个女孩，在她点的几样菜中，则有果汁和土司色拉等；有一个女孩坐在简和哈瑞的中间，在她点的几样菜中，有夹心饼干和洋葱卷等。

【游戏正解】

答案是，哈瑞点了果汁、三明治和土豆片。总共只有六样菜，在哈瑞点的几样菜中，没有沙拉、炸鸡和炸鱼，这即意味着，哈瑞点了果汁、三明治和土豆片中的两种或三种。根据其他条件推算，别的人都没有点果汁、三明治和土豆，所以只能是哈瑞。

妈妈做家务

星期天，贝蒂从学校回到家中，她无意识地将妈妈一早起来后做家务所用的时间记录了下来，其结果让贝蒂大为吃惊。妈妈做家务一共花去了103分钟：将三室一厅打扫干净，一共花去16分钟；为阳台上的几盆花浇水，费去了6分钟；给全家做早餐，用两只平底锅烙出3个大饼，每面烙好需要10分钟，总共花去40分；到超市里买菜购物，一共花去40分钟。

贝蒂经过一番思考，趁晚上看电视的时候，对妈妈说："妈妈，只要你科学地安排时间，那么只需要70分钟，你就可以把早上那几样事搞定，大概能够省半个多小时哩！"

请问，对上述四件事怎样进行安排，才可以让贝蒂的妈妈在70分钟之内搞定？

【游戏正解】

本题关键所在是怎样科学安排烙大饼的时

间:首先把两张饼置于两只平底锅上,10 分钟之后,把一张饼换下,在这个锅内放入一张新饼,将另一只锅内的饼翻面。这样一来,在 20 分钟之内,就可以把三张饼烙好,一共只需花费 30 分钟的时间。而并非根据习惯的做法那样,烙饼要用 40 分钟。做事应该穿插着做,倘若做完一件再做下一件,贝蒂妈就需要 103 分钟了。倘若这么安排:在烙饼的每 10 分钟内,各穿插安排做一件事。房间的打扫分做两次,每次 9 分钟;浇花的 6 分钟也安排在这里。这样一来,烙饼的 30 分钟,又附带打扫房间,给花浇水或护理等,四件事只要 70 分钟就可以完成。

排座位

现在,国际上的交流不只局限于政治经济,在医疗卫生、教育、文化等各方面,国际交流都在不断加强。通过这种全球化的交流与合作,世界各国的人们共同解决了许多以前不能突破的问题。

由于一种新型病毒的出现,一个民间医疗组织举办了一场医学研讨会,邀请世界各国的医学专家针对这一病毒的机理进行分析,希望能够尽快找到一种合适的治疗方案,治疗这种病毒给人带来的伤害。

在研讨会上,来自 4 个国家的 5 位代表围坐在一张圆桌边。大会举办方为了交流方便,在开会之前特意调查了解了 5 位与会专家的情况:

1.甲是中国人,能说流利的英语;

2.乙是法国人,能说流利的日语;

3.丙是英国人,能说流利的法语;

4.丁是日本人,能说流利的汉语;

5.戊是法国人,不会说德语。

那么,你知道会议组织者是怎样安排他们的座位的吗?

【游戏正解】

甲(中国、英国);丙(英国、法国);戊(法国);乙(法国、日本);丁(日本、中国)。

英国龙蒿与中国龙蒿

世界上有两种龙蒿,一种是英国龙蒿,一种是中国龙蒿。从外表来看,两种龙蒿十分相像,然而在成长的过程中,它们却有两个十分不同的地方。首先,在成长的过程中,英国龙蒿会开花,而中国龙蒿不会开花;其次,中国龙蒿的叶子有一种特殊的香味,而英国龙蒿没有。

从上述论说中,我们可以推出下面的哪一项结论?

A.英国龙蒿的花朵很可能没有香味。

B.世界上的龙蒿只有两个品种,一种是英国龙蒿,一种是中国龙蒿。

C.由龙蒿的种子一点点成长出来的龙蒿绝对不是中国龙蒿。

D.作为一种观赏性的植物,中国龙蒿比英国龙蒿更受到人们的喜爱。

【游戏正解】

选项 C 是正确答案。由题意可知,中国龙蒿在成长的过程中是不会开花的,不开花自然也不会结果与长种子。因此,中国龙蒿一定不是由种子发育而来的。

机灵的朋友

菲德尔工长有两个朋友,S 先生和 P 先生,他们都非常聪明机灵。

有一天,菲德尔想考一下 S 先生和 P 先生,他从货架上将 11 种规格的螺丝取下来,每种规格各一只,摆在桌子上次序如下:

M8X10　M8X20

M10X25　M10X30　M10X35

M12X30

M14X40

M16X30　M16X4O　M16X45

M18X40

在这里,值得一说的是:M 后的数字表示的是螺丝的直径,X 后的数字表示的是螺丝的长度。

将螺丝摆好之后,菲德尔将 S 先生和 P 先生叫到跟前,对他们说道:"我会将我所需要的螺丝的直径和长度分别对你们说,看你们谁可以将这只螺丝的规格说出来。"

之后,菲德尔便将这只螺丝的直径悄悄地

告诉了 S 先生，把这只螺丝的长度悄悄地告诉了 P 先生。

S 先生和 P 先生坐在桌子前面，沉思了很久，但最后谁都没有找到答案。

S 先生说："这只螺丝的规格我不知道。"

P 先生也说："这只螺丝的规格我也不知道。"

之后，S 先生便说："这只螺丝的规格我现在已经知道了。"

P 先生也跟着说："这只螺丝的规格我现在也知道了。"

接着，S 先生和 P 先生分别在各自的手上写下了一个规格，菲德尔工长看了之后，哈哈大笑起来，原来他们两个人写的都是一样的规格，而这也刚好是自己所需要的那种规格。

请问，这只螺丝到底是什么规格的？

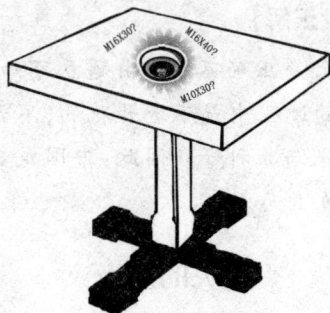

【游戏正解】

对于聪明的 S 先生而言，如果他说"我不知道这只螺丝的规格"，那么就意味着这只螺丝绝对不可能是 M12X30、M14X40、M18X40。为什么这么说呢？因为这三种直径的螺丝都只有一只，倘若这只螺丝是 M12X30，或 M14X40，或 M18X40，那么聪明的 S 先生因为已经知道了螺丝的直径，所以可以马上说出自己知道了。

同样一个道理，对于聪明的 P 先生而言，如果他说"我也不知道这只螺丝的规格"，那么就意味着这只螺丝绝对不可能是 M8X10、M8X20、M10X25、M10X35、M16X45。为什么这么说呢？和前面一样，因为这五种长度规格的螺丝各自都只有一只。

这样一来，在 11 只螺丝中，我们就可以将 8 只排除出去，于是便只留下了三种可能性：M10X30、M16X30、M16X40。

下面，我们再对 S 先生所说的"现在我知道这只螺丝的规格了"这句话进行分析。我们可

以用推理形式来表示：倘若这只螺丝为 M16X30 或 Ml6X40，那么只清楚螺丝直径的 S 先生是无法将这只螺丝的规格推断出来的，但是，对于这只螺丝的规格，S 先生却已经推断出来了，因此这只螺丝必定是 M10X30。

动物排名

龙、虎、狗、羊、猴、牛、熊参加了一场比赛，其结果的名次排列情况如下（其中没有名次相同的）：

1. 猴获得第二名或第三名；
2. 与猴相比，狗要高 4 个名次；
3. 与虎相比，龙的名次要低一些；
4. 与熊相比，虎并不低 2 个名次；
5. 虎并非第一名；
6. 与猴相比，羊并没有低 3 个名次；
7. 与牛相比，龙并不高 6 个名次。

以上提示只有两句是正确的，请问是哪两句呢？并且将七种动物的名次顺序试列出来。

【游戏正解】

假设提示 1 和提示 2 是正确的，那么提示 3、提示 4、提示 5、提示 6、提示 7 就是假的。

由于猴获得了第二名或第三名，狗比猴要高 4 个名次，龙比虎高，虎比熊低 2 个名次。

所以虎是第一名，羊比猴低 3 个名次，龙比牛高 6 个名次。

提示 1 与提示 2 冲突，提示 3 与提示 5 冲突，提示 4 与提示 5 冲突，提示 5 与提示 7 冲突。

因此得出结论：提示 5 是正确的，提示 1 和提示 2 至多只有一个是正确的。

假设提示 1 和提示 5 是正确的，那么提示 2、提示 3、提示 4、提示 6、提示 7 都是错误的。

由于猴没有得第二名或第三名，狗没有比猴高 4 个名次，龙比虎高，虎比熊低 2 个名次，

所以虎并非第一名,羊比猴低3个名次,龙比牛高6个名次。

提示2和提示1、提示6相冲突。

因此得出结论:提示2也不可能是正确的。

假设提示3与提示5是正确的,那么提示1、提示2、提示4、提示6、提示7是错误的。

由于猴没有获得第二名或第三名,狗比猴高4个名次,龙比虎高,虎比熊低2个名次,虎不是第一名,羊比猴低3个名次,龙比牛高6个名次。

提示2与提示6相冲突。

因此得出结论:提示3并非正确的,而提示6才是正确的。

假设提示5与提示6是正确的,那么提示1、提示2、提示3、提示4、提示7是假的。

由于猴没有得第二名或第三名,狗比猴高4个名次,龙比虎高,虎比熊低2个名次,虎不是第一名,羊没有比猴低6个名次,龙比牛高6个名次。

因此得出结论:龙、狗、熊、羊、虎、猴、牛。

这和题目所给的条件没有冲突。

从而得出七种动物的名次顺序为龙、狗、熊、羊、虎、猴、牛。

验毒酒

有个皇帝,他的酒窖里面有1 000瓶香槟,他打算在自己的60大寿那天打开来喝。然而糟糕的是,其中有一瓶香槟被人下了毒药,只要是沾到的人,即便是沾到一滴,不到一天时间就会暴毙。由于皇帝的60大寿马上就要到了,而他必须尽快找出那瓶有毒的酒。所以,皇帝叫侍卫把监牢里面的死刑犯带来,让他们检验酒是否有毒。如果监牢里面的死刑犯有很多,那么请问,将毒酒检验出来,最少需要多少个死刑犯?

【游戏正解】

20个。将这20个人分成10组,每组2个人,那么,从每组中选出1个人组成10组。一共有1 024种组法。那么,现在给酒编号,并调好酒喂囚犯,每组死一个,一共有1 024种死法,每种死法对应1瓶酒有毒。

调酒方法:把酒的编号用二进制数表示,那么,只要10位二进制数就可能表示所有的酒。现在,对于第一组人,把二进制数第一位为0的酒混合喂给第一个人,第一位为1的酒混合喂给第二个人。那么,根据死哪一个人,就可以确定有毒的酒在第一位为多少的酒里。依此类推,这样就能确定哪一瓶酒有毒了。

优秀射击手

某次大学生军训,教官们对同学们进行了实弹射击指导。晚上连里组织开会的时候,几个主要的负责人说出了自己的想法。

连长说:"我发现同学们的射击成绩并不是十分理想。毕竟军训的时间过短,我认为不会有人可以射出优秀的成绩来了。"

一班班长说:"我手下有几个同学曾经接受过军训,因此他们可能会射出优秀的成绩。"

二班班长说:"我认真观察了一下,觉得一班长负责的那个班的班长和体育委员可能会射出优秀的成绩。"

经过考核证明,在这三个人中,只有一个人的说法是对的。请问下列各项论述中,哪一项一定是真的?

A. 体育委员的射击成绩不是很优秀。

B. 只有班长一人的射击成绩是优秀的。

C. 这个班里面有人射出了优秀的成绩。

D. 这个班里面所有人的射击成绩都不优秀。

【游戏正解】

正确选项是D。题目中,连长和一班长的话是相互矛盾的,因此一定有一个人的说法是对的。倘若一班长的说法是对的,那么二班长的说法也就可能成立,然而题目中又指出只有一个人的说法是对的,因此只有连长的说法是对的。

预言家

在一个王国中,有A、B、C、D四个小伙子,他们都想成为预言家。不巧的是,最后只有一个如愿成为了预言家,并在王国的都城工作。其他的三个人,有一个成为了舞师,有一个成为了画家,有一个成为了皇帝的侍卫。下面是这四位小伙子的预言:

A:"B 成不了舞师。"

B:"C 会成为都城的预言家。"

C:"D 成不了画家。"

D:"我会娶一个女子,她的名字叫艾伦。"

在这四个小伙子的预言中,只有后来当上都城预言家的人的说法是正确的。

请问,这四个小伙子最后都各自成为了什么?D 真的与一个叫作艾伦的女子结婚了吗?

【游戏正解】

首先假设 B 的预言是真的,那么 C 会成为都城的预言家。这样一来,C 的预言也是正确的。如此,就有两个人成为预言家了,这与题意明显不符。所以,B 的预言是错误的。也就是说,B 和 C 都不可能成为预言家,如此一来,C 的预言也是错误的,那么 D 会成为一个画家,而不是都城的预言家。

现在,答案就清晰多了,最后成为预言家的自然就是 A 了。也就是说,A 的预言是正确的,即 B 当不了舞师。既然 B 当不了舞师,那就只能是皇帝侍卫了,因为目前已经只剩下这两个职位了。

所以得出答案:A 当上了预言家,B 当上了皇帝侍卫,C 当上了舞师,D 成为了一名画家。又由于 D 的预言是错误的,因此他不会娶那位叫艾伦的女子为妻。

烤制面包

已知烤熟面包的一面需要 30 秒钟,现在有一个烤箱,它有一个特点,即一次只能烤 2 片面包。请问,如何只花费 1.5 分钟,就将 3 片面包烤熟?

倘若现在来烤甲、乙、丙 3 片面包,并抹上黄油,只有一架烤箱,一次只能烤 2 片面包,并且每次只能烤一面,如果想烤另一面,那么就一定要将其翻过来。把面包片放进烤箱中,将面包片从烤箱中取出来,把面包片在烤箱内翻过来,完成这三个基本动作,各需要 3 秒钟。

只需要在面包片的某一面抹上黄油,但是这一面必须是已经烤过的。一片已经抹过黄油的面包也可以放进烤箱去烤另一面。烤熟一片面包的一面,用时为 30 秒钟。为一片面包抹黄油,则需费时 12 秒钟。

烤面包的某一面时,无须一次性完成,可以先烤 15 秒钟,接着将它从烤箱中取出来,等一会儿之后,再把它放进烤箱里面继续烤 15 秒。

要想将任何一个动作完成,都一定要依靠双方同时配合,这便意味着,同时将面包放进烤箱或拿出烤箱,同时将两片面包在烤箱中翻过来,或抹黄油的同时在烤箱中翻面包片等等,都是不能做到的。

请问,要想烤熟甲、乙、丙三片面包的两面,并且将黄油抹在某一面上,最短需要多长时间?请详细讲出你的具体操作过程。

【游戏正解】

第一步,将甲、乙放到烤箱里面,各烤 20 秒钟;第二步,把甲在烤箱里面翻个面,用丙替换乙,烤 30 秒钟;第三步,把甲从烤箱中取出来,将丙在烤箱中翻个面,把乙还没有烤的一面放进烤锅,烤 30 秒钟。如此一来,只需要 90 秒钟,就能烤完三片面包。

对号入座

很久很久以前,有一个叫撒哈的部落,部落中的人都只会说真话。但是,撒哈部落的一个男人娶了热旦部落的一个女人,而热旦部落的人只会说假话。这样一来,这两个不同部落的人生下来的儿子有时候会说真话,有时候又会说假话,有时候则会真话和假话交替着说。最后,撒哈部落的人每说四句话,就有一句假话,三句真话,而热旦部落的人每说四句话,就有一句真话,三句假话。

另外,这一对夫妻以及他们的儿子都有属于自己的部落号,号码并不相同。卡瓦、雷蒙、乔西是这一家三口的名字,而这些名字在这两个部落都是男女通用的。这三个人每人都说了四句话,前撒哈说了一句假话,三句真话;前热旦说了一句真话,三句假话。下面就是他们说的话,请将他们说的话和他们本人对号入座,并且将谁是父亲、谁是母亲、谁是儿子指出来,并且列出他们的名字与部落号。

甲:

1. 在三个人中,卡瓦的号码最大。

2. 我以前是撒哈部落的。

3. 我的老婆是乙。

4. 我的号码比乙的号码要大 22 位数。

乙:

1. 我的儿子是甲。

2. 我的名字叫卡瓦。

3. 在 54、78 和 81 中,有一个号码是丙的。

4. 丙以前是热旦部落的。

丙:

1. 雷蒙的号码比乔西的号码大 10 位数。

2. 甲是我的父亲。

3. 在 66、68 和 103 中,有一个号码是甲的。

4. 乙以前是撒哈部落的。

【游戏正解】

甲是妻子,以前属于撒哈部落,名字叫卡瓦,号码是 66;乙是丈夫,以前属于热旦人,名字叫乔西,号码是 44;丙是儿子,名字叫雷蒙,号码是 54。

珠串的长度

有两种颜色的珠子,一为灰色,一为黑色,每种颜色的珠子各有 10 颗。将这些珠子穿成一串,将一颗灰色珠子摆在这串珠子的第一颗位置。现在我们把这串珠子中连续的几颗珠子称为 1 个"连珠"。连珠的长度,由它所包含的珠子的颗数决定。

含 2 颗珠子的连珠我们叫作"二连珠",请问可能有多少个二连珠?

含 3 颗珠子的连珠我们叫作"三连珠",请问可能有多少个三连珠?

含 4 颗珠子的连珠我们叫作"四连珠",请问可能有多少个四连珠?

含 5 颗珠子的连珠我们叫作"五连珠",含 6 颗珠子的连珠我们叫作"六连珠",依此类推。也就是说,含 n 颗珠子的连珠我们叫作"n 连珠"。

如果要求一串珠子全部由二连珠组成,并且整串珠子中不可以出现两个一模一样的二连珠,请问这串珠子最长为多少?

如果要求一串珠子全部由三连珠组成,并且整串珠子中不可以出现两个一模一样的三连珠,请问这串珠子最长为多少?

【游戏正解】

二连珠可能有 4 种:灰 - 灰;灰 - 黑;黑 - 黑;黑 - 灰。没有重复的二连珠的珠子串最长含 5 颗珠子。三连珠可能有 8 种;没有重复的三连珠的珠子串最长含 10 颗珠子。

聪慧的少女

很久以前,有一个名叫佩雷斯的聪明老头。他生了三个儿子,都是呆头呆脑的。三个儿子长大成家娶了三个媳妇,心眼儿也都不太灵活。有一天,老头儿将三个媳妇叫到面前,对她们说:"你们已经很长时间没有回娘家了,今天你们可以回去看一下亲人。"三个儿媳妇听到这句话,都高兴得不得了,接着又赶紧问公公可以在娘家住多长时间。老人说:"大媳妇可以住三五天,二媳妇可以住七八天,三媳妇可以住十五天。三个人必须同去同回。"三个媳妇没怎么想,便点头答应了。老人又告诉她们:"回来的时候,你们一定要孝敬我一下,为我带点东西回来。"然后,老人便要求大儿媳给他带"骨头包肉",要求二儿媳给他带"纸包火";要求三儿媳妇给他带"河里的柳叶沤不烂。"三个儿媳妇答应之后,便一起动身往娘家走。走呵!走呵!她们走到一个三岔路口,在这里三个人注定要分手,这个时候,她们才想起公公的话。大媳妇说:"公公让我们住的日子有长有短,一起回去容易,一起回来怎么能够办到呢?"二媳妇说:"此外还有礼物呵!这些礼物我们从来就没有见过,究竟到哪里去找呢?"到底应该怎么办呢?三个人不知所措,焦急异常,而后便在路边哭了起来。

这时，有一位少女从三岔口路过。少女看到三个媳妇在哭，于是便问道："三位大嫂，你们为什么这么伤心呢?"三个人赶忙将事情的原委说给少女听。少女笑了一下，对她们说："这太容易了，你们只要根据我的方案行事就可以了。"三个媳妇听了少女的话，认真一想，果然觉得有理，于是便对少女道谢不已，三个人高高兴兴地分了手，各自往娘家走了。之后，这三个媳妇又同时回到了婆家，见到公公之后，便将礼物送给了他。佩雷斯非常吃惊，因为她们按照要求带回来他所说的礼物，没有出现半点差错。

请问，这三个媳妇回娘家应该住几天，该为公公带什么礼物?

【游戏正解】

三个媳妇每人在娘家均住了15天，带回的礼物分别是核桃、灯笼、鱼。

到底谁有钱

老约翰有五个儿子，他们大学毕业之后，都落户到了城市。然而，随着年龄逐渐增大，老约翰两口子无法养活自己，所以想要让最有钱的儿子每个月给他们一笔赡养费。几个儿子常年在外，老约翰也不知道到底谁最有钱，然而他知道几个兄弟彼此清楚底细，并且没钱的总会说真话，有钱的总会说假话。过年的时候，老约翰对五个儿子说了自己的想法。

老大听完后说："老三说过，我的四个弟弟中，只有一个弟弟有钱。"

老二接着说："老五说过，我们四个兄弟中，有两个兄弟很有钱。"

老三对老五说："老四说过，我们五个兄弟中，没有一个有钱。"

老四则说道："我可没说过，我知道老大与老二钱挺多的。"

最后老五说道："我知道三哥有钱，而且大哥也说过这话。"

你可以帮助老人将最有钱的儿子找出来吗?

【游戏正解】

在五个儿子中，老二与老三没有钱，他们说的都是真话;老大、老四和老五有钱，他们说的都是假话。

录取情况

加林、达丽和贝琪三个人成绩优异，最终都成功地获得了国外名校的录取通知书。左邻右舍只知道三个人分别上了哈佛大学、斯坦福大学和加州理工学院三所不同的大学，但并不十分清楚三个人究竟是被哪所学校录取了。

老汉斯说："加林被哈佛大学录取了，贝琪被加州理工学院录取了。"

艾米丽亚说："加林被加州理工学院录取了，达丽被哈佛大学录取了。"

琼斯说："你们俩说的都不正确，加林被斯坦福大学录取了，贝琪是被哈佛大学录取了。"

后来三个人问了他们的父母，发现自己都只说对了一半。

请问三个人各自的录取情况?

A. 加林、达丽和贝琪分别被加州理工学院、哈佛大学和斯坦福大学录取。

B. 加林、达丽和贝琪分别被哈佛大学、斯坦福大学和加州理工学院录取。

C. 加林、达丽和贝琪分别被斯坦福大学、哈佛大学和加州理工学院录取。

D. 加林、达丽和贝琪分别被哈佛大学、加州理工学院和斯坦福大学录取。

【游戏正解】

正确答案是C。

失业率的高低

黛西和利莲娜是大学同学，两个人正在网上聊天。黛西给利莲娜发道："我看到一条消息，在我国，90%的人所认识的人中都会有失业者!"利莲娜收到后很平静,对黛西说:"没什么大惊小怪的。假设现在的失业率是5%的话,那么每20个人中就会有1个失业者。倘若一个人认识的朋友超过50人,那么其中就会有1个乃至更多的失业者。现在的失业率是5%,这一点你还是可以接受的吧!"

根据利莲娜的说法,你可以得出下面哪个结论?

A.90%的人认为失业者的事实并非就代表失业率已经高到了无法接受的程度。

B.通常情况下,失业率超过5%难以为人所接受。

C.在某些国家,有90%的人所认识的人不会多于50个。

D.倘若我国的失业率不低于5%,那么就不会有90%的人所认识的人中都有失业者这种现象。

【游戏正解】

D选项是正确答案。利莲娜的说法中包含以下几点:第一,5%的失业率是可以被大众接受的;第二,只要一个人认识的人数达到20,那么其中就会有1个或者更多失业者。第三,在一些国家,有90%的人所认识的人数都达到了20人,甚至还会超过50人。因此,很自然可以推断出正确答案是D项。

飞机加油

有一批飞机,每架飞机的邮箱所能装的燃料刚好可以支持飞机绕地球飞行一周的航程的一半。除了地面加油外,补充燃料的方式还有实行空中加油,即在不影响正常飞行的情况下,一架飞机将自己油箱中的燃料补充给另一架飞机。

现在假设岛上的油库为燃料的唯一来源,并假设无论是岛上加油还是空中加油,所费的

时间都可以忽略不计。那么,为了保证有一架飞机可以绕地球飞行一周,至少需要动用多少架飞机?

【游戏正解】

使用三架飞机,便能保证其中一架飞机围绕地球飞行一周。我们可以先假设飞机分为A、B、C,整个过程只需用掉5箱汽油。

A、B、C三架飞机同时从基地起飞。设飞机围绕地球飞行一周的距离为一个航程。当飞完一半航程的时候,C把1/4箱油给A,把另外的1/4箱油给B,这样,C还剩下1/4的油,正好够它返回基地,加了油再向相反的方向迎接A。

A和B一起又继续飞行1/4箱油的距离,接着B把1/4箱油给A。B现在还剩下1/2箱油,这些油正好够它返回基地,加了油再向相反方向迎接A。

A的油箱中装满了油继续飞行,在离基地还有1/4航程时,这些油用完了,这个时候,正好碰上在基地加油相向飞来的C,C把1/4箱油给A,接着两架飞机一起朝基地飞去。

这两架飞机距离基地1/8航程的时候,燃料用完了,这个时候,它们遇上加了油相向飞来的B。B各给这两架飞机1/4箱油。这个时候,三架飞机的油不多不少正好够它们返回基地。

应 聘

有四个人,A、B、C、D,他们应聘了同一份工作。做这份工作的要求与条件如下:高中毕业;至少有两年以上的工作经验;退伍军人优先录取;有符合要求的证明书。

在这四个人中,谁满足的条件最多,那么他就会被雇用。

1.B与D都是退伍军人。

2.A 与 B 的学历是一样的。

3.C 与 D 有着相同的工作年限。

4.D 有符合要求的证明书。

5.将上面 4 个要求和条件双双配对,可以配成 6 对。每一对条件都恰好有一个人符合。

请问,最终谁会被雇用?

【游戏正解】

B。

玫瑰花

艾德大叔来到花店,说要给几位姑娘买花。花店老板问道:"一共有多少位姑娘?"艾德大叔高兴地答道:"一共有五位。"

花店老板接着又问:"既然这样,那不如买 5 束玫瑰花吧!我认为每束有 8 朵花最好。这里玫瑰花的颜色很多,有黄的、粉的、白的和红的,是不是每一种颜色的玫瑰花都要一点呢?"

艾德大叔答道:"很好!每种颜色的玫瑰花都弄 10 朵吧!一共是 40 朵玫瑰花。我希望在每束花里面,不同颜色花朵的数量不一样,而且每束花中每种颜色的花至少要有 1 朵,这样 5 束花看起来就不一样了。"

没过多久,五个姑娘都收到了玫瑰花,每束玫瑰花的特色是这样的:阿莱收到的那束玫瑰花中,黄色花与白色花之和,与粉色花和红色花之和相等;安妮收到的那束玫瑰花中,红色花只是白色花的一半;拉拉收到的那束玫瑰花中,和其余任何一种颜色的花相比,粉色花的数量是最少的。菲菲收到的那束玫瑰花中,红色花与粉色花的数量是一样的;丽丽收到的那束玫瑰花中,和其他三种颜色的花总和相比,黄色花的数量反而还要多。

请问,在这五束玫瑰花中,四种颜色的玫瑰花各有几朵?

【游戏正解】

在这五束玫瑰花中,各色花朵的数量如下:

阿莱:黄色 1 朵,粉色 1 朵,白色 3 朵,红色 3 朵;

安妮:黄色 1 朵,粉色 4 朵,白色 2 朵,红色 1 朵;

拉拉:黄色 2 朵,粉色 1 朵,白色 3 朵,红色 2 朵;

菲菲:黄色 1 朵,粉色 3 朵,白色 1 朵,红色 3 朵;

丽丽:黄色 5 朵,粉色 1 朵,白色 1 朵,红色 1 朵。

不是腰缠万贯

甲、乙、丙是三位杰出的女性,在她们的身上都有一些很容易让人注目的特点。

1.在这三位杰出的女性中,刚好有两位非常漂亮,刚好有两位腰缠万贯,刚好有两位多才多艺,刚好有两位十分聪明。

2.每位女性的身上令人注目的特点最多只有三个。

3.对于甲来说,下面的说法是正确的:如果她十分聪明,那么她也腰缠万贯。

4.对于乙和丙来说,下面的说法是正确的:如果她非常漂亮,那么她也多才多艺。

5.对于甲和丙来说,下面的说法是正确的:如果她腰缠万贯,那么她也多才多艺。

请问,在这三位杰出的女性中,不是腰缠万贯的女性究竟是哪一位?

【游戏正解】

根据提示 3 和提示 5,如果甲十分聪明,那么她也多才多艺。根据提示 5,如果甲腰缠万贯,那么她也多才多艺。根据提示 1 和提示 2,如果甲既不富有也不聪明,那么她也多才多艺。

根据提示4,如果丙十分漂亮,那么她也多才多艺。根据提示5,如果丙富有,那么她也多才多艺。根据提示1和提示2,如果丙既不富有也不漂亮,那么她也多才多艺。因此,无论是哪一种情况,丙总是多才多艺。

于是,根据提示1,乙并非多才多艺。再根据提示4,乙并不十分漂亮。再联系提示1和提示2,可推知乙既聪明又富有。再根据提示1,甲与丙都十分漂亮。于是根据提示2和提示3,可知甲并不十分聪明。从而根据提示1,可知丙很聪明。最后,根据提示1和提示2,可知甲应该非常富有,而丙则是那个并非腰缠万贯的人。

关于"俗"的争论

安娜依靠"俗"的语言和表演,赢得了一大批观众,也经常被人们讽刺和批判。一般情况下,对于这些言论,安娜都是不予理睬的。然而,这次安娜却站出来,一本正经地批评了对他进行攻击的那些言论,并且认为那才是真正的"俗"。

作为文艺界人士的克蒂尔和布兰琪,两人旗帜鲜明地对安娜的行为与动机进行了大相径庭的分析,对于安娜的性格与个人品质,更是有很多的不同看法。

经过长时间的辩论,某天克蒂尔突然对布兰琪说:"我承认,你对于安娜的很多观点都是正确的。为什么我会突然转变呢?主要是因为前几天我结交了一位认识安娜的人,他给我讲了很多关于安娜的事情。我之前的确存在着很多严重的错误,而你的观点更客观一些。"

请在下列选项中,选出不能作为克蒂尔与布兰琪进行争论的依据的一项。

A.与安娜本人私人进行交往。

B.与斥责安娜为"俗"的人交往。

C.其中一人与被安娜斥责为真正的"俗"的人进行私人交往。

D.安娜抨击他人是真正的"俗"的言论以及他人对于安娜"俗"的斥责的言论。

【游戏正解】

选项A是正确答案。十分明显,克蒂尔因为不认识安娜,所以接触了后才否定了自己之前的观点。而且,倘若克蒂尔和布兰琪两人中间有人认识安娜,她们早就拿出证据驳斥对方了,完全无需长时间争论。因此选项A一定是错误的。

文化的内涵

在一个文化基础悠远绵长的国度,人们一般都可以保持自尊——他不会苟且度日,因为只有不苟且才能有品位;人们一般都会给予别人应有的尊重——他不会无理地霸道,只有这样人们的道德感才会提升;人们也可以与自然和谐相处——不会过分开发自然资源,只有这样才可能持续发展。

从上述论说中,你认为下列选项中哪一项是无法从上文中推出的。

A.倘若一个人苟且度日,那么他一定没有品位。

B.倘若一个人做事霸道,那么他一定没有道德。

C.倘若一个人没有道德的话,那么他肯定是霸道和苟且的。

D.倘若人类掠夺自然资源,那么人类就不可能持续发展。

【游戏正解】

选项C是正确答案。在文章中,其他选项都可以找到,但是C项刚好和文章相反,文中也没有明确表示过这种可能性,因此一定是错误的。

健康饮食

医务人员针对胆固醇过高的问题,做了一项研究分析,结果发现:一个人,倘若在保持每天的进食总量不变的前提下,增加食物摄取的次数,那么他体内的胆固醇就会明显下降。因此,倘若我们可以保持少食多餐的习惯,将每天摄入的食物总量固定起来,便可以有效降低体内胆固醇的含量。然而,研究还发现,绝大多数人增加餐数之后,每次的饭量都会相应的增多。

倘若上面所有的论述都是正确的,那么下面哪一项是医务人员最为支持的论点?

A. 对绝大多数人来说,增加进食的次数并不会对人体内胆固醇的含量产生明显的影响。

B. 对绝大多数人来说,每天的进食量并不会明显地影响体内胆固醇的水平。

C. 对绝大多数人来说,每天的进食次数不会对每天的进食总量产生明显的影响。

D. 对绝大多数人来说,进食的次数可以很明显地影响到当天的进食总量。

【游戏正解】

选项 B 是正确答案。根据题义,倘若一个人不增加进食总量,只增加进食次数,那么他的胆固醇水平就会降低。但是,绝大多数人进食次数增加之后,进食的总量也会增加。这样一来,在增加次数的同时也就增加了进食的总量,所以胆固醇水平也就不会有明显的下降。因此说,只有不增加进食总量,才可以使胆固醇水平降低。所以答案为 B。

动物幼儿园

在一间教室中,一共有 6 个座位,分两排坐,每排坐 3 个小猫咪。按照从前往后、从左到右的顺序,座位的编号依次为 1、2、3、4、5、6。孔雀老师开始上课了,他发现课堂上坐着的全都是长相一样的小猫咪。6 只小猫咪是这样坐的:

小咪坐在第一排;小花在小咪的左边;小花

与小邱坐在同一排;小虎则坐在小兰的右边;小黑则坐在中间的位置;小邱的右边或者是 3 号座位,或者是 6 号座位。

那么,你可以帮助孔雀老师找出他们各自的名字吗?

【游戏正解】

第一排坐的是小花、小邱和小咪;第二排坐的是小兰、小黑和小虎。

电视机的音量

高三学生布鲁克林每天总是抓紧时间努力学习,晚上吃完饭后,他都会学习很长时间才睡觉。

有一天,布鲁克林的妈妈和弟弟正看着电视,爸爸坐在一边阅览报纸。布鲁克林走出房间,说电视机的音量太大了,影响了他的学习,要弟弟把电视的声音调小一点。布鲁克林的弟弟反驳道:"你看爸爸,他离电视机这么近看报纸都没有嫌吵,你躲在房间中怎么还嫌吵呢?"

请问,下面的哪一项可以说明弟弟拒绝将电视机的声音调小是错误的?

A. 弟弟每天都是在晚上 8 点之后才看电视。

B. 父亲的视力很不好,因此每次看报纸都必须带上老花眼镜。

C. 父亲看报纸时,为免被外界打扰,一般都会用耳塞塞住耳朵。

D. 弟弟从来就不喜欢看书,他不知道看书学习时,安静的学习空间是多么的重要。

【游戏正解】

选项 C 是正确答案。倘若选项 C 成立,那么说明电视机的声音太大,以致爸爸戴上了耳塞,以此避免电视的声音影响到自己。这样一来,弟弟说没有影响到布鲁克林是根本无法成立的。

相亲对象

艾咪去相亲，一天见了三个男人。他们分别是服装设计师、画家和军人。

回家之后，父母向艾咪询问三个男人的情况，艾咪对父母说："他们三个人的名字分别是威廉、贝克和马丁。与画家相比，马丁的年龄要大一点，威廉与那个军人的年龄不一样，和贝克相比，服装设计师的年龄要小一些，其中年龄最大的是军人。"

请分析出这三个人各自的身份以及年龄大小？

【游戏正解】

威廉是画家，贝克是军人，马丁是服装设计师。由题意可知，马丁比画家年龄大，因此马丁不是画家，那么他可能是服装设计师或军人；威廉与军人年龄不一样，因此威廉不是军人，那么他可能是服装设计师或画家；服装设计师比贝克小，说明贝克不是服装设计师，那么他可能是军人或画家；由于年龄最大的是军人，因此可以得出上述结论。

天气预报

马克与安妮是一对情侣。马克在电视台做气象主播，安妮则是一位老师。周末的时候，安妮总是希望马克可以多陪陪她，然而因为工作的特殊性，马克经常需要加班，并提前观察好后一天的天气情况。

这天中午，马克又说要赶去加班。这个时候，安妮一把将马克拉住，随之说道："你不用去，我有一个好办法。明天做天气预报时，你就说有50%的概率会下雨就可以了。倘若真的下雨了，你的预报是准确的；倘若没有下雨，你的预报还是准确的。因此，无论下不下雨，你的预报都没有问题。"

请问下面的哪一项论述，可以证明安妮的说法是荒谬的？

A. 天气预报人员水平的高低不能只用一次天气预报的准确性作为衡量的标准。

B. 使用百分率预报天气是一种极为不负

任的做法，这样模棱两可的结果相当于没有预报。

C. 只有预报的准确率达到100%才能算得上是预报正确，其他的情况都只能算作预报失误。

D. 安妮所说的话正好揭示了现在天气预报存在的弊端。用百分率的方式预报天气是一种不科学的表现，应该十分明确地预报天气有雨或者无雨。

【游戏正解】

选项A是正确答案。在做天气预报时，必须纵观全局，做一个系统的把握，而不能只将预报结果局限于某一地方某一时刻的天气情况。安妮的错误就在于她只关注某一次的准确性，而忽略了整体准确性。

五个业务员

有A、B、C、D、E五个人，他们分别是红、黄、蓝、绿、紫五个公司的业务员。一天上午，五个人在自己的公司分别于10点20分、10点35分、10点50分、11点05分、11点20分给其他四个公司的上述某个人打电话，2450、3581、6236、7904、8769即他们所打的电话号码。根据下面这些条件，你可以判断出每个人所拨的电话号码分别是多少吗？每个人分别是哪家公司的业务员？他们的电话号码分别又是多少呢？

已知条件：

1. 一位先生在10点50分给黄公司打了一个电话，可是这位先生的电话号码并非2450。

2. 7904是红公司的电话号码，半小时之前，蓝公司的业务员打过该电话号码，但C先生没有打过该电话号码。

3. A先生所打的那个电话号码的各数之和，与10点20分所打的那个电话号码的号码各数之和相等。

4. 绿公司在 11 点之前给 B 先生打了一个电话，这个电话号码的第一个数字是偶数。

5. D 小姐打通的电话号码是 8769，但是，这个号码不是紫公司的号码。

6. E 先生也打过电话。

【游戏正解】

A 所拨号码为 3581，B 所拨号码为 7904，C 所拨号码为 2450，D 所拨号码为 8769，E 所拨号码为 6236。A 的号码为 7904，是红公司的业务员；B 的号码为 6236，是蓝公司的业务员；C 的号码为 3581，是黄公司的业务员；D 的号码为 2450，是紫公司的业务员；E 的号码为 8769，是绿公司的业务员。

试点实验

每当一项政策被提出之后，政府或机构一般都会采取"试点实验"的方式，小规模地验证一下政策的可行性。倘若实验之后，发现的确可以行之有效地解决实际问题，那么再作大面积的推广。然而，后来的实践证明，"试点实验"还存在很多的问题，常常出现"一试点就成功，一推广就失败"的奇怪现象。

从上述论述中，你认为下面哪一项最不可能是造成上述奇怪现象的原因？

A. 可能有这样一种状况，即试点虽然成功了，然而企业和市场所给予的外部政策及环境却与试点的时候并不一样。

B. 对于试点单位所提出的问题，一般领导都会比较重视，因此给予解决时相应地也比较快。

C. 社会上对于这种试点的关注度比较高，试点单位总是为了达标而过分追求成绩。

D. 一般人们更倾向于选择比较优秀一点的试点单位。

【游戏正解】

选项 A 是正确答案。

奇特的餐厅

市中心新开了一家大型餐厅，皮特正好要请朋友吃饭，所以到那里看一下厨师的技术怎么样。他走进这家餐厅，发现一件十分奇怪的事情。店内所有的服务人员都是女的，所有的女员工都是加州人，而厨师则全部都是费城人。经过进一步的交谈得知，店里所有的已婚者都是女员工，因此，我们得知所有的已婚者都不是厨师。皮特真是觉得太有意思了。

那么，下面哪一项的论述成立，将导致上面这段论述的前提至少有一个是假的。

A. 在这个餐厅里有一位是在加州出生的女员工。

B. 在这个餐厅里有一位出生在费城的未婚男厨师。

C. 在这个餐厅里有一位不是厨师的未婚女员工。

D. 在这个餐厅里有一位在加州出生的女厨师。

【游戏正解】

正确答案是选项 D。

根据题干已知"所有厨师都是费城人，所有女员工都不是费城人"可以推出"所有女员工都不是厨师"。选项 D 说的是"女厨师"很明显和题干有冲突，所以 D 项如果成立，那么题干中一定有条件会是假的。

遗传规律

生物课堂上，珍妮老师正在给学生们讲授血型的遗传规律。她举了一个例子："假如一个人的父母都是 A 型血,那么他们的子女的血型就只能是 A 型血。这是一种遗传规律,是任何事物都不能改变的。"

听完珍妮老师的话,马克斯连忙举起手提问:"珍妮老师,我觉得您说的不对。因为我的爸爸就是 B 型血,但是我却是 A 型血。我可是我爸爸的亲生儿子,为什么我不是 A 型血呢?"

你觉得,马克斯可能是将老师的话理解为下列哪一个意思了呢?

A.只有 A 型血的人才能够生出 A 型血的孩子。

B.A 型血的人不可能生出 B 型血的孩子。

C.无论任何情况下,B 型血的人生出的孩子都会是 A 型血。

D.假如父母都是 B 型血,那么孩子也会是 B 型血。

【游戏正解】

正确答案选 A。珍妮老师的意思是说,父亲是 A 型血,母亲也是 A 型血,那么他们生的孩子就一定是 A 型血。

马克斯认为,他的父亲是 B 型血,但是他是 A 型血。这明显不符合老师的意思。

所以,马克斯一定是将老师的意思理解为"只有 A 型血的人才能生出 A 型血的孩子。"

格拉斯哥谜题

桌面上有 8 个圆圈,其中 7 个圆圈内依次标有字母 G、L、A、S、G、O、W,连起来可以读成"格拉斯哥"。事实上,"格拉斯哥"是苏格兰西南部一个城市的名字。

根据现有的排列,这个地名是按照逆时针方向来拼读的。

现在请你每次移动一个字母,让 GLASGOW 这个地名最后能够按照正确的方向,也就是顺时针方向进行拼读。

移动字母的时候,必须遵守以下规则:

1.倘若旁边空着一个圆圈,那么可以走一步。

2.可以将一个字母跳过,从而走到它旁边的空圆圈中去。如此一来,按照 LSOGAGWAG-SOSWAGSO 的顺序将字母移动,就可以达到预期的目的。然而总共要走 17 步。

请问,你能需要走几步才能实现上述目标?需要注意的是,这个词从哪个圆圈开始读都行,只要是按顺时针方向就可以。

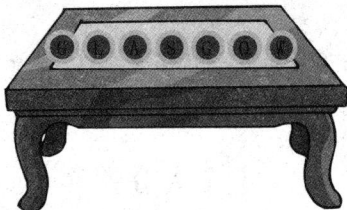

【游戏正解】

只需要走 8 步。两个 G,哪个作字头都行。如用下面的 G 作字头,按照下列顺序移动字母,就能够达到目的:GASLSAGO。

猫家过河

这是一道有趣的过河谜题。小猫一家打算过河,然而他们只有一条小船,小船每次只能乘两只猫,并且小猫全家只有猫爸爸、猫妈妈和猫爷爷会划船。已知小猫一家有如下成员:两个猫女儿,两个猫儿子,一个猫爸爸,一个猫妈妈,一个猫爷爷,一个有疯病的猫叔叔。其中,猫妈妈不在的时候,猫爸爸会打女儿;猫爸爸不在的时候,猫妈妈会打儿子;而猫叔叔只要猫爷爷不在的时候,他谁都会打。

请问,小猫一家要怎样才能安全过河呢?

【游戏正解】

1. 猫爷爷和猫叔叔先过,猫爷爷返回;

2. 猫爷爷和一只猫儿子过,猫爷爷和猫叔叔返回;

3. 猫爸爸和另一只猫儿子过,猫爸爸返回;

4. 猫爸爸和猫妈妈过,猫妈妈返回;

5. 猫爷爷和猫叔叔过,猫爸爸返回;

6. 猫爸爸和猫妈妈过,猫妈妈返回;

7. 猫妈妈和一只猫女儿过,猫爷爷与猫叔叔返回;

8. 猫爷爷和另一只猫女儿过,猫爷爷返回;

9. 猫爷爷与猫叔叔过,完成。

七个人分粥

有七个人生活在一起。每天吃饭的时候,大家都会分食一锅粥,可是没有称量的用具和带刻度的容器。通过分粥实验,大家总结出如下几个方法:方法一:一个人专门负责分粥工作;方法二:七个人一人一天,轮流主持分粥工作;方法三:大家选举出一个信赖的人,让其主持分粥工作;方法四:成立分粥委员会与监督委员会,对分粥工作进行监督与制约。

你认为他们的方法完善吗? 你觉得还有更好的方法吗?

【游戏正解】

四种方法,比较公平的是方法二的轮流值日分粥,但有一个前提,就是分粥的人必须领最后一碗粥。这样一来,7个碗的粥就不会有什么差别。因为主持分粥的人都知道,倘若分粥不平均,那么他就会得到最少的那份。

四对双胞胎

在一个大杂院里,住着四户人家,巧的是每家都有一对双胞胎女孩。这四对双胞胎中,姐姐分别是A、B、C、D,妹妹分别是a、b、c、d。一天,一对外国夫妇来到这个大杂院里,看到她们

8个人,忍不住问:"你们谁和谁是一家的?"

B 说:"C 的妹妹是 d。"

C 说:"D 的妹妹不是 c。"

A 说:"B 的妹妹不是 a。"

D 说:"她们三个人中只有 d 的姐姐说的是事实。"

如果 D 说的是真话,你能猜出谁和谁是双胞胎吗?

【游戏正解】

假如 B 说的是真的,则 B 为 d 的姐姐,与 B 所说的矛盾,故 B 说的是假的;假如 C 说的是真的,则 C 为 d 的姐姐,所以 B 说的是真的,与 D 所说的矛盾,故 C 说的是假的。由此可知:A 说的是真的,A 为 d 的姐姐。整理可得:C 的妹妹不是 d,D 的妹妹是 c,B 的妹妹不是 a,A 的妹妹是 d,于是:A—d,B—b,C—a,D—c。

招待客人

莱克家里来了客人。家里有红色和黄色两个不同的盘子,饮料有橙汁和可乐。莱克现在要用盘子为客人端出饮料,你知道莱克有多少种不同的选择吗?

【游戏正解】

有四种选择,分别是:红色盘子端可乐,红色盘子端橙汁,黄色盘子端可乐,黄色盘子端橙汁。

头绳的颜色

有一位老师打算考三个女学生,这三个女学生有一个共同的特点,就是都扎着短辫子。老师把五条头绳拿给她们看,其中红颜色的头绳有 3 条,黄颜色的头绳有 2 条。接着,老师让三个女学生把眼睛闭上,然后在每个人的头上扎上一条红头绳,而两条黄头绳则被她藏进了衣袋中。之后,老师叫三个学生睁开眼睛,让她们看一看对方的辫子,接着再要求她们把自己头绳的颜色说出来。这三个女学生相互看了看彼此,一时之间谁也没有把自己头绳的颜色猜出来。最后,一个聪明的女学生终于猜中了自己头绳的颜色。

请问,这名女学生是如何猜中的?

【游戏正解】

这个聪明的女学生其实是这样判断的:其他两个女学生头上扎的都是红头绳,倘若我是黄的,那么第二个女学生看到红的头绳与黄的头绳,就会想到倘若自己扎的是黄头绳,那么第三个女学生看到两条黄的就会断定自己扎的是红头绳。现在,第二个女学生仍在苦思冥想,说不出答案来,那便意味着我头上扎的是红头绳。

年龄的谎言

女人们总是不希望公开自己的年龄,因此当谈到年龄问题时总是遮遮掩掩,或者绕来绕去,可是她们又喜欢探讨别人的年龄。有四个女人,她们的年龄分别是 41、42、43、44 岁,她们中的两个正在讨论年龄的问题,无论谁说话,如果说的是关于比她大的人的话都是假话,说比她小的人的话都是真话。甲说:“乙 43 岁。”丙说:“甲不是 41 岁。”你知道她们多大年龄吗?

【游戏正解】

甲是 42 岁,乙是 44 岁,丙是 43 岁,丁是 41 岁。如果丙说的话是假话,那么甲就是 41 岁,而甲又比丙大。这是不可能的。所以丙说的是真话,也就是甲比丙小。如果甲说的是真的话,那么甲就是 44 岁,而甲又比丙小,出现了矛盾,所以甲说的是假话。也就是乙大于甲,丙大于甲,而甲不是 41 岁,那么只有丁是 41 岁了,甲是 42 岁,乙不是 43 岁,那就是 44 岁了,剩下的 43 岁,就非丙莫属了。

布朗先生的一周行程

平时布朗先生工作很忙,他想休息一个星期,但是下个星期他还有一些活动必须安排:陪儿子参观博物馆;去税务所缴税;去医院陪妈妈做体检;还要去宾馆见一个朋友。住宾馆的朋友下周三外出办事,其他时间都在;税务所星期六休息;博物馆只有在周一、周三、周五开放;体检医生每逢周二、周五、周六值班。布朗先生想在一天之内完成所有的事,然后剩余时间休息。那么他应该在星期几做这些事情呢?

【游戏正解】

星期五。排除就可以了。

翻硬币

有七个硬币都正面朝上。现在要求你把它们全部翻成反面朝上。但每翻一次必须同时翻五个硬币。根据这条规则,你最终能把它们都翻成反面朝上吗?需要翻几次呢?

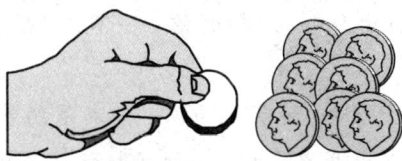

【游戏正解】

最优解为:

第一轮:1、2、3、4、5;

第二轮:2、3、4、5、6;

第三轮:2、3、4、5、7。

卡洛尔的难题

英国剑桥大学数学讲师卡洛尔曾出了下面这道题目来测验他的学生的思维能力。题目内容是这样的:

1. 教室里标有日期的信都是用粉色纸

写的；

2. 丽萨写的信都是以"亲爱的"开头的；

3. 除了约翰外没有人用黑墨水写信；

4. 皮特没有收藏他可以看到的信；

5. 只有一页信纸的信中，都标明了日期；

6. 未作标记的信都是用黑墨水写的；

7. 用粉色纸写的信都收藏起来了；

8. 一页以上的信纸的信中，没有一封是做标记的；

9. 约翰没有写一封以"亲爱的"开头的信。

根据以上信息，判断皮特是否可以看到丽萨写的信。

【游戏正解】

不能。由 1 知：标有日期的信——用粉色纸写的；由 2 知：丽萨写的信——以"亲爱的"开头；由 3 知：不是约翰写的信——不用黑墨水；由 3 知：收藏的信——不能看到；由 5 知：只有一页信纸的信——标明了日期；由 6 知：不是用黑墨水写的信——做标记；由 7 知：用粉色纸写的信——收藏；由 8 知：做标记的信——只有一页信纸；由 9 知：约翰的信——不以"亲爱的"开头。

综上所知：丽萨写的信——不是约翰写的信——不是用黑墨水——做了标记——只有一页信纸——标明了日期——用粉色写的——收藏起来——皮特不能看到。所以，皮特不能看到丽萨写的信。

猜年龄

乔治老板问三位青年工人的年龄，得到如下回答：

A 说："我 22 岁，比 B 小两岁，比 C 大 1 岁。"

B 说："我不是年龄最小的，C 和我相差 3 岁，C 是 25 岁。"

C 说："我比 A 年龄小，A 23 岁，B 比 A 大 3 岁"。

这三位青年工人爱开玩笑，在他们每人说的 3 句话中，有 1 句是假的，请帮助乔治老板分析他们三个人的年龄。

【游戏正解】

A、B、C 三个人的年龄分别是 23 岁、25 岁、22 岁。主要抓住 A 和 C 说的话，他们的话中有两处明显的矛盾，便可依次判断出每个人的年龄了。

坐车上班

汉斯的妈妈每天都要坐公交车上班。从汉斯家到公司的公交车有两路，分别是 1 路和 2 路。这两路公交车的线路是一样的，而且都是每隔 10 分钟一趟。唯一不同的是 1 路车的首班车是 6 点 30 分，而 2 路车的首班车是 6 点 31 分。一个月下来，妈妈发现自己坐的 1 路车要比 2 路车多得多，你知道这是为什么吗？

【游戏正解】

因为 1 路车过后 1 分钟，2 路车就会到达，而 2 路车过后要 9 分钟，1 路车才能来。如果汉斯的妈妈在 1 路车刚走的时间到达车站，她会坐 2 路车，这有 1 分钟的时间；如果在 2 路车刚走的时间到达车站，她会坐 1 路车，这有 9 分钟的时间。所以她坐 1 路车和 2 路车的概率比为 9:1，所以坐 1 路车要比 2 路车多得多。

左邻右舍

A 先生、B 太太和 C 小姐三人住在同一幢公寓的同一层上。一人的房间居中，另外两人分别在两旁。

1. 他（她）们每人都养了一只宠物：不是狗

就是猫;每人都只喝一种饮料:不是茶就是咖啡;每人都有一种体育爱好:不是网球就是篮球;

2. A 先生住在打网球者的隔壁;

3. B 太太住在养狗者的隔壁;

4. C 小姐住在喝茶者的隔壁;

5. 没有一个打篮球者喝茶;

6. 至少有一个养猫者打篮球;

7. 至少有一个喝咖啡者住在一个养狗者的隔壁;

8. 任何两人的相同嗜好不超过一种。

谁的房间居中?

提示:判定哪些嗜好组合可以符合这三人的情况,然后判定哪一个组合与住在中间的人相符合。

【游戏正解】

根据1,每个人的嗜好组合必是下列组合之一:①咖啡、狗、网球;②咖啡、猫、篮球;③茶、狗、篮球;④茶、猫、网球;⑤咖啡、狗、篮球;⑥咖啡、猫、网球;⑦茶、狗、网球;⑧茶、猫、篮球。

根据5,可以排除③和⑧。于是,根据6,可知②是某个人的三嗜好组合。接下来,根据8,⑤和⑥可以排除。再根据8,④和⑦不可能分别是某两人的三嗜好组合;因此①必定是某个人的三嗜好组合。然后根据8,排除⑦;于是余下来的④必定是某个人的三嗜好组合。

根据1、3和4,住房居中的人符合下列情况之一:

1. 打篮球而又养狗;

2. 打篮球而又喝茶;

3. 养狗而又喝茶。

既然这三人的三嗜好组合分别是①、②和④,那么住房居中者的三嗜好组合必定是①或者④。

根据7,④不可能是住房居中者的三嗜好组合,因此,根据4,C 小姐的住房居中。

谁击中了杀手

拿破仑身边有 A、B、C、D、E、F、G、H 8 个保镖。一次,有个杀手谋杀拿破仑未遂,在逃跑的时候,8 个保镖都开枪了,杀手被其中一个人的子弹击中,但不知道是谁击中的,下面是他们的谈话:

A:"要么是 H 击中的,要么是 F 击中的。"

B:"如果这颗子弹正好击中杀手的头部,那么是我击中的。"

C:"我可以断定是 G 击中的。"

D:"即使这颗子弹正好击中杀手的头部,也不可能是 B 击中的。"

E:"A 猜错了。"

F:"不会是我击中的,也不是 H 击中的。"

G:"不是 C 击中的。"

H:"A 没有猜错。"

事实上,8 个保镖中有 3 个人猜对了。你知道谁击中了杀手吗? 假如有 5 个人猜对了,那么又是谁击中了杀手呢?

【游戏正解】

如果 8 个保镖中有 3 个人猜对了,杀手是 C 击中的;如果 8 个保镖中有 5 个人猜对了,杀手是 G 击中的。

孩子的数量

甲说:"我有一个弟弟和一个姐姐,我们家有几个孩子? 我是姐姐又是妹妹,我们家有几个男孩,几个女孩?"

乙说:"我有两个姐姐和一个弟弟,我是哥哥又是弟弟,我们家有几个男孩? 几个女孩?"

丙说:"我比甲少一个姐姐,多一个哥哥,我是姐姐又是妹妹,我们家有几个男孩? 几个女孩?"

【游戏正解】

甲家共有3个孩子,姐姐、甲、弟弟,1个男孩,2个女孩;乙家有2个男孩和2个女孩;丙家有1个男孩和2个女孩。

分别去哪个国家

有三位旅客:A、B和C。已知他们三人一个去荷兰,一个去中国,一个去英国。据悉A不去荷兰,B不打算去英国,而C则既不去中国,也不去英国。问三个人分别去哪个国家?

A 🇬🇧 B 🇨🇳 C ▬

【游戏正解】

因为C既不去中国,也不去英国,所以排除了这两种可能后,他只能去荷兰。而B不去英国,也不能去荷兰(因为C已经确定去荷兰了),所以只能去中国。最后剩下的A只能去英国了。

谁是冠军

A、B、C、D、E、F六个人参加一场决赛,赛前三人对结果做了如下猜测:

甲:冠军不是A,就是B;

乙:冠军是C或D;

丙:D、E、F绝不可能是冠军。

赛后发现他们三个人的猜测只有一个是正确的,那么谁是冠军?

【游戏正解】

D是冠军。假设A是冠军,则甲、丙的猜测均正确,所以排除A;假设B是冠军,则甲、丙的猜测均正确,所以排除B;假设C是冠军,则甲的猜测错误,乙、丙的猜测正确,所以排除C;假设D为冠军,则甲、丙的猜测均错误,乙的猜测正确,符合条件。所以D是冠军。

她们都在做什么

一个房间里住着A、B、C、D四个女生,她们当中有一个人在修指甲,一个人在写信,一个人躺在床上睡觉,还有一个人在看书。已知:

1. A不在修指甲,也不在看书;

2. B不躺在床上,也不在修指甲;

3. 如果A不躺在床上,那么D不在修指甲;

4. C既不在看书,也不在修指甲;

5. D不在看书,也不躺在床上。

她们各自在做什么呢?

【游戏正解】

由1、2、4、5可知,A、B没有在修指甲,C也没有在修指甲,因此修指甲的只能是D;但这与3的结论相矛盾,所以3的前提肯定不成立,即A应该是躺在床上;而根据条件4,C既不在看书又不在修指甲,由前面分析,C又不可能躺在床上,所以C是在写信;而B则是在看书。

各自的体重

甲、乙、丙、丁四人特别注意各自的体重。一天,她们根据最近称量的结果说了以下的一些话:

甲:乙比丁轻;

乙:甲比丙重;

丙:我比丁重;

丁:丙比乙重。

很有趣的是,她们说的这些话中,只有一个人说的是真实的,而这个人正是她们四个人中体重最轻的一个(四个人的体重各不相同)。

请将甲、乙、丙、丁按个人的体重由轻到重排列。

【游戏正解】

甲、丙、乙、丁。

兔妈妈分食物

兔妈妈从超市里给三个孩子亲亲、宝宝、贝贝买了它们喜欢的食物（胡萝卜、面包、薯片、芹菜）。每个兔宝宝喜欢吃的食物各不相同。请根据三个兔宝宝的发言，推断它们喜欢吃的食物分别是什么。每个兔宝宝的话都有一半是真话，一半是假话。亲亲：宝宝最爱吃的不是芹菜。贝贝最爱吃的不是面包。

宝宝：亲亲最爱吃的不是面包。贝贝最爱吃的不是薯片。

贝贝：亲亲最爱吃的不是胡萝卜。宝宝最爱吃的不是薯片。

【游戏正解】

假设"宝宝最爱吃的不是芹菜"为真，"贝贝最爱吃的不是面包"为假，则贝贝最爱吃的就是面包；那么，宝宝所说的"贝贝最爱吃的不是薯片"就是真话，而"亲亲最爱吃的不是面包"为假话，推出亲亲最爱吃的是面包。这样，贝贝和亲亲都最爱吃面包，产生矛盾，予以排除。所以得出："宝宝最爱吃的不是芹菜"为假话，即宝宝最爱吃的是芹菜。以下推理同上，即可得出它们分别喜欢吃的食物如下：

亲亲：胡萝卜。

宝宝：芹菜。

贝贝：薯片。

哪桶是啤酒

一位酒商有 6 桶酒，容量分别为 30 升、32 升、36 升、38 升、40 升、62 升。其中 5 桶装着葡萄酒，1 桶装着啤酒。第一位顾客买走了 2 桶葡萄酒；第二位顾客所买的葡萄酒则是第一位顾客的 2 倍。请问，哪一个桶里装着啤酒？（酒是要整桶出售的）

【游戏正解】

40 升的桶装着啤酒。第一个顾客买走了一桶 30 升和一桶 36 升，一共是 66 升的葡萄酒。

第二个顾客买了 132 升的葡萄酒 32 升、38 升和 62 升的桶。这样，只剩下 40 升的桶原封不动，因此，它肯定是装的啤酒。

三个同学

某大学中，甲、乙、丙三人住在同一间宿舍，他们的女朋友 A、B、C 也都是这所学校的学生。据知情人介绍说："A 的男朋友是乙的好朋友，并在三个男生中最年轻；丙的年龄比 C 的男朋友大。"依据这些信息，你能推出谁和谁是男女朋友吗？

【游戏正解】

因为 A 的男朋友是乙的好朋友，那么 A 的男朋友就应该是甲或者丙。但是丙的年龄比 C 的男朋友大，即丙不是最年轻的，所以 A 的男朋友是甲。丙不可能是 C 的男朋友，那丙就是 B 的男朋友。而乙是 C 的男朋友。

三张扑克牌

有三张扑克牌牌面朝下放成一排。已知其中：

有一张 Q 在一张 K 的右边。

有一张 Q 在一张 Q 的左边。

有一张黑桃在一张红心的左边。

有一张黑桃在一张黑桃的右边。

试确定这三张牌是什么牌？

【游戏正解】

黑桃 K、黑桃 Q、红桃 Q。

成绩排名

期中考试结束后，公布成绩。A 不是第一名；B 不是第一名，也不是最后一名；C 在 A 后面一名；E 不是第二名；D 在 E 后面两名。那么，你知道这五个人的名次各是多少吗？

【游戏正解】

E 是第一名，B 是第二名，D 是第三名，A 是第四名，C 是第五名。

谁寄的钱

某公司有人爱做善事，经常捐款捐物，而每次都只留公司名不留个人名。一次该公司收到感谢信，要求找出此人。公司在查找过程中，听到以下六句话：

1. 这钱或者是汉克寄的，或者是里皮寄的；

2. 这钱如果不是约克夏寄的，就是查尔斯寄的；

3. 这钱是沃克寄的；

4. 这钱不是查尔斯寄的；

5. 这钱肯定不是沃克寄的；

6. 这钱不是汉克寄的，也不是里皮寄的。

事后证明，这六句话中有两句是假的，请根据以上条件，确定匿名捐款人。

【游戏正解】

假设是汉克或者里皮寄的，则 2、3、6 都是错的，所以排除了汉克和里皮。所以可以知道 1 肯定是错的，3 和 5 有一个是错的，而只有 2 句是错的，所以 2 和 4 肯定是对的。所以这个人就是约克夏了。

盒子里的东西

桌子上放着 A、B、C、D 四个盒子。每个盒子上都有一张纸条，分别写着一句话。

A 盒子上写着：所有的盒子里都有水果；

B 盒子上写着：本盒子里有香蕉；

C 盒子上写着：本盒子里没有梨；

D 盒子上写着：有些盒子里没有水果。

如果这里只有一句话是真的，你能断定哪个盒子里有水果吗？

【游戏正解】

C 盒子里有梨。因为 A 盒子上写的话和 D 盒子上写的话是矛盾的，所以一定有一个是真的。那么 B 盒子和 C 盒子上写的话都是假的，所以能断定 C 盒子里有梨。

巧装棋子

有 100 枚棋子，要求分别装入 12 个盒子里，并且使每个盒子里的棋子数字中必须有一个"3"。如何装？

【游戏正解】

在第 1、2、3 三个盒子里各放入 13 枚棋子，第 4~11 个盒子中各放入 3 枚棋子，第 12 个盒子中放入 37 枚棋子,这样刚好 100 枚棋子,每个盒子里的棋子数字中都有一个"3"。

考试成绩

老师对三个学生说:"你们在这次语文、数学、英语考试中,取得了很好的成绩,并且你们三个各有一门成绩获得满分,你们能猜出来吗?"

甲想了想说:我的语文考满分。

乙说:丙考满分的应该是数学。

丙说:我考满分的不是英语。

老师说:你们刚才的猜测中只有一个人是正确的,其实有一门成绩,你们三个人中,有两个人都是满分。

你能判断出这三名学生的哪一门成绩考了满分吗?

【游戏正解】

甲和乙考了满分的都是数学,丙考了满分的是语文。

上 课

甲、乙、丙、丁四个同学一起去这幢教学楼上课。他们四人今天刚好分别上语文、英语、数学、物理四门课。而且这四门课正好分别是在这幢教学楼的四层楼中同时进行的。已知:甲去了一层,语文课在四层;乙上英语课;丙去了二层;丁上的不是物理课。那么,你能判断他们分别在几层上什么课程吗?

【游戏正解】

甲在一层上数学课,乙在三层上英语课,丙在二层上物理课,丁在四层上语文课。

小兔买帽子

小白兔、小黑兔、小花兔分别买了一顶帽

子。帽子的颜色也分别是白色、黑色和花色的。回家的路上,一只小兔说:"我最喜欢白色了,所以才买的白帽子!"说到这里,它好像发现了什么,惊喜地对同伴们说:"今天我们可真有意思,白兔买的不是白帽子,黑兔买的不是黑帽子,花兔买的不是花帽子。"

小黑兔看了一圈说:"真是这样的,你要是不说,我还真没注意呢!"

你能根据它们的对话,猜出小白兔、小黑兔和小花兔各买了什么颜色的帽子吗?

【游戏正解】

根据它们的对话,买白帽子的不是小黑兔就是小花兔,而从它刚说完话,小黑兔就接着说的情况看,第一个说话的,也就是买白帽子的一定是小花兔。那么小黑兔买的是花帽子,小白兔买的是黑帽子。

筷子搭桥

三根竹筷三个碗,每两个碗之间的距离都略大于筷子的长度,三个碗之间怎样才能用筷子连起来?

【游戏正解】

试一试,让三根筷子互相利用,翘起来就搭成一座桥把三个碗连起来了。a 筷在 c 筷下,压着 b 筷;b 筷在 a 筷下,压着 c 筷;c 筷在 b 筷下,压着 a 筷。

逻辑比赛

电视台举行逻辑能力大赛,有 5 个小组进入了决赛(每组有两名成员)。决赛时,进行 4 项比赛,每项比赛各组分别出一名成员参赛,第一项比赛的参赛者是 A、B、C、D、E,第二项比赛的参赛者是 F、B、A、D、G,第三项比赛的参赛者是 C、H、A、I、F,第四项比赛的参赛者是 G、A、B、H、E,另外,J 因故 4 项均未参赛。

请问:谁和谁是同一个小组的?

【游戏正解】

J、A 在同一个小组;

D、H 在同一个小组；

E、F 在同一个小组；

I、B 在同一个小组；

C、G 在同一个小组。

集体照

去年冬天,皮皮和一些同学去看雪雕时照了一张合影。照片上,同学们分别戴着帽子、手套,系着围巾。只系着围巾和只戴着手套的人数相等；只有4人没戴帽子；戴帽子并系着围巾,但没有戴手套的有5人；只戴帽子的人数是只系围巾的人的两倍；没戴手套的有8人,没系围巾的有7人；三样都有的人比只戴帽子的人多1人。

现在考一考你：

(1) 三样都戴的人有多少？

(2) 只戴手套的人有多少？

(3) 照片上有多少人？

(4) 戴手套的有多少人？

【游戏正解】

(1) 三样都戴的有3人；

(2) 只戴手套的有1人；

(3) 照片上有18人；

(4) 戴手套的有10人。

彩旗的排列

路边插着一排彩旗,白色旗子和紫色旗子分别插在两端。红色旗子在黑色旗子的旁边,并且与蓝色旗子之间隔了两面旗子；黄色旗子在蓝色旗子旁边,并且与紫色旗子的距离比与白色旗子之间的距离更近；银色旗子在红色旗子旁边；绿色旗子与蓝色旗子之间隔着四面旗子；黑色旗子在绿色旗子旁边。

(1) 银色旗子和红色旗子中,哪面旗子离紫色旗子较近？

(2) 哪种颜色的旗子与白色旗子之间隔着两面旗子？

(3) 哪种颜色的旗子在紫色旗子旁边？

(4) 哪种颜色的旗子位于银色旗子和蓝色旗子之间？

【游戏正解】

顺序依次是：紫,蓝,黄,银,红,黑,绿,白。

(1) 银色旗子离紫色旗子较近；

(2) 红色旗子与白色旗子隔两面旗子；

(3) 蓝色旗子在紫色旗子边上；

(4) 黄色旗子在银色旗子与蓝色旗子之间。

幸运的孩子

一个猎人在森林中打猎时,分别从三只凶猛的野兽口中救出三个孩子。现在只知道：

(1) 被救出的孩子分别是毛利、农夫的儿子和从狮子口中救出来的孩子；

(2) 亚当斯不是樵夫的儿子,谢尔也不是渔夫的儿子；

(3) 从老虎口中救出来的不是樵夫的儿子；

(4) 从狗熊口中救出来的不是亚当斯；

(5) 从老虎口中救出来的不是谢尔。

根据上面的条件,说说这三个孩子分别来自哪儿？ 又是从哪种野兽口中救出来的？

【游戏正解】

先针对其中一个孩子,比如亚当斯,可以列出如下组合:

(1)亚当斯,农夫的儿子,老虎;

(2)亚当斯,渔夫的儿子,老虎;

(3)亚当斯,渔夫的儿子,狮子。

同样,也可以根据条件对毛利和谢尔进行组合。然后综合一下,就可得出正确结果:亚当斯是农夫的儿子,被猎人从老虎口中救出来的;毛利是渔夫的儿子,被猎人从狗熊口中救出来的;谢尔是樵夫的儿子,被猎人从狮子口中救出来的。

三人的供词

纽约展览馆的保险库被盗,丢失了一件十分珍贵的藏品,吉姆、约翰和汤姆三人因此受到传讯。三人中肯定有一人是作案者,并且盗窃现场的证据表明,作案者是一名电脑高手,他侵入了展览馆的保安系统,使所有的保护设施全部失效。这三位可疑对象每人做了两条供词,内容如下:

吉姆:(1)我不懂电脑;(2)我没有偷东西。

约翰:(3)我是个电脑高手;(4)但是我没有偷东西。

汤姆:(5)我不是电脑高手;(6)是电脑高手作的案。

警察最后发现:(7)上述6条供词中只有2条是实话;(8)这三个可疑对象中只有一个不是电脑高手。

是谁作的案呢?

提示:判定(2)和(4)这两条供词都是实话,还是其中只有一条是实话。

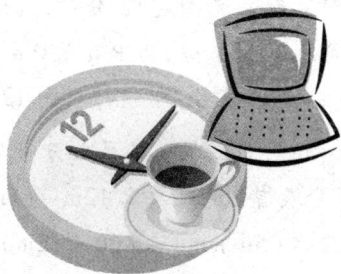

【游戏正解】

供词(2)和(4)之中至少有一条是实话。如果(2)和(4)都是实话,那就是汤姆作的案;

这样,根据(7)可知,(5)和(6)都是假话。但如果是汤姆作的案,(5)和(6)就不可能都是假话。因此,汤姆并没有作案。于是,(2)和(4)中只有一条是实话。

根据(8)可知,(1)、(3)和(5)中不可能只有一条是实话。而根据(7),现在(1)、(3)和(5)中至多只能有一条是实话。因此(1)、(3)和(5)都是假话,只有(6)是另外的一条真实供词了。

由于(6)是实话,所以确实是电脑高手作的案。还由于:根据前面的推理,汤姆没有作案;(3)是假话,即约翰不是电脑高手;(1)是假话,即吉姆是电脑高手。从而,(4)是实话,(2)是假话,而结论是:是吉姆作的案。

玻璃球游戏

几个男孩在一起玩玻璃球。每个人要先从盒子里拿12个玻璃球。盒子中绿色的玻璃球比蓝色的少,而蓝色的玻璃球又比红色的少。因此,每个人红色的玻璃球拿得最多,绿色的玻璃球拿得最少,并且每种颜色的玻璃球都要拿。A先拿了12个玻璃球,其他的男孩也都照着做。盒子中只有3种颜色的玻璃球,且数量也刚好够大家拿。

最后几个男孩看了一下,发现拿法全都不一样,而且只有D有4个蓝色球。

A对B说:"我的红色球比你的多。"

B突然说:"咦,我发现我们三个人的绿色球一样多啊!"

"嗯,是啊!"C附和说,"咦,我怎么掉了一个球!"说着把脚边的一个绿色球捡了起来。

几个男孩手里总共有26颗红色的玻璃球。请问这里有多少个男孩?

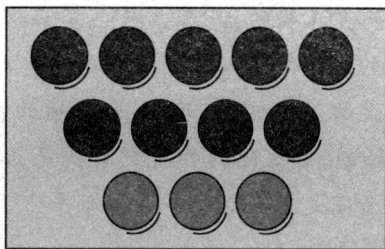

【游戏正解】

4个男孩。因为每个人拿的球中,红>蓝>绿,而每人一共拿了12个球,所以红球最少要拿5个,最多只能拿9个。红球一共是26个,每人至少拿5个,所以最多能有5个人。D拿了4个蓝球,那么他最多只能拿7个红球了;就算B和A都拿了9个红球,他们三个也只拿了25个红球,少于26个,所以至少是4个人。

假设是5个人,那就有4个人拿了5个红球,1个人拿了6个红球。对于拿了5个红球的人来说,蓝球和绿球只有一种选择:4蓝3绿,和只有D拿了4个蓝球这个条件矛盾。所以,是4个人。

猜名字

老师用圆珠笔在手上写了学生A、B、C、D四个人中的一个人的名字,他握紧手,对四个人说:"你们猜猜我手中写了谁的名字?"

A说:是C的名字。

B说:不是我的名字。

C说:不是我的名字。

D说:是A的名字。

四人猜完后,老师说:"你们四人中只有一个人猜对了,其他三个人都猜错了。"

四人听了后,很快猜出老师手中写的是谁的名字了。

你知道老师手中写的是谁的名字吗?

【游戏正解】

是B的名字。很明显,A与C两人之中必有一人是正确的,因为他俩的判断是矛盾的。如果A正确的话,那么B也是正确的,与老师说的"只有一人猜对了"矛盾。所以A必是错误的。这样,只有C是正确的。B的判断是错的,那么他的相反判断就是正确的,即B的名字是正确的,所以老师手上写的是B的名字。

准点时间

史密斯老师在上课的时候给学生出了下面

这个题:

张教授乘坐高速列车去北京参加一个学术会议。他怕耽误了开会时间,就问列车上的乘务员:"火车什么时候到达北京站?"

"明天早晨。"乘务员答道。

"早晨几点呢?"

乘务员看张教授一副学者派头,有意试试他:"我们准时到达北京时,车站的时钟显示的时间很特别——时针和分针都将指在分针的刻度线上,两针的距离是13分或者26分。现在你能算出我们几点到吗?"

张教授想了一会儿,又问道:"我们是北京时间4点前还是4点后到呢?"

乘务员笑了一下:"我如果告诉你这个,你当然就知道了。"

张教授回之一笑:"你不说我也知道了,这下我就可以放心了。"

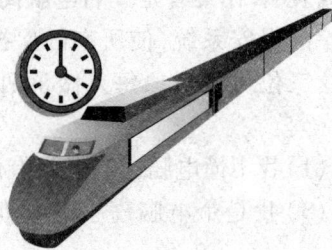

请问,这列火车到底该几点几分到达北京站?

【游戏正解】

这列火车准点驶入北京站的时间是第二天的2点48分。

首先,时针和分针都指在分针的刻度线上,让我们仔细看看钟(手表也一样)的结构:每个小时之间有4个分针刻度,在相邻两个分针刻度线之间对时针来说要走12分钟,这说明这个时间必定是n点12m分,其中n是0到11的整数,m是0到4的整数,即分针指向12m分,时针指向5n+m分的位置。又已知分针与时针的间隔是13分或者26分,要么12m-(5n+m)=13或26,要么(5n+m)+(60-12m)=13或26,即要么11m-5n=13或26,要么60-11m+5n=13或26。这是一个看起来不可解的方程。但由于n和m只能是一定范围的整数,就能找出解来(重要的是,不要找出一组解便止步,否则此类题是做不出来的)。

张教授便是以此思路找出了所有三组解（若不细心便会在只找到两组解后便宣称此题无解）。

已知：$m = 0$、1、2、3、4；$n = 0$、1、2、3、4、5、6、7、8、9、10、11。只有固定的取值范围，不难找到以下三组解：(1)$n = 2$；$m = 4$；(2)$n = 4$；$m = 3$；(3)$n = 7$；$m = 2$。即这样三个时间：(1)2:48；(2)4:36；(3)7:24。

面对这三个可能的答案，张教授当然得问一问乘务员了。乘务员的回答却巧妙地暗设了机关：正面回答本来应该是4点前或是4点后。但若答案是4点后，乘务员的变通回答便不对了，因为这时张教授还是无法确定是4:36还是7:24。而乘务员的变通回答却昭示道：若正面回答便能确定答案，这意味着这个正面回答只能是4点以前。即正点到站的时间是2:48。

漂亮女同事的男友

公司新进来一位女同事，长得非常漂亮，是个万人迷。全公司有9名同事都想追求她，据说她已经和这9个人中的1个正式开始交往了，只不过不想公开罢了。好事者纷纷向这9位同事打探消息，得到的回答分别是：

A：这个人一定是G，没错。

B：我想应该是G。

C：这个人就是我。

D：C最会装模作样，他在吹牛！

E：G不是会说谎的人。

F：一定是I。

G：这个人既不是我，也不是I。

H：C才是她的男友。

I：是我才对。

这9句话中，只有4个人说了实话。你能判断出谁才是这位漂亮女同事的男友吗？

【游戏正解】

因为只有4个人讲了实话，可以用排除法，说实话的人分别是C、E、G、H。可知男友是C。

寻找果汁

有四个瓶子分别装着白酒、啤酒、可乐、果汁，每个瓶子上都有标签。但是在装着果汁的瓶子上的标签是假的，其他瓶子上的标签都是真的。你能知道每个瓶子里分别装的是什么东西吗？

甲瓶子上的标签是：乙瓶子里装的是白酒。

乙瓶子上的标签是：丙瓶子里装的不是白酒。

丙瓶子上的标签是：丁瓶子里装的是可乐。

丁瓶子上的标签是：这个标签是最后贴上的。

【游戏正解】

先确定哪个瓶子里装的是果汁。假设甲装的是果汁，那么乙装的就不是白酒；根据乙和丙瓶子上的话可知，丙和丁装的也不是白酒，只有甲是白酒，矛盾。假设乙装的是果汁，而甲说乙装的是白酒，矛盾。假设丁装的是果汁，丙说丁装的是可乐，矛盾。所以只有一种可能，就是丙装的是果汁。从而得到答案：

甲瓶子：可乐。

乙瓶子：白酒。

丙瓶子：果汁。

丁瓶子：啤酒。

迈克夫妇和子女

迈克夫妇有 7 个子女,老大至老七分别为甲、乙、丙、丁、戊、己、庚。目前我们知道 7 个人的如下情况:

1. 有 3 个妹妹;

2. 有 1 个哥哥;

3. 是女的,她有 2 个妹妹;

4. 有 2 个弟弟;

5. 有 2 个姐姐;

6. 也是女的,但她和庚没有妹妹。

你根据这些条件,能推算出谁是男性,谁是女性吗?

【游戏正解】

甲、乙、戊、庚为男性;丁、丙、己为女性。

第 7 章

博弈思维游戏

著名经济学家保罗·萨谬尔森说："要想在现代社会做一个有文化的人,你就必须对博弈论有一个大致的了解。"博弈是一种策略的相互依存状况,你的选择将会得到什么结果,取决于另一个或者另一群有目的的行动者的选择。人生是永不停息的博弈过程。我们可以在博弈思维游戏中学会怎样生活、怎样与他人相处、怎样适应并利用世界上的种种规则,并在这个过程中确立自己的人格。

判 刑

有两个共犯同时被抓,法院做出如下判决:如果两个人都不坦白,各判刑 3 年,如果两个人能同时坦白,那么各判刑 5 年;如果一人坦白,这个人就判刑 1 年,另一个人则判刑 10 年。两个人各自关在不同的监狱,无法进行沟通,经过一夜的挣扎考虑之后,两个犯人都坦白了,但是却都被判了 5 年的刑期。

他们为什么会如此选择呢?

【游戏正解】

他们之所以都选择坦白是因为出发点都是源于自身利益的考虑。他们的想法可以大致分为以下两种情况:(1)如果他不坦白。我坦白,1 年刑期;我不坦白,3 年刑期,由此来看,坦白更好;(2)如果他坦白。我坦白,5 年刑期;不坦白,10 年刑期。坦白更好。综合来看,还是选择坦白好。

古丹麦的滚球游戏

古代丹麦有一种滚球游戏,后来逐渐演变为现在的保龄球。在玩这种游戏时,需要将 13 根木柱在地上竖成一行,然后用一只球猛击其中一根木柱或相邻的两根木柱。由于击球者与木柱之间的距离很近,因此玩这种游戏,根本就不需要很高超的技巧,即便是随心所欲地玩,也能击倒任意一根木柱或相邻的两根木柱。两个

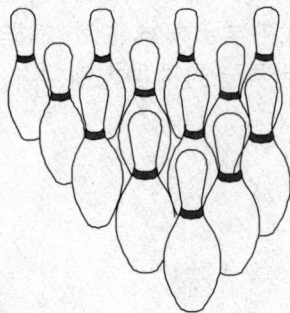

比赛者轮流击球,哪个人击倒最后一根木柱,那么他就是最后的赢家。

瑞普和一个游戏老手比赛,两人都刚刚击倒了第 2 号木柱。瑞普要么是将剩下的 12 根木柱中的一根击倒,要么是将球往 10 个空之中的任意一个投去,这样就可以一次同时击倒两根相邻的木柱子了。为了保证这一局可以获得胜利,瑞普应该怎么做呢?而瑞普的对手倘若想获胜,那么在开始的时候,他应该先把哪根木柱击倒呢?

【游戏正解】

瑞普可以选择击倒第 6 号或者第 10 号木柱。如此一来,木柱就会被分成 1 根、3 根、7 根,此后,无论瑞普的对手施展何种伎俩,只要瑞普采取正确的战略,那么对手就必定会输。而瑞普的对手要想获得胜利,那么在开始的时候,他应该击倒第 7 号木柱,这样就可以将木柱分成各有 6 根木柱的两组了。接下来,无论瑞普投掷哪一个组里的木柱,瑞普的对手只要在另一组里重演瑞普的动作,那么就会获得最后的胜利。

狡猾的小偷

某天,艾伦警探正坐在街边的咖啡店中。在这家咖啡店的左边,有一家邮局,邮局的外面有一个邮筒。

艾伦正喝着浓郁的咖啡,感觉非常惬意的时候,突然他看见了一个鬼鬼祟祟的人,原来是小偷伊萨尔。这个人多次因为偷窃罪进了警察局,艾伦就曾亲自审问过他。

伊撒尔在咖啡随即店里面走了一圈,接着便出去了。随即艾伦听到有人大声喊叫:"我的钱包怎么瞬间就不见了?有小偷把我的钱包偷走了?"

艾伦马上从咖啡馆走出来,冲着伊撒尔大声呵斥道:"伊撒尔,你给我站住! 看到你这幅鬼鬼祟祟的样子,就知道一定是你偷了咖啡店那位小姐的钱包!"

一看到熟悉的艾伦警探,伊撒尔心里就有些发慌,然而他还是镇定了下来,对艾伦警官说道:"我哪里作什么案啊,我刚才只是到咖啡店

看看,但是人太多了,没有多余的位置,接着我就出来了嘛!"

"一定就是你偷的!你不用狡辩了。"对于自己的判断,艾伦十分肯定,接着对他进行了搜身。但事情很怪,艾伦并没有在伊撒尔的身上搜到钱包。伊撒尔正准备走的时候,艾伦偶然发现了旁边有一个邮筒,心里马上明白了,他喝住伊撒尔说:"你在撒谎,你在这场博弈中输了!"

请问艾伦是如何发现伊撒尔就是作案的小偷的?

【游戏正解】

在咖啡店的旁边,有一家邮局,邮局的门前有一个邮筒。伊撒尔正是利用这个邮筒,他事先准备好一个信封,并且将自己的住址、姓名写上去,然后贴好邮票。把钱偷到手之后,他就把钱装进信封丢进了邮筒,这样就会寄到自己的家中。虽然他确实非常聪明,可是在博弈中,他仍然被艾伦警探发现了端倪。

鱼缸中的热带鱼

文森特特别喜欢鱼,他的家中布置了很多鱼缸,里面养有不同品种的鱼。当地有一个叫马斯的商人,专门出售观赏鱼。他得知文森特的嗜好后,便动起了歪心思,希望可以偷到文森特的鱼,从而大赚一笔。

这几天,文森特因故出差了,家中留有一个

看家的管家。马斯认为这个机会很难得,因此在夜里的时候,他偷偷潜入了文森特的家中,将防盗报警系统的电线剪断。如此一来,他就不会触动防盗系统而被发现了。

马斯看到客厅中的鱼种类繁多,极为珍贵,心里很是激动,似乎看到了一大堆黄金白银在向他滚过来。他激动得忘乎所以,结果不小心滑了一下,在下坠的过程中,他扶住了一个热带鱼缸。然而鱼缸无法承受他的重量,顿时便掉到地上摔碎了,同时马斯也摔倒在地上,在他想要起身的时候,突然"啊"的一声大叫,接着便全身抽搐,当场暴毙了。

管家听到声响,立刻赶到客厅查看,发现地上躺着一个人,于是马上报了警。警方迅速赶到现场,展开了严密的调查。这个时候,警方发现,防盗系统的电线被割断了,鱼缸的恒温计也停了,所以室内处在断电的状态,然而马斯的死亡原因却是触电,这一点让警方很是困惑。

文森特听说家中出了事,于是提前结束出差回到了家中。他看到地上有一条湿漉漉的大鱼,便对警察们说:"难怪盗贼会触电而死,这是他的报应!"

请问马斯为什么会触电而死?

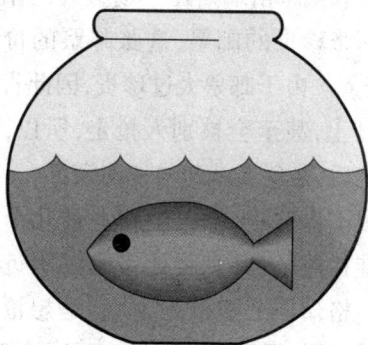

【游戏正解】

马斯的运气不是很好,因此才会输了这场"博弈"。地上那条湿漉漉的大鱼,事实上是产自非洲的电鳗。这种电鳗可以产生 650~850 伏的电压。在黑暗之中,马斯不小心倒在地上,刚想起身的时候,与掉落在地板上的电鳗发生了接触。由于受到了惊吓,因此电鳗释放出了电能,最终使马斯触电而亡。

救命的话语

很久很久以前,有一个国王很想将一个囚犯处死,并提出了砍头和绞刑两个选项,让囚犯自己做选择。选择的方法是这样的:囚犯可以任意说出一句话,并且必须判断出这句话是真是假,如果是真话,那么就应该被绞死,如果是假话,那么就应该被砍头。这个囚犯非常聪明,他向国王问道:"如果我说出了一句话,你们既不能绞死我,也不能砍我的头,又当如何处理呢?"国王不相信还有这样的话,于是大声说道:"如果真有你说的那样,你就自由了。"最后,那个囚犯说出了一句十分巧妙的话,国王听后,左右为难,但是又不便食言,只好把囚犯释放了。

请问,这个聪明的囚犯说了什么?

【游戏正解】

囚犯对国王说道:"你一定砍死我。"国王一听,就有些左右为难起来。因为如果真的将他的头砍了,那么他说的就是真话了,而说真话应该被绞死;但倘若要绞死他的话,那么他说的话又变成了假话,而说假话的人应该被砍头。

藏起来的邮票

邮票收藏家格瑞斯在一场盛大的拍卖会上得到了一张珍贵的邮票,这张邮票的价值高达100万美元。由于邮票太过珍贵,因此肯定会被很多人盯上,甚至会被别人抢走,所以,在拍卖会结束之后,格瑞斯就匆匆地回家了。

但很不幸的是,他在半路上被几个凶神恶煞的歹徒拦截了,并且将他带到了附近的一个山林中。格瑞斯心里清楚,他们是想抢那枚价值连城的邮票,但万幸的是,自己刚刚把邮票藏在了一个非常秘密的地方,倘若不出什么意外的话,很难会被人发现。

一个高大威猛的人拿着枪顶着格瑞斯的头,威胁地说道:"快把邮票交出来吧,不然你就得死!"格瑞斯表示不知道。歹徒接着说:"别装傻了,我们看到你最终得到了那枚邮票,马上交出来,可以饶你一命!"说着,立刻就对格瑞斯搜身,但最后只发现了500美元的钞票、一串钥匙、一张银行卡,和一张从佛罗伦萨寄过来的明信片。虽然明信片上也贴有一张邮票,但并非那张珍贵的邮票。

之后,这些歹徒又把格瑞斯的衣服一点一点地撕开,刮开鞋子的底部,甚至连他的头发丛也不放过。但是最后,他们还是没有找到那枚价值巨大的邮票。无可奈何之下,这帮歹徒只能将格瑞斯放掉了。

格瑞斯运气很好,他将自己的东西收拾好,接着便给家中的仆人打了一个电话,让他们马上送衣服过来。

请问在这场斗争中,格瑞斯把邮票藏在了什么地方?

100万美元

【游戏正解】

格瑞斯把这张珍贵的邮票贴在了明信片上面,接着又将一张非常普通的纪念邮票贴在上面。这样,普通邮票挡住了珍贵邮票。歹徒们一般很难想到,格瑞斯会把这样珍贵的邮票贴在普通邮票的下面,所以他们怎么也找不到这张邮票。

说谎的年轻人

大雨突至,路人纷纷奔跑,都想找一个避雨的地方。

一个中年人拿着一匹绢,没地方避雨,他只好把绢撑在头顶上遮雨。这个时候,后面有一个年轻人追了上来,他说:"你好,帮我遮一下雨吧!"

中年人听后,二话不说就答应了。两个人来到了繁华的地带,中年人将自己的绢收了起来,正打算走的时候,突然年轻人把他的袖子拉住,大声地说道:"喂喂,这明明是我的绢呵,你凭什么拿走呢? 真是禽兽不如!"

中年人听后,开始还搞不清状况,后来一想便恼火了,他伸手一拳向年轻人的脸上打去。

年轻人立马还击,就这样,两人在大街上厮打了起来。

这个时候,警探威尔泰刚好路过。威尔泰问明了情况,便对两个人说道:"我会还你们一个公道的。看着你们不断地争夺,不如这样吧,就把这匹绢一分为二,这样两个人都有了绢,不是很好吗?"随后,威尔泰便将这匹绢撕开了,接着一人给了一半。

两个人离开后,他让警员跟在两个人的身后,根据要求行动。没过多久,警员就把年轻人抓了回来,经过审讯,年轻人终于把事情的真相说出来了。

请问在这场博弈中,威尔泰使用了什么方法?

【游戏正解】

在这场博弈中,威尔泰使用的方法就是观察两个人的反应。在正常情况下,倘若绢的主人吃亏,他一定会对评判的人员进行痛骂,而抢绢的人由于得到小便宜,所以一定会大大地夸奖评判人。根据这一点,中年人一定会骂威尔泰糊涂,年轻人则会说他英明果断。警员听了以后,就把年轻人逮捕起来了。

掉包的黑色皮箱

英格丽德的儿子被人绑架了,她焦急地向朋友警官弗里达打电话。绑匪提出要 100 万美金,并且在次日晚上用皮箱子装好钱,放在市中心花园门口的长椅子上面。

弗里达知道这一情况后,心里也很焦急。但是目前还没有线索可以让警方确认犯人是谁,犯人在何地。由于这些原因,弗里达只能让英格丽德准备好 100 万美金的赎金,打算在次日晚上逮捕绑匪。

次日晚上,英格丽德根据绑匪的要求,把装钱的皮箱放在了市中心花园的长椅子上面,之后便离开了现场。当然,有很多便衣警察隐藏在这个花园的周围,只要绑匪一出现,他们就会将其逮捕。

两分钟之后,一个很靓的年轻小姐从一辆出租车下来,利索地将皮箱取走了,然后又快速地跳上了车。

警察立刻开车紧紧跟踪在这辆出租车的后面。最终,出租车来到了飞机场。那位漂亮的小姐拎着皮箱办理了随机托运手续,接着便登上了飞机。

警察们进入行李托运处,将搜查证拿了出来。经过认真的搜索,他们终于找到了那个被带走的黑色皮箱,然而打开之后才发现,这只箱子里面装的是英格丽德的儿子,并没有那 100 万美金。

请问绑匪是在什么地方、如何把钱与小孩进行掉包的?

【游戏正解】

其实,那位年轻漂亮的小姐以及她拦下的出租车司机是同伙。年轻的小姐拿到黑色皮箱之后,接着便上车与司机交换了皮箱,自己手中的皮箱则装着小孩子。在这场博弈中,警官们一直在观察那个取走黑色箱子的年轻小姐,而对出租车司机忽视了。所以,那 100 万美金最终还是被绑匪带走了。

名贵的狗

恩西斯住在美丽且舒适的山林中,在山林的深处,还住着一位聋人,他养了一条母狗。虽然他们的距离比较接近,但是两个人并没有来往,各自过着生活。

某日,一个身穿高贵西装的男人敲开了恩西斯的家门。他是开一辆高级轿车过来的,车上还有一条狗。这条狗是外国的品种,本国只有几只,非常珍贵。男人用右手捂着自己的头,痛苦地说道:"您好,我的头痛病犯了,想在您这里休息一下,可以吗?"

恩西斯发现这个人很有钱,便起了歹心。

他假装热情地把对方迎了进去,接着趁他不注意的时候,用绳子勒死了他。

之后,恩西斯来到轿车旁边,发现车上的狗不见了。恩西斯在树林中找了一会儿,并没有发现狗的身影。没过多久,恩西斯看到狗慢慢从林子里面走了回来。

恩西斯拿来几根骨头丢到地上,狗马上跑过去吃起了骨头,恩西斯趁这个时候用铁锹把狗打死了。接着,他把男人与狗全部埋在了院子中。恩西斯藏好所有值钱的东西后,便把车开到峡谷边丢弃了,接着搭车回家了。

几天之后,警察们突然来到了恩西斯的家中,进行了严密地搜查,最后在院子中发现了男人与狗的尸体。

恩西斯不知道自己怎么会暴露,警长对他说了事情的缘由。

请问警长告诉恩西斯的话是什么?

【游戏正解】

虽然恩西斯不会被别人或是警察发现,但是他并没有获得胜利。因为在他杀害狗之前,狗和那只母狗在聋人邻居的家中进行了交配。母狗生下了一只名贵的小狗,聋人感到很奇怪,便到宠物店咨询了一下,不久警察就得知了狗与主人遇害的消息。

妻子与侦探

最近,富翁艾比觉得妻子有外遇。为了弄清真相,艾比来到一家私人侦探公司,希望侦探安博调查一下妻子是不是有外遇。

安博有一个特点,喜欢自吹自擂,平时没有工作时,就爱四处吹嘘自己的侦探技术。然而,这位侦探实在是太逊了,他还没展开调查,就被

艾比的妻子发现了。所以,妻子决定戏弄一下这个自大的侦探。

这个星期一,侦探安博开始跟踪调查艾比的妻子。

上午8点10分,艾比出门到公司上班;9点30分,艾比的妻子出门去逛百货公司,然而并没有逛多长时间的街,她就回家去了。

下午,妻子在家中接待了几个女性客人,期间还有一位干洗店的服务员到来,这些人都没有停留多久,所以不可能是妻子外遇的对象。

晚上7点30分,艾比从公司回来。

第二天,上午8点10分,艾比出门到公司上班;11点整,艾比的妻子出门去买菜。11点40,她就回到家中了。下午3点30分,艾比的妻子又出门买东西,4点回到家里。7点30分,艾比从公司回来。

第三天,上午8点10分,艾比出门到公司上班;下午1点,艾比的妻子出门参加了一场同学会;晚上6点30分,妻子又出了一趟门,为的是与艾比一起共进晚餐。

第四天,上午8点10分,艾比出门到公司上班;11点,妻子出门到超市购物,12点回到家里。下午4点,妻子出门到市场买东西,6点10分回到家中。晚上7点30分,艾比从公司回来。

就这样调查了一个月时间,安博并没有发现什么可疑之处,也没有找到外遇对象。然而事实上,艾比的妻子却有了更多的外遇机会。在这场博弈中,侦探输得很惨。

请问艾比的妻子是如何戏弄安博的?

【游戏正解】

在这场博弈中，侦探被艾比的妻子耍得团团转。妻子配置了一把钥匙，然后给了自己的外遇对象。在妻子外出时，外遇对象就可以潜进艾比的家中。当妻子再次出门后，外遇对象就可以趁此机会从家中出来。由于安博一直在调查艾比的妻子，根本注意不到艾比的家，所以，也不容易发现妻子有外遇的证据。

到城里租房子

有一户人家打算搬到城里去，于是开始寻找房子。

全家一共有3口人，夫妻两个，外加一个5岁的孩子。他们在城里面跑了一天，直到日落时分，才好不容易发现一张出租公寓的广告。他们马上跑过去，看到房子的外观，他们很满意。于是，他们便前去敲门询问。一个温和的房东出来了，他从上到下对这三位客人打量了一番。丈夫问道："你们这里出租房屋吗？"

房东听后，十分遗憾地说："呵，非常对不起，我们公寓招的住户不准带孩子。"

丈夫与妻子一听，一时之间不知道怎样才好，于是，他们只好默默地离开了。那个5岁的孩子，将事情的经过从头到尾都看在眼中，他沉思了一会儿，之后便独自去敲房东的大门。

这个时候，丈夫与妻子已经走出了5米多远，他们发现孩子又回去了，于是转头望着。门

开了，房东走了出来，孩子理直气壮地说……

房东听了之后，哈哈大笑起来，最后决定将房子租给他们。

请问，这位5岁的小孩子到底说了什么话，终于将房东说服了？

【游戏正解】

倘若让孩子的父母出面解决这个问题，一般有三个解决方案：(1)出高价；(2)苦苦求情；(3)声称自己的孩子十分听话。可是，这三个方案也许都无法解决问题。孩子考虑的焦点，就是将父母带孩子，转为孩子带父母，这样就可以解决问题了。事实上，5岁的孩子对房东是这样说的："老爷爷，我打算租这个房子。我没有带孩子来，我只带了两个大人。"

聪明的女儿

商人安普利因为生意上的失利，欠下了一屁股的债款。不仅生活上无法维持，而且债主每天都上门讨债。这个债主的名字叫贝亚特，他是一个非常贪婪好色的人。

这天，贝亚特又来到商人安普利的家里，他恶狠狠地对安普利吼道："债务快到期了，你快点给我还债吧！"

安普利请贝亚特再宽限几天，说自己赚了钱一定还给他。贝亚特嚣张地说道："倘若你一直推迟还钱，那我就没吃没喝了，你这不是为难我吗？"

安普利说自己家里就只剩下墙壁了，实在没有钱还。贝亚特看了看四周，发现的确是这样。这个时候，安普利的女儿走到了客厅。她长得非常漂亮可人，贝亚特当即就迷上了这位漂亮的姑娘。贝亚特笑了起来，接着对着安普利说道："这样吧！钱不还也可以，但是我有一个条件。"

安普利问是什么条件，贝亚特说道："如果你把女儿嫁给我，你就不用还债了！我们这样玩吧！我在左右两个口袋中分别放一个黑石子，放一个白石子。倘若你的女儿拿到了黑石子，她就必须嫁给我，但是不用还债；倘若你的女儿拿到了白石子，我就不娶她，你也不用还债，这样很公平吧？"

对于这个要求,安普利的女儿立马就答应了。贝亚特在地上捡了两颗黑石子,安普利的女儿看见了这一情景,然而她仍旧获得了自由,并且还把父亲的债务免去了。

请问安普利的女儿是如何做到的?

【游戏正解】

在这场博弈中,从表面上看,好像是贝亚特占据了上风,但最后还是安普利的女儿赢得了胜利。女儿将石子抓住以后,迅速把石子扔在了地上。接着让贝亚特将剩下的黑石子拿出来,这样就能证明她刚刚拿到的石子是白色,倘若贝亚特将真相说出来,那么就证明他是一个言而无信的人,当然他肯定不会将自己做了什么事说出来了。

三个人的决斗

有三个男人都疯狂地爱着一个非常漂亮的女人,而这个女人也同样爱他们。这样一来,激战终于在某一天爆发了,三个男人决定用手枪进行决斗。最终获胜的人,将和这个女人长相厮守,被征服的人或失败的人,要么死亡,要么受伤与失望。

决斗对其中两个男人比较有利,而对另外一个男人则十分不利。其中有一个是伯爵,他在射击方面是一位专家。他以前参加过很多次的决斗,均为最后获胜的人,即便是与比他厉害的枪手决斗,他也从未输过。其中有一个是勋爵,他在军队里服役,射击水准相当不错,每射出三发子弹,他都可以命中两发。还有一个是上尉,每射三发子弹,他一般只能命中一发。

三个男人都有谦谦君子的作风,因此他们决定在决斗中,送一次机会给射得最差的人。他们站在了一个三角形的三点上,相互面向对方。他们可以无上限地使用弹药,但是必须依次向任何一个对手开枪:那个射得最差的人第一个开枪,那个射得最好的人最后一个开枪。

在保障信誉的前提下,上尉应该怎样做,才能让自己的生存机会最大化?他应该先向谁开枪呢?

【游戏正解】

上尉的第一次射击,最好是射向他的后面,又或者是故意射向空中。上尉不能射向从不失手的伯爵,因为如果上尉没有射中伯爵,那么勋爵就会在下一枪或两枪中将上尉击倒。如果上尉射向勋爵,并且还射中了他,那么伯爵必定也会击倒上尉。如果上尉没有射中勋爵,那么伯爵必定会射中他,而他射上尉的机会为1/2。如果上尉射中了伯爵,那么他射中勋爵的几率为1/7,勋爵射中上尉的几率为6/7,但如果上尉故意没射中,那么你仍有机会射击另外两个中的一个。如果勋爵击倒了伯爵,那么上尉射中勋爵的几率就为3/7。勋爵射不中伯爵的几率为1/2(如果射不中的话,那么伯爵就会射中勋爵)。因此,上尉射中伯爵的几率就是1/3。上尉故意往空中射击,可以增加自己获胜的机会:第一次射击的获胜机会为25/63(大约40%)。勋爵的机会为8/21(38%),伯爵的机会为2/9(22%)。

自作聪明的盗窃者

在深秋的一天夜里,博物馆中的一张价值100万英镑的邮票被人盗走了。警察们立即出动,进行了仔细严密的调查。根据博物馆的监控录像,警方确定了一名嫌疑人,然后通过调看街道路口的视频监控,警方最终找到了那个犯人的家。

当警察来到嫌疑犯居住的公寓时，他正在看电视，并且看得津津有味，十分投入。警察说明了自己的来意，并且要求这个人协助警方的调查。

警察见嫌疑犯的房间中并没有什么特别的用品，墙壁上的电扇"呼啦呼啦"地旋转着。警察问道："你想到要认罪么？还是要等到我们找到邮票，你再来求饶？"

嫌疑犯露出惊讶的表情说道："我今晚根本没有出门，也没有去偷什么邮票，我刚刚看电视看得津津有味呢！你们不要胡乱污蔑人行么？"

但最终，警察凭借着自己的智慧，赢得了博弈较量。在找到的邮票证据下，这名盗窃者只能乖乖认罪，戴上了手铐。

请问警察是如何知道嫌疑犯是在撒谎的？另外，嫌疑犯把邮票藏在了什么地方？

【游戏正解】

现在的这个季节是深秋，天气如何燥热，都不会达到夏天那种需要打开电扇的程度。并且，这是夜晚，并不需要打开电扇来降温。根据这一点判断，警察立刻就发现嫌疑犯将邮票贴在了电扇的扇叶上面。嫌疑犯显然是太低估了聪明的办案警察。

掉以轻心的强盗

艾莎莉和男朋友刚刚分手，她心情沮丧地走在回家的路上。刚刚到自己的家门口时，一把刀突然架在她的脖子上，原来是一个等候已久的强盗将她胁持了。

强盗让她赶快开门，不许大叫，不然就杀了她。进入屋内，强盗强迫艾莎莉将家中的保险箱打开，并且把钱装进了他随身带来的袋子

里面。

强盗得到了钱财，正准备走的时候，他突然想起艾莎莉看到了自己的脸。倘若她向警方报案，那么自己就可能被逮捕，于是他有了杀人灭口的想法。

艾莎莉看出了他的想法，便伤心地说道："我知道你一定会杀了我的，但是能不能看在那些钱的份上，让我喝一杯酒呢？那瓶酒是我的男朋友给我买的，但是他今天把我甩了。在我死之前，您就答应了吧！"

强盗认为对自己没有威胁，便答应让她去喝一杯。将酒瓶打开之后，艾莎莉倒了一杯酒，接着对强盗说："先生，一个人喝多没意思啊！我们一起喝吧！你放心，我不会下毒的，我先喝一口，你再试试？"

艾莎莉喝了一口，接着便递给强盗。强盗看到没事，便喝了一口，结果倒在地上无法动弹。艾莎莉马上给警局打了电话，然后对着强盗说："这场博弈你输了！"

请问艾莎莉是怎样在酒中下药的？

【游戏正解】

艾莎莉将药物涂抹在自己的手指上，自己喝完酒之后，把酒杯递给强盗的瞬间，用手指抹在了酒杯的杯口周围。这样一来，即使酒中并没有药物，但是酒杯的边缘沾满了药物，强盗喝完以后，自然就把所有的药物喝了下去，接着就四肢无力只能等待警察来将他逮捕。

轮盘赌局

轮盘赌局正处关键时刻，决定胜负就看这最后一局了。现在，占第一位的是木材商怀特先生，他非常幸运地赢了 700 个金币。占第二位的是沙文小姐，她比怀特先生稍稍落后一点，她一共赢了 500 个金币。其他的人都输了很多，所以在这最后一局中，就只剩下怀特先生和沙文小姐两个人了。怀特先生正在思考着，究

竟是将手上筹码的部分押在"奇数"上还是压在"偶数"上呢？如果赢了的话，那么他的赌金就会增加一倍。另一边，沙文小姐已经在"3 的倍数"上押了自己全部的筹码，如果赢了的话，那么她的赌金则会增加 2 倍。倘若真是这样幸运，那么沙文小姐就能反败为胜了。

请问，怀特先生到底应该怎样下注呢？

【游戏正解】

与沙文小姐一样，押 500 个金币在"3 的倍数"上就可以了。基本上只要跟沙文小姐用同样的方法下注就可以赢。如果沙文小姐输了的话，那就更不会影响到名次了。事实上，怀特先生只要押 401 个金币，赢了的话金币就会在 1 502 个以上，仍然是第一名。所以，在这种场合，手中有较多金币的人便是赢家。

逃跑的凶手

有一天，博尔警长早早出门，在街道上没有目的地慢慢地行走着。在博尔警长抬头观察天空的时候，他突然发现，街道旁边一栋楼房的 6 楼阳台上，有一个身穿花格子衬衫的男子，正拿着刀架在另一个男人的脖子上。

出于本能，博尔警长立刻拔出了手枪，悄悄跑进这栋楼房中，想要在杀手的背后进行突袭。到达楼房的 6 楼时，博尔警长发现，这家房屋的门居然是打开的。保持着高度集中的精神，博尔握着手枪慢慢地走了进去。

进入房间以后，博尔看到地上躺着一个人。走近一看，就是刚刚在阳台上，被刀架住脖子的男人。博尔警长立刻开始检查阳台，结果没有发现任何类似绳子的东西可以滑下楼去。当博尔再次看向街道的时候，有一个黑色的人影消失在街道的转角处。

博尔警长感觉十分郁闷，不明白凶手是如何逃跑的。自己一直盯着这家阳台，并且快速地上楼梯，赶到了房间的门口。这栋楼房只有一个楼道，如果凶手是从楼梯下去的，那么一定会遇到自己，但是在上楼的过程中并没有碰到任何人。

请问凶手是如何逃走的？

【游戏正解】

博尔警长没有具备冒险的竞争意识，因此没有想到凶手的逃跑方法。凶手发觉自己被别人发现了行踪，在博尔警长上楼梯的过程中，他打开了 6 楼房间的大门，以及通向案发阳台房间的门。然后自己躲到了其他的房间，博尔警长进来以后，目标只是那间通向阳台的房间，因此没有注意到躲在其他房间的凶手，凶手就偷偷溜走了。

精明的对策

第二次世界大战期间，日本海军准备在中途岛与美国海军打一场决战，将美军赶出太平洋，同时还把详细的作战计划拟定了出来。但是，美军情报机关截获并破译了日军的密码，随之，美军便针锋相对地制定了一系列行动计划，试图将日本海军全部歼灭。美日双方的海军都在紧急地进行战斗部署，就在这个时候，不知道是通过什么途径，美国芝加哥的一家报纸曝光了美国海军的行动计划，以大幅版面刊登在报纸上。报纸上的独家新闻被美国情报机关和日本情报机关看到后，双方都吃了一惊，随后，立即把这一情报报告给了各自的首脑。

罗斯福看到报纸后，也大为吃惊，这是严重的泄密，其损失是不可估量的。但是，在惊诧之余,罗斯福又即刻冷静了下来,他认为,如果对这家报纸兴师问罪的话,那么一定会惊动日本人,日本人就会立刻取消中途岛的作战计划。更为严重的是,日本人还会怀疑自己所使用"密码"的可靠性。倘若日本人更新"密码"的话,那么美国情报机关又只好一切从头开始……

为了不让对方盲目行事,罗斯福想出了一个精明的对策,从而使美方安全渡过了这次难关。

请问,罗斯福采取的对策是什么?

【游戏正解】

罗斯福采取的对策,就是听之任之,故装"不知"。这样一来,日军便不能从敌国首脑的反应观察美国是否真的得到情报密码了。这个时候,罗斯福假装"糊涂",日军首脑就会真"糊涂"起来了,他们会认为美国人是在讹诈,事实上,对于日本的密码,他们根本就没有成功破译出来。因此,日军不仅不会终止中途岛大战的计划,并且也不会更换密码。

贝壳游戏

玛姆博太太在沙滩上和自己的两个孩子玩,他们收集了一堆相对干净的贝壳,并通过这些贝壳玩起了简单的游戏。玛姆博太太之所以这样做,主要是为了尽力阻止他们玩漂来的海面浮油。贝壳游戏是这样的:从这一堆贝壳上,两个孩子轮流将 1 枚、2 枚或 3 枚贝壳拿走,接着放到自己的贝壳堆上。当将全部的贝壳拿走之后,贝壳数量为奇数的人,就是最后的赢家。后来,当她们望了一眼海上的船只之后,就没有人记得下一个该轮到谁拿贝壳了。其实,这没有什么大不了的,无论下一个轮到

谁,决定谁是赢家的关键,还在于拿走的贝壳数量。

请问,下一个孩子应该拿走多少枚贝壳呢?

【游戏正解】

拿走 2 枚。因为每个孩子拿到的贝壳数皆为偶数,所以她下一次拿的贝壳数也应该为偶数,剩下 5 枚贝壳,才可确保自己获胜。无论另一个孩子怎么拿,她都可以保证最后一轮拿到的贝壳数为奇数,从而赢得这场比赛。拿走 2 枚贝壳之后,还剩下 5 枚,如果另外一个孩子拿走 1 枚或 2 枚,她就要拿走 3 枚。如果另外一个孩子拿走 3 枚,那么她就要拿走 1 枚。剩下的 1 枚,另外一个孩子不得不拿走,这就会使她的贝壳数又变成偶数。

打开保险柜的时间

阿纳斯塔公司拥有百年的历史,公司制作的保险柜出类拔萃,加密技术非常优秀,所以获得了市场上大量高贵消费者的青睐。

最近一段时间,一种新型的保险柜又被阿纳斯塔公司研制了出来。保险柜由特种钢材制成,锁非常精密,还添加了智能开锁密码,不会轻易被打开。为了打开市场,公司高层决定开展一项活动,在 30 分钟之内,倘若有人能将 3 个新产品打开,那么他就会获得 3 万英镑的奖金。

开锁大师阿曼达听到这个消息后,便径直来到了制作工厂。阿曼达首先在壁炉旁边把手暖和了一下,接着便开始对新保险柜进行开锁。

安妮是活动的管理人,她将一只有机玻璃沙漏拿了出来,开始进行计时。安妮很自信,非常相信公司的产品,认为即使有人可以在30分钟之内将保险柜打开,然而要连续打开3个,那就很难办到了。

阿曼达的手艺的确很厉害,可是将第一个保险柜打开,他还是用了15分钟。获得经验之后,阿曼达只用7分钟就打开了第二个保险柜。为了不让奖金落入到这个人的手中,安妮示意阿曼达停下来,接着她便将沙漏放在了壁炉的旁边,重新计时。

最终,阿曼达顺利打开了第3个保险柜。这个时候,安妮对阿曼达说道:"真是遗憾,虽然你打开了保险柜,但是沙漏显示你超过了1分钟。"

阿曼达回答说:"你刚才对沙漏动了手脚,还是把奖金给我吧!"

请问安妮对沙漏做了什么?

【游戏正解】

在这场博弈中,安妮的行为显得十分小气与无赖。因为她将沙漏移到了壁炉旁边,借用热胀冷缩的原理,使沙子漏得更快,时间也变长了。

逃跑的通缉犯

最近,一名国际一级通缉犯艾维斯秘密来到了纽约市,住在一家五星级酒店中,并且还有可能与他的同伴接头。对于这件事情,纽约市的警察局已经知道了。

警察们的任务,就是逮捕这名国际一级通缉犯,同时找出他的接头人来。赫伯警官伪装成艾维斯的接头人,乘车来到了这家五星级酒店。赫伯走到酒店前台,很有礼貌地向前台小姐进行询问,服务小姐说出了艾维斯的房间号码,并且还问赫伯要不要打个电话,让艾维斯下来与他见面。

赫伯觉得这个建议好,于是让前台小姐给艾维斯打了电话。随后,赫伯便在酒店的大厅中等着,然而等了很久,艾维斯仍旧没有出现。没有办法,赫伯只得又去询问前台小姐,这时前台小姐对他说:"艾维斯让你上去找他。"

赫伯感到很郁闷,然而为了办案,他不得不上去找艾维斯。但是当他到达那个房间时,发现房间里面已经没有人了,国际一级通缉犯艾维斯早已经跑了。赫伯很生气,但他不明白,艾维斯怎么会得到消息逃跑的?甚至还放弃与自己的接头人接头的机会。

在这场比拼较量中,赫伯输得很惨,但他就是不明白错在了哪里。

请问通缉犯艾维斯是如何知道有警察过来的?

【游戏正解】

赫伯来到酒店之后,他假装成艾维斯的接头人与前台小姐攀谈,询问艾维斯的情况,但是他并不知道,前台小姐也是艾维斯的同伙。这样,当前台小姐发现前来接头的人是一个陌生人,马上就猜到他们的行踪已经暴露了。前台小姐给艾维斯打电话,其实就是向他传达这个信息,要他赶快逃跑。艾维斯离开这家五星级酒店之后,便可以换个地方与自己的接头人进行接头。所以,赫伯完全被人耍了,白白地浪费了一次好机会。

被劫持的飞机

几名男子劫持了一架从纽约飞向华盛顿的客运飞机。其中一名男子走进空姐们的休息室,用枪挟持了空姐,恶狠狠地吼道:"你们赶快给驾驶舱机长打电话!"

电话接通以后,劫机犯大声说:"你们这架飞机已经被我们劫持了!现在飞机上所有的人都是我们的人质!你们要是想活命,就必须听从我们的指挥!不然的话,我们就同归于尽吧!"

机长听后,镇定地回复道:"首先,我会以机长的身份,通知全体乘客将安全带系好。其次,你们可以告诉我劫持这架飞机的原因吗?你们劫机的目的是什么?之后又有什么具体的指示?"

劫机犯不耐烦地答道:"你真是啰唆!"机长保持着镇定的声音,在广播中开始说话,声音迅速传达到了每个乘客的耳朵中:"飞机现在出现了一些异常,请各位乘客千万不要慌张,系好自己的安全带。"

全体乘客系好安全带之后,劫机犯要求机长打开驾驶舱的舱门。机长依旧十分镇定,他回答:"好,我会按照你们的要求来做的。你们进来吧,我们的确需要好好地谈一谈。"

不久,劫机犯就被人们制服了,他们无法做出任何的抵抗,这场劫机事故很快就落下了帷幕。

请问人们是怎样化解这场劫机事故的?

【游戏正解】

首先,飞机的机体突然向下降落几十米的高度,然后立刻又快速上升几十米的高度,这样就出现了"空中陷阱"的现象。劫机犯的头顶撞到飞机的舱顶,掉下来以后就直接休克了。其他的乘客事先都系好了安全带,因此平安无事。在这场较量中,机长赢得了完美的胜利,并且保护了所有人的安全。

奇怪的考试

为了选拔一名优秀的侦察员,某个部队中进行了一场奇特的考试。这场考试准备了很多房间,规模很大,内容也非常独特。主考官把所有报名参加考试的人关在这些房间里面,每个人一间。每天,都有人为他们送饭菜和饮用的水,他们必须想方设法从房间出来,倘若谁出来了,那么他就被录取了。

有的人决定不吃不喝,接着尽量受凉,从而患上感冒头痛。他对守门的人员说了自己的理由,可后者却为他请来了一位医生;有的人说自己的母亲生病了,需要回去照顾她,但守门的人员给他的母亲打了电话,结果发现他的母亲并没有生病。

尝试了很多理由,但都没有通过。大家觉得这个考试的题目太难了,都开始纷纷泄气,想要放弃。然而在这个时候,一个人对守门的人员说了一句话,守门人听后直接将房间的门打开,放其走了。之后,他顺利被录取了。

请问这个人对守门的人员说了什么?

【游戏正解】

抓住事件的核心,这就是博弈的关键。这个人对守门的人员说:"我不参加考试了,请你放我出去!"这样,对于一个放弃考试的人,守门的人员无法找到理由继续把他关在房间中。所以,他成功走出了房间,被长官录取了。

忽视的指纹

晚上,莱克准备睡觉的时候,突然门铃声响了起来。他把门打开一看,马上就被吓住了,门口站着的人原来是琼纳斯,她一直在向自己要债。

琼纳斯看着莱克,接着将他推开,理直气壮地走进了房间,绕了一圈之后说道:"你真是一个混蛋!这间漂亮舒适的公寓是我的,竟然被你占用了,还是赶快还我钱吧!"

莱克身无分文,他很紧张地答道:"等明天吧,我一定把钱还给你!"

之后,莱克又向琼纳斯说了一些好话。趁着琼纳斯不注意的时候,莱克拿起一支酒瓶向琼纳斯的脑袋砸去,后者当场就倒地死去了。

莱克意识到自己杀人了,心里十分害怕。他在慌忙中把琼纳斯的尸体包裹起来,接着开车将尸体搬运到了郊区的公园中,接着又返回家中,认真打扫起家中的各个地方,将所有可能留下指纹的地方都擦掉了。

第二天一早,警察就找上门来。警察很严肃地问道:"琼纳斯的尸体被人在公园发现了,我们在他的口袋中找到一张便签,上面写着昨晚会来找你,昨晚他来过没有?"

莱克慌忙答道:"他没有到我这里来呵!昨天晚上谁也没有来过。"

警察突然笑起来说:"你撒谎。"

接着他便指着一个地方说道:"你看这里,我看你还是老老实实把你的犯罪经过交代出来吧!"

请问在这场问答博弈中,警察是如何判断出琼纳斯留下了线索?

【游戏正解】

昨天晚上,琼纳斯是按的门铃。虽然莱克清洗了家中所有的东西,但是却忘记了门铃,所以在门铃上面,一定留有琼纳斯的指纹。这样就证明莱克是在撒谎,昨天晚上琼纳斯一定来找过他。

聪明的收银员

莫尼卡用光了自己所有的钱财,他感觉走投无路了。在无奈的情况下,他想到了一个好主意,那就是上街抢劫一家商店。

为了安全起见,他找到一条十分不起眼的街道,决定在这里好好干一笔。在这条街道上,有一家商店的生意十分兴隆,因为那里站着很多人在排队结账。他在心中决定,就抢劫这家商店了。

等四周没什么顾客时,莫尼卡便壮起胆子,鼓起勇气走到了收银台的前面。收银人员是一个漂亮的小姐,她奇怪地看着面前的客人问道:"尊敬的顾客先生,您有什么需要吗?我可以为您提供服务吗?"

莫尼卡大吼一声:"我要抢劫!"

收银人员淡定地看了他一眼,很镇定地回答了一句话。结果,听到了这句话以后,莫尼卡感觉到非常无奈,于是只好放弃了抢劫的计划,灰溜溜地回到了自己的家中。收银人员很漂亮地赢得了胜利,保护了自己不受伤害,也保住了商店的营业额。

请问收银人员说了什么?

【游戏正解】

收银人员镇定地回答说:"顾客先生,非常不好意思,我们商店已经过了营业时间。现在,收银台的钱箱已经自动上锁了,我也没有办法打开它。因此,我感到非常遗憾,如果真的需要抢劫的话,请您明天再过来一趟吧。"听到这样的话,莫尼卡只能放弃抢劫计划了。

忘恩负义的弟弟

科瑞恩与科拉是一对兄弟,从小父母早逝,

两个人相依为命。然而，生活很难，为了维持生计，哥哥科瑞恩打算到远方去做生意，多赚一些钱来供弟弟读书。

经过几年的奋斗，哥哥科瑞恩不仅供弟弟读完了大学，而且自己的生意也越做越大，赚了不少钱。他为弟弟科拉寄去了自己的全部钱财，希望他可以帮自己买一套房子，置办一些家产。很多年过去了，科瑞恩回到了家乡，没有想到的是，科拉竟然翻脸不认人，把科瑞恩从家里赶了出来。

科瑞恩没想到弟弟居然是这样一个忘恩负义的人，但是他并没有证据证明他的恶行。他坐在街头，回忆起自己辛苦的赚钱日子，不禁流下了眼泪。这个时候，克里斯汀警探刚好从这里路过，他感觉科瑞恩有些不对劲，便走过去询问详情。克里斯汀警探决定帮助科瑞恩收回自己的家，顺便将这个可恶的弟弟整治一下。

克里斯汀警探来到了科拉的家中，向科拉问道："你家里的一切都是你的是吧？"

科恩得意地说："这一切都是我辛苦工作获得的！我这里有房产证明，不信你看一下！"

克里斯汀警探也感到事情不太好办，但为了不让这个可恶的忘恩负义的小人得逞，他还是想出了一个方法。

几天之后，克里斯汀警探带着警员来到了科拉的家中，大声地对科拉说道："我们抓到了犯人，他说自己非法获得的赃款全部都在你的家里！你不会是他的同伙吧？总之你的房屋家产都是用赃款买来的！"

请问克里斯汀警探为什么要这么说？这两件事情到底有什么联系？

【游戏正解】

使用赃款是一项重大的罪名，倘若哥哥寄给他的真的是赃款，那么自己一定难逃责任。在慌乱中，科拉只能全部坦白说："置办房产的钱财都是哥哥科瑞恩寄给我的，即使是赃款，我也不知道！我是被哥哥陷害的！"这样，虽然他摆脱了使用赃款的罪名，但也说出了钱财来源的实话。

生死之间

哈赛罗是一个杀人惯犯，他关押了一个之前在生意场上得罪他的人，并对属下说，不管怎样都要杀死他。这个人听到这句话后，心里十分恐惧。

哈赛罗接着又对属下说道："从明天开始算起，到第十天的晚上，一定要将他拖到荒郊野地杀死。然而若在处决他的那一天早晨，他知道了自己将要被杀死，那么在这一天，就不可以杀死他。"那个被关押的人听到这句话后，又转悲为喜，心里暗自高兴，认为自己可以逃过此劫。你认为可能吗？

【游戏正解】

不可能，他一定会被杀死。因为杀死他的日期可以放在规定日期内的任意一天。倘若他说出这句话："今天你们不可以杀我，因为我已经知道了，今天你们要杀死我，根据哈赛罗的规定，今天就不可以杀我。"行刑者可以如此反驳道："要是这样的话，说明你还没有想到今天要杀死你，根据规定，你没有想到今天自己会被处死，因此今天可以杀死你。"

必胜的策略

杰卡和麦迪正在玩一种游戏,名字叫做"抢30"。这个游戏的规则十分简单:两个人轮着报数,第一个人按照顺序报数,从1开始,或者只报1,或者是报1、2。第二个人再接着第一个人报的数,继续报下去,然而最多只可以报两个数,如果一个数都不报的话,也不行。比如说,第一个人报1,那么第二个人既可以报2,也可以报2、3;如果第一个人报的是1、2,那么第二个人或者报3,或者报3、4。接下来,又让第一个人跟着报,这样一直轮流下去,谁首先报到30,那么谁就赢了。

杰卡十分大度,每次都让麦迪先报,然而每次麦迪都输了。麦迪感到这里面一定有什么猫儿腻,于是便让杰卡先报,结果报了几次,基本上还是杰卡胜。

请问,杰卡必胜的策略究竟是什么?

【游戏正解】

事实上,杰卡的策略十分简单。每次,他都会报到3的倍数为止。倘若麦迪先报,按照游戏规定,他或者是报1,或者是报1、2。如果麦迪报1,那么杰卡就会报2、3;如果麦迪报1、2,那么杰卡就会报3。接下来,麦迪从4开始报,而杰卡便会根据麦迪的情况,总是报到6为止。依此类推,杰卡总是会让自己报到3的倍数为止。由于30是3的倍数,因此杰卡总是可以赢。

交换吗

总经理将一些钱装进两个信封里,然后分别交给甲、乙二人。

甲、乙二人不知道信封中究竟装了多少钱,总经理只告诉他们一个信息:每个信封中的钱数或者是5元,或者是10元,或者是20元,或者是40元,或者是80元,或者是160元,总而言之,是其中的两个数就是了,并且有一个信封中的钱是另一个信封的一倍。换句话说就是,如果甲拿到的信封里装着40元的话,那么乙拿到的信封里面装的钱就一定是20元或者是80元。

总经理准许甲、乙两人查看自己信封中的钱数然后又对他们说道:"如果现在你们有一次交换的机会,那么你们想不想彼此交换呢?"

虽然对于自己信封中的钱数甲、乙两人都知道了,然而对方信封中有多少钱并不清楚。请问,对于是否交换这件事,甲、乙两人应该怎样判断呢?

【游戏正解】

甲、乙两人中,如果有人拿到的信封里是5元或160元,那么是否交换就会变得非常肯定了。倘若甲拿到的信封里是20元,那么他会选择交换。倘若乙拿到的信封里是40元,他也愿意进行交换。因为和选择不交换所得到的相比,期望的几率显然要大很多。

硬币与杂志

两个人轮流把五分的硬币摆在一本杂志的封面上。每次只可以放一枚,可以摆放在杂志封面上的任何一个位置,但是不能压在已经放好的硬币上。最后一个人倘若找不到能放硬币的位置,那么他就输了。倘若让你先放,你能保证不会输吗?必须清楚的是,杂志的封面一般都是长方形的。长方形是一种典型的对称图形,在摆放硬币的时候,可以利用一下对称原理。

取的时候，保证在摘取之后，剩下的 10 片花瓣可以分成两组，而且这两组被上轮摘去的三个花瓣的空缺隔开。在以后的摘取中，如果先摘者摘去一片，那么后摘者也应该摘去一片；如果先摘者摘去两片，那么后摘者也应该摘去两片。并且，摘去的花瓣是另一组中对应的位置，这样下去，后摘者一定可以将最后的花瓣摘到。

硬币游戏

有一种硬币游戏的规则是这样的：有 500 枚硬币，双方轮流将其中的 1 枚、2 枚或 4 枚取走；谁取到最后，那么他就输了。

F1 和 F2 正在玩这种硬币游戏，F1 先开局，F2 随后。双方总是尽量采取让自己获胜的步骤。如果无法取胜，也要尽可能地打个平手。

请问，在这两人中，是不是一定有人会赢？究竟是应该先拿还是应该后拿？

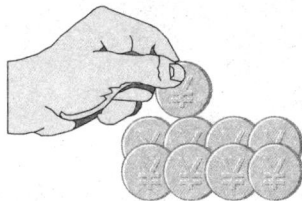

【游戏正解】

会赢。分析如下：

F1 先拿 1 个，以后根据 F2 的三种情况采取以下策略：

F2 拿 1 个，F1 拿 2 个；

F2 拿 2 个，F1 拿 1 个；

F2 拿 4 个，F1 拿 2 个。

也就是说，每次都保持和 F2 拿的总数一定是 3 或 6。由于 $499 = 3 \times 166 + 1$，每轮 F1 和 F2 拿的总数一定是 3 的倍数，所经过 n 次以后，一定会给对方留下 1 或 4 个，对手就输了。

吃饭的问题

看到漂亮的艾佳小姐，马丁立即就动心了。但是，艾佳小姐是一个羞涩的女孩，马丁很想请她吃一顿饭，但一时半会又想不出好的办法。某日，有人给马丁出了一个主意，马丁一听，顿时眉开眼笑。

马丁找到艾佳，对她说道："我想问你两个

【游戏正解】

先摆放硬币的人，应该在杂志封面的中心处，也就是对称中心摆上第一枚硬币。然后，无论对方把硬币摆在杂志的哪个地方，你都应该将硬币摆在它的对称位置上。只要他能找到地方，那么你也能找到位置，绝对不会输掉。

花瓣游戏

在大洋中有一个小岛，岛上保留了很多古朴的风俗。比如说，小岛上有一种掰花瓣的游戏，就是找来一朵有 13 片花瓣的花朵，然后两个人轮流摘去花瓣，一个人可以摘去一片或者相邻的两片，谁摘去最后的花瓣，谁就是最终的赢家，在这一天之中，他的运气就会非常好。有一天，一个聪明的数学家来到该岛旅游，他细心研究了这种掰花瓣的游戏，终于总结出了一个方法，只要根据这种方法，就可以在这个花瓣游戏中立于不败之地。

请问，是先摘的人获胜还是后摘的人获胜？这个数学家总结出的方法是什么？

【游戏正解】

能够获胜的是后摘的人。如果先摘者摘去了一片花瓣，那么后摘者在花瓣的另一边摘去两片花瓣；如果先摘者摘了两片花瓣，那么后摘者在花瓣的另一边摘去一片花瓣，这个时候，就只剩下 10 片花瓣了，并且，后摘者在第一次摘

问题,但你回答时只能用'是'或'不'。在正式提问之前,您一定要听清了之后,再进行回答,并且在逻辑上,两个问题的答案一定要合理,切不可互相矛盾。"艾佳觉得十分有趣,立马点头答应了。

请问,马丁应该如何提问才能达到请艾佳吃饭的目的?

【游戏正解】

第一个问题是:倘若第二个问题是你是否

愿意与我一起吃饭,你的答案和这个问题是不是一样?第二个问题是:你是不是愿意和我一起吃饭?

这样看来,倘若艾佳第一个回答"是",那第二个问题必须答"是";倘若第一个回答"不是",那她第二个问题也必须回答"是"。因此,无论如何他都能约到艾佳吃饭。

第 8 章

类比思维游戏

　　类比思维是解决陌生问题的一种常用策略。它可以帮助我们充分开拓自己的思路,运用已有的知识、经验将陌生的、不熟悉的问题与已经解决了的熟悉的问题或其他相似事物进行类比,从而创造性地解决问题。英国哲学家培根有一句名言:"类比联想支配发明"。由此可见,运用类比思维的重要前提,就是提高联想能力,学会联想方法,掌握相似联想。

蜘蛛的启示

拿破仑作为一个军事家是非常有谋略的。据说在某一年的冬天，拿破仑率领法兰西帝国军队开始向荷兰重镇大举进发。为了有效抵挡拿破仑的大军，荷兰的军队将所有的水闸打开了，从而让法兰西帝国军队前进的道路被大水全部淹没了。在无可奈何的情况下，法兰西帝国军队的元帅命令所有的士兵都往后退。正当大家异常焦急的时候，拿破仑发现旁边有一只蜘蛛正在吐丝，于是他果断地命令部队别再撤退了，就在原地扎营驻守下来。果不其然，两天之后，洪水并没有如想象中的席卷而来，法兰西帝国的军队在拿破仑的带领下，终于将荷兰的重镇攻破了下来。

请问，蜘蛛到底给拿破仑带来了什么样的启示？

【游戏正解】

蜘蛛在冬天吐丝，意味着寒潮快要来临了。这个时候，荷兰放出的水都会冻结成冰，这样一来，大军就可以继续前进了。

相似词语

观察下面一组词语，接着从各选项中，将与它们相类似的一组词语找出来。

图书　印刷厂　出版社

A.楼房　建筑商　开发商

B.桌椅　家具厂　木材厂

C.电影　导演　制片人

D.蔬菜　经销商　农户

【游戏正解】

A项是正确答案。从右往左看题目中给出的三个词语，我们可以发现正好是图书出版的流程，因此与这种顺序相同的只有选项A，从右往左看的话，正好是房地产开发的流程。

最爱听的字母

英文字母一共有26个，那么请你仔细想一下，哪两个英文字母大家都喜欢听呢？

【游戏正解】

大家都喜欢听CD，所以这两个英文字母就是C和D。仔细想象一下两者之间的相似关联，很容易就能找到答案。

自己的事业

如果你必须让别人知道你在一件事情上面很擅长，那么你的产品就要做得比别人更好；当别人做的和你一样优秀的时候，你就要做到比别人提前一步；如果别人在速度上追上你的时候，你就要学会降低自己的生产成本；当别人的生产成本也降低的时候，你就要学会在产品上创造更高的附加值。

下面的几句话，哪一句最不接近上面的意思？

A. 如果想要拥有自己成功的事业，你至少要在一件事情上面比别人做得更好。

B. 如果你在任何一方面都不能做到最好，那么你很可能会在与别人的竞争中败下阵来。

C. 如果你能在至少一个方面做到最好，那么你的事业一定能够获得不小的发展与进步。

D. 除非你能在至少一个方面做到最好，否则，你的事业就不会在与别人的竞争中获得进步。

【游戏正解】

C项是正确答案。题目中主旨在说，如果你想要让别人知道你在某一方面非常优秀，那么你必须学会不断地进步提升。C项是在说，如果能在一方面比别人强就一定能获得成功，这种判断显然太过肯定。

惊人的相似点

从表面上来看,用扑克牌赌博似乎是一件既浪费金钱又浪费时间的事情。然而仔细想一下,你就会发现,扑克牌与我们日常使用的日历有着很多相同的地方。有人对比过两者,发现它们有六处极为类似的地方,你能将这些相似点找出来吗?

【游戏正解】

1. 有 52 张扑克牌(除去两张王牌)是经常使用的,而一年刚好 52 周;

2. 有 13 张扑克牌是没带花色的,而日历上对每个季节的划分也都为 13 周;

3. 扑克牌的花色总共有 4 种,一年也刚好有四季;

4. 在一副扑克牌中,代表人物的"肖像画"(J、Q、K 的数量)共有 12 张,一年也刚好有 12 个月;

5. 红色的扑克牌可以代表白天,黑色的扑克牌可以代表黑夜;

6. 倘若将 J、Q、K 以数字表示,那么分别为 11、12、13,大小王则可以当成 1 看,那么把牌面上的全部数字相加,可得到 365 或者 366,正好相当于一年的天数。

存在生命的星球

在地球之外的另外一颗行星上,倘若想要有生命存在与发展,那么就一定要同时具备两个条件:第一个条件是适宜的温度,这是行星本身与它的热量来源可以保持适当距离的结果。和地球一样,只有与太阳保持适当的距离,才能既获得热量,又不会因太阳过高的温度而使地面上的生物受伤。第二个条件是,至少在 37 亿年的时间内,行星本身都保持着一个相对比较

稳定的状态,它自身的温度变化幅度必须处于一个比较稳定的状态,不可以太大。同时在目前人类已经探知的范围内,可以符合上面这两点的行星还没有找到,所以,地球算得上目前我们已知范围内唯一有生命的地方。

想要上述结论成立,需要一个前提,请从下面的选项中将其选出来。

A. 在地球以外的地方,生命无法生存下去。

B. 在某一颗具有极端温度的行星上面,也许会发现地球上面已经灭绝的生命形态。

C. 其他行星上面的生命形态若想能够存在,那么行星本身必须有与地球相同的环境条件。

D. 倘若一种生命想要在某一颗行星上面获得发展,那么这颗行星本身的温度变化必须在一定的范围之内。

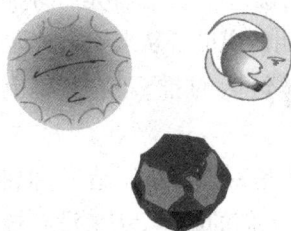

【游戏正解】

C 项是正确答案。题目中的推论是这样得出的:由于很难在宇宙中找到同时具备两个必要条件的星球,因此地球很可能是宇宙中唯一有生命的星球。

人工智能与飞机研究

模拟人的思维,这就是人工智能的目标,然而针对人工智能技术进行研究的基础,却并不是对人的生理或者心理机制进行研究;人们从鸟儿畅游蓝天的姿态获得灵感,最终发明出了飞机,但是这种发明与之后的改进,其基础已不

是人类对于鸟类的研究。

上述表述中将人工智能的研究比成了什么？
A. 研究和制造飞机
B. 模拟鸟类的飞行
C. 模拟鸟类的飞翔原理进行设计
D. 针对鸟类飞行原理的研究

【游戏正解】

D 项是正确答案。在题目中,研究人工智能表述为一个过程,这与飞机的研究和制造过程相类似。

高明的说谎者

真正高明的说谎者所说的谎言从来不会被拆穿,所以,一旦一个说谎者的谎言被人拆穿,那么就不能说这个说谎者是一个高明的说谎者,真正高明的说谎者从来不会被人抓住把柄。

下面哪句话的推理方式和上面那段话类似?

A. 马克是一个伪钞制造者,他制造的伪钞总是能骗过人们的眼睛,从来没有被发现,所以他是一个高明的伪造家。

B. 马克是一个伪钞制造者,他制造的伪钞一般情况下不会被人看出来,但偶尔有一两次会被人发觉,但是不能就此认为他的伪造手段不够高明。

C. 马克是一个伪钞制造者,他制造的伪钞一般情况下不会被人看出来,偶尔有一两次被人看出来,说明他制造伪钞的手段不够高明,因为真正的伪造者不会被人看穿。

D. 马克制造的伪钞很逼真,从来不会被揭穿,所以他是一个真正的伪造专家。

【游戏正解】

C 项是正确答案。题目中的推理过程是:高明的说谎者不会被发现在说谎,一旦被人发现他是在说谎,即证明这个说谎者的谎言并不高明。C 项中的推理过程是:高明的伪钞制造者所制造的伪钞不会被人发觉,一旦被人发现钞票是伪造的,即证明这个伪造者的伪造手段并不高明。

相似词组

观察下面一组词语,接着从选项中,将与它们相类似的一组词语找出来。

冠心病　传染病
A. 老虎　哺乳动物
B. 金鱼　两栖动物
C. 京剧　戏曲
D. 细菌　病菌

【游戏正解】

B 项是正确答案。题目中给出的两个词语,它们之间并没有包容或者关联的关系,上述所给出的选项中,只有选项 B 的两个词组之间没有发生交集,因此正确答案是 B。

可疑的密码信息

几条可疑的信息被美国的情报部门截获了。经过认真的分析,情报部门终于破译出了结果:"Alinogoits Doximayo makasey",其意思是"绑架学生(做)人质","Huholikaso Makasey Mugbudengs",其意思是"押着人质(见)记者","Mugbudengs Ftoufgke Alingoits",其意思是:"绑架记者离开"。

下例对密码语言的解释,哪一个是正确的?
A. Doximayo 指"人质"。
B. Mugbudengs 指"绑架"。
C. Doximayo 指"学生"。
D. 不知道什么意思。

【游戏正解】

B 项是正确答案。对几句话进行仔细地比较,就可以得出正确答案。

类比错误

高中时期,很多人都喜欢熬夜读书学习,A常常熬夜,因此A一定是一个喜欢熬夜读书学习的高中生。

上面关于熬夜与读书人的关系的推论明显是错误的,那么下面的哪一项论述,恰恰印证出上面论述的荒谬性?

A. 数学上说全部的素数都是自然数。91是一个自然数,因此我们可以说91是一个素数。

B. 我们大家都知道所有的猪都有4条腿,因此,倘若一个动物有8条腿,那么它绝对不是猪。

C. B是一个大笨蛋,所以每个聪明人都是近视眼,然而C的视力却很好,他甚至可以看到视力表上最下面一排的小字。

D. 每个有文化的人都是近视眼,D戴着半厘米厚的眼镜,近视度数很深,因此,D一定是一个很有文化的人。

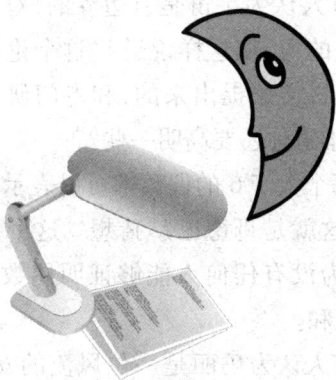

【游戏正解】

A项是正确答案。C项与题目中一样,都犯了相同的逻辑错误,因此答案是A。

找出不相同的一个

对下面几个词进行仔细的观察,将与其他单词字母不相同的一个找出来。

A. TRAITS

B. STAIRS

C. ISTART

D. ARTIST

【游戏正解】

B项是正确答案。认真观察对比,其他每项单词的字母组成都是一样的。只有B和其他选项的字母组合不一样。

五块电子手表

在一张桌子上放有五块电子手表,它们各自显示着不同的时间,这些时间都是根据一定的规律排列的。前面四块电子手表显示的时间分别为:1:01,3:01,3:12,4:13。那么,从这四块电子手表所显示的时间规律,你可以猜测出第五块电子手表显示的时间是多少吗?

A. 4:41

B. 5:12

C. 5:23

D. 5:51

【游戏正解】

C项是正确答案。从左到右,每块手表上面的数字之和依次增加2。

类比定义

类比推理指的是不同的两个对象在一系列上是相同的,而且已知其中一个还具有其他属性,由此推出另一个对象也具有相同的其他属性的结论。

根据上述定义,下面属于类比推理的是哪一项?

A. 我们反对一切形式的贪污腐败。滥用职权是贪污腐败,所以我们反对滥用职权。

B. 想要维持公司的有序运行,就必须建立系统的工作制度。一家公司没能正常运转,所以这家公司一定没有制定系统的工作制度。

C. 水星、金星、火星都是沿着椭圆形的轨道围绕太阳运行的,所以说,所有的太阳系的大行星一定都是按照椭圆形的轨道围绕太阳运行的。

D. 美国的加利福尼亚州和我国南方地区的气候环境十分相近,而我国南方地区十分适合种植柑橘,所以美国的加利福尼亚州也适合种植柑橘。

【游戏正解】

正确答案是 B。

玛丽的丈夫是酒鬼

玛丽的丈夫杰克是一个老酒鬼,每次回家的时候,都是一幅醉醺醺的样子。这天,杰克又很晚才回来,玛丽刚想责问他,突然发现杰克的脸上多出了几道伤痕,看来是被人抓伤的。原来杰克喝酒喝高了,不小心把人得罪了,人家便与他大打出手起来。

第二天早上,杰克清醒过来,玛丽对他说道:"你还是不要出门了,否则别人还以为是我将你抓伤了!"杰克就当没听见,仍旧大大方方地出了门,上了街,并且没有任何人感到他被人抓伤过。

请问,这到底是怎么一回事?

【游戏正解】

杰克出门的时候,将一只猫抱在怀里,别人看到猫,便认为他是不小心被猫咪抓伤了。

在恐怖袭击面前

某国面对恐怖袭击,采取的态度是这样的:倘若你与我们站在同一队列,一起反对恐怖袭击,那么我们就承认你是我们的朋友;倘若你不与我们站在同一队列,那么你就是我们不共戴天的敌人。

在下列表达方式中,哪一项与上面的意思有差异?

A.一个人,或者做一个道德高尚的人,无私地将自己的一切贡献出来;或者做一个卑劣的人,不择手段地谋取私利。

B.有一则手表广告语这样写道:倘若你戴着我们的手表,那么你就是一个成功的人;倘若你根本不戴手表,那么你就是一个失败者!

C.以体育项目为职业的人一般都有两种命运:或者你获胜,迎接你的将是无尽的荣耀;或者你失败,迎接你的将会是无尽的黑暗。

D.倘若老师的能力很高,那么即便是一位头脑不够灵活的学生,这位老师也可以培养他达到合格的成绩;倘若他无法将这位学生培养达到合格的成绩,那就说明他的教学能力还有不足。

【游戏正解】

A 项是正确答案。

车间主任的理论

工厂中的设备被人暗地里破坏了,车间主任怀疑是工人杰克弄坏的,他的理由很奇怪,因为杰克无法证明自己没有将设备弄坏。

在下列说法中,哪一项说法与这位车间主任的说法相似?

A.有人认为宇宙是有边界的,对于不同意这种说法的人,他这样说道:"这个论点好像是一个著名科学家提出来的,和专门研究的科学家相比,难道你还要高明一些?"

B.每个大于 6 的偶数都可以表示为 2 个素数之和,这就是哥德巴赫猜想。这个猜想是成立的,因为没有任何人能够证明偶数不能是 2 个素数之和。

C.有人认为玛丽是一位风流的女人,理由是这样的:因为玛丽的妈妈是一位风流女郎,所以有其母必有其女。

D.某些天文学家认为托勒密的"地心说"是正确的,他们的理由是这样的:亚里士多德就是如此认为的。

【游戏正解】

正确答案是 C。题目中,车间主任犯了一个错误——"诉诸无知"。他先假定某人有罪,接着要求当事人将证据拿出来,证明自己无罪。这本身就与法律的原则相违背了。C 项中的表述正好也犯了同样的错误。它假设猜想是正确的,接着要求当事人将证据拿出来,对他的理论进行反驳。

合格的国际人

倘若一个人只会说外语,并不就意味着他就是一个国际人。

在下列句子中,与上面意思相符的是哪句话?

A. 杰克可以说外语,因此他算是一个国际人。

B. 想要成为一个合格的国际人,只会说外语还是不够的。

C. 一个人想要成为国际人,就一定要学会说外语。

D. 倘若不知道如何说外语,就不能称之为是一个国际人。

【游戏正解】

B项是正确答案。

相似词组

观察下面一组词语,从选项中,将与它们相类似的一组词语找出来。

考古　文物　博物馆

A. 教育　人才　企业

B. 学习　员工　社会

C. 耕种　庄稼　土地

D. 贸易　商品　工厂

【游戏正解】

A项是正确答案。题目中"考古"可以发现(即产生)"文物",之后则会将文物提供给"博物馆"。三者之间的关系为,第一项产生第二项并且将其提供给第三项,因此符合条件的只有选项A。

分拣员的成功率

快递公司里面有五位分拣员,他们的工作效率有很大的差异。其中,赖特分拣的差错率最高,但是他确是这家快递公司工作最好的分拣员。

下面的说法中,哪一项可以解决上面这段话存在的明显的分歧。

A. 在赖特工作的几年中,他每年的分拣正确率都一直保持非常稳定的水平。

B. 分拣部门的其他员工一致认为赖特是一位非常优秀的分拣员。

C. 这家快递公司的困难任务全部都是交给赖特去做的。

D. 参加这份工作之前,赖特是某百货公司信贷部门的一位职员。

【游戏正解】

C是正确答案。想要解除题干中的矛盾,就必须给赖特分拣正确率不高找一个合适的理由。C项中的表述,正好能表明赖特工作能力强,也解释了他正确率不高的原因。

镜子的方向

莲娜十分爱美,总喜欢对着镜子梳辫子、穿衣服。有一天,一个问题突然在她的脑海中闪出:"为什么镜子可以颠倒左右方向,但是却无法颠倒上下方向呢?"

请问这个问题应该如何解答?

【游戏正解】

这主要是因为,我们的眼睛是左右长的,而不是上下长的,因此镜子中的我们只能颠倒左右方向。

德国人与啤酒

很多人都知道,德国人非常喜欢喝啤酒,查理就是一个很爱喝啤酒的人,因此我们可以推断查理是一个德国人。

上面的推理明显是极为荒谬的,那么,下面哪一个选项与上面的推理犯了同样的错误呢?

A. 只要是金子就会闪光,因此,一切可以闪光的东西都是金子。

B.所有可以走路的动物都有腿,而板凳有四条腿,因此板凳是会走路的动物。

C.凯特喜欢看国外的足球比赛,辛迪很喜欢凯特,因此辛迪也喜欢看国外的足球比赛。

D.在太平洋上面有一个小岛,有一个奇怪的部落生活在岛上,部落里面的人全部都只说谎话。西斯居住在这个小岛上面,因此西斯只说谎话。

【游戏正解】

B项是正确答案。对题目和选项进行比较,只有B与题目的模式一模一样,并且得出的结论也是错误的。

相反的观点

在美国,每年都有枪支伤人案件发生,因此有一些美国人认为政府应当管控枪支弹药,因为枪支弹药具有很强的杀伤力,对人构成潜在的危害。然而反对的人就会这样反问他们:"厨房里面的刀具、锅铲,甚至于人的手脚,都是可以伤人的武器,那么我们也应该让政府管控这些吗?"

在下述选项中,请找出与上面的观点的论述方法是一致的,然而得出的结论却是相反的选项。

A.倘若政府要对枪支弹药进行管控,那么我们就无法阻止弓箭、厨具这些可以伤人的东西被管控。

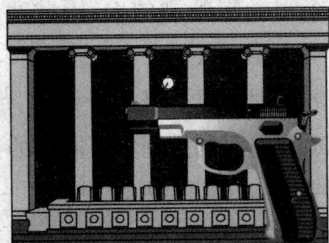

B.为了管理人们的日常活动,政府颁布了很多的法律和条例,那么对于枪支弹药的使用,为什么不加以管控呢?

C.如果像枪支弹药这样的具有伤害性的武器可以不受到政府的管控,那么为何不准每个人每个国家都拥有自己的原子弹呢?

D.美国宪法第二修正案指出公民有携带武器的权利,倘若这种权利受到政府的管控,那么不是违反宪法了吗?

【游戏正解】

C项是正确答案。从题目可知论述方式是这样的,首先将观点亮出来,然后采用反问对这种观点进行反驳。选项C使用的正是这种论述方式。

朋友与汤

约翰是一个非常豪爽的人,和很多不同行业的人认识,其中既有政府官员也有军队士兵,既有高级工程师也有乡间农夫。每次朋友来到他家,他都会非常热情地招待他们。朋友们倘若有好东西,也都会与约翰分享。

前不久,一位猎人朋友拿着一只肥肥的野兔子过来给约翰,约翰当天就要猎人留下来和自己吃一顿丰盛的晚宴和兔子汤。次日,几个男人来到约翰家,他们自称是猎人的朋友,约翰听后,便热情地给他们炖上了那锅鲜美的兔子汤,好好地招待了他们。第三天,又有十几个男人来到了约翰家里,都自称是猎人朋友的朋友,这次约翰将一盆满满的泥水端了过来。这些人看到这种情况,表情都很诧异,纷纷表示不理解。这个时候,约翰回答了一句很聪明的话,这些人听后,只好灰溜溜地走了。

请问约翰对这些人说了什么?

【游戏正解】

约翰对这些人说："这盆汤是猎人送给我的兔子的汤的汤的汤。"

飓风的产生

近日,拉丁美洲出现了强降雨天气,随后,美国部分地区多次受到飓风的袭击。所以,气象学家得出了这样一个结论:大幅度的强降雨会通过提升气压而导致飓风的发生。

将上面这段话认真读懂,接着把下面的选项中与以上论述相似的一项选出来。

A. 世界历史的进程表明,倘若东欧的政局出现变动,那么整个中美洲的政局也会出现相应的变化。根据这一点,我们可以推断,东欧地区自由化的进程会使中美洲也出现自由化的趋势。

B. 汽车在较长的公路上正常行驶时,和在较短的车道上面行驶的速度相比,前者的速度一般要更快一些。因此,和在较短的街道上面行走相比,行人在较长的公路上面行走要更危险一些。

C. 有一种十分奇特的菊花,它的花瓣会根据时间的不同而发生变化。每到中午,它的花瓣就会慢慢合拢起来。因此,我们可以推断:在午夜的时候,这种菊花的花瓣也一定会张开。

D. 事实表明,在上大学的时候,凡是参加过竞技性体育运动与社团活动的学生,在毕业之后,他们大多都成为了成功的企业家。

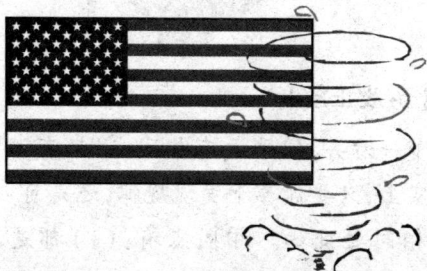

【游戏正解】

B 项是正确答案。因为题目的表述可以做这样的理解:时间 A 是时间 B 的原因,两者之间为因果关系。在上述四个选项中,只有 B 为因果关系。

相似词组

观察下面一组词组,接着从选项中,将与它们相类似的一组词组找出来。

打折　促销　竞争

A. 娱乐　游戏　健康

B. 京剧　艺术　美感

C. 奖金　奖励　激励

D. 日食　天体　宇宙

【游戏正解】

C 项是正确答案。题目中给出的一组词组中,每个词组都可以包含在后面一个词组之中。只有选项 C 与这个条件相符合。

相似词语

观察下面一组词语,接着从选项中,将与它们相类似的一组词语找出来。

设计师　服装

A. 黄鹂　鸟窝

B. 收割　镰刀

C. 小鸟　飞机

D. 建筑工人　高楼

【游戏正解】

D 项是正确答案。题目中"设计师"有意识、有目的地创造了"服装","服装"是"设计师"意识与思维活动以及社会影响的产物,因此只有选项 D 符合上述条件。

避免犯错误

一个人不可能避免不犯任何错误。在下列说法中,哪一项与上面的说法最接近?

A. 所有的错误都有可能难以避免。

B. 所有的错误都是完全无法避免的。

C. 有一些错误可能是无法避免的。

D. 有一些错误一定是无法避免的。

【游戏正解】

D 项是正确答案。题目中的说法是这样认为的:一个人在做事情的时候,都会犯一些无法避免的错误。

毛驴拉车

皮埃尔是一个卖菜的小贩,这天他套上驴车,将家里面收来的大白菜整齐地装到车上,赶着驴车到集市上卖菜。谁知道,走到半路的时候,遇见了一个陡坡。他见毛驴爬坡很费劲,于是从车上跳下来,在边上一边赶驴一边拉车,但是毛驴还是爬不上去。这时候,正好一个彪形大汉从边上路过,看到皮埃尔一个人赶车很吃力,于是帮忙从后边推了一把驴车,很快毛驴就将装得满满的车拉上了陡坡。皮埃尔感激地对那位大汉说道:"真是太感谢了,要是没有你,我赶着一头毛驴还真过不去这个坡。"没想到的是,大汉一听皮埃尔这话,一下子生起气来,给了皮埃尔重重一巴掌,皮埃尔又奇怪又委屈,但是面对这位壮汉也不敢说什么。没一会儿他反应过来,终于知道壮汉为什么会打他了。

那么,壮汉究竟为什么打皮埃尔一巴掌呢?

【游戏正解】

皮埃尔对壮汉说"我赶着一头毛驴还真爬不过这个坡"。听起来好像就是把壮汉当成了另外一头毛驴,壮汉一听,当然会生气了。

"无害通过"的定义

国际上"无害通过"的定义是:在不损害沿海国和平安宁和正常秩序的条件下,外国船只有无需事先通知或者征得沿海国许可而连续不断地通过其领海的权力。

对上述关于"无害通过"的定义进行认真的分析,看下面所说的哪一项与这一定义相符合。

A. 在没有经过中国方面许可的情况下,泰国的船只从中国的长江口驶往韩国,途中一直没有间断航行,也无其他任何行为。

B. 在经过马六甲海峡的时候,菲律宾的船只向新加坡人民播放了令人反感的广播。

C. 在日本近海旅行途中,日本的船只抛锚停了下来。

D. 中国的船只连续不断地通过琼州海峡。

【游戏正解】

A 项是正确答案。只有 A 与关于"无害通过"的定义相符合。

不同数字的相同点

某所小学有一个数学老师,他非常注重培养同学们的思维技能,培养同学们善于发现事物的规律,善于寻找事物的异同点与内在联系,她认为,这是每个学生都应该具备的基本素质和条件。某日上课的时候,她将两个数字写在黑板上:1 357、2 468,随后便让同学们将它们的相同点找出来。

请问这两组数字的相同点是什么?

【游戏正解】

乍一看去,似乎没有相同点,只有不同点。而事实上,只要你善于发现规律,还是可以找到不少相同之处的。相同点有:(1)都是正数;(2)都是整数;(3)都是4位数;(4)都是阿拉伯数字;(5)相邻两位数字的差相等。

黄岩蜜橘

迈克老师给同学们出了一道试题:

在中国,最甜美的蜜橘产于浙江黄岩。因此,想要生产出质量上乘的橘子汁饮料,就必须在生产过程中加大浙江黄岩蜜橘的使用量。某公司在浙江黄岩购入的蜜橘数量最大,因此我们有理由相信,这家公司为我们提供的将会是全中国最好的橘子汁饮品。

在下列论述中,哪一项论述如果是真的,就会削弱上面这段话得出的结论。

A. 那家公司生产的橘子汁饮料比其他公司生产的要多很多,而且销量也还不错。

B. 那家公司的橘子汁饮料价格要明显高于其他公司的橘子汁饮料价格。

C. 纯正的橘子汁营养价值要比经过配置的橘子汁做成的饮料质量更好。

D. 有些厂家根本不使用浙江黄岩的橘子作为生产橘子汁的原料,他们为了节省成本,通常使用价格相对较低、质量较差的蜜橘。

【游戏正解】

选项 A 说明这家公司会生产出大量的橘子汁供应市场需求,因此他们从浙江黄岩购入大量蜜橘是十分正常的事情,并不能说明他们公司的产品橘子汁含量更多,质量更好。选项 B 不能成为质量的衡量指标。选项 C 只是在陈述事实。选项 D 说出的只是某些厂家为节约成本偷工减料,当然也不能成为评判橘子汁质量的标准。

一句话的含义

常言道:"世间万物,人最宝贵。"

请仔细斟酌下列几句话的意思,接着将可以代表上面这句话意思的一句找出来。

A. 题目中的"人"并非指的是作为个体存在的单个的人,而是指人类这个整体。

B. 在我们处理任何社会或自然事物时,我们要更多地考虑到"人类"这一因素。

C. 世间万物多姿多彩,很难点清事物的总量。然而在一万种事物之中,最为宝贵的无疑是人。

D. 在世间万物中,最为高级的生物是人类,他们是世间万物的主宰者,所以,其他的生物都应被人类利用,为人类服务。

【游戏正解】

选项 B 是正确答案。A 项很明显对"万物"的含义进行了曲解,所以是错误的。C 项混淆了作为整体的人类与人类的个体,对题目中"人"的含义进行了曲解。D 项中将人类的地位抬高到其他生物之上,这是与和谐相处的理念相悖的。只有 B 项对题目中那句话的含义进行了正确的分析。

保护森林

当今社会,很多媒体和环保组织都在积极地宣传绿色生活,也要求人们珍惜爱护环境,保护绿色植物,低碳出行等等。但是,纵观我们周遭的环境,你会发现:一次性筷子还在大量使用、不可回收的垃圾还在被四处丢弃、纸张浪费现象仍然十分严重,环境破坏仍在不断加剧。环境保护志愿者不断呼吁:坚决采取措施,禁止使用一次性筷子!

下面的各项论述中,对于上述的观点给予了有力的支持的不包含哪一项?

A. 我国森林资源匮乏,如果将大量的优质木材用作一次性筷子消费掉,将是对森林资源莫大的浪费。

B. 1998 年发生的特大洪灾造成了难以估量的损失,但是那不仅仅是气候原因造成的,和平时我们不注意保护树木、乱砍滥伐也有很大关系。

C. 森林对于涵养水源、调节气候、防止水土流失有着十分重要的作用。

D. 对于森林资源,如果只保护不利用将会是非常错误的。我们应当合理地对森林资源加以利用,发展林区的经济,这样才能更好地保护林业资源。

【游戏正解】

选项 D 是正确答案。

业务国际化

在全球 500 家石油企业中,某家石油公司的净利润连续两年名列第一。该公司的董事长在总结成功经验时说道:"和其他公司相比,我们拥有更多的国际业务,与世界上许多国家的公司都有着密切的贸易往来,这使我们公司一直运转下去得到了保证。"

下面的哪一项是真的,可以最大限度地支持这位董事长的说法?

A. 这家石油公司的股份实际上由两个国家共同持有。

B. 近几年,石油与成品油的油价并没有出现很大幅度的浮动,相对比较稳定。

C. 和这家公司的规模相当,然而国际业务相对较少的石油公司,净利润明显比这家公司少。

D. 近几年来,全球的 500 家大型石油公司都在试图走向国际,努力开创出一条国际化的崭新道路。

【游戏正解】

选项 C 是正确答案。对这位董事长的话进行仔细地分析,他的意思是说"国际业务与净利润是成正比的"。在国际业务与净利润之间有一座连接它们的桥梁,只有将这座桥梁找到,才可以实现公司利润的最大化。选项 A、B 与国际化关系不大。选项 D 说的是现在 500 强的公司都在努力寻找国际化的道路,而董事长主要强调公司国际化后的差异。只有选项 C 清楚地指出了这家公司与其他公司的内在差异,而他们成功的原因也即在于此。

空头支票

在民主国家,每到总统换届选举的时候,参加总统选举的超级政客们为了迎合选民,赢得选举,都会采取开出许多空头支票的办法。克里夫是一个超级政客,最终克里夫成功当选总统。

根据上述论说,请问下列哪个选项给出的结论最为准确。

A. 克里夫一定向选民开出许多空头支票。

B. 克里夫一定没有向选民开出许多空头支票。

C. 克里夫也许向选民开出许多空头支票。

D. 克里夫也许没有向选民开出空头支票。

【游戏正解】

由题意可知,这些推断的前提是"倘若想当选就要迎合选民"以及"只有开出许多空头支票才能迎合选民",所以可得出如下结论:要想当选,就需要开出许多空头支票。因此,选项 C 是正确答案。

稀有物种

一种新型的传染病肆虐,很多地区都陷入到恐慌之中。在科研工作者的不懈努力之下,他们终于发现了一种药物成分,可以有效抑制病毒的传染传播。然而,只有北部的沙漠中的某种植物才有这种成分。这种植物非常稀少,如果过多采集的话,不用多久这种植物就会灭绝。

下列哪一项可以削弱上面这段话最终得出的结论的可信性?

A. 那种特殊植物可以通过人工插枝培育。

B. 那种特殊成分在许多药品中广泛使用。

C. 将那种特殊的成分通过权威机构发布给专业的医生。

D. 从那种植物中提取特殊的成分将会花费高额的成本。

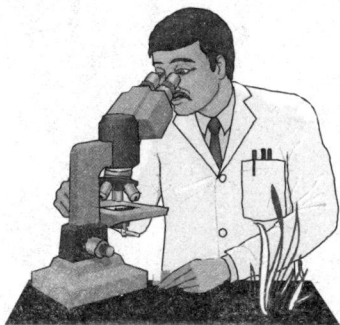

【游戏正解】

选项 A 是正确答案。十分明显,倘若那种特殊植物可以通过插枝进行人工培育,那么它就不会变得非常稀有,自然也不可能走向灭绝。

文物保护

陶器或者木制品表面的颜料,在刚出土的时候,一般还可以保持原有的色彩,然而一旦与空气接触,很快颜色就暗淡下来,再无当时的光彩。为了保护这些珍贵的文物,经过长年的工作经验积累,考古工作者终于发现了一种方法,那就是在刚出土时,将一层保护液喷涂在这些文物表面,或者进行单体渗透。然而,这样做又有一个非常严重的弊病,那就是保护液可能会破坏文物本身所存留的信息,这样就无法获得

完整的古代彩绘技术的信息了。

从上面这段话提供的信息,判断下列论述中,哪一项是正确的?

A. 保护这类彩绘文物,只能提供当时使用的颜料的颜色信息。

B. 获知当时彩绘技术信息的唯一来源,就是出土的彩陶与木质漆器。

C. 只靠这些出土的有彩绘的文物,并不能将当时的彩绘技术推知出来。

D. 对这些文物不进行喷涂保护液与单体渗透,它们日后所能提供的信息要比对它们进行所谓的保护多。

【游戏正解】

选项 D 是正确答案。虽然不采取保护措施会使这些文物受到破坏,但是它们却可以更完整地将原本的信息保存住。文中最后一句话,说的即是这个意思。

称 药

在一个瓶子里面,总共放了3种药,分别重1克、2克、3克。现在已知,每个瓶子中只放有一种药,并且每瓶里面的药片足够多,你只可以称一次,能不能知道各个瓶子中放的都是什么药?如果有4种药呢?5种药呢?如果一共有 m 个瓶子内放着 n 种药呢(m,n 为正整数,药的质量并不相同,但是各种药的质量已知)?你能否只称一次就可以知道每瓶放的是什么药?

【游戏正解】

如果是3种药,我们第一瓶药取1颗,第二瓶药取 10 颗,第三瓶药取 100 颗,以此类

推……称得总重量,那么个位数上如果为1,就是第一瓶为1克的药,如果为2克的药,十位数上的就是第二瓶药的种类……

对于4种药、5种药……只要药的规格没有大于100克都可以用这个方法。但是考虑到代价的问题,就看最重的药是多重,比如上面例子是3克,就不要用10进制,改用3进制;如果 m 个瓶子放 n 种药,那么就用 n 进制。

第 9 章

发散思维游戏

发散思维是大脑在思维时呈现的一种扩散状态的思维模式,其实质就是发现新事物,研究新方法,探索新规律,解决新问题,其表现则是思维视野开阔,呈现出多维发散状。做事情时,人们通常会按照轻重缓急进行分类。同样,在认识事物时,人们也会根据不同的标准对事物进行主次划分。这种划分有助于人们合理地分配思维的注意力,巧妙运用发散思维,使思维效率最优化。

飞行员的名字

你是一位从纽约飞往旧金山的客运飞机飞行员。从纽约到旧金山的距离比较远,因此飞行速度快,几小时后,飞机顺利地降落在旧金山机场。

请问现在这个航班的飞行员的名字是什么?

【游戏正解】

只需要仔细阅读,你会发现,飞行员的名字就是"你"。

并非双胞胎

开学了,乔治与约翰两人携手走进幼儿园,他们看上去几乎一模一样,当他们被人们问到年龄、父母姓名、出生年月时,他们的回答都是一模一样的,但当人们问他们是不是双胞胎,两人却都摇了摇头。你知道这是为什么吗?

【游戏正解】

因为这两个人也有可能是三胞胎或五胞胎中的两个人。

地牢中的小男孩

有一天,全球集团的董事长被绑架了,绑匪们非常小心,将这位董事长关在一个秘密的地牢中,同时派人四处看了一整个晚上,几乎没有任何漏洞。奇怪的是,第二天一早,牢房里面竟然多出了一个小男孩。他并不是被绑匪关进去的,而且也没有人看见他走进地牢。

请问这是怎么一回事?

【游戏正解】

董事长并不一定就是男人,如果这位董事长是一个女人,那么她很可能已经怀孕,并且在地牢里面生产了,因此地牢中才会突然多了一个小男孩。

不能模仿的动作

动物园里有一只聪明的猴子,它总是模仿人的各种动作,经常让游客们开怀大笑。如果你摸自己的下巴,他也会跟着摸下巴;如果你张大嘴巴,它也会立刻张大嘴巴;如果你睁开左眼闭上右眼,它也能迅速地睁开左眼闭上右眼。人们去动物园玩,看到与猴子在一起的饲养员,总是说猴子如何的聪明,饲养员听了也很高兴,但他对游客说:"无论怎样聪明的猴子,人类有一个动作,它们永远也模仿不了。"

请问饲养员所说的这个动作是什么?

【游戏正解】

饲养员说的动作是"先闭上眼睛,再睁开眼睛",因为当人们闭上自己的眼睛时,猴子也会随之闭上眼睛,但猴子不知道人什么时候睁开眼睛。

怪异的车祸

高速公路上发生了一起车祸,不久,第一批警察就赶到了现场,他们发现翻覆的车子内外血迹斑斑,但司机却完好无损,没有见到任何的死者与伤者,而这段高速公路处在荒郊野外,周围并无人烟。请问这到底是怎么一回事呢?

【游戏正解】

这是一辆献血车。

出问题的钟表

约翰先生住在欧洲的一个小镇上,那里有一个高大的钟楼,约翰通过玻璃窗刚好可以看到时钟显示的时间。每天早上,约翰总是根据时钟调整自己床边的闹钟。

一天,约翰先生醒来后看到家里的闹钟显示的时间是上午 8 点 55 分,1 分钟后显示是 56 分;又过了 2 分钟,显示的居然还是 8 点 56 分;1 分钟之后,时钟又显示为 8 点 55 分。他看了看镇上的钟,正疑惑的时候,转眼又到 9 点钟了,他看了看家里的闹钟,终于找到了问题的症结所在。

请问问题究竟出在哪里?

【游戏正解】

约翰床边的闹钟是一个电子钟,当天一个显示时间的格子坏了。

绳　结

有一根绳子悬挂在船的一侧,绳子正好触及水面。这根绳子每 20 厘米就有一个绳结。在涨潮的时候,水位是以每 10 分钟上升 10 厘米的速度上涨的,那么,40 分钟之后,绳子将有几个绳结没入水中?

【游戏正解】

当水位上升的时候,船也跟着上浮,因此绳结是不会没入水中的。

测试气球

某研究所的一位研究人员研发了一种能够无限膨胀的气球。这天,他找到一位肺活量非常大的运动员来帮他进行测试。这位运动员吹了很久,气球一直都没有破裂,但是当气球膨胀到一定程度的时候,却怎么也不再增大了,你知道这是为什么吗?

【游戏正解】

那位运动员在研究所的房间里面吹气球,当气球胀满房间的时候,当然怎么吹气球都不能再继续膨胀了。

跳过小河

吉米是一个小学生,在他的家门前,有一条两米宽的小河,他总是想不使用任何工具就跳过小河,然而每次尝试都以失败告终。

有一天,吉米没有使用任何工具或任何人帮助,就成功地跳过了那条小河。

请问吉米是怎么做到的?

【游戏正解】

吉米长大了,他可以轻松地跳过河。

门前的小河

今年艾琳6岁了,她已经长到1.5米高了。在她家门前,有一条小河,平均水深大约为0.9米。父母准备等艾琳再大一点就教她游泳。有一天,家人突然发现艾琳在河里淹死了。

请问这是为什么?

【游戏正解】

虽然小河的平均深度只有0.9米,但不排除小河最深的地方有2米或更深。这样一来,艾琳溺水就变得极为可能了。

新颖的结尾

主持人大赛的决赛现场,四位参赛者正在进行最后的角逐。

最后一轮智力题,要求四位选手串讲一个故事。故事的开头是"今晚的月光很好",请四位参赛者接着这句话讲,每人说几句,最后组成一个完整的故事。

第一位选手张口就说:"演出结束之后,我独自一人走在街上,忽然听到背后传来了枪响。"第二位接着说道:"我慌忙回头看,发现是一个警察正在追一个罪犯。"第三位说:"经过激烈的搏斗,警察成功地制服了歹徒。"

最后是第四位选手了,可是故事似乎已经不能再继续下去了。前面几位都等着看他出丑,谁知道他说了几句话,立刻扭转了局面,不但令故事的结尾巧妙新颖,更凭此夺得了最后的胜利。那么你知道,第四位选手是怎样回答的吗?

【游戏正解】

他说道:"写到这里,年轻的作家一把撕碎了稿纸,嘴里喃喃自语道:'我怎么会写出这么俗套又无聊的故事呢?'"

地震预测

以前,有一个小镇,那里的人们很迷信,无论做什么事情,总是习惯请女巫玛丽进行预测。对于巫婆的话,人们坚信不疑。很多年过去了,小镇上发生了地震,有一位曾经见过巫婆的老人说:"玛丽曾经预测地震将发生在镇上,她说得还是很精确的。"

请问,女巫玛丽真的那么神奇吗?

【游戏正解】

玛丽根本就无法预测地震,她只要说:"以后地震会在镇子上发生。"那么,无论地震发生在什么时间,她自己或人们都可以说她曾预测镇上将会发生地震。

最大的影子

居里夫人是法国著名的物理学家,据说,她曾经对自己的孩子提出过这样一个问题:"在这个世界上,什么东西的影子最大?"

请问这个问题的答案是什么?

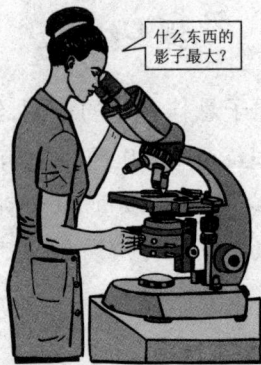

【游戏正解】

我们生活在地球上,因此地球的影子就是

这个世界上最大的影子。

冷血的查理

在很小的时候,查理就被双亲遗弃了,从此之后,他的生活就变成了一场斗争。这不光是为了自己,也是为了他的养父母。他将养父母的孩子杀死了,然而养父母却仍旧在辛勤地工作,为的是让他可以生存下去,并且能够拥有一个家。等查理长大之后,便从养父母的身边离去了,再也没有回去看望过他们。

即便查理把自己的孩子杀死了,警方或者社会公益服务部门也都没有逮捕他,把他关进监狱,这究竟是为什么呢?

值得一说的是,查理的谋杀行为与他没有达到法定年龄毫无关系;查理的家庭有一项美誉,就是守时;即便这些谋杀行为非常残忍,查理的养父母也没有加以控告;查理从来就没有入过伍,任何一种社会公益服务也都没有参加过;查理出生在一个美丽的春天。

【游戏正解】

查理是一只布谷鸟。

切分蛋糕

明天是杰克 10 岁的生日,他缠着父母给自己买一个大蛋糕。父母无法说服他,最后只能给他买了一个大大的圆蛋糕。

第二天,杰克高兴地请朋友们到他家玩。已经到切蛋糕的时间了,杰克拿起刀,想给朋友们分蛋糕。这个时候,爸爸突然说话了:"你先别着急吃,如果你能想出一个办法把蛋糕分成两个完全相同的部分,那么我会给你一份礼物,但是你不能直接劈开蛋糕,必须使用曲线。"

杰克和朋友们商量了很长一段时间,最后终于找到了一个方法。

请问杰克是怎样切分蛋糕的?

【游戏正解】

倘若你仔细观察过,你会发现太极图与杰克爸爸的要求相符合,因此你只需要把蛋糕按照太极图的形状分开就行了。

一幅风景画

贝克说,在没有任何工具的情况下,他也可以做出一幅美丽的风景画,同学们都嘲笑他。出乎意料的是,这时候贝克拿出了一个很大的框架,把它安装在墙壁上,很快大家就看到一幅风景画出现在墙上了,上面有很多的男人和女人。并且每一天,这幅画都在不停地发生变化。

请问这究竟是怎么一回事?

【游戏正解】

贝克拿来的画框和窗户一样大,他用画框将窗户框起来,这样窗外的风景就成为了一幅不断变化的风景画。

哪个大哪个小

有一天,在课间休息的时候,同学们正在玩游戏,老师走进教室,给学生们出了一道题目:5 比 0 强,2 比 5 强,但 0 比 2 强,这是为什么呢?

同学们想了很长一段时间,但还是没有猜到。

你能猜出是怎么一回事吗?

【游戏正解】

倘若对小时候常玩的游戏进行一番回忆,你就会发现,老师所说的话在"石头、剪刀、布"这个游戏中,是成立的。

哪朵是真花

兰博和辛西亚是两兄妹，这天两个人跟父母一起回老家看望外祖父和外祖母。两个小家伙看见山上春意盎然，蜜蜂和蝴蝶翩翩飞舞，于是高兴地玩了起来。过了一会儿，辛西亚拿着两只开得几乎一模一样的花跑过来，让兰博猜猜哪一枝花是假的。但是，兰博只能远远地看着，不能用手摸，更不能用鼻子闻。

那么，兰博怎样才能分辨出花的真假呢？

【游戏正解】

兰博只需要站在那里等待，看哪一朵花会引来蝴蝶或者蜜蜂，那么它就是真花。

隧道工程竞标

英国政府决定在英吉利海峡挖通一条隧道，一家公司为了打开市场，提高自己的声誉，决定以最低的价格进行投标。

招标大会上，该公司报出了一万英镑的预算，远远低于其他公司的数百万英镑。负责人对此十分感兴趣，因此对企业代表这样问道："很明显，一万英镑的预算太少了。你能告诉我你的公司打算如何实施项目吗？""这是很简单的，我和我的伙伴，一人拿一把铲子，分别从英国和法国开始挖掘，当我们二人汇合，隧道也就挖好了。"企业代表满怀信心地说。负责人又问道："倘若你们无法汇合呢？"企业代表作了回答。听了企业代表的回答，负责人立即决定让他们的公司实施项目计划。

请问那个企业代表是如何回答的？

【游戏正解】

企业代表高兴地说："那么你们就可以得到两条隧道了。"

真话还是假话

汤姆是一个出了名的"游侠""流浪者"，大江南北，天涯海角，很多地方都留下过他的足迹。草原骑马，这是汤姆最喜欢做的事情。汤姆一说到自己的骑术，就会眉飞色舞、滔滔不绝。

汤姆有一个邻居，名字叫作库克，他是一个10岁的小男孩，十分崇拜汤姆。有一天，库克跑到汤姆的家中，非常神秘地告诉汤姆："我现在也会骑马了，并且还能站在马背上摆造型哩！那小马真是太乖了。"

"吹牛，你没有那个本事！"汤姆不屑地说。

请问，库克的话是真是假，他骑的到底是什么马？

【游戏正解】

库克骑的是体操用的鞍马。

宋刻本图书

波特老师在课堂上提出了这样一个问题：北京图书馆有丰富的藏书，喜欢阅读的小李，每星期都会去那里看书。

一天，小李来到图书馆，想找一本宋刻本的《康熙字典》，但他翻遍了整个书架，也没有找到。

请问这是为什么？

【游戏正解】

《康熙字典》是清代编纂的图书，不可能有宋刻本，小李当然是怎么也找不到啦！

两岁山的起源

在一个岛上，有一座山，其海拔为 12 365 米，当地人给它起了一个非常有趣的名字——"两岁山"。

请问这个名字到底有什么特殊的含义？

海拔12 365米

两岁山？

【游戏正解】

对这座山的海拔"12 365 米"进行仔细的观察，你就会发现，它可以分为"12"和"365"正好与一年 12 个月，一年 365 天相吻合，因此它被叫做"两岁山"，真的是很有想象力的。

奇怪的计算题

迈克与约翰两个人经常会比较谁更聪明。一天，迈克给约翰出了一道计算题：在什么情况下，7 + 8 = 3？约翰想了很长一段时间，最终也没有想出答案。

你能帮助约翰想出这个问题的答案吗？

$7 + 8 = 3?$

【游戏正解】

在时间上，上午 8 点钟再过 7 小时，刚好是下午 3 点。

神奇的线

两个非常要好的朋友一起出外旅游，旅途漫漫多有乏味。于是两人开始互相调侃起来，其中一个人对另外一个人扬言说："我在几秒钟内画出一条线，保准要你花几天才能走完，信不信？"另外一个人怎么也不肯相信他说的话，于是其中一个人就画出一条线，另外一个人果真走了好几天才走完。

为什么几秒钟内画出的短短一条线会让人走了好几天才走完呢？怎么会有如此神奇的事情？难道那个人会变戏法不成？

【游戏正解】

其实根本不是什么戏法，那个人在另外一个人的鞋底上画了一条线，所以另外一个人花费了几天的时间才将那条线的痕迹磨掉。

剪细绳

缝衣服必须剪断线头，捆扎商品必须剪断

塑料包装带,安装电器必须剪断电线。像这样一些"剪绳子"的问题,事实上和数学有着紧密的联系。

将一根绳子对折,接着用剪刀拦腰剪断,可以变成几截呢?十分明显,当然是变成3截。

将一根绳子对折,然后再对折,接着用剪刀拦腰剪断,可以变成几截呢?这必须想一下,对折了再对折,使原来的1股绳变成了4股。之后拦腰剪下去,4股齐断。因此将绳子剪断4处,可以变成5截。

现在,我们将题目搞复杂一点,出一道题让大家做一做:

首先将一根细绳对折,接着将它折成相等的3折,然后再对折,之后用剪刀在折过3次的细绳中间剪一刀,那么这条细绳可以被剪成多少截呢?

【游戏正解】

关键是看在剪的时候,剪刀口里有几股绳。第一次对折,1股细绳叠成2股。然后再把它折成相等的3折,2股变成6股。接着再对折,6股变成12股。然后用剪刀在折过3次的细绳中间剪一刀,12股全被剪断。一根细绳被剪断12处,成了13股,所以答案应该是13股。

同一个问题

一天,有一个朋友打电话问杰克一个问题,杰克回答说:"你以为我是神仙,能未卜先知吗?这我怎么知道?"

杰克挂了电话后,没过几分钟,又有一个朋友打电话来,问了他一个几乎一模一样的问题。这次杰克却回答:"哦,我告诉你吧。"

杰克跟前一个朋友既不是关系不好也不是在开玩笑,你能想象出这两个朋友到底问了什么样的问题吗?

【游戏正解】

这个问题的答案多种多样。如在11点55分左右,第一个朋友问他"今天篮球赛的结果怎样?"然后过了12点,篮球比赛的结果出来了,另一个朋友打来电话问同样的问题,杰克当然就可以如实而又具体地跟他讲了。

踏冰过河

某个冬天,天气异常寒冷,有一支军队来到江畔,打算到河的对面去。虽然天气十分寒冷,可是河面上却只结了一层薄薄的冰,厚度大概只有5厘米,并且在冰层上面还覆盖有一层厚厚的雪。一般来说,只有冰层达到8厘米,才可以保证人们过河的安全。非常明显,如果踩在这样的薄冰上是十分危险的。然而任务异常紧急,队伍不可能耽搁太长时间。就在这个时候,站出来了一个士兵,他走到指导员身旁,说自己想出了一个好办法。通过采用这个士兵的办法,军队只等了非常短的时间,冰层的厚度就超过8厘米,军队安全地渡过了河,圆满地完成了任务。

请问,这个士兵究竟用的是什么方法?

【游戏正解】

要想让冰层在短时间内快速变厚,可以通过两种方法达到目的:一是把冰面上的积雪清理掉,从而让寒冷传到冰层下面去;二是把水浇到冰面上,让雪冷却成冰,这两种办法都有一个相同的目的,就是把积雪消除掉。因为积雪就仿佛是一床棉被,阻挡了寒冷的空气传达到冰面以下。

拜罗斯夫人的年龄

这是娱乐节目历史上最奇特的表演。广告中的尼莫教授和水下答题人米兰达环游过北美洲和欧洲,他们还解答了那里的观众提出的每一个思维游戏。米兰达面对的只有问题,她别无选择,不是快速找到答案,就是面临溺水而亡的危险。尼莫教授问道:"5 年前,拜罗斯夫人的年龄是她女儿塞西莉的 5 倍。可是现在,她的年龄只是塞西莉的 3 倍。拜罗斯夫人现在多大呢?"那么,你能帮她弄清楚拜罗斯夫人现在的年龄吗?

【游戏正解】

拜罗斯夫人是 30 岁,她女儿塞西莉是 10 岁。现在,拜罗斯夫人的年龄是她女儿的 3 倍。5 年前,当她 25 岁时,塞西莉是 5 岁,即是女儿年龄的 5 倍。

蚂蚁乘凉

一个炎热的夏天,一颗白杨树的绿叶上爬着一只娇小的蚂蚁,炙热的阳光晒得它浑身滚烫。于是它想爬到树叶的下面乘凉。

可是要爬到树叶下面必须通过边缘上一条封闭曲线的棱,但是这条棱没有任何支点。如果要通过这条棱,一定会有"坠崖"的危险,以蚂蚁的弱小的身躯摔到大树下一定就已经粉身碎骨了。蚂蚁想了想:硬闯是不能解决问题的,需要采取一点点技巧才可以。

你知道这只蚂蚁采取了一个什么样的技巧吗?

【游戏正解】

把树叶的一端稍微卷起来紧挨着树叶的一面,这样蚂蚁就能顺利地从树叶的一面爬到另一面去。当然蚂蚁如果要这样做需要请求别人的帮助。

巧倒咖啡

有一个圆桶,里面盛放着 900 毫升的咖啡,

此外还有两个空杯子,一个可以盛放 300 毫升,一个可以盛放 500 毫升。

请问应该怎么倒,才可以让每个杯子都有 100 毫升?需要注意的是,不可以使用别的容器,也不能在杯子上作标记。

【游戏正解】

将两个杯子倒满,倒掉咖啡桶里的咖啡。把 300 毫升杯子里面的咖啡倒回圆桶,将大杯子中的 300 毫升咖啡倒入小杯子,将这 300 毫升咖啡倒入桶中,再将大杯子里剩下的 200 毫升咖啡倒进小杯子里面,将桶里的咖啡往大杯子里面倒,直到注满 500 毫升。这个时候,桶里还剩下 100 毫升。再将大杯子中的 100 毫升咖啡倒入小杯子,这时后者可以注满。倒掉小杯子里的咖啡,将大杯子中的 300 毫升咖啡倒入小杯子,这时大杯子里还剩下 100 毫升,再倒掉小杯子里面的咖啡,最后将桶里剩下的 100 毫升咖啡倒入小杯子。这样一来,每个杯子中的咖啡都是 100 毫升了。

沙漏煮鸡蛋

艾伯特是一个非常有名的男管家,从来没有引起争论的他这一次又成功了。在这两年内,艾伯特因为设计烹饪决赛的思维游戏而获得尊重。他的问题是:"倘若你只有两个沙漏,一个是 11 分钟的,一个是 7 分钟的,那么你怎样把鸡蛋煮 15 分钟呢?"为此,艾伯特得到了长

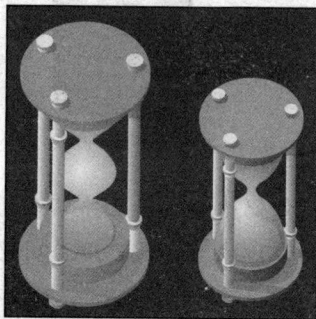

时间的热烈掌声,并最终获得了一瓶香槟酒的奖励。

请问,上述这个问题应该如何解答?

【游戏正解】

当水沸腾后,把鸡蛋放进去,并将两个沙漏都倒过来。当7分钟的沙漏中的沙子漏光的时候,再把它倒放过来。这个时候,11分钟的沙漏还剩下4分钟,当里面的沙子漏光时,7分钟的沙漏底部正好有4分钟的沙子。艾伯特再把7分钟的沙漏倒放,这样,等到沙子再漏光时,时间刚好是15分钟,接着再把鸡蛋从水里拿出来。

地理学家死亡之谜

最近,一具极地研究地貌的地理学家的尸体在西藏的珠穆朗玛峰峰顶上被人发现。在尸体的旁边,有一块奇怪的石头,好像玻璃熔化了似的。而地理学家致死的原因,就是被这块石头击中了头部,那戴着防寒帽的脑袋顷刻被炸成了花。

但是,在现场四周,人们只发现了被害人的足迹,而凶手的足迹却没有找到。更让人奇怪的是,这石头凶器究竟从何而来?毕竟此地是覆盖着千年的厚厚冰雪,不见地面,即便是一个小石头也没有。

请问,被害人到底是被谁所害的?

【游戏正解】

被害人是偶然被从天上掉下来的陨石击中头部而死的。地球上有很多陨石从天体坠落下来,它们以惊人的速度穿过大气层,在落下地表

之前,基本上都是燃烧着的,但偶尔也有不燃烧就坠落到地面上的。

谁是绑架者

一天夜晚,警局接到一个电话,全市著名企业家道尔的儿子被人绑架了,绑匪一开口就要50万元赎金,并且交代了交赎金的具体办法:用普通包裹,5 000张旧百元纸币,明天上午邮寄,地址是本市杰菲逊市场38号,葛伟收。绑匪还威胁道尔说:"如果敢报警,你永远都见不到儿子了。"道尔很慌张,再三考虑,还是报了案。因为人命关天,所以警察也不敢轻举妄动。老刑警亲自乔装成推销员,前往所说的地址,但是发现地址和人名都是虚构的。莫非绑匪不要钱了,这是绝对不可能的。他突然灵机一动,终于知道绑匪的真实面目,那么你知道绑匪是谁吗?

【游戏正解】

绑匪就是邮局的邮差,因为除了他之外,没有任何人能取到这笔钱,而且也不会引起怀疑。虽然办邮包业务的负责人也可能会拿到赎金,但并不知道道尔在哪一个邮局投寄赎金,所以能收到赎金的只有邮差。

男同学与女同学

某学校召开了一场毕业典礼,专门为今年即将毕业的本科生钱行,活动的最后一项,是为优秀毕业生颁发奖章。

杰米站在了领奖台上,他望了望和自己一样接受表彰的同学,然后对站在一旁的弗兰克丝说:"哈!女同学占了1/3,她们还真的很优秀哩!"弗兰克丝也看了看,继而说道:"没有那么多,顶多占了 1/4。"事实上,他们都没有说错。

请问,站在领奖台上的男女同学各有多少?

【游戏正解】

领奖台上总共站了 13 人,有 4 个女同学,杰米是男的,弗兰克丝是女的,他们都没有把自己算进去。

烤面包

一次在数学课上,数学老师给大家出了一道题目:有一个烤箱一次只能烤两个面包,烤一面所需要的时间是 1 分钟。

老师问同学们:你能在 3 分钟的时间里烤好三个面包吗?

注:面包的两面都是需要烤的。

【游戏正解】

假设三个面包分别为 1、2、3,烤面包的具体步骤为:先将 1 和 2 两个面包各烤 1 分钟,然后把面包 1 翻过来,取下面包 2,换成面包 3;1 分钟后,取下面包 1,将面包 2 没有烤过的一面贴在烤箱上,同时将面包 3 翻过来烤。

船只遇难的秘密

一天晚上,汤姆把灯关上之后,便爬上床入睡了。次日早晨,他想要收看一下早间新闻,于是把电视打开,这时电视上报道了一场可怕的惨剧,100 多人不幸罹难,而事故发生的原因不明,仍在进一步的调查之中。

汤姆看完新闻之后,顿时脸上苍白,不断重复地说道:"这一切都是我的错。"同宿舍的人观看新闻后,都想不通这个案件与汤姆有何干系,他们对汤姆说:"你整个晚上都没有起来过,这件事和你又有什么关系呢?"

请问这里面究竟有什么秘密?

【游戏正解】

汤姆是一位灯塔控制员,保证灯塔上的灯永远亮着,是他主要的任务。在汤姆上床睡觉之前,他心不在焉地将导航灯关掉了,使一艘船与暗礁相撞,从而导致船上 100 名乘客遇难。

有没有胜算

有一个人很爱玩扑克牌,而且还会变着花样玩。某日,他分别在 3 张扑克牌的正反两面画上了√或×。他对周围的人说:任何一个人都可以将这 3 张扑克牌拿走,在不让他看到的情况下,选出其中的一张来,将其放到桌子上,不管是正面朝上还是反面朝上都可以。只要他看到朝上的那面后,就可以猜出朝下那面的标记。倘若猜对了,那么对方必须给他 100 元;倘若猜错了,那么他就会拿出 200 元给对方。扑克牌上√和 X 的数量各占一半,此外并无其他的记号。

请问,他到底有没有胜算?

【游戏正解】

有胜算。假设朝上的是√，那么朝下的是√或×的机会并非一半一半。朝下的是√的机会有两个：一个是第一张扑克牌的反面朝上时，另一个是第一张扑克牌的正面朝上时。但朝下的是×的机会，只有当第二张扑克牌正面朝上的时候才可以。换句话说就是，只要回答朝上那面的图案，那么他赢的机会就有2/3。

买文具

有一个学生走进一家文具店，营业员问她："您想买什么呢？"学生吟道："大哥说话先喝水，二哥说话先揉刀，三哥说话身装油，四哥说话雪花飘。"营业员又问："每一样分别买多少呢？"学生又吟道："一支半，二支半，三支半，四支半，再加八支请你算。"

营业员沉思片刻，便按照这位学生说的东西和数量包扎好了，接着十分恭敬地交给了她。学生问道："这些东西一共多少钱呢？"营业员笑着吟道："一二三，三二一，一二三四五六七，七加八，八加七，九加一十加十一，还要乘以三加一。"

请问，这个学生到底买了什么东西？每样分别买了多少个？一共付了多少钱？

【游戏正解】

这个学生买的是钢笔、铅笔、圆珠笔和粉笔，每样各买了20支，一共付了31元钱。学生说的"一支半，二支半，三支半，四支半，再加八支请你算"，即 $1.5+2.5+3.5+4.5+8=20$（支）。营业员说的"一二三，三二一，一二三四五六七，七加八，八加七，九加一十加十一，还要乘以三加一"，即 $1+2+3+3+2+1+1+2+3+4+5+6+7+7+8+8+7+9+10+11=100$（分）。$100$（分）$\times(30+1)=31$（元）。

抛硬币

杰瑞对汤米说："我把3枚硬币扔向天空，倘若它们落地之后，全都是正面朝上，或全都是反面朝上，那么我就给你10美分，倘若是别的情况，那么你就给我5美分。"

汤米对杰瑞说："先让我思考一分钟。"然后他便在心里这样想：至少有两枚硬币的情况是一样的，而第三枚硬币或者是与这两枚硬币的情况一样，或者就是与这两枚硬币的情况不一样。第三枚和其他两枚情况相同或情况不同的可能性是相同的。然而杰瑞以10美分对我的5美分，这明显对我有利。那么可以，我就接受这个打赌吧！

请问，汤米接受这样一个打赌明智吗？

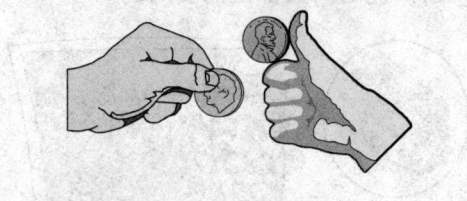

【游戏正解】

汤杰接受这样一个打赌是不明智的，他进行的推理是完全错误的。为了把3枚硬币落地时情况完全相同或不完全相同的可能性弄清楚，我们首先把3枚硬币落地时的所有可能的式样列出来。一共有六种式样：正正正、正正反、正反反、反正正、反反正、反反反。每种式样出现的可能性都和其他式样相同。需要注意的是，其中只有两种式样是3枚硬币情况完全相同。这就是说，3枚硬币完全相同的可能性只有2/6，也就是1/3；不完全相同的可能性则有四种,也就是2/3。换句话说,从长远的观点来看,杰瑞每扔3次,就可以赢2次。倘若他们反复打这个赌,杰瑞就会有非常可观的赢利。

矛盾的现象

一架飞机打算从A城飞到B城,再从B城飞回A城。在无风的情况下,在整个往返飞行的过程中,飞机的平均地速(相对于地面的速度)是每小时100英里。倘若有一股持续的大风从A城笔直地刮向B城,假设在往返飞行的整个过程中,飞机发动机的速度与平时是一样的,那么这股大风将会对飞机往返飞行的平均地速造成何种影响?

怀特先生认为,这股大风根本不可能影响到平均地速。在飞机从A城飞往B城的过程中,大风可以使飞机的速度加快,但是在返回的过程中,大风又会以相等的力量减缓飞机的速度。布朗先生听了怀特先生的观点,表示赞同地说道:"这听起来的确有几分道理。"然而布朗先生接着又说道:"但是,如果风速为每小时161千米,那么飞机就以每小时322千米的速度从A城飞往B城,然而在飞机返回的时候,其速度可能等于零!飞机压根儿就不能飞回来!"

这一现象似乎挺矛盾,你能做出合理的解释吗?

【游戏正解】

怀特先生说对了一点,这股风与飞机一个方向的话,确实能够为飞机增加速度,并且增加的速度量等于在另一个方向上给飞机速度的减少量。但是,怀特先生认为这股大风不会对飞机整个往返飞行的平均地速造成影响,这就明显与事实不符了。怀特先生的错误在于,没有

考虑到飞机分别在这两种速度下所用的时间。

事实上,逆风的回程飞行所用的时间比顺风的去程飞行所用的时间要长得多。其结果只能是,在地速被减缓了的飞行过程中,需要花费很长时间才可以抵达目的地,因此与无风时的情况相比,有风时往返飞行的平均地速要低一些。

风速越大,平均地速就会下降得越厉害。一旦风速等于或超过飞机的速度,那么在这个时候,往返飞行的平均地速就等于零,因此在这个时候,飞机且不可以往回飞。

奇怪的邻居

布朗先生和史密斯先生既在同一家公司上班,又在同一个小区居住,并且还住在同一栋公寓楼里,两个人每天都会一起走路到公司上班。让人奇怪的是,每天早上布朗先生出门后总是向左走,而史密斯先生出门后总是向右走。

请问这是怎么一回事?

【游戏正解】

两个人所住的房间是相对的,想要往一个方向走,自然得一个向左,一个向右。

狼与梅花鹿

一只饥饿的狼看到一个铁笼中关着一只肥胖的梅花鹿。这只梅花鹿实在是太肥了,所以无法从笼子的缝隙中钻出来。

而这只狼由于饿了几天,早已经骨瘦如柴,

它可以从笼子的缝隙中挤进去。但它倘若将这只梅花鹿吃了,那么它的身体就会变得很肥,从而无法钻出笼子来。但这只狼必须马上想出办法来,不然到了明天,就会有带枪的猎人过来巡视。

请问这只狼应该怎样吃掉那只梅花鹿?

【游戏正解】

这只狼可以先钻到笼子里面,把梅花鹿咬死,接着将梅花鹿的肉撕成碎片,然后一块一块地把鹿肉叼出笼子。狼再从笼子里面钻出来,将这只梅花鹿吃掉,这样一来,就可以在猎人到来之前顺利吃掉梅花鹿并跑掉。

猫吃鱼

一天下午,一个渔翁从河里钓了一些又肥又大的鲤鱼,他打算明天把它们拿到集市上卖个好价钱。他把盛放鲤鱼的水桶放在家里的庭院里,为了防范猫把鱼吃掉,他把家里养的一只小花猫用3米长的绳子拴住脖子,然后把它牵到一个石墩旁。一切都安排妥当之后,他就踏踏实实地回屋里睡觉去了。

可是第二天渔翁醒来时却发现桶里的鱼已经被猫吃掉了一半,当然,绳子很结实,也没有断,更没有人解开它。你们知道这只小花猫是怎么吃掉鱼的吗?

【游戏正解】

绳子的一头虽然拴住了猫的脖子,但是另一头并没有拴在树上。所以猫是自由的,能够吃水桶里的鱼。

路程和时间

维尼在一个风平浪静的天气里,开车从A地驶往B地,车速为70千米/小时,途中没有遇到坡道,只经过了一处需要收高速公路通行费的关卡。过关的时候,维尼并没有等待,把钱交了之后就开车走了。整个路途一共用了70分钟。

回来的时候,维尼仍是按原来的路线开车,在收费处也没有耽误几秒钟,车速也一样,不增不减。然而当维尼到达目的地的时候,看了看手上的表,却发现返回一共用了1小时又10分钟。

请问这是怎么一回事?

【游戏正解】

这道题很容易让人产生一种错觉,看上去好像是一个非常复杂的问题。其实想一想,就可以看出70分钟与1小时又10分钟一样长。

没有驾驶员的轿车

一天,在高速公路的高架桥上发生一起严重的交通事故,当警察赶到现场后,经过调查,发现高架桥发生坍塌,1辆卡车和8辆轿车全部都掉了下去。其中卡车摔得稀烂,其他8辆轿车全部都压在卡车上,也摔得面目全非,卡车司机当场死亡。但是令人疑惑的是,其他8辆轿车的司机并不在驾驶室,并且找不到人,显然已经逃走,但是轿车司机没有报案,这让警察感到疑惑不解。那么,你能猜到其中的奥秘吗?

【游戏正解】

在这次事故中,轿车司机根本不存在。其实卡车主要用来运送轿车,所以,在整个事故中,虽然有 9 辆车,却只有一个司机。

如何涂篱笆

凯莉一家搬进一栋新房子。新房子的后院有一座小花园,花园的篱笆上尚未涂上油漆。凯利想帮父母干一点活,于是上前去探问,父母对他说,可以将篱笆的油漆涂上。家中只有三种颜色的油漆,分别是红、绿、蓝色,然而父母却要求凯莉将篱笆涂成黄色。

请问凯莉应该怎么做?

【游戏正解】

由于红、绿、蓝是无法调出黄色的,所以凯莉应当去商店买黄色的油漆。

分割遗产

一位农场主生了一场大病,不久就去世了,在临死之前,他把 4 500 元钱与一份遗书交到他

妻子的手中。他的妻子马上就要生产了。

妻子将遗书打开,看到上面如此写道:倘若你生的是儿子,那么你可以分得儿子份额的 1/3;倘若你生的是女儿,那么你可以分得女儿份额的 2 倍。

可是在农场主去世的第二天,他的妻子生下了一对双胞胎——一个是男孩,一个是女孩。这位产妇实在不清楚应该怎样分配这笔遗产,于是她来到了当地一位有名的律师那里,请他帮忙解决这个难题。最终,律师帮她合理地分配了这笔遗产。

请问律师是如何分割这笔遗产的?

【游戏正解】

可以给那位产妇分 1 000 元,给儿子分 3 000 元,给女儿分 500 元。这样一来,就履行了丈夫的遗愿。因为产妇所得的遗产,既是儿子的 1/3,又是女儿的 2 倍。

巧分梨

节日期间,明基家里来了 5 位客人,明基想用梨招待客人,可是家里只剩下 5 个梨,根本就不够分。应该每个人都有份(明基也想享受一下和大家一起吃梨的气氛),可是不给谁吃也不合适,那就只能把梨切开,可是切得太小也不好,明基想每个梨最多切 3 块。

可是,由此又面临一个新问题:"给 6 个人平均分配 5 个梨,每个梨又不能分到 3 块以上,这可如何是好?明基想了一下,终于灵光一闪,心生一计。"

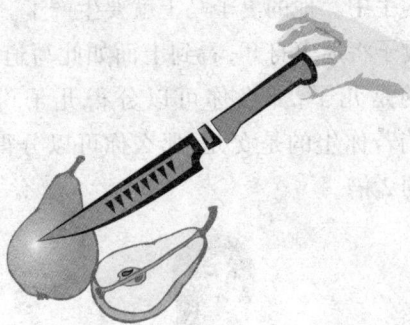

【游戏正解】

先把3个梨各切成两半,把6个半块儿分给每人1块。另两个梨每个切成3块,这6个1/3块也分给每人1块。于是,每个人都得到了一个半块和一个1/3块梨。

平均分配

两只小熊争吵得不可开交,事情的起因是不知如何平均分配一块蛋糕。这个时候,熊妈妈从外面回来了,两只小熊只好将处理不了的问题交给妈妈来解决。

结果,熊妈妈想出了一个绝妙的办法,两只小熊终于平均划分了这块蛋糕。

请问熊妈妈出的绝妙办法是什么?

【游戏正解】

熊妈妈先让小熊A把蛋糕平均切成两份,接着让小熊B先挑选一份,剩下的那份则归小熊A所有。由于蛋糕是小熊A切的,在他的眼中,这两份蛋糕的大小都是一样的。在小熊B的眼中,这两份蛋糕的大小肯定不一样,因此他挑走的那份一定是他认为比较大的。

吊桥奇事

有一座古老的吊桥,对岸是一个孤岛,上面荒草不生。一个男子长途跋涉来到这里,他想过桥去孤岛上休息一会儿。然而当他准备返回的时候,刚在吊桥上走了一两步,吊桥就发出咯吱咯吱的响声,摇摇欲坠,似乎无法支撑住他的身躯。并且,这个男子没有学会游泳的技巧。无论他如何叫喊,周围也没有出现一个人影。

就这样,11天过去了,这个男子在孤岛上苦思冥想,还是没有想出好办法。然而在第12天的时候,他却有如神助一般成功渡过了吊桥。

请问这位男子是怎么做到的?

【游戏正解】

在这荒草不生的孤岛上度过了11天,也就是说,已经过了11天水米未进的生活。最后,这个男子已经成为一个骨瘦如柴的人,体重变轻了很多,自然可以轻巧地渡过吊桥了。

找错钱的老板

艾朱丽经常在一家干果店购物,今天她又来到了店里,对店主说道:"老伙计,今天上午我到你这里买了500克瓜子,你在找钱的时候,好像算错了6元钱。"

店主听后,脸马上绷了起来,冷冷地说道:"你当时怎么不说呢?都过去了这么久了,你才跑回来,中间有这么多顾客光顾,我怎么会记得少找了你6元钱呢?你还是走吧!即便真算错了,我也不会把钱给你的!"

艾朱丽看到店主这样说,态度如此冷漠,不但没有对他生气,相反还高高兴兴地走了。

请问,这到底是怎么一回事?

【游戏正解】

艾朱丽回去的时候，自言自语地说道："我本来是要将这 6 元钱退还给你的，既然你这么说，我只好将这 6 元钱拿走了。"

牧羊人的 17 只羊

牧羊人史蒂芬孙逝世了，根据他生前所写的遗嘱，他的财产将会由他的三个儿子瓜分。然而在分配的过程中，却碰到了一个棘手的问题。

问题是这样的：牧羊人史蒂芬孙一共留下了 17 只羊，根据遗嘱上所写，老大可以分到 1/2，老二可以分到 1/3，老三可以分到 1/9，然而 17 不可以被 2、3、9 整除，这三个兄弟都不想自己分的比对方少，于是你争我论，个个面红耳赤。

这个时候，一个住在旁边的智者过来了，当他对情况有所了解之后，很快就根据遗嘱把羊分了，期间没有杀死一只羊，并且还让三个兄弟没有任何怨言，又和好如初了。

请问智者是怎么分的？

【游戏正解】

智者将自己家里的一只羊牵了过来，加在一起总共是 18 只羊，这样一来，分给老大1/2，也就是 9 只，分给老二 1/3，也就是 6 只，分给老三 1/9，也就是 2 只。分完之后，正好还有一只羊剩下，因此他又将原本属于自己的那只羊牵回去了。至此，根据遗嘱，羊得到了合理的分配。

谁是偷瓜人

一天，一名瘦弱的男青年在集市上乱逛，他趁集市上人多、摊主不注意的时候，悄悄地偷了两个西瓜想抱走。摊主发现两个西瓜滚到了地上，猛一抬头，发现男青年的行为有些不太劲，于是便将他拦了下来，正巧这个时候，有一个妇女抱着小孩经过男青年的旁边，于是这个男青年指着那名妇女诬陷道："这个女人偷了人家的西瓜。"

妇女一听，当然不会承认了。可是人们只看到地上摆放着两个西瓜，而没有看到男青年偷瓜的情景。

请问如何判断谁是偷瓜人呢？

【游戏正解】

摊主可以让男青年先将妇女的孩子抱起，然后再去抱那两个西瓜，倘若男青年无法将西瓜与孩子同时抱起，那就证明妇女抱着孩子根本不可能偷西瓜，男青年是在诬陷人家，为自己偷瓜的事情而撒谎。

巧移水壶塞

吉米十分口渴，他急忙拿起水壶，往一个圆柱形的水杯里面倒水。这时候，水壶塞不小心掉到了水杯里面。当时水杯里只有半杯水，水壶塞紧紧地贴在靠近杯壁的地方。吉米想了个办法，没有碰玻璃杯，也没有用工具，就让水壶塞自己浮到了玻璃杯的中央。

你知道他是怎么做到的吗？

【游戏正解】

吉米只要不停地往杯子里面加水,当水面高出杯子一点但尚未溢出的时候,水壶塞就会自动浮到水杯中央。

环球旅行的梦想

汤姆和西丝是两位小学生,他们的家住在首尔。

这天,老师给他们留了一个假期作业,题目是《我的梦想》。汤姆在作文中写道:"我的梦想是环游世界。以后我要乘着飞机一直向北飞,一定能绕地球飞行一圈,最后再回到首尔。"西丝写道:"我的梦想是环游世界,我要坐船一直向着南方行驶,这样就能绕地球一圈再回到首尔。"

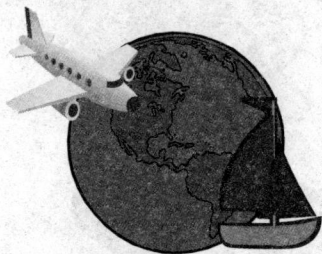

那么,如果按照他们的说法,他们的梦想能够实现吗?

【游戏正解】

如他们所说,梦想就不能实现了。因为不论向南还是向北行驶,当到达极点以后,他们就必须向着相反的方向继续行驶才能绕地球一周。

比利的肚量

院子里面有一个大水壶,可以装下5升重的水。现在,水壶已经装满了水,边上摆着一个可以装250毫升水的大碗。比利需要5秒钟,才可以将碗里的水喝完。比利用右手指着那个大水壶,继而对他的小伙伴说道:"我可以在10秒钟之内让水壶里的水消失。"

请问比利应该怎么做?

【游戏正解】

比利只要将水壶中的水倒出来就行了,因为他并没有说要喝光里面的水。

测量白醋

有一个瓶子,外形十分怪异,它的上半部分为梯形,占整个瓶高的1/3,下半部分是一个长方形,占瓶高的2/3。现在,瓶子里面的白醋不到半瓶了,怎样在不打开瓶盖的情况下,将白醋占整个瓶子的比重用直尺测量出来呢?

如果要测量这个瓶子的容积,其难度可能比登天还难。有没有更简单的方法进行计量呢?倘若只是测量二者的高度来求得结果,那么是否可以化繁为简呢?

【游戏正解】

方法非常简单:首先摆正瓶子,用直尺从瓶身外将白醋的高度测量出来;接着倒立瓶子,将白醋的水平面到瓶底的高度测量出来;白醋的高度与第二次测量的空出部分的高度相加,等于瓶子长方形部分的高度。最后,用白醋的高度占整个瓶高的比重,就可以求出白醋占整个瓶子容积的比重了。

瓜分铜币

有一天,乔治骑着他那心爱的小毛驴从集市上回来,远远发现自己家门口站着两个人,一个高瘦,一个矮小。

高个子和矮个子看到乔治回来了,便迫不及待地迎了上去。原来他们是请乔治帮忙,有5个铜币不知道应该怎么分,让乔治出一下主意。乔治笑着对两个人说:"哎呀!怎么一回事情我都不知道,怎么可能帮上你们的忙呢?"高个子和矮个子说了一阵子,乔治才终于将事情弄清楚了。原来是这样的,这两个人今天一起做饭吃,高个子从自己家里带来了200克大米,矮个子从自己家里带来了300克大米。把饭做好之后,两人刚要吃的时候,忽然一个过路人过来了。这个过路人向高个子和矮个子提出了一个请求,就是将煮好的饭让他也吃一份。后来,三个人一起把饭吃完了。过路人临走的时候,连连道谢,并且还给高个子和矮个子留下了 5 个铜币作为饭钱。然而对于这两个人来说,5 个铜币应该怎么分呢?矮个子认为自己出了 300 克大米,应该分 3 个铜币,高个子只带了 200 克大米,只能分两个铜币。然而高个子却说,这 5 个铜币是过路人付的饭钱,两个人应该平分,每人得两个半铜币。高个子和矮个子就这样争来争去,最后只能让乔治评评理。

乔治对高个子和矮个子说:"这个太好办了。根据我的看法,最好是这样分。"乔治把他的分法说了出来,高个子最终可以得到 1 个铜币,矮个子最终可以得到 4 个铜币。高个子和矮个子听了乔治的方法,都十分吃惊,不过后来乔治又把这样分的道理说了,两个人听后,非常信服,于是便高高兴兴地走了。

请问,乔治为什么会分出这样一个结果来?

【游戏正解】

我们假设一个人的饭钱是 5 个铜币,总共有 3 个人吃饭,因此 3 个人的饭钱应该是 15 个铜币。这一顿饭一共用了 500 克大米,那么 100 克大米的价钱是 3 个铜币。高个子出了 200 克大米,按钱来算的话是 6 个铜币,他也吃了饭,应该扣 5 个铜币的饭钱,因此他只能分得 1 个铜币。矮个子出了 300 克大米,按钱来算的话是 9 个铜币,他也吃了饭,应该扣掉 5 个铜币的饭钱,因此他可以分得 4 个铜币。

迅速增长肌肉

一个周末,布朗来到警长莱恩的家门前,他身后站着一个体格健壮的男人。布朗按响了门铃,正好是警长来开门。

布朗对警长说:"站在我后面的这位肌肉健壮的男士叫约翰先生,他对我说,他成功研制出了一种可以迅速让人的肌肉变得发达的秘方,只需要半年的时间,就可以让肌肉得到迅速的增强,体重也会随之增加数十千克。他为了进行这项研究,长年省吃俭用,已经把身上所有的积蓄都花光了,现在穿的这套衣服还是三年之前买的。你不是想让警务人员的身体素质得到提高吗?这位先生刚好可以帮

助你。"

说到这里,莱恩警长将布朗的话打断了,继而说道:"我的老朋友,这位约翰先生已经把你骗了!"

请问警长为何会这样说?

【游戏正解】

倘若男人的体重增加了数十千克,肌肉也增长了很多,那么三年前的衣服早就不能穿上身了。

人与一粒沙子

福尔摩斯是小明最崇拜的人,小明的志向就是成为福尔摩斯那样的人,破获一件件神秘的案件,当然前提是考取警探学校。对于儿子的这一想法,爸爸非常支持,并且时常向小明问一些问题。有一次,爸爸又出了一道题给小明:人藏在什么地方最不容易被别人发现?一粒沙子藏在什么地方,最不容易被人发现?小明沉思片刻,突然灵光一闪,对爸爸的问题做出了回答,爸爸听后,心里十分满意。

请问小明的答案是什么?

【游戏正解】

人藏在人群中最不容易被发现,沙子藏在一堆沙子里最不容易被人发现。

同行的火车与赛车

现在的客运火车行驶速度一般为200~300千米/小时,而赛车手驾驶的赛车时速更是让人惊叹。

请问,什么时候可以让火车与赛车同方向、同时速前进?

【游戏正解】

在火车运载赛车的情况下,两种车可以同方向、同时速前进。

衣柜里的樟脑丸

一天,警察局接到报案,报案人说在自家衣柜里发现了一具尸体,让警察赶紧去。于是探长马上赶到案发现场。报案人住在别墅里,而且周围没有其他住户。当探长进入别墅后,别墅主人要求探长马上破案,探长安抚了当事人,然后走到衣柜旁边,看见尸体躺在里面,而且旁边放着一些衣服和几个樟脑丸。死者是被人用利器刺进心脏导致死亡,但在周围却没有发现指纹。探长问别墅主人:"你住在这里吗?"主人回答说:"虽然我是别墅的主人,但我两年没有回家了,我是做建材生意的,经常不在家,妻儿也在国外,很少回来。这里已经空了两年,今天回来原本想看看房子,整理一下衣服,没想到竟然发现了尸体。"探长看着衣柜,然后让人把别墅主人带回警察厅,并且对他说:"你就是凶手。"探长为什么认定别墅主人就是凶手呢?

【游戏正解】

别墅主人说自己两年没有回来,如果这样,尸体旁边的樟脑丸应该早就挥发了,而现在樟脑丸在尸体旁边,说明他近期来过别墅。

迈克的体重

在班上,最胖的人当数迈克。为此,很多同学都嘲笑他。这一天,迈克对同学们说道:"现在是我最胖的时候,足足重达90千克,但是我最轻的时候,体重只有3千克。"听了这一席话,在场的同学纷纷摇头,表示难以相信。然而,班主任却认为迈克说的是真话。

请问迈克说的话是真是假?

【游戏正解】

迈克说的是真话,因为迈克刚出生的时候,应该只有3千克。

硬币游戏

下面有三个同一类型的硬币问题,并非都

有答案。请问,哪个问题是无解的?

1. 将3枚硬币正面(H)朝上放在桌上,每次可以任意翻转2枚硬币。至少需要翻转多少次,才可以让3枚硬币都背面(T)朝上?

2. 将4枚硬币正面朝上放在桌上,每次可以任意翻转3枚硬币。至少需要翻转多少次,才可以让所有的硬币都背面朝上?

3. 将9枚硬币在桌子上摆成正方形,要求中央的硬币正面朝上,其余的硬币背面朝上。每次可以翻转一行、一列或对角线上的3枚硬币。至少需要翻转多少次,才可以让所有的硬币都背面朝上?

【游戏正解】

在这三个硬币问题中,1是无解的。

把3枚正面朝上的硬币(H3)翻转一次之后,硬币必然是2枚背面、1枚正面(T2H);再翻转一次,则会变成1枚背面、2枚正面(TH2),永远不可能变为H3。因此只可以出现两种排列方式。

第二个问题,只需要翻转4次,就可以让所有的硬币都背面朝上。

第三个问题,只需要翻转5次,就可以让所有的硬币都正面朝上。

拒绝的好办法

贝利想玩捉迷藏的游戏,因此总是缠着米奇。米奇实在拗不过他,便想出了一个拒绝的好办法。米奇对贝利说:"我现在给你出一个谜题,倘若你可以答出谜底,那么我就陪你玩捉迷藏,倘若你不能答出谜底,那么你就不要缠我了。"贝利听后,点了点头,算是答应了米奇的要求。

于是米奇说道:"当你在一个星球上扔出一块石头,它只在空中飞了一小段距离,接着便停顿在半空中了,然后又向你的方向飞来,当然,它并不是碰到什么东西被弹回来的。"

请问米奇说的是哪个星球?

【游戏正解】

地球。在地球上随便往空中扔一个小石头,它都会回来的。

数字魔术

在新年联欢晚会上,同学们要求数学老师表演一个节目。数学老师走上讲台,笑了笑说道:"好!我现在为你们表演一个数字魔术。"数学老师从身上拿出一沓纸条,给每个人发了一张,脸上带着一丝神秘气息说道:"由于你们的数学都是我教的,因此你们脑子里面的数也会听我的话。倘若不信,你们每个人随便在纸条上写4个自然数,当然,要单独一个人写,保证不能重复,我就可以从你们写的4个自然数中找出2个数来,而它们的差恰好可以被3整除。"数学老师说完,同学们纷纷议论起来。

有同学说道:"我写的数字很调皮,也许不听老师的话。"没过多长时间,同学们就在纸条上写好了自己的数字。但是当同学们接连念出自己写的4个数时,怪异的事情发生了。结果,同学们写的数竟然真的都听数学老师的话,没有一个同学写的数是例外的,都被数学老师找出了两个差可以被3整除的数。

请问,这一数字魔术的秘密到底在哪里?

【游戏正解】

其实,同学们写在纸条上的数字,并非听数学老师的话,而只是听数学规律的话。因为任何一个自然数除以3,余数不是余0、余1,就是余2。如果将自然数按被3除后的余数分类,那也只能分成三类,而数学老师要求同学们在纸条上写4个数,那么必然会有2个数的余数是一样的。两个数的余数相同,以大减小所得的差,自然会被3整除。数学老师的这套数字小魔术,主要是根据数学的基本性质设计的。所以,只要我们学好数学,掌握它的规律,就可以创造出魔术般的奇迹。

哪个温度降得快

在相同的条件下,在同一个冰箱中,放入两杯不同温度的奶茶,哪杯奶茶的温度降得快一些呢?是温度低的一杯还是温度高的一杯呢?

【游戏正解】

上述这种情况其实是姆潘巴现象,降得快的应该是温度高的那杯。我们不妨拿两个盛有温度不一样的热水杯试验一下。冷却的快慢是由液体表面与底部的温度差决定的,而并非由液体的平均温度决定的。

热奶茶急剧冷却的时候,温度差比较大,而且在整个冷冻前的降温过程中,和冷奶茶的温度差相比,热奶茶的温度差一直都要大一些。上面的温度越高,从上面散发的热量就越多,所以降温也就越快。

红辣椒与绿辣椒

玛丽是杰克的妻子,她是一个烹饪能手,可以做出各种各样的美味佳肴。某日,杰克对玛丽说道:"你很能干,这一点我知道,不管多么难

做的饭菜你都可以做出来,然而我敢肯定,有一种菜你绝对无法做出来。"玛丽马上问道:"从结婚到现在,还没有什么饭菜我做不出来,你说吧,究竟是什么菜?"

杰克十分诡异地笑着说道:"在同一时间,用一个锅炒红辣椒与绿辣椒,炒熟之后,将红辣椒与绿辣椒往外一倒,两种颜色的辣椒自然分开,你可以炒出来吗?"

【游戏正解】

只要在锅中炒一片红辣椒和一片绿辣椒,这样就可以达到目的了。

漏雨的房顶

玛丽独自一个人住在一个小村庄里,因为没有儿女,所以她的生活过得相当贫困。她家里的房顶上,已经有好几块地方破裂了。然而,令人奇怪的是,这间房子有时候不会漏雨,有时候则会漏雨。

请问这是怎么一回事?

【游戏正解】

文中并没有说是在下雨天或是晴天,因此房子在晴天的时候自然不漏雨,下雨的时候才漏雨。

被窃的钱包

有一天,威拉德·古特罗克斯先生气喘吁吁地跑进警察局,大声叫喊,说自己的钱包被人偷了。

"你现在最重要的事情就是保持镇静,古特罗克斯先生。"安德森警察继续说,"刚才有个人交来了一个钱包,或许是你的,你可以将里面的东西描述一下吗?"

"可以,里面有一张照片,是菲尔兹的,还有一张电话卡。哦,我记起来了,还有320元现

钞,一共有 8 张,并且其中没有 10 元的钞票。"

"完全吻合,古特罗克斯先生,给,这是你的钱包。"

请问,古特罗克斯先生的钱包中的 8 张钞票到底是什么面值的?

【游戏正解】

古特罗克斯先生的钱包里有 2 张 50 元、2 张 100 元、4 张 5 元的钞票。

会飞的气球

为了元旦晚会,某大学社团的几个学生正在做着准备,他们把空气冲进买来的气球中,然后再将气球系起来,以防空气跑掉。他们将气球置于活动室的地板上,接着又出去购买晚会上所需要的其他用品。当他们回来的时候,发现所有的气球都与地面相离两米高了,全都在教室的半空中漂浮着。

然而房间的温度与气球的温度是一样的,房间门也是紧闭着的,并且还安装了空气隔绝设备,房间里面并没有产生气流,相比空气,气球里面的气体也不会轻。

请问气球为什么会飞起来?

【游戏正解】

当几个同学出去买东西的时候,暖气管不小心漏水了,房间地板上渗了两米高的水,气球便漂浮在水面上。

哑巴和瞎子

一个哑巴来到商店,他想买几颗螺丝母。他先将左手食指立在柜台上,接着右手三指并拢,用拇指与食指将左手食指扭住,做出了一个拧螺丝母的动作。

售货员看后想了想,似乎明白了,便拿来了一个螺丝。哑巴一看,便不停地摇头,于是售货员知道了他想要螺丝母。哑巴买到螺丝母后,心情喜悦地走了。

这时,商店又进来了一个瞎子,他想买几颗钉子,请问他应该怎么做?

【游戏正解】

直接说出来要买钉子。

"不孝顺"的弗兰克

弗兰克的妈妈出差,要到几个城市去。妈妈离开家里已经三个多月了,从没有来过一封书信,没给家里打过一个电话,更没有拍过一个电报。

邻居问弗兰克:"弗兰克,你真是个不孝顺的孩子,你都这么长时间没有收到妈妈的信息了,难道你就不想给妈妈打个电话,就不担心她吗?"

弗兰克却说:"我天天都知道妈妈在哪个城市做什么事情,又有什么可担心的呢?"邻居听了,百思不得其解。你知道弗兰克说出这样的话原因何在吗?

【游戏正解】

弗兰克的妈妈是电视台的新闻记者,她跟随采访团到各个城市去采访,并每天上电视报道采访的情况。所以弗兰克不需要任何外界信息的联系,只要每天打开电视就可以看到妈妈在哪个城市了。

信封上的数字

有一天晚上,马克想到外面买一些东西,可

是妻子上完晚班刚睡在床上。马克将抽屉打开，看到里面有一个装着一些钱的信封，在信封的上面写着"86"，马克随手把信封拿了出来，随后便到外面去了。

结账的时候，收银员对他说，总价钱为90元。他将信封递给了收银员，接着又从自己的兜里掏出4元零钱递了过去。收银员将钱点完之后，又把12元退还给了他。

请问这是怎么一回事？

【游戏正解】

因为信封上"86"其实应该倒过来看，里面一共有98元钱。

悬疑案件

有一天晚上，一位住在某宾馆的律师被人射杀了。警方对现场进行了调查，最后推知凶手应该是从30米外的屋顶用无声手枪射中律师的。

窗户是关着的，上面有一个子弹洞。从这种情形来看，凶手可能只开了一枪。但令人不解的是，这个律师的胸部与腿部都被射中了，胸部留有子弹，大腿被子弹射穿。这样来看，凶手又可能开了两枪。倘若凶手真的开了两枪，那么另一颗子弹是从哪个地方射入房间的呢？那颗子弹又跑到什么地方去了呢？

对于这个悬疑案件，大家都做不出解释，最后还是请福尔摩斯来侦探。福尔摩斯看了看现场，然后肯定地答道："中了一枪。"

请问福尔摩斯为什么这样说？

【游戏正解】

凶手开枪的时候，律师正背对着窗子，并弯腰下躬，子弹将他的大腿射穿后，又钻进胸部，因此从表面上看，好像中了两枪。

打扑克的新方法

哈里和杰尼两个人打了一阵扑克牌之后，便没有兴趣了。为了将兴致提高，哈里想出了一个打扑克的新方法。只见他从一副牌中抽出了一对A、一对2、一对3和一对4，随之便说道："把A看作1，那么这里就有两个1、两个2、两个3、两个4。如何才能将这8张牌排成一行，并让两个1之间隔1张牌，两个2之间隔2张牌，两个3之间隔3张牌，两个4之间隔4张牌，同时还要它们组成最大的8位数。"

杰尼把这8张牌移来移去，结果组成了下面这个数字：

41312432。

经过核查，证实两个1之间隔了1张3，两个2之间隔了两张牌4与3，两个3之间隔了3张牌1、2与4，两个4之间隔了4张牌1、3、1、2，完全满足间隔条件。

在第一张牌的位置上放上4，从而保证了8位数的首位数字最大。在第二张牌的位置上，如果放上3或2，均不能满足间隔条件，所以只能将1放上去。将3放在第三张牌的位置上，可以使第三位数字达到最大得到保证。所以41312432是能够得到的最大的数，与上面已经提出的条件完全满足。其实，唯一满足全部条件的数只有41312432。

杰尼收回桌上的全部牌，然后说："这次该我考你了。有四对数字，两个1、两个2、两个3、两个4。如何才能让它们排成一行，并让两个1之间隔1个数字，两个2之间隔2个数字，两个3之间隔3个数字，两个4之间隔4个数字，同时让它们组成最小的8位数。我这里有个要求，不能用牌帮忙。"

【游戏正解】

事实上，把杰尼刚才得到的 41312432 倒过来写成 23421314，这就是答案了。满足条件的最小数字也只有这一个！满足间隔条件的只有两个数，它们互相颠倒，一个最大，另外一个则最小。

摔不碎的鸡蛋

卡尔是一个喜欢吹牛的小男孩。一次，他对同学们说："我将一个生鸡蛋拿在手上，让鸡蛋自由下落，不在地上放任何东西，我可以让鸡蛋下落 1 米，也不会被摔碎。"同学们一听，认为卡尔是在吹牛不打草稿，然而卡尔这次真的做到了。

请问卡尔是如何做到的？

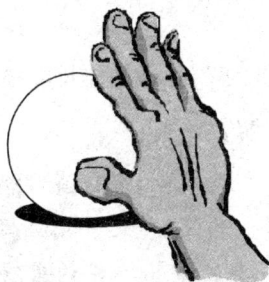

【游戏正解】

卡尔将鸡蛋拿得高于 1 米，当鸡蛋下落到 1 米的时候，当然不会被摔碎，然而落地后就很难说了。

两个玻璃球

玛丽正在津津有味地看电视，然而她的妹妹杰西卡却死缠着她不放，非得让玛丽和她一起做游戏。玛丽实在受不了，于是对杰西卡说道："一会儿我将一白一黑两个玻璃球放到一个袋子里面，接着你把手伸进袋子中去抓，倘若你可以将黑色的玻璃球抓到，我保证和你一起做游戏。倘若你抓不到的话，那么就不要再胡闹了。"

杰西卡听完，似乎很感兴趣，她偷偷地察看了一下，发现玛丽将两个白色的玻璃球装在了袋子里面。

请问，杰西卡还有可能让玛丽和她一起做游戏吗？

【游戏正解】

杰西卡将玻璃球抓出之后，可以马上把手藏起来，接着说袋子里面的玻璃球是白色的，这样一来，藏在杰西卡手中的白玻璃球也就只能被看作黑球了。

同问不同答

晚上，一位朋友发了一个 QQ 消息给森地，向他问了一个问题，森地很痛快地回答了他。过了没一会儿，又一个朋友发 QQ 消息给他，并且问了同样的问题，可是，森地这次却回答不知道。

森地和两位朋友的关系都很好，他为什么会做出不同的回答呢？

【游戏正解】

第一个朋友发消息的时候还没有过午夜 12 点，所以森地回答了他一个关于今天的事情的问题，而第二位朋友发消息的时候已经是第二天凌晨，所以森地只好说不知道。朋友的问题可以是"今晚的足球比赛结果怎么样"，也可以是"今天的彩票开奖号是多少"。

骗人的把戏

我们经常会在路旁或者公园看到这样的游

戏：摊贩将一个圆圈摆在前面，接着将钟表、玩具、小梳子等各种奖品放在周围，然后摊贩拿出一副扑克牌，让游客任意摸出两张，并且事先说好往哪个方向转，将两张扑克的数字相加（A 可以看成是 1，J、Q、K 则可以看成是 11、12、13），得到几，就从几开始根据预先说好的方向转，转到数字几，数字几前面的奖品就全部属于游客，只有转到某一个位置，才会交 2 元钱，而其他位置则可以不交钱。

很多人都认为这是一个好事，不用花多少钱，就能尽情地玩游戏，并且获得奖品的可能也不低，而交 2 元钱的可能性非常小。然而，实际情况并不是这样的，只要稍微观察一下，你就会发现，凡是参与游戏的游客，不是转到 2 元钱，就是转到一些微不足道的小物品，而从来没有一个游客可以转到贵重物品，如钟表、玩具等。

请问，这到底是怎么一回事？其中是否有"诈"？

【游戏正解】

其实这只是一种骗人的把戏。从圆圈上的任何一个数字左转或右转，到 2 元钱位置的距离刚好是这个数字。因此，无论摸到的扑克数字之和是多少，不管是左转还是右转，都必然会有一个转到 2 元钱的位置。即便是转不到 2 元钱的位置，也会转到奇数位置，而不可能转到偶数位置。如果是奇数，从这个数字开始转，只是增加了"偶数"，奇数＋偶数＝奇数；如果是偶数，从这个数字开始转，则增加了"奇数"，偶数＋奇数＝奇数。只要我们稍微仔细观察一下，就会发现，全部贵重的奖品都放在偶数的前面，而那些梳子、小尺子等微不足道的小物品

则放在奇数的前面。因为无论怎么转，也很难转到偶数的位置，因此想得到贵重奖品，几乎不可能。

空手排险

安娜是一个美国间谍，她从日本成功窃取了一份军事情报，然后准备赶回自己的国家。为了不让别人发现自己的身份，在返回的途中，她化装成了一个渔翁，假意在海边垂钓，等候美国同伴的潜水艇过来，接自己回国。

可是正当她坐在岸边垂钓的时候，日本相关人员发现了国家的军事情报被窃，随后便沿着美国间谍的轨迹追踪到了海滩。看到日本直升机，安娜大吃一惊，由于她当时走得十分匆忙，所以并没有带什么武器，手上只有鱼竿和钓鱼线。

请问，安娜要怎样做才能排除险情呢？

【游戏正解】

将钓鱼线抛向天空，绕住直升机的螺旋桨，令直升机下坠。当然，一定要把握好时机，而且必须将石头一类的重物绑在钓鱼线前端，这样才能抵挡住直升机强烈的旋风。

断开的铁轨

在一堂科技课上，老师给同学们说了一些鲜为人知的情况，这些情况都是在城市地铁中发生的。他对同学们说："我们这一条铁轨的通行线路，其中有 1 千米的铁轨是断开的。"

同学们听后，不禁吓了一大跳，许多同学开始骚动起来。有一个同学心惊胆战地向老师问道："断开的铁轨应该很危险吧？但我每天乘坐

地铁上学,为什么没有感觉到呢?"

老师听完,对同学们说道:"请大家放心,这没有什么大碍,我们的地铁已经通车 10 年了,从来就没有出现过故障,请大家不要害怕。"

请问这到底是怎么一回事?

【游戏正解】

每两根铁轨之间都有一定的缝隙,老师所说的断开的 1 千米铁轨其实是指铁轨之间的缝隙加起来有 1 千米。

国王的士兵

有一座城堡,如果从上往下看,呈正方形。城堡中住着一位国王,他委派了 12 个士兵,每面 3 个人,从四面将城堡把守起来。某一天,国王为了探究士兵是不是在坚守岗位,于是从四面的窗口向外巡视察看了一番,不管是从哪面窗口看过去,都发现每面都有 3 个士兵在岗位上严守着。国王看到这种情况,非常高兴,于是决定奖赏一下这些勤劳的士兵,于是发号令把这 12 个士兵招到了殿堂。然而没有想到的是,最后来到殿堂的人却没有 12 个。一查问,才知道原来有几个人已经偷偷地睡觉去了。这些士兵究竟使用了什么诡计,以至于骗了国王呢?需要注意的是,国王从窗口往外看的时候,士兵们的位置并没有发生变化。

【游戏正解】

每面站 3 个士兵,如果士兵不越出墙角,则需要 12 人都在岗位。倘若 4 个士兵分别站在城堡的 4 个墙角边,那么只需要 8 个人,就可以满足每面站 3 个士兵的条件。倘若一对称的墙角各站 2 个士兵,另一对称的墙角各站一个士兵,那么只需要 6 个人,就可以满足每面站 3 个

士兵的条件。

莫比斯环

将纸带的一端抓住,把它扭转 180°,接着将它和另外一端相连接。这样一来,就可以将一个具有迷人特性的莫比斯环制造出来了。事实上,莫比斯是 19 世纪的一位德国数学家,他第一个发现了这种环形带子的特点,因此才被命名为莫比斯环。那么,莫比斯环究竟有什么特点呢?答案即它只有一个面。

莫比斯环十分奇妙,因此特别适合于做游戏,而且在工程方面,它也有很多的用途。比如,将传送带做成莫比斯环的形状,那么其损耗将会减少一半。下面,我们就出两个关于莫比斯环的小问题。

一分为二:沿着莫比斯环的中线,将其用剪刀剪开,你知道会有什么样的结果吗?

一分为三:沿着莫比斯环的中间的两条线,将其剪成三条,你知道会有什么样的结果吗?

【游戏正解】

沿着莫比斯环的中线剪开,依旧还是一根纸环,可是长度将会变成原来的 2 倍,并且扭了 2 次;沿着莫比斯环中间的两条线将其剪成三条后,则会变成 2 条套在一起的纸环。其中有一根和原来的那条一样长,而另外一条则是原来那条长度的 2 倍,并且还扭了 2 次。

赛马结果

杰克、汤姆、约翰和亨利每人有一匹马,他们骑马进行了四次比赛。结果,杰克赢了汤姆 3 次,汤姆赢了约翰 3 次,约翰又赢了亨利 3 次。

可能你会以为亨利的马跑得最慢,但事实上亨利却赢了杰克 3 次。

你知道这究竟是怎么回事吗?

【游戏正解】

第一回合结果是:杰克、汤姆、约翰、亨利;第二回合结果:汤姆、约翰、亨利、杰克;第三回合结果:约翰、亨利、杰克、汤姆;第四回合结果:亨利、杰克、汤姆、约翰。

事务所工作,但是常常因为马虎遭到上级批评。

这天,上级要求他把10份文件按照分类归档,结果分完之后他才发现有1份文件装错文件袋了,于是他把这件事告诉了上级。没想到上级却还是对他说:"你什么时候能不这么马虎?"

林肯只是装错了一个文件,为什么上级还会说他马虎呢?

【游戏正解】

林肯查出1份文件装错了,那么说明其他9份文件中至少有1份也装错了,也很有可能装错了更多。

11 张纸牌游戏

11张纸牌这个游戏,其目的是看谁能够拿到最后一张牌。两个玩家每次能够取1张或2张相邻的牌。玩家A先从中间开始拿牌,倘若拿走了1张牌,那么玩家B就要把对面的2张牌拿走,从而让纸牌分成两组,每组各4张。倘若玩家A第一次把2张牌拿走了,那么玩家B只可以把1张牌拿走,并且仍要求将纸牌分成两组,每组各4张。倘若玩家B希望都可以赢,那么他应该采取什么样的策略?一定要清楚,倘若一次拿2张牌,那么这2张牌必须是相邻的。

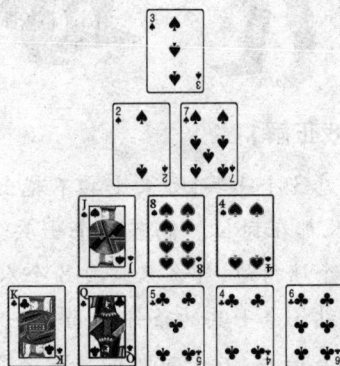

惊险的车祸

有一天晚上,大学生特里和同学聚会之后,在返回的途中,因为贪杯多喝了点酒,脑子比较迷糊,走在路上跟跟跄跄的。

当特里走到十字路口的时候,他似乎看到绿灯亮了(事实上是红灯),于是便向前走去,准备穿过马路。然而,突然之间,两辆急速行驶的车向他开了过来,在一眨眼的工夫,车子从特里的身旁急速驶过,消失在黑暗之中。

倘若特里真的是站在马路中间,莫非车子穿过了特里的身体?特里张开双腿,吓得呆在路中间,双眼睁得大大的,一动也不动。

请问这到底是怎么一回事?特里是怎样逃脱一场惊险的车祸的?

【游戏正解】

急速向前行驶的是两辆摩托车,它们从特里的两侧飞驰而过。

马虎的林肯

林肯是刚毕业的大学生,他来到一家律师

【游戏正解】

翻第 1 张和第 3 张。一般人都会翻第 1 张和第 4 张,然而这是错误的。第 1 张肯定是要翻的,倘若这张牌有三角形,那就意味着是正确的;倘若这张牌没有三角形,那就意味着不对。至于第 2 张牌,最好不要翻。倘若第 4 张牌翻过来是黑色的,那就是正确的;倘若是白色的,那就意味着错了。然而这样做,丝毫无法帮助你了解到第 3 张牌的情况。需要把第 3 张牌翻过来,看一下它的另一面是不是黑色的。倘若是黑色的,就错了;倘若是白色的,那就正确了。所以,第 1 张牌与第 3 张牌是一定要翻动的。

汽车的方向

在一条笔直的马路上,史密斯先生开着他的新车行驶着。他的车头是朝向东方的,但是当他把车停下来的时候,汽车却停在了西方,此地离他原来停车的地方 3 千米。

请问这到底是怎么一回事?

【游戏正解】

原因非常简单,因为开车并不一定就会朝前面开。史密斯先生是在向后倒车,因此,他实际上是在向西行驶。

天平称糖

某日,贝拉的妈妈让贝拉守着自家的商店。不久来了一个顾客,他想买一些散装的糖果,然而商店里面只有一个天平,仅能称 80 克以上的物品重量。怎样称三块重量都比 40 克大但都少于 80 克的糖呢?这一下可把贝拉急坏了。

同学们,你可以帮贝拉想想办法吗?

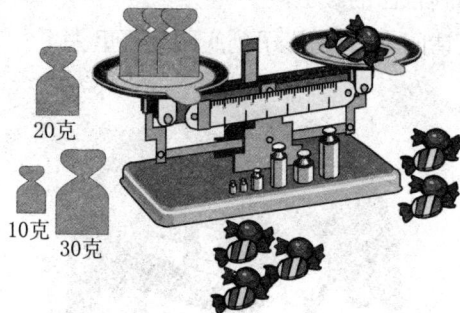

【游戏正解】

设三块糖的编号为 1、2、3。先将 1 号与 2 号两块糖的总重量称出来,接着再将 3 号糖放上去,把这三块糖的总重量称出来。之后再用它们的总重量减去 1、2 两块糖的重量,这样就可以求得 3 号糖的重量了。以此类推,可以分别称出 1 号、3 号糖的重量和 2 号、3 号糖的重量,用总重量去减,就可以将 2 号与 1 号糖的重量求出来了。

巧称体重

有三兄弟,杰克、亨利和麦琪。有一天,因为卖废品,三个小家伙来到了废品站。杰克看到废品站有一个磅秤,于是想称一下自己的体重,然而废品站的爷爷却对他说,这种磅秤最低也要称 50 千克,可是他们三个人加起来都不足 50 千克,每个人只有 25～30 千克。

正当三个人垂头丧气准备离开的时候,老爷爷却叫住了他们,接着用这个磅秤称出了他们的体重。

请问老爷爷是如何做到的?

【游戏正解】

老爷爷先让三个小家伙都在磅秤上面站住,接着将他们体重的总和称出来。然后分别称出杰克与亨利两个人的体重,前后相减,就可以得出麦琪的体重。如此再称两次,就可以将其他两人的体重称出来了。

海员的影子

一位中国海员航海归来,给正在读初中三年级的儿子讲了一件奇怪的事:"在绕过非洲南端去欧洲的半年航程中,一共有三次,我站在甲板上,灿烂的阳光照射在我的身上,但是却发现找不到自己的影子。"

请问，海员的影子到底跑到哪里去了？

【游戏正解】

其实，这只是一种巧合。从非洲南端去欧洲的航海途中，必须经过南回归线、赤道和北回归线。在这三条线上，每年都有四天时间，分别为冬至、春分、秋分、夏至，太阳正好垂直照射，太阳在人的头顶上，所以看不到自己的影子。海员正好是冬至这一天经过南回归线，春分这一天经过赤道，夏至这一天经过北回归线，所以找不到自己的影子。先后三次，历时正好半年。

一共几个人

迈克的生日就要到了，为了给他一个惊喜，迈克的爸爸妈妈决定背着迈克把他的好朋友请到家里为他庆祝。爸爸请来了5位小朋友，妈妈请来了3位小朋友。当天晚上，爸爸妈妈请来的小朋友全都来了，然而算上迈克总共只有8个小朋友，请问这是怎么一回事？

【游戏正解】

爸爸与妈妈请来的小朋友中，有一位是重复的。

大脚国与小脚国

有两个相邻的国家，大脚国和小脚国。原本，两个国家很友好，经常互通有无。但是，由于一些不知名的原因，两个国家的国王产生了矛盾，两国的友好关系也至此结束了。

某日，大脚国的国王发布了一条布告："从今往后，小脚国的1元钱只能换我国的9角钱。"随后，小脚国国王也发布了同样的布告。

有一个住在边境的小商贩，借着这两道命令，居然发了一笔横财。

请问他是如何做的？

【游戏正解】

首先，商贩在大脚国买10元的东西，接着付给老板100元，这样，老板就会找回90元。这时要求老板找给他小脚国的纸币，老板就会找给小商贩10元小脚国的钱。然后，拿着100元纸币到小脚国买10元的东西，接着让老板找大脚国的纸币。如此重复下去，小贩就可以大赚一笔了。

犀牛皮圈地

杰西卡是一位善良聪明的公主，由于外敌入侵，她的国家沦陷了。杰西卡在一对将士的保卫下成功地逃离了故土，身边还跟随着一批人。杰西卡想到了之前父王曾经帮助过的一个国王，这个国家靠近大海，物产非常丰富，于是，杰西卡到他那里求助。她将身上所有的金币拿了出来，请求国王划出一小片土地，让她及跟随她的这批人居住。国王心里不愿意，但又不好拒绝，于是对杰西卡说道："你的这些金币只能买一头大犀牛，那我就将一张犀牛皮可以圈出的土地划给你好了。"杰西卡听后，诚心地感谢了这位国王。没想到，杰西卡竟然用一张犀牛皮圈走了这个国家一半的领土。

请问杰西卡是如何做到的？

【游戏正解】

杰西卡用身上的金币买了一头犀牛，接着把犀牛的皮割成细小的长条，一条条连接起来，这样就变成一条长长的绳子。杰西卡在海岸上选了一个点做圆心，然后在陆地上圈起一个半圆来。

省时间的方法

一个国家的国民十分爱戴自己的国王，

故此为国王修建了一座雄伟的宫殿,宫殿后面就是他们赖以饮用的水源。但是某日,一场突如其来的大火烧毁了宫殿,成为一片废墟。要想重建宫殿,首先要清理废墟,然后要从郊外运送石料与土进城,这样最少也要花上半年的时间,大家想在最短的时间内重建宫殿,于是想出了一个非常巧妙的办法,只用了两个月就将宫殿建好了,并且还处理掉了所有的废墟。

请问他们是如何做到的?

【游戏正解】

宫殿的后面有一条大河,国民挖了一条围绕着宫殿原址的大沟,引河里的水进入。这样一来,运送石料与土就容易多了。建成宫殿之后,把所剩的废料填到挖开的大沟中,这样便处理掉废墟了。

不被承认的奖金

因为严重的心脏病,詹姆斯又一次被家人送到了医院。当詹姆斯入院之后,一个负责照顾詹姆斯的护士在他的口袋中发现了几张赌马的彩票。护士认为,在康复之前,最好不要让詹姆斯再接触到彩票,于是就帮他保管了起来。护士之所以这么做,是因为她认为彩票会对詹姆斯产生一种心理压力,对他的身体恢复十分不利。詹姆斯做完手术,休养了两个星期,护士将日报、彩票及钱包还给了他。詹姆斯把报纸和第一张彩票进行对照,发现自己押的第一匹马居然以 50∶1 赢了,而他在这匹马上押了 50 美元。离开医院之后,他马上来到赛马场,想去取自己赢得的 2 500 美元奖金。但是,当对方拿到詹姆斯的这张彩票时,却没有支付这笔奖金。

请问,这到底是怎么一回事?

【游戏正解】

他参赌的是两周前的一场比赛,在这场比赛中,这匹马落在了最后。报纸上公布的比赛结果是前一天的,这匹马在前一天的比赛中获胜了。

妙运钢管

有一次,一个工程师到国外去考察,回国时带上了一根由特殊工艺制作而成的钢管,它是国内进行研究和试验所必须具备的东西。但是工程师在登飞机的时候,突然发现该国航空公司明文规定,乘客随身携带的货物的长、宽、高皆不能超过 1 米。虽然这根钢管的直径很小,只有 2 厘米,但是它的长度却有 1.7 米,所以无法带上飞机。应该怎么办呢?这时工程师的心里十分焦急。眼看着飞机就要起飞了,工程师突然急中生智,找到了一个解决之道,既没有让钢管遭到破坏,也没有触犯航空公司的有关规定,就顺利地将这根钢管带上了飞机。

请问,这位工程师想到的解决之道是什么?

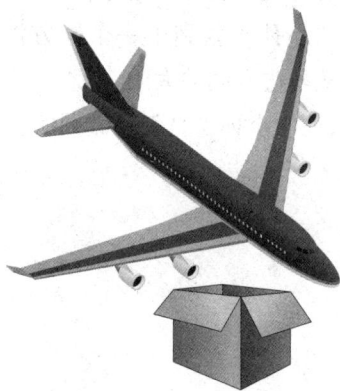

【游戏正解】

工程师在机场托运店买了一个货运箱子,这个箱子的长、宽、高均为 1 米。然后再将钢管斜着放了进去,因为 1 米的立方体的对角线刚好超过 1.7 米,所以自然就顺利地将钢管带上飞机了。

橱窗的玻璃

晚上,一家服装店正准备打烊,这个时候,服装店的橱窗玻璃突然碎了,应该是被人故意打碎的。店员当时没有看到有人在附近,因此猜测可能是有人从远处投掷了什么东西,或者是用子弹射击了玻璃。然而,店员在打扫的时候,除了玻璃之外,并没有找到任何其他的物品。即便是有人用冰块砸玻璃,现场也应该留下水迹,然而店里除了破碎的玻璃片,什么都没有发现。

请问砸玻璃的人是如何做到的?

【游戏正解】

砸玻璃的人是用玻璃砸橱窗玻璃,因此现场只能找到玻璃。

日出西边

有一天,一位老富翁当着儿孙们的面说道:"我这一辈子,还从来没有看到过从西边升起来的太阳,这无疑是人生的一大遗憾。如果在你们之中,有谁可以让我亲眼看一次太阳从西边升起,那么我就会送给他全部的财产。然而一定要记住,不能用镜子或者电视反映太阳的图像。"从表面上看,这个富翁的临终愿望似乎是难以实现的,但事实上,最终他还是实现了这个愿望。他的小孙子找到了一个好方法,从而让他看到了从西边升起的太阳。

请问,他的小孙子是怎么做到的?

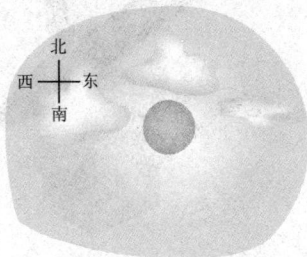

【游戏正解】

小孙子和爷爷乘坐一架飞机,以大于地球自转的速度往西飞行,最后终于看见了从西边升起的太阳。

10万元遗产

某日,一位年轻的妇女对哈利讲了这样一件事:

"我伯父年老的时候,孤身一人生活,他大概有10万元的财产。在去世之前,伯父将这些财产换成了现金和宝石,存在了银行的金库中。

之后,他便把钥匙交给了我,并立下了遗嘱,死后留给我全部的遗产。上个月,我伯父逝世了,我来到银行,准备将遗产取出来,结果一到金库,却发现里面只有一个信封。"

话音刚落,年轻妇女便急忙从手提包里面拿出了那个信封。

哈利认真地看了一下。这只信封极为普通,上面贴着两枚非常陈旧的邮票,收信人的姓名与地址都没有写。

哈利走到窗户旁边,把信封对着光线照看,结果也没有发现什么。哈利寻思了一会儿,接着便问道:"你伯父是不是有什么异于常人的性格或非常的嗜好?"

"这个我不是很清楚,只知道伯父在生前的时候,很喜欢看推理小说。"

"哦!原来如此,女士,你放一百二十个心,你的遗产现在很安全。"哈利微笑着说。

请问,那10万元的遗产到底在哪里?

【游戏正解】

两枚旧邮票就是全部的遗产。

小猫和砝码

在一个没有摩擦力的滑轮上,将一根绳子穿过去。有一只10磅重的砝码悬挂在滑轮的一端,一只猴子则挂在绳子的另一端,和砝码正好保持平衡。当猴子开始向上爬的时候,砝码会如何动作呢?是下降,还是上升,还是其他状态?

【游戏正解】

不管猴子怎么爬,爬得慢也好,爬得快也罢,或者是跳跃,猴子和砝码总是处在面对面的位置上。猴子既不会高于砝码,也不能低于砝码,即便当它把绳子放开,掉了下来,再抓住绳子时也是如此。

被忽略的旁观者

杰克被人谋杀，警察接到报案，立即赶到现场调查。他们发现杰克的办公桌上放着一张报纸，报纸上的头条新闻旁边写有批注："见死不救者，杀无赦！"这条新闻的内容是这样的：几天前，一位记者在街上看到一个年轻人被人捅死了，案发的时候，有好几个人在边上冷眼旁观，对于社会的冷漠，该新闻进行了严厉的抨击。在新闻附带的照片上，警长找到了杰克的身影。队长立即派人把照片上的全部围观者保护起来，然而，还是有人因此被杀。请问这是为什么呢？

【游戏正解】

警察忽略了拍照片的人，他也是一个旁观者，只是在照片上找不到他的身影。

铐不住的犯人

警察正在追捕两个犯人，在一家酒店的楼梯间，警长顺利地抓住了其中一个犯人，然后用手铐将他铐在楼梯栏杆上，接着去追另一个犯人。

追了几分钟，还是让犯人逃脱了。这时候，他发现，刚才已经被捕的犯人竟然也在远处跑掉了。

犯人明明被手铐铐着，他是怎么逃脱的呢？

【游戏正解】

犯人被铐住的那只手是假肢，他将假肢卸下来就能逃走了。

门上的字母

一个农场的记账员被人杀死在出纳室，警察发现他的尸体倒在门口，胸口被捅了一刀，右手握着一支笔，出纳室的房门上写着"MN"两个字母，应该是凶手名字的缩写，出纳室抽屉里的钱已经全部被盗走了。看现场的状况，应该是盗贼闯进出纳室，然后出纳员想要逃走时被劫匪杀害了。

经过调查，警方发现一个名叫尼基·瓦尔德的人有重大作案嫌疑，但是他却死不承认，还狡辩说："门上刻着凶手名字的缩写，那可和我的名字完全不一样啊！"但是，警方最终还是抓捕了他，那门上的字究竟是怎么回事呢？

【游戏正解】

出纳员当时背对着劫匪，他右手握笔，将手背在身后，在门上写下了倒着的"NW"，大家看到的也就是 MN。

失踪的帅哥

凯西是一个漂亮的富家少女，然而她的双眼失明。帅气的杰克一眼就爱上了凯西，两人约定坐火车私奔到外省去。

这一天，凯西带着从家里偷来的一万英镑，和杰克一起来到了火车站，他们登上了开往远方的火车。这时候列车长走过来，凯西清楚地听到他对自己说："欢迎登上本次列车。"接着又对乘务员说："吉米，你领着这位小姐到包厢去。"

进入包厢，杰克便说，最好将钱交给车长保管，这样更安全一些。凯西听后，立即同意了，于是将钱交给了杰克。

过了好一段时间,列车已经启动了,但杰克仍旧没有回来。凯西心急了,于是摸索着找到了列车长,担心地问道:"您知道杰克到哪里去了吗?"车长礼貌地回答:"杰克?我们这次列车上没有人叫这个名字。"凯西急了,说道:"刚才明明是列车员领着我们到包厢去的啊!"这时,列车员答道:"您是单独一个人上火车的,车上没有叫杰克的人。"

请问到底是怎么一回事呢?

【游戏正解】

列车员就是"杰克",他欺骗凯西,说自己名叫杰克,接着假装要和她私奔,让凯西把家里的钱偷出来。

高兴的死法

有个人将皇帝惹怒了,为此而获罪,皇帝想将他处死。他向皇帝请求道:"请陛下赐给小人一个高兴的死法。"皇帝认为这一请求无可厚非,便说道:"你想要怎么死,就可以怎么死,我一定满足你。"然而,这个人最后却活到了80岁的高龄,请问这是怎么一回事呢?

国王陛下,
我希望可以老死

【游戏正解】

这个人对皇帝说:"我希望可以老死。"

谁打了军官

一天,在一辆火车上,有四个人坐在相邻的座位上。一位是漂亮的小姐,一位是丑陋的老妇人,一位是法国商人,一位是身着军装的纳粹军官。

过山洞的时候,车厢内变得一片漆黑。这个时候,大家先是听到了有人亲吻的声音,然后又听到了"啪"的一响。

火车钻过山洞之后,大家看到纳粹军官的脸上出现了一个猩红的巴掌印。大家的眼神透露出了鄙夷,纳粹军官满心委屈地想着:"我什么都没有做啊,到底谁打了我呢?"然而那位小姐心里面却是这样想的:"当时没有人亲我啊,莫非他吻了那个老婆婆?"

请问这到底是怎么一回事?

【游戏正解】

法国商人先将自己的手亲吻了一下,接着打了纳粹军官。因为法国人非常痛恨德国纳粹。

姐姐的特异功能

在妹妹装睡的时候,姐姐经常会这样说:"你不用装睡了,我知道你是在装睡,因为我有特异功能的。"每次妹妹装睡的时候,姐姐都会猜中,这简直太让人吃惊了。

请问姐姐真的有特异功能吗?

【游戏正解】

事实上,姐姐并不知道妹妹什么时候在装睡。然而每次看见妹妹睡觉时,她都会小声说出这句话。倘若妹妹睡着了,就不会听到这句话;倘若是在装睡,自然也就刚好被姐姐"猜中"了。

越过边境

甲国和乙国接壤,甲强乙弱。没过多久,甲国就对乙国进行了野蛮的侵略,大肆掠夺和屠杀乙国,并且还把乙国的一个爱国将士抓了起来,在边界附近关押着。这个将士为了逃回乙国,打算偷越边境,然而甲国的戒备实在是太森严了,所以最终还是没有成功。可是,这位乙国的将士并没有灰心丧气,他不断思考,终于寻找到了一个有望成功的途径,可以顺利帮助他逃回乙国,这个途径就是挖地道。可是将士转念一想:泥土挖出来之后,会不断地增加,如果增加太多的话,就极容易被甲国的侦察机发现。因此,为了顺利地挖地道,他认为有必要先盖一所小房子,这样一来,泥土就可以全部藏在里面了。然而,小房子又不能盖得太大,不然的话就会被人发现,可是泥土又会不断地增加,最后,小房子一定无法容纳下,而且,在挖地道的时候,为了供人呼吸,一定要保持一定的空隙,这样才能保证人不会被闷死。到底应该怎么办呢? 这位乙国的将士思考了很久,最后终于找到了一个不会露出破绽的办法,成功地逃回到了乙国。你知道他采取的是什么方法吗?

【游戏正解】

先把一所很小的房子盖起来,然后暗地里挖地道。把挖出的一小部分泥土放在小房子中,然后接着挖地道。一边挖,一边将身后的地道用挖出的土填埋,这样一来,就不会被人发现了,并且在地道中,自始至终都保留着一个赖以呼吸的空隙,也就是那个小房子装走的泥土原来所占据的地方。

看数字想成语

1、3、5、7……

看上面一列数字,我们可以想到成语"天下无双"。你还能想到另外一个成语吗?

【游戏正解】

无奇不有。

变成了两个人

有个女犯人刑满释放,然而要出狱的却是一男一女两个人,但门卫又准许他们出狱,请问这是为什么?

【游戏正解】

这个女犯人在监狱中生了一个男孩子。

奇妙的摩比斯带

一条纸带应该有两面。如果把纸带一头旋转一下和另一头粘在一起,就形成了一个纸圈。你能把这个纸圈带一面涂成红色的,一面涂成绿色的吗?

【游戏正解】

不能。摩比斯带只有一个边及一个面。

永远坐不到的地方

儿子和爸爸坐在屋中聊天。儿子突然对爸爸说:"我可以坐到一个你永远坐不到的地方!"爸爸觉得这不可能,你认为可能吗?

【游戏正解】

可能。爸爸永远都坐不到他自己的膝盖上。

形　状

把一张普通的书写纸卷成筒状,将左手平放在纸筒的左边。两只眼睛都睁开,然后用右眼往里面看,你会发现什么?

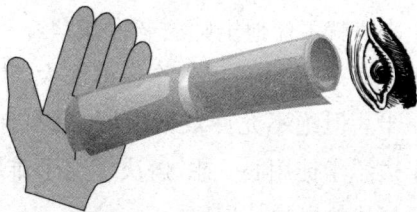

【游戏正解】

会发现好像左手的掌心有一个洞。这是一个错觉。右眼只是看到了纸筒的里面，而左眼却看到一只平平的手掌。而两只眼睛所接受的影像，都将在大脑里聚合成为一个立体影像。

魔法十字架

狠毒的森林女巫有一个魔法十字架，上面镶着25颗宝石。女巫靠着它肆虐整个大森林。她有个习惯，每次数钻石都是从上数到中央，然后分别向左、右、下数去，3次的得数都是13。蓝精灵得知这一秘密后，趁一次女巫的十字架坏了，化装成工匠前来修理，并设计谋偷走了上面的2颗宝石，使女巫在检查时没有发现，就此破掉了女巫的魔力，它是怎么偷走宝石的呢？

【游戏正解】

蓝精灵从横排位置的两端各偷走一颗宝石，然后将下端的一颗宝石移到顶端。女巫按老习惯去数，三次的得数仍然是13。

拜 师

老木匠的学徒已拜师三年，理应离开师傅、自立门户了。自私而固执的老木匠想留下这个勤快的学徒，使自己多一个廉价的劳动力。老木匠不好强留学徒，于是想出一道难题，待学徒答不上来时就不让他出师。老木匠拿着一个长方形木窗框，对学徒说："这个窗框太大，我想让它小一半。但绝不允许裁减窗框，也不许把窗子遮半边。"学徒用心一想，解决了这个难题，老木匠只好让他出师。

你知道学徒是怎么解决这个难题的吗？

【游戏正解】

将长方形改成一个平行四边形即可。这样面积只有一半，四边长度却未变。

费用承担

戴维斯收入并不高，但他却想为家人购买更多的东西，尽管他不能承担这些费用。于是，他设计了一个方案，认为这个方案可以帮他实现这个愿望。他对电脑比较熟悉，清楚超市的电脑系统是如何运作的。到了超市之后，他就开始实施设想好的计划。他选了满满一手推车的商品，准备按照出纳机上显示的商品价格付账。然而，他被捕了。为什么？

（1）出纳机上显示，他要支付120.25美元。

（2）他买的都是些罐装、瓶装或者盒装的商品，没买水果和蔬菜。

（3）他设计得很好，做手脚的时候没有被店中的安全摄像头拍到。

（4）他把每样商品都交给收银台扫描了，身上和手推车中没藏匿东西。

【游戏正解】

他更换了商品的条形码,把相同商品的小包装条形码换到了大包装上。他买的全是大包装商品,至少应该再支付 3 倍以上的钱。收银员发现其中一个条形码不正确,就按响了警铃。

错误日期

假定这些日期当中四个日期是正确的,那么,哪一个是错误的呢?

(A)1764 年 1 月 7 日星期六

(B)1764 年 1 月 21 日星期六

(C)1764 年 2 月 11 日星期六

(D)1764 年 3 月 11 日星期六

(E)1764 年 4 月 14 日星期六

【游戏正解】

选择(D)。因为 1764 年是一个闰年,二月有 29 天,所以会是 3 月 10 日星期六而不是 3 月 11 日。

离婚诉讼

有一个非常擅长处理离婚诉讼案件的律师,总是站在妻子一边,免费帮她们向先生争取高额的赡养费,因而声名大噪。没想到后来这位律师自己也面临离婚问题,不过,其原则仍没有改变,这次也是站在妻子一边,免费替她辩护,帮她争取到高额的赡养费。可是奇怪的是,这个律师一毛钱也没有损失。你觉得这种事情可能吗?

【游戏正解】

有可能。因为这位律师是女性。也就是说这个离婚诉讼是妻子自己替自己辩护,向丈夫争取赡养费,所以这位女士不会有金钱方面的损失。

同样的问题

A 一天问 B 五次同样的问题,B 回答了五个不同的答案,而且每个都是对的。那么 A 问的是什么呢?

【游戏正解】

A 问的是时间。

破 案

某财团的经纪人柯林斯吃过午餐后,慢慢地踱回办公楼。他刚走进写字间坐下,就接到一个匿名电话:"柯林斯先生吗?你的女儿杰茜现在由我们保护起来了。如果想要她活着回去,你就立即着手准备 10 万美金,交换地点另行通知。如果你想报警,悉听尊便。不过,后果你是清楚的。"不等柯林斯回过神来,电话已经挂断了。

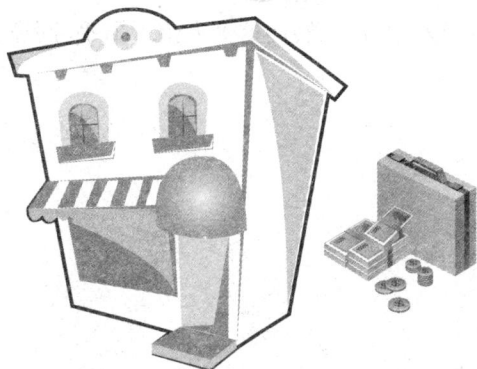

柯林斯心急如焚,一时不知如何是好。恰好,他的好友、一位摄影专家来访,见他这副魂不守舍的样子,忙问原因。好友知道情况后,安慰他说:"如果歹徒再来电话,你就说为证实被劫持的确是杰茜,请他们先送一张杰茜的照片来;只要在交钱前保证杰茜的安全,一切听从他们的安排。"

柯林斯收到女儿的照片后,立即转交好友。后来凭借这张照片,在向绑架犯交钱的时候,警方一举抓获了罪犯。

想一想,这张照片与破案有什么联系呢?

【游戏正解】

柯林斯的好友断定杰茜必然与绑匪照面,后者的相貌便会映在她的眼球中。拿到杰茜的照片,他运用最先进的摄影技术,将照片放大,直到能在杰茜的眼球上清晰地看出绑匪的相貌为止。这样绑匪就原形毕露了。

保住脑袋

"卖脑袋,卖脑袋!"有个人在街上叫喊。一

武将听到十分奇怪,向这个人招了招手,问道:

"脑袋卖多少钱?"这个人回答说:"卖一两。"武将又说:"这倒是便宜,我买了。"于是,武将就把他领到后院练功的地方,解下腰刀,"吭唷"一声,用力砍去。卖头人立即从屠刀下跳开,随手把一只纸糊的脑袋丢到武将面前。武将说:"我买的是你的脑袋。"那个人回答了一句话就保住了自己的脑袋。

你知道他是怎么回答的吗?

【游戏正解】

他回答的是:"我的脑袋是样品。"

第 10 章

数字思维游戏

数学是研究数量、结构、变化以及空间模型等概念的一门学科，数字思维的重要性已经在各个领域得到了认可。本章收录的数字思维游戏，可以帮助读者朋友们提升思维的灵活性，使你们的心智得到更好的开发。通过数字思维游戏这种由简入深的方式，不但可以培养对数学的兴趣，巩固数学功底，提升数学成绩，而且还能挖掘出数学更深层的奥秘。

守财奴

一个守财奴宁可活活饿死，也不愿意花一点点的钱。他收集了大量的金币，5元，10元，20元。他把它们放入五个一模一样的袋子中，各个袋子里面放着相等数目的5元金币，相等数目的10元金币，相等数目的20元金币。

平日，守财奴最喜欢做的事就是悄悄地一个人数点自己的财产。他把所有的金币都放在桌子上，将它们分成四堆，在每堆中，让同一面额硬币的数量相等。然后，他随机选择两堆，将这两堆金币混合在一起，然后再分成一模一样的三堆。

请问这个可怜的守财奴究竟有多少金币？

【游戏正解】

因为守财奴可以将不同类型的金币分为4份、5份、6份，因此每种类型的金币他至少也有60件，总值为 $35 \times 60 = 2100$ 美元。

错误的论断

A是一个魔术家，有一次在舞台上表演的时候，他将红心、黑桃、梅花三种牌拿出来，把它们放在桌子上，他对观众说牌的数目总共为20张。台下有三个观众甲、乙、丙，他们分别做出了以下的判断：

甲说：魔术家放在桌上的牌中，至少有一种花色的牌少于6张。

乙说：魔术家放在桌上的牌中，至少有一种花色的牌多于6张。

丙说：魔术家放在桌上的牌中，任何两种花色的牌的总数不会超过19张。

请问，甲、乙、丙三位观众，谁的说法是错误的？

【游戏正解】

甲的说法是错误的。假设红心、黑桃、梅花三种牌的张数分别为6、6、8，这便很容易推翻甲的说法了。

单张发给了谁

多拉、洛伊丝与罗斯正在玩一种纸牌游戏，总共有35张牌，其中对子有17个，单张有一个。

首先是多拉发牌，先把一张牌发给洛伊斯，再把另一张牌发给罗斯，接着再给自己发一张牌；这样不断反复，直到将全部牌发完；在每个人打出自己手中成对的牌之后，每个人的手中至少还有一张牌剩下来，而三个人手中的牌总共有9张；在剩下的牌里面，如果将洛伊丝与多拉手中的牌合在一起，那么可以配成最多的对子，如果将罗斯与多拉手中的牌合在一起，那么只能配成最少的对子。请问单张发给了谁？

提示：判定给每个人发了几张牌以及每两个人手中的牌加在一起能配成的对子的数目。

【游戏正解】

洛伊斯与罗斯各分到了12张牌，多拉则分到了11张牌，将对牌打完后，洛伊斯与罗斯手上有偶数张牌,多拉手上有奇数张牌。根据三个人手中的牌总和为 9,假设 A、B、C、D 是剩下对子中的一张,那么三人配对的牌为:

洛伊丝:A、B、C、D;

多拉:A、B、C;

罗斯:D。

由此可知,单张牌在罗斯的手中。

方格纸和硬币

在一块 5×5 的方格纸上放上 4 枚硬币,从而让这 4 枚硬币刚好形成一个正方形的 4 个顶点,这应该不是很困难。现在把硬币放入方格中,其中任何 4 枚硬币都不可同时落在一个正方形的 4 个顶点上,在这一条件之下,最多可以在 5×5 的方格纸上放入多少枚硬币?

本题可以当成一种游戏,特别适合于 2 个人或 3 个人玩。参赛者轮流把硬币放在方格里面,一旦放入的硬币和方格上的其他 3 枚硬币形成一个正方形,那么在这个时候,这个人就被淘汰出局。放入最后一枚硬币却没有形成正方形,那么这个人就是最后的赢家。

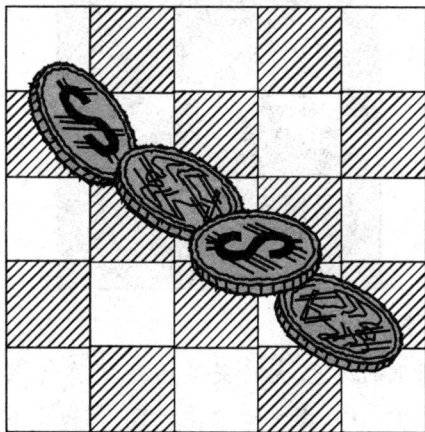

【游戏正解】

一共有 50 种方法,最多可以同时将 15 枚硬币放入 5×5 的方格纸中,其中没有任何 4 枚硬币落在同一正方形的 4 个顶点上。

细菌分裂

有一种细菌,只要 1 分钟,就可以分裂成 2 个,再过 1 分钟又可以发生分裂,而变成 4 个细菌。就这样,将一个细菌放在瓶子中,直到分裂满为止,一共用了 1 个小时。倘若从一开始的时候,就在瓶子里面放入 2 个这种细菌,那

么,需要多长时间才可以将瓶子充满?

【游戏正解】

充满瓶子需 59 分钟。

钟表匠对时

有位钟表匠,他是一个非常粗心的人。有一次,钟表匠专门为一个教堂安装钟表,可是因为粗心大意,将钟表的短针与长针装反了,和长针相比,短针走的速度反而是前者的 12 倍。因为是上午 6 点的时候装的,所以钟表匠将短针指在了"6"上,长针则指在了"12"上。装完之后,钟表匠就赶紧回家了。后来,心细的市民发现,钟表这个时候还是 7 点,没过多久便 8 点了。人们把这件事告诉了钟表匠,叫他过去看一下。钟表匠的工作非常忙,便说下午才有空去看。等钟表匠来到教堂的时候,已经是下午 7 点多钟了。钟表匠一看教堂的时间,认为没有出现什么差错,于是就回家了。然而钟表仍然 8 点、9 点地走,人们又找到钟表匠。钟表匠在第二天早上 8 点多钟又赶到了教堂,用自己的表一对,依然没有发现错误。

请问,钟表匠对表的时候是 7 点几分和 8 点几分?

【游戏正解】

首先假设是 x 分,那么便可以得到(7 + x/

60)/12 = x/60,x = 7×60/11 = 420/11 = 38.2,因此第一次是 7 点 38 分;第二次是(8 + x/60)/12 = x/60,x = 8×60/11 =480/11 =43.6,因此第二次是 8 点 44 分。在计算的过程中,可以采取四舍五入的方法。

扑克筹码

了不起的龚德尔斐魔镜可以看到一切,可以知道一切,可以说明一切……只要花 25 元买一张票。当他表演的时候,龚德尔斐在屏幕上展示了他在全世界搜集来的著名思维游戏题。这一次他所放映的正是著名的置人于困境的拉斯维加斯扑克筹码。人们为了解答这道难题花费了很多钱。这个题是指将 5 个扑克筹码排成两行,其中一行有 3 个筹码,而另一行要有 4 个筹码。这个题最难的地方,就是你只能用 60 秒的时间来解决这个问题。

请问,应该如何解决这个难题?

【游戏正解】

两行筹码要相交在一个角,而那个角上的筹码上面又有另一个筹码,这样,一行有 3 个筹码,而另一行则有 4 个筹码。

应该在第几层

约翰和汤姆是邻居,周末两个人经常在一起玩游戏。

这天是周末,正好赶上外面下雨,于是两个人决定玩比赛的游戏。他们住的是一栋 20 层的楼房,于是他们比赛看谁能最先跑到 20 楼。

约翰爬楼梯的速度是汤姆的两倍,那么,当约翰爬到第 9 层的时候,汤姆应该爬到第几层呢?

【游戏正解】

汤姆应该爬到了第 5 层。因为两个人从一楼开始,当约翰到达第 9 层的时候,他其实只跑了 8 层,那么汤姆应该跑了 4 层,也就是在 5 楼。

迈克卖洋葱

迈克在街上出售他自家种的洋葱,按每千克 1 元的市场价格出售。

一个男人来买洋葱,他对迈克说:"你的洋葱我全包了,但你必须给我分开称重。葱白 7 角 1 千克,葱叶 3 角 1 千克,这样算起来仍然是 1 元钱 1 千克,你看可以吗?"

迈克想了一下,觉得没错,结果葱白 8 千克 5.6 元,葱叶 2 千克 6 角,总共是 6.2 元。后来,迈克想了想,这 10 千克的洋葱可以卖到 10 元钱,怎么到最后只卖出 6.2 元?

请问问题到底出在哪里?

【游戏正解】

原来的洋葱,无论是葱白还是葱叶,都是 1 元钱 1 千克的,但是一分开出售,葱白少卖 3 角钱,葱叶少卖了 7 角钱,自然卖出的钱就少了。

强盗分赃

杨损是唐代一个非常有学问的人,官居侍御史,任人唯贤,精通算学。有一次,朝廷想在两个小官吏里面提拔一个上来身居要职。由于两个人的情况不相伯仲,因此负责提升工作的官吏都觉得非常为难,于是就去向杨损请示。杨损稍微思考之后,便对下面的官吏说:"会速算,这是一个官员必须具备的一大技能,我可以出一道题,考一考他们的算学能力。哪个人算得快,那么就提升哪个人。"

杨损令部下招来了两个小官吏，然后当场出了一道题目："有个人在树林子里面散步，无意之中听到了几个强盗在商量应该怎样分赃。他们说，倘若每人分 6 匹布的话，那么还会剩下 5 匹布；如果每个人分 7 匹布的话，那么又会少 8 匹布。请问一共有多少个强盗？多少匹布？"

听完题目之后，其中一个小官吏很快就把答案算出来了，结果他获得了提升的机会。而那个没有算出答案的小官吏，尽管未被提升，但也输得心服口服。

你知道答案是什么吗？

【游戏正解】

这类问题就是我国数学史上有名的盈亏问题。它的算术解法是：$(8 + 5)/(7 - 6) = 13$（强盗人数）；$13 \times 6 + 5 = 83$（布匹数）。列出的公式是：（盈＋亏）/分差＝人数（单位数）。

女神和缪斯

古希腊流传下来一个关于美惠女神和缪斯的故事，主要讲的是她们如何分享金苹果和鲜花，它的译文对趣题爱好者而言，竟然还暗含了一个题目。

在 3 个美惠女神的手中，都握有 4 种颜色不一样的玫瑰花，我们假定这 4 种玫瑰花的颜色分别为粉红、白、大红、蓝。这 3 个美惠女神无意间碰到了 9 位缪斯神女，在她们的手中，每个人都拿着一些金苹果。每位女神都给每位缪斯送了一些金苹果，而后者又都给了每位女神们一些玫瑰花。

互赠礼品之后，所有人的手中拿着的金苹果和红、白、蓝、粉红色的玫瑰花的数目都一样了。不光这样，每个人手中玫瑰花的数量也刚好相等。

请问，满足这些条件，至少应该有多少金苹果和玫瑰花？

【游戏正解】

每位缪斯原本都有 48 只金苹果，而每个美惠女神原先则有 144 朵花，每种颜色都有 36 朵。每位缪斯给每个美惠女神 4 只金苹果，而每位女神又回赠每位缪斯 12 朵花，每种颜色各 3 朵。这样互赠之后，每个人都有 36 只金苹果和 36 朵花，每种颜色各 9 朵。

下一个数字

一天，数学老师上课时，他什么都没有说，只是在黑板上写下了下面的一串数字，然后对同学们说："你们仔细观察这些数字，然后告诉我，接下来的一个数字应该是什么？"

黑板上的数字是：2，3，5，7，11，？

【游戏正解】

接下来的数字应该是 13，可以看出来，前面的每一个数字都只能被它自己和 1 整除，所以应该是质数数列。

急中生智

杰夫想到马丁家去玩一下，当他走到马丁住的那条街的时候，却记不清马丁家的门牌号码了。应该怎么办呢？常言说得好，急中生智。杰夫的心里非常着急，于是便从各个角度拼命回忆，从诸多方面积极想办法。突然之间，杰夫想起有一次还专门研究过马丁家的门牌号码数。依稀记得这个门牌号码数是一个三位数，十位上的数字要比百位上的数字大 4，个位上的数字又比十位上的数字大 4。从这些零碎的记忆中,可不可以将马丁家的门牌号码推算出来呢?

【游戏正解】

由于十位上的数字比百位上的数字大 4,个位上的数字又比十位上的数字大 4,因此个位上的数字比百位上的数字大 8。然而三位数的百位上的数字至少是 1,个位上的数字至多是 9,要使两个数字的差是 8,那么百位上的数字只可能是 1,个位的数字只能是 9。由此我们可以得到,十位上的数字是 5。因此,马丁家的门牌号码是 159。

妙用符号

有四个数:1、9、8、8。不改变它们的顺序,将四则运算符号和小数点加在它们的中间,组成 4 个算式,使这 4 个算式的得数分别为 1、9、8、8。

已知:$(1 \times 9) - (8 \div 8) = 8$。

【游戏正解】

$0.1 + 0.9 + 8 - 8 = 1$,$(1 \times 9) + (8 - 8) = 9$,$-1 + 9 - 8 + 8 = 8$。

两桶葡萄酒

下面这个思维游戏是老巴克斯独创的。如果你想进入他的派对,那么你就得把这两个酒

桶里面各有多少酒计算出来。在这两个酒桶上,分别贴有字母 A 和字母 B,而相比 B 桶,A 桶的酒要多一些。首先,把 A 桶里面的酒倒入 B 桶中,并且注意要倒入和 B 桶的相同数量的酒。接着,又把 B 桶里面的酒倒回 A 桶中,要倒入的酒和 A 桶里面现有的酒一样。最后,再把 A 桶里面的酒倒回 B 桶中,倒入的酒要和 B 桶中现有的酒一样。在这个时候,两个桶内的葡萄酒都为 48 升。

请问,两个酒桶原来各有多少葡萄酒?

【游戏正解】

A 桶中原来有 66 升葡萄酒,B 桶中原来有 30 升葡萄酒。

农夫买家畜

有一个农夫买了 100 头家畜,一共花了 100元。已知 1 只羊需要 5 角,1 头猪需要 3 元,1 匹马需要 10 元。

请问,这个农夫各买了多少羊、猪、马?

【游戏正解】

设马的匹数为 x,猪的头数为 y,羊的头数为 z,可以推出如下两个方程式:

$10x + 3y + z/2 = 100$

$x + y + z = 100$

为了消去分数,把第一个方程中的各项都乘以 2;为了消去 z,再与第二个方程相减,这样就可以得到下列方程式了:

$19x + 5y = 100$

x 与 y 可能有哪些整数值?一种解法是在

方程的左边放上系数最小的项:$5y = 100 - 19x$,将两边都除以 5 得到:

$$y = (100 - 19x)/5$$

再将 100 和 19x 除以 5,把余数(如果有的话)与除数 5 写成分数的形式,结果为:

$$y = 20 - 3x - 4x/5$$

很明显,表达式 4x/5 一定是整数,也就是 x 一定是 5 的倍数。5 的最小倍数是它自身,因此可以得出 y 的值为 1,把 x,y 的值带入任何一个原方程,可得 z 等于 94。倘若 x 为任何比 5 更大的 5 的倍数,那么 y 就会变成负数。所以,这个题目只可能有一个解:马为 5 匹、猪为 1 头、羊为 94 只。

买餐具

有夫妻两人,他们对西餐情有独钟,所以准备购买一套完整的西式餐具。

他们在一家餐具店看了很久,结果发现自己身上所带的钱只能买到 21 把匙和 21 把叉子或者 28 把小刀。需要注意的是,匙、叉、刀的个数必须一样,否则不能配套。

这对夫妻的数学很好,他们施展了一下心算术,便立即算出了应该采购的匙、叉、刀的个数,并且刚好用完了他们身上所带的钱。夫妻俩高高兴兴地回到了家中,开始做起了西餐。

请问,他们是如何算出匙、叉、刀的具体个数的?

【游戏正解】

设一把叉子与一把匙加在一起的价钱为 A,一把小刀的价钱为 B,这对夫妻身上所带的钱数为 C。根据题意,我们可以得到两个方程:$21A = C$,$28B = C$,于是 $21A = 28B$,所以 $A = (28/21)B$。

再设这对夫妻买的刀、叉、匙的个数都为 X,那么 $X(A + B) = C$。将这一方式转换为 $X[(28/21) + 1] = 28B$,两端约去公因子 B 之后,便得到 $X[(28/21) + 1] = 28$,所以 X = 12。

因此,夫妻俩在那家餐具店刚好买了 12 套餐具。

棒球赛后的分钱

很久以前,在棒球联赛赛场上有这样一种规定,选手参加完每场比赛之后,都会得到报酬。来自海湾秃鹰队的四位参赛者分别为马尔文、哈维、布鲁斯和罗洛。在一场棒球比赛中,他们一起分享 233 元。比赛结束之后,马尔文分到的钱要比哈维多出 20 元,比布鲁斯多出 53 元;比罗洛多出 71 元。

请问,这 4 位选手各自获得多少钱?

【游戏正解】

每人分得的钱数:马尔文得到94.25元,哈维得到74.25 元,布鲁斯得到 41.25 元,罗洛得到 23.25 元。

七边形谜题

在数学史上,杜登尼是一个天才式的人物,他曾经提出过一个非常难解的谜题——七边形谜题。七边形谜题是这样的:将 1～14 的数字(不可重复)填在七边形的七条边上,从而让每边的三个数字之和都等于 26。

【游戏正解】

$26 \times 7 = 182$

$1 + 2 + 3 + \cdots\cdots + 14 = 15 \times 14 \div 2 = 105$

$182 - 105 = 77$

所以角上的 7 个数字之和是 77。

$77 = 11 \times 7$

$10 + 12 = 22$

$9 + 13 = 22$

$8 + 14 = 22$

再加上11,一共 7 个,和是 77。

因此角上的 7 个数:8 ~ 14

$26 - 1 = 25 = 14 + 11 = 13 + 12$

$26 - 2 = 24 = 14 + 10 = 13 + 11$

$26 - 3 = 23 = 14 + 9 = 13 + 10 = 12 + 11$

$26 - 4 = 22 = 14 + 8 = 13 + 9 = 12 + 10$

$26 - 5 = 21 = 13 + 8 = 12 + 9 = 11 + 10$

$26 - 6 = 20 = 12 + 8 = 11 + 9$

$26 - 7 = 19 = 11 + 8 = 10 + 9$

$(11) + 7 + (8) + 6 + (12) + 5 + (9) + 4 + (13) + 3 + (10) + 2 + (14) + 1 + (11)$

或者

$(10) + 7 + (9) + 5 + (12) + 6 + (8) + 4 + (14) + 1 + (11) + 2 + (13) + 3 + (10)$

( )中的数表示角上的数。

《镜花缘》中的算术题

中国清代小说家李汝珍有一部著名的小说《镜花缘》,里面有这样一段:

有一个才女,名叫米兰芬。有一次,米兰芬来到一个阔人的家里,主人请她观赏楼下大厅里面的大小灯球,这些大小灯球呵,真是五彩缤纷,高低错落,宛若群星!

主人对米兰芬说:"楼下大厅里面的灯可以分为两种,一种是灯下有一个大球,下面缀有两个小球;另一种是灯下有一个大球,下面缀有四个小球。楼下的大灯球总共有 360 个,小灯球总共有 1 200 个。"

最后,主人让米兰芬算一下两种灯分别有多少盏。

请问,你可以算出来吗?

【游戏正解】

一个大灯球下缀两个小灯球,我们可以把它当成鸡;一个大灯球下缀有四个小灯球,我们可以把它当成兔,用"鸡兔同笼"的方法求解。

$(360 \times 4 - 1200)/(4 - 2) = 240/2 = 120$(一大二小灯的盏数)

$360 - 120 = 240$(一大四小灯的盏数)

四个"4"

在马丁·加德纳的《数学游戏》专栏中,有一个游戏,游戏的规则是这样的:将数字 4 使用 4 次,使简单的加减乘除尽可能多地将数字展开,可以使用括号。

例如:

$1 = 44/44$

$2 = 4/4 + 4/4$

$3 =$

$4 =$

$5 =$

$6 =$

$7 =$

$8 =$

$9 =$

$10 =$

……

【游戏正解】

20 以内,唯有 19 这个数不能被这样展开。如果可以用阶乘的话,也能将其展开($4! = 1 \times 2 \times 3 \times 4$),19 可以被写成 $4! - 4 - (4/4)$。

$1 = 44/44$

$2 = 4/4 + 4/4$

$3 = (4 + 4 + 4)/4$

$4 = 4(4 - 4) + 4$

$5 = [(4 \times 4) + 4]/4$

$6 = 4 + [(4 \times 4)/4]$

$7 = 4 + 4 - (4/4)$

$8 = 4 + 4 + 4 - 4$

$9 = 4 + 4 + (4/4)$

$10 = (44 - 4)/4$

……

四个数字

有四个数字,将其加起来和为 50,如果让第一个数加上 4,让第二个数减去 4,让第三个数乘以 4,让第四个数除以 4,那么这四个数就有

了相同的答数。

请问,它们究竟是哪四个数?

【游戏正解】

4、12、2、32。

最简便的算法

下面这道题应该怎么算才最简便?

$(1-1/4)\times(1-1/9)\times(1-1/16)\times(1-1/25)\times(1-1/36)\times(1-1/49)\times(1-1/64)\times(1-1/81)$

【游戏正解】

此题最简便的算法是这样的:

$(1-1/4)\times(1-1/9)\times(1-1/16)\times(1-1/25)\times(1-1/36)\times(1-1/49)\times(1-1/64)\times(1-1/81)=3/4\times8/9\times15/16\times24/25\times35/36\times48/49\times63/64\times80/81$

$=(1\times3)/(2\times2)\times(2\times3)/(3\times3)\times(3\times5)/(4\times4)\times(4\times6)/(5\times5)\times(5\times7)/(6\times6)\times(6\times8)/(7\times7)\times(7\times9)/(8\times8)\times(8\times10)/(9\times9)$

$=1/2\times10/9=5/9$

加减乘除

A. 将 7 个加号与 1 个乘号添在 1、2、3、4、5、6、7、8、9 之间,使其和等于 100。

B. 将 3 个加减号插入 1、2、3、4、5、6、7、8、9 之中,使其和等于 100。

【游戏正解】

A. $1+2+3+4+5+6+7+8\times9=100$

B. $123-45-67+89=100$

厕纸的厚度

有一个会计,她每次上街的时候,总是喜欢买一些廉价品。有一天,她到百货公司闲逛,看

到正在促销一种廉价的卫生纸。4 卷卫生纸绑成一捆,每卷有 240 张卫生纸。这个会计知道家里人喜欢用哪种厚度的卫生纸,为了和现在所用的卫生纸相比较,因此她尝试推算出这卷卫生纸中每张的厚度。

这位会计知道每张卫生纸的长度为 14 厘米,并且每卷的直径,她也粗略估计为 11 厘米,其中内部纸板所形成的圆柱直径是 4 厘米。刚开始的时候,这位会计注意到当卫生纸一圈一圈地绕在纸筒上的时候,直径会慢慢增加,可是随后她又换了一个思考的角度,并成功地将卫生纸的厚度求出来了。

请问,这种卫生纸到底有多厚? 每卷卫生纸中一共绕有几圈卫生纸?

【游戏正解】

解答这个问题的时候,不能被卫生纸的绕法迷惑住了。设卫生纸的厚度为 D 厘米,每一卷卫生纸的长度为 L 厘米,这样一来,每一卷卫生纸的截面积则为 $L\times D$。$L=240\times14=3360$(厘米)。截面积的大小等于直径 11 厘米及 4 厘米的两个圆所围面积的差:$=\pi\div4(112-42)\approx82.47$ 平方厘米,因此每卷卫生纸的纸张厚度为 $82.47\div3360\approx0.0245$ 厘米。

复述数字

下面是一组数字,你可以请一个朋友协助你完成这个游戏。首先让你的朋友将下列数字以正常语速念一遍,然后你再跟着复述一遍,按照次序,一排一排地把它们念出来,看一下,到第几排,你就无法顺利地说出了。

5

36

985

8　134

03　865

173　940

8　377　291

34　820　842

649　320　048

9　385　726　283

83　721　547　497

932　624　499　284

4　872　058　713　339

93　810　492　248　113

837　295　720　488　820

9　285　720　683　004　826

59　275　028　148　532　811

【游戏正解】

略。

美丽的数字图形

找规律,填结果。

$88 \times 99 =$

$888 \times 999 =$

$6666 \times 9999 =$

$66666 \times 99999 =$

$666666 \times 999999 =$

$5555555 \times 9999999 =$

$555555 \times 999999 =$

$55555 \times 99999 =$

$4444 \times 9999 =$

$444 \times 999 =$

$33 \times 99 =$

$3 \times 9 =$

【游戏正解】

$88 \times 99 = 8712$

$888 \times 999 = 887112$

$6666 \times 9999 = 66653334$

$66666 \times 99999 = 6666533334$

$666666 \times 999999 = 666665333334$

$5555555 \times 9999999 = 55555544444445$

$555555 \times 999999 = 555554444445$

$55555 \times 99999 = 5555444445$

$4444 \times 9999 = 44435556$

$444 \times 999 = 443556$

$33 \times 99 = 3267$

$3 \times 9 = 27$

数字训练

某日,在上课的时候,许多学生的情绪都不太稳定,不是做一些小动作,就是左顾右盼,东张西望。老师看到这种情景,心里十分生气。于是,他给学生们出了一道难题:请同学们把5、1、2、4、7、1、4、3、8、6这十个数字牢牢记住。老师的提问十分怪异:他居然让同学们说出第几个数字是几。比如说,第四个数字是几,第九个数字是几?哪个先答对的话,哪个就可以先回家。老师话还没有说完,好学生汤姆便把手举了起来,回答之后,便开心地说道:"我可以回去了。"看到汤姆回答得这么快、这么准确,老师和同学们都非常惊奇。

请问,汤姆是如何记住这些数字的?

【游戏正解】

其实汤姆进行了一番认真的思考,他根据记忆广度的限制性的特点,将10个数字分成了512—471—4386这3个单位,然后再进行记忆。倘若老师问他第六个字母是什么,他很快就会想到第二组字母的末位数是1。同样一个道理,如果老师问第七个数字是什么,他很快就会想到第三组字母的首位数是4。

通货膨胀

英国有一栋房子,1961年刚建成的时候,其售价为350英镑。1981年的时候,其售价则升为3.4万英镑。在这段时间里面,这栋房子基本上保持原状。如果每年的通货膨胀率一样,那么在这种情况下,年通货膨胀率为多少?

1965年的英国,每加仑汽油大概售33便士,而到1983年的夏天,汽油的价格已经上涨到每加仑184便士。和房价相比,这种情况所代表的通货膨胀率是高还是低?

假如这样的通货膨胀率一直保持到20世

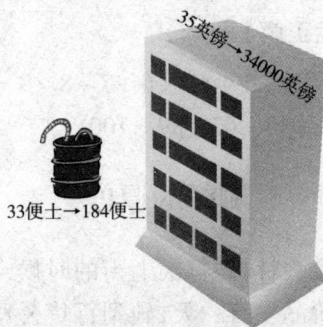

35英镑→34000英镑

33便士→184便士

纪末,那么到了 2000 年的时候,房价又会涨到什么程度呢?每加仑汽油的售价又是多少呢?

【游戏正解】

设通货膨胀率为 R,原始价格为 P,Pn 代表 n 年之后的价格,那么可以列出下面的公式:Pn ＝(1 ＋ R ÷ 100) nP。所以前后房价的关系为:34000 ＝(1 ＋ R ÷ 100)20 × 350,利用计算器可求得:1 ＋ R ÷ 100 ＝ 1.123934,所以通货膨胀率大约为 12%。同样,汽油前后价格的关系:184 ＝(1 ＋ R ÷ 100)18 × 33,得出 1 ＋ R ÷ 100 ＝ 1.1001739,所以通货膨胀率约为 10%。倘若这些通货膨胀率保持一致,到 2000 年的时候,房价会涨到 294 794 英镑,汽油价格则会变成每加仑 933 便士。

硬币的个数

杰西卡喜欢在家存放大笔的钱以备急用,唯一的问题是,杰西卡不太信任纸币,所以她存放的全部都是硬币。杰西卡喜欢将自己的存款藏在盛汤的碗中,这是绝大多数窃贼都不可能想到的地方。当杰西卡数钱时,她发现了一个很巧的事情:她的 1 500 枚硬币刚好是 800 元,硬币一共有三种:1 元硬币、5 角硬币和 1 角硬币。

请问,这三种不同面值的硬币各有多少个?

【游戏正解】

每种面值的硬币各有 500 枚,它们依次为:

500 枚 1 元硬币 ＝ 500 元;

500 枚 5 角硬币 ＝ 250 元;

500 枚 1 角硬币 ＝ 50 元。

有多少位弟子

古希腊名著《诗华集》中有一道数学题,题目是以诗歌的形式写成的:

我尊敬的毕达哥拉斯哟,

你——缪斯女神的家族!

请告诉我,

你的弟子有多少?

"我有一半的弟子,在探索着数的微妙;

还有四分之一,在追求着自然界的哲学;

七分之一的弟子,终日沉默寡言,深入沉思;

除此之外,还有三个弟子是女孩子,这就是我全部的弟子。"

请问,毕达哥拉斯座下一共有多少位弟子?

【游戏正解】

28 人。首先可以设毕达哥拉斯座下弟子总共有 X 人,这样,X ＝ X1/2 ＋ X1/4 ＋ X1/7 ＋ 3。解出这个方程式,得 X ＝ 28。

数字记忆游戏

下面是 20 组数字,请在 40 秒钟之内,把它们全部记住,然后立即进行默写。

45　57　18　79　82　96　15　21　74　52

37　85　49　63　89　27　91　39　68　23

默写完以后,根据下列公式计算出自己的记忆效率:

记忆效率 ＝ 默写正确的数组 ÷ 20(原来记忆的数组数) × 100%。倘若你默对 8 组,那么你的数组记忆效率就是:(8 ÷ 20) × 100% ＝ 40%。

【游戏正解】

略。

算术记忆游戏

在 30 秒钟之内,将下面的算术题记忆下来,接着再进行复述。

4 ＋ 3 － 1	5 × 4 － 3	7 × 4 － 5
3 × 3 ＋ 7	6 × 8 － 9	3 × 6 － 9
3 ÷ 5 × 2	5 × 8 ÷ 4	8 ÷ 2 × 8
9 ÷ 3 ＋ 6	4 ＋ 6 × 3	9 ÷ 3 － 2
9 － 2 × 3	8 × 6 － 5	4 × 9 － 7
5 × 8 － 9	3 × 6 － 7	6 ÷ 3 ＋ 8
8 ÷ 2 － 7	6 × 7 － 3	6 ＋ 8 － 4
7 × 9 － 6	3 × 5 ＋ 9	4 × 8 ＋ 9
7 ＋ 5 × 4		

【游戏正解】

略。

注满空池的时间

在公元 10 世纪写成的《希腊文集》中,有一个关于流水的问题。题目是以诗歌的形式写成的：

> 这是一座独眼巨人铜像，
> 雕塑家技艺非凡。
> 铜像中巧设机关：
> 巨人的手、口、眼，
> 连接着大小水管。
> 藏在手中的管道，
> 三天将水池注满；
> 独眼中的水管需时一天；
> 口中吐出的水柱，
> 只需五分之二天。
> 三处同时放水，
> 请问，需要几天才可以将空池注满？

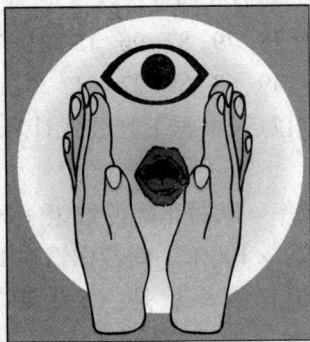

【游戏正解】

由题意可知，开放铜像手中的水管，只需要3天时间就可以注满水池，所以1天可注入水池的1/3；开放铜像眼中的水管，1天刚好可以注满1水池。由此可知，三管齐放，1天流出的水量是这个水池容量的 $1/3 + 1 + 5/2 = 6/23$（倍）。因此注满水池所需要的时间为：$1 ÷ 23/6 = 6/23$（天）。倘若三处同时放水的话，只要6/23天就可以注满水池。

数字之和

从1到100万，请问这100万个数的数字之和为多少？需要注意的是，这里所说的"100万个数的数字之和"，并不是"这100万个数字之和"。比如说，1、2、3、4、5、6、7、8、9、10、11、12，这12个数字的个数之和为 $1 + 2 + 3 + 4 + 5 + 6 + 7 + 8 + 9 + 1 + 0 + 1 + 1 + 1 + 2 = 51$。

【游戏正解】

可以先在这100万个数字前面加一个"0"，再把这些数字两两分组：999 999 和 0；999 998

和1；999 997 和2；999 996 和3……依此类推，一共可以分成50万组，最后剩下1 000 000这个数不成对。各组数的数字之和都是 $9 + 9 + 9 + 9 + 9 + 9 = 54$，最后的1 000 000数字之和为1。所以这100万个数的数字之各为：$(54 × 500 000) + 1 = 27 000 001$。

小孩子卖金鱼

有一个爱养金鱼的小孩子，因为实在养得太多了，没过多久，就产生了厌烦情绪，所以决定把金鱼都卖了，并计划分五次出售：

第一次，卖出全部金鱼的一半，外加1/2条金鱼；

第二次，卖出剩余金鱼的1/3，外加1/3条金鱼；

第三次，卖出剩余金鱼的1/4，外加1/4条金鱼；

第四次，卖出剩余金鱼的1/5，外加1/5条金鱼。

最后还剩下了11条金鱼。

请问原来有多少条金鱼？应该清楚的是，在出售金鱼时，不能将其切开或使其破损。

【游戏正解】

59条。第一次卖出30条，第二次卖出10条，第三次卖出5条，第四次卖出3条，最后还剩下11条。

速算24 游戏

速算24这种游戏流传极为广泛，具体玩法是这样的：每次拿出4张牌，使用加、减、乘、除四种运算符号以及括号，不重不漏地使用一次4

张牌的 4 个点数,组构成一个表达式,让它的结果全部都等于 24 这个数呢?

那么,为什么会选择 24 这个数呢?因为在 1～29 这 29 个数字中,公约数最多的就是 24,总共有 8 个,分别为 1、2、3、4、6、8、12、24,这样一来,4 张牌的 4 个数形成 24 的可能性就会大一些。

一般来说,最快捷、最容易让人马上想到的就是乘法,比如 3×8、4×6、12×2 等;其次就是简单的加法,比如 14+10、20+4、21+3 等。在速算 24 游戏中,上述这些方法都是最简捷、最常用的。观察下列数字组合,尝试上述方法,希望你能够完成这组游戏。

(1)3366

(2)6879

(3)11210

(4)781010

(5)431010

(6)7312

【游戏正解】

(1)(6÷3+6)×3=24

(2)8÷(9-7)×6=24

(3)(10+2)×(1+1)=24

(4)(10-8)×7+10=24

(5)3×10-10+4=24

(6)3×7+2+1=24

大牧场主的牲口

有一位大牧场主已经很老了,有一天,他将所有的儿子和儿媳召集在一起,准备把自己的牲口全部分给他们。

大牧场主首先对大儿子约翰说:"你认为你能饲养多少头奶牛,你就可以拿走多少头奶牛。你的老婆南希也可以拿走剩下奶牛的 1/9。"

他又对第二个儿子萨姆说:"你不但可以拿走与约翰一样多的奶牛,而且还能多获得 1 头。你的老婆萨莉则可以拿走剩下奶牛的 1/9。"

大牧场主对第三个儿子也说了和上面一样

的话,第三个儿子拿到的奶牛比第二个儿子多 1 头,而其老婆也会拿到剩下奶牛的 1/9。对于其他儿子,大牧场主也一视同仁:和其年龄稍大的兄长所得的奶牛数相比,每人拿到的奶牛数都会多出 1 头,而每个儿子的老婆则可以拿到剩下奶牛的 1/9。

当最小的儿子将奶牛拿走之后,已经没有剩下的牛送给他的老婆了。于是大牧场主又说道:"马的价值是奶牛价值的两倍,我现在愿意将我所拥有的 7 匹马根据这样的原则分配,即每个家庭都可以分到相同价值的牲口。"

请问,大牧场主一共拥有多少头奶牛?他一共有多少个儿子?

【游戏正解】

大牧场主一共有 7 个儿子,56 头奶牛。大儿子拿了 2 头奶牛,他老婆拿了 6 头奶牛;二儿子拿了 3 头奶牛,他老婆拿了 5 头;三儿子拿了 4 头奶牛,他老婆也拿了 4 头奶牛。这样依次类推,直到最后,七儿子拿到 8 头奶牛,但是奶牛已经全部分光了,他的老婆已经无牛可分了。奇怪的是,现在每个家庭都分到了 8 头奶牛,因此每家可以再分到 1 匹马。这样一来,7 个儿子都分到了价值相等的牲口。

一群羊

中国古代数学书《算法统宗》有这样一道题目:甲赶群羊逐草茂,乙拽肥羊一只随其后,戏问甲及一百否?甲云所说无差谬,若得这般一群凑,再添半群小半群,得你一只来方凑,玄机奥妙谁参透?

翻译成白话文是这样的:牧羊人甲赶着一群羊来到一片青草茂盛的地方,而牧羊人乙手牵着一只肥羊跟在牧羊人甲的后面。乙走上前,开玩笑似地对甲说道:"你的羊满 100 只了吗?"甲回答:"满100只了,但是有一个前提,就是先往我这群羊里再添进同样多的一群羊,然后再添进半群的1/4群,再将你的这一只也添进去,这样就能凑满100只了。"

请问,这群羊究竟有多少只呢?

【游戏正解】

如果不加进乙的一只肥羊,那么总数只有99只,而且这个时候的总数等于羊群原来只数的1倍、再加、再加1/2倍和1/4倍,所以这群羊的只数是:99÷(1+1+1/2+1/4)=36,即这群羊总共有36只。

九百九十九文钱

中国古代数学书《算法统宗》中有一道用歌谣形式写成的算术题:九百九十九文钱,甜果苦果买一千。四文钱买苦果七,十一文钱九个甜。甜苦两果各几个?请君布算莫迟延!

这首歌谣翻译成白话文是这样的:现有999文钱,买一种甜果与一种苦果,两种水果一共买了1 000个。其中苦果的价钱是4文钱可以买7个,甜果的价钱是11文钱可以买9个。

请问,999文钱一共买了多少个甜果,多少个苦果?

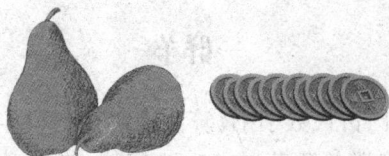

【游戏正解】

我们可以先假定1 000个买的全是甜果。因为每9个甜果需要付11文钱,所以买1 000个甜果,需要付的钱数为:$11/9 \times 1000 = 11000/9$(文)。甜果比较贵,苦果相对便宜一些,全买甜果多花的钱为:$11000/9 - 999 = 2009/9$(文)。

要想将多花的这些钱省下来,就必须拿出一部分甜果将同样个数的苦果换过来。每拿一个甜果换回一个苦果,节省的钱数为:$11/9 - 4/7 = 41/63$(文)。因此需要换回的苦果数为:$2009/9 \div 41/63 = 2009/9 \times 63/41 = 343$。还剩下的甜果数为:$1000 - 343 = 657$。

因此,999文钱一共买了657个甜果,343个苦果。这时,买甜果的钱为803文,买苦果的钱为196文,加起来刚好是999文。

短时记忆游戏

请看下面的测试表:

972　　641　　183
3485　　2730　　3750
91406　　85943　　79625
516927　　706294　　523647
3067285　　1538796　　3865241
58391024　　29081357　　27593869
2164089573　　4790386251　　08642671903
45382170369　　4790386215　　0846271903
987032614280　　541960836702　　726149258031

上面是任意排列的3~12位数的数字表,请一位同学在一旁协助,帮你将这张数字表的每一组数字说出来,从位数少的一直到位数多的数字,同学每读完一组数字,你都要紧跟着在后面进行复述。可以先从4位数开始,如果通过了,那么就试5位数字,6位数字……直到你复述某一长度的数字时出现了错误,又或者不能复述为止。

【游戏正解】

略。

扑克牌的点数

把下述20张面目各异的扑克牌的点数在8分钟之内记住,并且还要记下它们的顺序,换句话说,即使将方块7记住了也不行,还要记住它的位置排在第五位。

1. 黑桃Q	11. 方块5
2. 方块8	12. 方块6
3. 红桃3	13. 黑桃3
4. 梅花J	14. 红桃6
5. 方块7	15. 梅花K
6. 黑桃A	16. 黑桃2

7. 红桃 K　　17. 方块 4

8. 梅花 9　　18. 梅花 7

9. 方块 9　　19. 红桃 J

10. 黑桃 J　　20. 方块 Q

【游戏正解】

略。

20 种商品价格

把如下 20 种商品及其价格在 5 分钟之内记住,然后用一张纸将这些商品的价格盖住,接着在纸上面写下你能记住的价格数。

钢笔	8.3 元	冰箱	2 500.00 元
皮鞋	210.00 元	笔记本	2.80 元
苹果	8.00 元	手套	14.00 元
蛋糕	16.90 元	电脑	7 400.00 元
运动衣	39.00 元	手表	270.00 元
窗帘	17.60 元	蔬菜	5.80 元
洗衣机	700.00 元	月历	37.00 元
帽子	27.00 元	书包	18.00 元
围巾	34.00 元	台灯	52.00 元
教科书	11.00 元	沙发	1 700.00 元

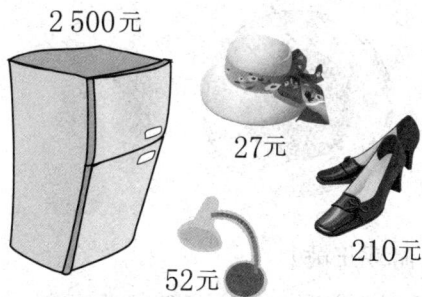

2 500 元

27 元

52 元

210 元

【游戏正解】

略。

陶渊明的算术题

中国晋代著名的大文学家陶渊明曾经发明过这样一道数学题:

每只公鸡价值五文钱,每只母鸡价值三文钱,每三只小鸡价值一文钱。某人身上带了 100 文钱,准备买 100 只鸡。请问,在 100 只鸡里面,公鸡、母鸡、小鸡分别有多少只?

【游戏正解】

我们可以先设公鸡为 x 只,母鸡为 y 只,小鸡为 z 只,这样便可以列出一个方程组:

$$5x + 3y = 100$$
$$x + y + z = 100$$

由于 x、y、z 必须是正整数,因此有三种可能:

公鸡 4,母鸡 18,小鸡 78;

公鸡 8,母鸡 11,小鸡 81;

公鸡 12,母鸡 4,小鸡 84。

默写记忆中的数字

对下面的数字进行注视,每行花 20 秒钟加以记忆,然后将其盖上,再从下向上记忆,并在纸条上写下来。必须清楚的是,数字和时间都是从左到右的,但是在写的时候,一定要从右到左。

(1) 3,9,7

(2) 4,2,1,10

(3) 6,3,4,9,0

(4) 8,5,3,9,10,8

(5) 10,8,7,3,9,4,6

(6) 386

(7) 6 603

(8) 70 394

(9) 634 597

(10) 8 000 672

在一列数字中,倘若记错了一个数字,那么就打 ×,反之,则打 O。每打一个 O,就能够获得 0.5 分。满分 20 分。

A. 16 ~ 20,特别优秀。

B. 11 ~ 15,优秀。

C. 8 ~ 10,普通。

D.6~7,稍劣。

E.0~5,十分低劣。

【游戏正解】

略。

《西游记》中的倒数诗

中国古典名著《西游记》中有一首诗:十里长亭无客走,九重天上观星辰。八河船只皆收港,七千州县尽关门。六宫五府回官宰,四海三江罢钓纶。两座楼头钟鼓响,一轮明月满乾坤。

这首诗从十、九、八、七,一直说到六、五、四、三、二、一。根据我们现在数学里面的习惯,把诗中的各个数用阿拉伯数字写出来,按照顺序依次排成一串,便可成为10、9、8、7、6、5、4、3、2、1。

现在做一个数学小游戏:用这10个数字,不打乱它们的顺序,添加适当的数学符号,组成10个算式,使他们的计算结果分别等于10、9、8、7、6、5、4、3、2、1。

【游戏正解】

其实,满足条件的算式有很多,下面列出其中的一组:$10+9-8-7+6+5-4-3+2\times1=10$;$(10+98+76)\times5\div4\div(3+2)+1=9$;$(10+9+8-7)\times6\div5\div4+3-2+1=8$;$(109-87)\div(6+5)+4+3-2\times1=7$;$(10+9+8-7-6)\times5-43-21=6$;$(10+9+8+7+6)\div5-4\div(3-2)+1=5$;$10\times9-87+65-43-21=4$;$(109-8+7)\div6-54\div3+2+1=3$;$(109+87-6)\div5-4-32\times1=2$;$(10\times9-87)\div(6\times54-321)=1$。

最古老的数学题

下面是一道世界上最古老的数学趣题:

有7间房子,每间房子里面都养有7只猫;在这7只猫里面,不管是哪一只,都可以捕获7只老鼠;而在这7只老鼠中,每只都会将7个麦穗吃掉;倘若每个麦穗都可以将7颗麦粒剥下,

那么请问,将房子、猫、老鼠、麦穗、麦粒都加在一起,一共会有多少呢?

【游戏正解】

总数是19 607。房子有7间,猫有$7^2=49$只,鼠有$7^3=343$只,麦穗有$7^4=2$ 401个,麦粒有$7^5=16$ 807颗,全部加起来为$7+7^2+7^3+7^4+7^5=19607$。

燃烧的蜡烛

由于保险丝烧断了,房间里面的电灯忽然之间熄灭了。格林把书桌上备用的两支蜡烛点燃,在烛光下继续学习,直到电灯修好。第二天,有人需要知道昨晚断了多长时间的电。格林当时却没有注意断电是什么时候开始的,也没有注意来电是什么时候,此外,蜡烛的原始长度也不太清楚。格林只记得两支蜡烛的长度是一样的,只是粗细不一样。其中,粗的那支蜡烛完全用完的话,可以用上5个小时,而那支细的蜡烛需要4个小时。两支蜡烛都是经格林点燃的新烛。然而,昨晚那支蜡烛的剩余部分,家里其他的人已经把它扔掉了,所以格林已经找不到了。家里人说,只记得两支蜡烛长度不同,一支残烛的长度大概相当于另一支残烛的4倍。

根据上面所说的资料,你可以将蜡烛点燃的时间推算出来吗?

【游戏正解】

为了更容易把这个问题解答出来,我们需要列一个简单的方程式。点燃蜡烛的小时数可以用X表示。对于粗蜡烛,每小时可以烧掉其长度的1/5;对于细蜡烛,每小时可以烧掉其长度的1/4。所以,粗蜡烛残余部分的长度应为$1-X/5$,细蜡烛残余部分应为$1-X/4$。我们已经知道,两支蜡烛的长度是一样的,并且知道粗蜡烛残余部分是细蜡烛残余部分的4倍,即$4(1-X/4)$等于粗蜡烛残余长度$1-X/5$。解方程式,得$X=3.75$(小时)。因此,两支蜡烛各燃了3小时45分钟。

鸡和狗

汤米的家里承包了一个农场,主要养鸡和狗。一天,汤米的母亲想让汤米计算一下家里的鸡和狗的数量,看看最近有没有因为疏忽而损失了财产。由于汤米缺乏经验,最终计算出农场有 15 个头和 38 条腿。

但在回答母亲的时候,汤米怎么也回答不出有多少只鸡,多少条狗。

请问你可以帮助汤米计算出鸡和狗的数目吗?

【游戏正解】

农场里有 4 只狗,11 只鸡。因为有 15 个头,所以至少有 30 条腿。然而,汤米计算总共有 38 条腿,也就是比最少的数多了 8 条腿,因此,多出的 8 条腿必定是狗的。8 除以 2 便是四条腿动物的数量。由此得出,狗的数量是 4。

篮中的李子

古代数学经典《九章算术》里面有一道题,题目大义如下:有若干个李子在一只篮子内,第一个人取出全部李子的一半又一个,将它们给第二个人,又取出最后所余的一半又三个李子,将它们给第三个人,最后,篮子里面便空无一物了。

请问,篮子内原本有多少个李子?

【游戏正解】

篮子内原本有李子 30 个。

$3 \div 1/2 = 6$(个);

$(6/1) \div 1/2 = 14$(个);

$(14 \text{ 加 } 1) \div 1/2 = 30$(个)。

限价买书

暑假的一天,泰勒与爸爸来到书店。泰勒

对 6 本书很感兴趣,每本书的单价如下:3.1 元,1.7 元,2.0 元,5.3 元,0.9 元和 7.2 元。但是很不巧,泰勒爸爸的身上只有十几块钱。为了让泰勒在暑假中过得愉快,爸爸仍然决定买书,但是他提出了一个条件,让泰勒从 6 本书中选出若干本,从而让单价相加所得的和与 10 元最接近。

请问,泰勒应该如何解决这个问题?

【游戏正解】

$10(+ \text{或} -)0.10 = 2.00 + 0.90 + 7.20$。

$10(+ \text{或} -)0.10 = 1.70 + 2.00 + 5.30 + 0.90$。

$10(+ \text{或} -)0.10 = 3.10 + 1.70 + 5.30$。

鸡兔同笼

"鸡兔同笼",这是中国古代流行下来的一道很传统的数学题,具体如下:

(一)

鸡兔同笼不知数,

三十六头笼中露,

数清脚共五十双,

各有多少鸡和兔?

(二)

鸡兔同笼不知数,

头数相同已告诉,

知道脚共九十只,

请问多少鸡和兔?

【游戏正解】

（一）鸡22只，兔14只。鸡2脚，兔4脚，倘若36只全是鸡，还少了14双脚；当1只兔子被当作鸡算的时候，结果就会少1对，所以兔子应该为14只，鸡应该为36－14＝22只。

（二）鸡15只，兔15只。因为鸡兔的数目是相同的，所以可以将鸡和兔编成组，从而让每组各有1只鸡与1只兔，如此一来，每组各6只脚，一共有90只脚，应该有90/6＝15组，所以，鸡与兔都是15只。

偷衣服的游戏

米乐和贝克是双胞胎，他们进行了一场名为"偷衣服"的游戏。刚开始的时候，他们有着相同数量的衣服，后来米乐赢得了20件衣服，但最后他还是失去了自己2/3的衣服，最终的结果为，贝克的衣服是米乐的4倍。

请问本场比赛结束后，他们各自有多少衣服？

【游戏正解】

他们分别有40件和160件衣服。结果显示两人衣服总数是米乐所剩衣服的5倍。米乐只剩自己衣服的1/3。于是米乐本来衣服加上20件衣服后总数的2/3再乘以5就等于米乐本来衣服数量的2倍。

知识竞赛

学校进行了一场知识竞赛，要求参赛者回答30道选择题，每道题目都有3个选项。就每个参赛者来说，只要答对18道题目，就可以顺利过关。

就概率而言，即便随便回答，也可以答对10道问题，也就是1/3。

玛丽参加了这场比赛，对于其中9道题，她还算有把握，请问她能顺利过关吗？

【游戏正解】

玛丽过不了关。随便回答的概率要从没有把握的21道题目中计算，也就是那21道题中，按概率可以答对21/3＝7道，再加上有把握的9道，只能答对16道，不够18道，所以玛丽不能顺利过关。

中年人拜佛

一个虔诚的中年人去寺庙游玩。刚进寺庙的时候，他看到了一尊佛像，于是他把身上所有钱的一半加上1元钱放到了佛像下面的行善箱中；接着他又继续往前走，没走多久，又看到了一尊佛像，他又把身上所有钱的一半加2元钱放到了佛像下面的行善箱中；接着他又继续往前走，没走多久，又碰到了第三尊佛像，同样，他又把身上所有钱的一半加3元钱放到了佛像下面的行善箱中。最后，这个中年人的口袋中只有1元钱了。

请问刚开始的时候，中年人的口袋中有多少钱？

【游戏正解】

刚开始的时候，中年人的口袋中有42元钱。中年人没有给第三个佛像时，剩下的钱是（1＋3）×2＝8；中年人没有给第二个佛像时，剩下的钱是（8＋2）×2＝20；中年人原本的钱是（20＋1）×2＝42。所以，中年人的口袋里有42元钱。

两只山羊

在一片草地的中间，建有一间正方形的小房子，其边长约为6米。有一根木桩，立在房子外边南面墙的正中间。在这根木桩上，用绳子拴着一头山羊，以甲代之，绳子大概长12米。还有一根木桩，则钉在远离小房子的空草地上。在这根木桩上，也用绳子拴着一头山羊，以乙代之，绳子大概长11米。请问，在这两只山羊中，哪只山羊享受的草地面积要大一些？

【游戏正解】

山羊甲的活动范围可以分割为 5 个简单的部分：半径为 12 米的半圆，在小房子的南面；半径为 9 米的 1/4 圆，在小房子东面和西面各有一块；半径为 3 米的 1/4 圆，在小房子北面左右各有一块。

用 A 表示山羊甲活动区域的草地面积，π 表示圆周率，那么 $A = π×12÷2+2×π×9^2÷4+2×π×3^2÷4=117×π$（平方米）。又用 B 表示山羊乙活动区域的草地面积，那么 $B = π×11^2=121×π$（平方米）。由 117 < 121，得到 A < B，所以山羊乙吃草范围的面积较大。

虽然山羊乙的绳子要短一些，可是它周围的障碍物比较少，这样计算下来，自然是它的地盘要大一些了。

巧克力糖

很久很久以前，在黑眼睛客栈的一张桌子上，3 个旅行者正在吃饭。用完餐后，3 个人又点了一盘巧克力，并且准备平分。然而，巧克力糖还没有上来之前，他们就已经睡着了。第一个人醒来时，看到了桌子上的巧克力糖，于是吃了自己的那一份，然后又睡着了。没过多久，第二个人也醒来了，他也吃了认为属于他自己的那一份糖，接着很快就睡着了。没过多久，第三个人也醒来了，发现巧克力糖之后，他也吃了认

为属于他自己的那一份糖，接着又进入了梦乡。

那一夜，3 个人都在鼾声中度过去了。次日，服务员收走了盛有糖的碟子，这个时候，桌子上还剩下 8 块糖。

请问，桌子上原来有多少块巧克力糖？

【游戏正解】

我们可以通过反向思维从剩下的 8 块巧克力糖算起。由于桌上剩下的糖是第三个旅行者醒过来的 2/3，因此在他醒来的时候，桌上的盘子内一共有 12 块巧克力糖；同样一个道理，这 12 块糖是第二个旅行者醒过来时的 2/3，因此他醒来时，盘子里面一共有 18 块巧克力糖；同样，这 18 块巧克力糖是第一个旅行者醒来时的 2/3，这就是说，盘子里面原本有 25 块巧克力糖。

在市场上卖鸡

艾利和贝尔住在一栋楼上，她们每天都在市场上卖小鸡。贝尔每天可以卖 30 只小鸡，每 2 只 1 元钱，总共可以卖得 15 元。艾利每天可以卖 30 只，每 3 只 1 元钱，总共可以卖得 10 元。某天，艾利突然感冒了，于是请贝尔帮自己卖那 30 只小鸡。如此一来，贝尔一共带了 60 只小鸡去市场。贝尔决定每 5 只卖 2 元，总共能够卖得 24 元。结果，相比于两个人分别卖的时候所得的钱，这样卖居然少了 1 元钱。

请问，这里面到底出了什么事？

【游戏正解】

如果根据正常计算，艾利与贝尔分别会卖得 15 元和 10 元，一共是 25 元。当贝尔带着 60 只小鸡到市场上后，在每 5 只小鸡中，有 3 只是艾利的，有 2 只是自己的，这样直到将艾利的小鸡卖完；接着，贝尔开始卖自己剩下的 10 只小鸡。按道理来说，艾利自己的 5 只小鸡的价钱应为 2.5 元，但是在最后两笔交易中，她每次都损失了 5 角。所以，最后少了 1 元。

伪造的金币

著名的世界思维游戏俱乐部淘汰赛曾经选用过如下题目：

在桌子上放有 10 顶帽子，帽子上面标有 1~10 这几个数字，每顶帽子内都藏有 10 枚金币。这些金币看起来虽然非常逼真，可是有一顶帽子里面的金币却是伪造的。真正的金币，每个重量为 10 克。为了方便比赛者，组委会特意给他们提供了以克为单位的秤，然而，每个参赛者只可以使用一次，但是，可以通过这次机会把他们所希望秤的金币的数量放在秤上。

根据上述情况，你可不可以猜出是哪个帽子内装了伪造的金币？

【游戏正解】

参加比赛的人先从 1 号帽子取 1 枚金币，从 2 号帽子取 2 枚金币，从 3 号帽子取 3 枚金币，依此类推。在此之后，他们便会将这 50 枚金币放在秤上称。倘若这 50 枚硬币都是真的话，它们的总重量会是 500 克；然而，由于其中 1 枚或多枚金币是伪造的，因此总重量必然会小于 500 克。把这个重量从 500 中减去之后的差，就是装有伪造金币的帽子的号码了。比如说，倘若伪造金币装在 6 号帽子里面，因为金币堆里面有 6 枚金币在这个帽子里面，所以秤上显示的总重量为 494 克。把 494 从 500 减去之后的差为 6，这便是装有伪造金币的帽子的号码。

失败的商业调查

火山芥末公司委托西尔威斯特的公司调查有多少人喜欢辛辣芥末，多少人喜欢清淡芥末。他们呈交上去的报告如下：

接受调查的人数：300 人

喜欢辛辣芥末的人数：234 人

喜欢清淡芥末的人数：213 人

既喜欢辛辣芥末又喜欢清淡芥末的人数：

144 人

从来不使用芥末的人数：0 人

火山芥末公司认真研究了这份报告，结果却让公司很生气，并立即解除了与西尔威斯特调查公司的合作关系，总数计算不正确是其中的主要原因。

请问，你能找出报告中的错误吗？

【游戏正解】

先分析一下调查结果：在喜欢辛辣芥末的 234 人之中，只吃辛辣芥末的有 90 个人（234 - 144 = 90）。在喜欢清淡芥末的 213 人之中，只吃清淡芥末的有 69 个人（234 - 144 = 69）。

这就说明有三类人群：只吃辛辣芥末的有 90 人；只吃清淡芥末的有 69 人；既吃辛辣芥末又吃清淡芥末的有 144 人，一共有 303 人。然而在报告上，却说接受调查的只有 300 个人。

赚了还是赔了

加尔文·克莱尔特在 20 年前开了一间古董店，一直以来，他都将两尊小雕像摆在橱窗的前面，以此炫耀自己的收藏成就。就在上个星期，这两尊小雕像依旧摆在橱窗的前面。然而两天之前，加尔文以 198 元卖掉了第一尊雕像，赚了 10%，然后又将第二尊雕像以 198 元卖掉了，这次却赔了 10%。

请问，加尔文在这两个雕像交易中是赚了，还是赔了？

【游戏正解】

在这两个雕像交易中，加尔文赔了 4 元钱。在第一尊雕像交易中，加尔文赚了 18 元（198 元除以 11 就是 10% 的利润）。然而，在第二尊雕像交易中，加尔文却赔了 22 元（198 元除以 9 就是 10% 的损失）。这样，用赔的 22 元减去赚的 18 元，就能够算出损失的钱了。

分西瓜

某校某班准备办一个夏夜乘凉晚会,于是买来了很多西瓜。班主任阿瑟老师对同学们说:"今天学校特意买来了大量的西瓜请同学们吃。在吃之前,我们必须切西瓜,我就以切西瓜为名,请同学们做一道数学题。规定是这样的,切西瓜的时候,只可以竖切,不能横剖。同学们一定要注意,切一刀最多只能分成两块,切2刀最多只能分成4块,那么切3刀、切4刀、切5刀、切6刀最多可以分成几块呢?倘若有规律,请同学们将这个规律找出来。"阿瑟老师刚把话说完,下面的同学们就七嘴八舌地讨论起来了。关于这场讨论,你是不是也想参加呢?

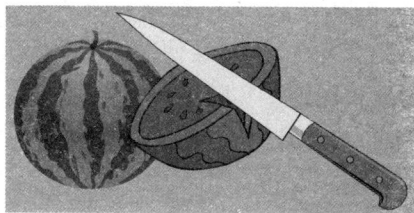

【游戏正解】

分割圆的时候,切的刀数与最多可分的块数之间有如下的规律:切n刀时,最多可分成:(1+1+2+3+……+n)块。经整理,可归纳成公式:$(n^2+n+2) \div 2$,其中,n表示切的刀数。

哪家公司薪水高

如果单从招聘启事来看,玫瑰公司和紫罗兰公司的待遇在很多方面都是一样的,只在以下两项略有不同之处:

玫瑰公司:a. 半年工资50万元;b. 工资每半年增加5万元。

紫罗兰公司:a. 年工资100万元;b. 工资每年增加20万元。

在这两家公司中,琼斯先生想到待遇比较优厚的公司工作,所以,他将会选择哪家公司?去该公司工作,将比他去另一家公司每年多收入多少元?

【游戏正解】

琼斯先生应该选择玫瑰公司,去这家公司就职,将比去紫罗兰公司每年多收入5万元。

事实上,只要将两个公司每年的收入计算出来,便可以一清二楚了。

第一年:玫瑰公司:50万元+55万元=105万元;紫罗兰公司:100万元。

第二年:玫瑰公司:60万元+65万元=125万元;紫罗兰公司:120万元。

第三年:玫瑰公司:70万元+75万元=145万元;紫罗兰公司:140万元。

下面的都可以依此类推。由此可知,到玫瑰公司工作,每年都可以多收入5万元。

保险箱的密码

上世纪初,在一个大厅里面,放有一个存有很多珍贵物品的保险箱,它被采取了非常严密的保护措施。这个保险箱的主人叫泰门尼·奥谢,虽然他很富有,可是记性非常的差。他这一辈子总是记不住自己保险箱的密码。保险箱的密码由三个数字组成,泰门尼·奥谢通常都是利用贴在保险箱上的线索来提醒自己的:

第一个数字与3相乘所得结果中的数字都为1;第二个数字与6相乘所得结果中的数字都为2;第三个数字与9相乘所得结果中的数字都为3。

如果保险箱的窃贼读过书的话,那么他就很有可能将这些线索变为现金。

请问你能将这几个数字依次呈现出来吗?

【游戏正解】

37 - 37 - 37。这几个数字计算如下:37×3=111;37×6=222;37×9=333。

螺钉与垫圈

某个星期天,哈里来到托特勒尔零件铺。在那里,有一个祖父遗留下来的托特勒尔的天平,哈里玩了一会儿就发现:3个螺母加上1个螺钉等于 12 个垫圈的重量；1 个螺钉等于 1 个螺母加上 8 个垫圈的重量。

根据这些信息，哈里想出了一个问题：到底多少个垫圈的重量与 1 个螺钉的重量一样？

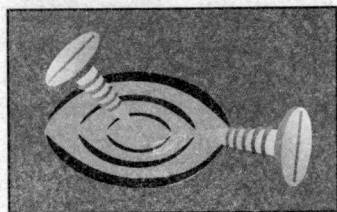

【游戏正解】

9 个垫圈等于 1 个螺钉的重量。

买卖房子

有一个家庭花了 12 万元买了一套房子，住了两个月之后，由于工作的原因，他们必须离开这座城市，于是以 13 万元卖了这套房子。半年过去了，因为工作关系，他们又重新回到这座城市。他们把以前的房子又买了回来，一共花了 14 万元。没过多久，他们便决定买一套大一点的房子，于是又以 15 万元的价钱把先前那套房子卖了出去。

请问，这个家庭在买卖房子的过程中，究竟是赚了还是赔了，或是既没有赚，也没有赔？倘若是赚了或赔了，那么具体金额是多少？

【游戏正解】

赚了 2 万。

消失的 10 元钱

有三个大四的学生，她们打算考会计从业资格证。她们便在校外报了一个会计培训课程冲刺辅导班，每人各交了 100 元钱，这 300 元钱交到课程顾问后，又交到了会计那里。会计找回了 50 元钱，在返回的中途，课程顾问私吞了 20 元钱，只将 30 元钱还给了他们。

三人平分 30 元钱，每人收回 10 元钱，合计每人各付了 90 元钱，加在一起一共 270 元钱。再将课程顾问私吞的 20 元钱加上，总共 290 元钱。为什么和付账的钱对不上呢？

请问究竟是哪里出了问题？

【游戏正解】

其实与付账吻合。开始的时候，三个人拿

出了 300 元钱，后来又退回了 30 元钱，其结果是 3 人共交了 270 元钱。

古董商

加尔文·克莱克伯尔是一个古董商，有一天，他在商店里买了一个铁铸的喷水龙头。这个喷水龙头的上面是一只鳄鱼，它的嘴巴里面含着一条鱼。为了这件绝妙的艺术品，加尔文预先支付了 90% 的"账面"价值。次日，一个收藏家看到这个铁铸的喷水龙头之后，想将其买下，愿意支付高出它 25% 的费用。加尔文听到这样优厚的条件，毫不犹豫地答应了。如此一来，在这笔交易中，加尔文便净赚了 105 元。那么，你可以根据这些实际情况，将这件诱人的古玩的账面价值推算出来吗？

【游戏正解】

古玩 90% 的账面价值和其 125% 的账面价值，两者之间相差了 35%。由于 35% 相当于 105 元，因此 1% 就是 3 元，如此便可以推算原账面价值为 300 元。

分苹果和抢苹果

杰克逊和马丁内兹是一对好朋友，有一天，他们两个人来到一个苹果园。苹果园中标示出了一个严格的规定，即在回家的路上，凡是摘下来的苹果，都必须重新分配一次。比如说，只要碰到一个人，就必须把一半的苹果分给这个人。

在回家的路上，杰克逊第一次碰到的是一位老人，这是一个非常贪心的老顽童。杰克逊很自觉地将自己摘的苹果分给了老人一半，但是老人得到那份苹果后，依然不知羞耻地从杰克逊手中抢走了一个苹果！

接着,杰克逊又碰到了另一个人,杰克逊又自觉地分给了他一半苹果。分完之后,这个人也和前面那位老人一样,也从杰克逊的手中抢走一个苹果。之后,杰克逊又碰到了三个人,他们每个人都从杰克逊手中分到了一半苹果,并且都额外抢走了一个苹果。

和马丁内兹相遇的时候,杰克逊手中只剩下一个苹果了!杰克逊十分无奈地对马丁内兹说:"这一路上,一共碰到了五个人,苹果都被他们分去和抢去了!"

马丁内兹觉得十分奇怪,便向杰克逊问道:"那么你一共摘了多少个苹果?他们每个人又各自拿走多少个苹果呢?"

杰克逊说:"我不太清楚,反正现在我手上只有这一个苹果了!"

请问,这五个人分别从杰克逊手中拿走了多少个苹果?

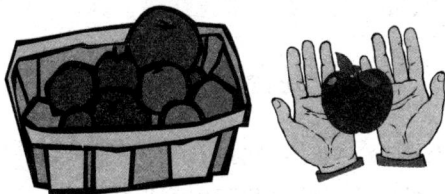

【游戏正解】

只要运用数学里的数列关系倒推原理,就可以知道他们每个人拿走了多少个苹果。其上一个拿走的苹果数量就是杰克逊手中余下苹果的个数乘以2再加1。根据这个规律,就可以推知他们依次拿了48个、24个、12个、6个、3个苹果。

工人种树

富勒和怀斯都在市政园林工作。某天下班时,工头给他们布置了第二天的工作,次日早上到一条东西方向道路的南北两边种树。由于要求道路两边种的树棵数必须一样,因此富勒和怀斯商定好了,一个人负责一边。

第二天,富勒很早就从床上爬起来了,他来到道路北边开始种起树来,当他刚刚种完第三棵树的时候,怀斯也过来了。看到富勒种自己这边的树,怀斯生气地说:"你怎么到我这边种

呢?你不是负责种道路南边的树吗?"富勒自觉理亏,只好走到南边从头种起。怀斯很快就种完了北边的树,看到富勒还未种完,回忆起刚才富勒给自己种了3棵树,于是便走到南边帮富勒种起树来了。当怀斯在南边种完第六棵树的时候,南边的树终于全部种完了。

请问,怀斯比富勒多种了几棵树?

【游戏正解】

一般人都会回答是3棵,其实这一答案是错误的。我们可以先设道路两边要种 A 棵树。富勒最先在左边种下了 3 棵,然后,怀斯把富勒赶到南边种树去了,北边还剩下的 A − 3 棵没有种,这些都由怀斯种完了。这时候,怀斯想起富勒都过自己,于是又走到南边帮富勒种了 6 棵树。因此,怀斯一共种了 A − 3 + 6 = A + 3 棵。而富勒则一共种了 3 + (A − 6) = A − 3 棵。因为 (A + 3) − (A − 3) = 6,所以怀斯比富勒多种了 6 棵树。

下一次聚会

A、B、C、D、E、F、G 七个年轻人经常在一起玩,他们是非常好的朋友。这七个人有一个相同的习惯,即每周都会到同一家餐厅进餐。然而,这七个人每周去餐厅的次数并不相同,A 每天都会去餐厅吃饭,B 每隔 1 天才会去餐厅吃一次,C 每隔 2 天才会去餐厅吃一次,D 每隔 3 天才会去餐厅吃一次,E 每隔 4 天才会去餐厅吃一次,F 每隔 5 天才会去餐厅吃一次。其中,G 去餐厅吃饭的次数最少,每隔 6 天,才会去餐厅吃一次。

2 月 29 日,他们七个人都来到餐厅,相互打

招呼之后,便愉快地聊起了天,对于下一次全体聚会的情景,他们都有着憧憬。然而,要经过很长一段时间,他们才可以重新聚在一起。请问,他们下一次聚会的具体时间是?

【游戏正解】

要想将这七个年轻人下次在餐厅见面的时间确定出来,首先要将他们每次要隔多少天才能在餐厅碰面的天数确定出来,这个天数加1必须可以被1~7之间的全部自然数整除,而1~7之间的全部自然数的最小公倍数为420,因此这7个人每隔419天才可以在餐厅重新相聚。由于这次他们见面的时间是2月29日,可以知道这一年是闰年,那么第二年的2月份便只有28天,接着便可以推算出,第二年的4月24日,便是他们下次在餐厅相聚的日子。

飞镖游戏

有一种新的飞镖游戏,其规定是这样的:每一回合的总分必须是质数,这样才可以列入记录。

在每一个回合中,凡是参加比赛的人都可以掷3支飞镖,每支飞镖可能得到的分数则是1,2,3……20,或者是这些分数的2倍或3倍。倘若飞镖把"内圈"射中,那么可以得到25分;倘若将靶心射中,则可以得到50分。倘若飞镖没有射到靶盘,那么就只能算0分了。

比如说,在某一回合的比赛中,3支飞镖分别将3倍20、2倍12和5分射中了,那么总分就是89分,由于是一个质数,所以可以列入记录。倘若每支飞镖都把3倍30射中了,即便总分达到了180分,可是由于不是质数,因此也不能算进去。

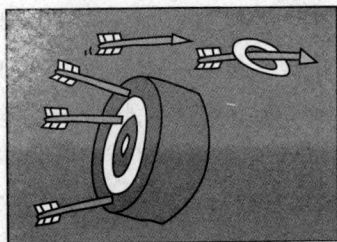

请问,三种可被列入记录的最高总分分别

是多少?最少要过几个回合才可以达到501的总分?倘若比赛必须掷出"2倍"分数后才可以结束,那么参加比赛的人要想获胜,最少需投掷几支飞镖?

【游戏正解】

三种最高的分数分别是167 = 3倍20 + 3倍19 + 靶心,157 = 靶心 + 靶心 + 3倍19,151 = 3倍19 + 3倍18 + 2倍20。由于501 = 3×167,所以最少需要3个回合就能够得到501分。当然,要想获得这样高的分数,玩的人必须是一位高手。

倘若飞镖射中2倍分数区后才能结束比赛,那么在这一回合就无法得到167分,所以就需要进行第五回合。倘若第四回合的分数为质数,那么它必定是奇数,这样一来,第五回合的得分也必须是一个奇数;又因为在第五回合中,只有得一个2倍分数才可以结束,所以在第五回合中,最少也要掷出2支飞镖。

混合卖苹果

有两个人A、B,他们在街上摆摊卖苹果,A 3个苹果售价10元,B 2个苹果售价10元。下午四点钟,他们各剩下30个苹果。这个时候,两个人都有一些私事要处理,因此把卖苹果的事托给一个朋友卖,他们则各自出去了。

那个朋友觉得把便宜的和贵的分开来卖特别麻烦,于是就把3个便宜和2个贵的组成一组,每组5个共卖20元,结果剩下的60个苹果卖出了240元。

但是A、B两人回来后,A每3个卖10元,所以向他要了100元,而B每2个卖10元,所以向他要了150元。这是很正常的事,但事实

上,这位朋友只收到了 240 元,还少了 10 元钱。

请问,这究竟是哪里出了问题?

【游戏正解】

方法上并没有出现明显的错误,但是 3 + 2 = 5 这样组成一组,要卖 60 个,只有组成 10 组才能卖掉。那时候,早已经卖完了便宜的苹果,剩下的 10 个苹果都是贵的。如果依然按照 5 个 20 元来卖,那么这种失误必然损失 10 元钱。

分数演绎

有一个镖靶,经过简化之后,其盘上只有两个区域,射中外圈可以得到 4 分,射中内圈可以得到 11 分。参赛者根据次序投掷飞镖,哪个人累积起来的总分率先达到预定分数,最后的赢家就是他。

有一次,凯蒂和海伦玩这个游戏,玩了一段时间,他们就发现了一个问题,无论怎么玩,某些分数都不可能达到,比如 21 分。于是两个人在桌子旁坐下,拿出纸和笔,推算无法达到的分数到底有哪些。结果凯蒂和海伦发现,只有将某一个分数超过了,那么才能达到任何一个分数。因此,凯蒂和海伦约定以后再玩的时候,所设定的目标分数必须大于这个分数。

请找出无法达到的所有分数。

【游戏正解】

在 11 分之内,只有 4 的倍数可以达到。当然,11 与 12 也可以。如果 13 可以,那么它必须等于先前可能达到的分数加 4 或加 11。但是 13 − 4 = 9,13 − 11 = 2,9 与 2 都是不可以的。同样一个道理,14 也是不可以的,但是 15 是可以的,因为 15 − 4 = 11。继续根据这一方式推算,可以证明 29 是无法达到的,但之后的 4 个连续分数 30、31、32、33 都可以达到,因此 34、35、36、37 也可以达到,因为 34 = 30 + 4,35 = 31 + 4,36 = 32 + 4,37 = 33 + 4。所以用归纳法推论,任何一个大于 29 的分数都可以达到,而 1、2、3、5、6、7、9、10、13、14、17、18、21、25、29 则不可以达到。

追寻草帽

兄妹二人在一条小河里面划船,突然刮起一阵风,将草帽吹到了河中,但是兄妹二人竟然没有发觉。他们就这样一直逆流划着船,当离开草帽 3 千米的时候,兄妹俩才发现草帽不见了,这个时候刚好是下午 1 点半。兄妹二人立即掉过船头,顺流而下去追寻帽子。如果船速是每小时 6 千米,水流速度是每小时 2 千米,那么他们追到草帽的时候,应该是几点钟了?

需要注意的是,水流速度对小船与草帽的作用是相同的。一旦把这个问题抓住了,那么就可以迎刃而解了。

【游戏正解】

水的速度不予考虑,在距离草帽 3 千米的时候,小船便开始回过头来进行追赶,船的时速是 6 千米,只需要半个小时,也就是下午 2 点钟的时候,就可以将草帽追回来。

潜在的利润

有一个文具店的老板,从城里的批发部进了一批金笔与银笔,两种笔的数量相同。其中,银笔有两种,一种是商务品,一种是纪念品,并且两种银笔都是成对的,只能成对出售。

已知金笔的进价为 200 元一只,银笔的进价为 100 元一只。这些文具的零售价要比购进价高出 10%。当这些金笔与银笔卖到只剩下七只的时候,店主算了一下账,结果发现,目前出售这些文具所获得的钱,刚好等于购买这些文具所付出的钱。也就是说,这笔生意潜在的利润,就是余下七只还没有售出的文具的零售价的总和。

请问,店主在这笔生意上潜在的利润大约是多少?

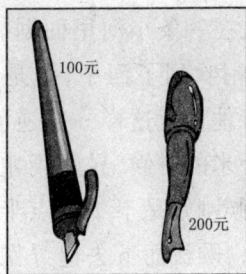

【游戏正解】

设 x 为店主购进的金笔数目,它同时也是银笔的数目。设 y 为七只还没有售出的文具中金笔的数目,因此在还没有售出的文具中银笔的数目为 $7-y$,已经售出的金笔的数目则为 $x-y$,已经售出的银笔的数目则是 $x-7+y$。根据 $300x=330x-110y-770$,得到 $y=5$。所以利润是 1 320 元。

拿纸牌的方法

有一道题目:在桌子上随意拿三张纸牌,不用考虑顺序,那么有几种办法可以使拿到的三张牌牌面的数字之和等于9?

你知道有几种办法吗?

【游戏正解】

一共有三种不同的拿牌方法。首先,由题意可知,要求三张牌上面的数字之和等于9,不用考虑顺序。因此9与9以后的都无须考虑了。前面的可以符合要求的组合有 $1+2+6$;$1+3+5$;$2+3+4$。

多人游戏

给每个人发一张长方形的白纸,然后每个人把手中的长方形白纸分成八个小方块,并在上面写上数字。然后按照下面的要求做游戏:

1. 把这张白纸折成一叠,并且让这叠纸分成8层,每层的正面或反面都画有小方块,上面写有不同的数字。

2. 要求这叠纸的小方块上面的数字从上至下为 1~8。

3. 第一张小方块上写有数字"1"的一面一定要朝上。

【游戏正解】

把这张纸面朝下背朝上放平,从而让这8个数字的位置是:23651874,然后把右半部分折叠到左半部分上,使得5在2上,6在3上,4在1上,7在8上;再把下半部分折叠起来,使得4在5上,7在6上;接着,把4和5捏在一起,左至右折叠在6和3之间;最后,右半部分折叠在左半部分之下。

偷分野果

三个探险家带着一只猴子到深山里去探险。走了很长一段时间,来到一座山上时,才发现自己迷了路。在那座山上,他们只发现了一种可以食用的物品——野果。他们开始收集野果,因为辛苦了一天,劳累过度,所以干完就睡着了,准备第二天早上起来再分配和食用野果。

晚上,其中一个探险家不知不觉从睡梦中醒来,他觉得肚子很饿,就将白天收集的野果分成了三堆,每堆数目相同,但是最后还是多出了一个野果,他想了一会儿,于是把这个多出来的野果丢到了猴子那边,让它吃了。分完之后,他便将自己的那份野果吃了,接着又去睡觉。没过多久,另外一个探险家也从睡梦中醒来,与第一个探险家一样,他也做了同样的事,最后同样将多出来的一个野果给了猴子。之后,第三个探险家也醒来了,他也做了和前面两个探险家同样的事,拿走了自己的一份,然后将多出来的一个野果给了猴子。

次日早上,三个探险家醒来,他们决定先将一个野果留给猴子,然后再把剩下来的野果分成三份。请问,他们原本一共收集了多少个野果?

【游戏正解】

设 N 为原先野果的总数，那么第二天早上每个探险家分到的野果数为 $F = (8N - 65) \div 81$，让 N 从 1 开始连续地取整数值，就能推算出使 N 为整数的最小的 F 值为 7，这样一来，便可以求得 N，即原先的野果总数为 79。

金发收银员

有一个金发碧眼的姑娘，长得非常美丽。她在一家超级市场工作，专门负责收款。几乎全部在收款处排队付款的顾客，都会惊叹于她的美丽。

金发姑娘对顾客说道："1 瓶番茄酱，1 磅香肠，"然后，姑娘轻轻地敲起计算机上面的键盘，深沉的"嗒嗒"声跟着发出来，接着，金发姑娘清脆地说道："27 便士！"声音是这样的悦耳动听！

"1 罐烤蚕豆和 1 瓶番茄酱，15 个半便士。"她的一双眼睛美丽如珍珠。

"1 罐蜂蜜，1 包泡泡脆，一共 28 个半便士。"她的十指修长而灵巧。

"1 包泡泡脆，1 罐烤蚕豆，请付 14 个半便士。"她笑起来如此迷人！

已经轮到我付钱了。

金发姑娘亲切地说道："请付 24 便士。"我一边举起帽子，向她致意，一边将手伸到口袋内四处乱摸，居然弄掉了找回的零钱，真是有点儿失态。之后我便摇摇晃晃地往门口走去，轻飘飘的，有点腾云驾雾的感觉。走到门口时，居然差一点被前面的一个胖女人绊倒。"等一下！"在我的耳边，那悦耳的、天使一样的声音又响起来了，"先生，你忘记拿你买的两样东西。"我茫

然地问道："我买的两样东西?"这时候，我才想起我确实买了两样东西，但究竟是哪两样，不管怎样，我都想不起来了。

你能帮我想一下我买了哪两样东西吗?

在这里说一下，我买的两样东西，就在上述几种食品之内。

【游戏正解】

泡泡糖 + 烤蚕豆 = 14.5 便士；烤蚕豆 + 番茄酱 = 15.5 便士；番茄酱 + 香肠 = 27 便士；蜂蜜 + 泡泡糖 = 28.5 便士。

倘若以香肠价格为参考值，那么蜂蜜 = 2.5 + 香肠；泡泡糖 = 26 − 香肠；番茄酱 = 27 − 香肠；烤蚕豆 = 香肠 − 11.5。通过计算，就能将各项食品的单价求出来：

[解一]泡泡糖:8.25 便士；烤蚕豆:6.25 便士；番茄酱:9.25 便士；蜂蜜:20.25 便士；香肠:17075 便士。

[解二]泡泡糖:9.5 便士；烤蚕豆:5 便士；番茄酱:10.5 便士；蜂蜜:19 便士；香肠:16.5 便士。

[解三]泡泡糖:11.5 便士；烤蚕豆:3 便士；番茄酱:12.5 便士；蜂蜜:17 便士；香肠:14.5 便士。

已知我总共付了 24 便士，因此买的是一包烤蚕豆和一根香肠；或者一包烤蚕豆与一罐蜂蜜；或者一瓶番茄酱与一盒泡泡糖。

调钟表

艾米丽亚由于腿部受伤了，所以走路很慢。某日早上，她发现客厅的闹钟停了，不知是什么时候停的，于是便把闹钟调到 7 点 10 分，当她回到卧室的时候，她看到墙上闹钟显示为 8 点 50 分，艾米丽亚又在卧室躺了一个半小时，然后又用同样的时间回到客厅。这个时候，客厅的

闹钟的时间是 11 点 50 分。

请问,这时艾米丽亚应该把时间调到几点?

【游戏正解】

11 点 55 分。在这个问题中,如果我们可以将从客厅到卧室所需要的时间求出来,那么就能确定艾米丽亚应该将时间调到几点了,因为艾米丽亚回到卧室的真实时间,就等于用 8 点 50 分加上一个半小时(90 分钟),再加上从卧室到客厅的时间。

已知艾米丽亚离开客厅的时间为 7 点 10 分,重返客厅时为 11 点 50 分,这之间的时间为 280 分钟,这 280 分钟包括艾米丽亚在卧室的 90 分钟和两次走路的时间。这样,两次走路的时间就是 190 分钟,那么从卧室到客厅所需要的时间就是 95 分钟。这样回到客厅的时间就是 8 点 50 分,加上 90 分钟,再加 95 分钟,当时的时间应该是 11 点 55 分。

四个海员

甲、乙、丙、丁是四个海员,他们是非常要好的朋友。某一年的 1 月 1 日,他们乘坐不同的轮船同一时间出海远航,分别时他们已经约好了,下一次四个人都回来的时候,大家再一起聚一次会。甲每隔 16 个星期才会回一次港,乙每隔 12 个星期才会回一次港,丙每隔 8 个星期才会回一次港,丁每隔 4 个星期才会回一次港。

请问,他们四个人下一次一起回港是在哪一天?

【游戏正解】

四个人回港日子的最小公倍数是 48 个星

期,所以,在 12 月 2 日那一天,他们便能一起回港了。

参赛人数

甲、乙两市组织了一次摄影大赛,有很多摄影作品通过各种方式被发送到了摄影比赛的组委会。组委会根据各方意见,选出了参加最后决赛的人选。现在知道的信息有:

1. 在决赛者中,有 40 人不是甲市的。

2. 在决赛者中,有 38 人不是乙市的。

3. 甲乙两市参加最后决赛的一共有 32 人。

请问参加这次摄影比赛决赛的摄影爱好者一共有多少位?

【游戏正解】

参加这次摄影比赛决赛的摄影爱好者一共有 55 人。由题意可知,有 38 人不是乙市的,有 40 人不是甲市的,那么 38 个不是乙市的人里面肯定有人是甲市的,40 个不是甲市的人里面肯定有人是乙市的。因此,既不是甲市也不是乙市的摄影爱好者的人数是:(40 + 38 − 32)/2 = 23(人)。所以最后参加决赛的人数是:32 + 23 = 55(人)。

卖鸡蛋

有两个妇女,她们一起来到市场卖鸡蛋。两个人的鸡蛋加起来有 100 个,然而各自的鸡蛋数并不相同,售价也不一样,但是她们最后卖得的钱数却相等。妇人甲对妇人乙说:"如果你的鸡蛋按我的售价去卖,我能卖得 15 个钱。"妇女乙则答道:"说得没错,可是你的鸡蛋按我的售价去卖,我就只能卖得 20/3 个铜板。"

请问,两个妇女原来各有几个鸡蛋?

【游戏正解】

设妇女乙的鸡蛋数是妇女甲的 n 倍。由于她们卖得的总钱数一样，所以可以说，妇女甲的鸡蛋售价是妇女乙的 n 倍。如果妇女乙的鸡蛋卖妇女甲的价，而妇女甲的鸡蛋卖妇女乙的价，这个时候，妇女乙卖得的钱数应是妇女甲的 n^2 倍。由此可以得出算式：$n^2 = 15 \div 20/3 = 9/4$，则 $n = 1.5$。也就是说，如果妇女甲的鸡蛋数为 1，那么妇女乙的鸡蛋数则为 1.5。所以，妇女甲有鸡蛋 $100 \div (1 + 1.5) = 40$（个）；妇女乙有鸡蛋 $100 - 40 = 60$（个）。

吃香蕉

妈妈从市场上买回来 7 根香蕉，罗格每天至少吃 2 根，吃完为止，请问罗格有多少种不同的吃法？

【游戏正解】

有七种吃法。第一种：2 根、2 根、3 根；第二种：2 根、3 根、2 根；第三种：3 根、2 根 2 根；第四种：2 根、5 根；第五种：5 根、2 根；第六种：3 根、4 根；第七种：4 根、3 根。

苹果的数量

某人有几个苹果，这些苹果中除了两个不是红色的，其他都是红色的；除了两个不是青色的，其他的都是青色的；除了两个不是黄色的，其他的都是黄色的。那么，这个人有多少苹果？

【游戏正解】

有 3 个苹果。红色、青色和黄色的苹果各 1 个。

被除数

倘若"？$\div 11 = 12 \cdots \cdots$？"那么，被除数最大

是几呢？

$$? \div 11 = 12 \cdots \cdots ?$$

【游戏正解】

被除数最大是 142。因为，除数是 11，所以余数最大是 10，因此被除数最大为：$12 \times 11 + 10 = 142$。

单数加双数

放学回家后，罗尼和宾斯一块儿看一本漫画书。罗尼指着书的页码说："你看，我们看的这页，它的左右两页的页码总和为 132。"一旁的宾斯听完，没有说话，拿起笔算了算，说道："你错了，左右两页的页码的和是 133。"

听到两个孩子争论不休，在厨房做饭的妈妈走了出来。看了看题后，肯定他们的这种坚持己见的做法，但也鼓励孩子们多动脑筋。听妈妈这么一说，两个孩子点点头。又仔细想了一下，得出了答案。刚刚的结果谁算得对？

【游戏正解】

书的右边都是单数页码，左边都是双数页码。右边的页码都会比左边的页码多 1 个。根据"单数 + 双数 = 单数"的规律，可以判断左右两页页码的和一定是单数。这会儿再看看谁对了？

奇怪的购货行为

因为一个老太太奇怪的购货行为，百货区的账目开始变得乱七八糟。但大家并没有指责这位老太太，售货员反而慢慢喜欢上她了。因为售货员已经将老太太的购买行为看成是在测验自己的数学能力。

某个下午，老太太又来到商店买东西。这一次，她买了几副鞋带，还买了相当于鞋带副数 4 倍的针钱包，以及相当于鞋带副数 8 倍的手帕。这些东西一共 3.24 元。已知买进每件东西所花的钱数，正巧和买进这些东西的件数相等。请问，这位老太太到底买了多少手帕？

【游戏正解】

假设老太太买了 a 副鞋带,那么她便买了 $4a$ 个针线包,$8a$ 块手帕,这些东西的平方和为 3.24 元。一计算,便可以得出 $a = 2$。因此,老太太买了 2 副鞋带,8 个针线包,16 块手帕。

三个人的牲畜

罗丁对艾克说道:"你的那匹马,我用 6 头羊换,这样一来,你的牲畜就是我的 2 倍了。"站在一旁的巴德则对罗丁说:"等等,我用 14 头猪换你一匹马,这样一来,你的牲畜就是我的 3 倍。"艾克则对巴德说道:"干脆我用 4 头母牛换你 1 匹马,这样一来,你的牲畜就是我的 6 倍了。"

从这三个人的话中,你可以判断出他们各自牲畜的数量吗?

【游戏正解】

罗丁有 11 头牲畜,艾克有 7 头牲畜,巴德有 21 头牲畜。

彩 灯

某酒店的外表用彩灯装饰,彩灯按照 5 盏红灯、3 盏蓝灯、7 盏黄灯的顺序循环出现,请问第 89 盏灯是什么颜色的? 前 200 盏灯中蓝色的有多少盏?

【游戏正解】

第 89 盏灯是黄色的。前 200 盏灯中蓝色的有 39 盏。

折报纸

将一张普通报纸对折,这很简单,但你可以将一张报纸对折 10 次以上吗?

【游戏正解】

不管纸张厚薄,要对折八九次就几乎不可能了。因为每对折 1 次,页数就会翻 1 倍。对折 1

次就成了 2 页,对折 2 次就是 4 页,对折 9 次就会有 512 页。一叠纸太厚就很难再对折了。

畜牧场的牛和羊

某畜牧场养的牛和羊共 439 只,卖掉 28 只羊,买进相同数量的牛,这时牛比羊多 21 只,这个畜牧场原来养了多少只牛和羊?

【游戏正解】

原来养牛 237 只,羊 202 只。

加减法

$1 - 2 + 3 - 4 + 5 - 6 \cdots\cdots 1991 + 1993 = ?$

【游戏正解】

结果等于 997。

剩下的页数

有些人在看书的时候,不知道爱护书籍。所以,图书馆的书总有这些现象,不是缺页,就是被乱画。前不久,图书馆又买回来一本 200 页的图画书。学生们借阅几次之后,管理员发现,图画书的 11 ~ 20 页被人撕去了,这本书现在还有 190 页。没过多久,管理员又发现,图画书的 44 ~ 63 页也被人撕去了。

请问,这本书现在还有多少页?

【游戏正解】

第二次撕下的是 44 ~ 63 页,实际上则是撕下了 43 ~ 64 页。换句话说就是,第一次撕下 10 页,第二次撕下 22 页,这本书最后还剩下 168 页。

长途运输卖胡萝卜

商人要到市场上去卖 3 000 根胡萝卜,他骑着一头驴穿越了 1 000 千米的沙漠。假设驴一次可以驮 1 000 根胡萝卜，但走 1 000 米就必须吃下 1 根胡萝卜。那么请问，商人走出沙漠后，还有多少根胡萝卜可以卖？

【游戏正解】

驴子最多可驮 1 000 根胡萝卜，可是每前进 1 千米就要吃掉 1 根。所以，当胡萝卜数小于 1 000 根时，就直接往终点每千米消耗 1 根；当胡萝卜数大于 2 000 根时，要驮 3 次，1 千米损耗 5 根胡萝卜；当胡萝卜数大于 1 000 根时，要驮 2 次，每千米损耗 3 根。

走完 200 千米时损耗 200×5＝1 000 根，余下 2 000 根；再走完 333 千米时损耗 333×3＝999 根，余下 1 001 根；剩下 1 001 根胡萝卜走 1000－200－333＝467 千米，但只能装 1 000 根。综合来看，最后剩下 1000－467＝533 根胡萝卜可卖。

求最小数

某数被 5 除余 2，被 6 除少 2，被 7 除少 3。请问这个数最小是什么？

【游戏正解】

最小是 172。

看报纸

四个人合买了一份报纸分着看，小刘已经看了 3 张，现在拿在手中的这一张上，左面标的是第 7 页，右面标的是第 22 页。请问，他还有多少张没有看？

【游戏正解】

在第 7 页前面有 6 页，在第 22 页后也有 6 页，所以这份报纸有 28 页，根据一般报纸的版式，每 4 页 1 张，所以一共有 7 张，因此小刘还有 4 张没有看。

狗崽

梅西奶奶非常喜欢狗，她养了 5 只母狗，每只母狗至少有 1 只狗崽，但都没有超过 5 只。请问，梅西奶奶所养的 5 只狗中是不是至少有两只狗有相同数目的狗崽？

【游戏正解】

是的。

分吃香蕉

A、B 两个人出一样多的钱买香蕉，每根 2 角钱，两个人一共买了 12 根，当 B 吃到第 5 根香蕉的时候，A 已经将 7 根香蕉吃完了。于是 A 对 B 说："和我相比，你多吃了 2 根香蕉，你应该还给我 4 角钱。"

请问，B 的要求公平吗？为什么？

【游戏正解】

不公平。其实，按理说每个人各吃 6 根香蕉，换句话说就是，A 只不过是多吃了 1 根香蕉，因此只需要给 B 2 角钱就行了。

隔着多少人

五年级某班一共有48名同学，做课间操时他们需要按大小个排成一队。从排头数起第14个是贝拉，从排尾数起第8个是吉米。请问贝拉与吉米中间隔着多少人？

【游戏正解】

隔着26个人。

妈妈的难题

妈妈对亚当斯说："这里有一个西瓜，你只能切4刀，要切成9块，最后吃完要有10块西瓜皮。你能想出来怎么切吗？"请帮亚当斯想想应该怎么切。

【游戏正解】

横向切两刀，纵向切两刀，这样就可以4刀切成9块了。吃完后有10块西瓜皮，因为中间的那块西瓜有两块西瓜皮。

捉鼠冠军是谁

猫村举行了一次捉鼠比赛，参加比赛的分别是黑猫、白猫、灰猫和花猫。最后，黑猫捉的老鼠数加上2，白猫捉的老鼠数减去2，灰猫捉的老鼠数除以2，花猫捉的老鼠数乘以2，数量刚好相等。请问捉鼠冠军是谁？它们分别捉到了多少老鼠？

【游戏正解】

捉鼠冠军是灰猫，它一共捉了20只老鼠。

黑猫捉了8只，白猫捉了12只，花猫捉了5只。

卡片上的数字

某日，老师拿出来一张写有三位数的卡片，正着让同学们看，颠倒后又让同学们看，结果都是一样的。请问卡片上写的是哪三位数？

【游戏正解】

卡片上写的是"111"或"888"。

喜迎世博会

"喜迎世博会"这5个字分别代表着5个不同的一位数数字。已知，喜迎世博会×4＝会博世迎喜。请问"喜迎世博会"这5个字代表的数字是什么？

【游戏正解】

"喜迎世博会"这5个字代表的数字是：21978。

寺院里的和尚

早上，寺院的小和尚从床上起来。师兄弟之间互相说了一声"早上好"，新的一天就这样开始了。大家抱柴的抱柴，打水的打水，扫地的扫地……过一会儿，就要吃早饭了。大和尚每人可以吃3个馒头，小和尚3人分吃1个馒头，现在有100个馒头，分给100个和尚。

吃饱之后，大家稍微休息了一下，随后小和尚们有的开始练功，有的上山砍柴，有的参加劳动。

请问,寺院中的大和尚与小和尚各有多少人?

【游戏正解】

大和尚每人吃 3 个馒头,小和尚 3 人分吃 1 个馒头。合并这些信息加以计算,可推出 4 个和尚吃 4 个馒头。寺院里一共有 100 个和尚,刚好可以分成 25 组,也就是说每组都有 1 个大和尚。这样便能算出寺院中一共有 25 个大和尚,75 个小和尚。

有多少客人

一到周末,住校的吉布就急切地赶回了家。他看见妈妈正在院子里面洗碗。妈妈对吉布说:"一批客人到我们家了。"吉布看见妈妈洗这么多的碗,于是问道:"总共来了多少客人呢?"妈妈说:"2 个人共用 1 个饭碗,3 个人共用 1 个素菜碗,4 个人共用 1 个荤菜碗。"

妈妈把腰直了直,继而说道:"我刚刚洗了一遍,发现一共有 65 个碗。你能算出一共来了多少个客人吗?"吉布一口答应,但算了很久,最终还是放弃了。

请问你可以算出来吗?

【游戏正解】

设客人总数为 a,2 个人用 1 个饭碗 $(1/2)a$。以此类推,即为 $(1/3)a$,$(1/4)a$。这样列出的算式就是: $(1/2)a + (1/3)a + (1/4)a = 65$,根据这种方法,便能得出 $a = 60$,即吉布家一共来了 60 个客人。

逃跑的歹徒

在一次抓捕行动中,警察制服了很多歹徒,只有一个人漏网了。有个警察很不甘心,于是奋力追了上去。就在将要抓到这名歹徒的时候,歹徒跳到了圆形湖中的一条小船上,拼命地向对岸划去。

意识到歹徒可能要逃脱,这个警察骑上旁边的一辆自行车,沿着湖边向对岸追去。

已知警察骑车的速度是歹徒划船速度的 2.5 倍。请问歹徒还有逃掉的可能吗?

【游戏正解】

倘若歹徒聪明的话,可以把船划到湖中心时看一看追捕警察所在的位置,然后从湖中心向警察正对的对岸划去。这样的话,歹徒划了一个半径长,而警察则要跑大约半个圆周长,也就是半径的 3.14 倍。可是因为追捕警察的速度只是歹徒的 2.5 倍,所以歹徒可以在警察到达前上岸,从而逃脱。

欢快的狗

艾丽和莱德一块出去玩,莱德带一只狗先出发,10 分钟后,艾丽才出发。刚出门,艾丽就看见狗向他跑了过来,到莱德身后又很快回到了艾丽身边。这只狗就这么欢快地跑着,也不知道疲倦,大概是好几天没出门了,好不容易主人带着它出来,一定开心得不得了。

现在我们来动动脑,假如狗 1 分钟跑 500 米,艾丽 1 分钟跑 200 米,莱德 1 分钟走 100 米,那么从艾丽出门一直到追上莱德的这段时间,狗一共跑了多少米?

【游戏正解】

狗奔跑的速度是不变的,只要知道狗跑了多少时间,就能够算出它跑的路程。艾丽追上莱德用了 10 分钟,狗每分钟跑 500 米,所以就算出狗一共跑了 5 000 米。

高楼里的电梯

在香港,很多人住在摩天大楼里。乔治也不例外,他的住所在一座 36 层高的大楼,但人们不清楚他到底住在几层。这座大楼同时有好几部电梯运行,每部电梯不论向上运行还是向下运行,都有一个共同点,那就是每层都会停,没有例外。

每天早上,乔治出门然后乘电梯。他说:"不管我乘哪部电梯,电梯向上的层数都是向下的3倍。"根据乔治提供的信息,你知道他住在几层吗?

【游戏正解】

电梯向上的层数是向下的3倍,也就是说,它们之间层数之比是3:1。因此,向上的层数就是27层,向下的层数就是9层。因此,可以知道乔治住在27层。即:电梯从1楼到27楼,为27层;从28楼到36楼,为9层。

800米赛跑

有甲、乙、丙三个人,他们正在进行800米赛跑。当甲跑了1圈时,丙比甲少跑了1/7圈,乙比甲多跑了1/7圈。假设他们的速度不变,当乙到达终点时,与甲相比,丙落后了多少米?

【游戏正解】

甲的速度是乙的7/8圈,丙的速度是甲的6/7圈,因此甲比丙多跑了800 ×7/8 ×(1-6/7)=100米。

神仙鱼和虎皮鱼

贝尼的爸爸非常喜欢养鱼,特别钟爱热带鱼。某日,贝尼正站在鱼缸旁看鱼,爸爸走过来对他说:"鱼缸中有两种鱼,一种是虎皮鱼,一种是神仙鱼。"爸爸想了一想,给贝尼出了一道题:"鱼缸里面两种鱼的数目相乘的积数在镜子中一照,刚好与两种鱼的总和相等。那么,两种鱼的数目各是多少?"

请问贝尼应该怎么算?

【游戏正解】

在0~9 10个数字中,除了0之外,只有1与8在镜子中不会发生改变,因此两种鱼条数的积为81。由于81在镜子中为18,正好是9+9,所以可以推知,鱼缸中有9条虎皮鱼、9条神仙鱼。

你能算对吗?

两本线装古书并排放在艾玛的书柜中。两本书的厚度均为2.5厘米,封面与封底的厚度则是1.5毫米。某日,出差两个月的艾玛回到家里,不经意发现一只书虫将这两本书给啃坏了。从上册的封面开始啃,一直啃到下册的封底。

请问这只书虫啃了多厚的书?

【游戏正解】

这两本是线装古书,所以不能将所有的厚度相加。根据古书的设计,都是从右开始翻页的。所以,从上册封面到下册封底的距离只有3毫米。

110米跨栏

田径比赛中,男子110米跨栏,总共有10

个栏,每两栏之间的距离是一样的。起点与终点到栏的距离分别为 13.72 米和 14.02 米,请问中间每两栏之间的距离是多少米?

【游戏正解】

9.14 米。(110 − 13.72 − 14.02)÷(10 − 1)=9.14(米)

做风车

汤姆叔叔 2 天可以做 48 个玩具风车,照这样计算,汤姆叔叔大概需要多少天才可以做完 300 个玩具风车。

【游戏正解】

大概需要 12 天。

老威廉的年龄

在村庄的广场上,22 岁的约翰和老威廉正在对话。约翰问老威廉:"威廉叔叔,您现在有多大?""我的年龄吗?嗯,等于我年龄的 1/2 加上你的年龄哟!"威廉叔叔回答。约翰想了好一会儿才计算出来。请问,老威廉到底有多大?

【游戏正解】

设老威廉的年龄为 x,$1/2y + 22 = y$,$y = 44$。

相等的股份

乔森与罗克两人合开了一家棉油厂,刚开始的时候,乔森投进去的钱是迈克的 1.5 倍。当工厂发展到一定程度之后,洛提见形势大好,便想入伙,并拿出 250 万元参与投资。这个时候,他们决定每个人占有相等的股份。因此,这 250 万元便由乔森与罗克来分。

那么,他们两人应该怎样分呢?

【游戏正解】

250 万元可以占有公司 1/3 的股份,可以推知棉油厂的总资产是 750 万元。由于乔森的股份是迈克的 1.5 倍,那么乔森的股份是 450 万元,罗克的股份是 300 万元。假设三个人的股权相等,那每人应该是 250 万元,因此这 250 万元,乔森可以拿到 200 万元,罗克可以拿到 50 万元。

跳　舞

嘉丽与朋友们围成一个圆圈跳舞,每个人都与两个性别相同的人相邻。倘若圆圈里有 10 个男孩,那么女孩应该有几个呢?

【游戏正解】

10 个。

不准的闹钟

有一个时间不准确的闹钟,每小时总是慢 5 分钟,在 4 点的时候,用它与标准的时间对准。那么当标准时间为何时,这只闹钟的指针才能指到 12 点?

【游戏正解】

标准时间为 12 点 40 分。

鹰捉鱼

倘若 5 只鱼鹰在 5 分钟内可以捕到 5 条鱼,那么需要多少只鹰,才能在 100 分钟之内捕到 100 条鱼?

【游戏正解】

5 只。

找质数

在 8 位数中,所有的 1～8 全部出现的数字有 40320 个,如 16827435 和 37824615 就是符合条件的数字。你能在这 40320 数字中找到质数吗?

【游戏正解】

这 40320 个数字中没有质数,因为所有的数字都可以被 3 整除。

问号处应填什么

1,2,5,29?

【游戏正解】

866。每个数字都是前一个数字的平方加前面第二个数字的平方,所以 29 × 29 + 5 + 5 = 866。

乘积最大

两个整数相加的和是 15 的数有 0 与 15,1 与 14,2 与 13,3 与 12……其中哪两个整数相乘的积最大?

【游戏正解】

7 和 8。一般来说,它的乘积之差越小,乘积就越大。

尾数有几个零

1 × 2 × 3 × 4 × 5 × 6 × ……3000 乘积尾数有多少个"0"?

【游戏正解】

748 个"0"。

自首的盗墓者

有一天,一个盗墓者跑到警局自首,他说道:"前不久我偷了 100 幅壁画,可是结果却被手下的 25 名同伙给偷走了。"瞥了一眼警长,盗墓者继续说道:"在这些人中,最少的偷了 1 幅,最多的偷了 9 幅。可是他们每个人究竟偷了多少,我不是很清楚。但我唯一能肯定的是,这 25 名同伙并没有偷走双数张的壁画,而是都偷走了单数张的壁画。"

盗墓者接着又说道:"这 25 个人的名字,我可以提供给你们,但是有一个前提,就是不能给他们判刑。"警长听后,点了点头。然而就在当天下午,警长命令手下抓捕这名盗墓者。

请问,这到底是怎么一回事?

【游戏正解】

25 名同伙所偷的壁画数应该是 24 对单数,之外还有一个单数。由于每对单数的和为双数,那么再加一个单数的话,是不可能为双数的。也就是说,25 人分 100 幅壁画,是不可能每个人都分到单数的。

硬币的面值

惯偷库益在入室行窃的时候,即便是小孩的存钱罐,他也不会放过。他将 125 枚硬币偷走了,之后一算,总共是 70 元,其中没有 1 角的硬币。

请问,库益偷走了哪些硬币,每枚硬币的面值是多少?

【游戏正解】

库益偷走了 60 枚 1 元硬币、15 枚 5 角硬币,以及 50 枚 5 分硬币。

乔治的难题

乔治在桌边坐了一天了,他在冥思苦想着一道难题:按照顺序将 1~9 这几个数字写在纸上,并在某些数位之间添加 1 个减号和 3 个加号,从而让算式的结果等于 70。

请问应该怎么做?

【游戏正解】

这个题的答案不止一个,下面是其中的一个:$1 + 2 + 45 - 67 + 89 = 70$。

滚动的机器

在两根周长为 0.5 米的圆木上,放有一台机器,当圆木滚动一圈的时候,机器可以前进多少米?

【游戏正解】

当圆木往前滚动一圈之后,可以让机器相

对于它们往前移动 0.5 米,而它们相对于地面也往前移动了 0.5 米,因此,机器总共往前移动了 1 米。

垃圾桶的重量

有一堆垃圾,连桶带垃圾共重 3.5 千克。后来处理了一半垃圾,连桶还有 2 千克。那么垃圾桶有多重?

【游戏正解】

垃圾 $= (3.5 - 2) ÷ 1/2 = 3$ 千克,垃圾桶 $= 3.5 - 3 = 0.5$ 千克。

豹狮赛跑

豹和狮子在平原上赛跑,距离是 100 米往返(共 200 米),豹跨一步 3 米,狮子跨一步 2 米,但是豹跑 2 步,狮子能跑 3 步,问最后谁能获胜?

【游戏正解】

狮子。二者速度相同,但狮子跑的距离比豹短(100 不能被 3 整除,豹单程得跑 102 米)。

三兄弟的年龄

兄弟三人分苹果,每人所得的个数等于其三年前的年龄数,而苹果共有 24 个。如果老三把所得的苹果半数平分给老大、老二,然后老二把所得苹果的半数平分给老大、老三,最后老大把所得苹果的半数平分给老二、老三,则每人手里的苹果相等。请问,兄弟三人年龄各是多少？

【游戏正解】

兄弟三人分 24 个苹果，24/3 = 8，这时每人苹果数恰好相等，就是每人有 8 个。老大再把现有苹果数的一半平分给老二和老三，分苹果前老大有 16 个，老二和老三各有 4 个。然后老二再把现有苹果数的一半平分给老大和老三，分苹果前老二有 8 个，老大有 14 个，老三有 2 个。老三把所得的苹果数的一半平分给老大和老二，分苹果前老三有 4 个，老二有 7 个，老大有 13 个。兄弟三人分 24 个苹果，每人所得的个数等于其三年前的年龄数，老大为 13 + 3 = 16 岁，老二为 7 + 3 = 10 岁，老三为 4 + 3 = 7 岁。因此，他们现在的年龄各为 16、10、7 岁。

今天是几号

某天，奇达发现办公桌上的台历已经有 7 天没翻，就翻掉了 7 张，这 7 天日期加起来正好是 77 天。请问今天是几号？

【游戏正解】

设奇达翻日历这一天为 x 号，则这 7 天的数值的和即为：$x + (x-1) + (x-2) + (x-3) + (x-4) + (x-5) + (x-6) = 77$，得：$7x - 21 = 77$，$x = (77 + 21)/7 = 14$。所以，这一天是 14 号。

穿过隧道的火车

警察局刚刚接到通知，一辆火车正在向州政府所在地驶来，上面装满了炸药，其时速为 100 千米。为了有效阻止这一恐怖行动，警察局决定派乔森将定时炸弹装在长 500 米的隧道入口处，因为这里是火车必经的地方。由于火车通过隧道需要 30 秒，因此乔森便将定时装置设为 30 秒。只要火车一进入隧道，计数装置就会启动，30 秒之后，炸弹就会自动爆炸。

然而不妙的是，当火车飞速进入隧道时，炸药准时就在铁轨上爆炸了，可是火车依旧前行在失去铁轨的路面上，最后火车停在了荒野中，引起了一场大火。

请问，是什么原因让炸毁火车的计划失败了？

【游戏正解】

没有考虑到火车本身的长度，这便是乔森的失误之处。火车头进入隧道并驶出隧道的时间是 30 秒，可是车身还在隧道中，火车完全驶出隧道的时间要超过 30 秒。

瓶换酒

倘若 1 元钱 1 瓶啤酒，2 个空瓶换 1 瓶啤酒，你手中有 20 元钱，最多可以喝到多少瓶啤酒？

【游戏正解】

最多可以喝到 40 瓶啤酒。

依次发号

把 1~100 号的卡片依次发给贝尔、唐娜、迈斯和艾琳四个人,已知 1 号发给贝尔,那么 24 号给了谁? 98 号又发给了谁呢?

【游戏正解】

24 号发给了艾琳,98 号发给了唐娜。

装袋游戏

倘若有 9 张名片,分别要装在 4 个塑料袋中,保证每个塑料袋中都有名片,并且每个塑料袋里的名片都是单数,请问应该怎么办?

【游戏正解】

可以在 3 个塑料袋里分别放上 1、3、5 张名片,最后再把这 3 个塑料袋一同放进第四个塑料袋里。

开关朝下的灯

有 100 个灯,上面都贴有编号,从 1 到 100。它们的开关都全部朝上,也就是说处于开启状态。现在这样操作:灯的编号是 1 的倍数,就反方向拨一次开关;灯的编号是 2 的倍数,就反方向又拨一次开关;灯的编号是 3 的倍数,就反方向又拨一次开关……依此类推,请问最后哪个编号的灯开关朝下?

【游戏正解】

当该数的方根为整数时开关朝下,其他的则开关朝上。这样 1、4、9、16、25、36、49、64、81、100 号开关朝下。

燃香计时

在古代,因为没有计时工具,所以人们想出了一个办法,就是以燃香计时。现在假设一根香烧完的时间为 1 小时,如何确定一段 45 分钟的时间?

【游戏正解】

同时点燃两根香,其中一根应两头一起点。当两头一起点的香烧完的时候,便点燃剩下的那根香的另一头,在这根香烧完后,时间刚好为 45 分钟。两头一起点的香烧完,刚好是半小时。而只点一头的香正好还可以再烧半小时,点燃另一头则会少一刻钟。这样一来,两根香全部烧完,刚好是 45 分钟。

手机值多少钱

马克先生是一家饭店的老板,由于生意渐渐红火起来,因此招了一个服务员——安娜丝。马克老板要求安娜丝必须在这里干一年时间,一年的报酬是 6 000 元,外加一部手机。然而安娜丝干了 7 个月的时候,突然家里出了点事,必须辞工回去。安娜丝来到马克老板面前,要求付给自己应得的工钱与手机。由于无法拆散手机,因此最后安娜丝得到了一部手机和 1 500 元。

请问,这部手机到底值多少钱?

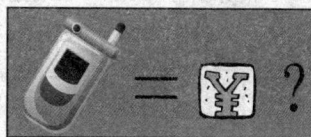

【游戏正解】

根据规定,安娜丝一年的工资是 6 000 元和一部手机,因此每月可以得到 500 元和 1/12 部手机。她做了 7 个月的事情,应该得到 3 500 元和 7/12 部手机。现在她实际上得到了 1 500 元和一部手机,那么就说明她少拿 2 000 元,以此代替 5/12 部手机的钱,因此手机的 5/12 为 2 000 元,经过计算,可知整部手机的价格为 4 800 元。

日均客流量

某警官在一次例行检查中,因为说话欠妥,

让商店的工作人员很不配合。警官问："商店的日均客流量是多少?"工作人员回答道："每天商店里光顾的人,事业有成的中年女性占了1/2,公司白领占了1/4,在校大学生占了1/7,护士占了1/12,还有4个是住在周围的大妈。"

警官听了工作人员的回答之后,才意识到自己说话欠妥。没有别的办法了,只能亲自算一下。经过运算,警官得出了答案。

请问,日均客流量到底是多少?

【游戏正解】

设商店的日均客流量为 a,接着便能列出如下公式: $a = 1/2a + 1/4a + 1/7a + 1/12a + 4$。经过运算,可以得出 $a = 168$。

获利的书店

当书店降价 10% 出售书刊时,每卖 1 本书获利 8%。请问,在不降价的情况下,书店每卖 1 本书获利多少?

【游戏正解】

倘若原价的 90% 使书店获 108%,那么原价的 100% 则使书店获利: $108\% \div 90 \times 100 = 120\%$,答案是 20%。

给马匹做记号

商人为了对马队中的马匹进行有序的管理,需要做记号。所以,会用火烙印在每匹马的身上标记好序号。在给马烙火印的时候,每匹马都会发出 5 分钟的痛苦嘶叫。倘若叫声不重叠在一起,商队总共有 10 匹马,那么你至少要听多长时间的马叫声?

【游戏正解】

至少要听 45 分钟的马叫声。你也许会认为,10 匹马要盖 10 个火印,而事实上只要盖 9 个就行了。由于盖火印的目的是区别它们,因此最后一个不盖,也能与其他马匹区别开来。

颠倒过来看

一名私家女侦探到国外调查一起黑帮凶杀案,不料她当晚即在所住的饭店被杀。当地警局接到报警后,警长和助手很快赶到事发现场。女侦探倒在窗下,胸部中了两枪,她的手里握着一支口红。

警长拉开窗帘,见玻璃上用口红写有一行数字:809。在女侦探的手提包中,随行找到一张卷得非常紧的小纸条。打开纸条,只见上面写着:"其中的三名嫌疑人已经查到,有一名就是凶手。他们分别是:代号 906 的岛,代号 608 的光,代号 806 的刚。"

沉思一会儿,警长指着纸条上的一人说:

"就是他。"请问,警长认为是谁呢?

【游戏正解】

女侦探反手写下608,数字排列产生变化,正反顺序颠倒过来,608就是809。因此,凶手是代号608的光。

9的倍数

吉安是一名采购员,一次他以代买冰箱的名义,先后骗了9位顾客相等金额的现款。警官调查时,吉安坦白承认,并交代骗了9人共1 984元,期望能宽大处理。听了吉安的交代,警官马上指出:"你没说实话,你骗的不是1 984元,而是6 984元。"

听警官这么一说,吉安吓得直哆嗦。警官怎么知道的呢?你能做出正确的判断吗?

【游戏正解】

有条数学规律,那就是9乘以任何整数,无论结果是几位数,各位数字相加的和都是9的倍数。1 + 9 + 8 + 4 = 22,并不是9的倍数,所以吉安没说实话。经过进一步推论,22 + 5得的27才是9的倍数。在"1 984"这个数中,只有将"5"加到千位数才合理。警官因此而得出结论。

将英文倒过来

彼得教授是一位大学英语老师,一天他忽然死亡了。经过调查,警方初步确认彼得教授是被人暗杀的,并锁定了三名犯罪嫌疑人,他们分别是:油店的老板,彼得教授去年和他有过很大的过节;彼得教授家的保姆,事发当天,她曾

出入过彼得教授的房间;裁缝店的库克,几天前彼得教授去做衣服的时候,和他有过冲突。

在死者的手掌上,警方发现有这样一行数字"550971051"。根据这一线索,警方很快排除了两名嫌疑人,找出了真正的杀人凶手。请问,是谁杀死了彼得教授?

【游戏正解】

彼得教授留下的这行数字,从正面来看没有任何指向。但如果倒过来仔细看一下,就会发现和英文"is oil boss"很像,也就是说油店老板就是凶手。

在起跑线重逢

在一次赛马比赛中,马匹小白1分钟可以跑2圈,马匹大黑1分钟可以跑3圈,马匹红毛1分钟可以跑4圈。假设这三匹马从起跑线上出发,请问几分钟后它们会再次相遇在起点?

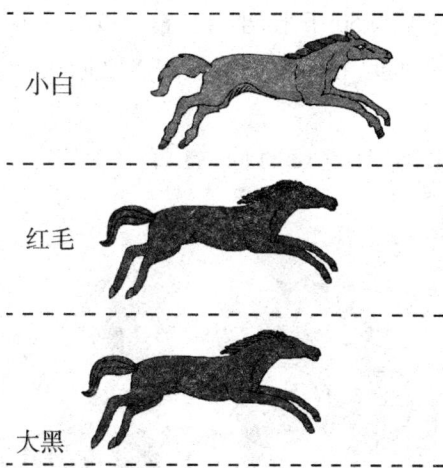

【游戏正解】

1分钟后。

2的n次方

有一个恐怖组织,他们在一栋大楼绑架了600名群众。恐怖组织的头目下令杀死一部分人。他让600名群众站成一排,然后一个一个地报数,只要是报到奇数的人,就会被枪毙。其中有一个非常聪明的人,他找到了一个最安全的位置。在几轮报数中,这个人报的都是偶数,最后没有被枪毙。

请问他究竟站在哪里呢?

【游戏正解】

在第一轮报数中,被枪毙的人分别是1、3、5……599;在第二轮报数中,被枪毙的人则是原来报2、6、10……598的人。以此类推,最后得出512。事实上,只要选择小于600的最大的2的n次方,那么就能得到答案。类似的题目,无论总数是多少,最后剩下的数都是小于等于总数的2的n次方的最大值。

飞行爱好者

有两个自行车爱好者,他们打算进行一次骑行活动。他们先约好在同一时间从甲乙两个地方出发,相向而行。当他们相距300千米的时候,出现了一只有趣的蜜蜂。在两个自行车爱好者之间,这只蜜蜂不停地来回飞行,直到他们两个人相遇。这个时候,这只蜜蜂停止了飞行,并在其中一个人的鼻子上落了下来。

在这段时间内,两个自行车爱好者的平均骑行速度为50千米/小时。蜜蜂以每小时100千米的速度,在两位骑行爱好者之间飞行了3小时。

请问,在这段时间,蜜蜂一共飞了多少千米?

【游戏正解】

蜜蜂从未间断,不断飞行3小时,每小时100千米,所以蜜蜂共飞了300千米。

相遇的客轮

某海运公司有一个服务理念,即安全准时。很多旅行社和物流公司就是看到这一点,才愿意与之合作。海运公司每天上午都有一艘客轮从香港出发,开往拉斯维加斯,在同一时间,拉斯维加斯那边也会有一艘客轮开往香港。两艘客轮的航行时间皆为7天

7夜。

请问,上午从香港出发的客轮会碰上几艘从对面开来的本公司客轮?

【游戏正解】

会碰到15艘。除了已经在海上航行的6艘客轮之外,在7天的海上行驶中,还有从拉斯维加斯出发的7艘客轮。除此之外,还会碰上2艘:一艘是到达目的地时碰到的正要从当地出发的客轮,一艘是起航时碰到的从拉斯维加斯开过来的客轮。所以,总共是15艘。

如何巧组合

用加号和5个5,你可以得出70吗?

【游戏正解】

55 + 5 + 5 + 5 = 70

看脚识动物

一个周末,艾米莉和妈妈去动物园玩。回到家里之后,爸爸向艾米莉问道:"你在动物园里面看到了哪些动物?"艾米莉说在动物园见到了鸵鸟和驴,可是只看到了94条腿和35个头。

请问,艾米莉到底看到了几头驴和几只鸵鸟?

【游戏正解】

艾米莉看到了12头驴和23只鸵鸟。

至少钓几条鱼

一位钓鱼高手用10条蚯蚓去钓鱼,他用去

4 条蚯蚓钓到 2 条鱼。当 10 条蚯蚓全部用完时,他至少可以钓到几条鱼?

【游戏正解】

当 10 条蚯蚓全部用完时,他至少可以钓到 2 条鱼。

倒着的字母

一天下午,某位女歌星在自己房间被人暗杀了。在女歌星尸体旁边,波利警官发现地上写着两个小写的英文字母"oh"。波利警官推测,这两个字母一定是暗指凶手的名字。

女歌星的经纪人告诉警官说:"她有两个情人,这两个人的名字一个缩写为'HO',一个缩写为'YO'。"这时,一名警员说:"将'oh'这两个字母旋转 180 度,不就是'YO'吗?可能她写的就是'YO',只是当时神志不太清醒,结果写成了'oh'。"由此判断,"YO"是凶手。

那么,女歌星为什么会倒着写这两个字母呢?波利警官说:"凶手一定是对现场做了变动,我看出其中的破绽了。"你知道是怎么回事吗?

【游戏正解】

凶手发现女歌星写下了自己的名字"YO"。当发觉无法清除后,就对字母改了下,并将她的尸体换了一下位置。

确认每把钥匙

纳伯是一个管家,他掌管着所有房间的钥匙,一共有 10 把。为了便于确认,纳伯在每把钥匙上都写了号码。但一天他的小外孙把钥匙上所有的号码都撕掉了,这使纳伯几乎无法确认。在一个个试的前提下,纳伯最多需要试多少次才能确认每个房门的钥匙?

【游戏正解】

因为最后一个门不需要试,所以最多需要试的次数为:$10 + 9 + 8 + 7 + 6 + 5 + 4 + 3 + 2 = 54$。

座钟的钟声

一个大座钟 5 秒钟可以敲 6 下,那么,敲 12 下,要用几秒钟呢?

【游戏正解】

11 秒钟。

如何使等式成立

1　2　3 = 1

1　2　3　4 = 1

1　2　3　4　5 = 1

1　2　3　4　5　6 = 1

1　2　3　4　5　6　7 = 1

1　2　3　4　5　6　7　8 = 1

【游戏正解】

$(1 + 2) \div 3 = 1$

$1 \times 2 + 3 - 4 = 1$

$[(1 + 2) \div 3 + 4] \div 5 = 1$

$[(1 \times 2 + 3 - 4) + 5] \div 6 = 1$

$\{[(1 + 2) \div 3 + 4] \div 5 + 6\} \div 7 = 1$

$\{[(1 \times 2 + 3 - 4) + 5] \div 6 + 7\} \div 8 = 1$

总共敲几下

我们都知道时钟可以报时,有时钟是几点敲几下,半点敲一下。请问这样的时钟 12 个小时一共敲几下?

【游戏正解】

12 个小时总共敲 90 下。

发车的次数

从矿区到火车站只有一趟公交车,并且每隔

20 分钟才发出 1 次车。倘若从上午 8 点发出第一次车,那么到下午 6 点一共发出了多少次车?

【游戏正解】

一共发出了 31 次车。

飘在空中的泡泡

在 1 分钟之内,汤米可以吹 100 个泡泡,大大的泡泡在空中不停地飘啊飘啊! 在空中精彩地飞舞,非常好看。然而好景不长,甚至可以说是极其短暂。1 分钟之后,100 个泡泡就有 1/2 破了,2 分钟之后,便只剩下了 1/20,2 分 30 秒之后,100 个泡泡便全部破裂了。汤米在第 21 分钟吹出 100 个新泡泡时,天空中未破裂的泡泡还有多少个?

【游戏正解】

19～21 分钟内的泡泡就是在第 21 分钟剩下的泡泡,一共有 100 × 1/20 + 100 × 1/20 + 100 = 155 个。

老婆婆的岁数

凯斯是一个好心人,她在路上帮助了一位老婆婆,对于老婆婆的岁数,她很想知道。老婆婆对凯斯说道:"我在家乡渡过了生命的 1/7;之后,我有 1/4 的时间在从事行政工作;接着我又换了一份工作,不久便结婚了。婚后 5 年,我生了一个儿子。我与儿子度过了我生命的一半时间,之后他不幸死了,到现在已经 4 年多了。"

凯斯听了老婆婆的叙述之后,便算出了她的岁数。

请问老婆婆的岁数是多少?

【游戏正解】

先设老婆婆的年龄为 a,可以得到如下的算式:$a = 1/7a + 1/4a + 5 + 1/2a + 4$。经过计算,可以推知老婆婆现在的年龄是 84 岁。

有多少个女孩

本杰明和他的朋友们围成一个圆圈疯狂地跳舞,圆圈中的每个人的两旁,都是一样性别的人。如果圆圈中一共有 12 个男孩,那么又有多少个女孩呢?

【游戏正解】

本杰明的朋友既可以是 2 个女孩,也可以是 2 个男孩。如果她们是女孩,那么每个相邻的也必定是女孩,这样就不会有男孩出现了。既然题中已经提到了男孩,那么说明相邻的那两个人也一定是男孩。这样一来,结论就是圆圈中的 12 个都是男孩,女孩一个都没有。

吉克的农田

农民吉克需要支付 80 美元现金以及若干千克的小麦,这样才能交清租赁一块农田的一年地租。为了这件事,吉克的心中十分郁闷,遇见人便嘀咕个不停。如果小麦的价格是每千克 75 美分的话,那么这笔开销就是每公顷 7 美元。但是,现在小麦的市价已经提高到每千克 1 美元,所以应付的地租就成了每公顷 8 美元。吉克觉得要付的地租真是太高了。

请问,这块农田有多大?

【游戏正解】

设公顷数为 x,所应支付的小麦千克数为 y,那么根据题意,可以列出如下两个方程:

$(3y/4 + 80)/x = 7, (y + 80)/x = 8,$

解出此方程组,便可得到千克数为 80,而这块农田的面积是 20 公顷。

小羊偷吃白菜

羊爸爸存了一些白菜,以备不时之需。小羊第一天偷吃了 1/2,又多吃了 1 棵;第二天又将剩下的吃掉了 1/2,再多吃了 1 棵;第三天,仍吃了剩下的 1/2,还是多吃了 1 棵。第四天,羊妈妈发现了,白菜只剩下 1 棵了。请问羊爸爸存了多少棵白菜? 小羊每天偷吃了几棵白菜?

【游戏正解】

羊爸爸一共存了 22 棵白菜。小羊第一天吃了 12 棵,第二天吃了 6 棵,第三天吃了 3 棵,最后一天只剩下 1 棵了。

按规律增数字

请根据下列数字的变化规律,推断出括号中应该填什么数?

51,2,52,2,53,2,54,2,( ),( )。

【游戏正解】

括号中应该填 55,2。

布兰妮家住几楼

托马斯和布兰妮住在同一个单元楼里,托马斯家住在 5 楼,回家要上 96 个台阶,布兰妮回家要上 144 个台阶。请问布兰妮家住几楼?

【游戏正解】

布兰妮家住在 7 楼。

硬币的数量

现有 5 分、2 分、1 分硬币 15 枚,共 3 角 5 分钱,请问 5 分、2 分、1 分硬各几枚?

【游戏正解】

5 分硬币 4 枚;2 分硬币 4 枚;1 分硬币

7 枚。

与南极的距离

一架考察飞机从南极点出发,往北飞行了 100 千米,接着又往东飞行了 50 千米。请问这个时候这架飞机与南极的距离是多少?

【游戏正解】

100 千米。

饭票的面额

为了便于职工在餐厅吃饭,某个公司想设计一套新饭票,最多只用 3 张,就可以支付 1 ~ 70 元的所有饭票,请问应该怎么设计? 这套饭票最少多少张? 面额分别是多少?

【游戏正解】

最少要 7 张,面额分别是 1 元、2 元、5 元、15 元、18 元、27 元与 34 元。

水果的重量

苹果和橘子一共重 13 千克,苹果和香蕉一共重 14 千克,橘子和香蕉一共重 11 千克,请问 3 种水果分别重多少千克?

【游戏正解】

苹果 8 千克,橘子 5 千克,香蕉 6 千克。

男孩女孩

1个男孩一餐要吃2碗米饭,2个女孩一餐要吃1碗米饭,现在有男孩和女孩共90人,一餐刚好吃了99碗米饭,请问男孩与女孩各有多少人?

【游戏正解】

男孩33人,女孩66人。

辛苦的松鼠妈妈

松鼠妈妈采松子,晴天每天可以采30个,雨天每天可以采18个。它一连几天采了168个松子,平均每天采21个。请问这几天中有几天是下雨天?

【游戏正解】

6天。

猜年龄

有一个家庭里有4个孩子,这4个孩子的年龄乘起来是14,并且4个孩子中有一对双胞胎。请问他们各自是几岁?

【游戏正解】

14只能分解为2、7,所以,4个人的年龄分别是1、1、2、7,其中有一对是双胞胎。

带钱的小孩

有三个美国小孩A、B、C,他们各自摸了摸自己的裤兜,拿出了所有的钱,总共有320美元。其中有两张10美元的,两张50美元的,两张100美元的。据了解,每个孩子所带的纸币的总面值都不一样,并且其中有个孩子身上既没有10美元,也有100美元;另有一个孩子身

上既没有10美元,也没有50美元。

请问,每个孩子分别带了多少什么面值的纸币?

【游戏正解】

A身上带的纸币一共3张,面值分别是100美元、50美元和10美元,B身上带的纸币与A身上带的纸币是一样的,而C身上根本就没有带钱。

计程表上的数字

一辆汽车在高速公路上行驶,速度一直很均匀。司机瞥了一眼计程表,看到是两位数,之后他又望了一眼手表,记下了时间。一个小时过去了,司机又望了一眼计程表,仍然是两位数,但是有趣的是,第二次看到的两位数的顺序正好与第一次看到的数字互相颠倒。一个小时之后,司机再瞥了一眼计程表,发现上面变成了三位数,其数字正好是在第一次看到的两位数中间加上一个0。

请问,汽车的速度是每小时几千米?三次计程表上的数字各自是多少?

【游戏正解】

汽车的速度为45千米/小时,计程表上的数字分别为16、61、106。

全能男人

暑假的一天,有关部门对某社区的男人做了一项调查,最终的统计结果为:在100个男人中,会划船的有75人,会骑自行车的有83人,两者都不会的有10人。

请问,既会骑自行车又会划船有多少人?

【游戏正解】

会划船或会骑车的至少有100 - 10 = 90

（人），只会划船不会骑车的有 90 - 83 = 7（人）；因此，在会划船的 75 人中，将只会划船、不会骑车的 7 人减去，剩下的就是既会骑自行车又会划船的人，即 75 - 7 = 68（人）。

有多少鸟和兽

一个参观动物园的游客问管理员，动物园某个区域共有多少鸟类与兽类，管理员回答道："这里共有 45 个头，150 只脚，告诉你这两个数，你应该可以算出有多少鸟兽了吧？"你能帮帮这个游客吗？

【游戏正解】

30 头兽类，15 只鸟类。设 b 为兽类的数目，B 为鸟类的数目。从脚的总数可以得出：2B + 4b = 150，所以 B + b = 45，因此 B = 45 - b。将此式代入 108% ÷ 90 × 100 = 150，得 b = 30，B = 15。

三根筷子

如何用三根筷子将比 3 大、比 4 小的数字搭成呢？

【游戏正解】

3 根筷子可以搭成圆周率。

阿基里斯与龟

古希腊著名数学家芝诺创造了一系列悖论，其中"阿基里德和乌龟赛跑"是最有名的一个。在这场比赛中，乌龟先跑一段距离，阿基里斯随后跟上。当阿基里斯跑到 A 点时，乌龟已经跑到了 B 点。现在阿基里斯必须跑到 B 点才能赶上乌龟。当阿基里斯跑到 B 点，这时乌龟却跑到了 C 点，依此类推。

请问，这里面到底有什么问题？

【游戏正解】

这个悖论的错误就是他假定无限个数的和还是无限个数，其实这与事实不符。假定乌龟的起点比阿基里斯的起点前 10 米，阿基里斯的速度是乌龟的 10 倍，每秒钟跑 1 米，那么他用 5 秒就能将一半跑完，再用 2.5 秒就能跑完剩下来的一半。但是在这个时候，乌龟才跑了 1 米。在 11 秒多之后，阿基里斯就超过了乌龟，很轻松地赢得了这场比赛。

数轴上的实数

是不是全部的实数都可以在数轴上表示？

【游戏正解】

数轴的上面没有任何间隙或者空白，它包含全部的实数，也就是说，所有的有理数与无理数都可以在数轴上找到各自的位置。

四个孩子的回答

会计罗杰让四个孩子各自随意想一个四位数。接着，罗杰告诉孩子们："将数字的第 1 位数挪到最后一位上，然后让这个数与原数相加，如，1234 + 2341 = 3575。你们可以告诉我相加之后的结果吗？"

老大："8621。"

老二："4322。"

老三："9867。"

老四："13859。"

罗杰听后，厉声对孩子们说道："除了老三，你们这三个都算错了。"

请问，罗杰是怎么知道的？

【游戏正解】

任意一个四位数都可以写成：1000a + 100b

$+10c+d$；

把第一位转换到最后：$1000b+100c+10d+a$；

两式之和为：$1001a+1100b+110c+11d$。

很明显，这个方程式能够被 11 整除，而 4 个孩子的答案中只有老三说的数能够被 11 整除。

赶猪人与猪

一天，一对夫妇正在散步，他们看到几个人赶着一群猪从身边经过。丈夫数了一下刚刚经过的人与猪的腿数一共是 66 条，妻子数了一下人与猪的个数，一共是 18 个。请问赶猪人有几个，这群猪有多少头？

【游戏正解】

赶猪人有 3 个，这群猪有 15 头。

到森林采蘑菇

四个小朋友甲、乙、丙、丁，他们打算去采蘑菇。第二天一大早，他们走进了森林。时间倏忽而过，已经到 9 点钟了，他们决定回家去。从森林出来之前，每个人都数了自己篮子里面的蘑菇，四个人加起来一共有 72 个。然而，在甲采的蘑菇中，只有一半能够吃，在回家的路上，甲把有毒的蘑菇全部都丢了；乙的篮子底有一个小洞，两只蘑菇不幸漏了出去，结果被丙发现了，他捡起来放到了自己的篮中。这时，甲、乙、丙三个人的蘑菇数持平。而丁在返回的路上，又采摘了一些蘑菇，结果比原来多了一倍。走出森林之后，甲、乙、丙、丁四个人坐在一块草地上，每个人又数了一遍篮子中的蘑菇。这一次，四个人的蘑菇数目一样。

请问，四个人准备出森林时，每个人篮子中的蘑菇是多少？从森林走出来之后，每个人又都有多少个蘑菇？

【游戏正解】

甲、乙、丙、丁四个人准备出森林时：甲有 32 个；乙有 +2 = 18（个）；丙有 −2 = 14（个）；丁有 8 个。走出森林之后，甲、乙、丙、丁各有 16 个，总共有 64 个蘑菇。

最低的得票数

有一个 49 人的班级。某次，班主任想从班上选出 3 个委员，接着他便将 9 个候选人名单公布出来。班主任做出了明确的规定，在选举委员的过程中，每个人只能投一次票，而票面上只能写一个候选人的名字。

请问，在 9 个候选人中，最低的得票数为多少？

【游戏正解】

13 票。如果只选 1 个，最少可以获得 25 票，这样就能通过半数票数了。选 2 个的时候，需要 1/3 以上的票数；选 3 个的时候，需要 1/4 的票数，即 $49 \times 1/4 \approx 13$。

小白兔

两只小白兔的前面有两只小白兔，两只小白兔的后面有两只小白兔，两只小白兔的中间有两只小白兔，请问至少有多少只小白兔？

【游戏正解】

4 只。

六位数

用数字 1、1、2、2、3、3 拼凑出一个六位数，使两个 1 之间有 1 个数字，两个 2 之间有 2 个数字，两个 3 之间有 3 个数字。

【游戏正解】

这个六位数是"231213"或"312132"。

平分三角形

你可以用两种方法将一个正三角形分成三等份吗？

【游戏正解】

可以。第一种方法：将一个边三等分，把三等分点与对角的顶点连接，也可以将正三角形分成三等份。第二种方法：找到正三角形的中心,向三个顶点连线便能把三角形分成三等份。

找错账

米琪小姐在一家商店工作,她是收银员。有一天晚上下班之前,米琪小姐在查账的时候,发现现金和账面有出入,居然少了153元。她心里很明白,实际收到的钱是不会错的,一定是在记账的时候,可能点错了一个数字的小数点。

请问,她怎样在几百笔账中找出这个错数?

【游戏正解】

如果是小数点的错,账上多出的钱数应该是实收的9倍,所以,153÷9=17,那么错账必定是17的10倍,将170元找到,改成17就行了。

小猴分桃

早上,小猴按早、中、晚三餐,将一天要吃的桃依次放在三个盘子中。小猴反复看了看,感到晚餐太多了,早餐太少了。于是,它从第一个盘子里将两个桃拿了出来,放在第二个盘子里面,又从第二个盘子里面将3个桃拿了出来,放在第三个盘子里面,再从第三个盘子里面将5

个桃拿了出来,放在第一个盘里面。这个时候,三个盘子里面各有6个桃。小猴看了看,满意地笑了起来。

请问,小猴第一次分桃的时候,早、中、晚三餐各分得多少个桃?

【游戏正解】

第一盘被拿走2个桃,放进了5个桃,事实上放进了5－2=3个桃,最后是6个桃,那么原来有:6－(5－2)=3(个)。第二盘被拿走3个桃,放进了2个桃,事实上拿走了3－2=1个桃,最后是6个桃,那么原来有:6+(3－2)=7(个)。第三盘被拿走5个桃,放进了3个桃,事实上拿走了5－3=2个桃,最后是6个桃,原来有:6+(5－3)=8(个)。小猴第一次分桃的时候,早、中、晚三餐各分得的桃的个数分别3个、7个、8个。

星期几

倘若公历的1978年1月1日是星期天,那么公历的2000年1月1日是星期几?

【游戏正解】

星期六。

划火柴比赛

甲乙两人参加一个划火柴比赛,每个人手中各拿100根火柴。甲1秒钟可以划1根,乙2秒钟可以划3根。那么甲划到93根的时候,乙已经划了多少根了?

【游戏正解】

划了100根了,因为每个人只有100根火柴。

四个自然数

有四个连续的自然数,它们的乘积是3 024。请将这四个数找出来。

【游戏正解】

6、7、8、9。

三个数

有三个数,它们的乘积与它们的和都是一样的。请问这三个数是什么?

【游戏正解】

$1+2+3=6$,$1×2×3=6$,所以这三个数是:1、2、3。

分果汁

将7个满杯的果汁、7个半杯的果汁和7个空杯平均分给3个人,应该怎么分?

【游戏正解】

将4个半杯的果汁倒成2满杯果汁,这样满杯的有9个,半杯的有3个,空杯子有9个,如此3个人便能平分了。

铅弹的体积

一队建渠人急需某种铅板一块,但是身边的铅已经没有了。他们决定将一些铅弹熔化,接着再铸成铅板。然而,他们首先得测量铅弹的体积。有人提议给全部的铅弹称重,然而再和铅的比重相除,但是铅的比重是多少,却没有一个人记得。有人提议将铅弹倒入容量为5升的罐子里面,但是铅弹不能被压缩整合成一整块放到罐子里面。有人说将一个铅弹的球体数据测量出来,然后用球体积公式进行计算,最后再与铅弹的数目相乘。但是这种方法太浪费时间了,并且铅弹的大小都不一样。

请问,你有什么好办法?

【游戏正解】

把铅弹放到罐子里面,然后往罐子中加水,直到加满,水会占满各个铅弹之间的间隙。拿出铅弹来,计算罐子中水的体积,然后用罐子的体积减去水的体积,这样就能求出铅弹的体积了。

三家拖拉机站

镇上有三家彼此接近的拖拉机站。某次,第一家借给了第二家和第三家几台拖拉机,其数目刚好等于后两家各自拥有的拖拉机数目。几个月之后,第二家又借给第一家和第三家几台拖拉机,其数目等于后两家各自拥有的拖拉机数目。过了一段时间,第三家又借给第一家和第二家几台拖拉机,其数目等于这两家各自拥有的拖拉机数目。最后,三家的拖拉机数目都为24台。

请问,原来三家各有多少台拖拉机?

【游戏正解】

通过递推法,就可以解决这个问题:

第一家		第二家		第三家	
24	+	24	+	24	=72
12	+	12	+	48	=72
6	+	42	+	24	=72
39	+	21	+	12	=72

可以看出:第一家原本有39台拖拉机,第二家原本有21台拖拉机,第三家原本有12台拖拉机。

阿基米德定律

亥尼洛国王让工匠做了一顶金王冠。完成之后,他怀疑工匠用银子替代了一部分金子,于是叫阿基米德在不能损坏王冠的前提下,鉴定它是不是纯金制的。阿基米德看着这顶王冠,苦想了一整天。一天,阿基米德在浴室中洗澡,当他的身子浸入浴桶中时,发现有一部分水从桶边溢了出去。阿基米德顿时灵光一闪,狂呼"我找到了"。他裸露着身子从浴桶中一跃而出,忘乎所以地奔向街头,继续狂呼着。流体静力学就在这一欢呼声中创造了出来。

想对一个物体的密度大小进行测量,可以将它放到一个盛满水的容器里面,然后用它排出的水量进行计算。这个物体所排出的水的重量,叫作该物体的浮力。而该物体的重量和它所排出的重量之比,则叫该物体的比重。

第一步:找一块金块,要求与王冠的重量相等;

第二步:将王冠与金块分别浸入一个盛满水的容器中,接着分别对它们所排出的水的体积进行计算。

请问,阿基米德这个实验的结论是什么?

【游戏正解】

如果金块所排出的水的体积和王冠所排出的水的体积一样,那么就说明王冠是纯金的。但是当时这个实验的结果并不是这样的,与金块相比,王冠排出的水的体积更大一些。这便说明王冠并非纯金制造的。

硬币的面值

把一枚面值为偶数的硬币(比如一枚 2 分硬币)交给你的同学,再递给他一枚面值为奇数(比如一枚 5 分硬币)的硬币。让他两只手分别握着一枚硬币。让他将右手中的硬币的面值与 3 相乘,左手中的硬币面值与 2 相乘,然后把所得到的两个数加起来。如果得到的和是偶数的话,那么在他的右手中一定是面值为偶数的硬币;如果是奇数的话,那么在他的左手中一定是面值为偶数的硬币。

请问,这到底是什么原因?

【游戏正解】

2 分(偶数面值)硬币在:

左手

右手(×3)奇数 ×3 = 奇数

左手(×2)奇数 ×2 = 偶数

和:奇数 + 偶数 = 奇数

右手

偶数 ×3 = 偶数

偶数 ×2 = 偶数

和:偶数 + 偶数 = 偶数

如果乘以 3 和 2 以外的其他奇数和偶数,这个小陷阱仍然可以成立。

最大的数

已知甲数的 12% 为 13,乙数的 13% 为 14,丙数的 14% 为 15,丁数的 15% 为 16,那么在甲、乙、丙、丁四个数中,最大的数是哪个?

【游戏正解】

甲/100 – 1 = 14/13 – 1 = 1/13

乙/100 – 1 = 15/14 – 1 = 1/14

······

丁/100 – 1 = 17/16 – 1 = 1/16

1/13 > 1/14 > 1/15 > 1/16

甲 > 乙 > 丙 > 丁,因此最大的数是甲。

最大距离

半径 10 米的圆形旱冰场上有 7 名学生在溜冰,以下选项中,哪个不可能是这些学生间的最小距离?

A.7 米　　　　　　B.9 米

C.10 米　　　　　　D.11 米

【游戏正解】

D 项不可能。把圆分成 6 个圆心角为 60 度的扇形,由抽屉原理 7 人中必有 2 人在一个扇形中,所以这两人的距离不大于 10 米。

辛迪家的猪

小猪逃出来了,它正在大门南面 250 米的树下,辛迪和猪同时奔跑,并且都以匀速前进,小猪向东逃跑,辛迪始终都正对着小猪追,倘若辛迪的速度是小猪的 1.333······倍,那么他在抓住小猪之前已经跑了多少米?

【游戏正解】

跑了 571.4 米。

数金币

一个守财奴每天都会数一遍自己的金币。他数金币的方法是这样的:他分别按 2 个一数, 3 个一数, 4 个一数, 5 个一数, 6 个一数, 每次数完都剩一枚。最后, 他再按 7 个一数, 这次一个都不剩了。请问, 这个守财奴至少有多少金币?

【游戏正解】

301 枚金币。

霍克划船

暑假的时候, 霍克去湖上划船, 这只小船在顺水行驶的时候, 每 3 分钟可以行驶 1 千米, 但要是在逆水行驶的时候, 每 4 分钟才能行驶 1 千米。请问在平静的水面上, 小船行驶 1 千米需要花费多少时间?

【游戏正解】

在平静的水面小船行驶 1 千米需要 3.4 分钟。

老教授的年龄

有一个年轻教授问一个老教授的年龄, 老教授对他说:"我早在 45 年前就在这个学校教学了, 我比我儿子大 27 岁, 现在交换一下我的年龄的个位数与十位数, 就是我儿子的年龄。"请问这位老教授现在多少岁?

【游戏正解】

老教授现在的年龄是 74 岁, 而他儿子的年龄是 47 岁。

等式成立

将加号和减号填在下面的数字中间, 让等式成立, 请问你可以想出多少种方法?

9 8 7 6 5 4 3 2 1 = 100

【游戏正解】

$9 - 8 + 7 + 65 - 4 + 32 - 1 = 100$
$9 + 8 + 76 + 5 + 4 - 3 + 2 - 1 = 100$
$9 + 8 + 76 + 5 - 4 + 3 + 2 + 1 = 100$

同色球

有一个袋子, 袋口非常小, 里面有 7 种颜色的小球, 每种颜色的球的数分别是 2、3、45、6、7、8。现在你随便在里面拿球, 请问最多有多少次拿到相同颜色的球?

【游戏正解】

最多有 8 次。

填上运算符号

在下列数字中填上什么运算符号, 可以使数等于 50?

1 2 3 4 5 6 7 8 9 = 50
1 2 3 4 5 6 7 8 9 = 50
1 2 3 4 5 6 7 8 9 = 50

【游戏正解】

$1 \times 2 + 3 \times 4 + 5 \times 6 + 7 + 8 - 9 = 50$
$1 + 2 + (3 + 4) \times 5 + 6 + 7 + 8 - 9 = 50$
$123 - 4 \times 5 \times 6 + 7 \times 8 - 9 = 50$

算出 X 和 Y

请将下面的方程式中的 X 和 Y 的值口算出来:

$6751x + 3249y = 26751$
$3249x + 6751y = 23249$

【游戏正解】

$X = 3, Y = 2$。

对与错

平角是直角的 2 倍, 是周角的 1/4。请问这种说法对吗?

【游戏正解】

错误。正确的表述应该是:平角是直角的 2

倍,是周角的 1/2。

击鼠标比赛

美戴尔、尼本和汤米正在玩击鼠标比赛。美戴尔在 10 秒钟之内可以击 10 下鼠标;尼本在 20 秒钟之内可以击 20 下鼠标;汤米在 5 秒钟之内可以击 5 下鼠标。三人所用的时间是这样计算的;从开始的第一击,到最后的终结一击。他们会不会打成平手? 倘若不会,那么谁最先将 40 下鼠标击完?

【游戏正解】

他们不可能打成平手,最先击完 40 下鼠标的人是尼本。他们三个人的点击速度是不同的:

美戴尔在 10 秒钟之内可以击 10 下鼠标,在点击 10 下的中间,一共有 9 次间隔,那么可以推算出每次点击的间隔时间为 10/9 秒;而在点击 40 下的中间,一共有 39 次间隔,那么他点完 40 下要花的时间为 $10/9 \times 39 = 43.33$ 秒。

尼本在 20 秒钟之内可以击 20 下鼠标。在点击 20 下的中间,一共有 19 次间隔,那么可以推算出每次点击的间隔时间为 20/19 秒,而在点击 40 下的中间,一共有 39 次间隔,那么他点完 40 下要花的时间为 $20/19 \times 39 = 41.05$ 秒。

汤米在 5 秒钟之内可以击 5 下鼠标。在点击 5 下的中间,一共有 4 次间隔,那么可以推算出每次点击的间隔时间为 5/4 秒,而在点击 40 下的中间,一共有 39 次间隔,那么他点完 40 下要花的时间为 $5/4 \times 39 = 48.75$ 秒。

年度总结大会

一家公司正在召开年度总结大会,一共有 20 人参加会议。在这 20 个人之中,有 14 个人是男性,有 12 个人是短发,有 11 个人是瘦子,有 7 个人个子很高。请问又高又瘦的短发男士有多少个?

【游戏正解】

最少一个没有,最多有 7 个人符合这样的条件。

有多少只羊

甲赶着一群羊在草地上往前走,乙尾随在甲的后面,手中牵着一只肥羊。乙告诉甲:"你这一群羊大概有 100 只吧?"甲答道:"如果再有这么一群,再加上半群,接着再加上 1/4 群,再加上你的一只肥羊,这样才达到 100 只。"

请问,甲原来有多少只羊?

【游戏正解】

$(100 - 1) \div (1 + 1 + 1/2 + 1/4) = 36$ 只

农民的鸡蛋

两个农民带着 100 个鸡蛋,来到市场上出售。有趣的是,他们最后卖得了一样的钱数。第一个农民告诉第二个农民:"倘若我的鸡蛋和你一样多,那么我可以换 15 桶油"。第二个农民则答道:"倘若我有你那么多鸡蛋,那么我只可以换 6 + 2/3 桶油"。

请问,这两个农民的鸡蛋分别是多少?

【游戏正解】

设第一个农民的鸡蛋为 x 个,那么第二个农民则有 $(100 - x)$ 个鸡蛋。第一个农民每个鸡蛋卖 $15x/(100 - x)$,所以他可以换取 $15/(100 - x) \times x = 15/(100 - x)$ 桶油。第二个农民每个

鸡蛋卖$(6+2/3)/x$,因此他可以换取$(6+2/3)/x \times (100-x)$桶油。由于两个人最后所卖得的钱数是一样的,列出等式,很容易求得$x=40$。因此,第一个农民的鸡蛋是40个,第二个农民的鸡蛋是60个。

计算错觉的产生

果农摘了两筐苹果,一筐大苹果,一筐小苹果,各为30千克,他拿到街上去卖。大苹果以每2千克6元出售,小苹果以每3千克6元出售。这时,一个顾客走过来对他说道:"您这样分着卖,还不如搭配着卖,这样更好一些。2千克大苹果与3千克小苹果相搭配,总共卖12元。"

果农听后,认为的确很合理,便开始搭配着出售。没想到,这个顾客立即说道:"这些苹果我都买了。5千克的搭配苹果12元,60千克则是$12 \times 12 = 144$元。"交易完后,这位顾客就马上走了。果农回头细细想了一下,发现自己中了那个顾客的圈套。

请问问题究竟出在哪里?

【游戏正解】

大苹果与小苹果搭配着卖,容易产生计算错觉。根据果农的计划,10千克大苹果应该卖6元×5=30元,而实际上只买了12元×2=24元,一共少卖了的6元钱。

怎样出价有利

帕特里克与道格拉斯看上了一张售价1万元的彩票,他们商定各出5 000元将其买下。两人决定互相按以下的游戏规则拍卖这张彩票:第一步,帕特里克与道格拉斯分别把自己的出价写在纸条上,接着让对方看一下;第二步,出价高的人将获得这张彩票,但要根据对方的出价付钱给对方。

当然,倘若两人的出价是一样的,那么帕特里克与道格拉斯就平分这张彩票。

请问,该如何出价才最有利?

【游戏正解】

倘若出价5 002元,对方出5 001元,那么就不得不给对方5 001元,这样就是用10 001元买了这张彩票,多花了1块钱;倘若出4 999元,在对方出价高的情况下,你就亏了1块钱。这样看来,出价超过5 001元的不合适,出价少于5 000元也不合适。所以,出价5 001元最为有利。

免费的午餐

中午的时候,有8个同学到一家饭店吃东西。饭店的老板对这8个人说,只要经常来,就可以有免费的午餐吃,但前提是他们每人每天都要换一下位子,直到他们8个人的排列顺序没有重复的时候为止。请问8个人应该如何回答?

【游戏正解】

实际上不可能,因为需要40 340天,相当于100多年。

用加号连起

用9、8、7、6、5、4、3、2、1九个数按顺序用加号连起,使和等于99(两个数字可以连用)。

【游戏正解】

$9+8+7+65+4+3+2+1=99$。

正方形地毯

近日,地毯商阿布杜遇到了一个大麻烦。在太阳落山之前,他必须把一块边长10米的正方形地毯交给一个非常富有的客户。他从仓库里找出一个长12米宽9米的地毯,打算用这个地毯来做客户所要的地毯。然而,当他把这个地毯展开的时候,却发现中间已经被剪掉了一块,被剪掉的部分长8米宽1米。但是,老练的阿布杜却很快就想出了一个解决问题的办法,他将剩下的地毯剪成了两块,接着再缝在一起,这样便做出一块边长为10米的正方形地毯。

请问,阿布杜是如何做到的呢?

【游戏正解】

他先沿着两条相同的虚线把地毯剪开,接着再将上半部分的地毯向左下方移动,这样,就正好可以与下半部分的地毯合并在一起了,最后再将它们缝合成一块完整的正方形地毯。

拆 数

把100拆成4个数,使第一个数加4,第二个数减4,第三个数乘4,第四个数除以4,得到的结果相等,应该怎样拆?

【游戏正解】

第一个数是12,第二个数是20,第三个数是4,第四个数是64。

两人的存款

章华和刘浏两人的存款相等,后来章华取出了500元,又存入100元,结果刘浏的存款是章华的2倍,问他们两个人原来的存款是多少元?

【游戏正解】

他们两个人的存款都是800元。他们两个人的存款相等,都是(500 - 100)×2 = 800元。

值是多少

$2252 + 450 \times 775 + 7752$ 的值是多少?

【游戏正解】

1 000 000。

出去多久了

6点多一点,米切尔就出去了,这时分钟与时钟为110度角。之后,米切尔在7点不到就回来了,这时分钟与时钟刚好又成了110度角。

请问米切尔出去了多长时间?

【游戏正解】

出去40分钟。

不同物体的重量

现在有三种不同重量的标准砝码1克,3克,9克。请问可以称出多少种不同物品的重量? 在进行称量时,要称的东西与已知的标准砝码可以任意地放在天平的两盘之一。另外,每种砝码都只有一个。

【游戏正解】

1~13克中任何一个都能称量:

1克的物品,一边放1克砝码,一边放物品;

2克的物品,一边放3克砝码,一边放物品 +1克砝码;

3克的物品,一边放3克砝码,一边放物品;

4克的物品,一边放1克砝码和3克砝码,一边放物品;

5克的物品,一边放9克砝码,一边放1克砝码和3克砝码 +物品;

6克的物品,一边放9克砝码,一边放物品 +3克砝码;

7克的物品,一边放9克砝码 +1克砝码,一边放物品 +3克砝码;

8克的物品,一边放9克砝码,一边放物品 +1克砝码;

9克的物品,一边放9克砝码,一边放物品;

10克的物品,一边放1克砝码 +9克砝码,一边放物品;

11克的物品,一边放9克砝码 +3克砝码,一边放物品 +1克砝码;

12克的物品,一边放9克砝码 +3克砝码,一边放物品;

13克的物品,一边放1克砝码 +9克砝码 +3克砝码,一边放物品。

抽掉的数字

在1~10的数字中,抽出一个数,则剩下数的平均值减少0.5,那么抽掉的数字是哪个?

【游戏正解】

10。

与4的关系

有n个整数,其积为n,和为零,那么n是否能被4整除呢?

【游戏正解】

能。假如n是奇数,那么n个数之积为n,这n个数皆为奇数,但几个奇数之和为奇数,与题目不符,可见n只能为偶数。由于n为偶数,这n个数必有一个偶数,又由于它们的和为零,所以其中必有另一个偶数。于是n个数中必有两个偶数,任意两个偶数之积都能被4整除,因而n必能被4整除。

行驶速度

司机在汽车行驶某一时刻,看到里程计上显示的数字是一个对称数15 951。过了4小时,里程计上又出现了一个新的对称数。请问小孩辆汽车的速度是多少?

【游戏正解】

设新的对称数只能是16×61,且x只能取0和1。因为当x取大于1(如2)时,车的速度为$(16261 - 15951) \div 4 = 77.5$(千米/小时)。为了安全起见,汽车行驶时,这个速度是不允许的。这样,当x取0时,$(16061 - 15951) \div 4 = 27.5$,或取1时,$(16161 - 15951) \div 4 = 52.5$千米。

酒鬼买酒

有两个酒鬼买了一瓶8千克的酒,他们身边只有可以装5千克和3千克的空瓶,两个人倒来倒去,总是无法平分。这时一个小孩过来,随便弄几下,就把酒平分了。请问小孩是怎么分的?

【游戏正解】

	8千克瓶	5千克瓶	3千克瓶
第一次	3	5	0
第二次	3	2	3
第三次	6	2	0
第四次	6	0	2
第五次	1	5	2
第六次	1	4	3
第七次	4	4	0

方格填数

在5×5的方框中,要求玩家使用数字0~9,每个数字至少使用一次,填满所有的25个小方格,使各行各列的和均为30。

【游戏正解】

6 8 7 0 9
6 5 8 9 2
9 2 7 9 3
5 7 7 4 7
4 8 1 8 9

分配子弹

三个打猎者在过一条小溪的时候,其中两个人不小心把子弹弄湿了。于是,三个人把没有弄湿的子弹重新平分了一次。他们每人放了4枪,这时剩余的子弹数刚好和三人重新分配后每个人所得的子弹数相等。请问,有多少颗子弹被重新分配了?

【游戏正解】

有18颗子弹被重新分配了。设被重新分配的子弹数为x,根据题意得:$x - 4 \times 3 = 1/3x$,所以得$x = 18$。

ABCD 相乘

已知,$A \times B = 14$,$B \times C = 15$,$C \times D = 16$。那么,$A \times B \times C \times D = ?$

【游戏正解】

最后结果是224。算式为:$A \times B \times C \times D = (A \times B) \times (C \times D) = 14 \times 16 = 224$。

需要多少拖把

有个人要打扫房间,他的任务是用拖把拖

地,可是这种拖把有一个特点,每拖地一天就必须保养 2 天后才可以继续使用,并且这种拖把用 3 次就会坏,这个人要连续不停地拖 30 天,请问,一共需要多少把拖把?

【游戏正解】

10 把。

货架上的苹果

一家水果店的货架上摆满了苹果,上面货架上一共有 250 个苹果,下面货架上一共有 110 个苹果。现在上下两层货架卖出同样多的苹果,剩下的苹果中,上层货架刚好是下层货架的 3 倍。请问一共卖出了多少个苹果?

【游戏正解】

80 个苹果。

怎样均分

数学测验,小王前三次平均分是 82 分。要想平均分达到 85 分,她第四次最少要得到多少分?

【游戏正解】

最少要得 94 分。前三次总分是 82 × 3 = 246(分),要想平均分达到 85 分,那么四次的总分必须达到 85 × 4 = 340(分),因此她第四次最少要得 340 - 246 = 94(分)。

连续的自然数

398 是四个连续自然数的和,你知道这四个连续的自然数中最小的那个是多少吗?

【游戏正解】

那个最小的数是 98。

页码中的"1"

有一本页码为 500 页的书,在这本书的页码中,数字"1"出现了多少次?

【游戏正解】

101 次。

进款的差错

暑假里,德克斯帮妈妈卖了一天矿泉水。矿泉水共有三种,1 元 1 瓶,1 元 5 角 1 瓶,2 元 1 瓶。傍晚的时候,德克斯数了一下售款,今天的进款是 58 元 8 角,德克斯立即意识到今天收款出差错了。请问他是如何发现差错的?

【游戏正解】

矿泉水的售价都是 5 角的倍数,因此正常的收款不会出现有 8 角这种情况。

怀特的棒棒糖

昨天怀特过生日时,奶奶送给他一袋棒棒糖。今天,怀特带了一些棒棒糖到幼儿园给小伙伴们分着吃。怀特将书包内的棒棒糖分了一半给马丁,又把剩下的一半分给杰克,再将剩下的一半给了玛丽。最后,怀特还剩下两个棒棒糖。你能算出怀特今天带了多少棒棒糖吗?

【游戏正解】

怀特带了 16 个棒棒糖。

生产帆船

一家玩具厂 2 名工人每天工作 2 小时,每 2 天可以生产 2 艘玩具帆船。那么 4 名工人每天工作 4 小时,4 天可以生产几艘玩具帆船呢?

【游戏正解】

16 艘帆船。

平均时速

在全程的前 30 秒内,有一辆轿车以时速 150 千米行驶,为了让全程的平均时速可以保持 6 千米,接下来的 30 秒行驶时速应该是多少呢?

【游戏正解】

难以确定,因为不知道全程是多少。

赶牛进村

农夫汤姆有 4 头牛,他要将它们拉到对面的村子中去。从这个村子到那个村子,大牛得走 1 个小时,二牛得走 2 小时,三牛得走 4 小时,小牛得走 5 小时。现在打算一次同时拉走两头牛,返回的时候,还得骑在一头牛的背上,最终以两头牛中走得慢的那头所需要的时间为准。

请问,把 4 头牛拉到对面的村子,至少要多长时间?

【游戏正解】

12 小时。把大牛和二牛拉到对面村子需要 2 小时;骑在大牛上面,回到本村需要 1 小时;把三牛和四牛拉到对面村子需要 5 小时;骑在二牛上面,回到本村需要 2 小时;最后,把大牛和

二牛拉到对面村子需要 2 小时。

大婶家的客人

有一个大婶正在河边洗碗。这时候,一位大姐路过河边,她向洗碗的大婶问道:"怎么有这么多碗要洗啊?"大婶答道:"家里来了很多客人。"大姐又问:"你家里到底来了多少客人呢?"大婶回答:"我不知道具体人数,我只知道两个人共吃一碗饭,3 个人共吃一碗羹,4 个人共吃一碗肉,一共用了 65 个碗。"

请问,这位大婶家里来了多少客人?

【游戏正解】

60 人。

拿苹果

在一个盒子中,混有 3 种苹果,你必须拿出几个苹果才能确定至少 3 个苹果是同一种?

【游戏正解】

7 个苹果。

玩弹子

甲和乙正在玩弹子。刚开始的时候,他们弹子的数目是相等的。在一个回合中,甲赢得了 20 颗弹子,但到最后,甲输掉了手中弹子的 2/3,结果乙的数目是甲的 4 倍。请问刚开始时他们手中共有多少颗弹子。

【游戏正解】

刚开始的时候,两个人共有 200 颗弹子。

值是多少

$0.0495 \times 2\,500 + 49.5 \times 2.4 + 51 \times 4.95$ 的值是多少?

【游戏正解】

$0.0495 \times 00 + 49.5 \times 2.4 + 51 \times 4.95 = 4.$

$95 \times 25 + 4.95 \times 24 + 4.95 \times 51 = 4.95 \times (25 + 24 + 51) = 4.95 \times 100 = 495$。

汽车尾灯

某汽车尾部有 6 个信号灯,其中两个是关闭的,那么所有尾灯中有百分之几是亮着的?

【游戏正解】

100 除 6 再乘 4 就约等于 66.7%。

石子的重量

建筑工人配制了 4 000 千克混凝土。所用水泥、砂和石子的重量比是 2：3：5。请问石子的重量是多少千克?

【游戏正解】

2 500 千克。

算一算

倘若 12 的 1/4 是 4,那么 9 的 1/6 是多少?

【游戏正解】

结果是 2。

行人的数量

小华和小涛花了一个小时在数他们面前人行道上走过的行人数。其中,小华坐在家门口,小涛在另一个人行道上走来走去。那么谁数的行人会多一些?

【游戏正解】

一样多。

米莉切豆腐

米莉用一把刀将一块正方体的豆腐切去了一部分,那么剩下的豆腐可能是几个面?

【游戏正解】

可能有 5 个面,6 个面,7 个面,甚至 8 个面。

四艘船何时相遇

1983 年 1 月 1 日中午时分,四艘轮船同时

驶离港口。第一艘船每 4 个星期回港一次,第二艘船每 8 个星期回港一次,第三艘船每 12 个星期回港一次,第四艘船每 16 个星期回港一次。请问四艘船什么时候可以在港中相遇?

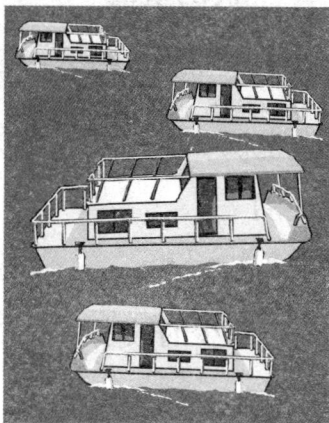

【游戏正解】

4,8,12 和 6 的最小公倍数为 48。因此四艘船在 48 星期以后会再次相遇,相遇的具体时间是 1983 年 12 月 4 日。

t 和 a

说出数字 t 和 a 各自代表的数字是什么?
$[3 \times (230 + t)]2 = 492a04$

【游戏正解】

等式的左边可以被 9 整除,所以等式的右边也一样。这样我们就知道右侧数字的各位数之和应该是 9 的倍数,因此 a 等于 8,所以得出 t 的值为 4。

懒人遇到魔鬼

有个懒人遇到了一个魔鬼。魔鬼说:"我给你一份好差事。看到那座桥了吗?你每过一次桥我就让你的钱翻 1 倍。但你必须在每过一次桥后给我 24 元钱。"懒人同意了。懒人过了桥,果然他的钱翻了 1 倍。他把 24 元钱给了魔鬼,然后再次过桥,他的钱再次翻倍,他又给了魔鬼 24 元钱。在第 3 次过桥后,他的钱又增加了 1 倍,但是他只剩下 24 元钱了。他把钱给了魔鬼,魔鬼笑了笑,消失得无影无踪。请问这个懒人身上原来有多少钱?

【游戏正解】

他原本身上有 21 元。在第一次过桥后有

42 元,给了魔鬼 24 元还有 18 元;第二次过桥后有 36 元,给了魔鬼 24 元,还有 12 元;最后一次过桥后,24 元都给了魔鬼。

砖的重量

倘若在天平的一端放一块砖,另一端放 3/4 块砖和 3/4 磅的砝码,天平正好平衡。那么,一块砖的重量是多少?

【游戏正解】

一块砖的重量是 3 磅。

缺少的数字

这个序列中缺少的数字是多少?

$(7,8)(19,27)(37,64)(61,125)(?,216)$

【游戏正解】

缺少的数字是 91。

读数问题

在"30 078 240""3 070 240"和"3 072 400"这三个数中,能读出一个零的数是哪个? 能读出两个零的数又是哪个?

【游戏正解】

读出一个零的数是 3 072 400;能读出两个零的数是 3 070 240。

每分钟多少米

从山下到山上的路程是 720 米,马克斯上山的时候,平均速度为每分钟 60 米,下山的时候,平均速度为每分钟 120 米。那么在往返行程中,马克斯的平均速度是每分钟多少米?

【游戏正解】

80 米。往返的总路程为:$720 \times 2 = 1440$

米;用的总时间为:$720 \div 60 + 720 \div 120 = 18$ 分钟;因此,在往返行程中,马克斯的平均速度为:$1440 \div 18 = 80$(米)。

乌龟赛跑

有两只乌龟一起赛跑。甲龟到达 10 米终点线的时候,乙龟才跑了 9 米。现在让甲龟的起跑线退后 1 米,两龟再同时起跑比赛。请问甲、乙两龟是不是可以同一时间到达终点?

【游戏正解】

无法同时到达。甲龟与乙龟的速度之比为 $10:9$。当甲龟跑 11 米,乙龟跑 10 米时,两只龟所用的时间之比为 $11/10:10/9 = 99:100$,因此还是甲龟所用时间少一些,甲龟先到。

算 数

倘若 $14 = 12, 34 = 38$,那么 $24 = ?$

【游戏正解】

25。

奇怪的数字

有一个三位数,倘若减去 7,所得的数可以被 7 整除;倘若减去 8,所得的数则可以被 8 整除;倘若减去 9,所得的数则可以被 9 整除。这个数是多少?

【游戏正解】

504。

给朋友分甜饼

小阿里阿德涅正烦着哩! 今天早上,小阿里阿德涅收到了妈妈亲手做的一包新鲜小甜饼。当她把礼物打开的时候,她的 4 个朋友刚好来到了她的宿舍,她们提醒小阿里阿德涅,前面几次她们带的小甜饼也曾与她一起分享过，现在也该她回敬大家了。小阿里阿德涅很不情愿地将其中的一半甜饼以及半个甜饼分给了朋友劳拉；接着又将剩下的一半甜饼以及半个甜饼分给了朋友梅尔瓦；然后，她又将剩下的一半甜饼以及半个甜饼分给了朋友罗伦；最后，她又将盒子里剩下的一半甜饼以及半个甜饼分给了朋友玛戈特。这样一来，盒子里面的甜饼全部都被分了出去，可怜的小阿里阿德涅真是伤心到了极点。

请问，盒子里面原本有多少小甜饼？需要说明的是，在分甜饼的过程中，小阿里阿德涅自始至终都没有将盒子中的甜饼切成或者掰成两半。

【游戏正解】

事实上，小阿里阿德涅总共收到了 15 块小甜饼。劳拉得到了 7.5 + 0.5，也就是 8 块甜饼。这个时候还剩下 7 块甜饼；梅尔瓦得到了 3.5 + 0.5，也就是 4 块甜饼，这个时候还剩下 3 块甜饼；罗伦得到了 1.5 + 0.5，也就是 2 块甜饼，这个时候还剩下 1 块甜饼；玛戈特得到了 0.5 + 0.5，也就是 1 块甜饼，而小阿里阿德涅则一块甜饼也没有留下。

奇怪的式子

在下面的数字中间填上加减乘除与括号，使等式成立。

1　2　3 = 1
1　2　3　4 = 1
1　2　3　4　5 = 1
1　2　3　4　5　6 = 1
1　2　3　4　5　6　7 = 1
1　2　3　4　5　6　7　8 = 1

【游戏正解】

$(1+2) \div 3 = 1$
$1 \times 2 + 3 - 4 = 1$
$[(1+2) \div 3 + 4] \div 5 = 1$
$(1 \times 2 + 3 - 4 + 5) \div 6 = 1$
$\{[(1+2) \div 3 + 4] \div 5 + 6\} \div 7 = 1$
$[(1 \times 2 + 3 - 4 + 5) \div 6 + 7] \div 8 = 1$

英文字母等于多少

在 1 ~ 9 这些整数中，找出 6 个数，分别为 A、B、C、D、E、F，使它们符合下面的等式：

$A \times B \times C = D \times E \times F$

【游戏正解】

$A = 1, B = 8, C = 9,$
$D = 3, E = 4, F = 6,$
所以，$1 \times 8 \times 9 = 72 = 3 \times 4 \times 6$

大头针

约翰带着 4 枚硬币去商店买大头针，大头针的单价有 1 分、2 分、3 分……10 分。约翰可以买其中任意一根大头针都不用售货员找零钱。请问约翰带的是哪 4 枚硬币？

【游戏正解】

1 枚 1 分硬币，2 枚 2 分硬币，1 枚 5 分硬币。

不许分到偶数个

100 个核桃要分给 25 个人，要求谁也不许分到偶数个，可能么？

【游戏正解】

不可能，每个人分到的都是奇数，25 个奇数之和一定是奇数，而 100 为偶数，所以不可能做到。

获得多少美元

如果你每秒钟能获得 1 美分，那么 2.5 分钟后你将获得多少美元？

【游戏正解】

1.5 美元。

求算式的值

$2004 \times (2.3 \times 47 + 2.4) \div (2.4 \times 47 - 2.3)$ 的值为多少？

【游戏正解】

2004。

小状元

小小＋状状＋元元＝小状元,请问小状元为数字多少?

【游戏正解】

小＝1,状＝9,元＝8,11＋99＋88＝198。

绳子的长度

有两根绳子,长的一根是42厘米,短的一根是24厘米,两根都截去相同长度的一段后,长的绳子的长度是短的绳子的长度的4倍,剪短后长的绳子是多少厘米?

【游戏正解】

24厘米。

均分红枣

一个篮子里装有16颗红枣,要平均分给8个人。不过,最后篮子里必须剩下2颗红枣。请问应该怎么分?

【游戏正解】

每人分2颗红枣,只要把篮子连同2颗红枣分给最后一个人就行了。

古代算术题

1只公鸡值5文钱,1只母鸡值3文钱,3只小鸡值1文钱,现在用了100文钱,恰好买了这三种鸡共100只。请问公鸡、母鸡、小鸡各有多少只?

【游戏正解】

有四组解:

1. 公鸡0只,母鸡25只,小鸡75只;
2. 公鸡4只,母鸡18只,小鸡78只;
3. 公鸡8只,母鸡11只,小鸡81只;
4. 公鸡12只,母鸡4只,小鸡84只。

会议人数

高德先生参加了一个很重要的会议,与会者围坐在一个大圆桌边。高德先生发现,每个人都与两个性别相同的人相邻。倘若这个会议共有12个女士参加,请问一共有多少人参加会议?

【游戏正解】

一共有24人参加会议。

欢迎的人数

矿区足球队胜利凯旋,矿长派人在矿区门口列队欢迎,队伍长达100米,路的两边每隔5米站1个人,一共需要多少人?

【游戏正解】

需要42人。根据题意可列出算式:$(100 \div 5 + 1) \times 2 = 42$(人)。

奇怪的运算

一个自然数经过自加、自减、自乘、自除得到的4个数的和是100,你知道这个数是多少吗?

【游戏正解】

这个数是9。设这个数是m,自加的是$2m$,自减是0,自乘是$m2$,自除是1,也就是$2m + m2 + 1 = 100$,解得$m = 9$或$m = -11$,-11不符合题意,所以这个数是9。

快速说出答案

快速说出550的3/5的2/3的1/2再除以1/2是多少?

【游戏正解】

结果是220。

5的倍数

在0～100的整数中,5的倍数有多少个?

【游戏正解】

20个。

3的倍数

在10～300的整数中,3的倍数有多少个?

【游戏正解】

30个。

站队的问题

你能让 6 个同学站成 3 行,每行站成 3 人吗? 倘若可以,应该怎么站?

【游戏正解】

能。站成一个三角形即可。

蜘蛛　蜻蜓　蝉

蜘蛛有 8 条腿,蜻蜓有 6 条腿和 2 对翅膀,蝉有 6 条腿和 1 对翅膀,现在这三种小虫共 18 只,有 118 条腿和 18 对翅膀,蜘蛛、蜻蜓、蝉各有多少只?

【游戏正解】

蜘蛛 5 只,蜻蜓 7 只,蝉 6 只。

老汉克的兰花

老汉克的花园里盛开着 20 朵鲜花,它们分别是郁金香和兰花,不管你摘下任何两朵花,都至少有 1 朵是郁金香。请问花园里一共有多少朵兰花?

【游戏正解】

1 朵兰花。

括号中填什么数字

请根据下列数字的变化规律,推断出括号中应该填什么数?

5　15　25　35　(　)　55

【游戏正解】

括号中应该填45。

改动的平均数

有 5 个数的平均数是 10,倘若将其中的一个数改成 7,这时候 5 个数的平均数是 9。请问改动的数原来是多少?

【游戏正解】

这个数是 12。因为 $5 \times 10 = 50, 5 \times 9 = 45$, $50 - 45 = 5, 5 + 7 = 12$。

装橘子

妈妈买了 100 个橘子,她让大卫将它们分装在 6 个大小不一样的袋子中,每只袋子所装的橘子都是含有数字 6 的数。请问大卫在每只袋子中装了多少个橘子?

【游戏正解】

60、16、6、6、6、6。

鸡和猪

在一个大笼子里关了一些鸡和一些猪。数它们的头,一共有 36 个;数它们的腿一共有 100 条。问鸡和兔各有多少只?

【游戏正解】

假设全部都是猪,那腿就有:36 × 4 = 144(条),猪的腿比全部的腿多:144 - 100 = 44(条),求得鸡的只数:44 ÷ 2 = 22(只),猪的只数:36 - 22 = 14(只)。

如何排列

6个8组成若干个数,使其相乘和相加后等于800。请问,该如何排列?

【游戏正解】

88 × 8 + 88 + 8 = 800。

如何分数字

请将3、4、5……11的数字分为3组(每组3个数),使每组数的和都等于21。

【游戏正解】

第一种分法:(3,7,11)(5,6,10)(4,8,9)。

第二种分法:(3,8,10)(4,6,11)(5,7,9)。

何时到坡顶

一次,一条狗打算登上一个2米高的土坡。狗一次可以跳跃0.4米,但是,狗每跳跃一次,就要睡2个小时。请问狗要用几个小时才能登上坡顶?

【游戏正解】

狗要用8个小时才能登上坡顶。因为在整个过程中,狗要睡4次。因此,所需时间应该为2 × 4 = 8(小时)。

填入恰当的数字

请根据下列数字的变化规律,推断出括号中应该填什么数?

2 5 8 11 ( ) 17

【游戏正解】

括号中应填入14。因为后一个数是前一个数加3获得的。

租 船

达克利老师带了41名同学去划船,共租了10条船。每条大船坐6人,每条小船坐4人,问大船、小船各租几条?

【游戏正解】

有9条小船,1条大船。

鹦鹉的只数

路上走着4位老爷爷,他们每个人手中都拿着4个鸟笼,每个鸟笼中都装了4只鹦鹉。那么一共有多少只鹦鹉呢?

【游戏正解】

一共有64只鹦鹉,4 × 4 × 4 = 64(只)。

语文平均分

五年级甲班30人,乙班50人。考试结束后,甲班语文成绩平均为84分,乙班语文成绩平均为88分。那么这两个班的语文总平均分是多少?

【游戏正解】

(84 × 30 + 88 × 50) ÷ (30 + 50) = 6920 ÷ 80 = 86.5。

要用多少时间

3个孩子吃3个饼要用3分钟,90个孩子吃90个饼要用多少时间?

【游戏正解】

3 分钟。

找出假币

有 9 枚硬币,其面值相同,其中 8 枚的重量相等,还有 1 枚是假币,假币比其他的硬币轻。有一架天平在 2 次以内称出假币,不可以用砝码,该如何称?

【游戏正解】

两边各放 3 枚硬币,倘若 1 个秤盘翘了起来,那么其中 1 枚硬币是假币;倘若两端平衡,那么剩下的 3 枚硬币中必有 1 枚是假币。

游戏火柴

甲乙两人在一起玩火柴游戏,先把 18 根火柴放在桌上,两人轮流取,每次所取的火柴数目最少 1 根,最多 3 根,取走最后一根火柴者获胜。甲先取,那么他应该怎么取胜呢?

【游戏正解】

先取 2 根,之后不管乙如何取,甲使两人取的和等于 4,如乙 1 甲 3、乙 2 甲 2、乙 3 甲 1。这样,就可以保证剩下 16 根火柴 4 个、4 个地减少,最后一根一定属于甲。

猫狗比赛

爱德华家里养了一只狗和一只猫。某日,

他决定让猫和狗进行一场 10 米直线往返的比赛。狗每次跳跃 0.3 米,猫每次只能跳 0.2 米,然而在狗跳 2 次的时间内,猫可以跳 3 次。请问猫和狗谁会获胜?

【游戏正解】

猫获胜,因为在猫跳 100 次的时间内,狗只能跳 66 次。

填上加减乘除

将运算符号填在下面的 12 个 3 中间,使等式成立。

3　3　3　3　3　3　3　3　3　3　3　3
= 2003

【游戏正解】

$3 \times 3 + (3 + 3) \div 3 + 333 \times (3 + 3) - 3 - 3$
$= 2003$

风吹荷花倒

池子中有一朵荷花,高出水面的部分为 10 厘米。荷花被风吹倒后,刚好被水淹没,荷花的花尖和水面接触点与荷花没倒之前与水面的交叉点之间的距离为 21 厘米。请问水池的深度是多少?

【游戏正解】

17.05 厘米。

早餐面包

现在有 10 片切片面包,倘若每 2 片面包只能加入 1 片火腿,那么最多可以加多少片火腿?

【游戏正解】

最多可以加 10 片火腿。先将 10 片面包组成一个轮形,再在每 2 片面包间各加入 1 片火腿就行了。

有多少个零

在不计算的情况下,你可以看出 $1 \times 2 \times 3 \times 4 \times 5 \times 6 \cdots \cdots \times 100$ 的结果中,末尾有多个连续的数字 0 吗?

【游戏正解】

有 24 个"0"。

这个数是多少

在我国各省有一种常见的水生植物——浮萍。浮萍的生长速度相当快。假设浮萍的面积每天长大 1 倍,10 天就能长满一个池塘。请问浮萍长满整个池塘,需要多少天?

【游戏正解】

需要 9 天。

计算年龄

星期天,妈妈带纳达克去公园玩,正巧遇上了妈妈的同事梦娜阿姨。梦娜阿姨问纳达克今年几岁了,聪明的纳达克笑着说:"妈妈比我大 26 岁,3 年后妈妈的年龄是我的 3 倍。"请问纳达克和妈妈的年龄分别是多少?

【游戏正解】

今年纳达克 10 岁,妈妈 36 岁。

先说出 100

假定二人轮流说 10 以下的数字,将这些数字逐一相加,先使和变为 100 的人获胜。请问如何先说出 100 呢?

【游戏正解】

要先说。比如先说的人说 1,然后后说的人说 2 的话,先说的人就说 9(1 + 2 + 9 = 12),同理,后说的人说 10 的话先说的人就说 1,到 23、34、89,这样先说的人可以获得最后一个周期的发言权(100 - 11 = 89)就会取得最后的胜利。

未知的数字

某日,老师在黑板上写出了三个等式:$A + A = A \times A$;$B \times B = B \div B$;$C + C = C - C$。请问

A、B、C 各是多少?

【游戏正解】

A 是 2 或者 0;B 是 1;C 是 0。

等于多少

$2.6 \times 765 + 76.5 \times 33 + 7.65 \times 310 + 7650 \times 0.1$ 等于多少?

【游戏正解】

7 650。

9 枚硬币

桌上放有 9 枚硬币,双方轮流从中取出 1 枚、3 枚或 4 枚硬币,谁取走最后一枚硬币谁就赢了。请问谁一定能赢?

【游戏正解】

不要先拿,先拿必败。

称面粉

有面粉 90 千克和一架天平。倘若只允许使用 500 克以及 2 千克的两个砝码,在天平上称量 3 次,称出 20 千克面粉。请问应该怎么称量?

【游戏正解】

先不用砝码,在天平上将 90 千克的面粉分成相等的两份。然后把其中的一份再平分一次,即得 22.5 千克面粉。最后,用两个砝码把 2.5 千克面粉称出来,这样就得到 20 千克面粉了。

可以平分吗

多米尼克说:"可以用一根线吊住两边粗细不同的萝卜,从使萝卜两边保持平衡的线的地方切开,得到的两部分质量相等。"请问这一说法对吗?

【游戏正解】

错误。根据杠杆平衡原理,杠杆的平衡不仅与质量有关,还与力矩有关,粗的那头的萝卜要重些。

巧摆三角形

有三根木棒,长分别为 3 厘米、6 厘米、13

厘米。在不折断木棒的情况下,你能否用这三根木棒摆成一个三角形?

【游戏正解】

可以。因为题目中并没有说不可以首尾相接。

现在是什么时间

过 1 999 个小时 2 000 分 2 001 秒后,时针、分针、秒针将会重合在表盘的"12"上,请问现在是什么时间?

【游戏正解】

现在是 7 点 24 分 39 秒。

盒子中的乒乓球

10 个盒子一共装了 45 个乒乓球,每个盒子里的乒乓球数都不相同。现在要取出若干个乒乓球,使剩下的乒乓球数是取出的球数的 8 倍,请问应该怎么拿?

【游戏正解】

拿出 5 个剩下 40 个乒乓球,正好剩下的是拿出的 8 倍。

添加运算符号

在下列每个数字之间加上一个基本的数学运算符号,使等式成立,可以运用括号。

3　4　5　6 = 13

7　8　9　10 = 125

11　12　13　14 = 140

【游戏正解】

$3 \times 4 - 5 + 6 = 13$

$(7 + 8) \times 9 - 10 = 125$

$(11 + 12 - 13) \times 14 = 140$

爬楼梯

超超匀速地从 1 楼爬楼梯到 10 楼用了 72 秒的时间,根据这样的速度,他从 1 楼爬到 4 楼需要多少时间?

【游戏正解】

需要 24 秒。

添加符号

在数字 2、3、4、5、6、7、8、9 之间加上" - "或" + ",使它们的和为 10,请你写出四种不同的形式。

【游戏正解】

$1. 2 + 3 + 4 + 5 + 6 + 7 - 8 - 9 = 10$

$2. 2 - 3 + 4 + 5 - 6 + 7 - 8 + 9 = 10$

$3. 2 + 3 - 4 - 5 + 6 + 7 - 8 + 9 = 10$

$4. 2 - 3 + 4 - 5 + 6 + 7 + 8 - 9 = 10$

玫瑰花及包装

每年情人节到来前,大街上、商店中有很多待售的玫瑰花。倘若一束包装好的玫瑰花卖 15 元,已知玫瑰花比包装贵 10 元,请问玫瑰花与包装各多少元?

【游戏正解】

玫瑰花 12.5 元,包装 2.5 元。

酸奶的重量

乔治亚从超市买回一瓶酸奶,酸奶与瓶一共重 1 000 克。乔治亚喝掉一半酸奶后,连瓶共重 550 克。请问原来瓶里的酸奶有多少克?空瓶重多少克?

【游戏正解】

原来瓶里有900克酸奶,空瓶重100克。

这个数是多少

有一个数,当它加上100后,所得的数是一个正整数的平方,接着用所得的数再加上68,又是另外一个正整数的平方。请问这个数是多少?

【游戏正解】

这个数是156。

冰块的体积

冰块在水中显露的部分与水里的部分之比为1:10,如果显露部分的体积为9立方米,那么冰块的体积为多少立方米。

【游戏正解】

体积为 $9 \times (1 + 10) = 99$(立方米)。

概率是多少

用2颗骰子抛出7点概率是多少?

【游戏正解】

掷2个骰子出现和为7的情况有:(1,6)(2,5)(3,4)(4,3)(5,2)和(6,1),而每个概率是1/6,两个就是1/36,它们出现的点数之和等于7的概率就是1/6。

空座位的百分比

一艘豪华客轮分头等舱和普通舱两部分,头等舱有50个座位,普通舱有150个座位。如果20%的头等舱和30%普通舱满座,请问空着的座位所占比例是百分之几?

【游戏正解】

头等舱50个位子空20%,就是10个位子空着;普通舱150个位子空30%,就是45个位子空着。客轮上共有200个位子,空55个位子,空置率55/200 = 27.5%。

两根绳子

有两根一样长的绳子,第一根剪去它的一半,第二根剪去1米,剩下的两段绳子第二根长吗?

【游戏正解】

不一定。因为剪剩下的绳子可能有三种情况,即一样长、第一根长或第二根长。

各多少人

参加大合唱的同学中,五年级比六年级的2倍少6人,两个年级的人数差是12人,两个年级参加大合唱的同学各多少人?

【游戏正解】

六年级参加大合唱的人数:(12 + 6) ÷ (2 - 1) = 18(人);五年级参加大合唱的人数:18 + 12 = 30(人)。

◇的最小值

倘若◇ ÷ ○的商是10,余数为8,那么◇的最小值是多少?

【游戏正解】

因为除数一定要大于余数,余数是8,所以○的最小值是9。

五位数的和

所有在数位上同时包括1、2、3、4、5的五位数,它们的和是多少?

【游戏正解】

和是5 333 280。

找数字的规律

请根据下列数字的变化规律,推断出括号中应该填什么数?

3 4 7 11 ( ) 29

【游戏正解】

括号中应该是数字18。这组数字的规律是:相邻的两个数加起来,等于下一个数。

表面积是多少

有个铜块(长方体)正好可以锯成三个正方体,锯完之后表面积会增加20平方厘米,请问这个长方体的铜块原来表面积是多少?

【游戏正解】

一共增加了 4 个横截面,每个横截面积 s = 100/4 =25(平方厘米)。由于是正方形,故横截面边长 l =5(厘米)(5 ×5 =25)。因此,长方体体积 v =5 ×5 ×5 ×3 =375(立方厘米)。

同色球

一个口非常小的袋子里有七种颜色的小球,每种颜色的球的数量分别为 2、3、4、5、6、7、8,现在你随意地从这个袋子里拿球,请问拿到相同颜色的球最多有多少次?

【游戏正解】

最多有 8 次。七种颜色的小球,每种颜色取 1 个,然后任取 1 个,必有重复的,所以最多是 8 次。

等式成立

在下面的数字中间填上加号和减号,使等式成立。

9 8 7 6 5 4 3 2 1 =100

【游戏正解】

98 −76 +54 +3 +21 =100

猜年龄

约克向一个女士问年龄,女士微笑着说:"你得猜一猜,你把我的年龄的两位数字颠倒过来,除以 3,再加上 34,这样就得到我的年龄了。"请问这位女士的年龄是多少?

【游戏正解】

女士的年龄是 42 岁。

找特性的数

在 0 ~99 两位数中,"0""1""8"和"11"这几个数字上下颠倒后还是一样的数,你能找出下一个有这种特性的数吗?

【游戏正解】

下一个数是"88"。

沏茶的时间

妈妈给客人沏茶,洗水壶需要 1 分钟,烧水需要 15 分钟,洗茶壶需要 1 分钟,洗茶杯需要 1 分钟,拿茶叶需要 2 分钟,依照最合理的安排,要几分钟才能沏好茶?

A. 16 分钟　　　　B. 17 分钟

C. 18 分钟　　　　D. 19 分钟

【游戏正解】

A 选项是正确答案,需要 16 分钟。

添加括号

请在下列等式中填上一对括号使之成为正确的等式:

1 −2 −3 +4 −5 +6 =9

【游戏正解】

1 −(2 −3 +4 −5) +6 =9

两个自然数

已知△和☆分别表示两个自然数,并且△/5 + ☆/11 =37/55,△ + ☆ =(　　　)。

【游戏正解】

由题:11△/55 +5☆/55 =37/55 即有:11△ +5☆ =37。因为是自然数,明显只有 11 ×2 +5 ×3 =37(可以根据个位来推断),则△ + ☆ =2 +3 =5。

比大小

已知有甲、乙、丙、丁四个数,甲乙之和大于丙丁之和,甲丁之和大于乙丙之和,乙丁之和大于甲丙之和,根据以上请判断这四个数谁最小?

【游戏正解】

丙最小。由陈述得到三个不等式,即:甲 +乙 >丙 +丁;甲 +丁 >乙 +丙;乙 +丁 >甲 +丙。因此,经过运算可得丙最小。

表针重合

在表盘上,从整 12 点开始计时,12 个小时内,时针和分针可以重合多少次?有几次是在整点处重合的呢?

【游戏正解】

时针和分针可以重合 11 次,只有在 12 时是在整点处重合的。

过桥的时间

有一列火车长 250 米,速度为 54 千米/小时。现在过长为 500 米的桥,那么火车头从开始进入到完全过完桥需要多长时间?

【游戏正解】

54 千米/小时 = 15 米/秒。火车长度加上桥的长度为火车完全过桥需要经过的总长度。即路程 S = 250 + 500 = 750 米,设需要的时间为 t,速度为 v。则 t = S/v,即 t = 750/15 = 50 秒。

求 值

设 x、y 为两个不同的数,规定 x□y = (x + y) ÷ 4。求 a□16 = 10 中 a 的值。

【游戏正解】

设 x = a,y = 16,则 a□16 = (a + 16)/4。因为 a□16 = 10,所以 (a + 16)/4 = 10,所以 a + 16 = 40,所以 a = 24。

差是多少

用 3、9、0、1、8、5 分别组成一个最大的六位数与最小的六位数,它们的差是多少?

【游戏正解】

881721。

这个数是多少

一个数加上 20 的和乘以 2 之后再减去 4,得 70,求这个数。

【游戏正解】

这个数是 17。解这道题应该倒着算:(70 + 4) ÷ 2 - 20 = 17。

三个连续的偶数

三个连续的偶数的乘积为 192,那么其中最大的数是多少?

x(x + 2)(x + 4) = 192

【游戏正解】

解出的解中只取偶数 x = 4,最大的数就是 x + 4 = 8。

分泡泡糖

7 个小孩分一袋泡泡糖,分来分去多 2 颗。请问这袋泡泡糖至少有多少颗?

【游戏正解】

至少有 9 颗。

快速算术

看下面这道算式,请在两秒钟时间内得出答案。

(79 - 1)(79 - 2)(79 - 3)……(79 - 98)(79 - 99) = ?

【游戏正解】

结果是 0。因为这个算式中会有(79 - 79) = 0,0 乘以任何数结果都是 0。

寻找规律

已知,2000 年 12 月 31 日是星期天,请推算出 2000 年的元旦是星期几?

【游戏正解】

星期六。因为 2000 年闰年,共有 366 天,366 ÷ 7 = 52……2,而 2000 年的最后一天是星期日,所以多余的两天在 2000 年的年初,因此元月 2 号是星期日,元旦是星期六。

三八得九的问题

你有办法用 3 个 8 组成等式得到 9 吗?

【游戏正解】

余下哪两个数

四个一位整数之和为 20,其中一个是 1,一个是 8,而这四个数的乘积是 240。你能说出余下的是哪两个数吗?

$$□ + □ + 1 + 8 = 20$$
$$□ × □ × 1 × 8 = 240$$

【游戏正解】

剩余的两个数是 5 和 6。

花生榨油

花生不仅好吃,而且还能榨油。倘若 50 千克花生可以榨 25 千克油,那么照这样计算,生产花生油 112 千克,需要多少千克花生呢?

【游戏正解】

需要 224 千克花生。$50 ÷ 25 × 112 = 224$（千克）。

差是多少

在一个减法算式里,被减数、减数与差的和等于 100,而减数是差的 4 倍,那么差等于多少?

【游戏正解】

差是 10。减数是差的 4 倍,那么被减数就是差的 5 倍,因此被减数、减数与差的和就是差的 10 倍,所以差 $= 100 ÷ 10 = 10$。

摩托车与汽车

有不同数量的三轮摩托车和四轮汽车停在一个停车场里,所有的车加在一起一共是 24 辆,所有的轮子加在一起一共是 86 个。请问三轮摩托车和四轮汽车各有多少辆?

【游戏正解】

摩托车 10 辆,汽车 14 辆。

加一对括号

在"$1 - 2 - 3 + 4 - 5 + 6 = 9$"式子中等号左边适当的位置上加一对括号,使这个等式成立。

【游戏正解】

$$1 - (2 - 3 + 4 - 5) + 6 = 9$$

手表与挂钟

史莱克的手表和家里的挂钟都有误差,手表每天快 1 分钟,而挂钟每天慢 1 分钟。请问,多少天后,手表与挂钟的时间相差 1 小时?

【游戏正解】

30 天后。因为手表每天快 1 分钟,而挂钟每天慢 1 分钟,那么每天手表和挂钟就会相差 2 分钟,这样就容易求出答案了。

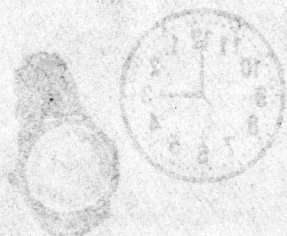